한국 현대사의 망령
박정희 유신독재체제 청산

한국 현대사의 망령
박정희 유신독재체제 청산

2020년 12월 10일 초판 1쇄 인쇄
2020년 12월 17일 초판 1쇄 발행

엮은이 | 유신청산민주연대
지은이 | 김누리 · 김재홍 · 송병춘 · 임지봉 외 함께 씀
기   획 | 홍윤기 · 이종구 · 이대수
펴낸이 | 김영호
펴낸곳 | 도서출판 동연
등   록 | 제1-1383호(1992. 6. 12)
주   소 | 서울시 마포구 월드컵로 163-3
전   화 | (02)335-2630
전   송 | (02)335-2640
이메일 | yh4321@gmail.com

Copyright ⓒ 유신청산민주연대, 2020

ISBN 978-89-6447-636-9 03300

출판을 위해 민주화운동기념사업회가 후원했습니다

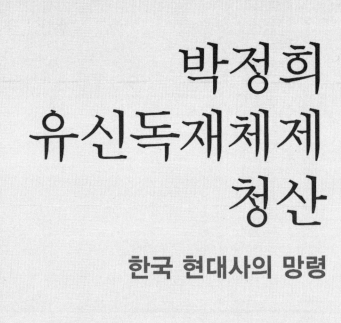

박정희
유신독재체제
청산

한국 현대사의 망령

유신청산민주연대 엮음
김누리 · 김재홍 · 송병춘 · 임지봉 외 지음
홍윤기 · 이종구 · 이대수 기획

동연

추천의 글

국회의원 설훈

"1972년 10월 17일 오후 7시를 기해 전국에 비상계엄령을 선포한다."

"오늘부로 국회를 해산하고, 대학을 휴교한다. 헌법의 일부조항을 중지하고 정지된 헌법의 기능은 비상국무회의가 대신한다."

1972년 10월 17일 박정희 대통령은 헌법 일부 조항의 효력을 정지시키고 전국에 비상계엄령을 선포하는 10·17 비상조치를 단행하였습니다. 이 조치로 국회가 해산되었고 모든 정치 활동이 금지되었으며, 대통령이 임명한 국무위원들로 구성된 비상국무회의가 국회의 권한을 수행하도록 하는 소위 "유신헌법"이라는 것을 만들었습니다. 아홉 차례에 달하는 긴급조치 공포로 교수, 학생, 언론인, 종교인, 문인 등 수많은 민주인사가 투옥되고 해직되어야 했습니다. 국민의 기본권이 축소되었고, 상식과 민주주의는 파괴되었으며, 수많은 사람이 고문으로 고통받고 심지어 목숨을 잃기도 했습니다.

우리 국민들의 치열한 민주항쟁으로 유신독재 정권은 사라졌지만, 그 잔재는 여전히 남아있습니다. 유신헌법의 불법성을 명확히 밝히고 법적 청산을 이뤄내는 것이야말로 진정한 민주주의의 완성이 될 것입니다.

이런 시기에 유신청산민주연대에서 참 의미 있는 책을 한 권 펴내셨습니다. 유신정권의 악랄함과 폭력성을 자세히 알지 못하는 세대에게 당시에 있었던 일을 생생하게 전달함으로써 다시는 유신체제 같은 암흑의 시대가 되풀이되지 않기를 바랄 뿐입니다. 비극이 두 번 다시 되풀이되지 않도록 하는 것 또한 우리 모두의 몫일 것입니다.

이 책은 유신체제를 함께 겪어낸 분들이 직접 그때의 일을 엮어냈다는 것에 더욱 의미가 깊습니다. 유신의 야만을 제대로 깨닫고 민주주의를 새롭게 다짐하는 계기가 되었으면 합니다. 출판을 위해 애쓰신 유신청산민주연대 많은 분께 진심으로 감사의 마음을 전합니다.

아직 풀어야 할 숙제가 많이 남아있습니다. 유신헌법의 불법성을 면밀히 검토하여 유신독재 시기의 헌정질서 파괴행위와 국가폭력에 대한 법적 청산을 이뤄내는 한편 피해자들에 대한 명예회복도 조속히 실현해야 할 것입니다. 여러분과 끝까지 함께하겠습니다. 감사합니다.

설훈

(21대 국회의원)

머리말

2016년 가을부터 2017년 봄에 걸쳐 진행된 한국의 촛불 시민혁명은 민주 시민의 저력을 세계에 과시한 역사적 사건이었다. 그러나 정권 교체는 진정한 민주화의 서막에 불과했다. 사회 각지에 잔존한 기득권 세력은 민주적 사회개혁을 가로막는 장애물로 등장했다. 특히 건국 이후 처음으로 탄핵의 대상이 되어 대통령직에서 퇴진한 박근혜를 숭상하는 세력은 현실을 인정하지 않고 있다. 이들은 박정희의 유신독재 시대를 미화하며 민주정부의 개혁을 폄훼하는 퇴행적 행동을 지속하고 있다. 아직도 한국 사회를 배회하면서 민주 시민을 괴롭히고 있는 유신독재의 망령을 퇴치하려면 단순한 구호에 그치지 않는 실천적 행동이 필요하다. 실천의 첫걸음은 유신 정권의 실상을 드러내고, 늦게나마 피해자의 해원(解冤)을 돕는 것이다. 즉, 철저한 유신 청산은 정상적인 민주공화국과 민주 사회를 건설하는 출발점이다.

양승태 전 대법원장의 사법농단이 남긴 가장 큰 적폐의 하나는 "긴급조치 9호는 위헌이지만 유신 체제를 비판하여 긴급조치 9호를 위반한 인사를 자의적으로 체포, 구속한 공무원은 정당한 직무를 수행하였으므로 국가의 배상 책임은 없다"는 "위헌합법론"이다. 촛불 정부가 2017년 5월에 출범했지만 대법원은 여전히 '위헌합법론'을 유지하고 있다. 사법부의 실질적인 직무 회피와 이에 대해 입법부도 뚜렷하게 문제를 제기하려는 움직임을 보이고 있지 않다. 유신독재의 폐해가 기정사실화 되는 심각한 사태에 대해 언론과 시민 여론도 주목하고 있지 않다. 이러한 사태를 초래한 원인은 유신 정권이 자중지란으로 붕괴한 1979년의 10·26 사건 이후 41년이 경과했지만 한국 사회에 유신의 실상에 대한 정보가 충분히 공유되어 있지 않다는 사실에서 찾을 수 있다. 정부, 여당의 가시적 행동을 촉구하는 사회 여론의 압력이 미약하니 정권 교체에도 불구하고 사법적 절차에 입각한 명예 회복과 피해의 원상회복은 지지부진한 상태에 놓여 있을 수밖에 없다. 빈틈을 노린 보수파 논객들은 군사독재가 남긴 적폐를 바로잡으려는 촛불 정부의 과거사 청산 노력 자체를 폄하하고 있다.

유신독재 피해자를 중심으로 구성된 '유신청산민주연대'(이하: 청산연대)는 2019년 5월부터 각종 토론회와 공개 집회를 개최하며 유신독재체제의 실상을 시민에게 공개하고 피해자의 원상회복을 위한 입법부, 사법부, 행정부의 가시적인 노력을 요구하는 활동을 전개해 왔다. 청산연대는 그동안의 활동 과정에서 축적한 자료를 시민과 공유하기 위하여 『한국 현대사의 망령, 박정희 유신독재체제 청산』을 펴내게 되었다. 이 책은 유신독재체제의 실상 폭로와 고발, 청산 방안만이 아니라 불행한 과거사의 재발을 원천적으로 방지하는데 기여할 수 있는 제도 개혁 구상을 담고 있다. 여기에는 발표자, 토론자, 기고자의 형태로 의견을 제시한 18명의 필자가 작성한 15편의 논문과 좌담, 추천사, 청산연대 활동 기록 등이 수록되어 있다. 이러한 작업의 의의에 대해 긴급조치 9호의 피해자이며 민주화 운동가인 설훈 의원은 유신체제라는 추천사에서 암흑 시대로 돌아가지 않기 위해 과거사를 기억하고 청산해야 할 필요가 있다는 입장과 소신을 피력하고 있다.

1부 "불법국가로서의 대한민국 제4공화국의 등장"은 유신체제가 들어서는 과정의 불법성과 파행성을 분석하고 있다. 홍윤기는 "사라진 국회 그리고 박정희 유신독재체제가 강점한 '무법 국가'의 출현"에서 아무런 합법적인 근거를 찾을 수 없는 유신이라는 친위 쿠데타에 의해 강제 해산당한 국회가 현재까지도 이 사실에 대해 침묵하고 있는 현실을 지적하였다. 청산연대의 김재홍 공동대표가 집필한 "유신 선포의 내란 성격에 관한 고찰"은 군사 반란에 불과한 유신의 정체를 폭로하고 있다. 임지봉은 "제헌헌법의 정신에 비추어 본 유신헌법"에서 자유민주주의 이념에 위배되는 유신헌법의 문제점과 영향을 분석하고 구체적인 청산 방법을 제시하고 있다.

2부 "박정희 유신체제의 반민주적 통치 행태"는 유신의 실상을 다루고 있다. 한홍구는 "유신 시대의 통치기구 중앙정보부의 역할"에서 유신체제를 실질적으로 움직였던 중앙정보부의 민낯을 폭로하고 정보기관 개혁의 중요성을 지적했다. 오동석이 집필한 "유신독재 불법 통치기구 청산의 과제"는 의회를 무력화시킨 유신독재 시기 불법 통치기구의 폐해가 아직도 한국 사회의 모든 영역에 걸쳐 잔존하고 있으나, 이에 대한 문제의식이 희박한 현실을 지적하고 있다. 특히 이 글은 문재인 정부의 개혁과 적폐 청산이 유신독재의 불법을 봉합하는 결과를 초래했다는 분석을 제시하고 있다. 임영태는 "유신 시대 국가 폭력, 사법부의 역할과 책임"에서 유신체제 하에서 무력화된 사법부의 실태를 고찰했으며, 민주화 이후에도 사법부의 과거사 청산은 미진한 상태로 남아있는 현실을 지적하고 있다.

3부 "박정희 유신체제 잔재의 대중적 청산"은 유신 정권이 몰락하는 과정 및 민주 정부가 추진한 과거사 청산 작업의 진행 상황을 고찰하고 있다. 김재홍은 "박정희의 정치적 유산과 그 청산"에서 박정희 정권은 18년간 집권하면서 군을 닐곱 차례나 동원하여 권력을 유지한 병영 국가 체제였으며, 진정한 과거사 청산을 실현하려면 "대통령의 유신체제 불법행위 무효화 선언", "촛불혁명의 대상을 박정희 유산의 청산으로 확장", "유신체제 부역 반민주행위자 인명사전 편찬"을 비롯한 실천이 필요하다는 제안하고 있다. 정호기의 "이행기 정의를 넘어선 과거 청산"은 민주화 이후 시행된 광주보상법을 비롯한 각종 과거사 청산 조치의 경과와 현재 상황을 분석하고 앞으로 지향해야 할 정책 기조를 모색하는 내용을 담고 있다. 권혜령의 "긴급조치 피해자 구제방안과 사법 불법 청산", 이정일의 "긴급조치 피해자 관련 손해배상 소송의 최근 동향"은 사법부와 헌법재판소에서 진행되고 있는 긴급조치 피해자에 대한 국가배상 소송의 상황과 박근혜 정권 시절에 발생한 양승태 전 대법원장의 사법농단이 남긴 적폐의 실상을 분석하고 있다.

4부 "박정희 유신체제의 전이와 재발 방지를 위한 면역적 청산"은 군사독재의 재발을 원천적으로 방지하는데 필요한 정책 방향을 모색하고 있다. 이종구는 "과거사 청산과 사법부의 탈성역화"에서 사회적 공공성의 가치보다 법률 전문가 집단의 단합을 중시하는 폐습을 타파하려면 최소한 법원장급 판사의 "선출직화"를 추진하여 기득권을 과감하게 해체하자는 주장을 펴고 있다. 이 글은 검사 집단도 동일한 방법으로 개혁할 수 있다는 전망을 제시하고 있다. 송충기는 "나치 사법부의 전후 과거사 청산"은 서독에서도 지지부진했으며 사법부의 인적 연속성도 유지되고 있었지만 통일 이후 동독의 사법적 청산과 맞물려 나치의 사법적 청산도 진전되기 시작했다는 경과를 소개하고 있다. 김누리·홍윤기는 "전후 독일 나치 청산의 역사와 68혁명의 의의"에서 독일의 민주화, 번영, 통일은 아우슈비츠가 상징하는 반인류적 범죄에 대한 철저한 반성을 기반으로 이루어졌다는 해석을 하고 있다. 이 글은 청년 세대가 주도한 1968년의 혁명을 계기로 '과거 청산'이 시민교육의 핵심으로 부상하였다는 사실에 주목하고 있다. 즉, '과거 청산'이 세대로 진행되지 않은 한국 사회는 "수구의 존속, 정의의 부재, 공정 가치의 허구화"라는 폐해에 시달리고 있다. "전환기의 사법 정의 수립을 위한 인권법과 국제법적 조치들"을 집필한 이장희는 긴급조치 피해자의 사법적 구제가 난맥상을 보이고 있는 상황을 극복하려면 국제인권조약, 고문방지협약을 비롯한 각종 국제협약과 유엔을 비롯한 국제기구를 적극 활용할 필요가 있다는 제안을 하고 있다. 송병춘은 "유신독재와 국가폭력 청산을 위한 입법적 과제"에서 "유신청산특별법"의 필요성과 내용을 구체적으로 제시하고 있다.

5부는 유신체제 타도 운동에 참여하였던 인사들이 가진 집담회를 기록한 내용이다. 홍윤기, 고은광순, 박순희, 이대수, 이종구 등은 "우리가 살지 못했던 그 삶을 이 땅의 누구라도 살기 바라며…"라는 제목과 같이 학생운동, 노동운동, 기독교운동, 청년운동의 현장에서 겪은 인권 탄압과 민주화 운동에 대한 기억을 되살리면서 진정한 유신체제의 청산은 피해 회복이나 제도적 민주주의의 확립으로 그칠 것이 아니며, 한국 사회를 보편적 인권 의식에 입각해 질적으로 고도화시키는 미래지향적 과제를 설정하고 추진해야 한다는 의견을 모았다.

청산연대는 어두운 과거사에 대한 회고와 비판보다는 한국 사회의 미래지향적 발전 방향을 모색하려는 뜻을 가지고 "한국 현대사의 망령, 박정희 유신독재체제 청산"을 펴냈다. 필자 일동은 이 책에 수록된 정보와 정책 제안이 한국 사회의 실질적 민주화에 다소라도 도움이 될 수 있으면 좋겠다는 희망을 가지고 있다. 그러나 오류나 부족한 내용에 대한 책임은 어디까지나 청산연대에 있으며, 민주시민 독자 여러분의 가차 없는 비판과 질책을 바라고 있다는 점을 밝힌다. 마지막으로 청산연대의 미흡한 활동을 성원하고 힘을 보태준 동지들께 감사의 뜻을 전하려 한다.

2020년 12월 5일
이종구 외 필자 일동

차 례

1부

불법 국가로서 대한민국
제4공화국의 등장

— 박정희 유신체제 성립의 과정, 조건 그리고 그 성격

홍윤기 사라진 국회 그리고 박정희 유신독재체제가 강점한 '무법 국가'의 출현
        : 기획자, 협력자, 피해자의 포진과 한국 사회 구성에서 암적 억압기제의 밀집 성형
김재홍 유신 선포의 내란 성격에 관한 고찰
임지봉 제헌헌법의 정신에 비추어 본 유신헌법

사라진 국회 그리고 박정희 유신독재체제가 강점한 '무법 국가'의 출현

: 기획자, 협력자, 피해자의 포진과 한국 사회 구성에서 암적 억압기제의 밀집 성형
— 전혀 영웅이 아닌 한 대학생이 1977년 10월 7일에서 1972년 10월 17일로 돌아가 '대한민국민주주의 그라운드 제로'의 자리에서 본 '대한민국 제4공화국' 치하의 일상에 대한 성찰*

홍윤기

(동국대학교 철학과 교수)

I. [증언] "내가 왜 여기 있지?": 1977년 10월 7일 관악캠퍼스 자연대 26동 그리고 영등포구치소 8사상1방(八舍上一房)
— 전혀 영웅이 아닌 그저그런 한 대학생에게 닥친 일

이미 잠은 깨어 있었지만 기상나팔 소리에 그나마 좀 잠겨있던 의식은 깨져나갈 듯

---

* 본고는 두 편의 졸고, "헌정질서 유린한 유신체제 청산과 국회의 과제," 국회의원 이재정 의원실/유신청산민주연대 주최, 유신-긴급조치9호 발동 45주년 정책 토론회 자료집『유신독재청산을 위한 사법부와 국회의 과제』(긴급조치사람들 법률·사법대책팀, 2020. 2. 12.), 55-76쪽 및 "사라진 국회, 유신체제의 기획자·협력자·피해자·저항자들의 이야기," 유신청산민주연대 주최, 제72주년 제헌절 맞이 유신독재청산 심포지엄 자료집『사라진 국회, 10월 유신과 민주주의 말살』(설훈·노웅래·우원식·이학영·김영호 의원실, 2020. 7. 2.), 3-39쪽을 종합하여 수정·보완한 것으로, 한국연구재단(NRF)의 '2018년도 중견연구자지원사업(인문사회)' 지원 "대한민국헌법 규범력에 상응하는 헌법현실의 창출을 담보하는 헌법교육/민주시민교육의 철학적 근거정립"(과제번호 2018S1A5A2A01039624)의 연구 과정에서 창출된 것임.

이 깨어난다. 살짝 으실한 늦가을 아침의 서늘한 기운을 통째로 불어넣고 있는 것 같은 창살이 또렷이 눈에 들어오는데, 어제 잘 때부터 켜있던 천정의 전구는 아직 꺼지지 않고 있다. 잘 때 불이 켜져 있으면 잠을 잘 자지 못하는데도 내 눈을 수직으로 내리비치는 이 독방의 전구불은 내가 끄고 싶다고 해서 끌 수 있는 것이 아니었고, 수면시간 내내 켜져 있다가 완전히 날이 밝아야 전체 사방에서 한번에 꺼졌다.

창살 달린 출입문을 바라보면서 앉아 두 팔을 뻗어도 완전히 펴지지 않는 1.4m 폭의 독방은 벽에 기대면 발을 쭈욱 펼 수 없어서 어차피 사방(舍房) 철문 아니면 그 문을 뒤에 두고 바깥쪽 창살문 아래 있는 변기통 쪽으로만 발을 뻗고 앉을 수 있었다. 그런데 기숙사라면 식당의 아침 식사 시간이 아직 한 시간 반이나 남았을 시간인데 왜 나팔소리에 기상해야 하지? 나뿐만이 아니었다. 쥐 죽은 듯이 고요하던 복도 양쪽의 큰 사방들에서도 마치 눌리기나 했던 듯이 한꺼번에 후다닥거리는 소리가 나더니, 좀 있다가 불쑥 눈만 띄워 내 방을 쓱 들여다보고 휙 지나간 교도관이 발걸음을 옮기자 마치 군대 막사에서나 나올 것 같은 우렁찬 점호 소리가 일정 간격을 두고 차례로 터져나왔다. 잠시 당황했다. 여기가 어디지? 기숙사도 아닌데 내가 왜 여기 있지? 그러면서 비로소 지금 내가 있는 이 비좁은 독방이 어디인지 또렷이 떠올랐다. 영등포구치소 8사 상1방(八舍上一房)!

그래! 공범이라고 형사들이 지목해준 학우들 일곱 명과 함께 일주일간 관악경찰서 유치장에 있다가 어제 닭장차라고 불리던 기동대 차량에 실려 서울 남부지역을 가로질러 이곳 영등포구치소로 옮겨져 그때까지 입고 있던 옷들과 소지품들 그리고 사건 현장에서부터 들고 온 책가방 등을 다 털어내 감치하고 달랑 구치소 수용복 한 벌로 갈아입은 터였다. 그동안 있었던 유치장도 그랬지만 그나마 입고 있던 사복과 소지품, 책가방까지 모두 떼어내고 홑껍데기 수용복만 걸치고 있다는 것이 도무지 현실감이 들지 않은채 깜박 잠들었다가 설피 깨니 내가 구치소 독방에 있다는 걸 잠시 알지 못했다. 그런데 내가 왜 여기 있지?

한참 세월이 지난 뒤에야 "서울대 학생운동에 코페르니쿠스적 전환점을 마련한 대사건"이라고[1] 얘기된다는 것을 알았다. 하지만 그런 거창한 역사적(?) 평가는 애초에 언감생심 꿈도 꾸지 않았는데 관악캠퍼스 '서울대 26동 사건'은 당장 나에게 전혀 뜻하지도 않게 내 인생의 코페르니쿠스적 전환점, 그것도 내 인생 8년을 삶의 맨 밑바닥으로 급강하시킨 전환점으로 들이닥쳤다. 그날 1977년 10월 7일 당일, 철학과 사무실이 있던 5동에서 아무 예감도 없이 무심하게 사건 장소인 26동 자연대 대강낭에 간 것은, 그저 거기에서 '사회학과 창설 30주년기념 심포지엄'이 있다고 해서 그리고 '1920년대를 중심으로 한 민족운동의 사회학'이라는 주제도 별나게 관심을 끌어서였다.

마침 학내에서는 2학기 들어 ('학생회'의 '부활'이 아니라) '학도호국단'(폐지가 아니라) '자율화'를 위해 그 간부들을 학교 당국의 임명이 아니라 학생들의 ('직선'이 아니라) '간선'으로 선출하자는 논의가 크게 일었다가 며칠 전 학교 당국이 거부했다는 얘기가 돌아 학생들 사이에서 큰 불만이 일고 있었다. 하지만 나는 개인적으로 학생회 아니 학도호국단 운영에는 직접적인 관심이 없었기 때문에, '학도호국단 간부 간선제' 논의에 관련된 소식을 과방 같은 데서 이리저리 듣고는 있었지만 그것을 추진하는 움직임에는 아무 관련이 없었다. 그래서 학내의 움직임과 내가 가고 있는 이 사회학과 심포지엄 사이에 그 어떤 연관성이 있다는 생각은 전혀 하지 못했다.

하지만 그런 연관성이 있다는 걸 알았어도 그 자리에는 분명히 가긴 했을 것이다. 왜냐하면 당시 학내에서 개최되는 모든 학술행사 뒤끝은 항상 —다들 청중 어디엔가 사복형사나 학내에 상주하는 중앙정보부 파견 요원 또는 행정실장이나 그 직원들이 박혀 있다는 것을 의식하면서— 당시 박정희 유신독재에 대한 저항의 의미가 함축되어 있는 비유성 멘트로 끝나기 마련이었고 그것이 일종의 대학문화였기 때문이었다. 지난 1학기 5월 달 8동 대형강의실에서 열렸던 단재 신채호 심포지엄도 그 끝은 인류학과 배남효 동기가 단재의 〈조선혁명선언〉(1923)을 웅변조로 낭독하는 것으로 끝났고, 다들 우렁찬 박수를 쳤지만, 아무 일도 없이 흩어졌다. 따라서 심포지엄이 학술 행사였고, 그 홍보는 몇 주째 진행되었고, 그러므로 프로그램대로 학술적 내용은 발표될 것이

---

1 신동호, 「서울대 26동 사건/반란은 '연습'되고 있었다. 긴조9호비사(完) 제34화」; 『뉴스메이커』590호 (2005. 5. 31. 16:23. https://blog.navor.com/hudyo/80013496613) 〈주간경향〉 겸 신인 〈뉴스메이커〉의 신동호 기자는 '긴급조치세대'를 살았던 당시 대학생들을 일일이 인터뷰하여 연재하면서 그 것들을 모아 『70년대캠퍼스1』및 『70년대캠퍼스2』(도요새, 2007. 06.)로 출간했다. 필자와 공범들에 대한 얘기는 『70년대캠퍼스 2』에 이 인용문과 같은 제목과 텍스트로 전재되어 있으며, 이 글에서도 그대로 인용한다.

고, 나는 그것을 정리한 자료집을 구하여 내게 필요한 공부 자료를 얻는 것이 당일의 개인적 목적이었다.

그런데 26동의 컴컴한 로비를 지나 불빛이 환하게 비쳐나오는 대강당에 들어가 강당 안을 가득 채운 약 400명 가량의 참석자들을 보고 연단 앞에서 여섯 번째 줄 가운데 빈 좌석에 무사히 가서 앉은 것부터 일진이 사나운 걸 눈치챘어야 했다. 심포지엄 오프닝 시간에서 30분 가량 지났어도 발제자들이 나오지 않자 참석한 학생들 사이에서 웅성거리는 소리가 점점 높아지는데 갑자기 어디선가 발제자들이 모두 연금당했다는 소리가 터지자 누가 먼저랄 것도 없이 훌라송이 터지고 구호가 난무하는데, 당시 사회학과 학과장이었던 이해영 교수가 나와 오늘 사정상 학술행사를 열지 못하게 되었으니 다들 돌아가라고 말문을 열자 학생들 사이에서 격한 항의가 터져 나왔다. 높은 목소리로 이런저런 발언이 이어지다가 말들이 섞이면서 학생들이 자리를 뜨지 않자 이해영 교수는 거의 울상이 되어 아무 소리도 못 하고 어쩔 줄 모르는데, 당시 학생처장이었던 (의대 소속의) 이광호 교수가 얼굴이 벌겋게 상기되어 연단에 나오더니 메가폰을 잡고 거의 반말조로 나가라면 나가라는 취지로 고함치다시피 하자 분위기가 갑자기 악화되면서 대다수 학생이 일어나 노래를 부르고 장내는 순식간에 집회 모드로 급전했다.

그때 뒤에 있던 학생들이 문밖을 내다보다가 갑자기 당황한 소리로 경찰기동대가 입구를 봉쇄했다고 소리치고, 그 소리를 들은 교수들이 서둘러 현장을 떠나자 그 자리의 학생들은 거의 모두, 연금당한 학우들이 풀려날 때까지 여기서 기다리자고 하면서 연단까지 앉아버리고, 누가 먼저랄 것도 없이 강당 옆과 뒤의 출입구를 닫았다.

나로서는 참으로 난감한 상황이었다. 어렸을 때 소아마비에 걸려 두 다리가 모두 장애인 나는 몇 달 전에 양 목발을 짚은 전신 사진과 진단서를 제출하여 병역면제를 받았다. 그리고 대학원에 직행하여 석박사 과정을 중단 없이 수료할 수 있는 상태였고, 할 수 있는 게 공부밖에 없어 학위라도 빨리 따자고 진로를 정한 참이었다. 그런데 바로 강당 앞쪽 가운데 자리에 앉는 바람에 강당을 꽉 매운 400여 명의 학우를 표나게 제치고 밖으로 무사히 이동하기가 거의 불가능한 상황이었다. 거기에다가 기동대가 완전히 강당을 포위하여 교수를 제외하고는 나가는 모든 사람을 붙잡는다는 얘기가 들리면서 이제는 연행을 각오하지 않으면 누구도 나갈 상황이 되지 못했다. 경찰이 이 안에 있는 사람은 누구도 그냥 내보내주지 않을 것이라는 생각이 급속하게 돌면서 결국 상황은 '미필적 고의에 의한 농성'으로 내몰렸다(그런데 나중 알았지만 강당 옆 화장실 통풍문을 뜯고 나간 학우들이 몇 명 있기는 했다).

결국 의도치 않게 26동 대강당을 점거하게 된 학생들 사이에서 "발표자를 풀어주라!", "심포지엄 속행하라!", "학문의 자유를 보장하라!"는 등 여기저기서 각종 구호가 터져 나왔다. 그러고도 발표자가 나타나지 않자 자연스럽게 공식적인 발제자 없이 학내 현안 토론회가 시작되었다. 이런 상황이니 이 토론회의 사회자가 있을 리 없었는데, 결국 철학과 76학번 김유찬이 자발적으로 토론회 사회를 자청하고 나서자 나는 그냥 숨을 죽이고 말았다. 며칠 전 나는 철학과 사무실에서 우연하게 이 1년 후배인 김유찬과 같은 탁자에 앉아 학내에서 돌아가던 얘기를 나눈 적이 있었다. 그런 그가 사회자로 나서 단상에 올라갔다.

그는 "지금부터 내가 지명했는데 발언하지 않는 사람은 관악 학우로 보지 않겠다"고 말했다. 그 순간 나는 빠져나가기 어렵다는 생각이 들었다. 6월에 대학논문상을 받아 교내에 이름이 좀 알려져 있었고, 며칠 전 그 후배와 얘기를 나눈 적도 있었기 때문이었다. 나는 학생서클에 가입하지 않아 교내 감시 대상은 아니었지만 그 당시는 누구나 '이대로 지나가서는 안 된다'고 생각하는 분위기였다. 아니나 다를까, 그가 "홍윤기 선배, 일어나 발언하시오!"라고 나를 지목하였다. 하긴 김유찬도 그 강당에서 당장 아는 사람이 나였으니까 그럴 수밖에 없었을 것이다.

올 것이 왔다고 생각한 나는 그야말로 "엉겁결에"[2] 발언자로 나서 그동안 나온 발언들을 정리했다. 10월 5일 과 대표들이 총장에게 전달한 학도호국단 자율화에 관한 건의를 수락할 것, 징계위원회에 회부된 9명의 학생에 대한 징계 절차를 즉각 중지할 것, 학보와 대학신문에 대한 지나친 검열을 중지할 것 등이 나의 발언 내용이었다. 토론 후 경제학과 부윤경 등이 즉석에서 결의문을 작성하고[3] 같은 학과 박관석은 이를 낭독했다.

---

2 26동 사건 당시 현장에 있었던 것으로 보이는 분이 나중 이 사건을 기록할 때 나의 모습을 이렇게 묘사했는데, 나로서는 너무나 적절한 표현이라고 생각한다. (李澤容(이택용), 「서울대학교 26동 사건. 나의 이야기」〈이택용의 e-이야기〉 (2014. 8. 2. 18:25. http://blog.daum.net/lee7997/2245).
3 그런데 당시 현장에서 나온 얘기들을 모아 즉석에서 결의문을 작성한 것은 경제학과 부윤경이었지만,

이건 전혀 영웅담이 아니라 할 줄 아는 것이라고는 공부밖에 없었던 (딱 사십삼년이 지난 지금도 대충 그렇지만) 그저그런 대학생에게 그야말로 "엉겁결에" 실수로 닥친 일이었다. 하지만 나중 형사들이 해준 말로는, 당시 중구난방하던 강당의 분위기가 나의 발언으로 인해 26동 대강당 학생들이 조직적인 농성체제로 들어갔다는 것이다.[4] 그러면서 '총장 물러가라!', '학원 자유 보장하라!' 등의 교내 현안 수준에서 시작된 구호들이 '긴급조치 해제!', '유신헌법 철폐!' 등으로 수위가 높아졌다. 학생들은 '선구자', '정의가', '강변에서', '스텐카라친' 등을 불렀고, '각설이 타령', '나의 조국'을 개사한 노래도 함께 불렀다.

농성은 오후 7시 30분 경 26동에 있던 학생 400여명 전원이 경찰 포위 속에 연행될 때까지 약 5시간 계속됐다. 유신독재체제가 현존했던 7년 기간 대부분 발동되었던 대통령 긴급조치, 그 가운데서도 1975년 5월 13일에서부터 1979년 10월 26일 박정희 격살 때까지 지속되었던 긴급조치 9호 기간 동안 —아니 4·19혁명 이후 당시까지의 역대 학생운동에서— 단일 사건 연행자 수로는 최대를 기록했던 이른바 '서울대 26동 사건'은 이렇게 그 누구도 기획하지 않은 400여명의 대규모 농성으로 비화하였다.[5]

경찰에서는 작성자를 같은 학과 김용관으로 지목하였다. 이에 김용관은 부윤경을 발설하지 않고 대신 구속되었다. 하지만 부윤경은 나중 스스로 시위를 조직하여 긴급조치 9호로 구속되었다.

4 사실 당시 여기저기 모여앉은 자리에서 웅성거리던 수준의 분위기를 정돈하여 대강당 전체가 단일한 의사를 정리해내는데 가장 결정적으로 작용했던 것은 철학과 후배인 김유찬 학우가 단호한 의지를 가진 사회자로 나섰기 때문에 가능했는데, 유찬 학우는 집단 연행 과정에서 다행스럽게도 빠져나갈 수 있었다. 만약 그대로 연행되었다면 단연 최고주동자로 찍혔을 것이다.

5 400여 명의 농성자(?) 전원을 연행했던 '서울대 26동 사건'의 기록은 1986년 10월 30일 5공 치하에서 벌어졌던 '건국대 애학투 사건'에서 깨졌다. 이때 검찰은 연행자 1,525명 중 부상자 등을 제외한 1,290명을 구속했고, 그 가운데 주동자 29명에게는 국가보안법을 적용했는데, 이 사건은 세계사에서 근대적 사법 체계가 출범한 뒤 단일 사건 연행자수로는 세계 최고 기록이었다.(푸른역사, 「건국대 '애학투' 사건」(kdfightsori님의 블로그 歷史는 죽지 않는다, 2006. 11. 15. 23:15. https://blog.naver.com/kdfightsori/2003050876).

II. [죄와 벌] "내가 무슨 죄를 지었지?" ─ '긴급조치'가 어떻게 '법'과 똑같은, 아니 그 이상의, 국가 규범일 수 있는가?

연행된 학생들은 A, B, C급으로 분류됐다. A급으로 분류돼 구속된 학생은 8명이었다. 이 가운데 박홍렬과 심상완은 심포지엄 주최자로서 사회를 보면서 학생들을 나가지 못하게 하고, 나는 현장 토론회에서 학생들의 요구를 모두 모아 정리하는 발언을 행하여 사실상 본격적인 농성을 만들어낸 것이 주범으로 지목된 이유였다. 이에 그 뒤 재판에서 나와 박홍렬은 1심에서 징역 1년 6개월, 자격정지 1년 6개월을 그리고 심상완, 김용관, 박관석 그리고 경제학과 강천은 징역 1년에 자격정지 1년을 받는다. 교련 수업을 받고 뒤늦게 26동에 들어왔다가 구속된 2학년생 사회학과 최상일, 독어독문학과 전경재도 같은 형을 받았다. 그런데 참으로 어처구니없이, 이렇게 구속된 이른바 공범들 가운데 내가 평소 알고 있었던 사람은 신림동 B지구에서 같이 야학을 했던 박관석, 김용관뿐이었고 다른 다섯 학우들은 전부 초면이었다. 그런데도 처음 만난 박홍렬과 나는 공동주범이 되고, 다른 6명은 공범으로 분류되어 아주 세밀하게 이 대사건의 주모자 그룹으로 취급되었다.

나중 재판을 오가면서 안 사실이지만, 여기서 경제학과 75학번 강천은 운동권과 전혀 무관한 경제학도였다. 당시 그는 행시를 준비할 것인지 공부를 계속할 것인지를 놓고 고민하고 있었는데 26동을 찾은 것은 순전히 학술적 호기심 때문이었다. 조사 과정에서 무릎을 꿇으라는 형사의 요구에 불응하는 바람에 C급에서 B급으로 바뀌었고, 계속 모욕적인 언사를 해대는 형사에게 항의하는 바람에 다시 A급으로 등급이 상향조정됐다.

사회학과 최상일은 내가 발언할 때 박수를 치며 호응하고, 심상완과 함께 "나가지 말고 계속 머물러 있자"고 말했다는 이유로 실형을 받았다. 농법회 소속인 그가 나중 서울구치소에 갔을 때 먼저 수감돼 있던 서클 선배였던 양춘승은 자신의 눈을 의심했다고 한다. 감옥과는 전혀 어울리지 않는 사람이 왔다고 생각했기 때문이다. 그의 구속은 그를 아는 많은 선배-동료에게 충격을 주었다.

전경재는 "노래를 부르지 않았느냐"는 추궁에 곧이곧대로 시인한 것이 A급 판정을 받은 연유였다. 그는 "당시 경찰은 개사한 노래의 작사자를 찾는 데 혈안이었다"며 "다른 친구들은 부인했는데 내가 노래를 불렀다니까 작사자로 지목한 것"이라고 회고했다.[6]

당시 대통령 박정희가 통치하던 이 나라, 대한민국은 잠깐 사이에 나를 내 가족, 친구 그리고 내가 만나고자 하는 모든 사람들과 격리시켜, 바로 여기, 즉 응당 강의실이나 기숙사가 아니라, 한평 남짓한 이 영등포구치소 8사상 1방 독방에 가두었다.

죄를 지은 자는 당연히 벌을 받아야 한다. 이것은 대통령 박정희나 나도 다같이 인정하는 명제일 것이다.

그런데 '내'가 죄를 지었다고 한다. 하지만 학생들이 응당 모이는 강당에 모였다가 흩어지지 않고 계속 발언하고 토론하고, 노래 부르고, 박수 치고 경찰서 끌려와서 이유도 모르고 무릎 꿇으라고 욕하고 하는 걸 못 하겠다, 못 듣겠다고 했다. 그것이 죄인가? 그것이 바로 이 구치소 독방에 갇혀 있어야 하는 이유인가?

경찰서 유치장에 들어간 1977년 10월 7일 저녁부터, 이 사건으로 처음 받은 형량대로 수감생활을 끝내고, 결국 부마항쟁 이후 대통령 박정희가 자신의 최측근인 중앙정보부의 김재규 부장에 격살할 때까지, 감옥 안에서 이번에는 아주 의도적으로 감행한 반유신 시위에 의하여 추가형을 받아 재판을 받던 중, 나는 매일매일 되물어야 했다. 왜 내가 여기 있어야 하지? 그리고 나는, 또 우리는, 정말 형사재판을 받고 실형을 살만한 범죄를 저질렀는가? 내가 2년 2개월 9일동안 인간으로서 권리 그리고 심지어 당시 유신헌법도 보장한다고 되어 있던 국민의 기본권을 완전히 박탈당할 만한 '죄'를 지었는가?

애초 나와 이른바 '공범들'이 관여했던 '서울대 26동 사건'에 대해 형사처벌을 가한 근거는 일반적 형법체계에서 완전히 벗어나 있던 당시 '대통령 긴급조치 제9호(1975년 5월 13일 공포)'의 제1조 ②항과 ③항이었는데 그 규정은 다음과 같았다.

---

6 '서울대 26동 사건'에서 구속되어 실형을 받은 당시 학생들이 말한 이상의 사건 실황에 대해서는 신동호(2005), 앞의 글 참조.

"1. 다음 각 호의 행위를 금한다.

② 나. 집회·시위 또는 신문, 방송, 통신 등 공중전파 수단이나 문서, 도화, 음반 등 표현물에 의하여 대한민국 헌법을 부정·반대·왜곡 또는 비방하거나 그 개정 또는 폐지를 주장·청원·선동 또는 선전하는 행위

③ 다. 학교 당국의 지도, 감독 하에 행하는 수업, 연구 또는 학교장의 사전 허가를 받았거나 기타 예외적 비정치적 활동을 제외한 학생의 집회·시위 또는 정치 관여 행위"(강조 필자)

이 대통령 긴급조치는 한국 현대사에서 통칭 '유신헌법'이라고 불리는 당시 제4공화국의 제8호 〈대한민국헌법〉 제53조에 근거하여 공포된 것으로서, 그것을 공포함에 있어서 국회의 사전 동의를 필요로 하지 않고 단지 통보만 하면 되었다. 유신헌법 제53조의 내용은 다음과 같았다.[7]

"제53조 ① 대통령은 천재·지변 또는 중대한 재정·경제상의 위기에 처하거나, 국가의 안전보장 또는 공공의 안녕질서가 중대한 위협을 받거나 받을 우려가 있어, 신속한 조치를 할 필요가 있다고 판단할 때에는 내정·외교·국방·경제·재정·사법 등 국정 전반에 걸쳐 필요한 긴급조치를 할 수 있다.

② 대통령은 제①항의 경우에 필요하다고 인정할 때에는 이 헌법에 규정되어 있는 국민의 자유와 권리를 잠정적으로 정지하는 긴급조치를 할 수 있고, 정부나 법원의 권한에 관하여 긴급조치를 할 수 있다.

③ 제①항과 제②항의 긴급조치를 한 때에는 대통령은 지체 없이 국회에 통고하여야 한다.

④ 제①항과 제②항의 긴급조치는 사법적 심사의 대상이 되지 아니한다.

⑤ 긴급조치의 원인이 소멸한 때에는 대통령은 지체 없이 이를 해제하여야 한다.

⑥ 국회는 재적의원 과반수의 찬성으로 긴급조치의 해제를 대통령에게 건의할 수 있으며, 대통령은 특별한 사유가 없는 한 이에 응하여야 한다."

7강조 필자. 〈대한민국헌법〉 [시행 1972. 12. 27.] [헌법 제8호, 1972. 12. 27., 전부개정] (국가법령정보센터 https://www.law.go.kr/lsInfoP.do?lsiSeq=53087&ancYd=19721227&ancNo= 00008&efYd =19721227&nwJoYnInfo=N&efGubun=Y&chrClsCd=010202#0000).

위의 규정에 따르면 긴급조치 그 자체는 어떤 경우에도 "사법적 심사의 대상이 되지 않으며"(제④항), 해제 요건에 대한 판단은 전적으로 대통령에게 일임되어 있었다. 그 반면 국회에서 긴급조치를 해제하려면 "재적의원 과반수"를 필요로 하는데 이것은 일반 법률이 국회를 통과할 수 있는 헌법상의 규정, 즉 "국회는 헌법 또는 법률에 특별한 규정이 없는 한 그 재적의원 과반수의 출석과 출석의원 과반수의 찬성으로 의결한다"는 규정보다[8] 더 강한 요건이었다. 그것도 만약 대통령이 "특별한 사유"가 있다고 한다면 국회의 해제 "건의"에 응하지 않아도 되었다. 따라서 유신헌법에서 대통령에게 부여한 긴급조치 발포의 권한에 대해서는 대통령 자신의 결심 이외에는 그 어떤 외적 제한도 불가능하였기 때문에 실질적으로 대통령의 자의적 독재권력을 거의 무한 보장하는 초법적 장치에 다름 아니었다.

그런데 긴급조치가 이렇게 초법적이면서도 법적 효력을 가지게 되는 것은, 바로 이 조치를 근거로 하여 사법부가 사법적 판단 즉 재판을 하도록 —"정부"뿐만 아니라— "법원의 권한"에 대하여서도 긴급조치를 할 수 있도록 헌법에서 규정했기[9] 때문이다. 바로 이 '대통령 긴급조치 9호' 10항은 "이 조치에 위반한 죄는 일반 법원에서 심판한다"고 하여, 국회의 의결을 거치지 않은 긴급조치가 곧바로 법적 효력을 갖도록 내용을 구성하고 있었다. 다시 말해서 긴급조치 9호는 '국회'를 제쳐놓고, '정부' 기관인 중앙정보부, 검찰, 경찰 등과 '법원'의 권한을 일직선으로 연관시켜 국가의 모든 공권력을 합체시켜 개개 국민의 기본권에 대한 '전면적 압제의 일관공정체제'를 구축하고 있었다.

이런 장치에 따라 당시 유신헌법에서도 규정한바[10] "모든 국민은 법률에 의하지 아니하고는 언론·출판·집회·결사의 자유를 제한받지 아니한다"고 하여 보장받았다고 생각되는 언론과 집회의 기본권 그리고 "학문과 예술의 자유"는,[11] **법률**이 **아니라**, "대통령은 제①항의 경우에 필요하다고 인정할 때에는 이 헌법에 규정되어 있는 **국민의 자**

---

8 이 규정은 당시 유신헌법 제84조인데, 현행 제10호 헌법에서 제49조로 조항번호만 옮겼다. 제헌헌법 제37조에 이 규정이 설정된 이래 모든 헌법에서 이 법률 통과 규정은 조항 번호만 바뀐 채 토씨 하나 변함없이 연속되었다.

9 위의 헌법 제53조 ②항 후단.

10 위의 헌법 제18조(강조 및 밑줄은 필자)

11 위의 헌법 제19조 ①항 "모든 국민은 학문과 예술의 자유를 가진다."

유와 권리를 잠정적으로 정지하는 긴급조치"에 따라 '나'와 나의 학우들에게서는 신체와 아울러 인생을, 그것도 단지 제한 정도가 아니라 아예 봉금을 당했다.

그런데, 다시 한번 반복해서 자문하지만, 학생들이 모였다가 흩어지지 않고 계속 발언하고 토론하고, 노래 부르고, 박수 치고 경찰서 끌려와서 이유도 모르고 무릎 꿇으라고 욕하고 하는 걸 못 하겠다 못 듣겠다고 한 것이 "천재·지변 또는 중대한 재정·경제상의 위기" 또는 "국가의 안전보장 또는 공공의 안녕질서"가 "중대한 위협을 받거나 받을 우려가 있어, 신속한 조치를 할 필요"가 있는 일이었던가?

전혀 아무것도 아닌 일상사를 그리고 국가적으로 보장하라고 되어 있는 기본권을, 일거에 범죄행위로 전형시켜 무의미하게 만들 수 있는 위력을 가진, 즉 헌법의 기본정신을 단숨에 무력화시킬 수 있는, '초헌법적 긴급조치'가 도대체 어떻게 해서 '헌법' 안에 '헌법 조항'으로 버젓이 들어가 헌법 전체를 '헌법을 부정하는 헌법'으로 장착될 수 있었는가?

정말 아무 일도 아니었던 일이 범죄행위가 되어버린 1977년 10월 7일 그날 나의 그리고 우리, 인생의 단초는 그보다 딱 5년 전 정말 아무 일도 일어날 수 없었던 지극히 평범했던 또 다른 하루였던 1972년 10월 17일에 알아야 할 사람들 대부분이 모르는 사이에 대한민국 심장부에 내리꽂혔다.

III. [그 5년 전 유신 첫날 1] 정말 아무일도 일어나지 않았을 날: 1972년 10월 17일 '대한민국 제8대 국회'의 그날, 국회의원 김상현의 하루 — '무법 국가' 성립 그리고 제1호 피해자가 나온 날

1972년 10월 27일 그날은 정말 무슨 일이 일어날 날이 아니었고, 일어나지 말아야 했을 일이 일어날 날도 아니었다. 적어도 '대한민국 제8대 국회' 김상현 의원(서울 서대문구을)에게는 그랬던 날이었다. 하지만 지극히 평범했어야 하는 이날 밤 그는 자기 집이 아니라 정말 뜬금없이 주한 브라질 대사의 공관에서 잠을 자야 했다. 다음은 이날이 있고나서 40년이 지난 2013년 한 월간지에서 털어놓은 김 의원의 그날 이야기이다.[12]

1972년 10월 17일, 나는 광주(光州)에서 전라남도 국정감사를 하고 있었다. 국회에서 오후 국정감사는 하지 말고 서울로 올라오라는 연락이 왔다. 전날 어떤 신문기자가 "내일 오후 7시에 중대발표가 있는데, 아마 국회가 해산될 것 같다"고 했다. 설마 했다. 그럴 만한 이유가 전혀 없었기 때문이다.

하지만 10월 17일 오후 5시, 박정희(朴正熙) 대통령은 전국에 비상계엄령을 선포하고, 국회를 해산했다.[13] 5·16에 이은 두 번째 쿠데타였다. 오후 5시쯤 서울로 올라온 나는 광화문(도렴동)에 있는 《다리》 사(社)로 갔다. 여기서 윤형두(尹炯斗) 사장 등과 함께 박정희 대통령의 유신(維新) 선포 특별담화를 들었다. 인근 석굴암다방으로 가서 커피 한 잔을 마신 후 밀튼 주한브라질대사에게 전화를 걸었다. 그와는 내가 운영하던 해외교포문제연구소가 브라질교포 문제를 다루면서 가까워졌다. 그는 장충동에 있는 자기 공관으로 오라고 했다. 그는 나를 맞이하기 위해 대사관 경비경찰도 다른 곳으로 보내놓고 있었다.

밀튼 대사는 내게 미국이나 브라질로 망명을 하라고 권하면서, 자기가 손을 써주겠다고 했다. 밀튼 대사의 조국 브라질도 쿠데타와 군부(軍部) 통치로 점철된 나라였다. 그 때문인지 밀튼 대사는 이 같은 상황에서는 우선 몸부터 피하고 봐야 한다는 것을 체득하고 있었다. 말로만 듣던 '망명(亡命)'이라는 것이 내 일이 됐다고 생각하니, 눈물이 쏟아졌다.

"조국을 버리고 어떻게 망명하는가?"

"그럼 우선 3개월만이라도 피신해 있어라. 장소는 내가 제공하겠다."

내가 피신을 하면, 내 가족, 비서관, 운전기사 그리고 《다리》 나 해외교포문제연구소 등 내가 만들어놓은 연구소 관계자들이 다칠 것이 뻔했다. 그날 밤은 밀튼 대사의 공관에서 잤다.

다음 날, 밀튼 대사는 충무로 수도극장 앞까지 직접 차로 데려다 줬다. 그는 헤어지기 전에 5000달러를 주려 했지만, 사양했다. 그에 대한 고마움은 지금도 잊을 수 없다.

국정감사라는 국회의 평상시 업무를 수행하던 중이었고 국회를 해산할 만한 그 어

---

12 金相賢(2013),「털어놓고 하는 이야기- '야당가 마당발' 金相賢 前 국회의원(下)」(정리: 배진영 월간조선 기자);〈월간조선 뉴스룸〉01 2013 MAGAZIN (http://monthly.chosun.com/client/news/viw.asp?nNewsNumb=201301100031&ctcd=I).

13 이 글의 말미에 첨부한 공식문건「10·17 대통령 특별선언」참조.

떤 어마어마한 긴급사태도 발생하지 않았으면서도 우선 '국회'가 해산되고, 그 다음날 10월 18일 계엄포고 1호가 발포되면서[14] 서울시내에서 '시민들'의 왕래가 잦은 요처와[15] '대학가'에[16] '계엄군'이 진주하였다. 그리고 자신이 소속해 있던 국회 내무위원회에서 관할하던 '보안사령부' 강창성 사령관에게 전화하자 그냥 집에 가 있으라는 말만 듣고 별 대책 없이 귀가하여 보안사 요원들의 감시하에 사실상 가택연금되었다. 그로부터 17일 지난 11월 5일 강창성(姜昌成) 사령관의 요청으로 그를 만나 유신에 협조하라는 말을 들었지만 분명하게 거부하면서 병원에 입원하게 해달라고 부탁하여 세브란스 병원에 입원해 건강검진을 받고 입원하던 중, 당시 '중앙정보부' 3국의 조일제 국장이 내방하여 유신지지성명을 내면 국회의원을 계속하도록 해주겠다고 재차 회유했지만 김상현 의원은 또 다시 거부하였다.

어쨌든 김상현 의원의 그날을 보면서 필자에게 우선 충격적인 것은, 누구에게도 국회 해산권이 부여되지 않았던 당시 헌법(〈대한민국헌법〉 제7호 헌법)에 따르면 명백히 헌법을 위반한 박정희의 10·17 대통령 특별조치에 대하여, 당시 8대 국회의원 가운데 누구도 국회로 즉각 복귀하여 당시 헌법 제61조 ①항에[17] 따라 대통령 탄핵을 제기하거나, 아니면 그에 준하는 정치적 항의나 법적 이의를 제기할 엄두를 내지 못한 채, 자기를 고용하지도 않고 해고를 통지한 사이비 고용주로부터. 그것도 직접 받은 게 아니라 공중파로 날라온 부당해고 통지를 묵수하여 유신체제 제1호 실직자가 되는 신세를 그대로 감수했다는 것이다.

제8대 국회의원 중 단 한 명도, 부당해고를 자행한 사이비 업주 앞에서 그 흔한 1인 시위 하나 없었다는 것은, 일단은 의아한 일이고, 실질적으로는 수치스러운 일이다. 당시 국회가 국정감사 중이라 의원들이 국내외에 사방 분산되어 있었다고 하더라도 여야

---

14 이 글 말미에 첨부한 「계엄포고 1호」 참조.

15 '영상4' 참조.

16 '영상5' 참조

17 〈대한민국헌법〉([헌법 제7호, 1969. 10. 21. 일부 개정]). "제61조 ① 대통령·국무총리·국무위원·행정각부의 장·법관·중앙선거관리위원회위원·감사위원 기타 법률에 정한 공무원이 그 직무집행에 있어서 헌법이나 법률을 위배한 때에는 국회는 탄핵의 소추를 의결할 수 있다."(법제처 국가법령정보센터) 강조 필자.

를 막론하고 '위헌 폭거 중단하고 책임자를 처벌하라!'는 합법적·합헌적 이의제기를 즉각 —그리고 이런 폭거에 대한 항의는 결코 미뤄놓을 일이 아니라 현장에서 '즉각' 행해야 할 일이다— 제기한 대한민국 국회의원이 단 한 명도 없었다는 것에 대해서는 단지 '대한민국 제8대 국회'뿐만 아니라 '대한민국헌법'의 민주공화국 정체성을 지속적으로 계승하고 발전시켰어야 했을 (8대~20대에 이르는) 역대 국회의원들의 역사적 반성과 엄정한 태도표명이 있었어야 할 일이었다.

그런데 다음으로, 이 조일제 중정 3국장과 김 의원 사이에 오갔다고 구술한 대화 중에 당시 8대 국회의원들에게 가해진 '고문' 얘기는 더욱 충격적이다. 각 국회의원의 정치적 운명을 대통령이 자의적으로 농단한다는 것도 불합리하지만 그런 정치적 농단을 강압하기 위해 일국의 국회의원들을 상대로 '고문'을 행사하겠다고 거리낌 없이 토로하고 '협박'하는 작태는 그 위협도 경악스럽지만 그 수준이 거의 거리 폭력배 수준이라 참으로 경멸스럽다.

병원에 입원해 있는 동안 조일제(趙一濟, 중정 보안차장보, 주일공사, 10·11대 국회의원) 중앙정보부 3국장이 찾아왔다. 그가 말했다. "박정희 대통령, 이후락(李厚洛) 부장, 강창성 사령관 모두 김 의원을 살리고 싶어 합니다. 유신에 협조해 주십시오. 그러면 계속 국회의원을 할 수 있게 밀어드리겠습니다."

"나는 협상론자지만, 원칙만큼은 협상을 하지 않습니다. 이건 원칙의 문제입니다. 유신에는 결코 협력할 수 없어요."

"강하면 부러집니다. 민주주의를 하더라도 국회에 들어가서 하면 되지 않습니까." 그는 "야당 의원 누구누구가 잡혀들어가 고문을 받고 병신이 됐다"는 얘기도 했다. 내가 계속 유신 지지를 거부하자, 그는 이렇게 말했다. "그러면 김 의원의 지구당 부위원장 중 누구라도 좋으니, 그에게 유신을 지지하라고 해주십시오."

"여보, 하려면 내가 하지, 나는 하지 않으면서 어떻게 다른 사람보고 하라고 한단 말이오?"

"이틀간 말미를 드리겠습니다. 이틀 안에 전화가 없으면, 그대로 구속될 것입니다. 그러면 이 정권 아래서는 더이상 정치를 못 하게 될 겁니다."[18]

그리고 김 의원은 유신에 대한 찬반 국민투표가 있던 11월 21일 보안사 서빙고분실
로 연행됐다. 다음은 서빙고에서 당한 김 의원의 고문 상황이다.

　　차에 타자 보안사 요원들이 무전기로 "짐짝 출발했다!"고 말하는 게 들렸다. 보안사 요원들
은 다짜고짜 옷을 벗기고 나서 손을 묶어 무릎에 끼우더니 양다리 사이에 막대기를 넣어 거꾸
로 매달았다. 소위 '통닭구이'라는 고문(拷問)이었다. 그들은 몽둥이로 내 발바닥을 때리며 취
조했다. 주로 DJ의 여자관계, 정치자금줄 그리고 그의 군부인맥 등에 대해 물었다. 나 자신과
관련된 일로는 따귀 한 대 맞지 않았다. 며칠 동안 혹독한 고문이 이어졌다. 의자에 묶은 채 2층
에서 아래층으로 밀어버리는 고문도 당했다. '사우나'라는 고문이었다. 전기고문도 당했다.

　　원하는 대답을 얻지 못하자 그들은 나를 뇌물알선 및 뇌물수수로 엮어 넣었다. 소위 '떡값'이
빌미가 됐다. 8대 국회 당시 나는 내무위원회 신민당 측 간사였다. 그때는 설이나 추석, 연말이
면 국회 각 분과위원장들이 소속 위원들에게 20-30만 원씩 '떡값'을 돌리는 게 관행이었다. 그
런데 당시 오치성(吳致成) 내무위원장은 영 '떡값'을 만들어 오지 못했다. 그러자 내무위 소속
신민당 의원들이 불만을 터뜨렸다. "건설위나 재경위에서는 50만원씩 돌렸다는데, 우린 이게
뭐요?" 나는 공화당 간사인 김용진 의원과 함께 오치성 위원장을 닦달했다. "서울시장에게 얘기
해서라도 어떻게 한 300만 원만 만들어 보시오." 오 위원장과 나, 김용진 의원은 김현옥(金玄
玉) 서울시장을 만났다. 오치성 위원장을 대신해서 내가 김 시장에게 말했다. "다른 위원회에서
는 위원장이 알아서 떡값을 만들지만, 우리 위원장은 그러질 못하니, 시장께서 300만 원만 마
련해 주시오." 김현옥 시장이 말했다. "제가 현금을 마련해 드릴 수는 없고, 건설공사를 하나 드
릴 테니 업자한테서 갖다 쓰시지요." 마침 건설회사 전무로 있는 친구가 있었다. 평소 그에게
신세를 졌던 것을 갚을 기회가 왔다고 생각했다. 나는 그를 서울시와 연결시켜 주고 '떡값'을 받
아 내무위원들에게 나누어 주었다.

　　고문을 견디다 못한 나는 그 사실을 실토했다. 하지만 오치성 위원장 등 다른 사람들이 다칠
까 봐 내가 돈을 받아 나누어주었다고 진술했다. 내 친구도 보안사로 연행되어 곤욕을 치렀다.
결국 나는 뇌물알선 및 뇌물수수죄로 기소됐다. 나장 법정에서[19] 최후진술을 할 때 나는 고문

---

18 이상 金相賢(2013), 앞의 글 참조.

을 당한 사실을 폭로하면서 이렇게 말했다.

"미국의 존슨 대통령은 애완용 강아지 귀를 잡아 올렸다가 동물 학대라는 비판을 받고 사과했다고 합니다. 박 대통령은 이 김상현이가 귀여워서 발가벗겨 거꾸로 매달았는지 모르지만, 그래, 대한민국의 국회의원이 백악관 강아지만도 못하단 말입니까?" 재판정은 웃음바다가 됐다.[20]

IV. [그 5년 전 유신 첫날 2] 그날 또 다른 실직자들, 국회의원 오세응과 김형욱이 함께 겪은 유신 첫날: '대한민국 민주주의 그라운드 제로'를 만든 '절대'권력자의 '정치 없는 통치'의 불길한 조짐

당시 박정희의 폭력 기구에게 당한 것은 야당이었던 신민당 의원들뿐만은 아니었다. 1972년 10월 17일 당시 신민당 초선인 오세응 의원(전국구)은 공교롭게도 공화당 전국구로 역시 초선이었던 김형욱 전 중앙정보부장과 같은 외무위원회 소속이었다. 이 두 사람은 박동선 사건 관계로 반년 전에 상임위 회의 중 거의 폭력행사 일보 전까지 가는 험악한 분위기를 연출한 적이 있었다.[21] 하지만 표면적으로는 아무리 충돌해도

---

19 보안사에서 고문당한 뒤 김상현 의원은 석방되지 않고 1972년 12월 30일 구속되어 조윤형, 조연하 의원들과 함께 서대문교도소로 구금되었다. 위의 글 참조.

20 위의 글 참조.

21 "신상 발언이 도화선(導火線). 국회 외무위는 13일 오후 미, 중공 회담결과에 대한 대정부 질의 도중에 신민당 오세응 의원의 발언이 도화선이 돼 김형욱 의원과 오 의원이 서로 욕설을 퍼붓는 등 약 15분 동안 승강이를 벌여 험악한 분위기를 자아냈다. 미국유학생 회장을 지낸 후 신민당 전국구로 뽑힌 오 의원은 시난해 연말 한병기 의원과 만난 사리에서 "칼 앨버트 미 하원의장이 한국의 비상사태 선언을 지지했다고 발언한 것처럼 신문에 보도된 것은 사실과 다를 뿐 아니라 미국의 친한파 의원들을 멀어지게 하는 결과가 된다"고 말했다. 이어 "한국의 여당으로부터 지탄받던 모 인사가 한국 실업인 P씨의 작용으로 미국 하원의원으로부터 찬양받은 사실이 있는데 이 같은 처사는 외교적으로 한국의 입장을 난처하게 하는 것이 아니냐"고 따지자 맞은편에 앉았던 김형욱 의원이 들고 일어나 "당신 누구 얘기를 하는 거야. 왜 동료의원 이름을 들먹여"라고 제동을 건데서 점화됐다.
오 의원 "할 얘기가 있으면 발언권을 얻어서 하시오."
김 의원 "신민당이 사람이 없어 저런 걸 전국구로 추천했나. 너 아직 맛을 못 봤어."
오 의원 "이보라구. 당신이 상식 있는 줄 알았는데 무슨 말을 그렇게 해."

이면에서는 끊임없이 거래와 사교가 오가는 제도권 정치문화에서 형성된 동종의식으로 그동안 상당히 친해진 이들은 우연찮게도 유신 첫날 국정감사차 유럽 출장에 동행 중 스페인 공관 감사 중이었다. 다음은 이 과정에서 벌어진 일에 대한 오세응 의원의 기술이다.

김형욱 전 정보부장은 우리나라 정치사에 파란곡절이 많은 사람이기에 그와 있었던 일을 몇 가지 더 설명하기로 한다. 외무위원회 충돌 사건이 있고 몇 달이 지난 후 국정감사 때 일이었다. 김 의원을 단장으로 여당 의원 1명과 나, 이렇게 셋이서 유럽지역 대사관 국정감사를 갔다. 출발 전 김형욱 의원의 비서라면서 누가 찾아왔다. "김 단장께서 오 의원님 비행기 표를 가지고 오랍니다." 별 생각 없이 비행기 표를 줬는데, 나중에 보니 김 의원과 내 표는 1등석이고, 동행한 여당 의원은 정부에서 사주는 2등석이었다. 자기 돈으로 내 표를 1등석으로 바꾼 것이었다. 의원이 3명에 불과한 단출한 감사여행이었음에도 같은 여당 소속의 의원을 내버려두고 나만 챙겨서 1등석으로 바꾼 것은 물론, 현지에서도 나에게만 유난히 잘해줘서 미안할 지경이었다.

제네바에 갔을 때 김 의원이 "오늘 저녁에 나하고 조용히 갈 곳이 있으니 다른 약속은 하지 말아요"라고 해서 기다렸더니, 박동진 제네바 주재 대사가 직접 운전하는 차에 우리를 태워 프랑스 국경지대의 카지노로 데려갔다. 그날 밤 대사는 멀리 떨어져서 구경만 하고 우리는 둘이서 블랙잭을 했다. 김 의원은 내게 1만 달러 묶음을 주면서 "천천히 하고 부인 스위스 시계나 하나 사다 주시오"라고 했다.

다음 감사지인 스페인 한국대사관에서 감사를 막 시작하려 할 때였다. 참사관이 황급히 들어오더니 보고 중인 대사에게 귓속말로 무언가를 속삭였다. 곧바로 대사가 말하기를 "오늘 새벽 2시 한국에서 계엄령이 선포되고 국회가 해산되었습니다"는 것이 아닌가? 순간 속으로 드디어 올 것이 오긴 왔는데, 조금 빨리 왔구나 싶었다. 그럼에도 김 의원은 무슨 생각을 했는지 "알았어요, 계속하세요"라고 말하는 것이었다. 내가 "국회가 해산되었는데 무슨 국정감사를 계속해요?"라고 하자 김 의원도 그제서 상황 파악이 되었는지 "그런가? 그럼 그만둡시다"면서 흐지

김 의원이 흥분해서 명패를 들고 일어나 달려가려 하고 정일권, 장덕진 의원 등이 곁에서 김 의원을 말리는 바람에 장내가 몹시 소란해지자 이동원 위원장은 정회를 선포."(「동아일보」 1972년 3월 14일자 기사. 오세응(2015)에서 재인용).

부지 감사를 끝냈다. 나는 10월 유신을 해외에서 맞았던 것이었다. 국회 해산과 더불어 갑자기 실직자가 된 우리는 스페인에서 감사단을 해산했고, 김형욱 의원과 나는 곧바로 미국으로 향했다.

뉴욕의 한 호텔 방에서 김 의원과 나는 여러 가지 이야기를 나눴다. 그때 그는 나를 많이 믿었던지 속마음까지 털어놓았다. 박 대통령의 독재로 어려운 처지가 되었으니 큰일이라고 말하면서, "오 박사는 미국에서 대학 교수라도 하는 것이 좋지 않겠느냐? 난 돌아가기 싫지만 안 갈 수가 없다"고 했다. 나는 "아무리 독재라고 하더라도 나를 죽이기야 하겠느냐. 아무 잘못한 것이 없는데…"라도 대답하면서 함께 고민했던 기억이 난다.

김 의원은 곧 귀국했고, 나는 도중에 하와이에서 푹 쉬면서 마음을 가라앉힌 다음 귀국했다. 공항에서 야당 의원은 혹시 심하게 다루지 않을까 걱정했지만 아무 일 없이 서울 집에 돌아올 수 있었다. 그리고 유신헌법 하의 9대 국회에 다시 진출할 수 있었다. 나보다 먼저 한국으로 돌아왔던 김형욱은 조용히 골프와 테니스를 치면서 지내다가 차후에 몰래 미국으로 망명했고, 망명한 직후에는 뉴저지의 농장이 붙은 넓은 집에 살면서 지냈다. 하지만 오래지 않아 박정희 정권을 비판하면서 미국 의회 청문회에까지 나가 한국 정부를 비난하는 증언을 서슴지 않았고, 박 정권의 비리를 파헤치는 책을 쓴다는 소문도 들려왔다.

그가 미국에서 망명 생활을 할 때 나는 국제회의에 참석하느라 1년에 한두 번 미국에 들렀다. 그의 생활이 어떤지 궁금해서 연락했고, 골프를 같이 치기도 했다. 그도 내가 연락하면 반갑게 맞아주었고, 내게서 한국 사정을 듣는 걸 좋아했다. 한 번은 새로 나온 최고급 골프채까지 사주면서 골프를 치러 가자고 해서 함께 간 적도 있었다. 그러던 어느 날 뉴욕 56번가에 있는 '삼복'이라는 한식집에 갔을 때다. 비록 내가 야당 소속으로 긴급조치에 걸린 신세이긴 했지만 그가 초조해 보였고, 또 한국에 대해 너무 심하게 비판하는 것이 옳지 않다고 여겨 조용히 말문을 열었다.

"김 선배! 나는 김 선배가 이렇게 사는 것을 보고 싶지 않으니, 귀국해서 박 대통령에게 사과하고 한국에서 사세요. 내가 미국에서 살아봐서 잘 아는데 김 선배 같은 분은 여기서 마음 편하게 행복하게 살 수가 없어요."

그러자 그는 펄쩍 뛰면서 "나 지금 여기서 편안하게 잘 지내고 있어요"라고 대답했다. 내가 다시 "김 선배! 나처럼 여기서 13년 살면서 공부를 하며 익숙해도 여기서 아주 사는 것은 싫은데, 김 선배는 얼마나 불편하겠어요!"라고 거듭 귀국을 권유했다. 그랬더니 그는 내 말이 미처 끝나기도 전에 갑자기 손뼉을 치면서 식당의 주인아주머니를 불러 "여보 이 마담, 나 어제 여기 왔지? 내가 젊은 여자 세 사람하고 술 마시고 밤늦게 돌아갔지?"라고 말했다.

그렇게라도 해서 미국 생활이 전혀 불편하지 않다는 것을 나에게 애써 상변하려 하는 그의 모습이 애처롭게 여겨졌다. 내가 경험한 바로 그는 씀씀이가 컸다. 그래서였는지 모르겠지만, 마지막에 그가 박 대통령의 비리를 과장해서 기록한 책을 출판하기 직전에 중앙정보부가 그 책의 원고를 받고 100만 달러를 주겠다는 흥정을 했었다. 그 와중에 파리의 한 호텔에 투숙한 것을 마지막으로 타계한 것으로 알고 있다.[22]

외국에 나가 있는 우리나라 공관에 대한 감사 업무를 수행하던 당시 8대 국회 외무 위원회 소속 의원들이 유신 선포 소식을 접하자마자 감사 업무를 중단한 정도가 아니라, 임기가 2년반 이상이나 남았음에도 불구하고, 여야를 막론하고 아예 알아서 "감사 단을 해산"하고 순순히 귀국하여 '제8대 국회 해산'에 누구도 공식적으로 이의를 제기 하지 않은 채 그냥 피압박 또는 순응의 길을 갔음을 또 한 번 확인한다.

그리고 이제 분명하게 부각되는 것은 이른바 유신의 기획이, 헌법 질서 안에서 국민 이 직접 뽑은 여야 국회의원들을 핵심으로 돌아가는 제도권 정치과정과 아무런 상호작 용 없이, 심지어 대통령 박정희의지지 세력이라고 할 수 있는 당시 여당인 민주공화당 과도 일절 유의미한 교감 없이, 추진되었다는 것이다. 즉 유신은 철저하게 '탈(脫)정치 의 기획'으로서 '민주주의에 전적으로 반할 뿐만 아니라 정치도 없는 반(反)민주 · 탈(脫) 정치의 국가 통치'를 지향하는 것이 분명해졌다.

이것은 곧, 하나의 국가체제 안에서, 특히 민주주의를 기축으로 운영되어야 하는 국 가 통치에서, 통치자-피통치자-사이(間) 그리고 통치권-내부(內) 이해 갈등이 발생할 경우 갈등당사자들의 상호소통을 통한 자율적 갈등'조절'의 메커니즘이 작동하지 않고 모든 과정과 현장에서 초월해 있는 위치에 자리잡은 '절대'권력자에 의한 갈등'통제' 아 니면 갈등'정리'만 가능 또는 불가능하다는 것을 뜻했다. 문제의 핵심은 이럴 경우 그런 갈등통제나 갈등조절을 할 유일한 능력자로 되어 있는 그 절대권력자의 권력이 그야말

---

22 "김형욱과 함께 맞은 10월 유신"; 오세웅(2015).

로 '절대적'이라야 한다는 것이다.

　이와 같은 조건을 전제하는 절대권력자가 바로 이 '절대적' 권력을 유지하고 지속하기 위해 취하는 첫 번째 조치는 이 절대권력에 절대복종하는 '강한 충성 세력'을 규합하는 일이다. 그리고 그다음, 그 자체로서는 절대 세력화의 능력이 없으면서도 절대권력자에 동조하는 '협력자 집단'을 확충하면서, 이 권력 행사에 도전하거나 항의하는 '저항자들'을 제압하여 무력화시키거나 아니면 극소화하는 일방, 이런 과정에서 불가피하게 발생하는 '피해자들'은 절대권력의 통제 안에서 다른 잠재적 저항자와 연결되는 것을 차단하거나 말살하거나, 그것이 불가능하면 봉쇄시키는 것이다.

　그런데 이런 권력 행태에서 절대권력자가 그야말로 그 절대성을 유지하기 위해 필수적인 것은 그 절대권력의 작동범위를 설정함에 있어서 절대성을 지원하는 권력 요인들 각각의 권력 능력을 넘어서는 갈등 상황이 발생하거나 생성되지 않도록 잠재적 갈등 요인들을 정확하게 인지하고 효과적으로 통제해야 한다. 그리고 지속 가능한 절대권력을 유지하려고 하려면 어떤 경우에도 이 권력능력으로 통제할 수 있는 통제한계선을 절대 무한 확장해서는 안 된다는 것이다. 다시 말해서 절대권력자의 가장 큰 미덕은 절대권력이 통하지 않는 권력 한계선을 자기의 권력 능력에 부합하도록 적절한 선에서 유지하는 것이다.

　그러나 박정희 유신체제가 본격적으로 그 효시를 당긴 첫날, '대한민국 민주주의'를 '그라운드 제로'로 폭침시킨 유신 기획의 첫 작전이 실행에 옮겨진 날, 국가권력 차원에서 작동하는 민주주의의 핵심이라고 할 수 있는 자유민주주의적 의회주의의 중추인 '국회'가 당시 헌법상에 보장된 일절 저항 수단을 포기한 채 사실상 앉아서 해산됨으로써 대한민국의 통치 지도에서 '국회가 사라진 바로 그날', 유신체제는 역설적으로 그 충성 세력 안에서 배신과 반역이라는 극단적 도전자가 형성될 요인들을, 그것도 최측근에서 돌발될 요인을 그대로 배태하고 있다는 한계를 드러내고 있었다.

　제3공화국 체제 안에서 대통령 박정희가 권력을 집중하기 위해 악역이 필요할 때 그 충견 역할을 마다하지 않았던 중앙정보부 제4대 부장 김형욱은 1963. 7. 12.-1969. 10. 20.에 걸쳐 무려 6년 3개월 동안 인혁당 사건을 비롯한 공안사건 조작과 고문, 6·3 사태 국면에서의 야당 의원들에 대한 회유 및 협박 그리고 1969년 3선 개헌 국면에서 김종필계 및 여당 내 주류 의원들 탄압 등으로 여야를 막론하고 질시와 혐오 그리고 공포의 대상이었다가 특히 공화당 중진이었던 이만섭 의원이 3선 개헌에 찬성하는 조건으로 그의 경질을 정면으로 요구하면서 즉각 해임당하고, 유신체제가 출범하면시 그나마 유지하고 있던 의원직을 상실하고 유신체제 안에서 유정회 의원 지명도 받지 못하자 박 정권의 급소를 건드리는 폭로와 반항에 나섰다. 다시 말해서 유신체제는 그 첫날부터 관리할 수 없는 피해자를 대한민국 국가 및 사회 전체에서 양산하고 있었다.

V. [사라진 국회] 왜 하필 '국회 해산'이었던가?: 박정희 결정의 다중 요인(국외 요인, 대북 요인 그리고 국내 요인) 중에 '국회가 사라져야 했던' 필연적 요인이 있었을까?

유신 체체에 관한 비판적 담론에서 지금까지 가장 기본적인 문제 프레임은 '폭압적 독재자'에 의해 국가 차원의 '민주주의'가 말살되고 '반민주 독재 세력'과 '반독재 민주 세력' 사이의 억압과 저항이 상호교착하는 과정에서 '무수한 피해자'가 발생했다는 스토리 라인이다. 그리고 이 과정에서 독재의 협력자들과 민주주의의 저항자들이 양편으로 결집하면서 그 정치적·사회적 대결의 역사는 21세기 두 번째 십 년기가 다 지나가는 현재까지도 '아직 끝나지 않은' 스토리, 아니 어쩌면 '네버 엔딩' 스토리로 지속된다. 왜냐하면 유신체제 성립의 명시적 기점인 1972년부터 꼬박 48년 그리고 본격적인 민주화가 시작된 1987년 6월 항쟁부터 33년이 지났지만 "다 청산되지 못한 유신의 찌꺼기는 언제라도 부활을 도모하고 있는 듯 보인다"는 말은[23] 아직도 여전히 유효한 측면이 있기 때문이다.

그런데 이 '독재-반독재'/'민주-반민주'의 스토리 라인 위에서 벌어진 '억압-저항'의 각축 과정이 막 벌어지는 시발점에 가장 먼저 그리고 가장 처절하게 파쇄되었으면서도 유신체제의 피해자 복록에 그 명징이 석시되지 않은 채 유신체제의 지속과 그 후속 국

---

23 김학진(2017), 310.

면에서 유신체제 청산에 대한 일절 담론에 끼지 않는 실체적 피해자가 있다. 그것은 유신체제 구축 기획에서 그 제1호 타격점이었던 대한민국 제8대 국회와 그 의원들이다.

명실상부한 유신체제 구축 작업이 시작되는 효시가 1972년 10월 17의 「10·17 대통령 특별선언」과 그와 동시에 발포된 비상계엄령이었다는 데는 아무도 이의를 달지 않는다. 대한민국 국가 그리고 그 요체인 헌정사에서 이 선언이 전무후무한 정치적 의미를 갖게 된 이유는 이 선언의 핵심이 그 제1항에서 언명하는 그대로, 당시까지의 대한민국 역대 헌법에서 한 번도 그 누구의 권한도 아니었던 "국회 해산"을 단행하고 그 입법권을 "비상 국무회의"라는 임의 기구가 탈취하도록 했기 때문이다. 그러면서 이 임의기구에 헌법개정의 업무까지 이행하도록 함으로써 바로 이날로 대한민국 국가 기구에서 '국회는 사라졌다.'

그렇다면 이 당시 대한민국 그리고 그 현직 대통령 박정희로 하여금 당시 헌법(〈대한민국헌법〉 제7호 헌법)에서 전혀 인정 아니 언급조차 하지 않고 있었던 '국회 해산'이라는 결정을 도출하게끔 만들었던 그야말로 결정적 요인들이 있었던가? 전시수도까지 운영해야 했던 한국전쟁 와중에서도 대한민국 국회는 해산당한 적이 없었다.[24]

---

24 대한민국 헌정사에서 국회 해산은 3차례 있었는데, 10월유신은 두 번째 해산이었고, 첫 번째 국회 해산은 역시 박정희에 의해 감행된 1961년 5·16쿠데타(군사 정변) 때였다(세 번째 국회 해산은 1980년 전두환의 하나회가 중심이 된 5·17 군부 쿠데타 때 감행되었다). 이때 박정희는 쿠데타 당일인 5월 16일 조직했던 '군사혁명위원회'를 이틀 뒤 '국가재건최고회의'로 명칭을 변경하여 행정·입법·사법 삼권을 행사하도록 하였다. 이로써 4·19 혁명을 배경으로 등장하였던 대한민국 제5대 국회—당시 헌법으로는 제5대 민의원 및 초대 참의원—는 임기를 채우지 못하고 정변 당일 혁명위원회 포고로 9개월 19일 만에(1960년 7월 29일-1961년 5월 16일) 사라졌고, 제6대 국회가 성립되는 1963년 12월 17일까지 대한민국 국가 통치에서 '국회'는 존립하지 않았다. 군대의 무력을 동원한 국회 해산의 첫 경험이 박정희로 하여금 두 번째 해산의 선례가 된 것은 분명했지만, 그래도 정당성의 폭에 있어서 10월유신 때의 국회 해산과 약간의 차이가 있었다. 5·16은 당시 제2공화국의 국가수반이었던 윤보선 내통령에 의해 만은 묵인되었고 (쿠데타 주역들과 처음 면접할 때 청와대에 강제로 끌려왔던 장면 내각의 각료들을 앞에 두고 "올 것이 왔다"고 했던 윤 대통령의 발언은 두고두고 문제가 되었으며, 그 뒤에도 국가재건최고회의가 주최한 현충일 행사 등에 참석하여 현직 대통령이 쿠데타를 반대하지 않는다는 시그널로 받아들여지기도 하였다). 4·19 민주 혁명으로 성립했으면서도 국민적 여망을 실현하기보다 신·구파 정쟁에 골몰하는 듯한 당시 민의원의 행태는 전혀 바람직한 것으로 받아들여지지 않았다. 그런 분위기에서 정변이 일어나자, 비록 단기간이긴 했어도, 정변 당시 많은 인사들의 지지 성명이 있었는데 장준하는 『사상계』 1961년 6월호에서 "과거의 방종, 무질서, 타성, 편의주의의 낡은 껍질에서 탈피하여, 일체의 구악을 뿌리 뽑고 새로운 민족적 활로를 개척할 계기를 마련한 것이다."라며 군사 정변을 지지하였고, 언론인 송건호도 제3공화국은 민족적이라고 평가하

더구나 1972년 10월 당시 대통령 박정희는 이미 1년 전인 1971년 12월 6일 국가비상사태를 선언하고,[25] 그에 따라 12월 27일 「국가보위에 관한 특별조치법」까지 통과시켜 국가적 위기에 대해서는, 만약 그런 사태가 실제로 현존했다면, 그에 대처하여 국방, 경제 그리고 심지어 언론, 출판, 집회와 재산 수용 등에 걸쳐 비상 권한을 행사할 수 있는 관한 법적 장치를 사실상 이미 장악한 상태였다.[26] 이런 상태에서 그 어떤 비상조치를 취한다고 한다면 그리고 그 비상조치가 민주국가의 통치기구 중 가장 핵심부인 임기 중의 국회 자체를 해산하여 그 의원들의 직책을 강탈하다시피 했다면, 1972년 10월 17일 당시 과연 그런 조치를 취할 정도로 긴급한 비상사태가 당시 현존했던가?

여기에서 필자는 1972년 10 · 17 비상조치에 이르기까지 대통령 박정희와 관련된 공식 담설들에 대한 담론분석에서 추출한 모든 요인을 '국제요인', '대북 요인', '국내 요인' 등 3중 요인에 따라 분류하고 그 요인별 사건들의 추이에 대하여 (비판적 사고의 '자비의 원칙'에 따라) 그 정당화를 최대한 강화시키는 방식으로 정렬하고 분석해 [도표 1]로 입체적으로 정리해 보았다.

[도표 1] 유신독재체제로 끌고간 3중요인별 사태 추이

국제 요인	대북 요인	국내 요인
1968년 5월 파리, 본, 베를린에서 시작된 대학생들의 반전운동은 8월 미국 시카고까지 번지면서 범서방권 전체가 스튜던트 파워에 의한	1968년 1월21일 북한124군부대 청와대 습격 기도 (1 · 21사태) 1968년 1월 23일 동해에서 미 정찰	1968년 2월 7일, 대통령 박정희는 경전선 개통식에서 '금년 내에 무기 공장을 세워 전국 250만 재향군인을 무장시키겠다'고 언급하였다.

여 박정희에 대한 지지를 표명하기도 하였다.(송건호,『송건호 전집: 20 역사에서 배운다』(한길사, 1996), 295쪽) 또한 정변 한달 뒤, 일제강점기 당시 제암리 학살사건을 폭로한 프랭크 스코필드 박사는 1961년 6월 14일 〈코리언 리퍼블릭〉지에 「5 · 16 군사혁명에 대한 나의 견해」라는 글을 발표하였는데, 그는 투고의 첫머리에서 "5 · 16 군사혁명은 필요하고도 불가피한 것을 알게 될 것"이라고 지적하면서 민주당 정권의 부정과 무능을 폭로하며 "한국에는 아직 진정한 민주주의가 시험된 적이 없다"고 주장하였다(이 각주는 「5 · 16군사정변」,『위키백과』(https://ko.wikipedia.org/wiki/5%C2%B716%EA%B5%B0%EC%82%AC_%EC%A0%95%EB%B3%80 2020년 9월 7일 (월) 17:35 마지막 편집) 참조.

25 이 발제문 말미의 공식 문건 1.「국가 비상사태 선언에 즈음한 특별 담화문」(1971. 12. 6.) 참조.
26 이 발제문 말미의 공식 문건.「국가보위에 관한 특별조치법」(1971. 12. 27.) 참조.

68혁명의 물결에 휩싸였다. 미국 정부가 더이상 미국 시민을 대표하지 않는다는 내부 저항은 베트남반전 운동을 중심으로 냉전의 한축인 서방권의 정당성 기반을 동요시키기 시작했다. 1968년 1월에 시작된 '프라하의 봄'을 진압하기 위해 소련을 필두로 한 동유럽 5개국 군대가 바르샤바 조약을 내세워 8월 체코를 점령하고 들어와 개혁공산주의의 지도자였던 두브체크를 반납치 하고 운동을 진압하였다. 이로써 소련을 중심으로 단일대오를 형성하고 있다고 믿었던 동유럽 공산권의 내부 균열이 확연하게 감지되고, 동서냉전의 한 축이 함몰되기 시작했다.	함 푸에블로호 북한에 나포. DMZ 요새화, 철책선 구축 완료 및 사계 청소를 위한 고엽제 에이전트 오렌지 살포 뒤 GOP 설치하고 대규모 중무장 병력 배치 1968년 10월 30일부터 11월 2일까지 3차례에 걸쳐 북한의 무장 공비 120명이 울진·삼척 지역에 침투하여 12월 28일 대한민국 토벌대에 소탕되기까지 약 2개월간 게릴라전을 벌였다.[27]	이에 따라 2월 20일 국무회의에서 향토예비군 설치법이 의결되고, 3월 29일에 220여만 명의 향토예비군 편성이 완료되었다.
1969년 3월 2일, 우수리강의 전바오 섬에서 중국과 소련 사이에 군사 충돌이 발생, 9월 11일까지 계속됐다. 이는 영토 문제뿐만 아니라 스탈린 사후 심화되었던 상호 화해 불가능한 정도로 심화된 중소 대립을 드러내는 사건이기도 했다. 1969. 7. 25.[괌 선언] 괌에서 닉슨 대통령은 백악관 수행기자단과 가진 기자회견을 통하여 동아시아 동맹국들의 자주국방능력 강화와 미국의 부담감축 방침을 천명하였다.[28] 1969년 8월에 개최된 한미정상회		1969년 4월 신민당은 본회의에서 권오병 문교부장관에 대한 해임권고건의안 통과,[29] 이후 박정희의 지시에 따라 공화당의 구주류 의원이었던 양순직, 예춘호, 박종태, 정태성, 김달수 의원 제명. 1969년 6월 박대통령은 기자회견 석상에서 "꼭 필요가 있다면 개헌할 수 있으나 그 필요성과 정당한 이유가 문제"라고 밝히면서 3선 개헌을 다시 공식화하였고 3선개헌을 방침으로 굳히고 6월부터 공화당과 정우회 소속 의원들을 상대로 개헌찬성서명을 받기 시작. 1969년 6월 신민당은 정정법 해금

담에서 "주한미군은 계속 주둔한다"는 재천명이 있었다.		인사와 재야인사들과 본격적으로 규합하였고 서울대에서 시작한 개헌반대 "데모"가 전국적으로 파급되었다.[30] 1969. 7. 25. 박정희 대통령은 「개헌문제에 관한 특별담화문」을 발표 1969년 8월 헌법 개정안 통과를 위해 공화당이 제71회 임시국회를 소집요구하였다. 발의자 윤치영 외 121명 의원(공화/108명, 정우회/11명, 신민/3명)에 의해 '헌법 개정안 의안번호: 070573'은 국회에 접수되었다.[31] 1969년 8월 16일 헌법 개정안으로 말미암아 파국을 맞았던 제71회 임시국회가 9일만에 정상화되었고, 여·야는 헌법개정의 절차법인 국민투표법 단일법안으로 합의하고자 하였으나, 공화당의 반대로 무산되었다. 1969년 9월 정기국회가 개회되고 방학 중이던 각급 학교의 개학과 더불어 서울대를 시작으로 다시 "데모" 열풍이 일어나자, 전국 대학과 고교의 휴업사태가 빚어졌다.[32] 1969년 9월 8일 30일간의 공고기간이 끝나고 헌법 개정안이 본회의에 정식 상정되었다. 여·야총무회

| | | 담에서 여·야는 헌법 개정안 의사일정을 10일에는 제안설명, 12일까지 질의 및 토론, 13일에는 표결하기로 합의했다. 또한 국민투표법안에 대한 보완작업을 하기로 하고「국민투표법개정 9인 소위원회」를 구성하고 국민투표법안을 수정하기로 하였다. 여·야합의는 신민회(新民會)가 표대결로 전략방침을 변경한데 있다.

1969년 9월 15일 제72회 정기국회 제5차 본회의에서 개헌안에 대한 표결 선포가 있자 신민회의원들이 단상을 점거하였고 자정을 넘기면서 산회(散會)됐는데, 14일 새벽 2시 33분 공화당·정우회총무단을 비롯 66명의 요구로 소집된 제6차 본회의는 국회 제3별관특별위원회 회의실에서 이효상 의장이 제6차 본회의의 개의를 선포하였다. 본회의에는 122명공화/107명 정우회/11명 무소속/4명이 참석한 가운데 헌법 개정안 표결에 들어갔다. 2시43분에 개표시작, 2시 50분에 122명 전원찬성으로 헌법 개정안이 가결되었음을 선포했다.[33] |
| 1970년 2월 18일에 발표된 미국의 외교백서에서 "이떤 나라의 국방과 경제도, 미국 혼자만이 떠맡을 수는 없다. 세계 각국, 특히 아시아 및 중남미 국가들은 자국 국방의 책임을 져야 한다."라고 하면서 닉슨 대통령은 "미국은 아시아 및 극동에 있 | 1970년 6월 5일, 서해 휴전선 부근에서 우리 어민단 보호 임무를 수행하던 해군 방송선(시속 8노트, 120t급)이 교전 끝에 침몰 직전 북한에 납치됐다.

1970년 6월 22일 새벽 3시 50분, 서 | |

어 (1)우방군이 핵공격이 아닌 형태의 공격을 당할 경우 군사와 경제적 지원만 제공하며, (2) 당사국은 美 지상군 병력의 지원을 기대하지 말고, 제1차적 방위 책임을 져야 한다"고 천명하였다. 이로써 미국은 "다시는 아시아 대륙에 지상군을 투입하지 않겠다"는 분명한 의사표시를 하였고, 주한 美 지상군의 철수나 감축이 있을 것이라는 암시를 하였다. 이로써 '닉슨 독트린'은 닉슨 행정부의 대아시아 외교의 공식 원칙으로 정립되었다.

1970년 6월 30일 정일권(丁一權) 국무총리는 국회에서 "미군 철수는 한국군의 현대화가 완전히 달성되어 우리의 전투 능력이 북한을 훨씬 능가하게 되는 70년대 후반까지는 있을 수 없다"고 단언하였다.

1970년 7월 5일 사이공에서 개최된 월남 참전국 회의에 참석한 로저스 美 국무장관은 함께 참석한 최규하(崔圭夏) 외무장관에게 "주한미군 2만 명을 철수하겠다"고 정식 통고했다. 그리고 다음날 서울에서는 포터 주한 美 대사가 丁 총리에게, 워싱턴에서는 존슨 美 국무차관이 김동조(金東祚) 대사에게 각각 철병계획을 통보하였다. 3선 개헌 발의(1969년 9월) 이후 구희 신이른 거부해오던 야당도 주한미군 철수 소식은 충격적이어서 즉시 국회에

울 동작동 국립묘지에서 충격적인 사건이 발생했다. 서울 시내까지 침투한 북한 게릴라들이 6·25 행사에 참석하는 박정희 대통령과 정부 요인들을 폭사시키기 위해 국립현충원의 현충문에 고성능 폭탄을 설치하고 원거리에서 전파 조작으로 폭파하려 했다. 그런데 조작 실수로 폭탄이 미리 터지는 바람에 공비 1명은 현장에서 즉사했고, 나머지 공비들은 추적 끝에 사살됐다.

복귀하여, "(1) 북한의 남침야욕을 유발하는 여하한 명분의 미군 철군에 반대한다. (2) 1966년 월남파병 (增派) 때 미국이 약속한 한국군 장비의 현대화 및 방위산업 육성에 대한 지원을 감군에 앞서 구체화하고 실행해야 한다."라는 대미 결의문을 채택했다. 언론계에서는 "선보장(先保障) 후감군(後減軍)", "주한미군 철수절대반대" 등에 관해 연일 대서특필했다.		
1971년 4월 2일, 동두천 캠프 케이시에 주둔했던 주한미군 7사단 2만여 명이 일방적으로 미국으로 철수해, 해산되었다. 한국전쟁 개전 초기 한국군이 전멸해 일본으로 망명하려던 한국 정치인들을 미군이 인천상륙작전으로 북한군을 전멸시켜서 구해주었기 때문에, 주한미군의 전격 철수는 한국에 대단한 충격과 공포였다. [미중 핑퐁 외교] 1971년 4월 6일에 열린 제31회 나고야 세계탁구선수권대회에 출전한 탁구 선수를 비롯한 미국 선수단 15명과 기자 4명이 같은 해 4월 10일부터 4월 17일까지 중화인민공화국을 방문, 저우언라이 총리와 면담을 가진 데 이어서 베이징, 상하이, 광저우 등을 순방하면서 중화인민공화국 건국 이후 아직 20년 이상 막혔던 교류의 징검다리를 놓았다. 1971년 7월 헨리 키신저 미국 국가	1971년 9월 20일 대한적십자사의 제안에 따라 판문점에서 제1차 남북적십자회담 열리다.	1971년 4월 27일에 열린 대한민국 제7대 대통령 선거에서 민주공화당 박정희 후보는 6,342,828표(득표율 53.20%), 신민당 김대중 후보는 5,395,900표(득표율 45.26%)를 득표하여 3선에 나선 박정희 후보가 당선되었으나, 그 차이가 100만표 이내였고, 특히 서울에서는 박 후보가 805,772표, 김 후보가 1,198,018표로써 김대중 후보가 크게 앞서면서 경기도권에서도 김 후보가 근소하게 앞섰고, 호남에서는 더블 스코어로 앞섰다. 이 선거는 이른바 지역감정이 한국 정치의 고질적 적폐로 정착하게 되는 계기가 되었다. 1971년 6월 박정희는 개각을 단행해서 김종필을 국무총리로 오치성을 내무부 장관으로 임명하였다.[34] 1971년 10월 2일 오치성 내무부 장관에 대한 해임 건의안이 통과되면

안보담당 보좌관이 극비리에 중국을 방문, 중국 수뇌부와 비밀 회동 1971년 12월 27일, 「국가보위에 관한 특별조치법」 공포와 동시에 박정희 대통령은 청와대에서 미국이 서독에 16발을 배치한 MGM-31A 퍼싱I 핵미사일을 모방해서 1976년까지 핵탄두 탑재용 탄도 미사일 개발하라고 지시했다. 퍼싱 핵미사일은 제1격에 사용하는 무기체계로서, 400kt 수소폭탄이 탑재된다.		서 이른바 '항명 파동'이 일어났다. 1971년 10월 15일 위수령 발동 1971년 12월 6일 대통령 박정희, 「국가 비상사태 선언에 즈음한 특별담화문」 발표 1971년 12월 27일, 「국가보위에 관한 특별조치법」 공포
1972년 2월 21일 리처드 닉슨은 미국 대통령으로는 최초로 '적성국' 중국을 방문, 마오쩌둥(毛澤東) 주석과의 베이징 정상회담으로 미·중 데탕트, 즉 긴장 완화의 시대를 열었다. '강경 반공주의자' 닉슨이 냉전의 흐름을 바꾼 '대화의 아이콘'으로 부상한 순간이었다.	1972년 5월 3일 이후락 중앙정보부장이 남북공동성명을 위해 평양을 방문했을 때 4일 새벽에 만난 김일성 주석은 청와대 습격 사건에 대해 "내부 좌익 맹동 분자들이 저지른 일이지 결코 내 의사나 당의 의사가 아니었다"고 사과했다.[35] 1972년 7월 4일 남북한간의 「7·4 공동성명」 발표. 1972년 12월 27일 북한, '사회주의 헌법' 공포, 조선민주주의인민공화국을 "자주적인 사회주의 국가"로 규정해 혁명의 단계가 인민민주주의 단계에서 사회주의 단계로 넘어왔음을 명확히 하면서, 수도를 '서울'에서 '평양으로 변경하고, 조선로동당의 우월적 지위를 명시하면서, 사회주의적 소유제도를 확립하고, 주체사상을 헌법규범으로 격	1972년 10월 17일 「10·17 대통령 특별 선언」 공포 및 비상계엄 선포, 국회 해산 10월 27일 '비상국무회의'에서 의결된 개헌안 공고 11월 21일 국민투표에서 투표율 91.9%, 찬성 91.5%로 개헌안 확정 11월 28일 대학 휴교 조치 해제 12월 14일 0시를 기하여 계엄령 해제 12월 15일 통일주체국민회의 대의원 선거실시, 2,359명의 대의원 선출 12월 23일 박정희가 단독입후보한 가운데 장충체육관에서 대통령선

사라진 국회 그리고 박정희 유신독재체제가 강점한 '무법 국가'의 출현 _홍윤기 45

	상하였으며, 국가주석제를 도입하여 권한을 강화하고, 내각을 폐지하면서 중앙위원회, 정무원을 설치하고, 집단주의 강조. ▶ 김일성이 국가주석에 취임하면서 '유일체제' 성립.	거 실시, 찬성 2,357표, 무효 2표로 임기 6년의 제8대 대통령에 박정희가 선출 12월 27일, 중앙청에서 유신헌법 공포식 진행 뒤이어서 장충체육관에서 박정희의 제8대 대통령 취임식 ▶ 유신독재체제 성립

---

27 이는 한국전쟁 휴전 이후 최대 규모의 도발로, 침투한 무장 공비 중 7명이 생포되고 113명이 사살되었으며, 남한 측도 민간인을 포함하여 40명이 넘게 사망하고 30명이 넘게 부상하는 등 피해를 입었다.

28 이 회견에서 닉슨은 "길지 않은 기간 동안 미국은 세 번이나 태평양을 건너 아시아에서 싸워야 했다. 일본과의 태평양전쟁, 한국전쟁 그리고 아직도 끝이 나지 않은 베트남 전쟁이 그것이다. 2차 대전 이후 아시아처럼 미국의 국가적 자원을 소모시킨 지역은 일찍이 없었다. 아시아에서 미국의 직접적인 출혈은 더이상 계속되어서는 안 된다"고 선언하였다. 그러면서 그는 동아시아 동맹국들에 대한 미국의 정책이 견지해야 할 원칙을 다음과 같이 밝혔다. 즉,
1. 미국은 우방 및 동맹국들에 대한 조약상의 의무는 지킨다.
2. 동맹국이나 기타 미국 및 기타 전체의 안보에 절대 필요한 국가의 안정에 대한 핵보유국의 위협에 대해서는 미국이 핵우산을 제공한다.
3. 핵공격 이외의 공격에 대해서는 당사국이 그 1차적 방위 책임을 져야 하고 미국은 군사 및 경제원조만 제공한다.
4. 군사적 개입도를 줄인다.

29 권오병 문교장관 해임안은 공화당 구주류 의원들이 찬성표를 던져 통과되었는데 그 후 박정희 총재는 "1주일 안에 이번 사건을 주동한 반당 분자를 철저히 규명하여 그 숫자가 몇십 명이 되더라도 가차없이 처단하라"고 지시하였다.

30 정부 당국은 "데모"를 막기 위해 방학 중에 학교장의 사전승인 없이 학생집회를 지도록 각 학교에 시달했으며, 전국의 대부분의 대학(서울/서울대 연세대 고려대 경희대 성균관대 동국대 우석대 항공대 광운전공대 건국대 시립농대 단국대 외국어대 숭실대 지방/경북대 전남대 전북대 조선대 원광대 공주사대 대전대 대전실업초대 충남대 부산대 충북대 춘천대 춘천농대 영남대 이리공대, 총 29개교) 이 휴교 또는 조기방학에 들어갔다. 유진오 총재는 박정희 대통령에게 공개서한을 보내 "개헌을 하지 않겠다고 선언하면 정국안정 등 모든 문제는 끝나는 것"이라며 삼선개헌문제에 대한 결단을 촉구했다. 공개서한에 박정희 대통령은 강상욱 청와대대변인을 통하여 "개헌안이 합법적으로 발의될 때에는 공정한 관리로써 국민의 의사가 충분히 반영되도록 적법조치를 하는 것이 정부의 의무일 뿐"이라고 밝히고 "개헌찬성의사표시는 자유이나 의사표시방법은 합법적이고 평화적이어야 하며 폭력과 불법으로 의사를 관찰하겠다는 찬·반자는 용납치 않겠다"고 밝혔다.

31 헌법 개정안 제안설명은 신민당 소속 의원들이 본회의장의 단상을 점거하여 이루어지지 못하고 이효

상 국회의장은 본회의 보고를 생략한 채 헌법 개정안을 정부에 직송(直送)했다. 직송된 헌법 개정안은 임시각료회의를 거쳐 대통령공고 제16호로 공고되었다.

개정 이유:

현행헌법이 제정.시행된 이래 오늘에 이르기까지의 헌정을 통하여 경험한 실정법상의 동시에 현하의 국내외 정세에 비추어 시급한 정국 안정, 국방태세 확립 및 지속적 경제성장 등의 재요청에 부응하기 위하여 이 개헌안을 제출하는 것임

개정 골자:

국회의원정수의 상한을 250명으로 확대함.

국회의원이 겸직할 수 없는 직을 법률로 정하도록 함.

대통령에 대한 탄핵소추는 50인 이상의 발의와 재적 3분의 2 이상의 찬성을 얻도록 그 요건을 엄격히 함.

대통령의 계속재임은 3기까지 할 수 있도록 함.

개정 내용:

제36조 2항 "국회의원의 수는 150인 이상 200인 이하의 범위 안에서 법률로 정한다"를 "국회의원의 수는 150인 이상 250인 이하의 범위 안에서 법률로 정한다"로 한다.

제39조 "국회의원은 대통령, 국무위원, 지방의회의원 기타 법률이 정하는 공사의 직을 겸할 수 없다"를 "국회의원은 법률이 정하는 공사의 직을 겸할 수 없다"로 한다.

제61조 2항 단서 조항 "다만, 대통령에 대한 탄핵소추는 국회의원 50인 이상의 발의와 재적의원 3분의 2 이상의 찬성이 있어야 한다"를 추가한다.

제69조 3항 "대통령은 1차에 한하여 중임할 수 있다"를 "대통령의 계속 재임은 3기에 한한다"로 한다. 부칙 "이 헌법은 공포한 날로부터 시행한다."

32 공화당 윤치영의장서리는 "개헌안은 9일 국회에 상정하여 15일까지는 통과시킬 방침"이라고 말하고 "개헌안을 질의와 대체토론 없이 다수당이 취할 수 있는 최선의 방법으로 처리하겠다"고 밝혔다. 신민당은 유진오 총재 자택에서 긴급 전당대회(총 520명 中 370명 참석)를 열어 신민당을 해산했다. 신민당이 해산됨에 따라 헌법개정지지성명을 낸 야당 의원 3명 즉, 성낙현, 연주흠, 조흥만은 의원직을 상실했고, 나머지 44명의 의원은 제명함으로써 무소속의원이 됐다. 해산의 궁극적인 목표는 개헌안 가결정족수 117명 미달로 개헌을 저지하기 위함이었다. 무소속이 된 44명의 의원은 원내교섭단체인 신민회(新民會)를 구성하기로 합의하였다.

33 「3선개헌안 전격통과」, 『경향신문』(1969년 9월 15일. 1면)

34 오치성은 육사 8기로 5·16쿠데타에 가담했으며 역시 육사 8기였던 김종필과 매우 가까웠다. 박정희가 김종필, 오치성을 정부에 불러들인 것은 3선 개헌에 앞장서면서 위세가 커진 공화당 4인방(김성곤, 길재호, 김진만, 백남억)을 견제하려는 의도였다. 사실 박정희는 그 이전에 3선 개헌을 추진하면서 공화당 내에서 독자 세력을 가지고 3선개헌에 회의적이던 김종필을 견제하기 위해 의도적으로 4인방을 밀었다. 하지만 3선개헌을 성사시키면서 김종필이 뒤로 밀려나고 4인방의 영향력이 자신을 위협할 정도로 커지자, 이번에는 4인방 견제를 위해 김종필계를 다시 불러들였다. 그리고 박정희의 의도대로 오치성은 4인방 계열의 각료, 정부 인사들, 법관, 고위검사, 구장성들 그리고 4인방 계열의 도지사, 직할시장, 시장, 군수, 경찰서장을 정리하면서 4인방의 영향력을 점점 줄였다. 또한 중앙정보부, 검찰, 경찰, 보안사, 군대 내 4인방계 인사들도 정리, 4인방의 영향력을 계속 최소화했다. 이에 4인방은 오치성 거세 기회를 엿보고 있었다.

35 그리고 김 주석의 후계자인 김정일 국방위원장도 2002년 한국미래연합 대표 자격으로 방북한 박근

1970년을 전후하여 대한민국과 그 주변에서 일어난 사태들을 각 요인별로 연대순으로 정렬한 위의 도표에 나타난 사태의 맥락을 면밀하게 검토해 보면, 동남아시아에서 베트남전이 지속 격화되고 있음에도 불구하고 1960년대 초반에서 70년대 전반의 국가 간 관계를 국제적으로 규정짓던 동서냉전의 조건이 그 중심국가들인 미국과 소련 측 양쪽 진영 내부에서 심각하게 침식하고 있었음을 분명히 인지할 수 있다.

그런데 당시 대통령 박정희나 북한의 행보를 보면 1968년 1·21사태를 비롯하여 71년 전반에 이르기까지 상대방의 내부 깊숙이까지 상대방으로부터 무력적 위협을 느낄 수 있는 군사 정세가 전개된 것은 분명했다. 그리고 6·25 동란이 종전(終戰, end-of-war)도 아니고 휴전(休戰, ceasefire)으로 어정쩡하게 매듭지어지고 채 십년도 넘지 않은 1960년대 초에 1년을 사이에 두고 4·19 혁명과 5·16 쿠데타라는 헌정중단 사태를 겪은 대한민국에서 '북한의 침략 위협'이라는 말은 대한민국 시민들 사이에서 여전히 조건반사적 공포를 야기함으로써 국민들의 민주적 의사표현 그리고 기득권 적폐나 사회적 폐습에 대한 항거 의지를 약화 내지 무력화시키는데 정치적으로 상당한 효능을 발휘하고 있었다.

특히 '반공'(反共, anti-com)은 일제강점기와 민족 분단 체제를 거치면서 시대마다 형성된 반민족적 매국 세력이나 적폐 세력이 대한민국 국가와 사회의 기득권 지배 세력으로 뿌리를 내리는 과정에서, 이들을 불의한 세력으로 보아 이해관계를 같이 할 수 없는 국민적 의지를 정신적으로 제압하는 데 결정적으로 유리하게 작용할 이데올로기를 제공하였다. 반공 이데올로기의 외적 표적으로서 '북한'이라는 실체가 선공함으로써 벌어진 6·25 전쟁이라는 전면전쟁의 체험 그리고 휴전협정에도 불구하고 휴전선 전방과 후방의 시민 생활에 직접적 위협을 가하는 북한 측의 무력도발은 남북한 양쪽 민중들의 시야에서, 무력도발을 가하는 북한 측이나 그것을 수세적으로 당하는 쪽에 서는 듯한 남한측 등 양쪽 지배세력의 정치적 동기와 의도가 미묘하게 변화하는 추세를 차단하고 있었다.

상당 기간 세월이 지나면서 1970년대 국내외 역사에서 다음과 같은 사실은 확실하

혜 대통령에게 "미안한 마음이다. 그때 그 일을 저지른 사람들이 응분의 벌을 받았다"고 유감을 표했다.

게 읽혀졌다.

당시 미국과 소련 양쪽으로 '양극화'되어 있던 동서냉전은 서방 국가들의 시민적 기반이 선진적으로 민주화되면서 각국 정부들의 대외정책 방향이 탈냉전화되고, 단일 대오를 이루던 현존사회주의 진영에 소련과 중공(中共)[36] 사이에 무력 충돌을 불사한 갈등이 표출되면서, 국제관계의 형세는 급격하게 '다극화'되었다. 동남아시아에서는 베트남전이 여전히 지속되고 있음에도 불구하고 1968년을 정점으로 하여 중소분쟁을 기점으로 미국은 소련의 힘을 일정 정도 억제할 수 있는 한 국제적 차원에서 더이상 냉전 또는 열전 형태의 대결을 추구하지 않겠다는 의지가 뚜렷해지고 있었고, 그 점에서 한국전쟁 이래 20년간 동결되어 있었던 중국과의 관계 개선을 통해 소련의 위세를 억제하겠다는 전략적 구도를 짜고 있었다. 이와 같은 미국 및 중국의 의지와 그에 따른 외교적 움직임이 충분히 감지된 1971년을 넘기면서 적어도 외교적 차원에서 미국과 중국이 직접 주도하거나 개입하여 한반도에서 전쟁이 벌어질 위협요인은 현저하게 감소하고 있었다.

그리고 남북 사이에도 1968-1970년 사이에 이루어진 도발과 국지적 무력 대결 국면을 넘어 1971년부터 미국과 중국 사이에 화해 국면이 본격적으로 전개되자 남북한 당국은 1971년 9월의 적십자 회담을 시발로 하여 1972년 7·4 남북공동성명을 성사시키면서 한국전 휴전 이후에도 휴전선 지역에서 빈번했던 국지적 충돌조차 의도적으로는 더이상 벌이지 않겠다는 상호확인이 이루어졌다. 남북 사이에 적십자 회담을 통한 이산가족 상봉이 부분적으로 이루어지고 남북공동선언으로 평화통일의 분위기까지 조성시킨 당시 남북한 최고지도자들의 '속마음'이 남북한 양측 국민 또는 민중들에게 전달된 '겉표현'과 확연히 달랐다는 것은[37] 세월이 지나면서 드러난 당시 원천자료들에서

---

36 대륙 중국 즉 '중화인민공화국'은 북한을 원조하는 것을 빌미로 한반도에서 미국과 전쟁을 벌이면서 대한민국 입장에서는 북진통일을 방해한 숙적으로 간주되어 노태우 정권 때 대한민국과 정식으로 수교하기(1992) 이전에는 '중공'으로 비하되었다.

37 "우드로윌슨센터가 발굴한 1970년대 남북 7·4 성명 이후 상황을 담은 루마니아 외교문서에는 북한이 남북대화를 추진한 속셈과 국제사회를 상대로 남한 정부를 고립시키려 했던 이른바 '평화·선전공세'의 진면목이 잘 드러난다. 남북대화를 통해 박정희 정권의 기반을 흔들어 야당 진영의 집권을 도우려했음을 입증하는 외교문서가 공개됐다. 그 문서들 안에는 "남측과의 대화를 통해 남한 대중들에 혁명적 영향을 미치고 있다. 아울러 남한 괴뢰도당을 국내는 물론 국제적으로 고립시키고, 혼란상항

다양하게 입증되지만, 지금까지 나온 자료들에 근거해서 판단해 보자면, 1972년 당시로서는 확신할 수 없었던 다음의 핵심적 사실이 남북한 양측 최고지도자인 박정희-김일성 사시에 공유되고 있었던 것만은 분명하다고 추정된다. 즉,

첫째, 대한민국의 박정희 대통령이나 북한의 김일성 수상이 상대방 체제의 붕괴에 대해 평화통일 아니면 적화통일 등 그 어떤 전략적 의도를 갖고 있었든, 6·25와 같이 상대방에 대한 전면전(全面戰) 또는 그에 준하는 무력대결만은 한반도 분단관리 전략의 선택항(option)에서 완전히 배제한다는 것이고, 양측 사이에 자신들의 이런 뜻은 확실하게 전달되었다는 것이다.[38]

둘째, 박정희, 김일성 양자는 서로를 치명적으로 공격하지 않기로 하면서도 각자의 지배구역 즉 남한 및 북한 각자 내부에서 상대방을 '임재하는 내부 적대자(present internal antagonist)'로 전면적으로 재생산하면서도 상대방 체제의 행태는 방임하는, '상호방관적 적대성의 내향적 전면화(inward totalization of mutuallly bystanding antagonism)'를[39] 통해

으로 몰아넣고 있다. 우리의 평화공세가 이룩한 또 다른 큰 성과는 남한에 미군이 주둔할 어떤 명분도 없다는 점을 알릴 수 있었다. 7·4공동성명서에서 우리가 남한을 침공할 의사가 없음을 선언했기 때문이다. 7·4 공동성명은 '남북의 통일은 외세의 간섭 없이 자주적이고 평화적인 방법으로 민족대단결의 원칙으로 이뤄야 한다'고 천명했다"는 말이 나오고 "남한 혁명운동가들이 지하에서 그들의 활동을 전개해나갈 때 솔직히 현재의 상황은 이전에 비해 매우 우호적이다. 남북공동조절위와 남북적십자대화 등의 대화 채널에 남한의 노동자, 농민, 학생, 지식인, 야당세력 등 북한에 동정적인 세력의 참여를 유도하고 있다." 그리고 "남북적십자회담이 개최된다고 하니까 일부에서는 통일이 무르익어 가는 줄 알고 있는데, 이산가족 찾기라는 그 자체로서는 흥미가 없습니다. 그러니까 적십자회담을 통해서 합법적 외피를 쓰고 남조선으로 뚫고 들어갈 수 있는 길이 트일 것 같으면 회담을 좀 끌어보고 그럴 가능성이 보이지 않을 것 같으면 남조선 측에서 당장 받아들일 수 없는 〈반공법 철폐〉, 〈정치활동의 자유〉와 같은 높은 요구조건을 내걸고 회담을 미련 없이 걷어 치워야 하며. 회담이 진행되는 기간 이 회담장을 우리의 선전무대로 이용해야 합니다"라는 등 이런 평화무드를 북한측의 통일전선 전략에 활용할 수 있으리고 믿는 발언들이 기재되어 있다.(「7·4남북공동성명」; 〈나무위키〉) (https://namu.wiki/w/7.4%20%EB%82%A8%EB%B6%81%20%EA%B3%B5%EB%8F%99%20%EC%84%B1%EB%AA%85 최근 수정 시각: 2020-09-28 13:01:38).

38 평양을 1972년 5월 평양을 비밀 방문한 당시 이후락 중앙정보부장이 당시 김일성 수상에게 불려가 예정에 없던 심야회동을 했을 때 김 수상이 1·21 사태에 대해 명확하게 사과하고, 당시까지만 해도 휴전선에서 빈발했던 양측 병사들 또는 요원들 사이의 무력 충돌을 줄이자고 한 대화 내용은 「7·4 남북공동성명」 2호 조항에 다음과 같이 명시되었다. 즉 "쌍방은 남북 사이의 긴장 상태를 완화하고 신뢰의 분위기를 조성하기 위하여 서로 상대방을 중상 비방하지 않으며 크고 작은 것을 막론하고 무장 도발을 하지 않으며 불의의 군사적 충돌사건을 방지하기 위한 적극적인 조치를 취하기로 합의하였다."(이 글 말미에 첨부한 공식문건 3. 참조)

각자 '전체주의적 일인통치체제(totalitarian one-man ruling system)'를 구축하고, 이것을 암묵적으로 양해한 것으로 추정되었다.

결론적으로 이와 같은 상황 전개가 알려주는 바는, 3중 요인의 측면을 검토할 때, 1972년까지 전개된 국제요인과 대북 요인의 측면에서는 그 어떤 국방상의 비상조치나 국회 해산까지 감행해야 할 명백하고도 현전하는 비상사태(clear & present emergency)가 발생할 여지는 전혀 실존하지 않았다는 것이다. 이미 1971년 12월 20일 발간된 미국 시사주간지 *TIME*은 당시 박정희 대통령의 12·6 국가비상사태 선언에 대하여 그 선언이 상정하는 "비상사태"란 일종의 "상상"으로서 당시 한국의 정세에서 비상사태가 조성되었다는 "증거는 전혀 없다"(No evidence)고 단언하였다. 이렇게 전혀 비상사태가 아닌 국내외 상황임에도 불구하고 박 대통령이 "국가비상사태"를 "선언"하자 그 선언은 "자기 나라 사람들(즉 한국인)뿐만 아니라 한국의 동맹들도 경악시켰다."[40]

그렇다면 이렇게 그 어떤 비상사태도 없는 국제관계와 대북 관계는 당시 대한민국 대통령 박정희에게 그리고 북한의 내각 수상 김일성의 권력 활동과 정책에 어떤 영향

---

39 상대에 대한 적대성을 체제운영의 기축으로 삼고 있으면서도 그렇게 적대시하는 상대에 대해서는 방관했던 대표적 사례는, 박정희 격살 후 신군부가 집권하는 과정에서 자행한 12·12 군사 쿠데타와 5·18민주화운동 당시 광주 항쟁 현장에 대한민국 군대의 상당 병력이 휴전선 또는 주둔지를 비우다시피 한 상황이 조성되었음에도 "북한군은 아무런 특이 동향을 보이지 않았다"는 사실이다.

40 "올 대선에서 3선을 위해 뛰면서 한국의 박정희 대통령은, 북한은 남한에 또 다른 공격을 준비할 태세를 갖추었다고 반복해서 경고했다. 따라서 그의 말에 따르면 "현 상황은 한국 전쟁 전야를 상기시킨다"는 것이다. 지난주 그의 동맹국들뿐만 아니라 자기 국민들까지 경악시켰던 조치를 취하면서 그는 "(그의 말에 따르면) 우리나라가 사망에 임박할 정도의 심각한 상황에 직면하고 있기" 때문에 "국가 비상 사태를 선포"했다. 그 과정에서 그는 이미 고도로 통제되고 있는 민주주의에 대한 그의 개인적 장악력을 재차 강화했다. 하지만 그 어떤 증거도 없다! 비상사태선포는 계엄령 가기 직전에 딱 그 수준에 멈추는 것이다. (Running for a third term earlier this year, South Korea's President Chung Hee Park warned repeatedly that North Korea was poised for another attack on the South. "The situation," he said then, "is reminiscent of the eve of the Korean War." Last week, in a move that startled his allies as well as his countrymen, he declared a "state of national emergency" because, he said, "our country is confronted with a grave situation." In the process, he reinforced his personal grip on an already highly controlled democracy. No Evidence. The emergency declaration stopped short of martial law,"("SOUTH KOREA: Imaginary Emergency", TIME (Monday, Dec. 20, 1971)

을 미쳤을까? 우리가 추적한 바에 따르면 그 결과만 놓고 보면 이러한 국제관계와 대북 관계는 박정희와 김일성에게 거의 같은 영향을 미쳤던 것 같다. 왜냐하면 남북한의 두 독재자는 단 하루의 차이도 없이 1972년 12월 27일 같은 날 같은 시각 '유신체제'와 '유일체제'라고 하는 전체주의적 일인 지배 체제를 동시에 출범시켰기 때문이다.

이 점은 1968~72년의 연대기표에서 명확하게 확인되는데, 남한의 박정희 대통령은, 1972년 10월 17일 19시 계엄령을 선포하여 헌법의 효력을 정지시키고 정당 및 정치단체들의 활동을 중지시키면서 국회를 해산하고, 비상국무회의가 의결한 개헌안을 1972년 11월 21일 국민투표로 통과시켜, 이 헌법 즉 유신헌법에 따라 12월 15일 통일주체국민회의 대의원을 선출하고, 12월 23일 자신이 단독후보로 나선 통일주체국민회의 대의원회의에서 대한민국 제8대 대통령으로 선출되고, 12월 27일 유신헌법을 선포함과 동시에 대통령 취임식을 거행하여 '대한민국 제4공화국'을 만들어냈다.

그리고 대한민국 제4공화국이 출범한 바로 그날 1972년 12월 27일 북한은 헌법을 개정해 이른바 '사회주의헌법'을 제정하고 주석직을 신설하여 당시 내각 수상 김일성이 주석에 취임함으로써 '유일체제'를 출범시켰다. 결국 벌어진 사태로만 추론하면 남한에서는 '유신체제', 북한에서는 '유일체제'를 만들어내기 위해 "남북 정권이 비밀리에 교섭하며 국제정세를 이용"하였다는 비판을 면치 못할 상황이 전개되었다.[41] 우연의 일치일 수는 있겠지만 '10월유신'이 선포되기 반년 전부터 당시 남북한 최고지도자 사이에 최고 신임을 받는 이들이 오갔고, 휴전선에서의 적대행위 종식이 공약되는 '7·4 공동성명'의 파격성을 감안하면, 대한민국의 '유신(독재)체제'와 북한의 '(수령)유일체제' 사이에 무력적 상호적대관계를 종료하겠다는 선언은 사실상 '성격이 상이한 두 독재체제의 공생체제', 나아가 상대방에 대한 적대성은 내향적으로만 적용하고 빈번하게 물리적 충돌로 귀결할 가능성이 있는 상호적대성은 상호방관성으로 교체하여 내적 필요성에 따라 상호관계를 이용할 수 있도록 하는 그런 방식의 분단체제 관리가 정착된 것을 표징한다.[42]

---

41 「7·4남북공동성명」; 〈나무위키〉, 앞의 글.

42 2011년 3월 14일 연세대 박명림 교수는 프레스센터에서 열린 5·16 쿠데타(군사 정변) 50년 학술대회에서 미 국무부 자료를 제시했다. 이 자료에는 "한국은 박 대통령의 10월 17일 유신 계엄령 의도,

따라서 '박정희 유신체제'(그리고 '김일성 유일체제')가 이렇게 당시의 국제관계나 대북 관계에서 그 형성 계기를 찾을 수 없다면, 그 성립의 직접 원인은 박정희 개인에게 닥친 개인적 차원의 정치적 위기에서 찾을 수밖에 없다.

　　하지만 정보가 부족하고 성찰 역량이 미숙했던 당시의 나를 포함하여, 반공을 목표로 한 안보체제의 강화라는 미명 안에 언론과 출판 그리고 비판적인 학문 작업에 대한 검열과 통제가 일상화되어 있던 당시 대한민국의 정치 조건으로 인해 유신독재체제로 귀결되어가는 이 모든 인과 연관은, 고급정보를 다루는 일부 층과 외국 언론을 접할 수 있던 극소수의 언론인이나 지식인을 제외하고는, 대한민국 시민사회의 시야에서 거의 완벽하게 차단되어 있었다.

　　이렇게 시민적 입장에서 정치적 성찰을 할 수 있는 여건이 확보되지 않은 70년대의 폐쇄된 사회에 살면서 유신체제 성립 5년 뒤 바로 '나'에게 일어난 '서울대 26동 사건'을 통하여 '나'와 나의 동료 공범들이 마주친 것은, 이렇게 1972년에 성립된 유신독체제 안에서 박정희의 뜻을 톱니바퀴처럼 정밀하게 수행하는 그의 에이전트들 즉 유신시대의 국가폭력을 집행한 중앙정보부 요원, 경찰, 검찰, 판사들이었다. 그리고 이들이 막상 '나'를 잡아 가두었을 때 '나'로서는 앞길이 캄캄했다. 왜냐하면 '나'는, 아무리 마음에 들지 않더라도 박정희가 대통령이 아닌 나라는 어떤 나라인지, 박정희 본인 입장에서도 그렇고, 우리의 정치적 상상력에서도, 박정희가 대통령이 아닐 수 있는 그런 나라란 불가능하다고 생각되던 나라에 살고 있었는데, 참으로 운 나쁘게도, 그런 나라에서 바로 그, 박정희가 죄인으로 지목하는 그런 처지로 박정희와 맞닥뜨렸기 때문이었다.

　　그때부터 '나'에게는 평생 자문하면서 그 답을 구했던 의문에 계속 부딪치게 되었다. 즉, 박정희도 그렇게 생각했으리라 생각되고, 나도 그렇게 생각했지만, 왜 그는 죽을 때까지 대통령 자리에서 물러나지 않을 것이라고 생각했을까? 그리고 왜 그는 자신이

집권연장과 체제강화 계획에 대해 미국에 알리기도 전에 평양에 통지했다"라고 적시돼 있다. 이 자료에 대해 박 교수는 "국가안보와 안정이 유신쿠데타의 명분이었지만, 유신이 평양 정권의 양해 아래 진행되었을 가능성을 담고 있다"고 해석했다(이용욱·김진우·강병한 기자 정리, [5·16쿠데타 50년 학술대회] "朴정권, 10월 유신 선포 북한에 미리 알렸다", 『경향신문』. 입력: 2011.03.14. http://news.khan.co.kr/kh_news/khan_art_view.html?artid=201103142021245&code=910100#csidx1264664095513c4af52a8895a467162).

죽을 때까지 영구 집권해야 한다고 생각했을까?

VI. [박정희의 나라] 그가 살고 싶어 한 나라, 자신이 영구 집권하도록 유신독재체제로 강점한 '무법 국가'로서 '대한민국 제4공화국'

1. [박정희 멘탈의 자기분열상] "일대 유신적 개혁"의 실체: 국회 없는 나라, 정치가 필요 없는 나라를 향하여 정상이 아닌 방법으로 대한민국을 강점한다.

1972년 10월 국회 해산으로써 이른바 '10월유신'이 시작되던 당시를 기록한 신민당 오세응 의원의 회고 속에 등장하는 박정희 왕년의 심복 김형욱 전 중앙정보부장도 그 점을 분명히 말했지만 박정희 개인의 사적인 권력욕, 그것도 장기 아니 영구 집권욕은 그의 측근 모두가 이미 당연시하고 있었다. 이런 권력욕구가 충족되는 방식과 형태는 개인에 따라 다양하지만 현직 대통령 신분으로 사망한 박정희에 있어서 입법부인 국회나 정치과정이 전개되는 정치권의 현존을 자기 권력의 행사를 저해하는 요인으로 간주하여, 국회와 정치가 없는 나라를 만드는데 자신의 권력자원 모두를 집중시켰던 것은 분명하다. 이 점은 그가 공식문서에서 10월유신을 정당화하는 근거로 제시한 것들이 지극히 자기 분열적인 당시 박정희의 멘탈에서 여실히 입증된다.

「10·17 대통령 특별선언」에서 우선 그는 주변 열강들 사이의 긴장 완화에도 불구하고 "전쟁이 재발하지 않는다고 장담할 수 없다"고 하면서 그 이유를 다음과 같이 제시한다.

"지금 우리를 둘러싼 국제 정세는 막대한 변화를 일으키고 있읍니다. 나는 인류의 평화와 번영을 위해 긴장 완화의 흐름에 긍정적인 자세로 임해야 한다는 것을 이미 오래전부터 밝혀온 바 있읍니다. 그러나, 긴장 완화의 본질은 아직까지도 열강들의 또 하나의 새로운 문제 해결 방식에 지나지 않으며, 이 지역에서는 불행하게도 긴장 완화가 아직 정착되지 못하고 있는 것으로 나는 보고 있읍니다. 그렇기 때문에, 긴장 완화라는 이름 밑에 이른바 열강들이 제3국이나 중소 국가들을 희생의 제물로 삼는 일이 충분히 있을 수 있다는 점을 우리는 경계해야 할 것입니다. 지금, 우리 한반도를 둘러싼 열강들의 기존 세력 균형 관계에는 커다란 변화가 일어나고 있읍니다. 나는 이 변화가 우리의 안전 보장에 식접적 또는 간접적으로 위험스러운 영향을 미치게 될 것으로 보고 있읍니다. 왜냐하면, 그 같은 변화는 곧 아시아의 기존 질서를 뒤바꾸는 것이며, 지금까지 이곳의 평화를 유지해 온 안보 체제마저도 변질시키려는 커다란 위협을 내포하고 있기 때문입니다. 그 누구도 이 지역에서 다시는 전쟁이 재발하지 않을 것이라고 장담할 수 없는 것이 또한 우리의 솔직한 현황인 것입니다."[43]

즉 박정희는 강대국 간의 긴장 완화의 진정성을 믿을 수 없고, 그나마 긴장 완화는 정착되지 않은 상태이면서, 이 상태에서 강대국이 약소국을 제물로 삼을 수 있고, 나아가 이 와중에 "평화를 유지해온 안전보장체제마저도 변질"시키기 때문에 "다시는 전쟁이 재발하지 않는다고 장담할 수 없다"고 단언하였다. 여기에서 그는 강대국, 아마도 거의 틀림없이 미국의 진정성을 불신하고 있었으며, 닉슨 독트린으로 조만간 월남을 포기하듯이[44] 미군 철수로 한국도 포기할지도 모른다는 악몽을 떨칠 수 없었던 것 같

---

43 「10·17 대통령 특별선언」(1972. 10. 17.) 이 글에 첨부된 공식문건 4. 참조.

44 그런데 사실 한국도 미국의 요청과 압력에 따라 월남에 전투부대 파병을 결정하여 실행에 옮기던 그 순간에 이미 월남을 포기하고 있었다. 이것은 2020년 3월 국방부 블로그에 실린 다음 글을 보면 이해될 것이다. "파월 맹호부대 초대 사령관직을 맡은 채명신 장군은 당시 육군 장교들 중 대대장급을 정예장교로 충원하는 과정에서 맨 처음 소집된 회의에서 참으로 묘한 화두를 던졌다. 맹호 사단은 사단장에서부터 소대장까지 전투 지휘관 전원을 최정예의 인재들로 송두리째 바꾸는 대규모 재편성 작업이 있었다. 재편성의 핵심 간부들은 6·25에서 실전 경험을 겪은 대대장들이었다. 최고의 대대장 후보 인재들을 뽑는 기준도 엄격했다. 6·25 실전 경험자로서 무공훈장 수여자, 대대장 보직 경험자 그리고 육군 대학 정규과정 졸업자, 미 육군대학 이수자의 네 가지 자격을 갖춰야 했다. 이렇게 하여 엄선한 6명의 신임 대대장이 전입 신고를 하고 간담회를 가진 자리에서 채명신 장군은 신임 대대장들에게 국가가 준 대명을 잘 수행하자는 덕담을 하고 주월 국군에 맞는 전술을 개발하라고 부탁했다. 그러다가 대화 말미에 혈기에 넘치는 대대장들의 투지가 뿜어져 나오는 분위기를 살피더니 한마디 했다. "외국의 전쟁에서 목숨을 버리면서까지 탈취할 목표는 없다!" 그러면서 애국 정신과 군인 정신에 충실하라는 말을 덧붙이기는 하였다. 이 말에 군인정신 충만한 30대의 박경석 중령은 크게 놀랐다고 했다. "왜 지린 밀씀을 히 싙까?" 그 뒤 맹호부대는 2개월의 강한 훈련을 끝내고 월남에 파견되었다. 박중령은 대대 주둔지를 개설하고 근처 군수를 만났다. 월남은 군수나 성장이나 모두 군인이었다. 박중령이 만났던 주둔지 군수는 대위였다. 그와 식사를 하는 자리에서 월남군 현역 대위는 참 놀라자빠질 말을 했다. "나는 호치민 선생을 존경합니다." 호찌민은 월맹, 북부 월남의 지도자다. 훌륭한 인격자이며 대형 리더십의 소유자로서 독립에 일생을 바쳐 월남인들의 존경을 받는 민족 지도자이지

다.[45] 일본 수상 다나카의 중공 방문도 마찬가지로 받아들여졌다.[46]

그러면서 박정희는 "이같은 상황 속에서 전화의 재발을 미연에 방지하고 평화로운 조국 통일의 길을 모색하기 위해, 우리는 27년간의 기나긴 불신과 단절의 장벽을 헤치고 이제 하나의 민족으로서 남북 간의 대화를 시작한 것입니다. 이 대화는 결코 우리가 지금까지 추구해 온 기본 정책을 근본적으로 뒤바꾸려는 것이 아닙니다. 오히려, 우리가 오래도록 추구해 온 평화통일과 번영의 터전을 더욱 굳게 다져나가려는 민족적 결의의 재천명인 것입니다."라고 언명하여 강대국에서 보장받지 못한 전쟁 재발 방지나 조국의 평화통일을 "우리의 스스로의 힘으로 개척"하기 위해서 "남북대화를 시작"하며, 이 남북대화야말로 "진정으로 민족중흥의 위대한 기초 작업이며 민족 웅비의 대설계"

만 월남군 대위가 외국군 지휘관 앞에서 적국의 수괴를 이렇게 띄우는 소리를 해서는 안 되는 것이었다. 이것은 마치 6·25 때 국군의 간부가 참전한 미군에게 북의 김일성을 존경한다고 망발을 부리는 범죄를 태연히 범하고 있는 것이나 마찬가지였다. 박경석 중령은 바로 이 정신 나간 사람으로 보이는 월남군 대위를 만난 후 비로소 의문스럽게 생각되던 채명신 장군의 말이 새롭게 떠올랐다. 그 후 박중령이 접하게 된 월남군의 상태는 대위 군수의 말이 뭐 이상할 것도 없는 월남군 장교들의 일상사로 보이게 했었다. 호찌민을 존경한다는 월남군 장교들을 두어 명 더 만났기 때문이다. 베트남전에서 앞장서야 하는 당사자인 월남군의 군기의 타락은 상상을 초월했다. 중대장 정도만 되면 싸움판에 여자를 데리고 다니는 것이 예사고 중대원의 반수 가까이 행방이 묘연했다. 알고 보니 중대장이 돈을 받고 부하에게 자유를 주고 있었던 것이다. 박경석 중령은 이런 나라를 위해서 외국군인 맹호의 장병들이 목숨을 던질 명분이 약하다는 사실을 몸으로 판단하며 그런 방침을 확고하게 세운 채명신 장군의 혜안[慧眼]에 감탄하였다(올프독의 War History 파월직전 대대장들에게 던진 채명신 장군의 화두 -1- 대한민국 국방부 동고동락 2020. 3. 10. 8:00. https://blog.naver.com/mnd9090/221844503318). 채명신 장군은 5·16군사정변 때 휘하 부대를 동원하여 쿠데타에 가담하여 박정희의 신임아 아주 두터웠는데 10월유신에는 반대하여 결국 대장에 오르지 못하고 중장으로 예편당하고 10여년간 외국 대사로만 다녔다. 미국이 월남을 포기한 가장 중요한 동기가 월남 국가의 정통성 결여와 정치권의 부패 및 토지개혁의 부재로 인한 농민층 포섭의 실패 등 월남 자체의 패망 요인에 있다는 것은 자명하다.(이 방면의 분석으로 가장 설득력 있는 것은 이영희,『轉換時代의 論理, 아시아 중국 한국: 李泳禧 評論集전환시대의 논리』(창작과비평사, 1975)에 실린 베트남 전쟁에 대한 3편의 평론이다.)

45 당시 구무총리 김종필이 하비브 주한 미국대사에게 계엄선포와 국회 해산에 관해 통보한 것은 비상사태선언 하루 전인 1972년 10월 16일 저녁이었는데, 미리 전달받은 특별선언문에서 닉슨의 중공 방문을 특별조치의 동기로 서술한 부분을 삭제해달라고 요구하면서 불쾌감을 전달했다. 발표를 몇 시간 앞둔 최종점검회의에서 미국의 요구를 전달받은 박정희는 박정희대로 "미국놈들이 안 그랬으면 내가 뭐가 답답해서… 우리가 거짓말했나"라며 불쾌해했다. 하지만 국내의 반발도 상당할 텐데 미국과 불편한 관계에 빠지는 것을 피하자는 참모들의 건의로 미국을 명시적으로 거론한 자구들은 삭제되었다(한홍구, 2014, 41-42).

46 위의 책, 43.

로서 "한반도의 평화, 이산 가족의 재결합 그리고 조국의 평화 통일"을 이루는 방책임을 역설한다.

그런데 남북대화를 해야 하는 근거를 제시하면서 기존의 동맹국인 미국을 비롯한 열강에 대해 불신하면서 지금까지의 "이념과 체제가 달라" 적대자였던 북한에 대해서는 같이 대화하여 통일을 이룰 수 있는 상대로 신뢰할 수 있는 근거는 무엇인지, 또 이런 남북대화를 통해 도달할 '평화 통일된 조국'의 체제가 어떤 모습일지에 대한 비전 역시 「10·17 특별선언」 어디에도 제시되어 있지 않다. 즉 통일의 수단과 방식은 언급되었지만 어떤 통일을 하고 과연 통일 상대방은 어느 정도 신뢰할 수 있을지는 전혀 언급하지 않고 있다.

그러면서 그는 어떤 것을 할 남북대화인지는 제시하지 않은 채 "동서양극체제 하의 냉전 시대에 만들어졌고 하물며 남북대화라고는 전혀 예상치 못했던 시기에 제정된" 헌법과 법령들을 모두 개혁해야 한다고 역설한다. 그런데 참으로 기묘한 것은 이렇게 통일을 대비한 헌법이나 법령을 만드는 데 있어서 가장 저해되는 요인으로, 언제 들어도 엉뚱하게 들리지만, 정쟁을 일삼는 대의 기구 즉 국회와 그것을 둘러싼 정치권을 지목하고 나선다. 즉,

"그러나 국민 여러분! 지금, 우리의 주변에서는 아직도 무질서와 비능률이 활개를 치고 있으며, 정계는 파쟁과 정략의 갈등에서 좀처럼 헤어나지를 못하고 있습니다. 그뿐 아니라, 이같은 민족적 대과업마저도 하나의 정략적인 시빗거리로 삼으려는 경향마저 없지 않습니다. 이처럼 민족적 사명감을 저버린 무책임한 정당과 그 정략의 희생물이 되어 온 대의 기구에 대해 과연 그 누가 민족의 염원인 평화 통일의 성취를 기대할 수 있겠으며, 남북 대화를 진정으로 뒷받침할 것이라고 믿겠습니까? (…)이같은 시점에서 우리에게 가장 긴요한 것은 줄기찬 예지와 불퇴전의 용기 그리고 철통같은 단결이며, 이를 활력소로 삼아 어렵고도 귀중한 남북 대화를 더욱 굳게 뒷받침할 수 있을 뿐 아니라 급변하는 주변 정세에 능동적으로 대응해 나갈 수 있는 모든 체제의 시급한 정비라고 믿습니다. 우리 헌법과 각종 법령 그리고 현 체제는 동서 양극 체제하의 냉전 시대에 만들어졌고, 하물며 남북의 대화 같은 것은 전연 예상치도 못했던 시기에 제정된 것이기 때문에 오늘과 같은 국면에 처해서는 마땅히 이에 적응할 수 있는 새로운 체제로의

일대 유신적 개혁이 있어야 하겠읍니다. (…) 이제 일대 개혁의 불가피성을 염두에 두고 우리의 정치 현실을 직시할 때, 나는 정상적인 방법으로는 도저히 이같은 개혁이 이루어질 수 없다는 판단을 내리게 되었읍니다. 오히려 정상적인 방법으로 개혁을 시도한다면 혼란만 더욱 심해질 뿐더러, 남북대화를 뒷받침하고 급변하는 주변 정세에 대응해 나가는 데 아무런 도움이 될 수 없다고 믿었기 때문입니다. 따라서, 나는 국민적 정당성을 대표하는 대통령으로서 나에게 부여된 역사적 사명에 충실하기 위해 부득이 정상적 방법이 아닌 비상조치로써 남북대화의 적극적인 전개와 주변 정세의 급변하는 사태에 대처하기 위한 우리 실정에 가장 알맞은 체제개혁을 단행하여야 하겠다는 결심을 하기에 이르렀읍니다. (…)"

그러면서 자유민주주의 체제를 더욱 능률적으로 만들기 위하여 자유민주주의를 어떤 형태인지로 변형시키겠다는 아주 기묘한 논리를 편다. 즉 자유민주주의를 위해 자유민주주의를 포기한다는 것이다.

"나는 지금 이상과 같은 비상조치를 국민 여러분에게 선포하면서, 이 나라의 자유민주주의를 더욱 건전하고 알차게 그리고 능률적인 것으로 육성, 발전시켜야겠다는 나의 확고한 신념을 밝혀 두고자 합니다. 우리는 자유민주체제보다 더 훌륭한 제도를 아직 갖지 못했습니다. 그러나, 아무리 훌륭한 제도라 하더라도 이를 지킬 수 있는 능력이 없을 때에는 이 민주체제처럼 취약한 체제도 또한 없는 것입니다. 나는 지금 우리 민주 체제에 그 스스로를 지켜나가며, 더욱 발전할 수 있는 활력소를 불어 넣어주고, 이를 바탕으로 하여 남북 대화를 굳게 뒷받침해줌으로써 평화 통일과 번영의 기틀을 마련하고자 이 개혁을 단행하는 것입니다. (…) 만일 국민 여러분이 헌법 개정안에 찬성치 않는다면 나는 이것을 남북대화를 원치 않는다는 국민의 의사 표시로 받아들이고 조국 통일에 대한 새로운 방안을 모색할 것임을 아울러 밝혀두는 바입니다."

그는 다양한 이해관계를 인정하고 상호 소통하고 합의하면서 국자 차원의 의지를 결집하고 그에 부응하는 정책을 공동으로 창출하는 민주주의적 정치과정 즉 자유민주적 기본질서의 가장 중요한 요인을 폐기하겠다고 대한민국 국민에 전체에게 공공연하게, 어느 면에서는 협박조로, 선언하고 있었다. 그러면서 남북대화라는 요인을 감안하여 새로운 헌법과 법령을 제정해야 한다고 했지만, 지금까지 절대적으로 적대적이었던 상대방까지 적용되는 그런 헌법과 법령이 어떤 내용의 규정을 가질지 구체적으로 제시하는 바는 전혀 없었다. 그러면서 국회를 없애고 정치가 필요 없는 그런 상태에서 "철통같은 단결"을 기하겠다는 의지 또는 고집은 분명했다. 그는 이런 목표를 왜 세우고 또 어떻게 관철시켰을까?

2. [대통령 박정희에서 정치적 인내의 고갈 과정] 국회를 장으로 한 민주주의적 정치과정에서의 갈등을 권력 도전으로 굴절시켜 보는 과정

국제관계와 대북 관계의 분위기가 탈냉전의 방향으로 전환되어 가는 바로 그 시기에, 박정희에게는 비단 시민사회, 노동 사회, 대학가, 야당뿐만 아니라 자신을 중심으로 한 집권 세력 내부에서도 정치적 갈등이 도처에서 발생하고 있었다. 3선 개헌은 그럭저럭 성공했지만 이 여진으로 제기된 '10·2 항명 파동'에 극도로 분노한 박정희는 이후락 중앙정보부장에게 이 항명을 주도한 공화당 내 4인방 계열에 대한 탄압을 명령하였다. 결국 김성곤과 길재호는 중앙정보부에 끌려가 고문당하고 정계를 은퇴했다. 심지어 영부인 육영수의 오빠로 박정희에게는 손위처남인 육인수 의원도 정보부에 끌려가 구타당했다. 이 밖에도 김창근, 김진만, 김재순, 강성원 등도 똑같은 일을 당했다. 즉 박정희의 장관 임명에 불만을 품은 대한민국 국회의원이 해임건의안을 통해서 헌법 절차대로 장관을 해임하자, 박정희가 정보기관을 움직여 집권당 국회의원들을 납치, 감금, 고문했는데, 이 사건은 모든 과정과 결과가 불법적으로 진행되었다.

10·2 항명 파동 사건으로 인해 여당인 민주공화당 내에서 대통령에 반대하는 세력은 완전 소멸하고, 사실상 민주국가에서 시민적 의사를 모아 정권을 창출하는 정당으로서 역할을 상실하게 되었다. 이후 민주공화당은 박정희 대통령이 격살당할 때까지 거수기 노릇에 만족해야 했다. 따라서 10·2 항명 파동은 박정희 개인에게 민주주의적 정치과정이 필히 허용할 수밖에 없는 이해관계의 다원성이 현출하는 한 집권층 내부에서도 도전 내지 경쟁 세력이 언제든지 형성될 수 있음을 위협적으로 일깨워줌으로써 1972년 10월유신을 감행하도록 직접적으로 자극한 촉발제였다. 1969년의 3선 개헌

때도 개헌 반대 항명세력을 짓밟은 경력이 있었기 때문에 이 역시 비슷한 사건으로 볼 수 있다. 박정희 입장에서도 1971년 대선과 제8대 총선에서 야당의 잇다른 약진이 정권의 위기감을 불러일으켰기 때문에, 대통령 임기가 1975년까지 보장되었음에도 불구하고, 아니 오히려 대통령직의 기한이 1975년 4월로 예정되어 있었기 때문에 집권세력 안팎의 반대파를 급히 청소하고 종신집권제를 정착시킬 필요성이 있었다.[47]

그런데 종신집권을 위해 투입해야 할 강압은 3선 개헌을 위해 쏟았던 압력보다 훨씬 강해야 했고, 그러기 위해서는 압력의 밀도가 훨씬 압축되고 그 집결을 위한 시도가 훨씬 은밀해야 했다. 왜냐하면 3선 정도가 아니라 그것을 넘어서는 집권을 꾀할 경우, 어쨌든 3권분립과 제도권 정치가 살아있는 한, 집권당 내부에서도 차기 대선이 막힌 데서 나오는 불만이 응집될 가능성이 훨씬 높았는데, 박정희 자신에게 10·2 항명 파동은 집권 세력 내부에서도 저항이 조직될 수 있음을 직접 보여주는 예증으로 보였을 것이기 때문이다.

사실상 장기 집권 아니 영구 집권을 염두에 두고 그 초석을 닦고 있던 박정희 대통령은 이를 계기로 정권 장악력 강화를 위한 개헌을 결심하게 된다. 1971년 제8대 대통령 선거 당시 김대중 후보는, 박정희 후보가 3선에 성공하면 그 즉시 영구 집권을 시도할 것이라고 주장하였는데, 박정희 후보는 "이번이 마지막 출마"라며 "다시는 국민 여러분 앞에 나와서 표를 달라고 하지 않을 것"이라고 공약하였다. 이 공약은 역설적으로 사실이 되었다. 박정희 대통령은 실제로 1년 뒤 10월유신을 선포하고 영구 집권을 보장하는 헌법을 제정하게 되는데, 이 헌법은 대통령이 국민들이 아닌 '통일주체국민회의'라는 사이비 대의기관에 의해 간접 선거하게 규정되어 있어 결국 박정희와 김대중 "두 후보의 말이 모두 맞아 떨어졌다"는 조롱이 나오게 되었다.[48] 어쨌든 3선개헌까지 하여 세 번째로 연속 대통령직에 오른 박정희가 4년 임기가 다하는 1975년 4월에 순순

---

47 이상의 분석에 대해서는 「10·2 항명파동」, 〈나무위키〉 https://namu.wiki/w/10.2%20%ED%95%AD%EB%AA%85%20%ED%8C%8C%EB%8F%99) 참조.

48 「대한민국 제7대 대통령 선거」, 〈위키백과〉 https://ko.wikipedia.org/wiki/%EB%8C%80%ED%95%9C%EB%AF%BC%EA%B5%AD_%EC%A0%9C7%EB%8C%80_%EB%8C%80%ED%86%B5%EB%A0%B9_%EC%84%A0%EA%B1%B0. 2020년 6월 1일 (월) 20:23 마지막 편집)

하게 퇴임하리라고 생각한 사람은 전혀 없는 실정이었는데, 대통령이 무엇인가 꾸미고 있다는 소문은 끊임없이 돌아다니고 있었다.

누구보다 박정희가 수시로 행하는 공직 담화에서 모든 담론이 '안보 위기'라는 굴절개념 안으로 꺾어들어 고착되는 일이 반복적으로 출현하였다. 1971년 10·2 항명 파동 이후 수도권 대학가를 표적으로 위수령이 발동된 이래, 1971년 12월 6일 대통령 박정희는 "국가가 안전보장상 중대한 시점에 있다고 보고, 국가안보를 저해하는 모든 행위를 용납하지 않으며, 무책임한 안보 논쟁을 삼갈 것과 최악의 경우, 기본권의 일부도 유보할 결의를 하여야 할 것이라는 내용의 국가비상사태를 선언하였다. 그러나 당시 이러한 대통령의 선언을 구체화할 실정법적 근거가 없었으므로 여당이었던 민주공화당은 대통령의 선언을 뒷받침하기 위한 법률안을 작성하여 야당의 강력한 반대를 무릅쓰고 입법화시켰다."[49] 다시 말해서 10월유신 1년 전에 대통령 박정희는 주변이 정세 변화를 안보 위기로 굴절시키고, 자신을 둘러싸고 일어나는 다원적인 정치적·사회적 갈등들을 "모두" "국가안보를 저해하는 행위"로 거기에서 거론되는 이견들의 제기를 "무책임한 안보논쟁"이라는 굴절개념으로 고착시켰다.

12월 27일 「국가보위에 관한 특별조치법」이 공포되면서 현직 대통령으로서 넓힐 수 있는 합법적 권한의 폭은 최대로 확대되었다. 특히 이 특별조치법은 그 제7조와 제8조에서,[50] 국민의 모든 생활영역에서 대통령이 "국론을 분열시킬 위험" 또는 "사회질서의 혼란을 조장할 위험"이 있다고 판단할 경우 국회를 거치지 않고 "국가안전보장회의의 자문과 국무회의 심의를 거쳐 국가비상사태를 선포"하여[51] 대통령이 국민정치의 자생적 원천이 될 수 있는 언론·출판·집회·결사의 자유를 대폭 제한할 수 있는 권한을

---

49 박윤흔(1995년도 집필), 「국가보위에 관한 특별조치법(國家保衛—特別措置法)」; 한국학중앙연구원, 『한국민족문화대백과사전』(http://encykorea.aks.ac.kr/Contents/Item/E0006134).

50 "제7조(옥외집회 및 시위) 비상사태하에서 공공의 안녕질서를 유지하기 위하여 필요한 경우 대통령은 옥외집회 및 시위를 규제 또는 금지하기 위하여 특별한 조치를 할 수 있다." / "제8조(언론 및 출판) 비상사태하에서 대통령은 아래 사항에 관한 언론 및 출판을 규제하기 위하여 특별한 조치를 할 수 있다. 1. 국가 안위에 관한 사항, 2. 국론을 분열시킬 위험이 있는 사항, 3. 사회 질서의 혼란을 조장할 위험이 있는 사항"(「국가보위에 관한 특별조치법」. 이 글 말미 공식 문건2. 참조.)

51 위의 법 제2조.

부여하고 있었다.

이 '법'의 내용은 그 뒤 박정희 유신독재체제가 성립하면서 박정희가 격살당할 때까지 9차에 걸쳐 발동되었던 '긴급조치들'의 모든 내용을 그것도 '법'으로서 이미 선취하고 있었다. "국가비상사태에서 국가의 안전과 관련되는 내정·외교 및 국방상의 조처를 사전에 취할 수 있도록 비상대권을 대통령에게 부여하기 위하여 제정된" "이 법률의 제정 동기가 대통령 박정희의 국가비상사태 선포를 사후 합리화하기 위한 조치이고, 민주공화당이 이 법률안을 국회에 제출하자 신민당의 강력한 반대로 법률의 제정이 난항을 거듭할 때, 대통령 박정희가 국회의장에게 친서를 보내 이 법률의 제정을 강력히 촉구하였다는 점은 다른 법률에서 찾아볼 수 없는 사례이다.

이 법률이 당시 헌법하에서 과연 합헌이었는가에 대하여 의문을 제기할 수도 있었으나, 이 법률의 제정 후 10개월 만에 10월유신이 있었다는 점에서 이 법률의 제정은 10월유신의 전주곡(前奏曲)이라 할 수 있다." 따라서 "이 법률에 대한 평가는 10월유신을 어떻게 평가하는가에 따라 달라질 수 있다"는[52] 해석에 분명히 일리가 있지만, 이렇게 비상대권까지 의회의 절차에 따라 '입법화'했으면서도, 왜 또 10월유신이라는 탈의회적 조치를 통해 별도 헌법을 제정하면서까지 '긴급조치'라는 탈입법적 형태로 헌법 안에 장착했느냐는 의문이 제기되지 않을 수 없다.

1960년대 말-70년대 초 기간 동안 대통령 박정희가 이렇게 ─거의 반세기가 되어가는 현재의 시점에서 보면 참으로 무리하게 보이는 유신헌법으로의 개헌 그리고 사실상 무법 국가(無法國家, Un-Rechts-Staat)로의 길을 강행하게 된 역사적 진전의 핵심에는 자기 정권의 위기를 국가적 위기로 투사하여 당시 대한민국 국가의 국민적 취약점 전체를 영구 집권의 토대로 삼고자 한 '박정희' 개인의 권력의지가 절대적으로 작용하고 있었다는 점을 간과해서는 안된다. 그의 이런 의지 안에서 한반도 남반의 대한민국 안팎에서 생성된 모든 변화요인들은 박정희 정권을 위협하는 요인으로 변질되었고, 박 정권은 이것을 국가적 위기로 투사하여 자신의 권력으로 동원할 수 있는 모든 국가자원을 정권 보위에 집중하였다. 이렇게 모든 변화요인이 '박정희 개인'을 통해 '국

---

52 박윤흔(1995), 앞의 글.

가적 위기'로 굴절될 수 있었던 가장 큰 원인요인은 '민주공화국' 차원에서 국가적 의지를 관철시켜 나갈 국민 역량이 당시로서는 아직 충분히 성숙되지 못했다는 데서 찾아진다. 유신체제 성립의 조건과 그 성립과정 및 작동 요인을 [도표 2]로 다음과 같이 통관해 보았다.[53]

[도표 2] 유신체제 성립의 조건과 그 성립과정 및 작동 요인

변화요인	➲ 박정희 개인 (굴절)	국민적 취약점	➲[투사] 국가적 위기
냉전 이완(데탕트) 닉슨 독트린	불확실성 요인	분단의식	북한의 남침 의지 강화 =안보 위기
남북대화 = 평화	부분적 정당성 확보를 통한 정권 기득권 강화	체제대결	비교전(非交戰) 적대관계 속에서 상호묵인의 공존과 대결
국가 주도 성장정책 위기 전태일 분신, 광주대단지 봉기, 파월 노동자 한진빌딩 폭동	경제위기	정경유착	사회질서 혼란
야당과 학원의 정권 도전	정치적 혼란	시민사회의 역량 취약	국가 통치 혼란
⋔ ⟨긴급조치⟩ 정치의 종식과 일상의 전면 통제 정치·경제·사회·문화	국가와 시민사회 전반의 병영화 ≡ 무법 국가 ➲		⋓ 국가와 사회의 전면 통제 전체주의적 1인 직접 지배 로서 유신독재체제

3. [박정희 유신독재체제의 성립] '풍년사업'이 기획한 '10월유신'을 통한 '대한민국 제4공화국'의 출현: 박정희는 왜 '새로운 헌법'이 필요했나?

1980년대가 시작되면서 대한민국 국민은 신군부 출신의 전두환 보안사령관이 박정

53 졸고, "헌정질서 유린한 유신체제 청산과 국회의 과제. 주제발표 2," 더불어민주당 국회의원 이재정 의원실/(가)유신청산민주연대동조합/민변 긴급조치변호단, 『유신독재 청산을 위한 사법부와 국회의 과제. 유신-긴급조치 9호 발동 45주년 정책토론회』(2020. 02. 12.), 58-59.

희 격살 후 12·12쿠데타를 통해 대통령이 되어가는 과정에서 자신이 그 안에서 성장한 박정희 정권을 적어도 담론상으로는 전면 부정하면서 유신헌법을 폐지하고 헌법 제9호가 되는 〈대한민국헌법〉을 새로 만들면서 대한민국헌법사상 최초로 공화국 기산을 명시하여 "제5민주공화국"이 "출발"한다는 헌법 전문(前文)을[54] 보게 된다. 이것은 역시 헌법을 새로 만들면서도 그 전문에 "새로운 민주공화국을 건설"한다고만 적은 유신헌법을[55] 강하게 의식한 표현으로서 이로써 박정희 유신독재체제에 의해 근거지어졌던 그 대한민국은 논리적으로 바로 '제4공화국'이 된다. 그런데 이 '제4공화국'이라는 기산은 유신헌법 기획자들이 극도로 꺼렸던 표현이었다. 그런 사정의 핵심은 유신헌법의 '헌법적' 성립과정 즉 '10월유신'이 그것을 주도한 박정희가 본래 대통령이 된 근거였던 제3공화국 헌법(헌법 제7호)의 규정을 일관되게 위반하는 "정상적이 아닌" 방법으로 진행되었기 때문이었다.

'10월유신'의 방식은 그 어떤 경우에도 대통령 박정희의 '친위쿠데타'라고 할 수밖에

---

54 "유구한 민족사, 빛나는 문화 그리고 평화애호의 전통을 자랑하는 우리 대한국민은 3·1운동의 숭고한 독립정신을 계승하고 조국의 평화적 통일과 민족중흥의 역사적 사명에 입각한 제5민주공화국의 출발에 즈음하여 정의·인도와 동포애로써 민족의 단결을 공고히 하고, 모든 사회적 폐습과 불의를 타파하며, 자유민주적 기본질서를 더욱 확고히 하여 정치·경제·사회·문화의 모든 영역에 있어서 각인의 기회를 균등히 하고, 능력을 최고도로 발휘하게 하며, 자유와 권리에 따르는 책임과 의무를 완수하게 하여, 안으로는 국민생활의 균등한 향상을 기하고 밖으로는 항구적인 세계평화와 인류공영에 이바지함으로써 우리와 우리의 자손의 안전과 자유와 행복을 영원히 확보하는 새로운 역사를 창조할 것을 다짐하면서 1948년 7월 12일에 제정되고 1960년 6월 15일, 1962년 12월 26일과 1972년 12월 27일에 개정된 헌법을 이제 국민투표에 의하여 개정한다."〈대한민국헌법〉'전문' [시행 1980. 10. 27.] [헌법 제9호, 1980. 10. 27. 전부개정] (국가법령정보센터 http://www.law.go.kr/lsInfoP.do?lsiSeq=53088&ancYd=19801027&ancNo=00009&efYd=19801027& nwJoYnInfo=N&efGubun=Y&chrClsCd=010202#0000).

55 "유구한 역사와 전통에 빛나는 우리 대한 국민은 3·1운동의 숭고한 독립정신과 4·19의거 및 5·16혁명의 이념을 계승하고 조국의 평화적 통일의 역사적 사명에 입각하여 자유민주적 기본질서를 더욱 공고히 하는 새로운 민주공화국을 건설함에 있어서, 정치·경제·사회·문화의 모든 영역에 있어서 각인의 기회를 균등히 하고 능력을 최고도로 발휘하게 하며 책임과 의무를 완수하게 하여, 안으로는 국민생활의 균등한 향상을 기하고 밖으로는 항구적인 세계평화에 이바지함으로써 우리과 우리의 자손의 안전과 자유와 행복을 영원히 확보할 것을 다짐하면서, 1948년 7월 12일에 제정되고 1962년 12월 26일에 개정된 헌법을 이제 국민투표에 의하여 개정한다."〈대한민국헌법〉'전문' [시행 1972. 12. 27.] [헌법 제8호, 1972. 12. 27. 전부개정] (국가법령정보센터 http://www.law.go.kr/lsInfoP.do?lsiSeq=53087&ancYd=19721227&ancNo=00008&efYd= 19721227&nwJoYnInfo=N&efGubun=Y&chrClsCd=010202#0000).

없는데, 공교롭게도 7년 뒤 박정희가 중앙정보부의 김재규 부장에게 격살당해 사망했던 바로 그 궁정동 안가에서 극비리에 기획되고 있었고, 부분적인 실무, 특히 대통령이 강력한 권력을 행사하는 프랑스나 인도네시아 등의 당시 외국의 헌법 사례들을 수집하여 새 헌법을 기초하는 작업은 법무부 소관으로 이미 1971년부터 시작되었다. 그러나 '풍년사업'이라는 암호명이 붙은 유신기획 작업은 1972년 5월 이후락 부장의 북한 비밀방문 뒤 중정 관할 하에 팀 조직을 두고 진행되었는데 이 비밀기획작업에 직접 관여한 인사들은 다음의 [도표 3]과 같이 정말 극소수였다.

[도표 3] 풍년사업팀

- 대통령 박정희
- 중앙정보부장 이후락
- 법무부 장관 신직수
- 중앙정보부 차장 김치열
- 보안사령관 강창성
- 법무부 법무과 검사 김기춘

조력자
- 서울대학교 법대 교수 한태연
- 중앙대학교 법대 교수 갈봉근

계엄사령부
- 육군참모총장 노재현

감시와 고문 집행
- 중앙정보부
- 보안사령부
- 헌병대

국내·외에 걸쳐 여막저숙까지 동원된 비밀 작업으로 당시 김종필 국무총리는 거사 3일 전에야, 주한외교사절들에게 총리가 통보하라는 귀띔을 받았고, 대통령 경호실장이었던 박종규조차 일본 출장 중 한국에 계엄령이 선포되었다는 소식을 들어야 했다.

경호실장에게도 이 풍년사업은 기밀로 부쳐졌고 아무것도 몰랐던 그가 일본에 파견되었던 것도 일본 측과 약속되었던 박 대통령의 11월 일본 방문에 대비한 경호계획을 세우기 위함이었는데, 박정희의 방일도 실제로는 연막작전이었고 청와대 경호처장도 연막작전의 대상이었다.[56]

　　'10월유신'은 대한민국 헌법 절차에 따라 선출된 '현직' 대통령이 추진하는 사업이었다. 그런데도 제도권 정치에서 대통령을 공적으로 보위하는 집권당까지 완전히 배제한 채, 대통령 측근 중에서도 가장 극소수의 인물들만 은밀하게 모여 연막을 피워가면서 '10월유신'을 비밀리에 기획 아니 '모의'해야 했던 이유는, 이 사업이 박정희의 대통령직을 '현직'으로 만든 바로 그 헌법, 즉 대한민국 헌법 제7호인 제3공화국 헌법을 폐기하면서 거기에서 설정한 국가 권력 구조를 무력으로 일거에 전면적으로 파괴하여 기존의 민주헌정체제(system of democratic constitutionalism)가 폐허화된 '대한민국 민주주의 그라운드 제로'에서 그것을 전면적으로 대체하는 '전체주의적 1인지배체제(totalitarian one-man-rule system)'를 건립하려는, 사실상의 '군사폭동적 내란(military rioting rebellion)'을 의도했기 때문이었다. 따라서 '10월유신'의 과정과 그 결과는 총체적 불법 행위로 성립한 무법 국가(無法國家 Unrechts staat)로 귀결된다. 그 이유는 다음과 같다.

　　(1) 당시 대통령 박정희가 「10·17 대통령 특별 담화」를 통해 계엄을 선포하여 집행할 당일 19시까지 유효했던 제3공화국의 〈대한민국헌법〉(헌법 제7호)에 따르면 (19시까지 대통령이기로 한) 박정희가 선포한 계엄령은 헌법적 요건을 전혀 충족하지 못했다. 즉 제7호 헌법 제75조 ①항 즉, "대통령은 전시·사변 또는 이에 준하는 국가비상 사태에 있어서 병력으로써 군사상의 필요 또는 공공의 안녕질서를 유지할 필요가 있을 때에는 법률이 정하는 바에 의하여 계엄을 선포할 수 있다."라는 규정에 따르면,[57] 당일 대통령의 특별담화에 제시된 문제 상황 즉 "파쟁과 정략의 갈등에서 좀처럼

56 '풍년사업'에 관한 이상의 모든 서술은 안기부 과거사 위원회에서 활동했던 한홍구 교수(2014), 앞의 책, 「친위쿠데타의 준비, 풍년사업」, 38–46쪽에 의거하였다.

57 〈대한민국헌법〉 [시행 1969. 10. 21] [헌법 제7호, 1969. 10. 21, 일부개정] (국가법령정보센터 http://www.law.go.kr/lsInfoP.do?lsiSeq=53086&ancYd=19691021&ancNo=00007&efYd=

헤어나지를 못하는" "정계(政界)"는 어떤 경우에도 "전시·사변 또는 이에 준하는 국가비상사태"에 있다고 이해될 수 없었다. 민주국가라면 어느 국회에서든 발생하기 마련인 '정쟁(政爭, political strife)'이 "군사상의 필요" 또는 "공공의 안녕질서를 유지할 필요"를 위해 "선포할 수 있는" "계엄령"의 요건에 해당된다? 이것은 어떤 경우에도 수긍불가능한 일이었다.

(2) 국회를 중심으로 한 제도정치권의 정쟁이 계엄령 선포의 요건이 될 수 없지만, 그것이 국회 자체를 해산할 이유도 될 수 없을뿐더러, 당일 19시까지 유효했던 제3공화국의 〈대한민국헌법〉(헌법 제7호)에는 국회 해산을 허용하는 어떤 규정도 두고 있지 않았다. 따라서 계엄선포에 이어 국회 해산을 핵심으로 하는 '10월유신' 선포 당일의 박정희의 폭거는 그 전해인 1971년 대통령 선거에서 3선에 성공하여 7월 1일 헌법(대한민국 제7호 헌법 제68조 ②항)에 따라 "국회의원과 대법원 법관의 참석" 하에 (그 ①항에 따라) 다음과 같이 행한 선서, 즉 "나는 국헌을 준수하고 국가를 보위하며 국민의 자유와 복리의 증진에 노력하여 대통령으로서 직책을 성실히 수행할 것을 국민 앞에 엄숙히 선서합니다."라는 취임선서문 중 맨 앞구절에 나온 "국헌 준수"의 의무를 의도적으로 위반한 것으로서 ─이때 그가 준수하기로 선서한 "국헌"(國憲) 즉 '국가의 헌법'이란 1969년 그가 개헌까지 하여 3선조항을 마련했던 제3공화국의 헌법 제7호였다─ 자신을 대통령으로 만들어준 주권자 즉 헌법제정권자에게 사전에 그 어떤 통보도 하지 않은 채 헌법 규정도 없이 감행한 행위로서 실질적으로 '헌법 파괴'(destruction of the constitution)에 해당된다.

본래 대통령 박정희가 현직 대통령으로서 근거하고 있던 제3공화국 헌법에 의거해 여기까지의 사안을 보면 보면 '10월유신'은 일단 '합법적이지 않은' '불법(不法 un-rechte, illegal) 행위'라고 할 수 있을 것이다.

(3) 그러나 이런 식으로 불법적 헌법파괴를 감행하고 나서 풍년사업팀이 내놓은

─────────────

19691021&nwJoYnInfo=N&efGubun=Y&chrClsCd=010202#0000).

"새로운 민주공화국"을 위한 헌법안 즉 '유신헌법'은, 대한민국이라는 한 '국가의 헌법'이기를 의도한 것은 분명하지만 그 구조와 내용은 현대적 의미에서의 '입헌주의'(constitutionalism) 내지 '법치주의'(rule by law)를 명확하게 노골적으로 부정하고 있었다. 따라서 유신헌법은 그 자체 '헌법파괴헌법'으로서 '헌법 아닌 헌법'인 바, 그것이 지향하는 "새로운 민주공화국" 즉 '대한민국 제4공화국'은 단지 '불법'국가에 그치는 것이 아니라 헌법다운 헌법이 부재한 상태에서 사실상 1인 지배자 즉 독재자인 대통령이 그 누구의 검토와 동의도 거치지 않은채 발포하는 명령과 조치가 법의 이름으로 국가의 폭력을 국민 생활 전반에 임의로 행사하는 '무법'국가(Un/Recht-(s)-Staat)였다.58

'유신헌법' 조항 전체를 보면 현대적 의미에서 입헌 국가의 기본요건을 표현하는 전형적 문안들은 거의 그대로 들어 있다. 거기에는 민주공화국이라는 규정도 그대로 있고 기본권을 다룬 제2장도 그 어떤 권리도 삭제하지 않고 문안을 보존하고 있다. 국회, 정부, 법원의 장(章)들도 통상적인 입헌적 내용들을 대부분 담고 있다. 그런데 이런 통상적인 입헌적 조항들 사이사이에 끼워넣은 새로운 규정들, 즉 '유신헌법에 특정한 조항들'이 통상적인 조항들을 상호연관시키는 입헌주의적 맥락의 혈을 끊으면서 '국민주권의 원칙에 따라 작동되는 법치국가(state of rule-by-law)'를 '1인의 자의적 의지가 국민의 생활영역 전체를 전체주의적으로 통제하는 독재체제'의 모습으로 그 윤곽과 표정이 드러나게 만든다. 이것은 대한민국 헌법사에서 유신헌법만 설정하고 있거나 유신헌법에서 최초로 설정한 헌법조항들, 즉 '유신헌법에 특정한 헌법조항들'만 집약하여 그 의미를 해석해 보면 확연하게 드러난다. 이 조항들을 제외한 다른 조항들의 내용은 제3공화국 헌법(헌법 제7호)과 동일한데, 제3공화국 헌법에서 삭제된 조항들 역시 '유신헌법에 특정하여 없어진 조항'으로 해석하여 '유신헌법에 특정한 헌법조항들'과 함께 제시함으로써 '유신헌법'의 구도 안에서 국민의 '인간으로서 기본권'과 '국가권력'의 구도가 어떻게 변형, 위축되었는지 다음의 [도표 4]를 통해 비교하여 직관적으로 파악할 수

---

58 '무법(無法)국가'에 대한 다음의 논의 중 유신헌법과 관련된 상당 부분은 건국대학교 법학전문대학원의 한상희 교수,「발제1. 유신헌법과 불법 국가」; 유신청산민주연대/설훈의원실 주최,『유신독재 청산 국회토론회 및 유신청산민주연대 발족식』(자료집)(2020. 5. 28., 국회의원회관 제1세미나실), 7-32쪽에 크게 의존하였다.

있도록 의도하였다.

[도표 4] '유신헌법에 특정한'헌법조항들의 규정과 헌법적 의미
― 대한민국 제4공화국 헌법 제8호(전문(前文), 본문 126개조, 부칙 11개조) 및 제3공화국 헌법
제7호에서 적출

조항	규정	의미
목차	전문 제1장 총강 제2장 국민의 권리와 의무 제3장 통일주체국민회의 제4장 대통령 제5장 정부 제1절 국무총리와 국무위원 제2절 국무회의 제3절 행정각부 제4절 감사원치 제6장 국회 제7장 법원 제8장 헌법위원회 제9장 선거관리 제10장 지방자치 제11장 경제 제12장 헌법개정 부칙	* [국가권력기관에 있어 대통령의 통괄적 위상] 헌법 전체 구성에서 특정한 실권이나 권한 또는 기능적 역할 없이 대통령과 국회의원 정수 $\frac{1}{3}$ 선출권 및 의원발의 개헌안 의결권만 가진 '통일주체국민회의'를 국가권력기관의 수위(首位)에 놓고, 그 다음 '대통령'을 '정부'와 별도로 배치하면서 '국회'와 '법원'의 3권 모두의 앞에 배치하고, '정부' 역시 '국회'보다 우선하도록 함으로써, '대통령'이 정부를 매개로 행정·입법·사법 모두를 통괄하는 위치에 있는 권력작동골격을 명시함. * 통일주체국민회의는 대통령과 대통령의 정치적 친위조직인 유정회를 거의 자동적으로 선출하는 일종의 '선거기계'의 역할만 하였음.
전문	…조국의 평화적 통일의 역사적 사명에 입각하여 자유민주적 기본질서를 더욱 공고히 하는 새로운 민주공화국을 건설함에 있어서…	* [국가이념으로서 평화통일과 자유민주적 기본질서의 원칙을 헌법이념으로 최초 부각] "조국의 평화적 통일"과 "자유민주적 기본질서"의 두 개념을 최초로 헌법 목표로 설정, 당시에는 전적으로 박정희 영구 집권의 명분으로 제시되어 헌법현실에는 그에 부합하려는 어떤 진척도 이루지 못했고, 특히 자유민주적 기본질서라 할 경우, 통일국가의 국가성격에서 '반공'의 요건을 내재화시키는 것으로 해석되

		어, 북한과의 대화폭을 원천적으로 좁히는 것으로 받아들여졌지만, 분단체제관리의 국가적 원칙을 정립함과 동시에 4공 및 5공 이후 민주화 국면에서 독일연방공화국(서독)의 선진적인 민주헌정 운영에서 수용한 '자유롭고 민주적인 기본질서(FDGO. freiheitliche u. demokratische Grundordnung)'의 개념을 통일과 국가운영의 최소요건으로 정착시켜 박정희 본래의 의도를 넘어 반독재 민주화운동의 성과로 그 의미가 역사적으로 확대되었다.
제1조 ②항	대한민국의 주권은 국민에게 있고, 국민은 그 대표자나 국민투표에 의하여 주권을 행사한다.	* [국민주권의 근본적 부정] 국민의 주권을 그 "대표자", 즉 유신헌법이 설정한 "통일주체국민회의"를 통하여 행사하도록 함으로써 '대통령'을 직접선거하지 못하며, 국회의원은 중선거구제를 적용하여 여당 출신 후보가 반드시 선출될 확률을 거의 100%로 올렸으며, 국민이 직접 선출하지 않고 대통령이 지명하여 통일주체국민회의 대의원이 국회의원 정수의 ⅓을 선출하도록 함으로써 국회의 국민대변기능을 사실상 왜곡. 따라서 이 조항은 국민주권 원칙을 근본적으로 부정하는 것임.
제7조 ③항	정당은 법률이 정하는 바에 의하여 국가의 보호를 받는다. 다만, 정당의 목적이나 활동이 민주적 기본질서에 위배되거나 국가의 존립에 위해가 될 때에는 정부는 헌법위원회에 그 해산을 제소할 수 있고, 정당은 헌법위원회의 결정에 의하여 해산된다.	* [정당 해산 요건 확대하여 정당 활동 제한] 정당해산 요건에 "민주적 기본질서 위배" 외에 "국가 존립 위해"라는 요건을 덧붙임으로써 그 판단의 담당자인 '정부'와 그 총괄자인 대통령 박정희의 편협한 안보관과 정세관이 투여될 여지가 있어 정당의 정치적 운신폭을 현격하게 좁힘.
제2장 국민의 권리와 의무	제12조 모든 국민은 법률에 의하지 아니하고는 거주·이전의 자유를 제한받지 아니한다. 제13조 모든 국민은 법률에 의하지 아니하고는직업선택의 자유를 제한받지 아니한다.	* [기본권 유보 요건 대폭 확대] 기본권 내용은 그대로 유지하면서도 그 조항에 일일이 법률적 권리유보조건을 붙임으로써 대통령의 긴급조치권과 바로 연통되어 국민 일상이 통제될 수 있도록 하는 법적 장치를 장착한 셈이 되었었다. 이와 같은 유보

	제14조 모든 국민은 법률에 의하지 아니하고는 주거의 자유를 침해받지 아니한다. 주거에 대한 압수나 수색에는 검사의 요구에 의하여 법관이 발부한 영장을 제시하여야 한다. 제15조 모든 국민은 법률에 의하지 아니하고는 통신의 비밀을 침해받지 아니한다. 제18조 모든 국민은 법률에 의하지 아니하고는 언론·출판·집회·결사의 자유를 제한받지 아니한다.	조건은 5공헌법(헌법 제9호)에서는 모두 삭제되었다.
제26조 ②항	군인·군속·경찰공무원 기타 법률로 정한 자가 전투·훈련 등 직무집행과 관련하여 받은 손해에 대하여는 법률이 정한 보상 이외에 국가나 공공단체에 공무원의 직무상 불법행위로 인한 배상은 청구할 수 없다.	* [공무원의 국민으로서 배상권 과도한 제한] 이 조항은 현행 헌법까지도 그대로 존속한다.
제3장 통일주체국민회의	제35조 통일주체국민회의는 조국의 평화적 통일을 추진하기 위한 온 국민의 총의에 의한 국민적 조직체로서 조국통일의 신성한 사명을 가진 국민의 주권적 수임기관이다. 제36조 ① 통일주체국민회의는 국민의 직접선거에 의하여 선출된 대의원으로 구성한다. ② 통일주체국민회의 대의원의 수는 2,000인 이상 5,000인 이하의 범위 안에서 법률로 정한다. ③ 대통령은 통일주체국민회의의 의장이 된다. ④ 통일주체국민회의 대의원의 선거에 관한 사항은 법률로 정한다. 제37조 ① 통일주체국민회의 대의원으로 선거될 수 있는 자는 국회의원의	* [한국적 민주주의 또는 영도자 민주주의라는 사이비민주주의] 국민과 완전히 분리된 최고권력창출 기구로서 통일주체국민회의를 설정하여 대통령 선출 대통령이 지명한 국회의원 정수 1/3 선출 의결 통일 관련 중요 정책 심의, 의결로써 의제적(擬制的) 국민총의를 창출하는 등 주권행사를 대행시키고, 그 의장으로 대통령을 세워 대행한 주권을 일괄 점취하도록 하여 ― 결과적으로 대통령이 통일주체국민회의를 매개로 극단적 권력집중을 가능하도록 함. ― 하지만 이러한 대통령권력에 대한 통제

피선거권이 있고 선거일 현재 30세에 달한 자로서 조국의 평화적 통일을 위하여 국민주권을 성실히 행사할 수 있는 자라야 한다.
② 통일주체국민회의 대의원으로 선거될 수 있는 자의 자격에 관하여는 법률로 정한다.
③ 통일주체국민회의 대의원은 정당에 가입할 수 없으며, 국회의원과 법률이 정하는 공직을 겸할 수 없다.
④ 통일주체국민회의 대의원의 임기는 6년으로 한다.
제38조 ① 대통령은 통일에 관한 중요정책을 결정하거나 변경함에 있어서, 국론통일을 위하여 필요하다고 인정할 때에는 통일주체국민회의의 심의에 붙일 수 있다.
② 제1항의 경우에 통일주체국민회의에서 재적대의원 과반수의 찬성을 얻은 통일정책은 국민의 총의로 본다.
제39조 ① 대통령은 통일주체국민회의에서 토론없이 무기명투표로 선거한다.
② 통일주체국민회의에서 재적대의원 과반수의 찬성을 얻은 자를 대통령 당선자로 한다.
③ 제2항의 득표자가 없는 때에는 2차 투표를 하고, 2차 투표에도 제2항의 득표자가 없는 때에는 최고득표자가 1인이면 최고득표자와 차점자에 대하여, 최고득표자가 2인 이상이면 최고득표자에 대하여, 결

장치는 부재하고,
— 정치엘리트로 구성되는 공화당조차도 유정회가 그 역할을 대체하였으며,

— 중앙정보부에 의한 정치공작이 여야를 불문하고 강력한 개입력을 발휘하고,

— 야당은 현격하게 정치적 위상이 약화되어 정권교체 의지를 상실한 상태에서 내부 갈등으로 일관했다.

* [선거기계 및 유신의 촉수로서 통일주체국민회의 대의원] 유신헌법에 의해 신설된 통일주체국민회의의 초대 대의원들을 선출하기 위해 불과 18일의 선거운동 기간을 거쳐 1972년 12월 15일에 실시되었는데, 정당 소속원은 출마가 허용되지 않았으며 완전공영제로 운영되어 기존 선거에 비해 조용한 분위기로 진행되었다. 주로 관변 단체 인사들이나 지역 유지들이 출마했던 이 초대 통일주체국민회의 대의원 선거는 70.4%의 투표율을 기록했으며, 총 2,359명의 대의원을 선거하였다. 이 선거로 당선된 초대 '통대의원들'은 초대 통일주체국민회의를 구성하고, 제8대 대통령, 제1, 2기 유신정우회 국회의원 등을 선거하였다.[59] 결국 통일주체국민회의는 한낱 '선거기계', '정권 거수기'로서,[60] 주권자 의사를 '대행(代行)'하는 구실도 하지 못하는 정도였는데, 그 숫자상 전국 행정구역에서 반(班)까지는 아니더라도 리(里)·동(洞) 단위까지 민심을 관찰하고 조작하는 '유신의 촉수' 역할을 했다고 볼 수 있다.

	선투표를 함으로써 다수득표자를 대통령당선자로 한다.
	제40조 ① 통일주체국민회의는 국회의 원 정수의 3분의 1에 해당하는 수 의 국회의원을 선거한다.
	② 제1항의 국회의원의 후보자는 대통령이 일괄 추천하며, 후보자 전체에 대한 찬반을 투표에 붙여 재 적대의원 과반수의 출석과 출석대 의원 과반수의 찬성으로 당선을 결 정한다.
	③ 제2항의 찬성을 얻지 못한 때에 는 대통령은 당선의 결정이 있을 때 까지 계속하여 후보자의 전부 또는 일부를 변경한 후보자명부를 다시 작성하여 통일주체국민회의에 제 출하고 그 선거를 요구하여야 한다.
	④ 대통령이 제2항의 후보자를 추 천하는 경우에, 통일주체국민회의 에서 선거할 국회의원 정수의 5분 의 1의 범위안에서 순위를 정한 예 비후보자명부를 제출하여 제2항의 의결을 얻으면, 예비후보자는 명부 에 기재된 순위에 따라 궐위된 통일 주체국민회의선출 국회의원의 직 을 승계한다.
	제41조 ① 통일주체국민회의는 국회가 발의·의결한 헌법 개정안을 최종 적으로 의결·확정한다.
	② 1항의 의결은 재적대의원 과반 수의 찬성을 얻어야 한다.
	제42조 통일주체국민회의의 조직·운영 기타 필요한 사항은 법률로 정한다.
제45조	① 대통령의 임기가 만료되는 때에는 통

	일주체국민회의는 늦어도 임기만료 30일전에 후임자를 선거한다. ② 대통령이 궐위된 때에는 통일주체국민회의는 3월이내에 후임자를 선거한다. 다만, 잔임기간이 1년미만인 때에는 후임자를 선거하지 아니한다. ③ 대통령이 궐위된 경우의 후임자는 전임자의 잔임기간중 재임한다.	
제43조 ③항	대통령은 조국의 평화적 통일을 위한 성실한 의무를 진다.	* [대통령 임기 무한 연장의 명분으로서 조국의 평화통일] 무력북진통일이 아니라 평화통일을 대한민국 대통령의 최우선 '헌법적'목표로 포함시킨 것은 (1950년대 후반 남북한의 평화통일을 주장했던 진보당의 조봉암이 당시 이승만 정권에 의해 사법살인을 당했던 것과 비교하면) 평화적 분단관리라는 측면에서 진일보한 것이었으나, 이 유신헌법 안에서 평화통일은 박정희의 정권 유지를 위한 명분으로만 남용되었고 그것을 위한 실질적 조치는 남북한 공히 도모되지 않았지만, 상대방에 대한 무력개입을 거의 포기하는 상호양해 속에서 방임하는 쪽으로의 자세 전환은 후대 정권들에 의해 계승되는 전향적 의미를 가진 것으로 평가된다.
제46조	대통령은 취임에 즈음하여 다음의 선서를 한다. "나는 국헌을 준수하고 국가를 보위하며 국민의 자유와 복리의 증진에 노력하고 조국의 평화적 통일을 위하여 대통령으로서 직책을 성실히 수행할 것을 국민 앞에 엄숙히 선서합니다."	
제53조	① 대통령은 천재·지변 또는 중대한 재정·경제상의 위기에 처하거나, 국가의 안전보장 또는 공공의 안녕질서가 중대한 위협을 받거나 받을 우려가 있어, 신속한 조치를 할 필요가 있다고 판단할 때에는 내정·외교·국방·경제·재정·사법등 국정 전반에 걸쳐 필요한 긴급조치를 할 수 있다. ② 대통령은 제1항의 경우에 필요하다고 인정할 때에는 이 헌법에 규정되어 있는 국민의 자유와 권리를 잠정적으로 정지하는 긴급조치를 할 수 있고, 정	* [비상대권이자 일상적 독재권으로서 대통령 긴급조치 발포권을 설정] 이 긴급조치는 독일에서 나치가 집권하자마자 히틀러가 창안한 수권법(授權法, Ermächtigunsgesetz)과 유사하면서도 그 권력의 강도는 훨씬 센 것으로서 계엄상태가 아님에도 군대를 투입할 수 있었다. '박정희 유신독재체제'가 직접 지배한 제4공화국 기간(1972. 10. 17.~1979. 10. 26.) 7년 동안 5년 9개월이 긴급조치 상황 하에 있었던 바, 유신시대는 긴급한 상황이 긴급하지 않게 지속되어 사실상

	부나 법원의 권한에 관하여 긴급조치를 할 수 있다. ③ 제1항과 제2항의 긴급조치를 한 때에는 대통령은 지체없이 국회에 통고하여야 한다. ④ 제1항과 제2항의 긴급조치는 사법적 심사의 대상이 되지 아니한다. ⑤ 긴급조치의 원인이 소멸한 때에는 대통령은 지체없이 이를 해제하여야 한다. ⑥ 국회는 재적의원 과반수의 찬성으로 긴급조치의 해제를 대통령에게 건의할 수 있으며, 대통령은 특별한 사유가 없는 한 이에 응하여야 한다.	'긴조시대'였고, 그의 사후 긴급조치가 해제되면서 긴급사태로 해소되었다.
제59조	① 대통령은 국회를 해산할 수 있다. ② 국회가 해산된 경우 국회의원총선거는 해산된 날로부터 30일이후 60일이전에 실시한다.	* 국회 해산권으로 국회권력을 원천적으로 상시 제압 * 국무총리는 단순히 대통령 보좌 역할뿐만 아니라 대통령에 대한 완전 복종의 의무까지 받게됨으로써 "국민 전체에 대한 봉사자"로서 공무원의 위상을 현격하게 저하시킴.
제63조 ②항	"국무총리는 대통령을 보좌하고 행정에 관하여 대통령의 명을 받아 행정각부를 통할한다."	
제66조	다음 사항은 국무회의 의결을 거쳐야 한다 "7. 국회의 해산"	* [국회 권력의 현격한 약화 내지 무력화] ― 중선거구제(1구 2인 선거제): 여당은 전국에 걸쳐 모든 선거구에서 의석 확보가능 ― 유정회의 존재: 의석 1/3 이상 대통령이 확보. 이로 인하여 대통령은 언제나 개헌선을 확보하게 됨 ― 국회의 국정감사권을 박탈하여 정부 견제기능 없앰
제76조	제76조 ① 국회는 국민의 보통·평등·직접·비밀선거에 의하여 선출된 의원 및 통일주체국민회의가 선거하는 의원으로 구성한다.	
제77조	"국회의원의 임기는 6년으로 한다. 다만, 통일주체국민회의가 선거한 국회의원의 임기는 3년으로 한다."	
삭제	〈헌법 제7호〉 제57조 국회는 국정을 감사하며, 이에 필요한 서류의 제출, 증인의 출석과 증언이나 의견의 진술을 요구할 수 있다. 다만, 재판과 진행중인 범죄수사·소추에 간섭할 수 없다.	
삭제	〈헌법 제7호〉	

	제99조 ① 대법원장인 법관은 법관추천회의의 제청에 의하여 대통령이 국회의 동의를 얻어 임명한다. 대통령은 법관추천회의의 제청이 있으면 국회에 동의를 요청하고, 국회의 동의를 얻으면 임명하여야 한다. ② 대법원판사인 법관은 대법원장이 법관추천회의의 동의를 얻어 제청하고 대통령이 임명한다. 이 경우에 제청이 있으면 대통령은 이를 임명하여야 한다. ③ 대법원장과 대법원판사가 아닌 법관은 대법원판사회의의 의결을 거쳐 대법원장이 임명한다. ④ 법관추천회의는 법관 4인, 변호사 2인, 대통령이 지명하는 법률학교수 1인, 법무부 장관과 검찰총장으로 구성한다. ⑤ 법관추천회의에 관하여 필요한 사항은 법률로 정한다. 제100조 ① 대법원장인 법관의 임기는 6년으로 하며 연임될 수 없다. ② 법관의 임기는 10년으로 하며 법률이 정하는 바에 의하여 연임될 수 있다. ③ 법관의 정년은 65세로 한다.	* [사법부 자율권 대폭 약화: 사법부(府)에서 사법부(部)로] 법관추천회의를 폐지하여 사법부의 자율적 인사권을 봉쇄함으로써, 대통령이 대법원장 후보에 대하여 사전에 직접 인사심사를 할 수 있도록 함으로써 사법권이 굴절되고, 사실상 사법부는 사법관료체제에 의해 운영되도록 함. ― 이로써 법관인사권, 검찰 인사권은 대통령이 장악: 단순한 법률기계로 전락, 민주국가 삼권분립체제의 한 축으로서 사법부(府)가 아니라, 박정희 절대독재권력이 총괄하는 통치부의 한 부서로서 사법부(部)로 그 위상이 완전히 추락
제103조	제103조 ① 대법원장인 법관은 대통령이 국회의 동의를 얻어 임명한다. ② 대법원장이 아닌 법관은 대법원장의 제청에 의하여 대통령이 임명한다. ③ 대법원장인 법관의 임기는 6년으로 한다. ④ 대법원장이 아닌 법관의 임기는 10년으로 한다. ⑤ 법관은 법률이 정하는 바에 의하여 연	― 사법시험과 사법연수원 등을 통해 법조계 역시 시민사회와의 교감 없이 국가에 의해 선발, 양성되는 국가의 법

	임될 수 있다 ⑥ 법관은 법률이 정하는 연령에 달한 때에는 퇴직한다.	관료체제 안에 포섭되었다.
제105조	제105조 ① 법률이 헌법에 위반되는 여부가 재판의 전제가 된 때에는 법원은 헌법위원회에 제청하여 그 결정에 의하여 재판한다. ② 명령·규칙·처분이 헌법이나 법률에 위반되는 여부가 재판의 전제가 된 때에는 대법원은 이를 최종적으로 심사할 권한을 가진다.	
제8장 헌법위 원회	제109조 ① 헌법위원회는 다음 사항을 심판한다. 　1. 법원의 제청에 의한 법률의 위헌여부 　2. 탄핵 　3. 정당의 해산 ② 헌법위원회는 9인의 위원으로 구성하며, 대통령이 임명한다. ③ 제2항의 위원중 3인은 국회에서 선출하는 자를, 3인은 대법원장이 지명하는 자를 임명한다. ④ 헌법위원회의 위원장은 위원중에서 대통령이 임명한다. 제110조 ① 헌법위원회 위원의 임기는 6년으로 한다. ② 헌법위원회 위원은 정당에 가입하거나 정치에 관여할 수 없다. ③ 헌법위원회 위원은 탄핵 또는 형벌에 의하지 아니하고는 파면되지 아니한다. ④ 헌법위원회 위원의 자격은 법률로 정한다. 제111조 ① 헌법위원회에서 법률의 위헌결정, 탄핵의 결정 또는 정당해산의 결정을 할 때에는 위원 6인이상의 찬성이 있어야 한다.	* [유신헌법을 준거규범으로 한 헌법위원회의 위상] 국가법체계에서 최고법인 헌법 관련 사안(위헌, 탄핵, 정당해산 결정)을 처리하기 위해 대법원과 분리된 '헌법위원회'를 설정한 것은 사법체계의 전문화와 독립화를 기한 것처럼 보이지만, 이미 '헌법 아닌 헌법'으로서 '헌법파괴적 조항들'을 구성결절마다 담고 있는 유신헌법을 준거규범으로 해야 하는 조건 하에서 헌법위원회의 역할은 혹이나 1인 통치자의 권력동선에서 이탈할 수도 있는 법원의 행태를 최종적으로 기미(羈縻)할 수 있는 법적·제도적 안전 장치 그 이상도 이하도 아닌 것으로 이해되어야 한다.

	② 헌법위원회의 조직과 운영 기타 필요한 사항은 법률로 정한다.	
〈삭제〉	〈헌법 제7호〉 제5장 헌법개정 제119조 ① 헌법개정의 제안은 국회의 재적의원 3분의 1이상 또는 국회의원선거권자 50만인이상의 찬성으로써 한다. ② 제안된 헌법 개정안은 대통령이 30일 이상의 기간 이를 공고하여야 한다. 제120조 ① 국회는 헌법 개정안이 공고된 날로부터 60일이내에 이를 의결하여야 한다. ② 헌법 개정안에 대한 국회의 의결은 재적의원 3분의 2이상의 찬성을 얻어야 한다.	
제12장 헌법 개정	제124조 ① 헌법의 개정은 대통령 또는 국회재적의원 과반수의 발의로 제안된다. ② 대통령이 제안한 헌법 개정안은 국민투표로 확정되며, 국회의원이 제안한 헌법 개정안은 국회의 의결을 거쳐 통일주체국민회의의 의결로 확정된다. ③ 헌법개정이 확정되면 대통령은 즉시 이를 공포하여야 한다. 제125조 ① 국회에 제안된 헌법 개정안은 20일이상의 기간 이를 공고하여야 하며, 공고된 날로부터 60일이내에 의결하여야 한다. ② 헌법 개정안에 대한 국회의 의결은 재적의원 3분의 2 이상의 찬성을 얻어야 한다. ③ 제2항의 의결을 거친 헌법 개정안은 지체없이 통일주체국민회의에 회부되고 그 의결로 헌법개정이 확정된다.	* [대통령의 헌법개정 경로 독점] 국민의 개헌발의권을 전면 삭제하고, 대신 대통령이 새로이 제안권과 아울러 대통령의 개헌안은 국회의 의결 없이 국민투표에 직접 회부하도록 한 반면, — 국회에서 발의한 개헌안은 재적의원 2/3의 찬성으로 의결하도록 함으로써 유정회의 찬성 없는 개헌안의 국회 통과는 사실상 불가능해졌다. — 결국 개헌의 발의와 성사 여부는 완전히 대통령의 전결사항이 되었다.

	통일주체국민회의에 회부된 헌법 개정안은 회부된 날로부터 20일이내에 의결되어야 한다. 제126조 ① 대통령이 제안한 헌법 개정안은 20일이상의 기간 이를 공고하여야 하며, 공고된 날로부터 60일이내에 국민투표에 붙여야 한다. ② 국민투표에 붙여진 헌법 개정안은 국회의원선거권자 과반수의 투표와 투표자 과반수의 찬성을 얻어 헌법개정이 확정된다.	
부칙	제10조 이 헌법에 의한 지방의회는 조국 통일이 이루어질 때까지 구성하지 아니 한다.	* 통일시까지 지방자치를 유예함으로써 중앙정치를 견제할 수 있는 지방권력의 원심력적 분화를 봉쇄

59 「초대 통일주체국민회의 대의원 선거」; 〈위키백과〉 2020년 3월 27일 (금) 08:05 마지막 편집 https://ko.wikipedia.org/wiki/%EC%B4%88%EB%8C%80_%ED%86%B5%EC%9D%BC%EC%A3%BC%EC%B2%B4%EA%B5%AD%EB%AF%BC%ED%9A%8C%EC%9D%98_%EB%8C%80%EC%9D%98%EC%9B%90_%EC%84%A0%EA%B1%B0.

60 우재복 기자, 「정권 '거수기' 역할 통일주체국민회의 대의원, 첫 선거」; 『헤럴드PHOTO』(2018.10.9. http://photo.heraldcorp.com/ptview.php?ud=20141215143325AUI2030_20141215144418_01.jpg) "유신헌법에 따라, 1972년 12월 15일 통일주체국민회의 대의원 선거가 오전 7시부터 시작되어 6시에 마감됐다. 15일 밤 오후 8시부터 시작된 개표에서 서울 지역 한 개표소에서 개표 작업하는 손길이 바쁘다(사진 1972. 12. 15.). 투표 결과는 1972년 12월 16일 정오에 거의 완료됐다. 투표율은 전국평균 70.3%, 서울이 57%로 가장 낮았다. 1,630개 선거구에서 통일주체국민회의 대의원 2,359명이 선출됐다. 유신헌법에 따르면 통일주체국민회의 대의원 수는 2천 명 이상 5천 명 이하이고 임기는 6년. 첫해 선거에 문인, 경제계, 인사들이 대거 진출했다. 당선된 초대 대의원에 문인 박종화, 임영신 전 중앙대총장, 조중훈 KAL사장, 박두병 대한상의 회장, 구자경 락희그룹회장, 신영균 영화배우 등이 있었다. 통일주체국민회의는 일종의 '간접민주주의'기능을 하는 기관으로 대통령과 국회의원 1/3을 선출했다. 사실상 박정희정권의 거수기 기능을 하는 곳으로 정당원은 통일주체국민회의 대의원으로 참여할 수 없게 되어있다. 대통령 후보자는 통일주체국민회의 대의원 2백명 이상의 추천을 받아야 했다. 통일주체국민회의는 토론 없이 무기명 투표로 대통령을 선거하며 제적대의원 과반수 찬성을 얻은 자를 대통령 당선자로 했다. 1972년 첫해 박정희 대통령이 통일주체국민회의 대의원 515명의 추천을 받아 12월 22일 단독으로 대통령 후보로 등록했다. 12월 23일 장충체육관에서 소집된 첫 통일주체국민회의에서 박정희가 제8대 대통령으로 선출됐다. 또한 통일주체국민회의는 국회의원의 3분의 1을 선거하는데 관련 국회의원 후보자는 통일주체국민회의 의장인 대통령이 일괄 추천하며 후보자 전체에 대한 찬반투표를 하고 제적대의원 과반수의 출석과 출석 대의원 과반수의 찬성으로 국회의원 당선을 결정하게 되었다.[헤럴드DB/ 우재복 기자jbwoo@heraldcorp.com]"

유신헌법 기초와 그 성안의 핵심은,

— [종신집권을 위한 정권 거수기로서 '통일주체국민회의'의 설정] 유신헌법에 따르면 대통령 직선제는 폐지되어 대통령 선거는 더이상 예측불가능하고 통제불가능한 국민 의사(national will) 하고 대한민국의 정치, 경제, 사회, 문화 등 각 생활영역에서 자신에게 충성을 맹세한 정치인과 경제권력, 사회권력, 문화권력을 잡은 인사들을 결집하고, 지역의 촌락 단위로 유지급과 새마을운동 지도자 등을 2,300여명이나 다수 참집하여 '통일주체국민회의' 대의원으로 만들어 이들로 하여금 대통령뿐만 아니라 국회의원 정수의 1/3을 선출하도록 하여 '대통령 박정희 1인'에게 행정권과 아울러 입법권까지 그야말로 죽을 때까지 극히 안정적으로 장악하도록 구조화시켰다. 따라서 10월유신 1년 전과 같이 단지 대통령의 '권한'을 강화하는 것이 아니라 '권력'을 영구적으로 장악하려면 그것을 정당화해주는 법적 장치로서 "새로운 공화국", '새로운 헌법'이 필요할 수밖에 없었다.

— [삼권통합을 통해 명실상부한 1인지배의 독재권력 장악] 통일주체국민회의를 통해 종신집권이 영구적으로 가능한 헌법적 거점을 마련한 다음 실제 10월유신을 단행할 당시 당장의 취해야 할 조치는 당시 현존했던 국회, 즉 '대한민국 제8대 국회'를 —제3공화국 헌법상— 불법으로 해산하고, 박정희 유신의 의도에 부합하는 쪽으로 국회를 새로 만드는 것이었다. 국회가 아무리 당시 여당인 공화당이 다수였던 상태였어도 10월유신 1년 전에 있었던 10·2항명파동을 악몽으로 기억하고 있던 박정희는 자기와 다른 의견을 가지는 쪽이 자기와 정적이든 동료든 수용할 수 있는 폭은 전혀 갖고 있지 않았다. 이런 상태에서 아무리 1인지배 치하라고 하더라도 국회가 대통령과 동등한 위상대로 3권분립의 한 축일 경우 국회를 거점으로 반대파나 반대 의견이 형성될 여지는 상존하고 있었다. 따라서 박정희 유신기획에서 대통령은 역시 통일주체국민회의를 활용하여 의원 정수의 1/3을 대통령이 지명하여 단순 찬반으로 통일주체국민회의에서 전원 선출하도록 함으로써 국회 안에 자신이 수족처럼 통제할 수 있는 의원들을 포진시켜 국회를 완전 장악하고 단지 야당뿐만 아니라 여당도 장악할 수 있도록 하였다. 이로써 '국회'를 아예 폐지할 수는 없는 상황에서 제도정치권 내에서 유의미한 정치적 저항이 나올 여지가 있는 국회의 위상을 입법부(立法府)가 아니라 통법부(通法部)로

만들었다. 삼권분립의 골격 안에서 이루어지는 민주주의적 정치과정에서 헌법상으로
는 대통령의 행정부보다 우선권을 점했는 입법부의 위상은 유신헌법 안에서 대통령
아래로 격하되고, 사법부 역시 행정부와 연계시켜 대통령의 의지가 '입법-행정-사법'
순으로 일관공정으로 관철되도록 만들었다.

— [국민 생활 영역 전반에 대한 전방위 감시와 긴급조치의 상시화를 통한 전국민에 대한
전체주의적 1인직접지배의 독재권력 장악과 가동 그리고 인간으로서 국민 기본권의
상시적 침해] 통일주체국민회의를 통해 국민 나아가 시민사회를 선거에서 완전 배제한
다음 박정희는 '보안사'와 '헌병대'를 통해 통제하고 있던 '군부'의 무력을 배경으로
정치적으로 활성화될 여지가 있는 기존 제도권 정치계와 중앙정보부, 보안사, 헌병대
그리고 전국의 경찰력 등 국가 공권력을 대거 투입하여 대한민국 생활영역에서 제기될
가능성이 있는 일체의 저항이나 항의를 전면적이고도 원천적으로 일일이 봉쇄하고
소탕한다는 권력망을 설계하였다. 따라서 정치적 행위로 발전할 수 있는 국민의 기본권
행사에 일일이 법률유보조항을 붙여 자신에게 정치적으로 거북한 행위들, 즉 언론,
출판, 집회, 결사의 행위뿐만 아니라 거주 이전, 직업선택, 주거, 통신의 자유까지 깨알
같이 세심하게 지적하여 그 탄압을 '성문 형태의 헌법'으로 정당화하였다.

결국 유신헌법은 대통령 박정희가 '청와대'에 앉아 모든 국민을 예외 없이 일거수일
투족을 일대일로 '직접' 감시하고 구속할 수 있는 '전체주의적 1인직접지배체제'를 설계
하여 '헌법'의 외양을 씌워 정당화하여 전체 국민에게 항상 의식화 식으로 주입하도록
하는 '이데올로기 장치'였던 셈이다.

4. [무법 국가로서 제4공화국] 유신독재체제의 제4공화국은 왜 무법 국가였나?
: 1인지배의 전체주의적 '무법 국가'의 등장과 '박정희 유신독재체제의' 출현: 기획
자, 협력자, 피해자의 포진과 한국사회구성에서 암적 억압기제의 밀집성형 그리
고 라드브루흐 공식의 의미

바로 이 지점에서 성문헌법의 외양을 띄고 마치 법률로 실정화된(gesetzt) 것처럼 국

민에게 제시된 유신헌법의 국가적 정당성 여부와 나아가 이런 유신헌법에 기초하여 박정희 유신독재체제가 강점한 제4공화국의 국가적 성격이 문제된다. 앞의 [도표 4]에서 행한 분석에서 분명해진 것은, 이 제4공화국 헌법 안에 '유신헌법에 특정한 헌법조항들'('유신헌법특정조항')이 통상적 헌법 조항들 사이사이 끼어들어 마치 '실정법적'으로 '제정'된 것처럼 보이는 성문헌법 안의 조항처럼 조문화되어 있지만, '유신헌법에 특정한' 바로 이 헌법 조항들은 유신헌법 전체를, 단지 잘못된 법 또는 악법적 법(惡法, unrichtiges Recht), 아니면 법위반적 내지는 불법(不法, rechtswidrig)적인 법률 정도가 아니라, '유신헌법' 그 자체를 사실상 '법도 아닌 법' 즉 '무법'(無法, Un-Recht)으로 변질시키고 있다. 비유컨대 이 '유신헌법에 특정한 헌법조항들'은 조문들 사이사이에 박혀들어 사실상 헌법 전체의 헌법성을 파괴하는 '사이비헌법성 알박기'에[61] 다름 아니다. 이 때문에 현대적 맥락에서 한 국민국가를 성립시켜 법체계를 가동시키는 규범토대의 관점에서 볼 때 유신헌법은 명백히 헌법파괴적인 헌법으로서 '법도 아닌 법'이며, 그에 의거하여 대한민국 정치영역을 불구화시키고, 정보감시·고문통치로 경제·사회·문화·대외관계 등 국민의 모든 활동영역들을 전체주의적으로 통제한 박정희 유신독재체제는, 그 규범체계 자체에서 자의적 1인지배를 무한절대적으로 가능하게 만드는 '무법 국가'(Un-Rechts-Staat)를 기도하였다. 이것은 예전 바이마르 공화국의 법무장관을 지낸 구스타프 라드부르흐가 나치 패망 직후 전후 독일에서 나치의 패륜적 법체계가 왜 무법적 국가폭력체계에 다름 아니었음을 판정하는 사법적 기준으로 제시한 이른바 '라드부르흐 공식'에(Radbruchsche Formel, Radbruch's Formula) 따르면 더욱 분명해진다.

나치의 전체주의적 통치는 게르만족 최고라는 인종주의를 국가 통치의 대원칙으로 한 법률체계에 따라 당조직이 주도하는 국가기관들을 동원하여 체계적으로 다른 인종들을 차별하고 전쟁 수행에 도움이 되지 않는 장애인을 체계적으로 안락사하고 유대인

---

61 여기에서 필자가 적용한 '사이비헌법적 알박기'라는 비유는 건국대 법학전문대학원의 이재승 교수 (2019)가 「긴급조치의 청산법리」를 논구하는 과정에서 전두환 신군부의 헌법파괴기구인 국가보위 입법회의('국보위')가 도입한 사회보호법이나 개정국가보안법에 대한 헌법소원에서 헌법재판소가 5공헌법(1980년 공포된 대한민국 제5공화국 헌법 제9호)의 봉쇄조항(당시 헌법 부칙 제6조)과 여과조항(부칙 제5조)을 결합하여 국보위의 헌법파괴 과정과 그 작태들을 불문에 부쳤을 때 헌재가 원용한 5공헌법 부칙 제5조와 제6조의 역할을 비판적으로 비유한 것에서 차입한 것이다.

을 공학적으로 대량 학살하면서 그 재산들을 조직적으로 강탈하고 저항자들을 처형하는 반인륜적 행위를 체계적으로 실행했다. 그런데 나치 시대의 독일 검사들과 판사들은 인간으로서는 도저히 용인할 수 없는 나치즘의 부성의한 패륜행위들에, "법률은 법률이다"(Gesetz ist Gesetz)라는 법실증주의적 원칙에 따라 현존하는 나치의 실정적 성문 법률들을 적용해줌으로써 나치들의 부정의한 행위들에 합법성을 부여하였다. "갈색 법조인들"(braune Juristen)이라고 불린 나치의 판검사들은 나치의 국가기관들이 범한 반인도적 범죄행위에 원천적으로 '법도 될 수 없는 법', 또는 '그 자체 불법'인 이런 행위를 조문화한 실정법으로 그 근거를 제공함으로써 근본적으로 '무법상태'를 방조하였다.

누가 보더라도 명백히 부정의한 이런 반인도적 국가 행위 자체에 그것을 바로 잡아야 할 사법체계 전체가 국가범죄의 방조 세력으로 타락한 난감한 상태를 목전에 두고 라드브루흐는 1946년 남(南)독일 법률가 신문 *Süddeutsche Juristenzeitung*에 발표한 그의 전설적 논설 「법률적 불법과 초법률적 법」에서[62] 현존하는 성문화된 실정적 법률체계(Gesetzsystem)가 이렇게 —법(法)이 추구하는 3대 목적들 즉, 사회 및 국가의 질서를 확보하고 법공동체 구성원의 신뢰성과 법적으로 행위의 법적 적합성을 예측하는데 필수적인 법적 안정성(Rechtssicherheit, legal certainty), 법적으로 적합 또는 부적합 행위를 했을 때 법공동체로서 국가가 행하는 제재와 실질적 조처의 실효성(Geltung, efficacy) 그리고 법공동체가 궁극적으로 그 구성원들 사이의 관계를 올바름의 이념과 원칙에 따라 정당하게 조율함으로써 도달하는 정의(Gerechtigkeit, justice)의 상태 가운데 바로— 정의의 원칙과 갈등한다고 했을 때, 그 실정적 법률체계 또는 개개 법률이 정의의 척도

---

62 Gustav Radbruch, "Gesetzliches Unrecht und übergesetzliches Recht", Süddeutsche Juristenzeitung (1946). 독일에서 출간된 각종 주해본을 종합하여 전문을 옮긴 한국어 번역과 역주를 동시에 작업한 것으로 Radbruch/이재승(2009) 참조. 우리나라나 미국의 시민들의 일상 법생활에서 법/법률(law/statute)의 구별은 그다지 큰 의미가 없다. 그러나 독일어권에서 Recht(法, law)은 법공동체 전반에서 각종 태도에 대하여 일반적으로 인정되는 각종 공적 규칙들의 총체를 뜻하는 반면, Gesetz(法律, statute)은 입법상의 권위와 권한을 갖는 국가기관에 의해 규정된 절차에 따라 공적 효력을 부여받은 실정법을 의미한다. 따라서 독일의 법철학에서 영향을 받은 한국, 나아가 미국의 법철학계는 이 두 개념을 별도로 적시하는 용어를 정하여 독일어에서 자연스럽게 도출되는 개념 구분의 성과를 수용한다. 미국 헌법학계에서 라드브루흐의 이 논설은 20세기 헌법학에 가장 큰 영향을 끼친 글 중 하나로 평가된다. "Radbruch Formula"; WIKIPEDIA. https://en.wikipedia.org/wiki/Radbruch_formula last edited on 7 August 2020, at 12:59(UTC).

에서 도저히 용인될 수 없다고 판단할 수 있는 사법적 기준, 즉 특정 법률들을 불법적이라고 판정할 수 있는 사법적 기준이 무엇인가에 대해 다음과 같은 공식을 제시하였다.

그는 어떤 법 공동체에서 법체계를 세워 질서를 유지한다고 했을 때 법으로서 필수적으로 요구되는 것은 그 법률로써 선취할 그 어떤 '이익'이나 '공익'을 주는 합목적성이 아니라 그 법 공동체의 구성원 누구나 그것을 준수해야 한다고 받아들이는 '법적 안정성'과 그것이 올바르기 때문에 거부할 수 없다고 수긍하는 '정의'의 인정이다. 그런데 이 '법적 안정성'과 '정의'가 충돌할 경우 법공동체의 '질서'를 우선으로 고려해야 하는 '법'의 관점에서 우선권을 갖는 것은 일단 '법적 안정성'이다. 그에 따르면,

> "정의와 법적 안정성 사이에 갈등이 일어날 경우, 실정적인, 즉 규약(Satzung)과 권력(Macht)을 통하여 확정된, 법이 있으면 비록 그 내용이 어느 정도 부정의(不正義)하고 목적에 부합하지 않더라도 그 실정적 법이 일단 우선성을 갖는다. 그러나 정의와 실정적 법률의 모순이 "너무나 참을 수 없을 정도"(ein so unerträgliches Maß)에 도달하여 그 법률이 "잘못된 법"(unrichtiges Recht)으로서 정의에서 벗어났을 경우, 실정적 법률은 우선성을 갖지 않는다."[63]

라드브루흐 공식의 첫 번째 명제는 국가를 운영하는 규범 토대인 실정법에서 우선 요건은 '안정된' 질서를 유지하는 것인데, 이 점에서 법공동체 구성원들이 규약하여 권력을 부여함으로써 질서의 안정이라는 효력을 유지하는 실정법은 그 내용이 어느 정도 정의롭지 못하고 그 실정법이 추구하는 목적 즉 관련 구성원들의 이익이나 공익과 약간은 어긋나더라도 참을 수 있다.

그런데 라드브루흐 공식의 두 번째 명제는 이런 법적 안정성의 성격이 전도되는 경우를 정식화한다. 즉 법적 안정성 안에서 법공동체의 구성원들이 '도저히 참을 수 없을 정도'의 사태가 벌어질 경우, 즉 법적 안정성 안에서 법을 안정적으로 준수함으로써 얻는 이익보다 그럼으로써 당하는 손해나 피해가 "참을 수 없을 정도" 커질 경우 그런 법

---

63 Radbruch/이재승(2009), 위의 글, 493쪽의 번역과 주해를 참조하여 필자가 약간의 수정을 가하였다.

률을 지킴으로써 확보되는 안정성보다는 정의의 기준에 맞추어 그 법률을 타파하거나 나아가 그 법률을 옹호하는 세력을 타도하는 것이 법적 안정성의 요건이 본래 충족해야 하는 법의 취지에 부합한다. 이 경우 실정적 법률들은 법적인 적용에서 적용될 규약으로서 우선성을 상실하고, 정의가 우선성을 갖게 된다. 그런데 여기에서 라드브루흐는 특정 법률이 과연 법적으로 올바른 것인지 여부를 넘어 그 법률의 성격에 따라 '법률'은 존립하는데 정의와 관련된 그 법률의 성격때문에 아예 '법' 또는 법적 상태가 존재하지 않게 되는 '무법' 상태가 조성될 수 있음을 보여주고 있다.

> "법률적 불법 그리고 잘못된 내용에도 불구하고 그래도 효력이 있는 법률, 이 둘 사이에 예리한 경계선을 긋는 것은 불가능하다. 그러나 다음과 같은 또 다른 경우에는 아주 분명하게 경계를 획정할 수 있다. 즉 정의라고는 전혀 추구하지 않는 경우 그리고 실정적 법을 제정할 때 정의의 핵심인 평등을 의식적으로 무시하는 경우, 이 두 경우 그 법률은 단지 "잘못된 법"에 그치지 않고 아예 법의 본성(Rechtsnatur)을 결여한다. 왜냐하면 법(Recht) 그리고 실정법(positives Recht)도, 그 의미에 따르면, 정의에 봉사하도록 정해져 있는 규율(Ordnung)과 규약(Satzung) 이외의 다른 어떤 것이라고 정의할 수 없기 때문이다."[64]

라드브루흐의 공식이 여기에서 말하는 것은, 정의를 추구하지 않는, 또는 정의를 차등적으로 적용하려는, 그런 '무(無)정의' 내지 '부(不)정의한' 법률은 단지 '잘못된'(unrichtig) 법이 아니라 "법의 본성을 결여한 것" 즉 아예 '법 자체가 없어지는 것', 즉 '무법'상태를 만든다는 것이다. '바로 잘못된 —보통 악법이라고 통칭하는— 법률 때문에 정작 법이 없는 무법 상태가 도래한다'는 이 역설적 상황을 라드브루흐는 나치 시대의 법 현실에서 체험한다. 그에 따르면,

> "이러한 기준에 비추어 보면 나치법률은 전부 효력 있는 법의 품격에 이르지 못하였다. 히틀러 인식의 사상 무르너신 특성, 즉 히틀러로부터 유래하여 노한 나지의 노는 '법'의 몬실도 귀결

---

64 위의 글, 같은 쪽.

되었던 특성은 바로 진실에 대한 감각과 법에 대한 감각의 총체적 결핍이다. 진실에 대한 감각이 부재하였기 때문에 히틀러는 수사적으로 유용한 것이면 언제든지 양심의 가책도 없이 뻔뻔하게 진실이라고 우겨댈 수 있었다. 히틀러는 법에 대한 감각이 부재하였기 때문에 언어도단의 자의를 주저 없이 법률로 둔갑시킬 수 있었다. (…)

나치 '법'은 정의의 본질적인 요청을 의도적으로 배제하려고 했으며, 따라서 나치법은 그 점에서 법의 성격을 전적으로 갖지 못하며, 한갓 악법에 그치는 것이 아니라 아예 법이 아니다. 정당이 당파적 성격을 가질 뿐이라는 점을 무시하고 나치당을 국가 전체와 동등시하였던 법률도 또한 법이 아니다. 나아가 특정 인간을 열등인간으로 취급하며 그들의 인권을 부정하였던 온갖 법률도 법적 본성을 갖지 못한다. (…) 이 모든 것들이 법률적 불법(무법-필자)의 사례들일 뿐이다."[65]

---

65 위의 글, 493-494. 독일어 Unrechtsstaat는 Rechtsstaat의 대립어로 쓰이며 후자는 보통 '법치국가'로 번역된다.(Radbruch/이재승(2019), 앞의 글 및 잘리거(2000) 번역 참조) 그런데 독일 현대사의 법경험에서 Unrechtsstaat는 국가적 차원의 법운영에서 Rechtsstaat를 부정하는 행태가 체계적으로 재생산되는 상태를 묘출하는 개념용어인데, 이 상태는 개별법률을 어기는 범법행위가 만연한다는 차원이 아니라 '법률'의 일반적 운영방식 자체가 '법'에서 기대되는 그런 정의의 상태와 어긋남으로써, 법률은 존립하지만 그로 인해 기대되는 올바름의 질서는 잡히지 않는다는 미묘한 뉘앙스를 가진다. 특히 라드브루흐는 나치의 이른바 '법률들'이 '법'이 실현된 그런 상태 즉 올바른 상태가 아니라 도리어 그 법률로 올바르지 않은 행위가 범해지는, 즉 법률이 체계적으로 '법'상태에 반하는 방식으로 운영되고, 이것을 나치의 사법부 판사들이 "법률은 법률이다."라는 법실증주의 원칙에 따라 판결을 양산함으로써 억울한 피해자의 발생을 방조하여 사실상 법률이 법의 본성(Rechtsnatur)을 잃었다는 것 즉 법이 아니게 되었다고 지적한다. 따라서 Unrechtsstaat는 단순한 un-recht 즉 '불(不)-법(法)'이 아니라 'Un-Recht' 즉 법 자체의 부재, '무(無)-법(法)'이 판치는 국가, '무법 국가'로 개념파악되어야 라드브루후 공식의 취지에 부합한다고 본다. 흥미로운 것은, 국가 차원에서의 법률체계의 운용이 무법상태에 이를 정도의 극한체험이 없는 미국 법학계에서는 이 단어에 대한 통상적 번역어가 찾아지지 않고 독일어 그대로 쓴다. 그리고 무법 국가 내에서 자행되는 공권력의 행사는 대체로 국가폭력 내지는 국가범죄로서 이런 범법행위가 국가권력 유지의 수단이 되어 국가 자체가 '범죄국가(Verbrecherstaat)'로 변질하기는 하지만, 국가의 존속과 정권의 근거 자체가 정상국가의 성격을 벗어나지는 않는다.("Unrechtsstaat", WIKIPEDIA, https://en.wikipedia.org/wiki/Unrechtsstaat, last edited on 3 June 2020, at 00:51 (UTC). '이행기 정의'를 다룬 『스탠포드 철학백과사전』의 사전 텍스트에서도 독일 재통일기에 동독의 공산체제를 청산하는 과정에서 등장한 이 용어를 번역하지 않고 독일어 그대로 표기하고 있다.(Nir Eisikovits, "Transitional Justice"; Stanford Encyclopedia of Philosophy https://plato.stanford.edu/entries/justice-transitional/ First published Mon Jan 26, 2009; substantive revision Fri Apr 4, 2014. Access: 2020년 10월 11일).

이렇게 나치 국가에서 라드브루흐가 체험한 무법 국가의 요건들을 박정희 유신독
제제제가 거의 군부 폭동 방식으로 강점한 '대한민국 제4공화국'에서 확인하다는 것은
그리 달가운 일이 아니다. 라드브루흐 공식에서 세시한 '무법 국가(Unrechtsstaat)의 요
건을 역으로 적용하면 온전한 법치국가의 요건들이 나온다. 이렇게 라드브루흐의 '무
법 국가' 정의를 뒤집어 본 '법치국가'(Rechtsstaat. RS)란,

- RS 1) '법'을 통해 법공동체 구성원이 추구할 '공동목적'(Gemeinzweck) 또는 '공동선
  (Gemeingut)'이 제시되고,
- RS 2) 이러한 공동목적 내지 공동선을 '법'의 형태로 실현하기 위해 '규약'(Satzung)을 정하
  고,
- RS 3) 이 규약을 실행할 국가 및 그에 준하는 공기관이 '권력'(Macht)을 부여하여 효력을 갖
  도록 하며,
- RS 4) 이 모든 요건들이 조화를 이루어 종합되면 법공동체의 모든 구성원이 '정의'
  (Gerechtigkeit)의 상태라고 수긍할 수 있는 그런 상태, 즉 '법치상태'(Rechtszustand)가
  전면적으로 조성되는 국가이다.

유신헌법 역시 나치의 법률들과 같이 외양상 법률적 형태를 갖춘 성문법(positives
Recht, positive law)이었다. 그러나 [도표 4]에서 분석한 유신헌법 안의 유신헌법특정조
항들은

- RS 1) '유신헌법'을 통해 대한민국 국가공동체 구성원이 추구할 '공동목적'(Gemeinzweck)
  또는 '공동선'으(Gemeingut)로 헌법 전문에 대한민국 헌정사상 처음으로 "조국의 평화
  적 통일"과 "자유민주적 기본질서"를 제시하였으나 헌법 본문의 기본권 조항은 대거
  법률적 유보 상태였고 권력형태는 자유민주적 기본질서와 전적으로 배치되어 목적부
  힙싱이 진히 결여되이 있었고,
- RS 2) 이러한 공동목적 내지 공동선을 '법'의 형태로 실현하기 위해 '규약'(Satzung)을
  정함에 있어서 계엄 상태의 공포 분위기를 조성하여 일절 국민적 검토 과정을 생략한

절차적 하자가 너무나 뚜렷하고,

— RS 3) 오직 대통령의 결단에 의해서만 국가 및 그에 준하는 공공기관이 부여하는 '권력'(Macht)을 가장 기초적이고 사적인 국민의 일상적 행위와 생활에까지 투입하여 그 비판과 저항의 잠재성을 의제적(擬制的) 비상 상태인 '대통령 긴급조치'로 무제약적으로 말살시켜 유신독재체제로 버틴 7년 9일(1972. 10. 17.-1979. 10. 26.) 동안 긴급조치 제1호~제9호에 이르기까지 5년 9개월 동안 긴급조치가 수시로 발포되다가 결국은 (3호와 6호를 제외한) 그 모든 긴급조치의 내용을 망라한 긴급조치 9호를 본인이 격살당할 때까지 유지하여 박정희 유신독재기는 그 종말까지 '긴급사태'로만 유지되었다.

— RS 4) 이 모든 요건이 집약되어 대한민국 국가 공동체 구성원에게는 '정의'(Gerechtigkeit)가 아니라 상시적 비상 상황에 따라 비정상의 정상화가 고착되어 그 안에서 자행되는 정보감시와 고문 통치는 아예 일상화되어 그것을 "너무나 참을 수 없을 정도"가 되어 표출되는 일상적인 불만과 불평도 —정치적 수준까지 올라가지 않았어도— 모두 긴급조치를 앞세운 탄압의 대상이 되었다. 즉, 박정희 유신독재체제는 유신헌법에서 그런 그대로 전체주의적 1인지배체제의 구축을 목표로 한 권력활동이었으며, 역사적으로 나타난 그 귀결은, 라드브루흐 공식에 따르면, 군대를 비롯한 국가 공권력을 상시 동원하여 대한민국의 정치영역을 말살하고, 국가와 사회 나아가 경제와 문화 등의 모든 생활영역을 무력강점하여 대통령 1인 친정체제 하에 복속시키는, '유신독재체제를 통해 자의적으로 또 전체주의적으로 운영된 무법 국가로서 제4공화국'이었다. 이렇게 되면 '박정희 유신독재체제'가 폭력으로 강점한 대한민국의 제4공화국은 그 규범적 골격에 있어서, 라드브루흐 공식이 표적으로 삼았던 바로 나치체제와 마찬가지의 '총체적 불법 국가' 나아가 '무법 국가'였다고 할 수 있다.

따라서 대한민국의 민주공화국 기산에서 대한민국 국체를 민주공화국의 진화라는 관점에서 보자면, 국가적 차원에서의 민주 의식이 —1919년 3·1혁명의 연장선상에서 대한민국 최초의 헌법으로서 '임시정부 제1호 법령'으로 공포된 '대한민국임시헌장' 이래 그 어떤 정부와 비교해도— 박정희 유신독재체제가 무력으로 강점했던 '대한민국 제4공화국'에서만큼 완전히 무시되고 압제 받은 적이 없었다. 바로 이런 의미에서 제4공화국은 대한민국에서 민주주의가 완전히 피폭되어 폐허가 된 '대한민국 민주주의 그라 운드 제로'였다.

무엇보다 주목해야 할 것은, 당시 군부를 동원하려 무력으로 대한민국을 강점한 대통령 박정희는 군부를 핵심 폭력으로 확보하고, 박정희를 정점으로 하는 유신독재체제의 하수 기관으로 모든 국가권력기구를 포섭, 체계화시켜, 정치뿐만 아니라, 경제, 사회, 문화 나아가 대외관계까지 감시망을 투입하여 중요하거나 문제 소지가 있는 인물들을 추적하여 개인 단위로 밀착 감시를 펼침으로써, 유신 시절 '박정희'는 대한민국 모든 국민 개개인의 생활 안으로 침투하여 '일상적으로 실시간 현전'할 수 있도록 '감시와 폭력이 일체화된 전체주의적 통제망'을 구축했다는 것이다. 이로써 박정희는 5·16군사쿠데타로 자신이 처음 손상시킨 대한민국의 자유·민주적 정통성을 그나마 어느 정도 보충했던 제3공화국 체제에서 집권 연장을 시도하는 과정에서 '타락군주'의 길을 걷다가 그 취약한 정통성의 기반을 스스로 무너뜨리고 '전제적 폭군'으로 전락하였다.

그런데 더욱 주목할 것은, '박정희 유신독재체제'는 이런 감시와 폭력을 일체화시킨 전체주의적 1인지배체제를 통하여 속에서 국가 기구 전체를 전 국민에 대해 감시와 폭력이 일체화된 탄압을 가하면서 그와 나란히

— 초등학교에서 대학교에 이르는 학교교육체계 전반에 대해서는 교련과 국민교육헌장을 원칙으로 하는 '국민정신교육'을[66] 그리고 나아가,

— 1970년대부터 농촌 환경 개선과 농촌 소득 증가를 위해 박정희 정부가 추진한 지역개발사업인 '새마을운동'을[67] 농촌뿐만 아니라 도시 및 산업현장의 모든 활동영역, 심지어는

---

66 '국민교육헌장'을 기축으로 하여 반공·도덕 교과를 재편한 '국민윤리' 교과를 수위과목으로 하여 학교교육 전체를 '국민정신교육'의 장으로 전형시키려는 유신 및 5공 체제에서의 교육정책과 그 교육콘텐츠에 대한 연구서로는 전국철학교육자연대회의 펴냄, 홍윤기 편집, 『한국 도덕.윤리 교육백서』(한울, 2001. 4.) 참조

67 "[282회] 역사저널 그날. 농촌 민심을 잡아라! – 새마을운동" (KBS1TV. 2020. 10. 06. 화 22:00-22:50. 다시보기 https://vod.kbs.co.kr/index.html?source=episode&sname=vod&stype=vod&program_code=T2013-0571&program_id=PS-2020150446-01-000&broadcast_complete_yn=N&local_station_code=00&section_sub_code=08).

학술연구분야에도 확산시켜[68] 박정희를 정신적 지주로 승화시키면서 국가우선주의를 내용으로 하는 생활형 국민정신교육으로서 '새마을교육'을 전방위적으로 실시함으로써,

'박정희 유신독재체제'를 정신적으로 내면화시키는 작업도 체계적으로 강력하게 실시하였다. 따라서 '박정희 유신독재체제'는, 국가권력이 확보하고 있는 모든 제도적·인적 자원을 동원하여 국가시민의 생활세계 전체를 감시하고 폭력적으로 원천제압하려고 했던 권력 행사의 외적 측면뿐만 아니라, 대내외적으로 대화의 상대자로 공식 인정하고 실제 대화를 진행하는 와중에서도 북한을 끊임없이 가상적 적대자로서 그 표상을 재생산하는 반공·안보(反共安保)의 의식, 경제성장과 그에 따른 소득 증대를 최우선시하는 환금주의(換金主義, cashism) 그리고 이른바 '하면 된다'는[69] 정신자세를 핵심으로 하는 '근로에 대한 과잉 의지' 등을 각인시키는 내적 측면까지 포괄하는 권력 이데올로기 복합체로 파악되어야 한다.

그러면서 이 '박정희 유신독재체제'는 북한의 김일성측과 아직도 그 내용을 상세히 알 수는 없는 상호양해의 분위기 안에서, 서로가 각자의 체제 안에서는 결속력을 극대화할 수 있도록 상대측의 적(敵)-이미지로 활용되는 것을 묵인하면서 전면 충돌은 벌어지지 않도록 조작하여 각자의 체제안정성을 서로 확보하여 상호방관 조건 하에서 각자를 1인지배자로 하여 자의적 권력을 극대화하는 전체주의적 체제 병존을 확정하였다. 겉으로는 적대관계를 유지하는 듯하면서도 이 적대관계를 상호대결이 아니라 각자 내부적 독재화에 전용하는 이런 권력기회주의는 한국형 분단체제의 특성으로서, 분단으로 인한 전쟁을 회피하는 긍정적 측면은 분명히 있지만, 분단으로 고통받는 남북한

---

68 도시에서는 지역마다 '도시 새마을운동'이 그리고 공장에서는 '공장 새마을운동'이 조직되면서, 자본주의 시장경제에서 발생하기 마련인 빈부갈등과 노사갈등을 '가부장적 가족 이미지' 안에서 온정적으로 무마하면서 소득증대를 위해 근로 의욕을 고취하는 구호성 내지 주입식 교육이었고, 박정희 집권 시절 해외 유학생들이 귀국하여 대학교나 기타 국내 학술기구에 취업할 경우에는 전공을 막론하고 '정신문화연구원'(현 '한국학중앙연구원'의 전신)에서 합숙하면서 연수 형식으로 유신독재체제의 정당성을 주조로 하는 연수를 '새마을교육'이라는 이름으로 실시하였다.
69 새마을운동을 분석한 미국 경제학자 제프리 삭스는 '하면 된다'라는 구호로 요약되는 새마을운동의 멘탈리티를 '캔두이즘'(can-do-ism)이라고 지정하였다. 앞의 KBS1TV(2020) 프로그램 참조.

국민 고통은 외면한 채, 분단이 남긴 상호적대감을 체제유지용으로 남용하는 최악의 분단관리였다. 따라서 단 하루의 차이를 두고 유신체제와 동시에 성립한 북한의 유일체제는, 다음 [도표 5]에서 보듯이, 대한민국의 유신체제가 전체주의적 1인지배체세를 가동시키는데 필수적인 체제요인으로 고착되었다.

[도표 5] '박정희 유신독재체제'의 전체주의적 통제체제: 6통체제

미국 압력으로 베트남전 전투부대 파병(1964), 북한 무력도발 격화 (1968년 1·21사태, 푸에블로호 나포, EC-121 미군 정찰기 격추, 울진·삼척 무장 공비 사태) 닉슨 독트린 / 데탕트 / 미중 수교 → 삼선개헌(1969. 10. 21.) → 7·4 남북 공동 성명 (1972. 7. 4.) → 국가비상사태 선언, '10월유신' 단행 (1972.10.17.)

→ 박정희 제8대 대통령 취임, 유신체제성립 (1972. 12. 27.-1979. 10. 26.) 0. 통치원칙: 헌법파괴헌법으로서 유신헌법 1. 통령 (종신대통령으로서 박정희): 타락군주에서 전제폭군으로, 정치의 종식, 도덕의 마비, 일체의 사법심사가 면제된 비상대권으로서 긴급조치 남발 2. 통제부 (청와대) : 중앙정보부(정부 및 민간) + 비서실 +경호실 + 보안사(군부) + 치안본부(경찰) 등을 통해 국민의 모든 생활영역 밀착감시 3. 통일주체국민회의: 주권 점탈과 동결에 따른 정권 거수기 4. 통치부 4.1. 정부 4.2. 국회 장악: 공화당 외에 유정회 통해 정치과정 통제 4.3. 사법 장악: 검찰 +법원 + 헌법위원회 5. 통제사회: 시민사회(市民社會 civil society)에서 병영사회(兵營社會 barracks society)로 전형하면서 한국사회구성에서 암적 억압기제 밀집 5.1. 가산경제: 통제된 시장경제에 기초한 정경유착과 재벌체제의 구조화, 관치 금융, 노조 억압 5.2. 권언유착: 통제된 언론체제	북한 김일성, 국가 주석 취임, 유일체제 성립 (1972. 12. 28. -2020년 현재) ———— — 비교전(非交戰) 적대관계 속에서 상호묵인의 외적 공존과 내부화되고 가상화 된 내부결속용 적대상

5.3. 교육통제: 교실, 교사, 학생, 교과, 교련
5.4. 문화통제: 예술, 대중문화 전반(가요, 영화 등)에 걸친 검열제도의
　　정착과 풍속 단속
5.5. 종교 조작: 조찬기도회, 예불 참석 등과 아울러 종교 사찰
5.6. 생활통제: 반상회
6. 정신통제
6.1. 국민교육헌장을 교육이념으로 하는 '국민정신교육' 체계: 국민윤리
　　를 수위과목으로 하는 교과 통제
6.2. 새마을운동으로 박정희를 정신적 지도자로 승화시키는 '새마을교육'
　　정례화: 마을 단위 지도자 육성

따라서 유신의 6통체제는 그것이 완전 가동되면 '나'의 주변에 항상 '그, 박정희'가 머물면서 나와 같이 생활하도록 되어 있었다. 그렇다면 전체주의적 감시와 폭력이 나와 밀착되어 있는 이런 일상적 상태가 라드브루흐 공식에 따라 실정법체계가 주는 '법적 안정성'보다 '정의'를 우선시해야 할 정도로 "너무나도 참을 수 없는 정도"까지 도달하였을까?

5. ["너무나 참을 수 없는 정도"] 박정희 유신독재체제는 어느 정도나 참을 수 없었던가?: 시민저항의 자생적 확산과 임박한 시민학살

당시 압살된 정치영역과 항시적 감시 대상이었던 학원가에서는 지역단위까지 조직된 중앙정보부의 국내 사찰망이 그리고 언론사, 출판사 말고도 생산공장이 밀집되어 있던 구로공단 작업장 같은 시민의 일상 영역에서는 경찰이 늘상 정보 수집과 감시를 하는 것이 정상으로 여겨지는 분위기였다. 박정희에 대한 저항 의지가 분명했던 정치가, 활동가, 학생운동분자들을 표적으로 발포되었던 대통령 긴급조치 1호(1974. 1. 8., 유신헌법개헌운동 탄압), 4호(1974. 4. 3., 민청학련 조작 및 학생운동분자 탄압), 7호(1975. 4. 8., 고려대만 표적으로 한 학생운동 탄압, 군대 투입하여 캠퍼스 폐쇄)까지 실시해도[70] 학원

---

70 긴급조치 2호는 긴급조치 1호의 후속 조치를 규정한 것으로서 구속자를 민간재판이 아니라 비상군

과 일상생활에 광범위하게 확산되어 있는 시민불만을 완전하게 근절할 수 없다고 판단했던 당시 박정희 통제부는 결국 1975년 1학기 개강 직후 바로 터진 대학가 시위 사태를 막기 위해 일단 고려대만 겨냥하여 긴급조치 7호를 발동하고 전국 대학에 휴강을 실시하였다. 이 휴강은 약 한달 뒤 5월 13일 헌법에서 법률적으로 유보시켰던 국민의 기본권을 모두 모아 포괄적으로 완전히 탄압하는 '대통령 긴급조치 제9호'(앞으로 긴조 9호로 약칭)를 발포하면서 풀렸다.

긴조9호가 특이했던 것은 이른바 '불온한' 움직여 나타나는 현장과 감시 대상에 대한 실시간 감시와 압박과 탄압을 위해, 긴급하다고 인지된 사태별로 적용된 것이 아니라, 대통령 박정희와 유신독재체제 자체에 대한 반대와 비판의 의사표시 정도로도 바로 법적으로 조치된다는 것이다. 사실 어떤 사태가 긴급이라고 한다면 그런 사태는 그야말로 긴급하기 때문에 일반적으로 반복될 수 있는 것이 아니다. 그런데 계기적으로 발생한 '사태'가 아니라 '유신 내지 대통령 비판'과 거기에 대한 '저항'이라고 표집될 수 있는 일반적 행위유형에 대한 일반적 규제를 포괄적으로 규정한다는 점에서, 긴조9호는 사실상 절대 긴급한 행위에 대한 '조치'가 아니라, 반복적으로 제기되는 유언비어와 같이 '대통령 박정희에 대한 비판과 항의'를 일반적 행위유형으로 아예 조문화시킨 일종의 '법률'의 형태를 띠었다. 그러면서 그 제정자는 국민의 일반의지를 검토하고 정리하는 국회와 같은 입법기관이 아니라 대통령 개인이었다. 따라서 라드브루흐 공식에 따르면 긴조9호는 무엇보다 국민이 검토하고 동의하여 일반화된 효력을 요구할 수 있는 '규약'이 아니었다는 점에서 '잘못된'(unrichtig) 법이었고, 민주공화국의 국체가 반드시 확인하고 보호하기로 되어 있는 국민의 인간으로서 기본권, 즉 언론·출판·집회·결사의 자유의 특정 형태를 특정 조건하에서 벌어진 특정사건과 연관시키지 않은 채

법회의에서 재판할 것을 규정한 것이다. 긴급조치 제5호는 1호와 4호를 해제하는 것이었고, 8호는 7호를 해제한 것인데, 9호가 발포된 상황에서 단일 캠퍼스만 표적으로 삼은 7호는 사실상 무의미해진 것이었다. 긴급조치 3호는 〈국민생활 안정을 위한 대통령 긴급조치〉라고 되어 있는데, 그 내용은 저소득층의 조세부담을 경감하기 위한 근로소득세, 주민세 등의 면제 또는 대폭 경감, 국민복지 연금제도 실시의 보류 등 국민들의 일상적인 경제생활에 혜택을 주거나 아니면 그것을 보류하는 것이 주된 내용이다. 그 조처의 내용이 중요하지 않다고 할 수는 없지만 그렇다고 긴급한 사안은 결코 아니었다. 6호는 이 3호를 해제한다는 것이었다. 1호~9호에 이르는 각 긴급조치의 전문(全文)은 이 글의 말미에 모아놓은 '공식문건8'을 참조.

일반화시킨 유형으로 전면 부인했다는 점에서 자유와 권리의 본질적 내용을 침해했다는 점에서 사실상 '불법'(unrecht)이었다. 이렇게 정권과 시민 사이의 긴장과 그에 따른 모순은, 긴조9호를 계기로 박정희 유신독재체제 하에서 '시민의 정치적 인내의 한계를 넘는 (다음의) 양상'(MOLCPP. Mode of Overtaking the Limit of Civic Political Patience)과 순서에 따라 극적으로 심화되고 확산되어 갔다.

[MOLCPP 1. 의식적인 저항자들의 선도적 투쟁] 1호, 4호 등의 긴급조치들이 처음 발포되는 시기인 1974년 경에는 '유신헌법에 대한 개헌 청원 운동'이라든가 '민청학련 사건'과 같이 유신독재체제에 대한 반대 의사와 명확한 행동의지를 갖는 저항집단들이 상당 정도 조직화된 양상으로 반독재투쟁을 선도하는 양상이었다.

[MOLCPP 2. 일상생활에서의 자발적 항의자들의 자연발생적 확산] 그런데 긴조9호가 실행되면서, 대통령 박정희의 기대와는 정반대로, 정권과 시민사회 전반의 긴장이 안정되거나 평정된 것이 아니라 도리어 "너무나 견딜 수 없는 정도"(ein so unerträgliches Maß)로 강화되고 확산되었다는 것, 그것도 특정 조직이나 움직임을 표적으로 특정할 수 있었던 긴조1호나 4호 때와는 달리, 서로 조직적으로 연계되지 않고 사회전반에 걸쳐 산발적 양상으로 그 횟수가 급속하게 증가되었다는 사실이다. 긴조9호 하에서 '박정희 유신독재체제'의 피해자가 급격하게 증가한 가장 큰 원인은 긴조9호가 '박정희 유신에 대한 비판과 항의'를 일반화된 범죄행위유형으로 조문화하고 있었기 때문에 시민생활과 밀착되어 있는 일선 경찰에서도 정확한 정치적 의식이라고 정형화하기에는 거리가 먼 일상적 불만이나 불평까지 밀착 단속에 나섰기 때문이었다. 2007년 '진실·화해위원회'가 긴급조치위반 판결문 1,412건, 피고인 974명을 입수하여 분석, 작성한 『긴급조치 위반사건 판결분석 보고서』에 따르면, 다음의 [도표 6]에서 보듯이, 긴조위반사건 중 가장 많은 유형의 사건은 '음주·대화 도중 대통령·유신 비판'이었다. 그리고 긴조 위반자의 직업 유형 가운데 가장 많은 것은 대학생이었지만, 이 464명의 대학생을 제외한 직업 유형 가운데 가장 많은 수의 위반자가 나온 직업(?)은 무직자였는데 그 수가 116명에 달하고, 정치적 의식성이 분명했다고 추정되는 종교인, 언론인, 사회단체, 정치인 등을 제외한 이들은 모두 429명에 달해 단일 시위사건마다 다수 구속자가 나오는 대학생들의 수에 거의 육박한다.

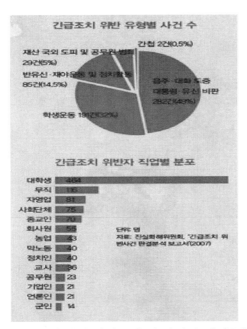

[도표 6] 긴급조치 위반 사건유형 및 위반자 직업유형[71]

[MOLCPP 3. 유신독재체제에 대한 시민적 불만의 입증과 시민저항과 정치권의 연계: 1.1% 승리가 의미하는 것과 YH노동자 시민당사 농성 사건] 그 결과 각계 각층의 시민의 일상에서 수많은 피해자가 양산되면서 자발적 저항의 강도와 규모가 커져가는 과정에서 1978년 12월 12일 28대 국회의원 선거가 실시되었다. 이 선거에서 여당은 중선거구제로 뽑힌 민주공화당 68석과 유신헌법에서 기획한 대로 대통령이 일괄 지명하여 통일주체국민회의에서 선출한 이른바 간선제 의원인 유정회 의원 77명을 합쳐 도합 155석을 확보하고 야당인 신민당은 중선구제로 뽑힌 61석으로 원내에서는 절대 열세를 면할 수 없는 처지였다. 하지만 전국 차원에서 정당득표율은 민주공화당이 31.7%, 신민당은 32.8%로 야당이 오히려 더 높은 득표율을 기록하면서 11대 총선은 특표율에서는 야당의 1.1% 승리로 드러났다. 유신독재체제에서 단 하나 국민이 직접 선거, 그것도 중선거구제로 여야가 동반당선되게끔 되어 있는 왜곡된 제도하에서,

---

71 「되살아오는 유신, 독재의 추억」: 한겨레신문사, 『한겨레21』(기사 입력 2012. 10. 19. 오후 6:08 최종수정 2012. 10. 19. 오후 6:27. https://news.naver.com/main/read.nhn?mode= LSD&mid= sec& sid1=100&oid=036&aid=0000027987).

직접 투표한 비율에서 야당이 더 높았다는 것은 박정희 유신독재에 대한 당시의 민심 동향을 적나라하게 보여주었다.

이런 사실을 배경으로 당시까지 유신 국회에서 중앙정보부를 앞세운 박정희 측의 정보 정치, 공작정치에 길들여졌던 야당 신민당에서 김영삼 의원이, 납치 사건에서 벗어났지만 연금 중이었던 김대중의 전폭적인 지원을 받아 총재로 선출되면서 원내에서 본격적으로 반유신 비판을 제기하기 시작하였다. 이러면서 1979년 8월 9일, 가발 업체였던 YH무역의 여성 노동자 170여 명이 회사 운영 정상화와 근로자 생존권 보장을 요구하며 서울 마포구 도화동 신민당사에 들어와 농성을 벌인 'YH여공 신민당사 점거 농성 사건'이 발발했다. 이 사건을 본격적으로 문제 삼은 박정희 측은 감시와 폭력이 일체화되어 있던 유신식 대처방안을 발동하여 8월 11일 새벽 2시 1,000여 명의 경찰이 이른바 '101작전'을 개시하고 신민당사에 난입하여 노동자들을 폭력적으로 강제 연행하였다. 작전은 23분만에 종료되었지만 그 23분 동안 이들을 막는 신민당원들과 집회 참가자들에게 무자비한 폭력을 가했으며, 마음대로 건물을 부수고 사무실로 쳐들어가서 관계자들까지 닥치는 대로 연행했다. 이 과정에서 김경숙(21, 노조 집행위원)이 추락, 사망하고 신민당 의원과 당원, 취재 중이던 기자, 신민당사에서 일하던 용역, 경비들까지 경찰에 무차별 구타당하여 중경상을 입었다. 심지어 김영삼 신민당 총재와 박권흠 대변인까지도 경찰에 폭행당해서 갈비뼈가 골절되고 얼굴이 뭉개졌으며, 박용만 의원은 다리가 부러지고 황낙주 원내총무가 어깨를 얻어맞았다. 김영삼 총재는 구속까지는 되지 않았으나 상도동 자택에 끌려 나가는 수모를 겪었다. 그 뒤 이 농성을 적극 지원했던 김영삼 신민당 총재는 총재 직무 정지를 당한 뒤 결국 국회의원직에서 제명당했다.[72]

[MOLCPP 4. 시민항쟁의 등장: 부마민주항쟁] 대학의 방학 기간 중 벌어졌던 이 YH노동자 농성 사건이 사망자까지 내고 김영삼 의원까지 제명당하는 결과를 내자 전국 대학의 개강 국면과 맞물려 학생운동을 격화시키면서 김영삼의 지역구가 있었던 부산으로

---

72 이 당시 상황에 대한 본문 기술은 「YH 사건」; 〈나무위키〉 (https://namu.wiki/w/YH%20%EC%82%AC%EA%B1%B4 최근 수정 시각 2020-08-21 18:04:22) 참조.

비화하여 상대적으로 학생운동이 미약했던 부산대학교에서 10월 15일 미수에 그쳤지만 그래도 집회가 성사될 수 있다고 확신할 수 있을 정도의 분위기는 확인되었고, 그 다음날 교내에서 5천 명 규모의 학생들이 모여 담벼락을 허물고 부산 중심가로 진출하자 지역의 모든 대학교에서 학생들이 합세하고 나오고, 뜻밖에도 시장의 상인들과 퇴근길 직장인이 대거 가세하면서 시위 규모가 더욱 커지기 시작했다. 야간이 되자 5-7만여 명의 인파가 부영극장 앞 간선도로를 꽉 메운 채 시위의 물결을 이루었다. 시위의 주역인 대학생들 무리에 퇴근길의 회사원과 재수생, 교복 입은 고등학생, 심지어 상인과 노동자, 접객업소 종업원들까지 가세하였다. 이 시점부터 시위는 단순한 학생시위를 넘어 도시 하층민까지 포괄하는 민중항쟁의 성격을 띠었다. 시민들은 "유신 철폐", "독재 타도", "언론 자유", "김영삼 총재 제명 철회" 등을 외치며 부산 시내를 장악했는데, 밤이 깊을수록 시위는 민중의 격렬한 저항으로 바뀌어갔고, 시위대는 새벽까지 부산 시내 곳곳을 다니면서 보이는 파출소마다 공격하고 파괴했다. 남포, 부평, 보수, 중앙 등 총 11곳의 파출소가 파괴되었고, 파출소마다 걸려 있던 박정희 사진도 철거되어 태워졌다.[73] 지난해 10대 총선에서 감지된 민심의 이반은 이제 민중 행동으로 발전하면서 정권에 대한 시민적인 정치적 인내가 한계에 도달할 정도가 되는 것을 분명히 보여주

---

73 1979년 10월 16일 당일의 부산항쟁에서 학생들의 시위에 부산 시민들이 대거 합류한 배경에 대한 가장 설득력 있는 설명은 당시 박정희 경제정책의 편향성에 대한 불만과 아울러 경제 정책 자체가 난조에 빠졌다는 데서 찾아진다. 1979년 들어 정치적 한계에 계속 봉착한 박정희 정권을 더 궁지에 몰아넣은 것은 제2차 오일쇼크로 물가상승률이 크게 오르면서 닥친 경제위기였다. 그나마 1차 오일쇼크 때는 중동에서 대규모 건설사업을 수주하여 수십억 달러의 외화가 들어와 위기를 넘겼는데, 이때의 유입 외화를 대량 투입한 중화학공업이 시중자금을 빨아들이는 블랙홀이 되어 중소기업들이 큰 피해를 보게 되었고, 이 와중에도 물가상승률은 여전히 두자리수대를 기록하며 경제성장률을 추월할 지경이었다. 여기에 부동산 폭등과 아울러 물가가 안정되지 않던 상황에서 도입된 부가가치세는 물가상승률을 높여주는 요인이 되며 서민들의 극심한 반발을 불러일으켰다. 1978년 건설주 파동으로 주식시장의 거품이 꺼지기 시작하면서 경제에 다시금 먹구름이 끼기 시작했는데 이 시기에 2차 오일쇼크까지 닥치면서 물가상승률은 20%대까지 오르기에 이른다. 이로 인해 중공업에 비해 자금 우선순위가 떨어졌던 경공업이 중심이 된 부산, 마산 지역의 많은 중소업체들은 이러한 타격의 직격탄을 받는다. 이렇듯 당시의 경기 불황과 부가가치세 신설 등의 여파로 인해 박정희 정권에 대한 경남 지역 민심은 크게 악화되고 있었고, 이런 요인은 이후 시민들이 학생들에게 호응하는 원인 중 하나로 작용한다. 이상의 서술은 「부산·마산 민주 항쟁」; 〈나무위키〉 (https://namu.wiki/w/%EB%B6% 80%EC%82%B0%C2%B7%EB%A7%88%EC%82%B0%20%EB%AF%BC%EC%A3%BC%20% ED%95%AD%EC%9F%81?from=%EB%B6%80%EB%A7%88%EB%AF%BC%EC%A3%BC%E D%95%AD%EC%9F%81 최근 수정 시각: 2020-09-28 21:48:15) 참조.

고 있었는데, 이러한 사태발전에 대하여 유신통제부는 계엄을 선포하고 군대를 투입하여 폭력적 진압을 실행하여 일단 학생과 시민의 움직임을 억제하는 방식으로 맞섰다.

[MOLCPP 5. 시민항쟁 앞에서 시민학살의 임박과 긴급예방조처로서 박정희 격살: 부마민주항쟁과 10·26 사건] 이런 시민항쟁이 박정희 정권에 대한 시민의 정치적 인내가 "너무나 참을 수 없는 정도"에 도달한 것으로 판단함과 동시에 권력층 내부의 긴장 역시 "도저히 참을 수 없는 수준"에 도달했다는 것을 집중적으로 체감하는 위치에 있던 사람이 이 모든 정황을 총체적으로 조감하는 위치에 있었던 당시 중앙정보부의 부장 김재규였다. 그는 부마항쟁의 현장이었던 부산에 가서 현장의 분위기를 직접 파악하였고, 박정희 주변의 유신통제부 안의 불편한 권력관계에서 나오는 부조리한 압박을 직접 받고 있었다. "중앙정보부장 김재규는 독재자 박정희와 불타오르는 민심 사이에서 고민했다. 부산에서 민심의 폭발이 먼저 난 것은 그 지역 출신 야당 당수인 김영삼 의원을 국회에서 제명했기 때문이지만 서울 대전 광주 등 주요 대도시를 중심으로 전국이 폭풍전야 상황이었다. 남산의 정보망은 벌써부터 적신호가 켜진 채 진화대책을 재촉하고 있었다. 남산의 부장 김재규가 그 누구보다도 심각성을 절감했다. 그는 또 민심의 적신호와 함께 최고권력자 박정희의 심기를 가장 잘 알 수 있는 위치에 있었다. 박 대통령은 그러나 민심 같은 것은 아랑곳하지 않았다. 부산사태가 더 악화되면 자신이 직접 발포명령을 내리겠다고 내뱉었다. 그것은 절박한 사태가 돼도 정부 내에 발포명령을 내릴 책임자가 없으리라는 판단의 표시이기도 했다."[74]

다시 말해서 당시 국민적 상황은 박정희 유신독재체제를 "더이상 참을 수 없는 정도"에 도달하고 있었고, 총체적 위기에 봉착해 있던 박정희 유신독재체제 내에서 이 위기를 어떻게 터게히느냐를 놓고 벌어진 대립 상은 10·26 이후 12·12쿠데타로 국정을 새로 장악하고 들어왔던 신군부 치하에서 열린 박정희 저격 사건 재판에서 김재규 부장이 행한 증언에서 직접 체감할 수 있다.

---

74 김재홍(1994), 153.

"김재규: 금년 10월에 부산에 계엄이 건포되고 나서, 저는 현지에 내려갔습니다. 제가 내려가기 전까지는 남민전이나 학생이 주축이 된 데모일 거라고 생각했는데 현지에서 보니까 그게 아닙니다. 160명을 연행했는데 16명이 학생이고 나머지는 다 일반시민입니다. 그리고 데모 양상을 보니까, 데모하는 사람들도 하는 사람들이지만 그들에게 주먹밥을 주고 또 사이다나 콜라를 갖다주고 경찰에 밀리면 자기 집에 숨겨주고 하는 것이 데모하는 사람과 시민들이 완전히 의기투합한 사태입니다. 주로 그 사람들의 구호를 보니까, 체제에 대한 반대, 조세에 대한 저항, 물가고에 대한 저항, 정부에 대한 불신 이런 것이 작용해서, 경찰서 11개를 불질러버리고, 경찰 차량을 10여 대 파괴하고 불 지르고, 이런 사태가 벌어졌습니다.

그래서 그런 관계를 각하께 그대로 보고드렸습니다. "각하, 체제에 대한 저항과 정부에 대한 불신이 이렇습니다"라고 보고하면서 각하의 생각을 좀 누그러뜨리려 했지만 또 반대효과가 났습니다. 여기 변호인밖에 없긴 하지만 이 말씀은 밖으로 안 나갔으면 좋겠습니다. 각하 말씀은 "이제부터 사태가 더 악화되면 내가 직접 쏘라고 발포명령을 내리겠다" 이렇게 말씀하십니다. "자유당 말에는 최인규라는 사람과 곽영주라는 사람이 발포명령을 했으니까 총살됐지, 대통령인 내가 발포명령을 하는데 누가 날 총살하겠느냐" 이렇게 말씀하셨습니다.

이런 문제에다, 차지철 경호실장 같은 사람은 캄보디아에서는 300만 명이나 희생시켰는데, 우리는 100만-200만 명 희생시키는 것쯤이야 뭐 문제냐는 얘기가 나옵니다. 들으면 소름끼칠 일들입니다.

그래서 이렇게 건의를 쭉 해봤지만 건의하면 할수록 반대효과만 납니다. 처음에 제가 부임할 때는 한번 순리적인 방법으로 유신체제를 바꿔놓을 절호의 기회라고 생각했는데, 급기야는 이건 불가능이다라는 결론이 나왔습니다. 저는 이승만 대통령과 박정희 대통령을 비교해보았습니다. 이대통령은 물러설 때 물러설 줄 알았는데, 박대통령의 성격은 절대로 물러설 줄 모릅니다. 국민과 정부 사이에는 반드시 큰 공방전이 벌어지고, 수없이 많은 사람이 상할 것은 틀림없습니다.

(…)

법무사: 알겠습니다, 그 요지를, 김재규 피고인께서 생각하는 자유민주주의는 뭐라고 생각하

십니까?

김재규: 소위 민주와 민권과 자유와 평등이 보장되고, 삼권이 완전히 분립된 제도가 자유민주주의 원칙에 입각한 자유민주주의라고 생각합니다."[75]

박정희를 겨누어 방아쇠를 당기는 그 순간까지 자신의 직속상관이었던 대통령을 격살한 것은 어떤 경우에도 합법적인 일은 아니었다. 그러나 대통령 자신으로부터 그리고 당시 대통령이 가장 총애하고 있다고 생각되는 경호실장으로부터 캄보디아의 킬링필드를 거론하며 시위대에게 발포하겠다는 말을 직접 들었고, 더구나 그 발언자가 '그, 박정희'라고 했을 때 김재규 부장은 "국민과 정부 사이에는 반드시 큰 공방전이 벌어지고, 수없이 많은 사람이 상할 것은 틀림없습니다."라는 생각, 즉 시민 학살이 임박했다고 판단하지 않을 이유가 없었다.

국가라는 것이 있다면 그것은 국민이 위험에 처할 경우 국민의 생명을 구하거나 재산을 보호해줘야 하는데, 오히려 국가가 국민이 비판한다고, 그것도 그 비판이 정당함에도 불구하고 자신을 비판한다고 하는 아주 모순적인 이유로 군대나 경찰을 동원하여, 그것도 죽인다는 것은, 사실상 무법천지에서나 저지를 만행이었다. 바로 이 지점에서 '박정희의 대한민국'은 —역대 〈대한민국헌법〉 '전문'(前文)에서 반복적으로 그리고 심지어 유신헌법에서조차 확인했던바— "우리와 우리의 자손의 안전과 자유와 행복"을 "영원히 확보할 것"이라는 헌법적 목표에서 가장 멀리 떨어진 정도가 아니라 '대한민국 국가의 국체 본성인 민주주의 발전 내지는 성숙의 정도를 측정한다'고 한다면 그 바닥 즉 최저점, 다시 말해서 '국가존립근거 0(제로)-포인트' 직전까지 갔다고 상정될 수 있다. 국가는 이제 국민을 정면 겨냥한 총구가 될 참이었다. 이제는 얼마나 참을 수 있느냐의 문제가 아니라 경각에 달린 대다수 국민의 생명을, 그것도 당장 구해야 할 판이었다. 이 상황에 처한 자신의 입장을 '대한민국 정보기관의 수장' 내지 최고급관료인 김재규 부장은 다음과 같이 진술한다.

---

75 위의 책, 153-156.

"그리고 현재만 하더라도 약 400-500명이 교도소에 있습니다. 학교에서 쫓겨난 학생 수가 약 800-1,000명 정도입니다. 결국은 자유민주주의를 해야 할 나라가 독재를 하는데, 원천적으로 독재를 한다고 하는, 해서는 안 될 일을 저질러놓고 자유민주주의 하라, 독재체제 반대다 하는 사람을 처벌하니, 이건 완전히 적반하장격이 되었습니다. 그래서 아무리 생각해봐도 이것은 역시 방법이 없다. 그런데 아까 말씀드린 바와 같이 대통령 각하와 자유민주주의 회복과는 아주 숙명적인 관계를 맺어놓고 있기 때문에 결국은 자유민주주의를 회복하기 위해서는 한쪽을 희생할 수밖에 도리가 없습니다.

저는 여러 가지 생각했습니다. 제 나이 거기에는 53세로 되어 있습니다만, 실제로는 55세입니다. 그러니 제 나이 한 10년이나 20년 끊어 바쳐서라도 좋으니까, 이 나라에 자유민주주의를 회복시켜 놓자, 나는 대통령의 참모인 동시에 대한민국의 고급관리다, 그렇다면 이 나라에 충성하고 이 국민에게 충성할 의무가 있지 않느냐. 결국 나의 명예고 지위고 목숨이고, 또 대통령 각하와 나와의 의리도, 이런 소의에 속하는 것은 한꺼번에 다 끊어바친다, 대의를 위해서 내 목숨 하나 버린다, 그래서 … 원천을 때려버렸습니다."[76]

사형을 받을 것이 확실한 상황에서 자신의 위치에 대한 고급 공무원 즉 '중앙정보부장 김재규'의 진술은 "공무원은 국민 전체에 대한 봉사자이며, 국민에 대하여 책임을 진다"는,[77] 역대 헌법의 공무원 규정과 놀랍도록 일치한다. 그리고 그 국민들에게 학살의 위험이 임박했다고 했을 때, 또 그런 의지를 분명히 실행해 옮기고도 남을 '그'는 이승만과 달리 '애초에 물러나라고 해서 물러날 존재가 아니기에' '중앙정보부장'으로서 김재규는, 그가 공무원에 대한 헌법적 요청을 충실하게 의식하고 있었다면, 헌법 전문에 명기된바 국민의 "안전(과 자유와 행복)" 위해 그 안전을 반드시, 그것도 조만간, 해칠 "원천"을 제거하는 것은 다수 국민의 생명을 구하기 위한 일종의 '긴급방어'(Notwehr)였다. 라드브루흐 공식에 따르면 무법 국가가 실정법이나 명령의 이름으로 불법을 자행

---

76 위의 책, 154-155.

77 제3공화국 〈헌법 제7호〉, 제4공화국 즉 유신헌법으로서 〈헌법 제8호〉 그리고 제5공화국 헌법 〈제9호〉에서 다같이 '제6조'에, 나아가 현행 헌법 제10호에서는 '제7조'에, 토씨 하나 틀리지 않고 똑같이 반복된 조항이다.

할 때는 그 불법에 저항하는 것이 '법치상태'를 실현하는 첫걸음을 내딛는 것이다.

VII. [끝나지 않은 에필로그] '박정희 없는 유신체제'에서 '민주주의적 입헌 국가'로의 진화: '나' 같은 사람이 뜬금없이 잡혀가지 않고, '헌법'대로 "안전하고 자유롭고 행복하게 살 수 있는" 나라를 바라며 '국회'부터 유신 청산에 앞장서기를 촉구함

어쨌든 '박정희 유신독재체제'가 자의적 1인 지배로 조성한 '무법상태'는 그 무법적 작태를 원천제거하는 긴급방어 조처로서 '대통령 박정희 격살'을 단행하면서 일단 한 매듭을 지었다. 물론 물론 이것은 유신독재체제의 완전한 종말이 아니라 박정희 없는 또 다른 유신으로 넘어가는 간주곡이었지만 몇 달 뒤 5월 광주에서 벌어졌던 그 시민학살을 부산과 마산 지역에서 앞서 벌어졌을 수도 있는 사태를 예방한 것만은 분명했다. 그러나 박정희 유신독재체제는 박정희라는 인적 요인을 털어냈으면서도 그가 행사한 강력한 권력을 통해 그 체제 안에서 향후 한국사회구성의 암적 억압기제로 작동할 요인들을 밀집 성형시켰다.

바로 이 점에서 '박정희 유신독재체제'는, 지금 이 순간 우리가 운영하고 있는 '대한민국 현존민주주의'가, 유신독재체제를 매개로 밀집되어 성형했던 얼마나 심도 깊게 청산함과 아울러 때마다 적절한 대안을 창출하여 얼마나 가까워지고 있는지에 따라, 따라서 대한민국 국체 운영의 지표를 정립하는 데 있어서 '정당'을 소통매개체로 하여 '국민 사이에 형성된 의사'를[78] 가장 직접적으로 접할 수밖에 없는 '국회'가 대한민국이 절대 반동적으로 퇴행해서는 안되는 민주주의 제로점으로 '박정희 유신독재체제'를 총체적으로 '무법(無法)국가'로 선언하여 그 대척점으로서 대한민국의 헌법적 지향점인 '민주주의적 입헌 국가'의 비전을 명확히 할 필요가 있다.

---

78 현행 〈대한민국헌법〉 제8조 ②항("정당은 그 목적·조직과 활동이 민주적이어야 하며, 국민의 정치적 의사형성에 참여하는데 필요한 조직을 가져야 한다.") 및 제41조 ①항 ("국회는 국민의 보통·평등·직접·비밀선거에 의하여 선출된 국회의원으로 구성한다.") 참조.

유신독재체제 치하에서 긴조 위반자로 수감되면서 내내 공부만 하고 친구들과 공부 세미나나 야학 활동이나 하던 내가 왜 범법자로 잡혀 와야 했는지 도무지 받아들일 수 없는 억울한 감정을 벗어날 수 없었다. 평범하게 하루하루를 살아가던 아무것도 아닌 대학생을, 단지 '나'가 갑자기 취소해버린 집회에 나가 말 몇 마디 한 것으로 긴급조치 위반으로 낙인찍고, 법도 아닌 대통령의 조치, 그의 자의적 명령 하나로 뜬금없이 잡아와 학업을 중단시키고 독방에 가두어놓은 그 현실을 도저히 받아들일 수 없었다. 그 안에서 나는 점점 분노를 쌓아가다가 미결로 재판을 받는 중에 새해가 되거나 3·1절이 되거나 하면 기를 쓰고 통방한 옆방 동료들과 함께 이제는 의식적으로 반유신 구호를 외치게 되었다. 그리고 26동 사건으로 받은 1년 6개월의 징역이 끝나던 1979년 5월 어느 날 당시 수감되어 있던 공주교도소에서 만기 되어 나오던 나는 다시 구속되어 추가형 재판을 받았다.

대전지원에서 받은 추가형 1심에서 나는 다시 1년 반을 선고 받았지만 오히려 담담했다. 박정희가 대통령인 한, 그가 죽지 않은 대한민국에서 대학도 졸업하지 않은 장애인 청년이 할 수 있는 일이라곤 아무것도 없을 것 같았고, 그래도 좀 좋은 대학에 들어 갔다고 좋아했던 부모님들의 안쓰러운 눈빛을 감당할 수 없었다. 이른바 반성문 쓰기를 거부하던 나는 오랜만에 서울 시내나 좀 구경하자고 항소를 하여 다시 서울로 올라와 이번에는 내가 처음 구속되었던 영등포구치소 바로 건너편에 있던 영등포교도소 미결감으로 이감왔다. 당시 나의 가장 큰 소원은 대법원 상고까지 서울에서 지내다가 형이 확정되면 겨울이 될텐데, 그렇다면 가장 남쪽에 있는 부산이나 순천의 교도소로 가서 추가형으로 받은 잔여 형기를 채우는 것이었다. 아마 석방은 26동에서 달려온 지 딱 3년이 되는 1980년 10월 어느 날이 될거라고 예상하고 있었다.

그 일만 없었다면 1979년 10월 26일이라는 날짜는 전혀 기억되지 않을 날이었다. 그 다음 날은 출근한 교도관들이 잔뜩 굳은 표정으로 부산하게 방마다 점검을 하고 다녔다. 그런데 언뜻 '박통'(당시 사람들은 박정희 대통령을 줄여서 이렇게 불렀다)이 죽었니 아니니하고 다른 수감자늘이 누런거리는 소리가 창살 넘어 들렸지만, 그럴 일은 절대 있을 수 없으니 그저 '빵잽이들'(당시 수감자들을 비하해서 통칭하던 말)의 황당한 '구라'려니 하고 넘기고 있었다. 그러다가 독방 수감자들이 운동을 하러 간간이 드나드는 소리가 나고 아마도 열한 시가 좀 넘은 시간에 며칠 전에 잡혀 와 몇 방 건너 있던 사회학과 76학번 후배 김종채가 갑자기 창살에 바짝 달라붙어 얼굴을 붙이더니 낮은 소리지만 힘주어 말해 똑똑히 들리게 딱 네마디 던졌다.

"박통 암살!"

뭐? 종채 학우는 바로 사감에 이끌려 자기 방으로 가고 난 뒤 나는 방금까지 종채 학우의 얼굴이 있었던 창살에서 눈을 떼지 못한 채 멍하게 있었다. '그, 박정희'가 죽어?

사람들은 아마 이럴 때 그 사동 독방에 있던 '조치들'(긴급조치 위반자들에 대한 비하 칭호)이 기쁨을 못 이겨 만세를 부르면서 춤을 추었을 것이라고 생각했을 것이다. 며칠 전 꾼 꿈속에서 나는 스포츠카를 몰고 몇 층 올라간 고가도로 맨 위를 질주하다가 마침 저 아래 '박통'이 탄 차가 지나가는 것을 보고 차의 핸들을 꺾어 난간을 부수고 떨어지면서 그 차를 덮치는 꿈은 분명 꾸었었다. 하지만 이 순간 그런 증오심은 전혀 일어나지 않았다. 전혀 아니었다. 그와 정반대로, 믿을 만한 후배로부터 박통 암살이라는 말을 듣는 순간 머리가 멍해지면서 몸이 오싹해지는 공포와 전율이 지나가는 것을 느꼈다. 그리고 퍼뜩 드는 생각! '누가 죽였지? 누가 나만큼 박통에게 원한이 있을까?' 나로서는 이제 2년이 넘어간 그 시점까지 완전히 갇혀 있느라 '그, 박정희'에 대한 시민들의 정치적 인내가 점점 바닥을 보이고 있는 바깥 분위기를 알 도리가 없었다. 지나가는 사감을 불러 낮은 소리로 박 대통령이 죽었냐고 물었는데, 그는 보일락말락 희미하게 고개를 좀 끄덕이려다 말고 가버렸다. 맞구나! 그런데 혹이라도 그의 반대자 쪽에서 그를 죽였다면? 내 눈앞에 6·25 때 행해진 민간인 학살 장면이 떠올랐다. 이런 살 떨리는 무섬증은 그날 저녁 식사와 점호가 끝나고 사방 문이 닫혀진 뒤 갑자기 스피커가 켜지면서 교도소 방송이 나올 때까지 가시지 않았다. "어제 10월 26일 박정희 대통령께서 중앙정보부장 김재규의 흉탄에 서거하셨습니다!" ㄱ 첫마디 말고 뒷말은 어찌 이어졌는지 기억 나지 않았다. 사방들은 물뿌린 듯이 조용해지고 방송이 끝나서고 사방에서 부산거리는 소리가 날 뿐이었다. 그리고 처음 든 생각? '살았다! 자기들끼리 붙었네. 그런데 왜?' 그리고 당장 나갈 줄 알았지만 한달을 훌쩍 넘긴 12월 16일 밤, 아무 생각도 없이 평소와 같이 저녁 시간의 감방생활을 하고 있는데, 갑자기 내 수번이 불리고 짐을 챙기라는 소리가 들렸다. 그리고 들어올 때만큼이나 갑자기 밤 9시경 어떻게 연락받고 왔는지 2년 전에는 고3이었는데 어느덧 2학년 대학생이 되어 있던 동생이 기다리고 있다가 나를 맞았다.

나에게 '박정희 유신 시대'는 그가 죽고 나시도 한 달 21일이 지나서야 끝났다. 하지만 그게 끝이 아니었다.

내가 석방되던 날은 이름도 생소했던 장군들이 12·12 쿠데타를 일으키고 나흘이 지난 뒤였다. 그리고 이제 막 나온 나에게는 '박정희 없는 유신체제'가 기다리고 있었다. 이들은 박정희가 자행했던 민주주의 말살 책동을 더 잔인한 버전으로 반복했다. 완전한 민주화가 실현될 것을 기대했던 '서울의 봄'은 1980년 5월 17일 자정까지만 계속되었고 이화여대에서 모임을 갖던 서울 시내 학생회장단이 공수부대의 습격을 받았다는 소식에 다시 복학하여 입소해 있던 기숙사에서 후배들을 모아 본관에서 농성하다가 올라온 학생들을 낙성대까지 보내고 나자 정작 내가 기숙사를 빠져나갈 시간이 없었다(당시는 통행금지가 있었다). 5월 18일 아침 방마다 군화 발로 걷어차고 학생들을 끌어내던 계엄군의 고함에 깨어보니 전국 일원으로 계엄이 확대되어 있었고 자다가 황망하게 끌려나온 관악기숙사 학생들에게 한참이나 얼차려 시키고 난 무장 군인들은 두 손을 등뒤로 돌리고 하늘을 향하게 한 얼굴들을 보고 관악서 형사들이 찍은 학생들 그리고 장애인이라고 열외로 쳐주었가 형사가 찍은 나를 이번에는 닭장차(기동대 버스)가 아니라 군용 트럭 뒤에 던져 끌고 나갔다. 그리고 부마항쟁 때 김재규의 긴급방어로 비켜갔던 시민학살이 광주항쟁 현장에서 실제로 벌어지고 난 뒤 5공 유신독재 치하에서 긴조 위반자들은 단지 그 전과 때문에 학원에서 추방당했다.

나를 학교 밖으로 실어 가는 차종이 버스에서 트럭으로 열악해진 것만큼이나 5공 치하에서 감옥과 고문실의 안팎이 구별되지 않을 정도로 국가폭력은 독방 감옥의 창살이 아니라 내가 사는 집의 방문 앞으로 썩 다가와 있었다. 특히 전과자에 대한 경찰의 감시와 사찰은 너무나 집요하여 신혼살림 차렸던 동네의 반장까지 나 때문에 덩달아 사찰당하는 기분이 들 지경이었다. 이런 사찰은 1987년 6월 항쟁이 5공을 종식시키고 나서야 끝났는데, 이런 사찰에 대한 트라우마는 1988년 녹일로 유학 가서 한 날 빠신 7년 동안 외국 생활을 하고나서야 벗어날 수 있었다.

양김의 분열로 명실상부한 민주화 정권이 들어서는데 실패한 가운데 과거 무법 국가 체제 안에서 밀집 형되었던 세력 그리고 그것을 내적으로 지탱했던 정신 태도는, 민주화 과정에서 실시된 역대 각종 선거에서 일정지지 세력을 모으는 투표 세력으로 강력한 영향력을 지속시키다가 '그, 박정희'의 친자를 다시 대한민국 18대 대통령으로 말어올리는 괴력을 발휘하였다. '그, 박정희'는 민주주의를 제로점으로 말살시켰지만, 어쩐 일인지 민주화 국면에서 '그, 박정희'는 자신이 전적으로 부정하였던 직선제 선거에서도 거의 불사조처럼 부활하였다가, 결국에는 부마항쟁 때 시민학살의 위험을 피하기 위한 김재규 중앙정보부장의 긴급방어조치로 무법 국가적 방식으로 그의 부친이 폭력적으로 제거당했다면, 37년 뒤 그의 자제는 부마항쟁과 거의 같은 유형의 촛불시민항쟁과 탄핵을 통한 합헌적 절차에 따라 평화적으로 파면되었다.

비록 같은 세력권 안에서도 엄청난 정치적 부담을 주어 튕겨나오듯이 제거되기는 했지만 '박정희 유신독재체제'는 당시까지 대한민국 국가 안의 모든 생활영역에서 이미 존재해 왔거나 새로 형성되었던 각종 권력을 한국 사회 구성의 지배 세력으로 밀집성형(密集成形 condensing molding)시켜 놓았다. 이와 같은 밀집성형 대열은 박정희를 뇌수로 하는 '전체주의적 1인 지배가 통제하는 유신독재체제의 척추'로서 한국사에서 처음으로 자체 발전한 '한국 산업혁명'을 이끌어 폭발적인 생산력 발전의 성과를 거두는 데 상당한 효율성을 발휘한 것은 분명했다. 그러나 병영식 노동 통제와 중앙집권적 사회동원을 핵심으로 작동하는 이 밀집성형된 지배 세력의 척추는 세계화, 정보화, 지능화의 양상으로 변모해 가는 지구적 규모의 생산력 혁신과 시장관계의 변모가 이루어질 때마다 한국 사회구성의 구성분자들이 다양한 역량을 발휘하는 것을 근본적으로 제약하는 암적 억압기제로 작동하여 왔다. 박정희 유신독재체제 아래 결집되었던 기득권 세력과 그 지배의 프레임은 박정희 당시 세력밀집의 추동력이었던 군부 폭력은 부산·마산, 광주 그리고 1987의 시민권력으로 상쇄되었지만, 그 프레임 안에 농밀하게 축적된 거대한 자본 그리고 부동산과 주식의 유무형의 자산을 권력 저수지로 활용하여 거기에서 체계적으로 배제된 다수 시민층을 다양한 방법으로 순응하도록 통제하면서,

— 정치권력의 상당 지분,

— 압도적인 경제권력,

— 각종 압력단체와 이권을 통한 사회권력 그리고 심지어
— 선점한 문화자본과 교육자본을 통한 문화권력

으로 현존하면서

— 법조계를 매개로 국가기구에서 관료권력과 사법권력

을 이해관계에 따라 적절하게 편취한다. 이와 같이 한국 사회 구성의 부분에서 암적으로 잠행하는 각종 부분 권력의 기원을 추적하면 거의 모두 박정희 유신독재체제에서 밀집성형되었던 '박정희 권력'과 인과적으로 연관된다. '박정희 유신독재체제'는 '박정희 없는 유신체제'로 더 잔혹한 모습으로 변형되었다가 민주화 국면에서 '선거공학적 유전자 변형체'로 변질되어 끊임없이 국가권력을 취탈하려고 시도해 왔다. 다행스러운 것은 이런 유신 권력의 변형은 아무리 변신에 능했어도 결정적인 순간마다 그 폭압적 권력욕구와 주권자 경시의 반민주적 체질을 은폐할 수 없이 노출시켰고 그때마다 각성한 민주시민이 형성되어 항쟁과 항의 투표라는 주권자 역량으로 거의 주기적으로 응징하고 봉쇄해 왔다는 사실이다.

하지만 이제 전 지구적 생태 위기와 환경 붕괴의 위기가 목전에 박두한 현재의 시점에서 박정희가 짜놓은 유신 프레임을 임시방편으로 땜질하는 방식으로 대한민국 주권자인 "우리와 우리 자손의 안전과 자유와 행복을 영원히 확보할" 수 없다. 더구나 유신체제와 동시에 출발한 민족지배의 또 다른 한축이 불균형하게 장기 존속하는 상태는 더이상 감내할 수 없다. 따라서 "정치·경제·사회·문화의 모든 영역에 있어서 각인의 기회를 균등히 하고, 능력을 최고도로 발휘"하면서 "국민 생활의 균등한 향상을 기하고 밖으로는 항구적인 세계평화와 인류공영에 이바지하도록 하는" "조국 민주개혁"의 거시 비전과 미시 방책을 시급하게 공유해야 하며, 이것은 그 어떤 경우에도 '박정희가 살고 싶어했던 바로 그 유신의 나라'와 가장 멀리 떨어진 가치와 권력 구조를 실현하는 것이라야 할 것은 분명하다. 왜냐하면 이렇게 유신과 가장 멀리 떨어진 바로 그런 나라야말로 '나' 같은 사람이 뜬금없이 잡혀가지 않고, '헌법'대로 "안전하고 자유롭고 행복

하게 살 수 있는" 나라일 것이기 때문이다.

그리고 이렇게 끈질기게 잔존하는 유신독재체제의 잔재들을 일소하기 위해, 유신독재체제가 들어서는 바로 그날 최초의 피해자가 되었던 '대한민국 국회'가 선두에 서서 박정희 유신독재체제와 박정희 없이 그 뒤를 잇는 5공체제가 대한민국의 자유·민주적 기본질서와는 전혀 무관하다는 점을 분명히 선언하여야 할 것이다. 박정희와 그 후속 세력인 5공 치하에서는 말할 것도 없고 민주화 국면의 역대 국회들은 한 세대가 훌쩍 넘어가는 세월 동안 국회는 유신독재의 출현과 아무 관련이 없었던 것처럼 처신해 왔다. 이런 냉담한 무관심 속에서 역대 국회는 유신독재 청산의 선언과 그 피해자들에 대한 신원(伸冤)을 요구하는 이들을 마치 자신들과 무관한 악성 민원인처럼 대해 왔다. 하지만 모든 나라의 현대 정치사에서 목격해왔듯이 반민주세력이 등장할 때면 제일 먼저 말살하는 것은 언제나 국회였다. 바로 이 때문에 국회는 그런 폭력지배는 다시 없을 것이라는 결의와 그것을 입증할 실천방안을 명시적으로 천명하여야 할 것이다. 왜냐하면 국회가 그런 독재자들을 견제 내지 억제하지 않고 고분고분 피해자가 되어주면 국회의 견제와 저항을 돌아간 독재자들은 바로 시민학살에 나설 것이기 때문이다.

참 고 문 헌

강만길.『20세기 우리 역사 ― 강만길의 현대사 강의』. 창비, 2009.

金相賢.「털어놓고 하는 이야기- '야당가 마당발' 金相賢 前 국회의원 (下)」(정리: 배진영 월간조선 기자);
〈월간조선 뉴스룸〉 01/2013 MAGAZIN.
http://monthly.chosun.com/client/news/viw.asp?nNewsNumb=201301100031&ctcd=I.

김재홍.『운명의 술 시바스. 박정희 살해사건 비공개진술 全녹음 최종정리 상』. 서울: 東亞日報社, 1994. 5.

김정주. "1970년대 경제적 동원기제의 형성과 기원." 역사비평사,「역사비평」 81호(2007).

김학진. "유신헌법의 성립에 관한 헌정사 검토." 건국대학교 법학연구소,「일감법학」 제37호(2017년 6월):
309-338.

Radbruch/이재승. "역주: 법률적 불법과 초법률적 법." 한국법철학회,「법철학연구」 제12권 제1호(2009):
477-502.

배성인. "한국의 정치변동과 민주주의 ― 제1공화국에서 유신체제까지의 궤적." 명지대학교 사회과학연
구소,「사회과학논총」 제14집(1998).

서중석.『한국현대사 60년』. 역사비평사, 2007.

오세웅. "8대 국회, 외무위원 활동 ⑯, 외무위에서 김형욱과 한판… 김형욱과 함께 맞은 10월 유신.";"오세
웅 전 국회부의장 자서전 ― ⑯ 18년 6개월, 최장 외무위원 활동의 시동."「성남일보」(기사입력
2015-11-01_10:21, http://m.snilbo.co.kr/a.html?uid=31692.

이국영. "수출지향산업화의 정치경제학적인 고찰 - 한국과 대만의 비교연구." 성균관대학교 사회과학연구
소,「사회과학」 제31권 1·2합본호(통권 35호, 1992).

이재승. "긴급조치의 청산법리." 민주주의법학연구회,「민주법학」 제71호(2019. 11).

잘리거, 프랑크/윤재왕 譯.『라드브루흐의 공식과 법치국가 Radbruchsche Formel und Rechtsstaat』. 서
울: 吉安社, 2000.

전국철학교육자연대회의 펴냄/홍윤기 편집.『한국 도덕·윤리 교육백서』. 한울, 2001.

조희연.『박정희와 개발독재시대 ― 5·16에서 10·26까지』. 역사비평사, 2007.

최완규. "한국의 정치와 국가: 권위주의체제 성립의 정치경제학적 분석: '유신(維新)' 체제의 경우." 경남대
학교 극동문제연구소,『한국과 국제정치』. 1988.

한홍구.『유신. 오직 한 사람을 위한 시대』. 한겨레출판, 2014.

Radbruch, Gustav. "Gesetzliches Unrecht und übergesetzliches Recht." *Süddeutsche Juristenzeitung*.
(1946): 105-108.

"SOUTH KOREA: Imaginary Emergency." *TIME*, 1971. 12. 20.
(http://content.time.com/time/magazine/article/0,9171,878973,00.html).

공식문건 1. 「국가 비상사태 선언에 즈음한 특별 담화문」(1971. 12. 6.).[79]

공식문건 2. 「국가보위에 관한 특별조치법」(1971. 12. 27.).[80]

공식문건 3. 「7·4 남북 공동성명」(1972. 7. 4.).[81]

공식문건 4. 「10·17 대통령 특별선언」(1972. 10. 17.).[82]

공식문건 5. 「1972. 10. 17.자 비상계엄 선포에 따른 계엄포고 제1호」(1972. 10. 18.).[83]

공식문건 6. 「1972년 10월 17일 선포된 계엄령 해제에 대한 특별 담화문」(1972. 12. 13.).[84]

공식문건 7. 유신헌법공포(박정희 대통령 친필) (1972. 12. 27.).[85]

공식문건 8. 대통령 긴급조치 제1호~제9호 (1974. 1. 8.-1979. 12. 7.).

---

79 「국가 비상사태 선언에 즈음한 특별 담화문」, 〈위키문헌〉. https://ko.wikisource.org/wiki/%EA%B5%AD%EA%B0%80_%EB%B9%84%EC%83%81%EC%82%AC%ED%83%9C_%EC%84%A0%EC%96%B8%EC%97%90_%EC%A6%88%EC%9D%8C%ED%95%9C_%ED%8A%B9%EB%B3%84_%EB%8B%B4%ED%99%94%EB%AC%B8.

80 「국가보위에관한특별조치법」(법률 제2312호. 1971. 12. 27. 제정, 1971. 12. 27. 시행 http://www.law.go.kr/lsInfoP.do?lsiSeq=4332#0000.

81 「7·4 남북공동성명」;〈대한민국정책브리핑〉>외교/안보 | 남북관계〉남북회담. 출처: 통일부 등록일: 1999. 07. 15. 유형: 정책보고서 주제: 남북회담 http://www.korea.kr/archive/expDocView.do?docId=22018&group=D.

82 「10·17 대통령 특별선언」,〈위키문헌〉. https://ko.wikisource.org/wiki/10%C2%B717_%EB%8C%80%ED%86%B5%EB%A0%B9_%ED%8A%B9%EB%B3%84_%EC%84%A0%EC%96%B8.

83 "1972. 10. 17.자 비상계엄 선포에 따른 계엄포고 제1호",「10월 유신」,〈나무위키〉 https://namu.wiki/w/10%EC%9B%94%20%EC%9C%A0%EC%8B%A0.

84 「1972년 10월 17일 선포된 계엄령 해제에 대한 특별 담화문」,〈위키문헌〉. https://ko.wikisource.org/wiki/%EB%B9%84%EC%83%81_%EA%B3%84%EC%97%84_%ED%95%B4%EC%A0%9C%EC%97%90_%EC%A6%88%EC%9D%8C%ED%95%9C_%ED%8A%B9%EB%B3%84_%EB%8B%B4%ED%99%94%EB%AC%B8.

85 「10월 유신」,〈나무위키〉 https://namu.wiki/w/10%EC%9B%94%20%EC%9C%A0%EC%8B%A0 (앞의 각주 참조).

국가 비상사태 선언에 즈음한 특별 담화문

친애하는 국민 여러분!

나는 국가를 보위하고 국민의 자유를 수호할 대통령의 책임으로서, 최근의 국제 정세와 북괴의 동향을 면밀히 분석, 검토, 평가한 결과, 지금 우리 대한민국의 안전 보장은 중대한 위기에 처해 있다고 판단되어, 오늘 전 국민에게 이를 알리는 국가비상사태를 선언하였습니다.

최근 급변하는 국제 정세는 우리의 안전 보장에 중대한 영향을 미치고 있습니다.

국제 사회의 일반적인 조류는 확실히 대결에서 협상으로, 이른바 평화 지향적인 경향으로 흐르고 있다 하겠읍니다.

그러나, 이것은 어디까지나 핵전쟁의 교착 상태 하에서 강대국들이 주도하려는 현상 유지의 한 양상일 뿐, 우리 한반도의 정세는 결코 이러한 흐름과 병행하여 발전되고 있는 것은 아닙니다.

오히려, 한반도의 국지적 사정은 핵의 교착 상태로 인해, 강대국들의 행동이 제약받게 되는 일반적 경향을 역이용하여, 침략적인 책동을 멈추지 않고 있는 북괴의 적화 통일 야욕 때문에, 긴장은 더욱 고조되고 있다는 사실을 우리는 똑똑히 인식해야 하겠읍니다.

지구의 한 모퉁이에 있는 이 한반도의 국지적인 긴장은 현상 유지라는 열강 위주의 차원에서 볼 때에는 대수롭지 않게 생각하는지도 모릅니다.

그러나, 이 국지적인 긴장 속에서 살고 있는 것이 바로 우리 민족일진대, 이 국지적 긴장은 곧 우리의 사활을 가름하는 초중대사라고 아니할 수 없읍니다.

우리 민족에게는 영원히 잊을 수 없는 비극의 6.25 동란 때, 북괴를 도와서 남침에 가담하였던 중공, 그 중공이 이제는 유우엔에 들어가서 안보 이사국이 되었읍니다.

그들이 앞으로 유우엔에서 과연 무엇을 할 것인지는 두고 보아야 할 일이지만, 지난 번 중공 대표가 유우엔에서 한 첫 연설에는 우리가 그냥 넘길 수는 없는 여러 가지 대목들이 들어 있었던 것을 알고 있읍니다.

대한민국 정부가 한반도에서 유일한 합법 정부라는 유우엔 결의나, 북괴와 중공을 침략자로 규정한 유우엔으로부터 수호하기 위하여 결의로써 창설된 유우엔군이나. 국제연합 한국 통일 위원단도 당장 해체하라는 등, 북괴가 늘 주장하던 것을 그대로 대변하고 있는 것을 보더라도, 앞으로 우리의 안보상에는 중대한 시련을 예측해야 할 것입니다.

또, 우리 우방 미국의 사정을 살펴볼 때, 미국도 우리가 언제까지나 우리의 안보를 종전과 같이 의지하거나 부탁하기에는 어려운 실정에 있는 것입니다.

미국 의회에서 의원 법안을 둘러싸고 거듭된 논란은 수원 국가들의 자주 안보를 촉구하는 신호라 아니할 수 없으며, 주한 미군의 추가 감군 문제도 이미 논의 중에 있는 것으로 보입니다.

인접 우방 일본도 중공 및 북괴와의 접촉을 더욱 잦게 하기 시작했으며, 아시아에서의 공산주의 위협이 얼마나 심각한 것인가 하는 것은 경험해 본 우리가 아니고서는 역시 실감 있게 느끼지 못하는 것 같습니다.

이러한 국제 정세의 변동에 더하여 북괴의 움직임을 면밀히 살펴볼 때, 우리의 국가 안보는 실로 중대한 차원에 이르고 있는 것입니다.

북괴는 김일성 유일 사상의 광신적인 독재 체제를 구축하여, 북한 전역을 요새 병영화하고, 전쟁 무기의 양산에 광분하고 있습니다.

또, 50만의 현역군 외에도 즉각 전쟁에 동원할 수 있는 150만의 노농 적위대와 70만의 붉은 청년 근위대를 만들어, 현역군 못지 않은 장비와 훈련으로써 남침 준비를 끝내고 있으며, 이들의 노농 적위대는 연간 500시간 이상의 군사 훈련을 의무적으로 받고 있읍니다.

또한, 그들은 나어린 중학생과 심지어는 나약한 부녀자 및 노인들에게까지도 사격 훈련을 강요하고 있읍니다.

한편, 북괴는 우리 대한 적십자사가 제의한 남북 가족 찾기 운동에 응해 오면서, 한쪽에서는 회담이 진행중인데도 한쪽으로는 무장 간첩의 침투를 더욱 격화하고 있으며, 그 방법도 또한 전에 없이 더 악독해지고 있읍니다.

국민 여러분!

이렇듯 외부로부터의 위협이 절박한 이때, 과연 우리의 내부 사정은 어떠한지 냉엄하게 살펴봅시다.

향토예비군이나 대학 군사 훈련마저도 그 시비가 분분할 뿐 아니라, 진정으로 국가를 위하는 안보론보다는 당리 당략이나 선거 전략을 위한 무책임한 안보론으로 국민을 현혹시키고 있으며, 또한 혹세 무민의 일부 지식인들은 언론 자유를 빙자하여 무책임한 안보론을 분별없이 들고 나와, 민심을 더욱 혼란케 하고 있는 것이 오늘의 실정입니다.

이와 같은 무절제하고 무궤도한 안보 논의는 국민의 사기를 저하시킬 뿐 아니라, 국민의 단결과 국론의 통일을 저해하고, 나아가서는 국가 안보에도 크게 유해로운 결과를 가져오는 것입니다.

지금 이 시각에도 백리 북쪽에 공산 마수가 도사리고 있다는 사실을 잊어버리고, 태평 무우드에 젖어 있는 오늘의 우리 사회의 단면을 눈여겨 볼 때, 나는 6·25사변의 전야를 회상하지 않을 수 없습니다. 6·25의 쓰라린 경험을 벌써 잊어버린 국민들이 많은 것 같습니다.

설마설마 하다가 당한 6, 25의 그날을 되새겨 볼 때, 오늘의 해빙이니 평화 무우드니 하는 이들 유행어는, 다시 우리에게 설마설마 하는 소리의 고개를 쳐들게 하지 않을까 나는 심히 걱정하는 바입니다

국민 여러분!

나는 우리의 자유 민주 체제가 공산 독재 체제보다는 훨씬 우월하고 더 능률적인 제도라는 신념을 갖고 있습니다. 또, 공산 체제에 대응할 최선의 체제가 바로 민주 체제임을 나는 굳게 믿고 있습니다. 그러나, 오늘의 이 비상 사태에 비추어 볼 때, 우리의 현 평화 체제에는 적지 않은 취약점을 내포하고 있습니다.

민주주의가 우리에게 가장 소중한 것이라면, 이 소중한 것을 강탈하거나 말살하려는 자가 우리 앞에 나타났을 때, 우리는 과연 어떻게 해야 할 것입니까,

침략자의 총칼을 『자유』와 『평화』의 구호만으로 막아낼 수 없는 것입니다.

이것을 수호하기 위하여는 응분의 희생과 대가를 지불하여야 합니다.

필요할 때는 우리가 향유하고 있는 자유의 일부마저도 스스로 유보하고, 이에 대처해 나가야겠다는

굳은 결의가 있어야 합니다.

　국민 여러분!

　이러한 급박한 정세를 예의 검토하고 심사숙고를 거듭한 끝에, 우리의 국가 안보와 우리의 생명인 민주주의의 영구 보전을 위하여, 나는 오늘 국가 비상사태를 선언하여, 이 비상사태를 국민에게 알리고, 국민과 정부가 함께 걱정하고 함께 노력하여, 혼연일체의 태세로써 이 비상사태를 극복해 나가야 하겠다는 결심을 하였습니다.

　대통령이 직책 중에 무엇보다도 우선 해야 할 일이 곧 국가의 안전보장인 것입니다. 이 책임은 누구에게도 위임할 수 없으며, 전가할 수도 없습니다.

　따라서, 국가 안보상 위험도의 측정은 전적으로 나에게 주어진 의무인 것입니다. 또한, 위험도 측정에 따라 조치를 적시에 강구하여야 할 책임도 바로 나의 안보상의 일차적 책임인 것입니다.

　우리가 사태를 정확히 직시할 줄 알고, 또 이를 인식한 줄 안다면, 우리는 능히 뭉쳐서 어떠한 난국도 타개해 나갈 수 있는 역량을 가진 국민임을 나는 자부합니다.

　국민 여러분의 이해와 협조로써 우리의 안보 태세 확립 촉진에 다 같이 이바지해 주시기를 간곡히 당부하며, 우리 다 같이 율곡 선생의 경고를 받아들이지 않았던 그때 우리 조상들의 과오를 다시 범하지 않을 것을 다짐합시다. 그리하여, 우리 다 함께 뭉쳐, 이 비상사태를 슬기롭게 극복해 나갑시다.

1971년 12월 6일 대통령 박정희

국가보위에 관한 특별조치법

제1조 (목적) 이 법은 비상사태하에서 국가의 안전보장과 관련되는 내정, 외교 및 국방상 필요한 조치를 사전에 효율적이며 신속하게 취함으로써 대한민국의 안전을 보장하고 국가 보위를 확고히 함을 목적으로 한다.

제2조 (국가비상사태의 선포) 국가안전보장(이하 "國家安保"라 한다)에 대한 중대한 위협에 효율적으로 대처하고 사회의 안녕질서를 유지하여 국가를 보위하기 위하여 신속한 사전대비조치를 취할 필요가 있을 경우 대통령은 국가안전보장회의의 자문과 국무회의의 심의를 거쳐 국가비상사태(이하 "非常事態"라 한다)를 선포할 수 있다.

제3조 (비상사태선포의 해제) ①국가안보에 대한 중대한 위협이 제거 또는 소멸되었을 때에는 대통령은 지체없이 비상사태선포를 해제하여야 한다.

②국회는 전항의 해제를 대통령에게 건의할 수 있으며, 대통령은 특별한 사유가 없는 한 이를 해제하여야 한다.

③비상사태선포가 해제된 경우 비상사태하에서 취하여진 모든 조치에 관한 경과조치는 대통령령으로 정한다.

제4조 (경제에 관한 규제) ①비상사태하에서 대통령은 재정 및 경제질서를 유지하기 위하여 필요한 경우에는 국무회의의 심의를 거쳐 일정한 기간을 정하여 물가, 임금, 임대료등에 대한 통제 기타 제한을 가하는 명령을 발할 수 있다.

②전항의 명령을 발한 때에는 대통령은 지체없이 국회에 통고하여야 한다.

제5조 (국가동원령) ①비상사태하에서 국방상의 목적을 위하여 필요한 경우 대통령은 국무회의의 심의를 거쳐 전국에 걸치거나 일정한 지역을 정하여 인적, 물적자원을 효율적으로 동원하거나 통제운영하기 위하여 국가동원령을 발할 수 있다.

②동원대상, 동원인원 및 동원물자, 동원의 종류, 기간과 이를 위한 조사, 기타 필요한 사항은 대통령령으로 정한다.

③대통령은 동원물자의 생산, 처분, 유통, 이용 및 그 수출입등에 관하여 이를 통제하는데 필요한 명령을 발할 수 있다.

④대통령은 동원대상지역내의 토지 및 시설의 사용과 수용에 대한 특별조치를 할 수 있다. 이에 대한 보상은 징발법에 준하되 그 절차는 대통령령으로 정한다.

⑤본조의 국가동원령을 발한 때에는 대통령은 지체없이 국회에 통고하여야 한다.

([92헌가18 1994. 6. 30. 국가보위에관한특별조치법(1971. 12. 27. 법률 제2312호) 제5조 제4항은 헌법에 위반된다.)

제6조 (특정지역에의 입주등) ①비상사태하에서 군사상의 목적 또는 국민의 생명·재산을 보호하기

위하여 필요한 경우 대통령은 일정한 지역을 지정하여 그 지역에서의 이동 및 입주 또는 그 지역으로부터의 소개 및 이동에 대하여 필요한 조치를 할 수 있다.

②대통령은 전항의 지역에서 일정한 시설의 이동 또는 철거를 명할 수 있다.

③전항의 시설의 이동 및 철거의 경우 이에 대한 보상은 징발법에 준하되 그 절차는 대통령령으로 정한다.

제7조 (옥외집회 및 시위) 비상사태하에서 공공의 안녕질서를 유지하기 위하여 필요한 경우 대통령은 옥외집회 및 시위를 규제 또는 금지하기 위하여 특별한 조치를 할 수 있다.

제8조 (언론 및 출판) 비상사태하에서 대통령은 아래 사항에 관한 언론 및 출판을 규제하기 위하여 특별한 조치를 할 수 있다.

1. 국가안위에 관한 사항

2. 국론을 분열시킬 위험이 있는 사항

3. 사회질서의 혼란을 조장할 위험이 있는 사항

제9조 (단체교섭권 등의 규제) ①비상사태하에서 근로자의 단체교섭권 또는 단체행동권의 행사는 미리 주무관청에 조정을 신청하여야 하며, 그 조정결정에 따라야 한다.

②대통령은 국가안보를 해하거나 국가동원에 지장을 주는 아래 근로자의 단체행동을 규제하기 위하여 특별한 조치를 할 수 있다.

1. 국가기관 또는 지방자치단체에 종사하는 근로자

2. 국영기업체에 종사하는 근로자

3. 공익사업에 종사하는 근로자

4. 국민경제에 중대한 영향을 미치는 사업에 종사하는 근로자

제10조 (예산 및 회계) ①비상사태하에서 군사상목적을 위하여 필요한 경우, 대통령은 세출예산의 범위내에서 예산의 변경을 가할 수 있다.

②전항의 예산변경을 가하였을 때에는 대통령은 지체없이 국회에 통고하여야 한다.

③비상사태하에서 중앙관서의 장은 국가안보의 목적을 위하여 긴요한 경비는 세출예산의 세항 또는 목의 금액을 전용할 수 있다.

④전항의 경우 중앙관서의 장은 감사원장 및 재무부장관에게 지체없이 이를 통고하여야 한다.

제11조 (벌칙) ①이 법 제4조제1항의 경제에 관한 규제명령에 위반한 자는 1년이상 10년이하의 징역에 처한다.

②이 법 제5조에 규정된 국가동원에 관한 명령 및 조치에 위반한 자 및 이 법 제6조제1항·제2항 및 제7조 내지 제9조의 조치 또는 규정에 위반한 자는 1년이상 7년이하의 징역에 처한다.

③본조 적용에 있어서 그 행위가 이 법 이외의 다른 법률에 규정된 죄에 해당하는 경우에는 그중 가장 중한 형으로 처벌한다.

[단순위헌, 2014헌가5, 2015. 3. 26. 구 국가보위에 관한 특별조치법(1971.12.27. 법률 제2312호로 제정되고, 1981. 12.17. 법률 제3470호로 폐지되기 전의 것) 제11조 제2항 중 제9조 제1항에 관한 부분은

헌법에 위반된다.]

제12조 (시행령) 이 법에 의하여 위임된 사항 또는 이 법 시행에 관하여 필요한 사항은 대통령령으로 정한다.

부칙 〈제2312호, 1971. 12. 27.〉

①이 법은 공포한 날로부터 시행한다.

②1971년 12월 6일자로 선포된 "국가비상사태선언"은 이 법 제2조에 의하여 선포된 것으로 본다.

③이 법 시행후 비상사태가 선포되어 있는 기간중 이 법 위반의 죄를 범한 자에 대하여는 비상사태선포가 해제된 후에도 그 처벌에 영향을 미치지 아니한다.

[시행 1971. 12. 27] [법률 제2312호, 1971. 12. 27. 제정]

7·4 남북공동성명

최근 평양과 서울에서 남북관계를 개선하며 갈라진 조국을 통일하는 문제를 협의하기 위한 회담이 있었다.

서울의 이후락 중앙정보부장이 1972년 5월 2일부터 5월 5일까지 평양을 방문하여 평양의 김영주 조직지도부장과 회담을 진행하였으며, 김영주 부장을 대신한 박성철 제2부수상이 1972년 5월 29일부터 6월 1일까지 서울을 방문하여 이후락 부장과 회담을 진행하였다.

이 회담들에서 쌍방은 조국의 평화적 통일을 하루빨리 가져와야 한다는 공통된 염원을 안고 허심탄회하게 의견을 교환하였으며 서로의 이해를 증진시키는데서 큰 성과를 거두었다.

이 과정에서 쌍방은 오랫동안 서로 만나보지 못한 결과로 생긴 남북사이의 오해와 불신을 풀고 긴장의 고조를 완화시키며 나아가서 조국통일을 촉진시키기 위하여 다음과 같은 문제들에 완전한 견해의 일치를 보았다.

1. 쌍방은 다음과 같은 조국통일원칙들에 합의를 보았다.

첫째, 통일은 외세에 의존하거나 외세의 간섭을 받음이 없이 자주적으로 해결하여야 한다.
둘째, 통일은 서로 상대방을 반대하는 무력행사에 의거하지 않고 평화적 방법으로 실현하여야 한다.
셋째, 사상과 이념제도의 차이를 초월하여 우선 하나의 민족으로서 민족적 대단결을 도모하여야 한다.

2. 쌍방은 남북사이의 긴장상태를 완화하고 신뢰의 분위기를 조성하기 위하여 서로 상대방을 중상비방하지 않으며 크고 작은 것을 막론하고 무장도발을 하지 않으며 불의의 군사적 충돌사건을 방지하기 위한 적극적인 조치를 취하기로 합의하였다.

3. 쌍방은 끊어졌던 민족적 연계를 회복하며 서로의 이해를 증진시키고 자주적 평화통일을 촉진시키기 위하여 남북사이에 다방면적인 제반교류를 실시하기로 합의하였다.

4. 쌍방은 지금 온 민족의 거대한 기대속에 진행되고 있는 남북적십자회담이 하루빨리 성사되도록 적극 협조하는데 합의하였다.

5. 쌍방은 돌발적 군사사고를 방지하고 남북사이에 제기되는 문제들을 직접, 신속 정확히 처리하기 위하여 서울과 평양 사이에 상설 직통전화를 놓기로 합의하였다.
6. 쌍방은 이러한 합의사항을 추진시킴과 함께 남북사이의 제반문제를 개선 해결하며 또 합의된 조국통

일원칙에 기초하여 나라의 통일문제를 해결할 목적으로 이후락 부장과 김영주 부장을 공동위원장으로 하는 남북조절위원회를 구성·운영하기로 합의하였다.

    7. 쌍방은 이상의 합의사항이 조국통일을 일일천추로 갈망하는 온 겨레의 한결같은 염원에 부합된다고 확신하면서 이 합의사항을 성실히 이행할 것을 온 민족 앞에 엄숙히 약속한다.

서로 상부의 뜻을 받들어
이후락 김영주
1972년 7월 4일

10·17 대통령 특별 선언

친애하는 국민 여러분!

나는 우리 조국의 평화와 통일 그리고 번영을 희구하는 국민 모두의 절실한 염원을 받들어 우리 민족사의 진운을 영예롭게 개척해 나가기 위한 나의 중대한 결심을 국민 여러분 앞에 밝히는 바입니다.

지금 우리를 둘러싼 국제 정세는 막대한 변화를 일으키고 있습니다.

나는 인류의 평화와 번영을 위해 긴장 완화의 흐름에 긍정적인 자세로 임해야 한다는 것을 이미 오래 전부터 밝혀온 바 있습니다.

그러나, 긴장 완화의 본질은 아직까지도 열강들의 또 하나의 새로운 문제 해결 방식에 지나지 않으며, 이 지역에서는 불행하게도 긴장 완화가 아직 정착되지 못하고 있는 것으로 나는 보고 있습니다.

그렇기 때문에, 긴장 완화라는 이름 밑에 이른바 열강들이 제3국이나 중소 국가들을 희생의 제물로 삼는 일이 충분히 있을 수 있다는 점을 우리는 경계해야 할 것입니다.

지금, 우리 한반도를 둘러싼 열강들의 기존 세력 균형 관계에는 커다란 변화가 일어나고 있습니다.

나는 이 변화가 우리의 안전 보장에 직접적 또는 간접적으로 위험스러운 영향을 미치게 될 것으로 보고 있습니다.

왜냐하면, 그같은 변화는 곧 아시아의 기존 질서를 뒤바꾸는 것이며, 지금까지 이곳의 평화를 유지해 온 안보체제마저도 변질시키려는 커다란 위협을 내포하고 있기 때문입니다.

그 누구도 이 지역에서 다시는 전쟁이 재발하지 않을 것이라고 장담할 수 없는 것이 또한 우리의 솔직한 현황인 것입니다.

국제 정세가 이러할진대, 작금의 변화는 확실히 역사상 그 어느 때보다도 뚜렷하게 우리의 운명은 우리 스스로의 힘으로 지키고 개척해 나가지 않을 수 없다는 것을 엄숙히 가르쳐 주고 있습니다.

이같은 상황 속에서 전화의 재발을 미연에 방지하고 평화로운 조국 통일의 길을 모색하기 위해, 우리는 27년간의 기나긴 불신과 단절의 장벽을 헤치고 이제 하나의 민족으로서 남북간의 대화를 시작한 것입니다.

이 대화는 결코 우리가 지금까지 추구해 온 기본 정책을 근본적으로 뒤바꾸려는 것이 아닙니다. 오히려, 우리가 오래도록 추구해 온 평화통일과 번영의 터전을 더욱 굳게 다져나가려는 민족적 결의의 재천명인 것입니다.

지금부터 2년 전인 1970년 8월 15일, 나는 광복절 제25주년 경축사를 통해 조국의 평화통일을 위한 기반 조성과 관련하여 북한 당국자들에게 무력과 폭력의 포기를 요구하고, 그 대신 남과 북이 각기 평화와 번영을 위해 선의의 경쟁을 할 것을 제의한 바 있습니다.

그로부터 2년이라는 시일이 지난 오늘, 남북 사이에는 많은 사태의 진전이 이루어졌습니다.

금년 5월 2일 이후락 중앙 정보부장이 나의 뜻에 따라서 평양을 방문하여 북한의 최고 당국자들과 만나 조국의 평화 통일 방안을 포함한 남북간의 현안 문제들에 관하여 서로 의견을 교환한 뒤, 지난 7월

4일에는 역사적인 남북 공동 성명이 서울과 평양에서 동시에 발표되었읍니다.

남북 적십자 회담은 우리 대한 적십자사의 제의에 따라 예비 회담이 작년 9월 20일부터 판문점에서 개막된 뒤, 금년 3월 11일 그 대단원을 이루어 본회담을 각기 평양과 서울에서 개최한 바 있으며, 제3차 본회담이 금년 10월 24일 평양에서 그리고 제4차 본회담이 금년 11월에 서울에서 계속 열리게 되어 있읍니다.

이제 남북간에는 남북조절위원회와 남북적십자회담이라는 서로 차원을 달리한 두 개의 대화의 길이 마련되어 있읍니다. 그러나, 이 대화도 위헌이다 위법이다 하는 법률적 또는 정치적 시비마저 없지 않습니다.

친애하는 국민 여러분!

남북간의 이 대화는 흩어진 가족을 찾아야겠다는 1천만 동포의 대화이며, 전쟁의 참화를 방지하고 조국을 평화적으로 통일해야 하겠다는 5천만 민족의 대화입니다.

우리는 조국의 강토 위에서 다시는 동족 상잔의 비극적인 총성이 들리지 않게 해야 하겠으며, 흩어진 1천만의 이산 가족은 한시 바삐 재결합되어야 하겠으며, 분단된 조국은 기어코 평화적으로 통일되어야 하겠읍니다.

이 모든 것은 우리 민족의 긍지와 명예를 위하여 마땅히 성취되어야 할 우리 민족의 대과업인 것입니다.

이 민족의 과업을 이룩하기 위해서는 비록 이념과 체제가 다르다 하더라도 우리는 북한 공산주의자들과 대화를 계속해 나가야 한다는 것이 나의 소신입니다.

나는 한반도의 평화, 이산 가족의 재결합 그리고 조국의 평화 통일, 이 모든 것이 민족의 소명에 따라 남북의 성실한 대화를 통해서만 이루어질 수 있는, 진정으로 민족중흥의 위대한 기초 작업이며 민족 웅비의 대설계라고 믿습니다.

그러나 국민 여러분!

지금, 우리의 주변에서는 아직도 무질서와 비능률이 활개를 치고 있으며, 정계는 파쟁과 정략의 갈등에서 좀처럼 헤어나지를 못하고 있습니다. 그뿐 아니라, 이같은 민족적 대과업마저도 하나의 정략적인 시비 거리로 삼으려는 경향마저 없지 않습니다.

이처럼 민족적 사명감을 저버린 무책임한 정당과 그 정략의 희생물이 되어 온 대의 기구에 대해 과연 그 누가 민족의 염원인 평화 통일의 성취를 기대할 수 있겠으며, 남북 대화를 진정으로 뒷받침할 것이라고 믿겠읍니까,

우리는 지금 국제 정세의 거센 도전을 이겨내면서, 또한 남북 대화를 더욱 적극적으로 과감하게 추진해 나가야 할 중대한 시점에 처해 있읍니다.

이같은 시점에서 우리에게 가장 긴요한 것은 줄기찬 예지와 불퇴전의 용기 그리고 철통같은 단결이며, 이를 활력소로 삼아 어렵고도 귀중한 남북 대화를 더욱 굳게 뒷받침할 수 있을 뿐 아니라 급변하는 주변 정세에 능동적으로 대응해 나갈 수 있는 모든 체제의 시급한 정비라고 믿습니다.

우리 헌법과 각종 법령 그리고 현 체제는 동서 양극 체제하의 냉전 시대에 만들어졌고, 하물며 남북의 대화 같은 것은 전연 예상치도 못했던 시기에 제정된 것이기 때문에 오늘과 같은 국면에 처해서는 마땅히 이에 적응할 수 있는 새로운 체제로의 일대 유신적 개혁이 있어야 하겠읍니다.

국민 여러분!

이제 일대 개혁의 불가피성을 염두에 두고 우리의 정치 현실을 직시할 때, 나는 정상적인 방법으로는 도저히 이같은 개혁이 이루어질 수 없다는 판단을 내리게 되었읍니다.

오히려 정상적인 방법으로 개혁을 시도한다면 혼란만 더욱 심해질 뿐더러, 남북대화를 뒷받침하고 급변하는 주변 정세에 대응해 나가는 데 아무런 도움이 될 수 없다고 믿었기 때문입니다.

따라서, 나는 국민적 정당성을 대표하는 대통령으로서 나에게 부여된 역사적 사명에 충실하기 위해 부득이 정상적 방법이 아닌 비상조치로써 남북대화의 적극적인 전개와 주변 정세의 급변하는 사태에 대처하기 위한 우리 실정에 가장 알맞은 체제개혁을 단행하여야 하겠다는 결심을 하기에 이르렀읍니다.

나는 오늘 이같은 결심을 국민 여러분에게 솔직히 알리면서, 나의 충정에 대하여 깊은 이해를 구하고자 하는 것입니다.

이번 비상조치는 결코 한낱 정권의 입장에서가 아니라, 국권을 수호하고 사상과 이념을 초월한 성실한 대화를 통해 전쟁 재발의 위험을 미연에 막고, 나아가서는 5천만 민족의 영광스러운 통일과 중흥을 이룩하려는 실로 우리 민족의 운명과도 직결되는 불가피한 조치라고 확신합니다.

이에 나는 평화 통일이라는 민족의 염원을 구현하기 위하여 우리 민족 진영의 대동단결을 촉구하면서, 오늘의 이 역사적 과업을 강력히 뒷받침해주는 일대 민족주체세력의 형성을 촉성하는 대전기를 마련하기 위해 다음과 같은 약 2개월간의 헌법 일부 조항의 효력을 중지시키는 비상 조치를 국민 앞에 선포하는 바입니다.

(1) 1972년 10월 17일 19시를 기하여 국회를 해산하고, 정당 및 정치 활동의 중지 등 현행 헌법의 일부 조항 효력을 정지시킨다.

(2) 일부 효력이 정지된 헌법 조항의 기능은 비상국무회의에 의하여 수행되며, 비상국무회의 기능은 현행 헌법의 국무회의가 수행한다.

(3) 비상국무회의는 1972년 10월 27일까지 조국의 평화 통일을 지향하는 헌법 개정안을 공고하며, 이를 공고한 날로부터 1개월 이내에 국민투표에 붙여 확정시킨다.

(4) 헌법 개정안이 확정되면 개정된 헌법 절차에 따라 늦어도 금년 연말 이전에 헌정 질서를 정상화시킨다.

친애하는 국민 여러분!

나는 지금 이상과 같은 비상조치를 국민 여러분에게 선포하면서, 이 나라의 자유 민주주의를 더욱 건전하고 알차게 그리고 능률적인 것으로 육성, 발전시켜야겠다는 나의 확고한 신념을 밝혀 두고자 합니다.

우리는 자유민주체제보다 더 훌륭한 제도를 아직 갖지 못했읍니다. 그러나, 아무리 훌륭한 제도라 하더라도 이를 지킬 수 있는 능력이 없을 때에는 이 민주체제처럼 취약한 체제도 또한 없는 것입니다.

나는 지금 우리 민주체제에 그 스스로를 지켜나가며, 더욱 발전될 수 있는 활력소를 불어 넣어주고, 이를 바탕으로 하여 남북 대화를 굳게 뒷받침해줌으로써 평화 통일과 번영의 기틀을 마련하고자 이 개혁을 단행하는 것입니다.

조국의 통일과 번영을 바라는 그 마음으로 우리 국민 모두가 한 마음 한 뜻이 되어 이 비상조치를 지지할 것으로 믿기 때문에, 나는 앞에서 밝힌 제반 개혁이 공약한 시일 내에 모두 순조로이 완결될 것으로 믿어 마지않습니다.

그러나, 만일 국민 여러분이 헌법 개정안에 찬성치 않는다면 나는 이것을 남북대화를 원치 않는다는 국민의 의사 표시로 받아들이고 조국 통일에 대한 새로운 방안을 모색할 것임을 아울러 밝혀두는 바입니다.

이번 비상조치는 근본적으로 그 목적이 제도의 개혁에 있는 것입니다. 따라서, 국민의 일상 생업과 활동에는 아무런 지장이나 변동도 없을 것을 확실히 밝혀 둡니다.

모든 공무원들은 국민에 대한 공복으로서 사명감을 새로이 하고 맡은 바 직책에 가일층 충실할 것을 촉구합니다.

정부는 국민의 명랑한 생활을 보장하기 위해 사회질서 확립에 각별한 관심을 기울일 것이며, 경제 활동의 자유 또한 확고히 보장할 것입니다.

새마을운동을 국가 시책의 최우선 과업으로 정하며, 이 운동을 통해 모든 부조리를 자율적으로 시정하는 사회 기풍을 함양하며, 과감한 복지 균점 정책을 구현해 나갈 것입니다.

정부의 모든 대외 공약은 계속 준수 이행될 것이며, 특히 외국인의 투자는 더욱 권장되고 보장될 것입니다.

그리고, 이번 비상조치에 따라 개혁이 진행중이라 하더라도 한반도의 평화와 민족의 지상 과제인 평화통일을 위한 남북대화는 계속 추진하겠다는 것이 정부의 입장임을 아울러 밝혀 두는 바입니다.

친애하는 국민 여러분!

나는 이번 비상조치의 불가피성을 다시금 강조하면서, 오늘의 성급한 시비나 비방보다는 오히려 민족의 유구한 장래를 염두에 두고 내일의 냉엄한 비판을 바라는 바입니다.

나 개인은 조국 통일과 민족 중흥의 제단 위에 이미 모든 것을 바친지 오래입니다.

나는 지금 이 특별 선언을 발표하면서, 오직 민주 제도의 건전한 발전과 조국 통일의 영광된 그날만을 기원하고 있으며, 나의 이 기원이 곧 우리 국민 모두의 기원일 것으로 믿고 있습니다.

우리 모두 일치 단결하여 이 기원이 성취되는 그날까지 힘차게 전진을 계속합시다.

그리하여, 통일 조국의 영광 속에서 민주와 번영의 꽃을 영원토록 가꾸어 나아갑시다.

1972년 10월 17일 대통령 박정희

계엄포고 1호

1972년 10월 17일 19시를 기하여 하기 사항을 포고함

(1) 모든 정치 활동 목적의 옥내외 집회 및 시위를 일절 금한다. 정치 활동 목적이 아닌 옥내외 집회는 허가를 받아야 한다. 단, 관혼상제와 의례적인 비정치적 종교 행사의 경우는 예외로 한다.

(2) 언론 출판 보도 및 방송은 사전 검열을 받아야 한다.

(3) 각 대학은 당분간 휴교 조치한다.

(4) 정당한 이유 없는 직장 이탈이나 태업 행위를 금한다.

(5) 유언비어의 날조 및 유포를 금한다.

(6) 야간 통행 금지는 종전대로 시행한다.

(7) 정상적 경제 활동과 국민의 일상 생업의 자유는 이를 보장한다.

(8) 외국인의 출입국과 국내 여행 등 활동의 자유는 이를 최대한 보장한다.

이 포고를 위반한 자는 영장 없이 수색, 구속한다.

계엄사령관 육군대장 노재현

1972년 10월 17일 선포된 계엄령 해제에 대한 특별 담화문

정부는 오늘 국무 회의의 의결로서 지금까지 전국 일단에 걸쳐 선포되었던 비상 계엄령을 1972년 12월 13일 24시를 기하여 해제하기로 결정하였읍니다.

나는 비상 계엄령의 해제를 공고하면서, 우선 국민 모두가 10월 유신의 기본 이념을 올바로 인식하고 헌법 개정안에 대한 적극적인 찬성과 지지를 아끼지 않았을 뿐 아니라, 유신 과업의 순조로운 착수에 적극 호응한데 대하여 감명깊게 생각하는 바입니다.

이번에 10월 유신의 구국 결단을 밝히면서, 유신 과업에 착수함에 있어서 정부는 만일의 경우 발생하지도 모를 불순분자들에 의한 사회 질서의 파괴와 불안 등을 미연에 방지하고, 국민의 귀중한 생명과 재산을 보호하기 위하여 전국 일원에 비상 계엄령을 선포하였던 것이며, 이것은 앞으로 유신 과업 진행에 필요한 제도적 길을 제한된 단시일내에 마련하기 위해서 불가피한 조치였던 것입니다.

그러나, 국민 각자가 그동안 유신의 주체라는 긍지를 갖고 구국의 대열에 흔연히 참여하여 왔기 때문에 우리가 염려하였던 일부 불순분자들의 무분별한 질서 파괴 행위는 감히 고개를 쳐들지 못하게 되었음을 다행스럽게 생각하는 바입니다.

나는 국민 각자가 앞으로 통일 주체 국민 회의 대의원 선거를 비롯한 모든 유신 과업의 진행에 있어서도 지난번 국민투표 때와 마찬가지로 투철한 유신 이념을 발휘하여 각자 자기의 생활 영역에서 질서 유지와 10월 유신의 이념 구현에 계속 협조할 것을 당부하면서 정부는 앞으로도 더욱 과감하게 유신 과업을 진행해 나갈 것을 다짐하는 바입니다.

1972년 12월 13일 대통령 박정희

유신헌법 공포

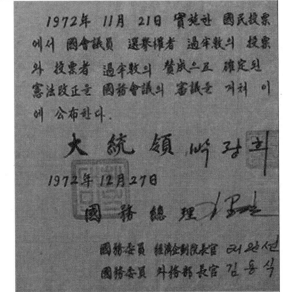

1972년 11월 21일 실시한 국민투표에서 국회의원 선거권자 과반수의 투표와 투표자 과반수의 찬성으로 확정된 헌법개정을 국무회의의 심의를 거쳐 이에 공포한다.

대통령 박정희

1972년 12월 27일

국무총리 김종필
국무위원 경제기획원장관 태완선
국문위원 외무부장관 김용식

유신독재체제 하에서 공포된 대통령 긴급조치 제1호~제9호

대통령 긴급조치 제1호
(1974. 1. 8. 대통령긴급조치 제1호로 제정되고, 1974. 8. 23. 대통령긴급조치 제5호 '대통령긴급조치 제1호와 동 제4호의 해제에 관한 긴급조치'로 해제된 것)

1. 대한민국 헌법을 부정, 반대, 왜곡 또는 비방하는 일체의 행위를 금한다.

2. 대한민국 헌법의 개정 또는 폐지를 주장, 발의, 제안, 또는 청원하는 일체의 행위를 금한다.

3. 유언비어를 날조, 유포하는 일체의 행위를 금한다.

4. 전 1, 2, 3호에서 금한 행위를 권유, 선동, 선전하거나, 방송, 보도, 출판 기타 방법으로 이를 타인에게 알리는 일체의 언동을 금한다.

5. 이 조치에 위반한 자와 이 조치를 비방한 자는 법관의 영장 없이 체포, 구속, 압수, 수색하며 15년 이하의 징역에 처한다. 이 경우에는 15년 이하의 자격정지를 병과할 수 있다.

6. 이 조치에 위반한 자와 이 조치를 비방한 자는 비상군법회의에서 심판, 처단한다.

부칙

7. 이 조치는 1974년 1월 8일 17시부터 시행한다.

대통령긴급조치 제2호
(1974. 1. 8. 대통령긴급조치 제2호로 제정된 것)

1. 대통령긴급조치에 위반한 자를 심판하기 위하여 다음과 같이 비상군법회의를 설치한다.

명 칭	소 재	관할
비상고등군법회의	국방부본부	전국
비상보통군법회의	국방부본부	전국

2. 비상군법회의는 대통령긴급조치를 위반한 자가 범한 일절의 범죄를 관할, 심판한다.

3. 비상군법회의의 심판권은 심판부에서 행한다.

4. 비상고등군법회의에 심판부 1부를 둔다. 심판부는 다음과 같은 7인의 재판관으로 구성한다.

① 재판장: 국군현역장관급장교 1인

② 법무사: 군법무관 1인

③ 심판관: 국군현역장관급장교 2인과 판사, 검사 또는 변호사의 자격이 있는 자 3인

5. 비상보통군법회의에 심판부 3부를 둔다. 심판부는 다음과 같은 5인의 재판관으로 구성한다.

① 재판장: 국군현역장관급장교 1인

② 법무사: 군법무관 1인

③ 심판관: 국군현역장관급장교 1인과 판사, 검사 또는 변호사의 자격이 있는 자 2인

6. 비상고등군법회의와 비상보통군법회의에 검찰부를 각 부치한다. 각 검찰부의 관할은 각 비상군법회의의 관할에 의한다.

7. 비상고등군법회의 검찰부에는 3인 이내의 검찰관을, 비상보통군법회의 검찰부에는 12인 이내의 검찰관을 각 둔다.

8. 비상군법회의 검찰관은 비상군법회의 관할사건에 관하여 다음과 같은 권한과 직무를 행한다.

① 검찰청법, 형사소송법과 군법회의법에 의한 검사와 군검찰관의 권한과 직무

② 일반 및 특별사법경찰관리에 대한 수사지휘, 감독

③ 검사 또는 군검찰관에 대한 수사협조요구

9. 비상군법회의의 재판관과 검찰관은 국방부장관의 의견을 들어 국군현역장관급장교와 군법무관 중에서, 법무부 장관의 의견을 들어 판사, 검사 또는 변호사의 자격이 있는 자 중에서, 대통령이 각 임명한다. 이 경우 검찰관은 군법무관과 검사 중에서 임명한다.

10. 중앙정보부장은 비상군법회의 관할사건의 정보, 수사 및 보안업무를 조정, 감독한다.

11. 이 긴급조치에 정하지 않은 사항은 군법회의법을 준용한다. 이 경우 비상고등군법회의는 국방부본부고등군법회의로, 비상보통군법회의는국방부본부보통군법회의로본다. 다만,군법회의법 제132조, 제238조, 제239조 및 제241조의 규정은 준용하지 아니하며 구속기간의 제한을 받지 아니한다.

12. 비상군법회의 관할사건에 관하여 체포, 구속, 압수 또는 수색을 함에 있어서 관할관의 영장이 필요한 경우에는 검찰관이 이를 발부한다.

13. 심판 또는 수사상 필요한 때에는 재판장은 피고인에 대하여, 검찰관은 피의자에 대하여 적당한 조건을 붙이거나 감호자를 두어 병원, 주거, 기타 일정한 장소에 거주하도록 주거의 제한을 명할 수 있다. 이 주거제한명령에 위반한 자는 5년 이하의 징역에 처한다.

14. 비상고등군법회의의 관할관은 법무부 장관과 협의하여 비상군법회의의 내부규율과 사무처리에 관한 사항을 정할 수 있다.

15. 고등법원 또는 지방법원은 그 법원에 계속 중인 대통령긴급조치에 위반한 자에 대한 형사사건을 그 법원에 대응한 심급의 비상군법회의에 이송하여야 한다.

무직
16. 이 긴급조치는 1974년 1월 8일 17시부터 시행한다.

대통령 긴급조치 제3호
(1974년 1월 14일 발포)

1. 저소득층의 부담을 경감하기 위하여

    가. 근로 소득세, 사업 소득세 및 주민세를 1974년 1월부터 12월까지 면세 또는 대폭 경감한다.

    나. 국민 복지 연금 및 교원 연금제도의 실시를 1년간 연기한다.

2. 버스 등의 대중 교통수단의 요금 인상을 최소한으로 억제하기 위하여 통행세를 감면한다.

3. 농가 소득의 증대와 적정 미가의 유지를 위하여 1973년산 미곡 수매 가격을 가마당 500원씩 인상하여 그 수매량을 대폭 늘리고 이미 정부가 수매 완료한 분에 대해서도 동액을 추가 지급한다.

4. 영세민의 취업 기회를 보장하기 위하여 긴급 취로 대책비 1백억원을 확보한다.

5. 중소 상공업에 대하여 특별저리 금융자금 3백억원을 지원하고 이에 필요한 예산 조치를 한다.

6. 임금의 우선변제제를 신설시행하고 임금채불, 부당해고, 및 근로조건의 악화를 방지하기 위하여 악덕 기업가에 대하여는 가중처벌 할 수 있도록 조치한다.

7. 재산세의 면세점을 인상하고 각종사치성입장세, 보석, 테레비젼, 냉장고, 고급주류, 고급주택, 자가용승용차에 대한 조세를 중과한다.

8. 유류를 절약하기 위하여 휘발유에 대한 세율을 인상한다.

9. 공무원의 급여 인상과 급여 체계의 조정을 앞당겨 1974년 2월부터 실시한다.

10. 이상의 조치와 아울러 정부의 관계 각 부처는 다음 사항을 지체 없이 추진할 것을 지시한다. (이;상세부사항 생략)

대통령 긴급조치 제4호
(1974년 4월 3일 발포, 동년 8월 23일 오전 10시 해제)

1. 전국 민주청년학생총연맹(민청학련)과 이에 관련되는 제단체(이하 '단체'라 한다)를 조직 하거나 또는 이에 가입하거나 단체나 구성원의 활동을 찬양, 고무또는 이에 동조하거나 그 구성원과 회동 또는 통신 기타의 방법으로 연락하거나, 그 구성원의 잠복, 회합 그밖의 활동을 위하여 장소, 물건, 금품 기타의 편의를 제공하거나, 기타 방법으로 단체나 구성원의 활동에 직접 또는 간접으로 관여하는 일체의 행위를 금한다.

2. 단체나 구성원의 활동에 관한문서, 도서, 음반 기타 표현물을 출판, 제작, 소지, 배포, 전시 또는 판매하는 일체의 행위를 금한다.

3. 제 1항 2항에서 금한 행위를 권유, 선동 또는 선전하는 일체의 행위를 금한다.

4. 이 조치의 선포 전에 제1항 내지 제3항에서 금한 행위를 한 자는 1974년 4월 8일까지 그 행위 내용의 전부를 수사, 정보기관에 출석하여 숨김없이 고지하여야 한다. 위 기간 내에 출석, 고지한 행위에 대하여는 처벌하지 아니한다.

5. 학생의 정당한 이유 없는 출석, 수업 또는 시험의 거부, 학교관계자 지도 감독하의 정상적 수업, 연구활동을 제외한 학교내외의 집회, 시위, 성토, 농성 기타 일체의 개별적 집단적 행위를 금한다. 비 정치적 행위는 예외로 한다.

6. 이 조치에서 금한 행위를 권유, 선동, 선전하거나 방송, 보도, 출판 기타 방법으로 타인에게 알리는 일체의 행위를 금한다.

7. 문교부 장관은 대통령 긴급조치에 위반한 학생에 대한 퇴학 또는 정학의 처분이나 학생의 조직 결사 기타 학생단체의 해산 또는 이 조치 위반자가 소속된 학교의 폐교 처분을 할 수 있다.

8. 제1항 내지 제6항에 위반한 자, 제7항에 의한 문교부장관의 처분에 위반한 자 및 이 조치를 비방한 자는 사형, 무기 또는 %년 이상의 유기 징역에 처한다.

9. 이 조치에 위반한 자는 법관의 영장 없이 체포, 구속, 압수, 수색하며 비상 군법회의에서 심판, 처단한다.

10. 비상군법회의 검찰관은 대통령 긴급조치 위반자에 대하여 소추를 받지 아니한 때에도 압수한 서류 또는 물품의 국고귀속을 명할 수 있다.

11. 군 지역 사령관은 서울 특별시장, 부산시장 또는 도지사로부터 치안 질서 유지를 위한 병력 출동의 요청을 받은 때에는 이에 응하여 지원하여야 한다.

12. 이 조치는 1974년 4월 3일 22시부터 시행한다.

대통령 긴급조치 제5호
〈대통령긴급조치 제1호와 동 제4호의 해제에 관한 긴급조치〉

대통령 긴급조치 제1호와 동 제4호를 해제한다.

해제당시, 대통령 긴급조치 제1호 또는 동 제4호에 규정된 죄를 범하여, 그 사건이 재판 계속 중에 있거나 처벌을 받은 자에게는 영향을 미치지 아니한다.

이 조치는 1974년 8월 23일 10시부터 시행한다.

대통령 긴급조치 제6호
〈대통령긴급조치 제3호의 해제 조치〉

대통령긴급조치 제3호 「국민생활의 안정을 위한 대통령긴급조치」를 해제한다.

해제당시 대통령긴급조치 제3호의 적용을 이미 받았거나 받을 사항에 대하여는 영향을 미치지 아니하며 그에 관한 사항의 처리는 종전의 예에 의한다.

해제당시 대통령긴급조치 제3호에 의하여 부과하였거나 부과할, 또는 감면하였거나 감면할 제세에 관하여는 종전의 예에 의한다.

해제당시 대통령긴급조치 제3호에 위반한 행위에 대한 벌칙의 적용과 그 재판관할에 있어서는 종전의 예에 의한다.

이 조치는 1975년 1월 1일 0시부터 시행한다.

대통령 긴급조치 제7호
(1975년 4월 8일 발포)

1. 75년 4월 8일 하오 5시를 기해 고려대학교에 휴교를 명한다.

2. 동교내에서 일체의 집회. 시위를 금한다.

3. 제1, 2호를 위반한 자는 3년 이상 12년 이하의 징역에 처한다. 이 경우에 10년 이하의 자격정지를 병과할 수 있다.

4. 국방부 장관은 필요하다고 인정할 때 병력을 사용하여 동교의 질서를 유지할 수 있다.

5. 이 조치에 위반한 자는 법관의 영장없이 체포. 구금. 압수 수색 할 수 있다.

6. 이 조치에 반한 자는 일반법원에서 관할 심판한다.

7. 이 조치는 75년 4월 8일 하오 5시부터 시행한다.

대통령 긴급조치 제8호
대통령 긴급조치 제7호를 해제한다.

국가안전과 공공질서의 수호를 위한 대통령 긴급조치 제9호
(1975. 5. 13. 대통령긴급조치 제9호로 제정되고, 1979. 12. 7. 대통령공고 제67호로 해제된 것)

1. 다음 각 호의 행위를 금한다.

    가. 유언비어를 날조, 유포하거나 사실을 왜곡하여 전파하는 행위

    나. 집회·시위 또는 신문, 방송, 통신 등 공중전파수단이나 문서, 도화, 음반 등 표현물에 의하여 대한민국헌법을 부정·반대·왜곡 또는 비방하거나 그 개정 또는 폐지를 주장·청원·선동 또는 선전하는 행위

    다. 학교당국의 지도, 감독 하에 행하는 수업, 연구 또는 학교장의 사전 허가를 받았거나 기타 의례적 비정치적 활동을 제외한, 학생의 집회·시위 또는 정치관여 행위.

    라. 이 조치를 공연히 비방하는 행위

2. 제1에 위반한 내용을 방송·보도 기타의 방법으로 공연히 전파하거나, 그 내용의 표현물을 제작

· 배포· 판매· 소지 또는 전시하는 행위를 금한다.

　3. 재산을 도피시킬 목적으로, 대한민국 또는 대한민국 국민의 재산을 국외에 이동하거나 국내에 반입될 재산을 국외에 은익 또는 처분하는 행위를 금한다.

　4. 관계서류의 허위기재 기타 부정한 방법으로 해외이주의 허가를 받거나 국외에 도피하는 행위를 금한다.

　5. 주무부장관은 이 조치위반자· 범행당시의 그 소속 학교, 단체나 사업체 또는 그 대표자나 장에 대하여 다음 각 호의 명령이나 조치를 할 수 있다.

　　가. 대표자나 장에 대한 소속임직원· 교직원 또는 학생의 해임이나 제적의 명령

　　나. 대표자나 장· 소속 임직원· 교직원이나 학생의 해임 또는 제적의 조치

　　다. 방송· 보도· 제작· 판매 또는 배포의 금지조치

　　라. 휴업· 휴교· 정간· 폐간· 해산 또는 폐쇄의 조치

　　마. 승인· 등록· 인가· 허가 또는 면허의 취소조치

　6. 국회의원이 국회에서 직무상 행한 발언은 이 조치에 저촉되더라도 처벌하지 아니한다. 다만, 그 발언을 방송· 보도 기타의 방법으로 공연히 전파한 자는 그러하지 아니하다.

　7. 이 조치 또는 이에 의한 주무부장관의 조치에 위반한 자는 1년 이상의 유기징역에 처한다. 이 경우에는 10년 이하의 자격정지를 병과한다. 미수에 그치거나 예비 또는 음모한 자도 또한 같다.

　8. 이 조치 또는 이에 의한 주무부장관의 조치에 위반한 자는 법관의 영장 없이 체포· 구금· 압수 또는 수색할 수 있다.

　9. 이 조치 시행 후, 특정범죄가중처벌등에관한법률 제2조(뇌물죄의 가중처벌)의 죄를 범한 공무원이나 정부관리기업체의 간부직원 또는 동법 제5조(국고손실)의 죄를 범한 회계관계직원 등에 대하여는, 동법 각 조에 정한 형에, 수뇌액 또는 국고손실액의 10배에 해당하는 벌금을 병과한다.

　10. 이 조치위반의 죄는 일반법원에서 심판한다.

　11. 이 조치의 시행을 위하여 필요한 사항은 주무부장관이 정한다.

　12. 국방부장관은 서울특별시장· 부산시장 또는 도지사로부터 치안질서 유지를 위한 병력출동의 요청을 받은 때에는 이에 응하여 지원할 수 있다.

　13. 이 조치에 의한 주무부장관의 명령이나 조치는 사법적 심사의 대상이 되지 아니한다.

　부칙

　14. 이 조치는 1975년 5월 13일 15시부터 시행한다.

유신 선포의 내란 성격에 관한 고찰

김재홍

(전 서울디지털대학교 총장, 유신청산민주연대 상임대표)

I. 유신 선포 이전 한국 정치 개관

한국의 1960-1980년대 민주화운동은 당시 정치 권력과 사회구조가 우리 역사상 가장 비합리적이고 모순된 상황이었기 때문에 그만큼 치열하고 극단적인 투쟁 형태로 전개됐다. 단순히 민주화운동이라기보다는 정치 사회적 제도와 권력에 대한 근본적인 변혁운동인 경우가 적지 않았다. 반민주적 독재 권력인 박정희 유신체제와 전두환 내란 정권에 대한 저항운동 과정에서 많은 국민 희생을 치러야 했다.

18년 동안 장기독재를 감행한 박정희와 그 추종자들은 모두 세 번에 걸쳐 헌법을 개정하거나 제정했다. 첫 번째는 4·19 혁명으로 개정한 의원내각제 헌법을 5·16 군사 쿠데타 세력이 집권한 후 다시 대통령중심제로 되돌려놓은 개헌이다. 쿠데타 집단의 통치를 위해 중앙집권적 헌정을 세웠다. 두 번째로 이들은 1969년 박정희의 대통령 연임 제한을 폐지하기 위해 3선개헌을 강행했다. 개헌의 형식적 절차는 기존 헌법 규정에 따랐지만 당시 집권 여당 내 핵심 정치인들의 반대까지도 협박하고 탄압하면서 민주 헌정의 기본 규범을 파괴한 반민주적 정치 공학 과정이었다.

세 번째가 바로 유신헌법 선포로 이는 기존 헌법에 규정된 개헌 절차를 지키지 않아 국헌의 연속성이 파괴된 헌정 중단이었다. 대통령 박정희는 헌법과 실정법 어디에도 근거가 없는 국회 해산을 강행했다. 국민이 선출한 대표인 현직 국회의원들을 국가 정보기관과 군 정보수사기관이 불법 연행해 야만적으로 폭행하고 고문하는 악행까지 저질렀다. 국민 대표에 대한 무자비한 폭력 행사는 유신 선포가 내란 성격을 면하기 어려운 이유라고 하겠다.

70년대 박정희 유신독재정권 시기에는 대학가의 학생운동과 재야 민주화운동의 큰 흐름이 반독재·민주 회복을 우선적 목표로 삼고 있었다. 그러다가 노동인권의 중요성을 새로이 인식하게 하는 씨앗이 함께 뿌려졌다고 할 수 있을 것이다. 대학생, 종교인, 재야 지식인들이 민족통일과 민주화를 일관되게 요구해 오다가 새로이 민중의 의미에 눈을 뜨게 된 데는 1970년 11월 청계피복노조의 지도자 전태일 열사가 분신한 것이 계기가 됐다. 특히 대학생들은 자신들과 같은 나이의 젊은 노동자가 노동인권을 절규하며 숨을 거둔 사건이 알려지자 충격적으로 자극받지 않을 수 없었다. 후에 노학연대가 알려주듯이 학생운동의 영역에 노동운동이 결합되면서 민중 개념이 스며든 것은 전태일 열사의 살신성인 덕이었다.

그 후 민족·민주라는 전통적 이념을 가진 한국 민주화운동에 민중의 이념이 확고하게 추가된 것은 80년 5·18광주민중항쟁에 의해서였다고 보아야 할 것이다.[1] 광주민중항쟁이 사회변혁운동에 끼친 영향은 가히 정신적 지주 역할이라 해도 과언이 아니었다.

70-80년대 민주화운동을 자극하고 그 동인이 된 정치 사회적 환경은 박정희 정권에 의해 조형됐다. 1970년대 한국 정치는 경제 개발과 국가 안보라는 두 가지 과제를 지상 가치로 내세우고 군부의 물리적 힘과 정보기관의 위협을 도구화한 집권세력에 의해 일원적으로 지배됐다. 민주정치의 기본 구성인자들인 정당정치와 의회의 자율성, 언론과 중간집단들의 다원적 여론 매개 역할이 존립하기 어려운 상황이었다.

---

[1] 학생운동·민주화운동·노동운동을 총칭하는 사회변혁운동계에서 민족 민주 민중의 이념은 첨예한 이론논쟁을 거쳤다. 특히 80년대 들어 학생운동권은 전통적인 반외세 민족주의와 반독재 민주주의에다 반독점 민중주의를 추가해 기본 이념으로 삼았다. 학생운동권은 '무림·학림'과 '야학비판·학생운동의 전망'을 시작으로 자민투·민민투와 NL(민족해방)-PD(민중민주) 진영으로 나뉘어 논쟁을 벌이면서 이념과 행동 노선을 발전시켰다. 이에 대해서는 다음 책을 참조. 김영국,『민주화와 학생운동의 방향』(서울: 대왕사, 1991), 41-42, 71-80, 92-100, 123-125. 특히 광주민중항쟁의 전개 과정과 이념적 영향에 관해서는 다음 책을 참조할 것. 지병문·김용철·천성권,『현대 한국정치의 새로운 인식』(서울: 박영사, 2001), 317-340; 정상용·조홍규·이해찬 외,『광주민중항쟁』(서울: 돌베개, 1996).

5·16쿠데타 당시부터 명분으로 내세워 일반 국민의 지지를 얻는 데 성공한 빈곤 추방이라는 구호는 경제 성장 제일주의라는 이데올로기로 통치 수단화했다. 가난에서 해방되고자 하는 국민들의 열망은 어떤 가치 희구보다도 강렬했다. 거기서 국민의 상당한 자발적 지지가 나온 것이 사실이다. 박정희 정권의 지지 기반 조성은 그것으로 절반 이상의 성공을 거두었다고 평가할 수 있을 것이다. 물론 그것도 박 정권 초기에 국한됐으며 유신 이후 극도의 정치적 억압 아래서 파행적 소득분배가 구조화한 나머지 거시적 국가 경제의 성장이 미시적 국민 개개인의 생활 수준을 향상시키지 못하자 대중적 차원에서 비판의식이 확산됐다.

그러나 쿠데타 당시 국시로 제시된 반공과 국가 안보는 한반도 주변 국제정세가 화해의 해빙 분위기가 무르익어 국내 정치를 독재화하는 데 이용하기엔 걸맞지 않았음에도 불구하고 그런 조건마저 역이용했다. 특히 1970년대는 미국과 중국이 오랜 냉전적 대결 관계에서 국교 정상화를 이루고 세계 정치에 이른바 데탕트 개념을 확산시킨 시기였다. 그런 해빙의 시대에 박정희 정권은 오히려 북한의 도발위협 때문에 한반도가 세계정세와 다르다는 이른바 국지안보(局地安保) 위기론을 강조했다. 박 정권은 탈냉전과 데탕트라는 시대조류와 역행되는 한반도 위기론을 내세워 향토예비군 조직과 대학 군사교련을 강화하고, 그것을 국내 정치에 이용했다. 병영 국가로 치닫는 상황이었다.

박 정권은 1972년 북한과 7·4 남북 공동 성명을 합의해 냈으나 그것도 3선개헌 이후 국내 정치에서 비판 세력이 증대하고 국민 여론의 위협을 느낀 그들의 탈출구로 이용됐다. 유신헌법에 통일주체국민회의를 규정하고 거기서 대통령을 간접 선거로 선출하도록 한 것이 그것이다. 박 정권은 남북관계까지도 장기집권을 위해 이용한 것이다.

국제정치 환경과 남북관계는 탈냉전과 교류 협력의 방향으로 발전해 가는데도 박 정권은 국내 정치를 거꾸로 총력 안보 체제로 독재화해 갔다. 3선개헌으로 민주 헌정의 기본 규범을 파괴하기 시작한 대통령 박정희는 1971년 10월 15일, 당시 가장 비타협적 비판 세력이던 전국 대학가에 위수령을 선포하고, 이어 12월 6일 국가비상사태를 선언했다. 그 다음 해인 1972년 10월 17일 대통령에 대한 국민의 직접선거제를 간접 선거제로 바꾸고 대통령에게 국가비상대권을 부여함으로써 1인 장기독재의 길을 열어 놓은 유신헌법 체제를 선포했다.

5·16쿠데타 세력은 1963년 자신들이 군복을 벗고 정치인으로 둔갑하는 허구적 민정 이양을 거친 뒤 대통령 선거와 국회의원 총선으로 민주정치의 형식을 취했으나 사실상 군 출신 권력자들에 의한 과두 지배가 계속됐다. 국가권력이 대통령을 정점으로 중앙정보부장·청와대 비서실장·집권당 대표·국회의장·국무총리의 5대 기둥에 의해 지배되는 과두체제였다. 대의정치의 기본전제인 정당과 국회는 말 그대로 데코레이션에 불과했다.

과두 권력자 중에서도 군 출신으로 박정희의 추종자인 중앙정보부장과 비서실장, 또는 청와대 경호실장과 보안사령관이 주요 결정 사항을 사전에 조정했다. 유신체제 이전부터 그런 친위 권력자들 속에서 사실상 박정희 1인 체제의 뿌리가 자라고 있었다. 의회나 정당, 내각은 그런 과두 지배 체제의 결정 사항을 합리화하고 이행하는 장치에 불과했으며, 시민사회의 언론, 대학, 종교, 노조, 이익단체들에 의한 국민 여론의 형성과 그것의 투입 역할은 거의 무시됐다. 유신체제는 그런 형식적 민주정치와 최소한의 과두 지배마저 벗어던진 노골적 1인 지배 체제였다.

1979년 10·26 사건으로 유신독재체제의 유일 지배자였던 대통령 박정희가 갑자기 사라지자 그의 친위 군벌이 체제 유지를 위해 저지른 일련의 쿠데타는 예정된 순서였다고 보아야 할 것이다. 10·26에 대해 거사자인 김재규 당시 중앙정보부장은 혁명이라고 주장했다.[2] 그러나 그것은 국민 대중에 의해 쟁취되지 않은 정권 타도와 혁명은 더 혹독한 복고반동을 불러온다는 역사적 교훈을 다시 한번 일깨운 경험이었다. 궁정 쿠데타의 한계였다는 지적이 나오는 이유이기도 한 정치사였다.

이 글은 한국 정치사에서 국민의 기본권과 자유가 가장 억압당했던 박정희 유신체제의 정치 과정과 민주화운동의 상호관계를 분석하기 위한 목적에서 쓰여진다. 당시 독재정권에 가장 비타협적으로 저항했던 학생운동과 재야 민주화운동의 역사적 의미를 재조명하는데 기여하고자 하는 것이 본 논문의 취지이다.

---

2 10·26 사건의 전개와 그 성격에 관해서는 당시 계엄사 합동수사부의 수사결과 발표 내용이 신뢰를 잃어 김재규의 법정진술이 중요한 자료임. 이를 위해 다음 책을 참조. 김재홍, 『박정희살해사건비공개진술 上: 운명의 술 시바스』(서울: 동아일보사, 1994); 김재홍, 『박정희살해사건비공개진술 下: 대통령의 밤과 여자』(서울: 동아일보사, 1994).

II. 1970-1980년대의 한반도 주변 정세

1960년대 초 미국의 케네디 행정부와 소련의 흐루시초프 정권에 의한 평화공존 정책으로 시작된 동서냉전 체제의 데탕트 분위기는 1971년 미국과 중국의 관계 개선과 중국의 유엔 가입 등으로 더욱 발전했다. 미-중 양국의 적대관계는 1951년 중국이 6·25전쟁에 참전해 미군과 교전함으로써 비롯된 것이라는 점에서도 그 관계 개선이 한반도 정세에 미치는 충격파는 컸다. 미국은 71년 3월 중국에 대한 여행 금지 조치를 20년 만에 전면 해제했다. 그러나 아시아 지역에서 공산 베트남과 함께 북한은 계속 여행 금지 지역으로 남겨 두었다. 미국의 이같은 관계 개선 조치에 화답이라도 하듯 중국도 4월 7일 1949년 공산정권 수립 이후 처음으로 미국의 탁구팀을 초청했다. 4월 14일 중국의 2인자 저우언라이(周恩來)는 북경을 방문 중인 미국 탁구선수단과 기자들에게 미기자들의 집단적 중국 방문을 허용한다고 밝혔다.[3] 다음날 미 민간교류협회는 저우언라이를 방미하도록 초청했고, 닉슨 대통령도 기자회견을 통해 "미국은 중국에 문호가 개방돼 있으며 본인도 중국 방문을 희망한다"[4]고 밝혔다. 양국의 정상급 지도자들이 이같은 관계 개선 의사를 간접 표명한 가운데 중국 공산당의 최고 실력자 마오쩌둥(毛澤東)과 친분을 가진 작가 에드가 스노우는 4월 28일 마오가 닉슨의 중국 방문을 환영한다고 처음 공개했다.

그러자 그해 7월 헨리 키신저 미 백악관 안보 보좌관이 북경을 비밀리에 방문했다. 키신저의 북경 밀행으로 미·중간 정상 방문 외교가 성사됐다. 닉슨 대통령은 7월 15일 자신이 1972년 5월 이전에 중국을 직접 방문하겠다고 언명했다. 국제정세의 변화를 알리는 세기적 폭탄선언이었다. 그해 11월 29일 미·중 양국 정부는 닉슨 대통령이 72년 2월 21일부터 8일간 중국을 방문한다고 동시에 공식 발표했다.[5]

미국이 이처럼 중국을 국제정치에서 무시할 수 없는 존재로 인정한 배경에는 냉엄한 국제사회에서 '영원한 적도 영원한 우방도 있을 수 없다'는 실리외교 원칙을 실천에

---

3 「동아일보」, 1971년 4월 15일 자.
4 「동아일보」, 1971년 4월 16일 자.
5 1971년 11월 30일 국내 신문들은 닉슨 대통령의 북경 방문 예정을 대부분 헤드라인 뉴스로 다루었다.

옮기고자 한 의도가 있었다. 미국이 중국을 계속 외면하면서 세계평화와 안정 속에 국제사회의 교역 질서와 번영을 도모하기 어렵다고 판단한 이유는 무엇보다도 중국의 핵무기 보유에서 찾아야 할 것이다. 당시 핵무기 5대 보유국으로 미국, 영국, 프랑스, 소련과 함께 중국이 어깨를 나란히 하고 있었기 때문이다. 이로써 중국이 세계 열강의 일원이라는 것은 엄연한 현실이었으며, 닉슨 미 행정부가 이같은 현실을 수용하는 바탕 위에서 양국의 관계 개선을 이룬 것이다.

핵무기 보유는 중국에 실질적 영향력을 안겨 주었다. 1971년 5월 초 우탄트 유엔 사무총장은 중국을 포함한 핵 보유 5대국의 정상회담 개최를 제창했다. 소련도 5대 핵 국가의 군축 회담을 제안했다. 그러나 중국은 이 제안을 거부하고 전 세계 국가들이 참석하는 정상회담에서 토의하자고 요구했다. 중국의 이같은 태도는 수적으로 절대 우세한 제3 세계 국가들의 지지를 등에 업고 새로운 국제질서의 주역이 될 수 있다는 잠재력을 과시한 것이라고 해석된다.

이같은 중국을 유엔의 국외자로 둔 채 종전의 미-소 양극체제가 데탕트를 추구해 봤자 무의미한 일이었다. 이 때문에 미·소 등 열강들은 중국의 유엔 가입을 스스로 추진하게 된다. 미국은 8월 17일 그때까지 유일 대표권을 가졌던 자유중국(대만)과 함께 공산 중국의 2중 대표제를 골자로 한 중국 대표권 결의안을 유엔총회 의제로 정식 제의했다. 그러나 소련은 공산권의 일관된 주장이었던 유엔에서의 자유중국 축출과 중국의 단일 대표권을 고수했다. 중국도 유엔에서 자유중국이 축출되지 않으면 유엔에 참여하지 않겠다는 성명을 발표했다.

결국 유엔 총회는 10월 25일 중국의 가입과 자유중국 축출을 내용으로 한 알바니아 안을 76대 35(기권 17)로 통과시키고 두 개의 중국안을 통과시키기 위한 미국의 이른바 '역중요(逆重要) 사항 지정 결의안'을 55대 59(기권 15)로 부결시켰다.6

이같은 일련의 과정을 볼 때 미·중국 관계 개선과 중국의 유엔 가입은 큰 흐름으로는 긴장 완화와 데탕트의 진전이었으나 좀 더 분석적으로 평가한다면 국제정치에서 미국의 영향력 약화와 중국의 발언권 강화였다.

---

6 「동아일보」, 1971년 10월 26일자.

이 당시 미국은 또 끝내 평정되지 않는 베트남전쟁에서 인명과 물자를 헛되이 소진시킨다는 국내 여론이 비등함에 따라 '아시아 문제의 아시아화 정책'을 표명하고 군병력 철수계획을 발표하기도 했다. 이에 따라 실제 주한미군을 70년과 71년에 2만 명이나 감축했다. 한편 자유중국은 국제정치 무대에서 중국에 자리를 빼앗긴 뒤 정경분리 정책을 채택, 비적성 공산국과의 경제교역 방침을 표명했다.

이같은 국제정세의 변화 속에서 한국 정부도 대외적으로는 공산권을 적성과 비적성으로 나누어 우리에게 적대행위를 하지 않는 공산국에 대해서 국교를 가질 수 있다고 천명했다. 과거 경직된 반공 이데올로기 일변도 외교로부터 일대 전환을 뜻하는 변화였다. 또한 남북한 문제의 해결도 동서독 방식이 연구과제가 될 수 있다고 밝혀 당시로서는 대담한 정책 전환을 보였다. 1971년 8월 12일 최두선 대한적십자사 총재가 북한적십자회에 제의한 1천만 이산가족 찾기 운동도 이같은 분위기에서 나온 것이며, 그 이틀 후인 14일 북적이 이를 수락함으로써 분단 26년 만에 처음으로 남북대화의 길이 열렸다. 이 모두가 세계정세의 변화된 환경과 그 속에서 한반도의 긴장 완화 가능성을 강력히 뒷받침하는 징표들이었다.

III. 국제 데탕트의 국내 정치적 역이용

1971년은 한국에서 안보 논쟁이 6·25전쟁 이후 가장 첨예하게 벌어진 해였다. 무엇보다도 4·27 대통령 선거에서 여야 후보 간 정책대결의 핵심 내용이 국가 안보 문제였다. 신민당의 김대중 대통령 후보가 국제정세의 변화추세에 맞추어 한반도 평화를 관련 4강국인 미국, 소련, 중국, 일본이 보장하도록 하고, 예비군제도를 폐지하며, 남북통일의 기반 조성을 위해 교류해야 한다는 것을 주장함으로써 안보 논쟁이 치열하게 벌어졌다. 집권 여당이 지나치게 안보 위기를 내세우며 국민 동원 체제를 강화하고 그것을 상기집권의 발판으로 삼으려 한다고 비난하면서 김 후보는 그것에 반대되는 안보 정책을 집권 공약으로 제시했다.

이에 대해 공화당의 박정희 후보는 4대국 보장론을 자주국방과 상치되는 사대주의적 발상이라고 공박하고, 인기 전술에 의한 감상적 통일논의 등이 안보를 위협할 수 있다고 비난했다. 박 후보의 국가 안보론은 5·16쿠데타 당시부터 일관된 것이지만 70년대 들어 미·중국 관계 개선과 중국의 유엔 가입 등 뚜렷한 긴장 완화 속에서도 그대로 지속됐으며, 오히려 더 강화되는 시대 역행의 모습을 보였다는 것이 문제였다. 이 당시 박 후보를 중심으로 한 집권 세력은 국제정세의 데탕트에 따른 국민들의 기대 상승에 대해 자신들이 기득권을 유지하는데 위험요소로 보고 그것의 의미를 거꾸로 뒤집는 논리를 개발했다. 물론 순수하게 분석해도 미·중국 관계가 개선된다고 해서 남북한 관계나 한국·중국 관계가 반드시 호전되는 것은 아니다. 예컨대 미국은 긴장 완화 정책을 추진하면서 주한미군의 감축을 단행했는데 이것은 세계적 긴장완화에는 부합할 수 있지만 한반도의 국지局地안보에는 위험요인으로 작용할 소지도 없지 않다.

그러나 박정희 정권은 닉슨 미국 대통령의 중국 방문 계획과 중국의 유엔 가입으로 동서진영 간 해빙무드가 확산된 시점인 71년 4-7월 이전부터 한반도 국지 안보 위기론을 강조했었다. 그리고 4·27 대통령 선거와 5·25 국회의원 총선거가 끝난 뒤 국제정세 변화를 환상적으로 해석하는 것에 쐐기를 박았다. 박 정권의 통치 이데올로기가 경제 개발 제일주의와 함께 국가안보 지상주의였다는 점을 고려해 보면 동서 긴장완화가 한반도 평화에 기여한다는 시각은 통치권을 잠식하는 적대 요소로 간주될 수밖에 없는 것이 현실이었다.

미·중국 관계 개선의 신호가 터지기 전인 71년 1월 대통령 박정희는 연두기자 회견을 통해 "자유 우방국들의 중국 승인 움직임에 북괴가 편승, 이를 최대한 이용해 무슨 흉계를 꾸미는 것을 경계해야 한다"고 언급했다. 그는 또 같은 해 2월 26일 서울대학교 졸업식에 참석, 치사를 통해 국제 긴장완화에 편승한 감상적 통일론은 위험하다고 지적했다. 그리고 그해 양대 선거가 끝난 후인 7월 20일 그는 국방대학원 졸업식에서 한 걸음 더 나아가 "앞으로 3-4년이 가장 어려운 안보의 시련기이며, 아랍·이스라엘의 6일전쟁과 같은 국지전이 일어날 위험성이 상존한다"고 강조했다. 국지안보위기론을 본격화시킨 것이다.7

---

7 1971년 2월 27일 자 및 7월 21일 자 국내 신문들은 박정희의 연설 내용을 각각 주요 기사로 보도하면

이같은 국지안보위기론은 국무총리와 외무장관에 의해서도 강조돼 당시 집권그룹 내부에서 독재 권력 강화를 위한 사전포석 성격으로 분석하기에 충분했다. 국무총리 김종필은 11월 2일 중진 언론인들의 연구 친목 단체인 관훈클럽 초청 연설에서 "우리는 현재 대외적으로는 국제적 해빙무드에 맞추어 나가고 대내적으로는 이스라엘의 6일 전쟁과 같은 속전속결을 노리는 북괴에 대처해 나가야 하는 이율배반적인 어려운 여건에 놓여 있다"고 토로했다. 그는 이어 "북괴는 이미 지난 3월에 전쟁 준비를 모두 끝냈다는 확실한 정보를 입수했다"고[8] 말해 국민동원 체제를 완화하라는 야권의 요구를 봉쇄했다. 북한 동향에 대한 정보를 중앙정보부가 독점한 상황에서 북한의 도발 위협이라는 말은 그 진위를 가리기 위한 토론과 여론 수렴이 불가능한 상황이었고, 따라서 그만큼 비이성적인 대야권 위협 수단으로 이용됐다.

　국제 냉전이 완화되는 가운데 국내 냉전이 더 격화되는 이율배반적인 모순은 폐쇄적인 북한 정권의 예측 불가성 때문이기도 하지만 박정희 정권이 이같은 분단 상황의 특성을 장기 독재체제의 구실로 삼았다는 것이 문제였다. 정부 각료들이 나서서 수 차에 걸쳐 한반도 국지안보위기론을 언급한 뒤 대통령 박정희는 1971년 12월 6일 국가비상사태를 선언했다. 그는 "국제사회의 일반적인 조류가 대결에서 협상으로 흐르고 있으나 한반도의 국지적 사정은 이런 경향을 역이용해 침략적 책동을 멈추지 않고 있는 북괴의 야욕 때문에 긴장이 더욱 고조되고 있다"고 비상사태 선언의 이유를 피력했다.

　대통령 박정희는 국가비상사태 선언에서 구체적으로 야당과 대학가, 종교단체들의 안보 논의를 지적했다. 그는 외부로부터 위험이 절박한 때 향토예비군이나 대학 교련마저도 시비가 분분할 뿐 아니라 당리당략에 의한 무책임한 안보론으로 국민을 현혹시키고 있다고 비난했다. 이어 그는 "침략자의 총칼을 자유와 평화의 구호만으로 막아낼 수 없기 때문에 이의 수호를 위해서는 자유의 일부마저도 스스로 유보할 굳은 결의로써 대처해 나가야 될 것"이라고 말했다. 이는 바로 국지안보위기론이 국민의 정치적 자유를 제약하려는 의도임이 드러났다. 국가비상사태 선언으로 정부는 국가 안보가 모든

서 한반도 국지안보위기론을 대서특필했다.
8 1971년 11월 3일자 「동아일보」.

시책의 최우선임을 분명히 했으며 이는 다음 해 있을 유신헌법 제정을 예고한 것이다.

IV. 유신 선포의 정치적 내란 성격

1979년 10·26 사건을 계기로 세상에 알려진 박정희의 술과 여자 문제에 관한 중앙정보부 의전과장 박선호의 군사 법정 증언은 유신체제 절대권력자의 사생활을 알려주었다. "절대권력은 절대 타락한다"는 금언을 그대로 입증했다.[9] 민주 정부의 기본 조건은 견제와 균형이다. 대통령이든, 국회의장이든, 대법원장이든, 아니면 중앙정보부장이든 검찰총장이든 모든 국가권력은 견제받는 장치가 있고 상호 균형을 이루어야 한다. 그래야 권력을 제멋대로 휘두르지 못한다. 견제 없는 절대권력자는 반드시 탐욕을 채우기 위해 전횡하고 결국 인간의 한계로 도덕적인 금도를 벗어나 쾌락 추구에 빠지고 만다. 박정희가 강행한 유신체제야말로 대통령의 절대권력을 영구히 보장하기 위한 것이었다. 민주정치의 조건인 권력 분립과 국민기본권 보장이 무시되고 대통령 1인에게 권력이 집중된 절대주의 체제였다.

첫째, 대통령 박정희는 1972년 10월 17일 비상계엄령을 선포하고, 국회를 해산했다. 이어 대통령 특별선언과 비상조치를 선포해 유신헌법 제정에 착수했다. 유신헌법은 기존 헌법에 규정된 절차에 근거한 개헌이 아니었으며, 초헌법적 체제 파괴였다. 국민의 대표 기구인 국회에서 의결 절차를 거치지 않고 집권 세력이 자의로 작성한 것이어서 사실상 '사문서'나 다름없었다. 국민투표도 헌법안에 대한 언론 보도와 찬반 토론이 금지된 가운데 민주정치의 핵심 규범이 배제된 허위적 국민동원에 불과했다. 관변 단체와 군이 유신 헌법안 찬성률을 사전에 정해 놓고 공개투표와 대리투표 등 부정투표를 감행했다. 그런 국민투표를 통과했다고 해서 개헌에 관한 위헌적 절차가 정당화될 수는 없는 일이다.

---

9 10·26 사건에 대한 군사재판과 중앙정보부 의전과장 박선호의 법정 증언에 관해서는 다음 책을 참조. 김재홍, 『박정희살해사건비공개진술全녹음 下: 대통령의 밤과 여자』 (서울: 동아일보사, 1994).

둘째, 박정희는 국회를 해산한 뒤 비상국무회의에 유신 헌법안을 회부해 의결했다. 대통령이 임명한 장관들로 구성되는 비상국무회의가 국민의 대표 기구가 될 수는 없는 일이다. 그 국무회의가 국회의 권능을 대신한 것은 대의민주주의 원리를 본질로 위배한 것이다. 행정부가 입법권까지 행사했으니 이야말로 민주주의 사상가들이 우려한 국가권력의 독점이며 전제 체제였다.

비상국무회의가 의결한 유신헌법은 집권자가 자기 권력을 자의로 만들어 갖는 절대군주의 행위나 다름없다. 현대 민주주의 국가에서 이런 정치 코미디는 일찍이 없었다. 그런 유신헌법은 법적으로 원천 무효일 수밖에 없다.

1. 유신헌법 국민투표 90% 이상 지지는 공포정치의 산물, 나치나 파시스트 등 장시킨 대중민주정치의 맹점 연상시켜

셋째, 박정희의 후계 진영은 유신헌법을 통과시킨 국민투표에서 투표율과 찬성률이 모두 90% 이상으로 매우 높았다고 내세운다. 이른바 개헌의 정당성을 강조하는 것이다. 그러나 그 국민투표는 헌법안에 대한 찬반 토론이 금지된 가운데 실시됐다. 언론의 비판적 보도도 금지됐다. 더구나 비상계엄령이 지속되고 군 탱크가 진주한 공포 분위기 속에서 치러졌다. 이러고도 무슨 국민투표에서 압도적 지지를 받았다니 국민의 눈을 가리고 아웅하는 행태다. 세계 정치사에 그런 선거나 투표가 있은 적이 없다. 또 중앙정보부와 보안사가 이른바 '95% 이상 찬성률 공작'이라는 지침을 행정부 공무원들과 관변단체 그리고 군 간부들에게 강요했다.

필자는 당시 대학 재학 중 반독재 학생운동을 하다가 1971년 10월 15일 대학가에 내려진 위수령으로 제적당한 채 군대에 강제 입영된 소총수였다. 박정희 정권은 전국 대학의 학생 간부 177명을 체포, 고문 조사한 뒤 모두 제적시키고 군대로 끌어넣었다. 그것은 다음 해 유신체제를 강행하기 위한 사전 정지작업이었다.

그 유신헌법의 국민투표를 군대에서 맞은 나는 강압, 공개, 대리투표의 현장을 똑똑히 보았다. 투표일 아침부터 기표 장소는 비밀보호 장치는 아예 없었고, 중대 인사계가 한 명씩 들어가는 사병들에게 투표용지를 들이밀었다. 인사계는 투표지의 반대란을 아예 손으로 가린 채 찬성란만 펴서 내밀고 기표할 것을 강요하고 있었다. 나는 일단 투표할 것을 미루고 있다가 대대장 앞에 불려갔다. 철책선 아래 중대장 막사에 나타난 대대장과 오전 내내 면담이란 것을 했다. 나는 그래도 독대하는 자리여서 대대장에게 항변했다.

"이런 국민투표는 역사적으로 후대에 죄를 짓는 것입니다."

대대장은 구구하게 얘기하지 않았다. 워낙 골치 아픈 존재가 하나 자기 부대에 와 있는 것이고 또 보안부대도 그것은 잘 알고 있다. 그러니 시끄럽게 사고만 치지 않게 관리하면 될 터였다. 그는 이렇게 말했다.

"김 일병, 차라리 투표하지 말지."

나도 그 말에 동의했다. 그런데 문제는 다음이었다. 기권한 내 표는 어디로 가고 우리 대대는 1명의 무효표만 빼고 100% 찬성이었다. 내 표를 누군가 찬성으로 기표한 것이다. 무효표 하나는 어느 고참 하사가 인사계의 손에서 투표지를 낚아채 반대란을 찍었으나 행정요원이 다시 찬성란에 기표한 것이었다. 그 하사는 보안부대에 불려가 폭행당한 뒤 후방으로 전출되고 말았다.

제대한 뒤 만난 학생운동의 동료들은 국민투표를 모두 그렇게 경험했다고 털어놓았다. 그런 부정 국민투표로 유신헌법의 지지율을 조작한 것이다. 나는 34개월 이상을 휴전선 철책에서 보초 서는 '저항력 없는' 사병이었지만 유신헌법 국민투표를 내 손으로 하지 않은 것을 그래도 다행이라고 여긴다.

유신헌법에 대한 국민 투표의 사례는 1930년대 유럽에서 나치와 파시스트 체제가 대중민주정치의 형식을 통해서 배태된 것과 똑같다. 유럽에서 전체주의의 성립과정이 곧 민주주의의 불신과 위기론을 야기한 것도 바로 국민 대중은 정치 권력의 공작 대상이라는 사실이 인식됐기 때문이었다.

넷째, 유신헌법은 언론, 출판, 집회, 결사의 자유를 본질로 제한할 수 없게 한 헌법

조항을 없애버렸다. 헌법에서 시민적 기본권을 삭제함으로써 후에 독재 권력이 긴급조치로 제한할 수 있게 한 것이다. 유신헌법은 또 형사법 절차에서 인권보장 장치인 구속적부심사제를 폐지했다.

이것만 보아도 유신헌법은 시민 민주주의의 기본 규범을 부정했다는 증거다. 국민의 기본권을 제한하고 신체의 자유를 축소한 것은 18세기 유럽 시민혁명이 쟁취한 초기의 자유민주주의 정신보다도 뒤떨어진 통치제도로 전락한 것이다. 박정희 정권은 자유민주주의를 내세웠지만 18세기적 이념과 제도에도 미치지 못하는 저급한 사고에 젖어 있었다.

2. 대통령이 국회의원 3분의 1을 사실상 임명해 의회정치 유린

다섯째, 유신헌법은 대통령이 국회의원 3분의 1을 사실상 임명하고 일반 법관까지 임명권을 행사하도록 규정했다. 의원 정수의 3분의 1을 대통령이 추천해서 통일주체국민회의에서 인준받아 국회의원으로 임명했다. 또 본래 헌법에서는 사법부의 독립을 위해 일반 법관은 법관추천회의를 거쳐 대법원장이 임명하도록 규정했으나 이것도 대통령에게 맡겨졌다. 국회와 사법부가 모두 대통령의 손아귀에 들어간 셈이고 민주주의의 원리인 권력 분립은 없었다.

권력 분립론은 절대주의 국가 주권을 제한하고 국민의 민권을 보장하기 위한 것으로 존 로크나 몽테스키외 같은 18세기 민주주의 사상가들에 의해 확립됐다. 박정희 정권이 작성한 유신헌법 선포 과정은 해방 후 국민들이 신념화한 민주주의 기본 규범들을 짓밟았다. 그것은 주권자인 국민에 대한 '정치적 내란'이었다. 그리고 그 귀결은 대통령의 절대권력 전횡으로 인권 탄압, 언론 탄압, 노조 탄압과 야당 탄압으로 야만 국가 시대라는 불행한 역사였다. 결국 대통령 박정희는 아무런 견제 장치 없는 절대권력자가 됐으며 그 결과 인간적 탐욕의 노예로 전락하는 전형적인 길을 가고 말았다.

V. 폭동적 내란 성격으로서 유신 선포[10]

대통령 박정희가 유신 선포를 위해 비상계엄령을 발동하고 국회를 불법 해산시키자 중앙정보부, 보안사, 헌병대가 설치기 시작했다. 국가기관이 조직폭력배나 다름없는 불법 폭력을 휘둘렀다. 그것은 가히 독일 나치나 일제 치하에서 자행되던 악행을 연상시켰다. 명색이 국민의 대표로서 국정감사 중이던 국회를 해산하고는 개별 헌법기관인 국회의원들을 붙잡아다 온갖 고문을 가했다. 온갖 고문 기술을 동원해 야만적으로 문초했다.

이같은 체제 폭력에 당한 야당 의원들은 모두 20여 명에 이른다. 이세규, 조연하, 최형우, 강근호, 김경인, 김녹영, 김상현, 김한수, 나석호, 박종률, 이종남, 조윤형, 홍영기 등 현역의원들이 국가기관에 잡혀가 모진 고초를 당했다. 이들 13명의 야당 의원은 훗날 1975년 2월 28일 합동 기자 회견을 갖고 자신들이 겪은 고문에 대해 증언했다. 국민의 대표로 개별 헌법기관인 국회의원들에 대한 야만적 고문 악행은 유신 선포가 갖는 '폭동 성격으로서 내란' 외에는 달리 규정할 용어가 떠오르지 않는다.

아래 서술하는 야만적인 고문 장면은 어느 시대, 어느 나라의 것일까. 그 고문 기술은 일제로부터 전수해 내려온 것이라고 했다. 흔히 우리는 일제 식민 통치기 고등경찰이나 헌병대가 항일 독립운동가에게나 가하는 악행을 연상한다. 아니면 1970년대 중반 남미 아르헨티나 군사정권이 정치적 반대자들에게 가했다는 고문을 생각할 수 있다. 특히 아르헨티나의 호르헤 비델라 군사정권이 벌인 악행은 '더러운 전쟁'으로 시사 용어 사전에도 올라 있으며 지금까지 세계인의 저주 대상이다.

그러나 아래 고문 장면은 일제강점기도, 아르헨티나 군사독재의 패악도 아니다. 부끄럽게도 우리나라, 대한민국의 국가기관에서 벌어진 일이다. '박정희 판 더러운 전쟁'이라고나 해야 할 것이다. 아르헨티나의 군사독재자 호르헤 라파엘 비델라가 벌인 '더

---

10 이 부분은 필자가 2011년 10월 오마이뉴스에 집필한 특집연재 '박정희 권력 평가' 4회에서 발췌했다. 이세규, 조연하, 최형우 등 13명 국회의원이 1975년 2월 28일 서울 프레스센터에서 합동기자회견을 갖고 밝힌 내용을 토대로 재구성했다.
　김재홍, "5·16쿠데타 50년, 박정희 권력 평가 (4): 박정희의 '더러운 전쟁'," 오마이뉴스, 2011. 10. 25.

러운 전쟁'은 1976년부터 시작됐다. 박정희 정권이 그보다 훨씬 앞선 '더러운 전쟁'의 선배 격이었다.

1. 군 보안사의 국회의원 폭행 고문

1972년 10월 17일 밤, 아무런 간판도 장식도 없는 삭막한 콘세트 건물. 군 보안사 소속의 한 소령이 연행돼 온 남자에게 협조해 줄 것을 나름대로 정중하게 당부한다.

"옷을 다 벗으세요."

그는 속내의만 남기고 겉옷을 모두 벗었다.

그러자 옆에 서 있던 4명의 점퍼 차림들이 갑자기 달려들어 속내의를 벗겼다. 점퍼들은 알몸이 된 남자의 팔과 다리를 교차하여 묶더니 그사이에 큰 막대기를 끼워서는 두 개의 책상 사이에 걸어 놓았다. 마치 통닭구이처럼 사람을 거꾸로 대롱대롱 매달았다. 취조 4인조는 '통닭 남자'의 얼굴에 수건을 씌우고는 주전자로 물을 붓기 시작했다. 숨을 못 쉬고 거의 질식 상태인 그에게 또 사정 없는 각목 구타가 가해졌다.

고문에 못 이겨 그는 풀어주면 말하겠노라고 했다. 점퍼들은 3, 4차례나 다짐을 받고는 그를 풀어 땅에 꿇어 앉혔다.

갑자기 그의 입에서 "우드득, 딱"하는 소리가 났다. 혀를 깨물었으나 의치가 부러지는 소리였다. 취조하던 점퍼들은 당황해하면서 그를 제지했다.

당시 신민당의 유일한 군 장성 출신 국회의원인 이세규 장군이 군 정보기관에서 당하는 장면이다. 그는 5·16쿠데타 후 군 장성 출신 중에서도 자기 집 한 채 없이 사는 청렴결백으로 소문난 사람이었다. 그런데 1971년 대통령 선거 때 김대중 신민당 후보의 안보 특보로 정계에 입문한 것이 죄(?)라면 죄였다. 군 장성 출신인 그가 군 내부 사정에 밝은 것은 당연했고, 그것이 야당에 매우 긴요하고 드문 역할이었다. 군 내부에서 익명의 제보도 많았다. 박정희에게는 그것이 더욱 눈에 거슬렸다.

박정희는 자신이 쿠데타로 정권을 잡아서인지 특별히 군 내부의 동향 파악에 신경을 썼다. 군 장성 출신으로 야당에 간 이세규 의원이야말로 그런 점에서 박정희와 그 주구들이 눈독을 들일만한 표적이었다.

야당 의원 혀 깨물고 자결 시도, 의치 부러져 피투성이
"적군의 포로가 돼도 장군에게는 이렇게 안 한다."

보안사에서 인간 이하의 고문에 시달린 이세규 의원은 혀를 깨물고 의치가 부러져 피투성이가 된 입을 겨우 벌려 이렇게 소리쳤다.

"적군의 포로로 잡혀도 장군에게는 이렇게 하지 않는다. 나는 이제 장군으로서 최후의 것을 다 잃었다. 더이상 살아뵀자…"

제아무리 악랄한 군 취조관이라 해도 장군의 처절한 저항에 잠시 어쩔 줄 몰라 했다.

"왜 이러십니까…"

이세규는 양쪽 팔을 잡는 점퍼들에게 입속의 핏물을 내뱉으며 울부짖었다.

"너희 놈들은 군인도, 인간도 아니다!"

이세규 의원은 5일간이나 더 그렇게 고문에 시달렸다. 그들의 요구는 이 의원의 군부 내 인맥과 제보자 명단이었고, 10·17 유신쿠데타에지지 성명을 내 달라는 것. 이 의원은 끝까지 고문과 회유에 굴하지 않았다. 그후 그는 더이상 정치권에 얼굴을 내밀지 않았고 평생 허리 통증에 시달리며 지팡이를 짚어야 했다.

2. 중앙정보부의 국회의원 진공실 고문

같은 날 중앙정보부의 수사 안가에 밤 11시경 한 50대 민간인이 연행되었다. 옷을 벗기고 군 작업복으로 갈아 입힌다. 이어 의사가 건강 상태를 점검했다. 의사는 책임자에게 "혈압이 높으니 조심해야 합니다"라고 말했다.

담당 수사관은 "사실대로만 얘기하면 곧 나갈 수 있어요"라며 점잖게 취조하기 시작했다. 수사관은 수년 전 잡혀 왔을 때도 심문하던 그 사람으로 기억이 되살아났다.

조사는 그들이 원하는 대로 진전되지 않았다.

수사관이 바뀌더니 2인조 고문자들은 흥분하기 시작했다. 주먹질과 각목 구타가 이어졌다. 고문자들은 기가 빠진 그를 지하실로 끌고 들어갔다.

의자에 앉혀 손발을 묶고 고개를 뒤로 젖혀 얼굴에 물을 부었다.

그래도 묻는 말에 원하는 대답이 안 나오자 고문자들은 그를 어떤 작은 방에 집어넣었다. 진공실 고문이었다. 조금 있으니 얼굴과 가슴이 바깥으로 찢어지는 것 같고 몸뚱이 전체가 공중에 둥둥 뜨는 듯했다. 비명을 지르려 해도 목소리가 안 나오고 가슴이 미어터질 것 같았다. 신민당 소속 재선으로 전남 도당위원장인 조연하 의원이 당하는 장면이다. 조 의원은 훗날 야당 몫의 국회부의장을 역임한다.

3. 군 헌병대의 국회의원 물고문

역시 유신 선포가 터진 날, 체격이 건장하게 큰 40세 안팎의 남자 한 사람이 군 헌병대에 연행됐다. 콘세트 막사에 들어서자마자 2명의 조사 요원이 야전 침대용 각목으로 무자비하게 마구 구타했고 남자는 실신해 쓰러져 버렸다. 완력이 만만치 않아 보이는 남자에게 옷을 다 벗겨서 묶으려면 상당한 실갱이가 벌어질 터였다. 그런 귀찮은 과정을 생략하기 위해 그냥 처음부터 두들겨 패서 기절시켜서 해결해 버린 것이다. 그가 의식을 회복해 보니 알몸이 된 채 손과 발이 묶여 주리를 튼 것 같은 상태에서 두 책상 사이에 매달려 있었다. 이어 얼굴에 수건을 씌워놓고 주전자로 물을 부으니 그는 다시 실신했다. 정신이 들어보니 의사가 혈압을 재고 있었다. 말 그대로 죽지 않을 만큼 고문하는 것이다. 고문은 밤을 새우며 여러 차례 반복됐다. 김영삼 의원의 측근으로 알려진 최형우 의원 유신 선포와 함께 고초당한 증언이다.

최 의원은 1980년 전두환의 신군부 내란 때도 보안사에 끌려가 똑같은 악행을 당한다. 그는 김영삼 정부가 들어선 후 집권당 사무총장과 내무부 장관을 지낸 실세가 됐다. 그렇게 못된 악행을 당하고도 가해자 후예들과 손잡고 3당 합당으로 집권한 실세 그룹이었지만 그 악행을 되갚아주지는 못했다.

VI. 결어: 군사 권위주의의 정치적 유산

박정희 정권에 대해 경제개발을 치적으로 들면서 긍정적으로 평가하려는 경향이 외국 학자들 사이에 강하다.[11] 특히 유신체제와 같은 1인 독재에 대해서도 국가 자원과 국민을 효율적으로 조직하고 동원해 '한강의 기적'이라는 경제성장에 성공한 사례라고 제시되곤 한다. 국내에서도 일부 보수우파 지식인과 지역적으로 그런 입장이 상존하며 여기에 '박정희 향수병'의 배경이 깔려 있다.

어느 나라나 군사정권이 긍정적으로 평가받는 부분이 있다면 그것은 경제성장의 추진력일 것이다. 개발독재 방식이라고 해도 가난의 고통에서 벗어나는 것을 최고 가치로 여기는 일반 대중에게는 집권 세력의 경제성장 의지가 가장 어필했다. 가난한 민주정치보다도 경제적 여유가 보장된 독재가 더 좋다는 생각인 것이다. 서구학자 중엔 그것을 특히 아시아적 가치 중 하나라고 지적하는 사람이 있지만, 선진국에서도 빈민층의 경우 비슷한 생각을 할 가능성은 적지 않다.

그러나 한국의 경제성장은 군사 권위주의 체제의 강력한 리더십이나 근대화 의지가 주요 원동력이었다고 보기 어렵다. 한국 경제성장의 배경에 대해서는 개발독재 이외에도 6·25전쟁 이후 미국의 경제원조나 일제 식민지 시대 건설된 전기, 철도, 도로, 항만 같은 인프라가 큰 힘이 됐다고 보는 학자들도 있다. 이른바 식민지 근대화론이다.

---

11 미국 하버드대의 한국학 연구자들 상당수가 그런 입장을 보였다. 김재홍, 『박정희의 유산』, 190-210.

이는 모두 잘못된 가설이다. 만일 미국의 경제원조가 원동력이었다면 한국의 경제성장은 박정희 시대보다는 이승만 정권 때 더 크게 이루어졌을 것이다. 또 일본이 남겨놓은 인프라 덕이라면 그것이 집중돼 있었던 북한이 한국보다 훨씬 더 경제발전을 이루었어야 옳다.

한국의 경제성장은 군사정권의 리더십이나 외국의 지원보다도 한국민의 대중적 투지가 가장 큰 원동력이었다. 한국민이 일제 식민통치 종식 후 15년 이상 서구 민주주의와 자본주의를 교육받은 시점인 60년대 중반 이후 70년대 들어 경제성장이 본격화됐다는 사실에 주목해야 할 것이다. 특히 해방 후 신교육을 받은 세대로 60년대 중반 20대 중반 이후 30대가 된 사회 기간 계층이 서구 자본주의에 의한 경제번영을 꿈으로 간직하고 있었다. 바로 그 시점에 박정희 소장이 쿠데타를 일으켜 가난 추방과 조국 근대화 기치를 내걸어 국민 대중의 꿈에 영합한 것이라고 보아야 한다.

70년대 한국의 경제 기적은 군사 권위주의 체제의 개발독재가 아니라 서구식 교육을 받으며 성장한 청·장년 세대가 산업과 수출 전쟁에서 선봉 역으로 피땀을 흘린 결과다. 어떤 정치가의 리더십도 국민 대중의 피땀보다 더 중요한 역할을 한 것으로 평가할 수 없다. 박정희의 공과를 따질 때 흔히 경제개발을 내세우지만 한강의 기적은 정권이나 지도자 역할보다는 가난을 벗고 번영을 희구하는 전국민적 투지가 더 큰 동인이었다.

한국에서 군의 정치개입은 시민사회에 비해 군 장교들의 지적 능력과 책임 의식 그리고 조직력이 상대적으로 높았기 때문에 비롯됐다고 여겨진다. 현대적 교육 수준, 국가공동체에 대한 책임 의식, 자긍심, 동료들 간의 응집력 면에서 정규 육군사관학교 출신 장교들이 다른 명문 대학 졸업생들보다 우위에 있었던 것이 해방 후 60년대 초까지의 상황이었다. 일제 식민통치 시대 일본 육사를 졸업한 박정희 소장도 사회계층적으로 마찬가지 위치였다. 그러나 늦어도 70년대 이후엔 성숙한 시민사회가 군부보다 우위에 올라선 것으로 보아야 할 것이다. 군사정권에 대한 시민 항거들이 그것을 입증한다.

50년대 후반 정규 육군사관학교에서 일한 한 미군 군사 고문관은 당시 생도들이 고급장교가 되면 한국 사회를 장악할 것이라고 예상했다. 군부가 왜 문민정부에 반란을 일으키는가의 의문보다도 거꾸로 어떻게 그때까지 복종해 왔는지가 놀라운 일이라고 해야 할 것이다. 군부 정치 연구에 지평을 넓힌 새뮤얼 파이너가 『마상馬上의 인물』(*The*

Man on Horseback, 1962)에서 갈파한 내용이다.[12]

　1960년대 후진국들에서는 군부 쿠데타가 대유행이었다. 박정희 소장의 쿠데타도 그런 후진국 현상에 영향을 받았을 것이다. 일부 학자들은 5·16쿠데타가 후진국들에 유행이었다고 제시하고 한국도 그런 일환으로 보면서 쿠데타 주모자들에 대한 역사적 책임과 비판을 희석시키려는 주장도 시도한다. 그러나 감기가 유행한다고 해도 건강하고 경계심을 가진 사람은 감염되지 않는다. 아무리 후진국 쿠데타가 유행했다고 해도 국민과 정부가 군을 제대로 장악하고 예방했더라면 5·16과 같은 소수 정치군인의 집권은 없었을 터다.

　군사정권이 안정기에 들어간 60년대 후반 이후 한국 정치는 중앙정보부 보안사령부 대통령경호실이 좌지우지했다. 대통령 외에 공식적인 국가 권력 구조의 5대 기둥은 국무총리, 집권당 대표위원, 국회의장, 대통령 비서실장, 중앙정보부장이었다. 그러나 이들 중 대부분 군 출신이었던 중앙정보부장이 나머지 4인의 고용된 민간 정치인들을 항상 조정 통제했다. 그리고 국정의 중요한 문제일수록 그런 공식적 권력 구조보다는 막후의 군 출신 실세들이 결정했다. 그 과정이 바로 중앙정보부 보안사령부 경호실 등의 공작정치였다. 70-80년대를 통틀어 박정희 정권과 함께 전두환 정권이 남긴 폐해 중 첫째는 바로 이같은 공작정치 관행이다.

　두 번째로는 군사정권의 핵심권력자들이 거의 모두 영남 출신의 동향인이어서 지역편중 인물 등용과 그 지역에 편중된 개발정책을 구조화했다. 한국 현대 정치사에서 가장 치유하기 어려운 고질병인 지역감정을 만들어 놓은 장본인이 박정희 정권이었다.

　셋째, 사회계층적으로 군인이며 학연으로 육군사관학교 출신 그리고 지역적으로 영남이라는 매우 동질적인 소수 세력이 각 분야에서 지배권을 행사하는 소수지배체제(oligarchy)를 뿌리내렸다.

　넷째, 군사정권은 특히 언론에 대해 적대적이어서 비판적 언론인 강제 해직과 언론 통제를 자행했다. 박정희·전두환 정권이 종식된 뒤에야 언론 자유가 정상화됐다.

---

12 군부의 정치개입과 민-군 관계에 대한 비교정치론적 연구서로 다음을 참조할 것. Samuel E. Finer, *The Man on Horseback: The Role of the Military in Politics* (London: Pall Mall Press, 1962).

다섯째, 경제정책도 민간기업이나 전문가 중심으로 자율성을 존중하는 것이 아니라 정부가 주도했다. 내자 동원, 은행 여신과 외자 배분을 모두 정부가 결정하는 전형적인 관치경제였다.

무엇보다도 32년간의 군사정권 체제는 권위주의에 굴종하고 냉소적인 신민형(臣民型) 정치 문화(subject political culture)를 키웠다. 아직도 그 후유증은 심각하다. 권위주의형 지도자와 일사불란한 정치 질서를 갈구하는 신드롬이 나타나는 것이 그것이다. 박정희 향수도 바로 신민 문화의 소산이다. 일제강점기 36년과 박정희로부터 비롯된 군정 체제 32년을 거치면서 권위주의에 굴종하는 신민형 문화가 고질화된 것이 우리의 현대 정치사였다. 그와 함께 많은 기대를 모았던 이른바 문민정치가 허상으로 드러나자 그에 대한 복고반동의 심리가 박정희 체제에 대한 우민적(愚民的) 향수로 이어진 것은 가슴 아픈 일이 아닐 수 없다.

대중적으로는 신민 문화이면서 다른 한편 언론 대학 종교 노조 등의 중간 집단은 정부 불신, 저항, 불복종 그리고 분열적인 정치 문화에 젖었다. 정치 문화의 이런 이중구조 때문에 민주화와 국가 발전에 필수적 요소인 협력과 통합의 토양이 말살됐다. 아직도 잔존해 있는 군사 정권의 나쁜 유산을 청산하기 위해 힘을 모아가는 것이 앞으로 한 국민의 역사적 과제이다.

그런 역사적 과제를 성취하기 위해서는 사회변혁운동 중에서도 박정희 정권 때부터 젊은 지식인으로서 민주화와 민족문제 해결을 위해 순수하게 헌신한 학생운동의 정신이 연면히 계승돼야 할 것이다. 한국의 현대 정치사에서 3선개헌 이후 민주와 반민주의 흐름을 정리해 보면 3선개헌과 대학 병영화 음모에 항거한 1969-1971년의 학생운동을 시발로, △ 1974년 민주청년학생총연맹 △ 1975년 이후 대통령 긴급조치 반대와 자유언론 운동 △ 1980년 서울의 봄 당시 대학가 민주화운동 △ 1980년 5·18광주항쟁과 이를 보도하기 위한 자유언론운동 △ 1987년 6월시민항쟁이 각기 시대 상황에 따라 반독재 민주화운동으로 분출돼왔다.

김영삼 정부로 문민화를 거쳤고, 김대중 정부로 최초의 여야 간 정권교체를 이루었으며, 이어 노무현·문재인 정부의 정권교체로 민주화가 진전됐다. 특히 2016 촛불 시민혁명은 나라의 주인이 국민이라는 국민주권 이념을 재확인시켜 주었다. 그러나 정권

교체와 사회 권력 교체는 별개 문제였다. 오랜 군사-보수 정권이 남긴 수구적 사회 지배 세력은 아직도 실질적으로 청산되지 못하고 곳곳에 할거하고 있는 형국이다. 민주화 세력으로 정권교체는 이루어졌지만 사회 지배 세력의 민주화는 아직도 요원한 실정이다.

참 고 문 헌

김영국.『민주화와 학생운동의 방향』. 서울: 대왕사, 1991.

김재홍.『군부와 권력』. 서울: 나남, 1993.

_____.『軍 1: 정치장교와 폭탄주』. 서울: 동아일보사, 1994.

_____.『軍 2: 핵 개발 극비작전』. 서울: 동아일보사, 1994.

_____.『박정희살해사건비공개진술全녹음: 운명의 술 시바스』. 서울: 동아일보사, 1994.

_____.『박정희살해사건비공개진술全녹음: 대통령의 밤과 여자』. 서울: 동아일보사, 1994.

_____.『박정희의 유산』. 서울: 푸른 숲, 1998.

_____.『누가 박정희를 용서했는가』. 서울: 책보세, 2012.

_____.『박정희의 후예들』. 서울: 책보세, 2012.

_____.『박정희 유전자』. 서울: 개마고원, 2012.

_____. "군 개혁의 현황과 전망."「계간 비판」1993년 가을호.

_____. "군정 권력기관의 탈바꿈."「계간 비판」1993년 겨울호.

_____. "한국 군사 권위주의 체제(1961-92)가 남긴 유산." 세종연구소·미국 민주주의재단 공동주최 데모크라시 포럼 제1차 국제학술회의 주제발표 논문, 1999년 7월 14일.

_____. "1970년대의 한국정치와 민주화운동." 71동지회 편,『나의 청춘 나의 조국』. 서울: 나남, 2001.

_____. "1980년 신군부의 정치사회학: 정치군벌 하나회의 정권 찬탈 내란과정." 민주화운동기념사업회 주최 5·18민중항쟁30주년기념 학술토론회 주제발표 논문, 2010년 5월 18일.

_____. "절차적 민주주의와 국가 균형발전 파괴한 특혜형 독재정치."『5·16, 우리에게 무엇인가』. 서울:민주평화복지포럼, 2011.

_____. "박근혜 정부, 정치적 정통성을 묻는다."「경향신문」, 2013년 10월 1일 자.

_____. "박근혜 정부, 다시 정통성을 묻는다."「경향신문」, 2013년 10월 28일 자.

_____. "촛불집회와 민주주의." (사)한국정치평론학회·경희대 공공대학원 공동주최 학술대회 기조발제 논문, 2017년 11월 27일.

_____. "부마민주항쟁의 역사적 배경과 의미: 부마항쟁과 2016촛불의 역사적 동질성." 부마민주항쟁기념사업회 주최 학술심포지엄 주제발표 논문, 2017년 11월 10일.

_____. "3·1운동과 2016촛불의 국민주권 사상." (사)한국정치평론학회 주최 3·1운동100주년기념 학술회의 기조발제 논문, 2019년 4월 3일.

_____. "10·26사건 수사권 발동의 기억."「매일경제」, 2019년 10월 11일 자.

_____. "국민주권 역사, 3·1과 촛불의 동질성."「매일경제」, 2019년 1월 25일 자.

_____. "국민주권 역사, 3·1과 촛불의 동질성(2)." 「매일경제」, 2019년 3월 1일 자.

_____. "국민주권 역사, 3·1과 촛불의 동질성(3)." 「매일경제」, 2019년 4월 12일 자.

_____. "김재홍 칼럼: 남산의 부장들과 정치군벌 하나회." 「매일경제」, 2020년 2월 24일 자.

_____. "김재홍 칼럼: 5·18광주, 정치군벌 하나회를 생각한다." 「매일경제」, 2020년 5월 15일 자.

이한림. 『세기의 격랑』. 서울: 팔복원, 1994.

정상용·조홍규·이해찬 외. 『광주민중항쟁』. 서울: 돌베개, 1990.

지병문·김용철·천성권. 『현대 한국정치의 새로운 인식』. 서울: 박영사, 2001.

Cumings, Bruce. "South Korea's Academic Lobby." *Japan Policy Research Institute Occasional Paper* NO.7(May 1996).

Finer, Samuel E.. *The Man on Horseback: The Role of the Military in Politics*. London: Pall Mall Press, 1962.

Janowitz, Morris(ed.). *The New Military: Changing Patterns of Organization*. New York: The Norton Library, 1969.

Lasswell, Harold. *Power and Personality*. New York: W.W.Norton, 1948.

「동아일보」; 「한국일보」. 1971년 1월 1일~12월 31일 자.

「신동아」. 1971년 12월호.

71동지회 편. 『자유, 너 영원한 활화산이여』. 서울: 나남, 1991.

제헌헌법의 정신에 비추어 본 유신헌법

임지봉

(서강대 법학전문대학원 교수, 참여연대 사법감시센터 소장)

I. 서론: 문제의 제기

며칠 후면 제헌절이다. 우리 대한민국의 헌법이 제정된 날인 1948년 7월 17일을 기념하는 국경일이 이날이다. 미군정이 1947년 3월 17일에 군정법령 제175호로 임시입법원에서 제정한 국회의원선거법에 따라 치러진 우리 역사상 최초의 1948년 5·10선거에 의해 구성된 초대 국회는 국회 내에 헌법기초위원회를 설치하고, 1948년 6월 3일부터 유진오 안을 원안으로 하고 권승렬 안을 참고 안으로 하여 헌법 초안의 작성에 들어갔다. 그 후 국회본회의에서 헌법 초안에 대해 많은 질의와 토론이 전개되었고, 6월 30일에 제1 독회, 7월 7일에 제2 독회 그리고 7월 12일에 제3 독회를 끝내고 국회를 통과하였다. 이렇게 국회를 통과한 제헌헌법은 당시 이승만 국회의장의 서명을 거쳐 7월 17일 오전 10시에 국회의사당 앞에서 공포식을 통해 공포되었다.[1]

이 제헌헌법은 그 전문(前文)을 "유구한 역사와 전통에 빛나는 우리 대한 국민은 기미 삼일운동으로 대한민국을 건립하여 세계에 선포한 위대한 독립정신을 계승하여"라는 말로 시작함으로써 대한민국이 3·1운동으로 상징되는 상해 임시정부의 '후속 국가'임을 분명히 하였으며, 제헌헌법의 정신이자 기본원리로서 민주주의 원리, 법치국가

---

[1] 제헌헌법의 제정과정에 대해 자세히는 김영수, 「한국헌법사」 수정증보판 (학문사, 2001년) 401-402.

원리, 사회국가 원리를 제시하였다.[2]

이 가운데 우리 제헌헌법 이래로 우리 헌법이 헌법 정신으로 추구하는 민주주의는 대부분의 헌법학자에 의해, 개인의 자유와 자율을 존중하는 '자유민주주의'와 현대 복지국가에서 경제민주화를 강조하는 '사회민주주의,' 간접민주정치 하의 민주주의를 일컫는 '대의민주주의,' 정당이 민주주의 운영의 중심이 되는 '정당제민주주의' 등 여러 민주주의 이념을 아우르는 넓은 의미로 받아들여지고 있다.[3] 그러면서 특히 자유민주주의는 정치 생활 영역에서 민주주의 이념으로, 사회민주주의는 경제 생활 영역에서의 민주주의 이념으로 강조되고 있다.

많은 헌법학자에 의해 1972년의 제7차 개정 헌법인 일명 '유신헌법'은 우리 헌정사에서 '최악의 헌법'으로 평가되고 있다.[4] 심지어 "아마도 전 세계에 걸쳐 그리고 인류의 헌법사에 있어서 이처럼 헌법의 이름 하에 한 개인이 자신의 권력을 이토록 거침없이 추구한 사례는 달리 없을 것이다"라는[5] 혹평을 가하는 학자들도 적지 않다. 본 연구는 유신헌법의 문제점을 정치영역의 민주주의 이념인 자유민주주의 이념에 입각해 분석하고 논증하는 것을 그 목적으로 삼는다. 이를 위해 다음에서는 우선 유신헌법의 개정 과정과 주요 내용에 대해 개관해보고, 우리 헌법상의 기본원리의 하나인 자유민주주의 이념에 대해 살펴본 후, 유신헌법의 반(反)자유민주적 성격에 대해 분석하고 논증함으로써 유신헌법이 우리 민주주의 헌정의 발전에 끼친 악영향에 대해 평가해본다.

---

2 제헌헌법의 세 가지 기본원리에 대해 자세히는 김영수, 위의 책, 416-420 참조.

3 이러한 입장의 예로서, 권영성, 「헌법학원론」(법문사, 2010년), 112 참조.

4 예를 들어, 성낙인, "유신헌법의 역사적 평가," 한국공법학회, 「공법연구」 제31집 제2호(2002년 12월), 2.

5 김선택, "유신헌법의 불법성 논증," 「고려법학」 제49호(고려대학교 법학연구원, 2007), 176 참조.

II. 유신헌법의 개정 과정과 주요 내용

1. 유신헌법의 개정 과정

당시 박정희 대통령은 1971년의 제7대 대통령 선거에서 야당 김대중 후보를 근소한 표차로 누르고 가까스로 3선에 당선되었고, 동년 8월의 국회의원 선거에서도 여당인 민주공화당의 의석수는 대폭 감소하고 야당인 신민당의 의석수는 대폭 증가하는 결과가 나타났다. 그러자 국회에서 여야의 대립이 심해졌고, 야당의 견제를 달가워하지 않았던 박정희 대통령은 북한 남침 위협 등을 이유로 동년 11월에 국가비상사태를 선포했으며, 이러한 비상사태의 법적 근거를 마련하기 위해 동년 12월에는 초헌법적인 국가긴급권의 발동을 내용으로 하는 '국가보위에 관한 특별조치법'을 제정했다. 또한 한편으로는 남북 간의 비밀접촉을 통하여 '7·4 남북공동성명'을 발표하는 등 통일의 분위기를 띄워 정권 유지에 이용하였다.

1972년 10월 17일에 박정희 대통령은 남북대화의 적극적인 전개와 급변하는 주변 정세의 대처를 이유로 대통령 특별선언의 형식으로 헌법 일부 조항의 효력을 정지시키고 전국에 비상계엄을 선포하는 '10·17 비상조치'를 단행하였다. 이 조치로 국회가 해산되고, 정당 활동 등 정치 활동이 금지되었으며, 이 조치는 대통령이 임명한 국무위원들로 구성된 비상국무회의가 국회의 권한을 수행하도록 했고, 평화통일을 지향하는 헌법 개정안을 공고해 이를 국민투표에 붙이도록 했으며, 1972년 말 이전에 개정헌법을 확정하고 헌법 질서를 정상화할 것 등을 내용으로 하였다. 유신헌법 선포의 사전 정지 작업이었던 이 10·17 비상조치는 당시 헌법에 아무런 근거도 없이 발령된 것이었다. 당시 효력을 발생하고 있던 1969년의 제6차 개정헌법은 제119조에서 제121조에 걸쳐 헌법개정의 절차를 규정하고 있었다. 당시 헌법 제119조는[6] 국회 재적의원 3분의 1 이상 또는 국회의원선거권자 50만 명 이상이 헌법 개정을 발의할 수 있고, 대통령이 30

---

6 당시 헌법 제119조는 "① 헌법개정의 제안은 국회의 재적의원 3분의 1 이상 또는 국회의원선거권자 50만인 이상의 찬성으로써 한다. ② 제안된 헌법 개정안은 대통령이 30일 이상의 기간 이를 공고하여야 한다"고 규정하고 있었다.

일 이상 이를 공고해야 함을 규정했고, 제120조는7 국회 재적의원 3분의 2 이상의 찬성을 통한 국회 의결을, 제121조는8 국회의원선거권자 과반수의 투표와 투표자 과반수의 찬성을 통한 국민투표로서 헌법개정 확정을 규정하고 있었다.

이 '10.17 비상조치'에 근거해 1972년 10월 26일 비상국무회의에서 헌법 개정안에 대한 축조심의를 마치고, 10월 27일에 개정헌법안을 의결·공고하였다. 당시 헌법 제119조에 따른 국회 재적의원 3분의 1 이상 또는 국회의원선거권자 50만 명 이상의 헌법 개정안 발의는 없었다. 또한 당시 헌법 제120조에 따른 국회 재적의원 3분의 2 이상의 찬성을 통한 의결도 없이 같은 해 11월 21일에 바로 국민 투표에 붙여져 당시 선거인 15,676,359명 중에서 14,410,714명이 투표에 참여해 91.9%라는 높은 투표율을 기록하였고, 그 결과 찬성 13,186,559명, 반대 1,106,143명, 무효 118,102명으로 91.5%의 높은 찬성률을 보여주었다.9

2. 유신헌법의 주요 내용

유신헌법의 주요 내용을 기본권, 통치구조 등으로 나누어 살펴보자. 우선 기본권에 있어서는 많은 기본권 조항이 축소되고 삭제되는 등 국민 기본권의 후퇴를 가져오는 내용들이 많았다.

첫째, 자유권적 기본권이 크게 약화되었다. 구속적부심사제 조항을 삭제하고, 자백의 증거능력 제한 규정을 폐지하는 등 신체의 자유 보장이 축소되었고, 언론·출판·집회·결사의 자유에 대한 허가나 검열을 금지한다는 헌법상의 명문 규정도 삭제하였다.

둘째, 공무원의 노동 3권을 원칙적으로 금지하고 예외적으로만 법률에 따라 허용하는 등 노동 3권의 주체와 범위가 대폭 제한되는 식으로 사회적 기본권도 약화되었다.

---

7 당시 헌법 제120조는 "① 국회는 헌법 개정안이 공고된 날로부터 60일 이내에 이를 의결하여야 한다. ② 헌법 개정안에 대한 국회의 의결은 재적의원 3분의 2 이상의 찬성을 얻어야 한다"고 규정하고 있었다.

8 당시 헌법 제121조는 "① 헌법 개정안은 국회가 의결한 후 60일 이내에 국민투표에 붙여 국회의원선거권자 과반수의 투표와 투표자 과반수의 찬성을 얻어야 한다. ② 헌법 개정안이 전항의 찬성을 얻은 때에는 헌법개정은 확정되며, 대통령은 즉시 이를 공포하여야 한다"고 규정하고 있었다.

9 투표 통계에 관해 자세히는 김영수, 「한국헌법사」 수정증보판(서울: 학문사, 2001년), 559 참조

셋째, 기본권 제한의 한계 조항에서 기본권 제한의 목적으로 질서 유지와 공공복리 이외에 '국가안전보장'이 추가되었고, 기본권 제한 시에도 그 기본권의 본질적 내용은 침해할 수 없다는 조항이 삭제되었다.

통치 구조와 관련해서도 대통령의 권한이 대폭 강화되었고, 상대적으로 국회와 법원의 권한은 많이 약화되었다.

첫째, 대통령의 중임제한규정을 삭제하고,[10] 대통령을 통일주체국민회의에서 간선하게 함으로써 영구 집권을 가능하게 했다. 대통령은 국회 해산권을 가지는 이외에도 국회의 동의를 요하지 않는 막강한 긴급조치권을 가질 수 있게 되었고, 국회의원정수의 3분의 1에 해당하는 소위 유정회 국회의원에 대한 추천권을 행사할 수 있게 되었다.

둘째, 국민의 선거로 2,000명 내지 5,000명의 규모로 된 통일주체국민회의를 설치하여 이 기관이 대통령을 선출하며, 국회의원정수의 3분의 1에 해당하는 유정회 국회의원을 대통령의 추천을 받아 선출하게 하였다.

셋째, 헌법개정의 절차를 이원화하여 대통령이 발의한 헌법 개정안은 국민투표로 확정하게 하고, 국회의원 재적과반수가 발의한 헌법 개정안은 통일주체국민회의에서 이를 확정하게 했다. 그 전 헌법까지는 헌법 개정의 절차가[11] 일원화되어, 대통령과 일정수 이상의 국회의원이 발의한 헌법 개정안을 공고를 거쳐 국회가 의결하고 국민투표로 확정하게 하고 있었다.

---

10 1962년의 제5차 개정헌법은 의원내각제에서 대통령제로 환원하면서 대통령의 임기를 제1공화국 헌법처럼 4년 임기에 1차 중임을 규정했지만, 1969년의 제6차 개정헌법은 임기는 4년으로 유지하되 3기 동안 계속 재임할 수 있게 했었다. 이런 이유로 1969년의 제6차 개헌을 '三選改憲'이라 부르기도 한다.

11 예를 들어, 유신헌법 전까지 통용되던 1969년의 제6차 개정헌법은 헌법 개정안의 발의와 공고를 규정한 제119조에서 "① 헌법개정의 제안은 국회의 재적의원 3분의 1 이상 또는 국회의원선거권자 50만인 이상의 찬성으로써 한다. ② 제안된 헌법 개정안은 대통령이 30일 이상의 기간 이를 공고하여야 한다"고 규정했고, 헌법 개정안의 국회의결을 규정한 헌법 제120조에서는 "① 국회는 헌법 개정안이 공고된 날로부터 60일 이내에 이를 의결하여야 한다 ② 헌법 개정안에 대한 국회의 의결은 재적의원 3분의 2이상의 찬성을 얻어야 한다"고 규정했으며, 헌법 개정안에 대한 국민투표와 공포를 규정한 헌법 제121조에서는 "① 헌법 개정안은 국회가 의결한 후 60일 이내에 국민투표에 붙여 국회의원선거권자 과반수의 투표와 투표자 과반수의 찬성을 얻어야 한다. ② 헌법 개정안이 전항의 찬성을 얻은 때에는 헌법개정은 확정되며 대통령은 즉시 이를 공포하여야 한다"고 규정하고 있었다.

넷째, 국회의 권한은 대폭 축소되었다. 헌법에 의해 국회의 회기가 단축되었고, 국회가 행정부와 사법부에 대해 국정 전반에 걸친 정기적 감사를 행하던 국회의 국정감사권이 폐지되었다.

다섯째, 대통령에게 '국가의 중요한 정책'에 대해 국민투표에 부의해 직접 국민의 뜻을 물어 결정할 수 있는 국가 중요정책에 대한 국민투표부의권이 규정되었다.

여섯째, 대법원장뿐만 아니라 모든 판사를 대통령이 임명, 보직하거나 파면할 수 있게 하였다.

일곱째, 지방자치단체의 구성과 권한에 관한 규정이 그 이전 헌법에 있었는데, 그중에서 특히 지방의회의 구성은 통일 이후로 미루었다.

이러한 유신헌법의 통치구조조항들에 대해 "권위적인 대통령 권력의 인격화를 제도화함으로써 현대판 집행부 권력 독점 체제의 한 전형을 보여주고 있다"는[12] 비판이 가해진다.

III. 자유민주주의의 내용

우리 헌법이 기본원리의 하나로 삼고 있는 '자유민주주의'는 '자유주의'와 '민주주의'의 합성어이다. 이때 '자유주의'란 18세기에 절대왕정의 자유 탄압에 항거해 일으킨 시민혁명에서 승리해 근대 시민국가를 연 시민계급들이 주장한 정치적 이데올로기답게 "국가권력의 간섭을 배제하고 개인의 자유와 자율을 옹호하고 존중할 것을 요구하는 사상적 입장"[13]을 말한다. 또한 '민주주의'란 간단히 말해서 "국민에 의한 지배 또는 국가권력이 국민에게 귀속되는 것을 내용적 특징으로 하는 정치원리"라[14] 할 수 있다.

우리 헌법은 전문에서 "자유민주적 기본질서를 더욱 확고히 하여"라고 규정한다든가, 평화통일조항인 헌법 제4조에서 "대한민국은⋯ 자유민주적 기본질서에 입각한 평

---

12 성낙인, 「헌법학」(법문사, 2009년) 77면.
13 권영성, 전게서, 136면
14 Ibid.

화적 통일정책을 수립하고 이를 추진한다"라고 규정함으로써 자유민주주의에 대한 명문규정을 둠으로써 현행 헌법이 추구하는 민주주의의 하나로 헌법 제119조 제2항을 위시한 경제 질서 조항이나 사회적 기본권조항 등에서 언급된 '사회민주주의'와 함께 '자유민주주의'를 들고 있다.

자유주의와 민주주의의 합성어인 자유민주주의를 독일연방헌법재판소는 "모든 폭력적 지배와 자의적 지배를 배제하고, 그때그때의 다수의 의사와 자유 및 평등에 의거한 국민의 자기 결정을 토대로 하는 법치국가적 통치질서"라고[15] 일찍이 정의했다. 그러면서 자유민주주의의 내용적 요소로서 인간의 존엄과 인권의 보장, 국민주권의 원리, 권력 분립의 원리, 책임정치의 원리, 행정의 합법률성, 사법권의 독립, 복수정당제와 정당 활동의 자유를 들고 있다.[16]

우리 헌법재판소는 자유민주주의에 대한 이러한 독일연방헌법재판소의 견해를 거의 그대로 받아들여, 자유민주주의를 "자유민주적 기본 질서라 함은 모든 폭력적 지배와 자의적 지배, 즉 반국가단체의 1인 독재 내지 1당 독재를 배제하고 다수의 의사에 의한 국민의 자치·자유·평등의 기본원칙에 바탕한 법치국가적 통치질서"라고[17] 판결을 통해 정의 내리고, 이러한 자유민주주의의 내용적 요소로서 "기본적 인권의 존중, 권력분립, 의회제도, 복수정당제도, 선거제도, 사유재산제와 시장경제를 골간으로 하는 경제질서 및 사법권의 독립"를 든 바 있다. 여기에서 알 수 있는 바와 같이 자유주의와 민주주의의 합성어인 자유민주주의는 다음을 그 내용적 요소로 하고 있다.[18]

첫째, 기본적 인권의 존중이다. 국민의 기본권 보장은 자유민주주의의 핵심적 요소이다. 그중에서도 특히 양심·사상의 자유, 종교의 자유, 학문·예술의 자유, 언론·출판·집회·결사의 자유와 같은 표현의 자유는 정신적 자유권으로서, 자유민주주의를 실현하고 유지하는 데 꼭 필요한 중요한 기본권들로 취급된다.

둘째, 권력 분립의 원리이다. 근대 이후 세계 민주 국가들에서 기본원리로 받아들이

---

15 BVerfGE 2, 1[12]; BVerfGE 12, 45[51].

16 Ibid.

17 헌재 1990. 4. 2. 89헌가113, 헌판집 제2권 49면.

18 자유민주주의의 내용적 요소에 대한 설명에 대해 자세히는 권영성, 전게서 137-139 참조.

고 있는 권력 분립의 원리란 국민의 자유와 권리를 보장하기 위하여 국가권력을 입법권, 집행권, 사법권으로 분할하고, 이들 권력을 각각 분리·독립된 별개의 국가기관들에 분산시킴으로써, 특정의 개인이나 집단에게 국가권력이 집중되지 않도록 함을 물론 권력 상호 간에 견제를 통한 균형 관계가 유지되도록 하는 통치구조의 구성원리를 말한다.19 우리 헌법도 입법권은 국회에, 행정권은 대통령을 수반으로 하는 정부에, 사법권은 법관으로 구성된 법원에 속한다고 규정함으로써 권력분립원리를 받아들이고 있다.

셋째, 의회제도이다. 국민의 대표로 구성되는 의회가 공개와 토론의 과정을 통해 입법이나 정책을 결정하는 등 국정 운영이 의회를 중심으로 이루어지는 정치제도를 의미하는 이 의회제도는 우리 헌법을 비롯해 현대 모든 민주국가 헌법이 받아들이고 있는 제도이다.

넷째, 복수정당제도이다. 둘 이상의 정당이 존립하고 자유롭게 활동할 수 있는 정당제도를 의미하는 이 복수정당제도는 자유민주주의를 위해 필수적인 정치제도이다. 우리 헌법도 제8조 제1항에서 명문 규정을 통해 복수정당제도를 받아들이고 있다.

다섯째, 민주적인 선거제도이다. 민주적인 선거제도가 존재해야지만 국민의 민의를 제대로 반영하는 자유민주주의가 실현될 수 있는 것이다. 이러한 의미에서 민주적 선거제도는 자유민주적 정치의 성패를 결정짓는 중요한 헌법적 장치이다.

여섯째, 사유재산제와 시장경제를 골간으로 하는 경제 질서이다. 우리 헌법도 제23조 제1항에서 재산권 규정을 통해 사유재산제를 보장하고 있고, 제119조 제2항에서 경제민주화를 위한 국가의 부분적인 규제와 조정을 인정하면서도 그 근간은 제119조 제1항의 자유시장경제임을 선언하고 있다.

일곱째, 사법권 독립이다. 재판을 담당하는 법관이 누구의 지시나 명령에도 구속되지 않을 수 있어야 재판을 통해 국민의 자유가 확보될 수 있으므로, 사법권 독립은 자유민주주의의 필수적 요소이다. 우리 헌법도 "법관은 헌법과 법률에 의하여 그 양심에 따라 독립하여 심판한다"라고 규정하고 있는 제103조 제1항 등을 통해 사법권 독립의 근거규정들을 두고 있다.

---

19 권력분립원리의 의의에 대해 자세히는 권영성, 전게서, 745 참조.

IV. 유신헌법의 반(反)자유민주적 성격에 대한 분석

1. 국민주권 원리에 위배

유신헌법 제37조 제1항은 "통일주체국민회의의 대의원으로 될 수 있는 자는 국회의원의 선거권이 있고 선거일 현재 30세에 달한 자로서 조국의 평화적 통일을 위하여 국민주권을 성실히 행사할 수 있는 자라야 한다"고 규정하여 주권을 국민으로부터 빼앗아 통일주체국민회의라는 어용 기관으로 하여금 대신 행사하도록 하고 있다.[20]

통일주체국민회의라는 기관은 세계 헌정사에서 유래를 찾아볼 수 없는 전무후무한 기관으로서[21] "조국의 평화적 통일"이라는 국가 목표를 구실로 유신헌법 제38조에 의해 통일정책을 심의·의결할 권한 이외에도, 제39조의 대통령선출권, 제41조의 국회가 발의한 헌법 개정안의 확정권, 제40조의 대통령이 일괄 추천하는 국회의원 정수 3분의 1에 해당하는 후보자를 국회의원으로 선거할 권한 등 강력한 권한들을 부여받고 있었다. 이것은 주권자인 국민의 주권행사의 방법 중 하나인 대통령에 대한 선거권을 통일주체국민회의라는 '어용기관'이 빼앗은 것을 의미했으며, 국회의원들에 대한 직접선거를 통해 국민이 가지는 국회의석구도결정권을 또한 통일주체국민회의의 국회의원 3분의 1에 의한 선거권에 의해 침해당함을 의미하는 것이었다.[22] 이를 두고 통일주체국민회의가 "집중·강화된 대통령 권한의 '사이비 정당화' 기관으로서 기능했던 것이며, 오직 대통령의 독재적 권력 행사에 '사이비 합법성'의 깃발을 부여하기 위한 시녀적 역할을 충실히 수행했을 뿐"이라는[23] 지적도 있다.

특히 통일주체국민회의에 의한 대통령의 간접선출은 사실상 박정희 당시 대통령의 영구 집권을 의미하는 것이었다. 실제로 유신헌법에 근거한 첫 번째 대통령 선거인

---

20 이러한 문제점에 대해 자세히는 김선택, 전게 논문, 178 참조.

21 통일주체국민회의는 한국헌법사에 있어 보기 드문 특이한 제도이며 외국의 입법례에서도 찾아보기 어려운 제도라고 한다. 성낙인, "유신헌법의 역사적 평가," 전게 논문, 16.

22 같은 견해로 김선택, 전게 논문, 179 참조.

23 양건, "한국헌법III: 제4공화국헌법 및 제5공화국헌법사의 개관," 「공법연구」 제17집(한국공법학회, 1989년 10월), 117.

1972년 12월 23일의 제8대 대통령 선거에서 당시 박정희 후보가 단독으로 입후보하여 통일주체국민회의 대의원 재적 2,359명 중 2,357표의 찬성표와 2표의 무효표가 나와 실로 만장일치에 가까운 득표 결과가 나왔고, 1978년 7월 6일의 제9대 대통령선거에서도 박정희 후보가 단독후보로 출마하여 재적 대의원 2,581명 중에 찬성표 2,577표, 무효 1표, 기권 3표, 반대 없음으로 당선되는 장충체육관에서의 일명 '체육관선거'가 실시되었다.[24] 통일주체국민회의의 대의원은 외견상은 통일의 주체적 역군으로 규정되었으나, 현실에서는 최고 권력자의 하수인으로서 역할을 할 수밖에 없었기 때문에 이런 의미에서 '어용기관'으로 평가될 수밖에 없다.[25]

국가의사를 전반적, 최종적으로 결정할 수 있는 대내적으로는 최고, 대외적으로는 독립된 힘을 의미하는 주권은 그야말로 최고의 권력이다. 이 주권의 중요한 특성의 하나로 '불가양성'이 있다. 즉, 주권은 민주국가에서 국민에게 있으며, 주권은 어떤 기관이나 개인에게 양도되거나 위임될 수 있는 것이 아니다. 통일주체국민회의라는 기관에 이 주권을 송두리째 위임하거나 양도하는 것은 따라서 '불가양성'이라는 주권의 본질에 반하는 것이다.

2. 권력분립 원리에 위배

유신헌법은 여러 명문 규정을 통해 이러한 권력분립원칙을 노골적으로 포기하고 있다. 우선 국회에 대해 국회의 권한을 대폭 축소하고 국회를 무력화시켜 국회가 대통령이 이끄는 행정부를 도저히 견제할 수 없게 만들어놓았다.[26] 첫째, 우리의 과거 헌법

---

24 성낙인, "유신헌법의 역사적 평가," 전게 논문, 18.

25 통일주체국민회의의 어용 기관성에 대해 자세히는 상게 논문, 16 참조.

26 대통령에게 권한이 집중된 대통령제라는 점에서, 유신헌법이 1958년 프랑스 제5공화국의 드골 헌법을 모방한 것이라는 지적이 있으나, 프랑스에서 드골 헌법의 등장은 프랑스 "제4공화국 정부의 무능과 취약함에 대한 국민적 요구의 수용이라면, 한국에서의 유신체제의 등장은 그렇지 않아도 강력한 대통령주의제적인 헌법 현실에서 대통령 권력의 인격화를 통한 전제주의체제적 성격을 띠고 있었다는 점에서 그 출발점에 있어서 근본적으로 상이한 시각"이라는 반론도 만만치 않다. 성낙인, "유신헌법의 역사적 평가," 상게 논문, 3-4면. 이러한 출현의 동인에 있어서의 차이점 이외에 그 규범의 실제, 그 운용의 실제에 있어서 유신헌법과 드골 헌법의 차이점에 대해 자세히는 성낙인, "프랑스 제5공화

들이나 다른 나라의 헌법들이 국회를 정부 기관 중 가장 앞에 규정했던 방식을 버리고 제3장 통일주체국민회의, 제4장 대통령, 제5장 정부에 이어 제6장에서 비로소 국회에 내한 규정을 두었다는 점부터가 유신헌법이 통일주체국민회의를 국가 기구의 정상에 설치하고 국회에 대한 무시의 경향을 드러낸 것으로 지적된다.

둘째, 유신헌법 제40조 제2항은 국회의원 정수의 3분의 1을 통일주체국민회의의 명목적 동의를 거쳐 대통령이 임명하게 하고 있다. 이것은 국회의 구성에 있어서부터 권력분립원리를 유린한 예이다. 국회의원의 3분의 1을 사실상 대통령이 임명함으로써 국민의 대표기관으로서 대통령과 대등하게 민주적 정당성의 한 축이 되어야 할 국회가 그 구성에서부터 민주적 정당성이 훼손되었고, 그 활동면에서도 사실상 무기력한 기구로 전락하고 말았다.[27]

셋째, 국정감사권은 우리 건국 헌법에서부터 국회에 부여된 중요한 국회의 대행정부(對行政府)·대사법부(對司法府) 견제 장치이다. 이 국정감사권을 유신헌법은 삭제함으로써 국회가 다른 부(府)를, 특히 대통령이 이끄는 행정부를 도저히 견제할 수 없게 무력화시켜 놓았다.

넷째, 유신헌법 제82조 제2항과 제3항은 국회의 회기를 정기회 90일 이내, 임시회 30일 이내, 정기회·임시회를 합하여 연 150일 이내로 단축시켜 놓았다. 이것은 국회의 활동을 제한하는 의미를 담고 있다.

다섯째, 유신헌법 제1조 제2항은 "국민은 그 대표자나 국민투표에 의하여 주권을 행사한다"고 규정함으로써 국민의 주권행사방법으로 간접민주제와 직접민주제를 병용하고 있다. 그리고 다시 제49조에서 대통령에게 국가 중요 정책에 대한 국민투표부의 권'을 규정함으로써, 사실상 대통령과 국회 권력이 충돌했을 때 대통령이 국회 권력을 우회하여 국민에게 직접 국민투표로 주권자인 국민의 뜻을 물어 국가의사를 결정할 수 있는 길을 열어놓았다. 그러나 이러한 국민투표제는 권력분립원리를 형해화시키고 대통령의 전제적 권력 행사를 합리화하는 도구로 악용되는 '보나파르티즘화 현상'을 초래

국헌법과 유신헌법상 대통령의 국가긴급권에 관한 비교 연구," 「공법연구」 제28집 제4호 제2권(한국공법학회, 2000년 6월), 153-169 참조.

27 이러한 평가에 대해 자세히는 성낙인, "유신헌법의 역사적 평가," 상게 논문, 20.

했다는 지적이[28] 많다. 특히 국민투표제는 유신정권에 의해 국민투표에 대통령 자신에 대한 신임 여부를 연계하는 신임투표의 성격도 띠게 된다. 특히 1973년 이래로 유신헌법에 대한 저항이 가속화되자 박정희 대통령은 국민투표를 통해 국민들에게 유신헌법에 대한 찬반 여부와 자신에 대한 신임 여부를 물었다. 1975년 2월 12일에 실시된 이 국민투표에서 총유권자 16,788,839명 중 80%인 13,413,482명의 투표와 그중 73%인 9,778,348명의 찬성을 얻어 박정희 대통령은 재신임을 얻게 된다.[29]

유신헌법은 사법부의 권한 역할도 형해화시켜 놓음으로써 사법부의 대(對)행정부 견제권도 무력화시키고 있다. 이것은 위에서 살펴본 자유민주주의의 내용적 요소 중 '사법권 독립'에도 정면으로 위배되는 내용들이다.

첫째, 헌법 제103조는 대법원장과 대법원 판사뿐만 아니라 일반 법관까지도 대통령이 임명하도록 규정하였다. 종래 일반 법관에 대한 임명권은 대법원장에 있었는데, 이것을 빼앗아 와서 대통령이 장악함으로써 말단 법관에 대한 임명도 대통령이 하게 되었다.[30] 이로 인해 법관들은 재판에 있어 임명권자인 대통령의 의중을 어느 정도 헤아리지 않을 수 없게 되었다.

둘째, 유신헌법 제53조 제2항은 대통령이 법원의 권한에 속하는 사항에 대해 아무런 요건상의 제한 없이 긴급조치를 할 수 있다고 규정했고, 동조 제4항에서는 대통령이 발하는 모든 긴급조치를 사법심사의 대상에서 제외했다.[31] 이는 대통령이 마음 먹기에 따라서는 긴급조치를 통해 사법권을 무력화할 수 있음을 의미하는 것이었다. 실제로 유신헌법 하에서 제1호에서 제9호에 걸친 긴급조치의 발동이 있었고,[32] 이로 인

---

28 성낙인, "유신헌법의 역사적 평가," 상게 논문, 19면.

29 Id.

30 유신헌법 하에서 이러한 대통령의 사법부에 대한 강력한 통제장치들이 나타난 배경을 제3공화국 당시 대법원의 국가배상법 조항들에 대한 위헌판결에서 발원된 박정희 대통령의 위기의식에서 찾는 견해가 있어 주목을 끈다. 이러한 견해에 대해 자세히는 김승환, "유신헌법하에서의 헌법학 이론" 「공법연구」 제31집 제2호(한국공법학회, 2002년 12월), 29 참조.

31 이것은 권위주의시절 프랑스를 위한 서구 제국에 있어서의 판례를 입법화한 것이라고 한다. 성낙인, "유신헌법의 역사적 평가," 상게 논문, 12.

32 유신헌법 하에서 긴급조치의 남용은 한국 헌법사의 주요한 반성적 성찰의 장인데 비해, 현행 헌법 하에서 그 발동요건의 강화 여부를 떠나 긴급명령이 단 한 차례도 발동되지 않았다는 점은 긍정적인

해 표현의 자유를 비롯한 많은 국민의 기본권들이 유린당했으나, 무력화된 사법부는 이를 통제하기는커녕 오히려 이러한 악법 조항들을 별 고민 없이 기계적으로 적용하는 모습을 보여줌으로써 '유신 권력의 시녀'로 전락했다는 비난을 들어야 했다.[33] 자조와 무력감이 사법부 내에 널리 퍼지면서, 긴 침묵이 사법부 내에 일상화되었지만, 이러한 침묵을 깨려는 시도는 유신정권 내내 사법부 내에서 거의 이루어지지 않았다.[34] 국민들도 이러한 사법부를 극도로 불신했다. 긴급조치 7호와 9호 위반사건을 제외한 긴급조치위반 사건에 대해서는 당시 군법회의법이 준용되어 비상보통군법회의 판결에 대해 비상고등군법회의에 항소할 수 있었고 다시 대법원에 상고할 수 있었지만, 항소나 상고를 포기하는 피고인들이 속출하였다.[35]

위에서 알 수 있는 바와 같이 유신헌법은 권력 분립의 축을 일탈한 대통령을 정점으로 하여 그 아래에 입법, 사법, 행정이 정립하는 모습을 취하고 있으므로 특정 헌법의 정치제도가 특정인을 위해 설정된 특정 제도에 의해 좌우될 수 있게 한 것이어서 이미 몽테스키외적인 3권분립 정신은 사라진 것이고, 따라서 '권력의 인격화'를 위해 권력간 '불균형의 제도화'를 규정한 것으로 평가할 수 있다.[36]

3. 법치주의 원리 위배

법치주의 원리 내지는 법치국가(Rechtsstaat)의 원리란 일의적으로 개념 정의를 내리기 어려운 다의적 개념이기는 하지만, 일반적으로 "모든 국가적 활동과 국가공동체의 생활이 국민의 대표기관인 의회가 제정한 법률에 근거를 두고 법률에 따라 이루어져야

평가를 받을만하다는 견해도 있다. 이 견해에 대해 자세히는 성낙인, "프랑스 제5공화국헌법과 유신헌법상 대통령의 국가긴급권에 관한 비교 연구," 전게 논문, 171 참조.

33 유신 헌법상 긴급조치권 발동의 첫 계기는 1973년 12월 24일의 100만인 개헌서명운동본부의 설치였다. 유신 하의 긴급조치권 발동의 내용과 역사에 대해 자세히는 김민배, "유신헌법과 긴급조치" 「역사비평」 통권 제32호(역사문제연구소, 1995년 8월), 96-98 참조.

34 신평, "박정희 시대의 사법부, 그에 대한 헌법적 성찰"「공법연구」제31집 제2호(한국공법학회, 2002년 12월), 109.

35 Ibid.

36 이러한 성격에 대해 자세히는 성낙인, 상게 논문, 16-17 참조.

한다는 헌법원리"로[37] 정의 내릴 수 있다. 이 법치국가의 원리도 근대 이후의 입헌주의적 헌법이 가지고 있는 중요한 구성 원리들 중의 하나이다.

법치주의 실현의 중요한 제도적 전제가 바로 '권력 분립'이다. 권력 분립 원리가 제대로 작동하는 입법부만이 대통령이 이끄는 행정부를 '법률에 의한 행정'의 원리를 통해 제대로 견제할 수 있고 그러한 사법부만이 행정에 대한 사법적 통제기관으로서 역할을 수행해낼 수 있기 때문이다. 이러한 면에서 봤을 때, 유신헌법은 권력분립원리에 위배될 뿐만 아니라 권력분립원리를 중요한 제도적 전제로 삼고 있는 법치주의원리에도 위배되는 반법치주의적(反法治主義的)인 헌법이다.

4. 입헌주의에 위배

입헌주의는 시민혁명을 통해 절대왕정을 무너뜨린 근대 시민국가가 채택한 정치원리이다. 즉, 권력의 행사는 성문화된 헌법에 입각해 행해져야 한다는 것이다. 이러한 근대 입헌주의는 두 가지를 핵심 원리로 하였다. '권력 분립'과 국민의 '기본권 보장'이 그것이다. 이미 위에서 본 바와 같이 유신헌법은 민주주의국가 헌법의 기본원리인 '권력분립'원리에 정면으로 위배되는 헌법이었다. 또한 아래에서 보는 바와 같이 '기본권 보장'이라는 입헌주의헌법의 또 다른 핵심원리마저도 포기한 것이기에 유신헌법은 근대 이후 민주주의 국가들의 헌법의 근간이 되어온 입헌주의에 정면으로 위배되는 것이다. 또한 위에서 살펴본 바와 같이 국민의 '기본적 인권의 존중'이 자유민주주의의 핵심적 요소라고 봤을 때, '기본권 보장'을 포기한 유신헌법은 자유민주주의의 핵심적 요소에도 역행하는 반(反)민주적 악법에 다름 아니게 되는 것이다.

'기본권 보장'과 관련해 우선 첫째, 기본권 제한의 한계 규정인 당시 헌법 제32조 제2항을 개정하여 기본권의 본질적 내용도 침해할 수 있는 것으로 바꾸었다. 현행 헌법 제37조 제2항에 해당하는 이 조항은 국민의 기본권은 그 보장을 원칙으로 하지만 필요부득이한 경우에는 국민의 대표가 제정한 법률에 의해 기본권을 필요 최소한의 범위에

---

37 권영성, 전게서, 146.

서 제한할 수 있으며 이 경우에도 기본권의 본질적 내용은 침해할 수 없게 하는 '기본권 제한의 한계' 규정이다. 건국 헌법부터 이어오던 '기본권의 본질적 내용 침해 금지'를 유신헌법은 삭제함으로써 국민의 모든 자유가 권리를 공공복리 등을 이유로 본질적 내용마저도 제한할 수 있는 헌법적 근거를 마련하였다.

둘째, 같은 제32조 제2항에서 기본권 제한의 목적으로서 "질서 유지, 공공복리" 이외에 "국가안전보장"을 추가하였다. 유신헌법의 제정을 '북한의 남침 위협 대비'라는 명분으로 정당화하고자 했던 당시 정권은 기본권 제한의 목적으로 '국가안전보장'을 추가함으로써 기본권 제한에서조차 국가 안보를 앞세우는 모습을 보여주고 있다. 그러나 이 '국가안전보장'도 국민의 공통된 이익을 뜻하는 '공공복리'에 포함될 수밖에 없는 것이기에 중언부언에 해당하는 표현으로서 유신체제 정당화를 위해 우리 헌법을 누더기 헌법으로 만들어 놓은 것이라 볼 수 있다.

셋째, 헌법 제32조 제2항과[38] 같이 국민의 기본권 일반에 대한 제한을 규정한 일반적 법률유보조항을 둔 이외에 다시 거의 모든 기본권에 개별적 법률유보규정을 둠으로써 국민의 기본권 제한을 이중으로 정당화하는 근거를 헌법에 만들어놓았다. 즉, 국민의 자유를 위한 최고법으로서 헌법의 위상이 극도로 훼손되고 '기본권의 실정권화 현상'을 나타내게 되었다.

넷째, 앞에서 본 바와 같이 신체의 자유나 표현의 자유, 재산권과 같은 자유민주주의 국가의 기본이 되는 중요한 권리들에 대해서도 이를 삭제하거나 축소하였다. 우선 신체의 자유 보장을 통한 인신구속 남발을 위한 구속적부심사제 조항을 삭제하였고, 형사재판에서 피의자나 피고인의 인권을 위해 꼭 필요한 자백의 증거 증력 제한 규정도 폐지하였다. 언론·출판·집회·결사의 자유와 같은 표현의 자유에 대한 사전통제인 허가나 검열을 금지한다는 헌법상의 명문 규정도 삭제하였다. 재산권을 제한하는 경우에도 그 보상의 기준과 정도 등을 헌법이 아니라 법률에 포괄적으로 위임함으로써 재산권 제한을 용이하게 하였다.

---

38 유신헌법 제32조 제2항은 "국민의 자유와 권리를 제한하는 법률의 제정은 국가안전보장·질서유지 또는 공공복리를 위하여 필요한 경우에 한한다"고 규정했다.

5. 민주공화국 국가 형태에 위배

국가 형태 분류에 관한 현대적 분류론에 의하면, 국가 형태는 세습적이고 종신적인 군주에 의해 지배되는 군주국과 비군주국을 의미하는 공화국으로 분류되며, 공화국은 다시 민주공화국과 전제 공화국으로 나누어진다. 이때 민주공화국은 국민주권의 원리, 자유민주주의, 권력분립의 원리, 의회주의와 법치주의, 세계관에 있어서의 자유주의, 사회와 국가를 구별하는 이원주의에 입각한 공화국을 말하는 데 비해, 전제 공화국은 전제주의, 전체주의, 군국주의 등을 정치적 이념으로 하는 공화국을 말하는데 철저한 중앙집권주의, 군부 또는 단일정당에 의한 국가권력의 독점, 절대주의적 세계관, 사회와 국가의 구별의 애매성이 지배하는 공화국을 말한다.[39]

그런데 우리 헌법 제1조 제1항은 대한민국의 국가 형태로 '민주공화국'을 규정하고 있다. 유신헌법 상의 제1조 제1항도 그러하였다. 그러나 유신헌법의 여타 조항에 규정된 국가 형태는 민주공화국이 아니라 전제공화국을 내용으로 하는 것이었다. 즉, 유신헌법의 여러 규정이 헌법 제1조에 규정된 민주공화국의 국가 형태에 위배되는 것이었다.

그러한 규정들로는 첫째, 박정희 당시 대통령의 영구 집권을 가능하게 하는 조항들을 들 수 있다. 유신헌법 제47조는 대통령의 중임 및 연임 제한 규정을 없애고 "대통령의 임기는 6년으로 한다"라고만 규정함으로써 적어도 헌법적으로는 무제한적인 연임을 가능케 하였다. 또한 유신헌법 제39조는 대통령제 국가에서 대통령 직선이 그 본질임에도 불구하고, 어용기관인 통일주체국민회의에 의한 대통령간선제를 규정함으로써 박정희 대통령이 선거를 통한 민주적 통제 없이 영구 집권할 수 있는 길을 열어놓았다.

둘째, 대통령제 국가에서 대통령은 탄핵에 의하지 않고는 보장된 임기 동안 재직할 수 있다. 유신헌법은 대통령에 대한 탄핵까지도 사실상 불가능하게 함으로써 입법부나 사법부에 의해 전혀 통제받지 않는 전제주의적 공화국 체재를 규정하였다. 즉, 대통령의 탄핵소추에 필요한 정족수를 국회의원 재적 과반수의 찬성에서 국회의원 재적 3분

---

39 군주국과 공화국, 민주공화국과 전제공화국의 현대적 분류에 대해 자세히는 권영성, 전게서, 108-109 참조.

의 2 이상의 찬성으로 1969년의 삼선개헌을 통해 올려놓은 이후에, 다시 유신헌법에서 국회 재적의원 3분의 1에 해당하는 유정회 국회의원을 사실상 대통령이 임명하게 함으로써 대통령 탄핵소추를 위한 국회 재적의원 3분의 2 이상의 찬성을 사실상 불가능하게 만든 것이다. 따라서 간선을 통해서 뿐만이 아니라 탄핵에 의해서도 당시 박정희 대통령을 권좌에서 축출하는 것은 불가능한 일이 되었다.

V. 결론: 유신헌법에 대한 평가와 그 청산 방안

이상에서 살펴본 바와 같이 유신헌법은 내용적인 면에서 우리 헌법이 추구하는 민주주의 이념, 그중에서도 정치 생활 영역에서의 민주주의 이념인 자유민주주의 원리에 정면으로 배치되는 헌법이다. 즉, 면면히 이어온 대한민국 헌법의 핵심 정신인 헌법의 기본원리와 상충하는 내용들로 짜여진 '반(反)민주적 헌법'이자 '반(反)헌법적 규범'인 것이다. 이와 관련해 유신헌법을 형식적으로는 제7차 헌법개정이지만 실질적으로는 자유민주주의를 일시 정지하고 권위주의적인 신대통령제를 채택한 점에서 헌법개정의 한계를 초월한 것이고, 헌법 전반에 대한 변혁이기 때문에 새로운 헌법의 제정에 해당한다는 견해도[40] 있다.

더불어 형식적인 면에서도 헌법개정 절차를 무시한 위헌적 개헌을 통해 탄생한 헌법이라는 문제점을 안고 있다. 위의 유신헌법 개정과정에서 이미 살펴보았듯이, 유신헌법의 공포를 위해 1972년 10월 17일에 갑작스럽게 단행되어 국회를 해산하고 헌법조항의 효력을 정지시킨 '10·17 비상조치'가 선포될 당시의 제3공화국 헌법에 따르면, 대통령에게는 국회 해산권도 없었고, 헌법 조항의 효력을 정지시킬 수 있는 어떠한 권한도 부여되어 있지 않았기 때문이다. 즉, '위헌적 헌법정지' 하에서 유신헌법이 탄생한

---

[40] 김철수, 『헌법학개론』(서울: 박영사, 2007), 122. 이에 대해 유신헌법을 "국민총화를 통한 국가의 재건" 등으로 평가하면서 집권자가 동일하기 때문에 제3공화국 헌법의 수정과정으로 이해하는 학자들도 있었다. 이러한 견해를 취한 예로는 한태연, 『헌법학』(법문사, 1997), 59와 갈봉근, 『유신헌법론』(한국헌법학회출판부, 1976), 61 참조.

것이다.[41] 따라서 "1972년 헌법이 기존의 헌법이 인정하지 않는 불법적인 비상조치에 의하여 촉발되고 초헌법적인 비상국무회의에서 헌법 개정안을 마련하여 발의·공고한 것은 헌법의 절차적 정당성을 확보하기 어렵게 만들었다"는[42] 비판을 받고 있는 유신헌법 자체는, 그 반(反)민주적 내용은 별론으로 하고 형식적인 면에서만 보더라도 헌법 개정 절차에서 큰 절차상의 하자를 띤 헌법으로서 헌법개정의 한계를 벗어나 법적으로 는 무효라고 할 수 있다. 그리고 이러한 법적으로 무효인 헌법이 1972년부터 1980년 까지 사실상 통용됨으로써 우리 헌정사에서 8년 동안은 유효한 헌법이 없던 '무(無)헌 법의 암흑시대'였고, 정치적으로는 이기간 동안 '민주헌정의 중단사태'가 발생했다고 볼 수 있다.

이러한 유신헌법의 반(反)헌법성과 폭력성은 아직 우리 사회에 내재되어 작동하고 있다. 즉, 유신체제는 현재진행형인 것이다. 그러면 이러한 암울한 시대의 반복을 막고 그 잔재를 없애기 위해 우리는 어떤 노력을 기울여야 할까? 세 가지 방법을 생각해 볼 수 있다고 믿는다. 첫째, 「유신청산특별법」(가칭)과 같은 국회 입법을 통해 유신헌법의 불법성과 무효 확인을 선언하는 방법, 둘째, 대통령의 대국민 성명을 통한 유신헌법에 대한 사과, 셋째, 사법부가 긴급조치 사건 등 개별적 사건의 재심을 통해 무효화 판결 을 내리는 방법이 그것이다. 이 중에서 대통령이 대국민 성명을 통해 유신헌법에 대해 사과를 하는 방법은 그 후 대통령들에게까지도 이러한 대국민 성명이 유효할 수 있느 냐 하는 문제를 남길 수 있다. 또한 사법부가 개별적 사건을 통해 무효화 판결을 내리 는 것도 유신헌법 전반에 대한 무효화 선언과 그 청산이 되기에는 너무 개별적이다. 따 라서, 지금으로서는 「유신청산특별법」(가칭)과 같은 국회 입법을 통해 유신헌법의 불 법성과 무효 확인을 선언하는 방법이 가장 현실적이면서도 효과적인 방안이 될 수 있 다고 믿는다.[43] 이는 반(反)헌법적이고 폭력적인 나치 헌법에 대해 독일이 이를 청산한 방법이기도 했다. 이러한 국회 입법을 통한 유신헌법 청산방안과 더불어 유신체재를

---

41 이러한 분석에 대해 자세히는 양건, 전게 논문, 115 참조.
42 정종섭, 『헌법학원론』(서울: 박영사, 2010), 206.
43 유신헌법의 불법성을 확인하고 선언하는 방법으로 헌법조항의 형식이든 특별법률의 형식이든 입법 을 통한 불법성 선언을 제안하는 견해가 있어 주목을 끈다. 김선택, 전게 논문, 203면.

정당화하고 이에 부역했던 이들에 대해 명단공개와 같은 '사회적 처벌'이 같이 병행된다면 더 효과적인 청산이 이루어질 수 있을 것이다.

참 고 문 헌

갈봉근. 『유신헌법론』. 한국헌법학회출판부, 1976년.

권영성. 『헌법학원론』. 법문사, 2010년.

김민배. "유신헌법과 긴급조치." 역사문제연구소, 「역사비평」 통권 제32호(1995년 8월).

김선택. "유신헌법의 불법성 논증." 고려대학교 법학연구원, 「고려법학」 제49호(2007년).

김승환. "유신헌법하에서의 헌법학 이론." 한국공법학회, 「공법연구」 제31집 제2호(2002년 12월).

김영수. 『한국헌법사』 수정증보판. 서울: 학문사, 2001년.

김철수. 『헌법학개론』. 서울: 박영사, 2007년.

성낙인. "프랑스 제5공화국 헌법과 유신헌법상 대통령의 국가긴급권에 관한 비교 연구." 한국공법학회, 「공법연구」 제28집 제4호 제2권(2000년 6월).

_____. "유신헌법의 역사적 평가." 한국공법학회, 「공법연구」 제31집 제2호(2002년 12월).

신평. "박정희 시대의 사법부, 그에 대한 헌법적 성찰." 한국공법학회, 「공법연구」 제31집 제2호(2002년 12월).

양건. "한국헌법III: 제4공화국헌법 및 제5공화국 헌법사의 개관." 한국공법학회, 「공법연구」 제17집(1989년 10월).

정종섭. 『한국헌법사문류』. 서울: 박영사, 2002년.

_____. 『헌법학원론』. 서울: 박영사, 2010년.

한태연. 『헌법학』. 법문사, 1997년.

유신 시대의 통치기구 중앙정보부의 역할

(성공회대학교 교수, 반헌법행위자열전편찬위원회 책임편집인)

I. 머리말

박정희의 집권 18년의 절반 이상은 계엄령, 위수령, 비상사태, 긴급조치가 내려진 시기였다. 5·16 군사 반란으로 정상적인 민주 질서를 뒤엎고 집권한 박정희는 정상적인 방법으로는 민주 헌정을 이끌어갈 의지도 능력도 없었다고 할 수 있다. 정통성이 약한 정권은 야당과 시민사회의 도전에 대해 폭압적인 권력 기구를 운영했다. 정통성이 도전을 받을수록 독재자는 폭압적 권력 기구에 더욱 의존하게 되었고, 자연히 이들 기구의 힘은 커져갔다. 박정희 정권은 정권의 유지를 위해 중앙정보부, 보안사, 경찰(특히 대공 및 정보경찰), 검찰 등 다양한 권력 기구를 동원했다. 정보장교 출신의 박정희는 이들 각 정보기관들을 서로 경쟁시키면서 독재권력을 유지해왔다. 지지자들로부터 '용인술의 천재'라는 소리를 듣는 박정희의 권력 운용의 핵심은 바로 다양한 정보기관의 상호 경쟁과 견제를 통해 충성을 끌어내는 것이었다. 집권 기간 내내 주권자인 국민은 물론, 자신의 수족인 정부·여당을 통제하고 감시하는 정보 정치가 실시된 박정희 시대에 방대한 정보기관의 체계 내에서 그 정점에 자리하고 있었던 것은 중앙정보부였다.

중앙정보부장은 박정희의 신임이 가장 두터운 최측근 인물이었으며, 대개의 경우 정권의 2인자로 간주되었다. 중앙정보부장이 2인자로 간주된 이유는 독재자의 절대적

유신 시대의 통치기구 중앙정보부의 역할 _ 한홍구 179

인 신임과 개인적인 인연, 수시로 '독대'와 '직보'를 할 수 있는 권한 등에서 비롯되었다. 기관의 수장과 절대 권력자의 개인적인 특수관계 이외에도 중앙정보부는 제도적으로도 폭력 기구들 내에서 압도적인 힘을 발휘할 수 있었다. 중앙정보부는 국가 최고 정보기관으로서 대통령령에 보장된 '정보 및 보안 업무의 조정·감독'이라는 안보수사조정권을 통해 보안사나 경찰뿐 아니라 검찰까지 지휘·감독하는 막강한 힘을 발휘했다. 중앙정보부는 중앙과 지방 각 부처를 상대로 보안감사와 보안업무감사 권한을 가지고 있고, 각 부처의 정보 예산의 편성과 통제에 개입할 수 있고, 현역 군인을 포함하여 필요한 공무원의 파견을 요청할 수 있고, 해당 기관의 장은 이 요청에 응해야 했다.

5·16 군사 반란 세력은 복잡한 국정 운영에 대한 아무런 준비를 갖추지 못한 채 권력을 장악했다. 군사 반란 세력은 법률적으로 내각에 속해 있지도 않고 최고 권력자 한 사람에게만 책임을 지는 중앙정보부로 하여금 한편으로는 '반혁명' 세력을 제거했고, 다른 한편으로는 국정의 주요 과제에 대한 정책을 준비하게 했다. 이 때문에 조직과 기구 자체가 국가기밀로 규정된 중앙정보부 내에는 새로운 현안이 발생할 때마다 각종 임시 기구가 만들어져 기구와 조직이 방만하게 운영되었다. 유신 시대의 중앙정보부는 안보 분야뿐 아니라 경제와 사회문화에 이르기까지 국정 전 분야에 걸쳐 정부 부처에 상응하는 조직을 갖게 되어 '정부 내의 정부'로 군림했다.

중앙정보부는 극비리에 추진된 유신의 산실이었으며, 김대중 납치 사건, 민청학련 사건, 인혁당 사건, 「동아일보」 광고 탄압 사건 등을 일으켰고, 야당에 대해서는 신민당 각목 전당대회 등 정치공작을 일삼았다. 사법부에 대해서도 유신 직후 법관 재임용 당시 인사자료를 정리했고, 법원 출입 정보관(IO)이나 공안검사를 통해 사법부를 관리했다. 중앙정보부의 활동 범위는 국내에만 그친 것이 아니었다. 중앙정보부는 김대중 납치 사건으로 일본과의 관계를 파국 직전으로 몰고 갔으며, 대미외교에도 깊이 개입했다가 코리아게이트 사건을 일으켜 국가적인 망신을 초래했다.

유신의 산파였던 중앙정보부는 유신독재 내내 정권 수호의 버팀목이었다. 그러나 유신 시대는 중앙정보부를 수족으로 부리며 권력을 유지해 온 독재자 박정희가 중앙정보부 경내에서 그 수장인 김재규의 총에 사살되면서 종말을 고하였다. 물론 새 시대를 표방한 전두환의 '제5공화국'은 유신 잔당들이 '박정희 없는 박정희 시대'를 이어간 것에 불과하지만, 유신의 종말은 한편으로는 YH사건과 부마항쟁 등 민중의 저항에 의해서, 다른 한편으로는 유신의 버팀목이었던 중앙정보부에 의해서 갑작스럽게 찾아왔다. 그리고 중앙정보부는 1981년 1월 '국가안전기획부'(악칭 안기부)로 이름을 바꾸었다.

이 글에서는 유신의 탄생, 유지, 종말에 결정적으로 기여했던 중앙정보부의 조직, 구성원, 활동, 다른 권력 기구와의 관계 등을 유신 시대를 중심으로 살펴볼 것이다. 유신 시대의 중앙정보부를 살펴보기 위해서는 당연히 1961년 창설 이래 10년여의 역사가 포함되어야 할 것이나, 본고에서는 지면 관계상 1970년대 유신 시기를 중심으로 서술하고, 꼭 필요한 부분만 해당 항목에서 언급하는 것으로 하겠다.

중앙정보부의 역사와 활동은 그 중요성에 비해 학문적으로 너무나 연구가 되어 있지 않다. 필자가 말석으로 참여했던 참여정부 시절의 '국가정보원 과거사건 진실규명을 통한 발전위원회'의 종합보고서 전 6권 『과거와 대화 미래의 성찰』이 있지만, 부일장학회 강탈 및 「경향신문」 강제매각 사건, 동백림 사건, 민청학련 및 인혁당 사건, 김대중 납치 사건, 김형욱 실종 사건, KAL 858기 실종 사건, 중부지역당 사건 등 7대 사건 외에 정치·학원·사법·간첩·노동·언론 등 6개 분야의 사건들에 대한 조사 결과를 담았지만, 중앙정보부 자체의 역사나 구조와 기능 등에 대해서는 전혀 다루지 못했다. 이 보고서를 제외한다면 30여 년 전 일간지에 연재되었던 『남산의 부장들』이 여전히 중앙정보부에 대한 가장 상세한 서적이라 할 수 있다. 그만큼 중앙정보부의 역사는 여전히 베일에 싸여 있다.

II. 중앙정보부의 기구와 구성원

1. 중앙정보부의 창설

5·16 군사 반란으로 정권을 상악한 박정희와 김종필은 곧바로 중앙정보부를 창설했다. 중앙정보부의 첫 수장은 김종필이 맡았는데, 그는 왜 혁명의 기획자로서 최고회의에 위원으로 참여하지 않았느냐는 기자의 질문에 자신은 "중앙정보부장으로 일하려

했지 내가 앞장섰다 해서 최고위원이 되고 싶지는 않았다"고 답변할 만큼 중앙정보부를 중시했다.

중앙정보부의 창설자인 김종필은 회고록에서 "중앙정보부의 기본 아이디어는 미국 중앙정보국(CIA)에서 따왔다"고 밝혔다. 그가 이해한 CIA의 기본 임무는 "국가의 모든 정보기관을 총괄·조정"하고 "수집된 첩보·정보를 조사·분석한 뒤 고급정보로 숙성시켜 대통령에게 제공하는 것"이었다. 그러나 김종필은 이것으로는 부족하다고 생각했다. 정권 장악 초기였던 만큼 아직 뿌리를 내리지 못한 군사정권에 대한 내외의 도전을 차단하는 것이 필요했던 것이다. 김종필은 "혁명 질서에 장애가 되는 세력들을 치우는 일"이라는 악역을 수행해야 했고, 그러기 위해서는 중앙정보부가 수사권을 가져야 한다고 보았다.[1] 김종필은 중앙정보부가 미국의 CIA와 FBI를 합쳐 놓은 것처럼 막강한 권한과 방대한 조직을 갖는 것은 "혁명 기간에 한시적인 것"이 되어야 한다고 생각하고, 군정이 끝나면 수사와 정보를 분리해야 한다고 생각했다고 변명[2]하지만, 한 번 태어난 괴물은 민주화 이후까지 해악을 끼치고 있다.

김종필은 육사 8기 동기로 중앙정보부 창설 직후 차장을 맡는 이영근과 서정순에게 중앙정보부법 법안 작성을 지시했고, 이들이 법안 작성에 어려움을 겪자 변호사 신직수[3]의 도움을 받게 하여 법안을 완성했다. 1961년 6월 10일 제정과 동시에 공포된 〈중앙정보부법〉은 전문 9조로 된 간단한 것이었지만, 이후 한국 사회에 큰 영향을 미치는 내용을 담고 있었다. 〈중앙정보부법〉의 핵심적인 내용은 제1조와 제6조였다. 제1조는 중앙정보부의 기능을 "국가안전보장에 관련되는 국내·외 정보 사항 및 범죄 수사와 군을 포함한 정부 각부 정보수사활동을 조정감독"하는 것으로 규정했다. 김종필은 법이 공포되기도 전인 1961년 5월 29일 이 조항에 의거하여 검찰총장과 군 첩보대·공수부대·방첩대장의 업무 보고를 받았다고 한다.[4] 처음부터 중앙정보부장이 검찰총장의

---

1 김종필, 『김종필 증언록』 1, 2016, 미래엔, 133-139.
2 위의 책, 135-136쪽; 조갑제, 『박정희 6 - 한 운명적 인간의 나상』 2007, 조갑제 닷컴, 29.
3 군 법무관 출신 신직수는 박정희가 5사단장 시절 법무참모로 인연을 맺었고, 5·16 후 최고회의 고문, 중앙정보부 차장, 검찰총장, 법무부 장관, 중앙정보부장, 청와대 법무특보 등을 맡으며 박정희 정권의 거의 전 기간 박정희의 최측근에서 박정희를 보좌했다.
4 김종필, 『김종필 증언록』 1, 136.

보고를 받는 위치였던 것이다. 수사권을 규정한 제6조의 2항은 중앙정보부의 소관 업무에 관련된 범죄에 관한 수사에서 "검사의 지휘를 받지 아니한다"고까지 규정했다. 중앙정보부가 수사권을 갖는 것도 문제이지만, 특별 사법경찰관 부서인 중앙정보부가 검사의 지휘를 받지 않도록 법에 규정한 것은 법의 형식을 빌려 법치주의를 파괴한 것이 아닐 수 없다. 이 조항은 1963년 12월 제3공화국이 출범하면서 법 개정을 통해 삭제되었지만, 중앙정보부의 특권적 지위를 극명하게 과시했다.

2. 중앙정보부의 기구와 직제

김종필에 따르면 창설 당시 중앙정보부의 직제는 부장 1인, 행정관리차장(이영근), 기획운영차장(서정순) 등 차장 2인에 1국(총무: 강창진), 2국(해외: 석정선), 3국(수사: 고제훈), 5국(교육: 최영택) 등 4개의 국을 두었다. 4국은 4의 음이 죽을 사(死)와 같다고 두지 않은 것으로 보인다. 흥미 있는 것은 창설 당시 중앙정보부의 부장, 차장, 국장 등 간부 전원이 김종필과 동기인 육사 8기였다는 점이다.[5] 중앙정보부의 부서는 곧 4개 국에서 6개국으로 늘어났다. 2국장이었던 석정선이 정보차장보가 된 뒤 그가 관장하는 정보 분야의 3개 국 중 제1국은 정보 수집, 제2국은 정보 분석, 제3국은 통신정보의 임무를 담당했고, 검찰에서 파견된 보안차장보 오탁근 산하의 보안 분야 3개국은 4자를 피해 제5국부터 제7국까지 명칭을 부여하고 각각 기획보안정보, 특수정보활동, 홍보심리전을 담당케 했다.[6]

〈중앙정보부법〉 5조(1963년 12월 17일 개정)는 중앙정보부(그 후계 기관인 국가안전기획부와 국가정보원 포함)의 "조직 · 소재지 · 정원 · 예산 및 결산은 국가안전보장상 필요한 경우에는 이를 공개하지 아니할 수 있다"고 규정하고 있다. 중앙정보부나 안기부, 국정원의 조직은 공식적으로 공개된 바 없지만, 각종 회고록 등을 통해 어느 정도 윤곽을 살펴볼 수 있다.

---

5 위의 책, 136-137.
6 조갑제, 『박정희 6: 한 운명적 인간의 나상』, 2007, 조갑제닷컴, 29.

중앙정보부의 조직과 직제는 그 자체가 비밀 취급을 받아 왔지만, 전두환의 중앙정보부장 서리 시절의 업적을 기록한 『양지일지』[7]에는 1980년 4월 전두환이 부장 서리로 취임했을 당시와 1980년 6월 1일 대대적인 개편을 단행한 직후의 직제와 간부 명단이 실려 있다.[8]

국가정보원을 집중적으로 취재한 김당 기자는 해외·북한 담당 1차장 및 1차장보 산하의 기구를 △ 선임부서인 기획판단국 △ 9국은 북한정보국 △ 1국은 해외정보(분석)국 △ 7국은 해외공작국 △ 8국은 동북아국 △ 6국은 통신정보국(대북감청) △ 5국은 심리전국 등으로, 국내 담당 2차장 및 2차장보 산하는 △ 기획정책정보국을 선임부서로 해서 △ 2국은 보안정보국 △ 3국은 보안수사국 △ 4국은 과학보안국(도감청) △ 대공수사국 △ 외사국 △ 안전국 등으로 추정했다. 기획조정관 밑에는 △ 기획조정실 △ 총무국 △ 관리국 △ 자료국 △ 비상계획국 △ 정보학교 등 지원부서가 배치되었다.[9]

중앙정보부의 부서는 1국부터 9국까지 숫자로 이름을 부르기도 하고, 기획판단국, 대공수사국, 해외정보국 등 업무 명칭으로 부르기도 하는데, 숫자 명칭과 업무 명칭을 혼용해서 쓰고 있다. 그런데 중앙정보부(뒤의 안기부와 국정원도 마찬가지)는 부서의 명칭과 편제가 어느 정도 외부에 노출되었다 싶으면 명칭을 바꾸고, 부서 명칭의 숫자 배열을 뒤바꾸어 중앙정보부의 조직 편제가 외부로 알려지는 것을 막았다. 일례로 중앙정보부는 대공수사 이외에 정치인 관련 사건이나 언론, 재야, 지식인, 노동 등의 반정부 활동을 억압하기 위한 기구로 6국을 두었다. 6국은 특명수사국, 보안수사국, 안전수사국 등 그 명칭이 수시로 바뀌었는데, 고문으로 악명이 높아서 숫자 6이 아닌 고기 육(肉)자 육국(肉局)이라 불리며 악명을 떨쳤다. 중앙정보부는 어느 시점에서 조직 개편

---

7 전두환의 대통령 취임을 기념하여 그가 지휘관을 역임한 각급 부대가 그의 재임 시절의 부대명을 따서 ○○일지라는 제목으로 모두 6권 한 질을 박스로 출간했다. 제30경비대대장 시절은 『방패일지』(67. 8.-69. 12.), 보병 제29연대장 시절은 『박쥐일지』(70. 11.-71. 11.), 보병 제1공수특전여단장 시절은 『독수리일지』(71. 11.-76. 6.), 보병 제1사단장 시절은 『전진일지』(78. 1.-79. 3.), 국군보안사령관 시절은 『호랑이일지』(79. 3.-80. 8.), 중앙정보부장 서리를 겸임했던 시절은 『양지일지』(80. 4.-80. 7.)

8 국가안전기획부, 『양지일지』, 발간연도 미상(1981 추정), 22쪽.

9 김당, "최초공개 중앙정보부 마지막 간부진과 안기부 창설 간부 명단: [김당의 시크릿파일] ⑧10·26 '반역죄인' 중정, 조직개편·숙정 감수" https://m.upinews.kr/newsView/upi201905080091. 2019-05-08 08:57:55, 2020년 9월 1일 검색.

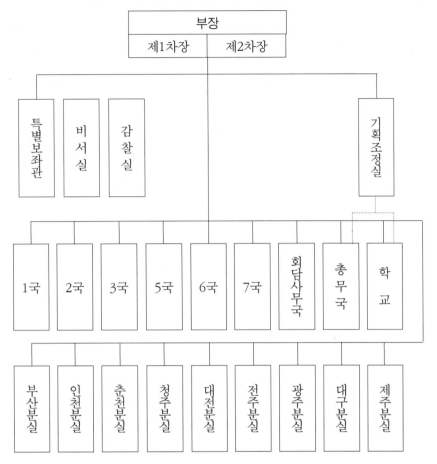

〈표 1〉 1980년 6월 개편 뒤의 중앙정보부 조직

을 통해 대북감청을 담당하는 통신정보국을 6국으로 배치하고, 국내 관련 업무가 아닌 북한 관련 업무로 돌려 버린 것이다.

위 표는 전두환이 광주항쟁을 진압하고 국가보위비상대책위를 발족시키면서 1980년 6월 1일 자로 중앙정보부를 대대적으로 개편한 뒤의 조직이다. 박정희 집권 18년을 거치면서 비대해지고 방만해진 조직을 상당히 단순화시킨 것으로, 1980년대 안기부는 큰 틀에서 이 조직을 유지했다.

3. 구성원의 성격과 규모

5·16 군사 반란은 한국전쟁 당시 육군본부 정보국에 근무했던 정보 장교들이 일으킨 군사 반란이었다. 당시 육군본부 정보국장 백선엽은 첩보과장 계인주 중령과 전투정보과 선임장교인 유양수 대위에게 새로 졸업하는 육사 8기생들 중 머리 좋은 생도들을 데려오라 지시했다. 모두 31명의 8기생이 정보국으로 배치됐고, 그중 김종필, 이영근, 이병희, 전재덕, 전재구, 석정선, 서정순 등 15명이 전투정보과에서 박정희와 함께 일하게 되었다.[10] 아래 〈표 2〉는 전쟁 발발 당시 정보국에 근무했던 사람 중 5·16에 적극 참여하거나 초기 중앙정보부의 간부로 활동한 사람들을 정리한 것이다.

〈표 2〉한국전쟁 당시 육군본부 정보국원으로 5·16과 중앙정보부에서 주요 역할 수행한 자

이름	한국전쟁 당시	5·16 당시	대표 경력
박정희	육군 정보국 문관	군수기지사령관 제2군 부사령관	대통령
김종필	전투정보과 북한반장	예편	중앙정보부장, 국무총리
장도영	정보국장	참모총장	최고회의의장, 내각수반
박종규	전투정보과 사병	경호, 대미 관계	경호실장
이영근	전투정보과	육본 정보참모부 전략정보과	중정 차장, 유정회 총무
석정선	전투정보과	예편, 쿠데타 직후 중정 해외정보국장	중정 차장
서정순	전투정보과	쿠데타 직후 중정 기획운영 차장	중정 차장
이병희	전투정보과	쿠데타 직후 중정 서울분실장	무임소장관, 6선 의원, 중정 서울지부장
유양수	전투정보과장	최고위원(외무국방·재정경제위원장)	동자부장관
전재덕	전투정보과	쿠데타 직후 중정국장	중정 차장
전재구	전투정보과	2군 사령부 인사 참모부서	중정 차장보, 유정회 의원
장태화	정보국 문관	민간인	중정고문, 서울신문사장
한무협	전투정보과 남한반장	쿠데타 후 중정 제2국·3국·5국 국장, 육군소장	동방화재 사장
최영택	첩보과 중위	육군 첩보부대(HID) 첩보과장	주일공사(중정)

---

10 조갑제, 『박정희 2: 전쟁과 사랑』, 2007, 조갑제닷컴, 66.

5·16 군사 반란 후 집권 세력으로 새로이 집권한 박정희, 김종필 등은 중앙정보부를 급조했다. 중앙정보부의 창설에 깊이 관계한 석정선 등 처음 중앙정보부를 만든 주역들은 "정보, 첩보부대에만 근무하여 수사 인맥을 잘 몰랐다"고 회고했다. 그에 따르면 수사 인력은 "헌병, 범죄수사대, 방첩대, 경찰에서 뽑아온 사람들로 구성"되었는데, 그 과정에서 일제시대 특고 출신이나 문제가 많은 인물이 들어와 "나중에 정보부가 권력남용과 인권 탄압으로 원성을 사게 되는 하나의 요인"이 되었다고 인정했다.[11]

현재의 관점에서 볼 때 5·16은 4월혁명을 짓밟은 것임이 명백하지만, 당시에는 4월혁명에 주도적으로 참여한 학생층 중에서도 5·16에 상당한 기대를 가졌던 사람들이 많았다.[12] 이 때문에 중앙정보부의 공채에는 명문대 출신의 엘리트들도 상당히 많이 응시했다. 한편 중앙정보부는 필요한 인력을 여러 기관에서 '파견'이라는 형식으로 차출해 쓸 수 있었다. 아니, 권력의 향배에 민감한 자들은 중앙정보부에서 근무하기를 원했다. 육군 대위 시절 전두환이 중앙정보부 인사과장으로 근무한 것이나 박근혜 정부의 왕실장 김기춘이 유신 시대 최장수 대공수사국장이었던 것은 한두 가지 사례에 지나지 않는다.

중앙정보부의 규모는 정확하게 알려진 바가 없다. 흔히 박정희 시절 중앙정보부원이 무려 37만 명에 달한다는 설이 있었고,[13] 이 주장은 지금도 위키백과 등에 실려 있다. 징병제를 통해 방대한 규모를 유지하는 국군의 장병 수가 60만이라는 점을 고려해 볼 때, 중앙정보부원 37만 명 설은 너무나 과장된 것이 아닐 수 없다. 전두환이 1980년 중앙정보부장 서리가 된 뒤 중앙정보부 부서장 회의에서 훈시한 발언 가운데 중앙정보부원은 "운전수까지 전부 잡아넣어 보아야 5천 명밖에 안 됩니다"라 한 것[14]을 볼 때,

11 조갑제, 『박정희 6: 한 운명적 인간의 나상』, 29.

12 이에 대한 자세한 내용은 한홍구, 『4·19혁명』, 2020, 창비, 99-103쪽을 볼 것.

13 중앙정보부가 무소불위의 권력을 행사하던 5·16 직후의 군정 시대에 이같은 설은 상당히 널리 퍼져 있었다. 그 대표적인 예는 제2공화국 시절 법무장관 내무장관을 지낸 조재천 의원이 민정 이양 직후인 1964년 1월 28일 국회 대정부질문에서 37만 명의 정보원을 가진 중앙정보부를 해체할 용의가 없는가라 한 것을 들 수 있다. 언론도 한동안 이같은 주장을 인용하여 중앙정보부원을 37만이라고 보도했다. 사실 37만이라는 숫자는 터무니없는 것이지만, 중앙정보부 측도 이를 나서서 부인하지 않고 즐긴 측면이 있다 할 것이다. 많은 사람들이 중앙정보부의 감시망이 어디나 뻗쳐 있다고 생각하고 몸을 사리고 자체 검열을 하는 것은 독재 권력의 입장에서는 매우 반가운 일이었다.

중앙정보부원의 규모는 5천 명을 넘지는 않았을 것으로 보인다. 5천 명은 앞의 37만 명에 비하면 매우 적은 것처럼 보이지만 통일부, 여성가족부 등 중앙부처 가운데 규모가 작은 곳이 300명 안팎인 것을 고려하면 어마어마하게 큰 규모인 것을 알 수 있다.

중앙정보부의 규모를 짐작케 하는 사건은 1974-1975년 민청학련과 인혁당 사건을 거친 후, 중앙정보부의 수사 직렬 인원 확대를 보면 알 수 있다. 주지하는 바와 같이 인혁당 사건과 민청학련 사건은 엄청난 고문 시비를 낳았다. 이 때문에 중앙정보부에 대한 비난이 크게 증가했는데, 중앙정보부장 신직수는 이를 오히려 조직 확대의 기회로 이용했다. 신직수는 박정희에게 민청학련 사건을 보면 이제 지식인이나 고등교육을 받은 대학생들이 반유신 활동의 주역으로 등장하는데, 기존 중앙정보부의 수사관들은 저학력으로 아직도 일제 고등계 형사들의 고문 수법을 답습하고 있으니 문제가 많다며 새로이 법률 지식을 갖춘 고학력자들을 수사관으로 충원해야 한다고 건의했다. 박정희는 이를 받아들여 중앙정보부 수사관의 증원을 허락했는데, 이때 증원하기로 한 인원이 무려 1천 명이었다는 것이다. 그러나 막상 법대 출신이나 법을 아는 사람 1천 명을 뽑으려고 보니 기준에 부합하는 사람이 적어 700명만 선발했다고 한다.[15]

4. 유신 시기 중앙정보부 부장·차장·주요 간부

유신 시기의 중앙정보부 부장은 1970년 12월 21일 부장에 취임한 이후락이 유신쿠데타의 실무를 총괄했지만, 1973년 4월 윤필용 사건으로 입지가 축소된 뒤 1973년 8월 김대중 납치사건을 자행하였다가 그 정치적 책임을 지고 1973년 12월 3일 물러났다. 이후락은 이후 바하마, 영국 등지로 망명설이 돌았으나, 김형욱처럼 박정희를 배신하지 않았고 스위스 은행 비자금을 계속 관리했다는 소문이 돌았다.

이후락의 뒤를 이어 법무부 장관이던 신직수가 1973년 12월 4일 중앙정보부장에 임명되었다. 신직수는 법률가 출신답게 법적인 근거를 갖추고 중앙정보부를 운영하려

---

14 『양지일지』, 83.

15 국정원 과거사위원회 시절 김만복 기조실장(뒤에 국정원장 역임)으로부터 직접 들은 이야기이다. 김만복 원장도 이때 중앙정보부에 들어왔다고 한다.

하였으나, 긴급조치 남발 등 법률만능주의라는 비판을 받았다. 신직수는 민청학련 사건과 인혁당 재건위 사건, 울릉도간첩단 사건 등을 조작했고, 「동아일보」 광고 탄압 사건을 총괄했으며, 코리아게이트로 악명을 얻게 된 대미 로비 공작을 시도하나가 중앙정보부 요원인 주미 한국 대사관 참사관 김상근의 미국 망명에 대한 책임을 지고 1976년 12월 5일 자리에서 물러났다. 신직수 부장 시절 특기할 만한 일은 1974년 8월 15일 육영수 여사 피격사건 이후 재일동포에 대한 적극적인 정책을 펼쳐 재일동포 모국방문단 사업을 실현시킨 것을 둘 수 있다.

후임인 김재규는 박정희의 고향 후배이자 육사 2기 동기로 박정희가 친동생처럼 여긴 최측근이었다. 보안사령관과 중앙정보부장을 모두 역임한 사람은 김재규밖에 없다. 김재규는 전임부장 김형욱의 미 의회 증언과 회고록 출간 시도로 골치를 앓다가 10·26 사건 직전 부하를 시켜 김형욱을 파리에서 살해했고, 긴급조치 9호 시대 유신정권의 체제 유지에 힘썼으며, 박근혜와 최태민의 특수관계를 해결하려 했으나 큰 성과를 보지 못했다. 박정희의 비호 아래 야당인 신민당에 대한 대책 등에서 월권을 일삼은 청와대 경호실장 차지철과 갈등을 빚던 김재규는 부마항쟁과 그 이후의 시위 확산에 대해 박정희가 발포 등 강경책을 취하려 하자, 1979년 10월 26일 중앙정보부의 궁정동 안가에서 박정희, 차지철 등을 살해하는 10·26 사건을 일으켰다가 신군부에 의해 1980년 5월 24일 광주민중항쟁이 한창 진행 중인 상황에서 사형당했다.

유신 시대 중앙정보부장 3인의 부장 임명 이전 정보업무 관련 경력을 살펴보면, 이후락은 이승만 정권 시절 주미한국대사관 무관과 정보부대인 79부대장, 장면 정권 시절에는 중앙정보위원회 위원장을 지낸 대표적인 미국통이자 정보통이었고, 신직수는 중앙정보부 차장과 검찰총장을 지냈으며, 김재규는 보안사령관과 중앙정보부 차장을 지낸 바 있다.

중앙정보부 차장은 유신 초기에는 1명이었다가, 1974년 9월부터 1차장과 2차장 2명이 임명되었다. 1970년 1월 7일 중앙정보부 차장에 임명된 김치열은 유신쿠데타의 준비에 깊숙이 관여했으며, 김대중 납치사건 이후 중앙정보부장 이후락의 입지가 흔들릴 때 박정희의 두터운 신임을 바탕으로 사실상 부장 역할을 수행했다고 한다. 이때 발생한 대표적인 사건은 최종길 교수 고문치사 사건이다. 김치열은 1973년 12월 현직 중앙정보부 차장에서 검찰총장에 임명되었다. 그는 이후 내무부 장관과 법무부 장관을 지냈다. 자유당 말기에 서울지검장을 지낸 김치열은 고시 출신이 아니라 군법무관 출신인데다 법조 경력이 한참 아래인 신직수와 서로 불편한 사이였기에, 박정희는 신직수에게 중앙정보부를 맡기면서 김치열을 검찰총장으로 돌린 것이다.

박정희는 김치열의 후임으로 김재규를 중앙정보부 차장으로 임명했다. 박정희가 5사단장 시절, 신직수는 법무 참모였고, 김재규는 36연대장으로 군경력에서 한참 앞선 위치에 있었기에 김재규를 신직수 부장 밑의 차장으로 임명한 것은 김재규나 신직수 모두에게 불편한 것이었다. 실제로 김재규는 중앙정보부 차장 임명을 별로 달가워하지 않았고, 신직수 부장 체제 하에서 겉도는 위치에 있었다고 한다. 신직수는 1974년 9월 18일 개각 당시 김재규를 건설부 장관으로 영전시키는 형식으로 중앙정보부에서 내보냈다. 신직수는 민청학련-인혁당재건위사건 등이나 육영수 여사 피격사건 같은 대형 사건을 치르면서, 중앙정보부의 조직 확대를 꾀해 1명이던 차장을 1차장과 2차장 2명으로 늘렸다.

해외를 담당하는 1차장에는 주일공사와 중앙정보부 차장보, 8대 공화당 의원을 지낸 육사 10기 출신의 이상익(1974. 9.-1978. 12.)에 이어 공군 출신으로 중앙정보부 차장보를 지낸 윤일균이 임명되었다. 국내를 담당하는 2차장에는 김대중 납치사건의 실행 책임자였으며, 5공화국 초기 이철희·장영자 어음사기 사건의 주역인 이철희(1974. 9.-1978. 12.)와 광복군과 육사 8기 출신으로 중앙정보부 요직을 두루 역임했던 전재덕이 임명되었다. 윤일균과 전재덕은 10·26사건 직후 보안사에 끌려갔으나, 전두환이 "차장이 둘인데, 어느 차장은 잡아다 조사를 하고 어느 차장은 조사를 안 할 수도 없고, 차장 둘을 한꺼번에 잡아다가 조사를 하면 정보부를 누가 지휘합니까?"라며 "중앙정보부를 살리기 위해서" 두 사람을 모두 풀어주었다고 한다.[16] 차장보 이하 여러 간부는 지면관계상 생략하고 반헌법행위자열전편찬위원회가 선정한 반헌법행위 집중조사 대상자 중 유신 시기 중앙정보부가 관련된 사건과 해당자 명단을 제시하는 것으로 대신하고자 한다.[17]

16 『양지일지』, 85.

- 유신쿠데타 준비: 이후락 김치열 김동근 김영광 강창성
- 김대중 납치 사건: 이철희 윤진원 김기완 김동운 이후락
- 최종길 교수 사건: 안경상 차철권 김치열
- 민청학련 및 인혁당 재건위 사건: 신직수 윤종원 조일제 김치열 이용택
- 수도권 선교자금 횡령 사건: 이용택
- 크리스찬아카데미 사건: 진상구
- 부마항쟁 고문 수사: 김근수
- 재일동포 및 일본 관련 조작 간첩 사건: 정낙중 장병화 한경순 이권섭 김종한 이순신 차철권
- 월북자 가족 관련 조작 간첩 사건: 이치왕 강충선 심상은 임동구 이상귀 유병창 이서우 성종환 박영길 윤종원

III. 중앙정보부와 다른 권력기관과의 관계

1. 검찰과의 관계

법무부 검찰국장은 검찰의 인사와 예산을 관장하는 검찰 최고 요직의 하나다. 그런데 중앙정보부 창설 직후 현직 검찰국장 위청룡이 중앙정보부에 끌려와 사망하는 사건이 일어났다. 정황상 위청룡의 죽음은 자살로 보이지만,[18] 이 억울한 죽음에 검찰 조직이 항의하거나 진실 규명을 위해 노력했다는 흔적은 전혀 보이지 않는다. 중앙정보부에 대해 수사지휘권을 행사할 수 없었던 것과 아울러 위청룡의 의문사는 박정희 시절 중앙정보부와 검찰의 관계를 보여주는 대표적인 사례로 박정희 정권에서 민정 이양 이

---

17 반헌법행위자 열전편찬위원회, 〈반헌법행위자 열전수록 집중검토 대상자 명단발표 기자회견 자료집〉, 2017
18 위청룡 사망 사건에 대한 자세한 논의는 진실화해위원회의 〈전 법무부 검찰국장 위청룡에 대한 고문 등 의혹 사건〉 보고서를 볼 것.

후 15년 동안 중앙정보부 차장 또는 차장보 출신이 검찰총장으로 있었던 기간이 무려 13년이라는 사실이다. 박정희는 민정 이양 직전인 1963년 12월 7일 현직 중앙정보부 차장 신직수를 검찰총장에 임명했다. 신직수는 유신의 준비를 위해 법무부 장관으로 자리를 옮길 때까지 7년 반을 검찰총장으로 재직했다. 유신 직후인 1973년 12월에는 역시 현직 중앙정보부 차장이었던 김치열이 검찰총장에 임명되어 만 3년간 재직했다. 중앙정보부 근무 경력이 없는 이선중이 1975년 12월부터 1년간 검찰총장으로 재직한 뒤 다시 중앙정보부 차장보 출신의 오탁근이 1976년 12월 검찰총장에 임명되어 박정희가 죽고 난 뒤인 1980년 5월까지 재직했다.

한국 검찰 역사에서 가장 치욕적인 1차 인혁당 사건(1964. 8.)은 박정희 시대 검찰과 중앙정보부의 관계가 어떻게 규정되었는가를 전적으로 보여준다. 잘 알려진 바와 같이 중앙정보부는 한일회담 반대 시위의 배후에 공산주의자들이 있다는 인상을 주려고 진보 인사들을 고문하여 인혁당 사건을 조작했다. 사건을 이첩 받은 서울지검 공안부는 검토 결과 인혁당이 반국가단체라는 증거는 피의자들이 중앙정보부에서 심한 고문을 당해 하게 된 자백 외에는 전혀 없다며 사건의 기소를 거부했다. 중앙정보부 차장 출신인 검찰총장 신직수가 기소 강행을 지시하자 이용훈 부장 등은 사표를 제출하였지만 신직수와 서울지검장 서주연은 검사동일체 원칙을 내세우며 당직 검사 정명래를 시켜 사건을 기소하도록 했다. 중앙정보부의 결단 사항을 검찰이 충실하게 이행해야 한다는 것을 뚜렷이 보여준 일이었다.

이런 일이 있기 이전 1964년 1월 29일 국회에서는 야당의 중진 조재천 의원이 "대검찰청이 중앙정보부의 출장소로 화하고 있다"를 넘어 심지어 "대검찰청이 중앙정보부의 식민지화해 가는 것"이라고 혹평하고 있는 사람도 있다고 말한 적이 있다.[19] 인혁당 사건은 이런 혹평이 결코 과장된 것이 아니었음을 보여준다.

신직수는 7년 반이라는 오랜 기간 검찰총장으로 있다가 1971년 6월 4일 법무부 장관에 기용되었다. 박정희가 그의 법무부 장관이 된 것은 비밀리에 유신 친위쿠데타를 준비하면서 그에 따른 법률적 준비를 맡기기 위한 것으로 보인다. 신직수는 1973년 12

---

19 〈국회회의록〉 제40회 제4호, 1964년 1월 28일, 13쪽

월 중앙정보부장으로 옮겨가면서 김기춘, 현홍주 등 엘리트 검사들을 중앙정보부로 데려가 자신을 보좌토록 했다. 박정희 정권 내내 중앙정보부는 '파견' 형식으로 검찰로부디 여러 명의 검사들을 데려다가 간부급으로 활용헀다. 아래 〈표 3〉은 주요 중앙정보부 파견 검사 명단을 정리한 것이다.

〈표 3〉 중정 파견 검사 약력

이름	생년월일	고시회수	이전 경력	파견일자	중정직책	이후 경력
김세배	1931 아산 서울농	5회 1953	58 (초임)서울지검 검사	62~63.1 63.7 ~64.1[20]	고문, 7국장 5국장	64.1 대검 수사국장(검사장) 66.12 총선출마 위해 퇴직 67.1 국가안보위 상임위원 71~80 8대(공화) 9, 10대(유정)
오탁근	1921 의성 명치대	1949.2 검사보 고시	60.6~61.7서울지검 부장검사 61.7~62.4광주지검 차장검사 62.4~62.7서울지검 부장검사 63.3~63.5최고회의 문사위 자문위원 64.3~65.10서울고검 차장	1962.4 ~1963.2	차장보	69.7~71.8법무차관
이도환	1925 마산 마산대	2회 1951	53 (초임)순천지청 1961 (부장)목포지청장	63	7국장[21]	1963 서울지검 부장검사 1971 부산지검 차장 73.3~80 공화·유정 의원
여운상	1919 개성 일본 중앙대	검사보 임용 고시 1949	1949 대구지검 검사(초임) 1963 서울지검 부장검사	63.2.22 ~63.7	보안차장보[22]	1963 서울지검 차장 1964 퇴직
길기수 [23]	1931 선산 중앙대	6회 1954 양과	56 상공부 사무관 60 법무부 검사 62 법무부 검찰과장(부장)	64~66[24]	5국 부국장	71 변호사 개업
정명래	1931 청원 서울법	6회 1954	1957 (초임)청주지검 1964 서울지검 형사부 1965 (부장)서울고검 검사	1965 ~1967?	5국 부국장?	1968 대구지검 부장검사 1977 (차장)서울지검차장 1978 (검사장)법무부 출입관리국장 81~82 법무연수원장(퇴직)

박종연	1927 서울 국민대	13회 1961	1962 (초임)서울지검 1964(부장)서울지검공안부	1967.7 ~1969.4 ?	5국 부 국장	1969 서울지검 검사 1973.1 (퇴직)
김치열	1921 대구 일본 중앙대	1943 일고등 문관	1945 대구지검 1956 (검사장)검찰국장	1970 ~1973.1 2	차장	73.12~75.12 검찰총장 75.12~78.12 내무장관 78.12~79.12 법무장관
안경상	1935 평남 서울대	8회 1956	1961.1 (초임)광주지검 1970.9 (부장)충주지청장	1971.9 ~1974.9	5국장	1974.9 서울고검 검사 1979.2 서울지검 2차장 1980.6 (검사장)청주지검장 1985.2 (최종)대검총무부장 1986.4 (퇴직)
문상익	1929 정주 서울법	2회 1951	53 (초임) 서울지검 65 (부장) 서울고검 72 (차장) 서울지검	73	감찰 실장	74 법무부 송무담당관 77 (검사장) 대검 총무부장 80 국보위 법사위원장 81 퇴직 개업
신직수	1927 서천 서울법	1951 군 법무관	61.7~63.7 최고회의 고문 63.7~63.12 중정차장 63.12~71.6 검찰총장 71.6~73.12 법무장관	1973.12 ~1976.1 2	부장	77~79 변호사 개업 79.1~12 대통령 특보
현홍주	1940 서울 서울법	16회 1963	1966 전주지검 금산지청 1968 서울지검	1974	5국 부국장	1978 (부장)서울고검 1980~85 안기부 1차장 1985 국회의원 88~90 법제처장. 90~93 주유엔대사,주미대사
김기춘	1939 거제 서울법	12회 1960	1964 (초임)광주지검 71~73 법무부 법무실 1973 (부장)법무부 인권과장	1974 1975.9 ~1979.2	부국 장25 5국장	1979 대통령 법률비서관 1981 법무부 검찰국장 1988 검찰총장 1991~1992.10법무장관
백광현	1932 단양 연세법	8회 1956	1960 (초임)서울지검 1970 (부장)대구고검 검사 1975 (차장)대전지검 차장	1977.2 ~1979.3	6국장	1979.3 서울지검 1차장 1980 (검사장)전주지검장 1986.4 (최종)법무연수원장 1987 (퇴직) 1992.10 내무장관
정해창	1937 포항 서울법	10회 1958	62 (초임) 대구지검 70 (부장) 의성지청장	1977.6 ~1978.2	수사국 장26	78.2 서울지검 형사1부장 81.4 검찰국장 87.5~88.12 법무장관 90.12~93.2 대통령실장

신직수와 그 뒤를 이은 김재규 등 유신 시대의 중앙정보부장들은 대공수사국, 안전수사국 등 핵심 수사부서의 국장에 안경상, 김기춘, 백광현, 정해창 등 부장검사급 엘리트들을 기용했다.

유신 시기에는 5공화국 초기의 연세대생 내란음모 사건[27]이나 대법원장 비서관 뇌물사건[28] 같이 안기부가 검찰을 심하게 압박하거나 초토화시키는 일은 일어나지 않았다. 이는 중앙정보부의 검찰에 대한 우위가 확립되어 있었으며, 신직수, 김치열 등 중앙정보부 간부를 지낸 자들이 검찰총장과 법무부 장관을 지냈고, 검찰의 엘리트들이 중앙정보부의 핵심 간부로 파견 나와 있었기에 중앙정보부와 검찰이 큰 마찰음 없이 독재의 하부기구로 기능할 수 있었기 때문인 것으로 보인다.

2. 보안사와의 관계

1971년 9월 박정희는 중앙정보부 보안차장보였던 강창성을 보안사령관에 임명했다. 박정희는 또 1973년 12월 보안사령관을 역임한 유정회 의원 김재규를 중앙정보부 차장에 임명했다. 중앙정보부 차장보가 보안사령관이 되고, 보안사령관을 역임한 사람을 중앙정보부 차장으로 임명하는 인사는 박정희 정권 내에서 두 기관의 서열을 분명히 보여준다.

보안사는 당연히 군 관련 분야에 한정된 권한을 가진 정보수사기관이었지만, 정보

---

20 법조인명대사전. "61 중정 5 · 7국장. 63 서울고검 검사. 대검 수사국장"
21 법조인명대사전. 국회 홈페이지에는 국장 대신 차장보를 했다고 나옴. 조선DB에는 미수록.
22 「경향신문」, 1963. 2. 23.
23 법조인명대사전 참조. 조선인물DB, 위키백과, 네이버에 미수록.
24 국정원 보고서에는 66. 2.까지 중앙정보부에서 「경향신문」 강제매각 공작을 담당했다고 함.
25 조선인물 DB. 법조인명대사전에는 "1974 중앙정보부 대공수사국장 겸 서울고검 검사".
26 "김재규는 1977년 수사국을 3개로 늘려 김기춘, 정해창, 백광현 검사들이 맡도록 했다"(김충식, 2권, 343). 백광현은 1977-79 서울고검 검사(「조선일보」 인물DB), 정해창은 "1977. 6.-1978. 2. 서울고검 검사(중앙정보부 파견)"(「조선일보」 인물DB).
27 연세대생 내란음모 사건에 대해서는 한홍구, 『사법부』, 2016, 돌베개, 192-197.
28 대법원장 비서관 뇌물사건에 대해서는 한홍구, 『사법부』, 159-177.

처를 두고 간첩 사건에서 민간인에 대한 수사를 확대하면서 활동 범위를 넓혀가고자 했다. 그러나 법률상 군 수사기관인 보안사는 민간인에 대한 수사권이 없었기 때문에, 실제 수사는 보안사가 하더라도 조서 등 서류는 중앙정보부 수사관의 이름으로 작성해야 했다. 또한 보안사가 많이 다루었던 재일 동포 간첩 사건의 경우, 일본에 주재관을 둘 수 없었던 보안사는 피해자의 일본에서의 활동에 대한 근거 자료로 중앙정보부원인 일본 주재 영사의 영사 증명을 필요로 했다. 여기에 중앙정보부의 "정보 및 보안업무의 조정·감독"을 규정한 안보수사조정권이라는 제도적인 힘으로 중앙정보부는 보안사에 대해 힘의 우위를 과시했다. 보안사의 일선 수사관들 내부에는 중앙정보부에 대한 라이벌 의식이 분명히 있었지만, 국정 전반에 자유롭게 개입하는 중앙정보부와 기본적으로 군 관련 사안만을 관장하는 보안사 간의 힘의 우열은 적어도 유신 시대에는 분명했다.

중앙정보부의 보안사에 대한 힘의 우위를 결정적으로 보여준 사건은 1977년 10월 전방사단의 대대장 유운학 중령의 월북 사건에 뒤이은 중앙정보부의 보안사 감찰이었다. 유운학 중령은 사단 보안대에 약점이 잡혀 고민하다가 스스로 월북한 것인데, 보안사는 유운학이 북한군에 의해 납치되었다고 허위 보고한 것이다. 이 보고를 의심한 박정희는 김기춘에게 진상 조사를 지시했다. 김기춘은 일선 중대장, 대대장, 연대장, 사단장 등 지휘관들이 보안사 등쌀에 못 살겠다는 원성이 자자하다며 보안사의 월권과 횡포에 대한 자세한 보고서를 올렸다. 이 보고를 받은 박정희는 크게 화를 내며 "보안사의 권한을 축소하는 개혁안을 김 국장에게 성안하도록" 지시했고, 김기춘이 올린 개혁안에 따라 "보안사 정보처를 없애고 보안사 요원들을 정부 부처 및 기관에 출입하지 못하도록 했다"고 한다.[29]

10·26 사건으로 중앙정보부의 수장 김재규에 의해 박정희가 사살되고 보안사령관 전두환이 실권자로 등장하면서 두 기관의 관계는 드라마틱하게 역전되었다. 중앙정보부 주요 간부들은 보안사에 끌려가 초죽음을 당하는 등 중앙정보부는 보안사에 의해 초토화되었다.[30] 5공화국 초기 보안사가 정국을 지배했지만, 시간이 가면서 전두환은

---

29 한홍구, 『역사와 책임』, 2015 한겨레출판, 201-202.

30 김당, "최초공개 중앙정보부 마지막 간부진과 안기부 창설 간부 명단: [김당의 시크릿파일] ⑧10·26 '반역죄인' 중정, 조직개편·숙정 감수." https://m.upinews.kr/newsView/upi201905080091

체제 유지4와 국정 운영을 위해 안기부에 의존하지 않을 수 없었다.

3. 경찰과의 관계

일제강점기와 이승만 시기에는 경찰의 힘이 압도적이었다. 현재 크나큰 국가적 과제로 정치검찰의 개혁이 제기되는데, 세계적으로 유례를 찾을 수 없는 막강한 괴물 검찰의 출현은 1954년 엄상섭 등 형사소송법 제정의 주역들이 '경찰 파쇼'보다는 규모가 작은 '검찰 파쇼'가 낫겠다며 차악을 선택한 결과였다. 이승만 정권 내내 독재 권력의 버팀목 역할을 톡톡히 해온 경찰은 1960년 3·15 부정선거를 자행하고 4월혁명 당시 시민들에게 발포하여 엄청난 사상자를 낸 까닭에 전 국민의 지탄을 받게 되었다. 5·16 군사반란으로 집권한 박정희는 경찰의 힘을 빼기 위해 고심했는데, 1961년부터 1967년까지 조흥만, 이소동, 박태원, 박영수 등 군 출신과 검찰 출신 한옥신을 치안국장 자리에 앉혔다. 박정희 정권하에서 경찰 출신이 치안국장으로 임명된 것은 1967년 10월 채원식이 처음이었지만, 그는 1968년 1·21사태로 4개월만에 물러가고 다시 군 출신 박영수가 기용되었다. 이후 경찰로 입직한 고시 출신들이 경찰 총수에 임명되었지만, 1974년 8월 15일 육영수 여사 피격사건으로 치안국을 치안본부로 개편하면서 차관급으로 격상된 치안본부장에 육군중장 박현식을 임명했다. 박정희는 1976년 1월에는 경찰 출신이지만 오랫동안 중앙정보부에서 경력을 쌓은 유정회 의원 김성주를 치안본부장에 기용하였고, 김성주는 박정희가 죽을 때까지 치안본부장 자리를 지켰다.

중앙정보부는 유신 시기를 포함한 박정희 정권 내내, 경찰에 비해 압도적으로 우월한 지위를 누렸다. 중앙정보부가 풍부한 정보력을 과시할 수 있었던 것은 경찰의 밑바닥 정보를 무제한 활용할 수 있었기 때문이다.

대공경찰은 중앙정보부 차장과 검찰총장을 역임한 김치열이 1975년 12월 19일 내무장관으로 임명된 뒤 남영동 치안본부 대공분실을 설치하면서 크게 강화되었다. 김치열은 수요 경찰서 단위에도 정보과를 확대, 개편하여 대공 업무를 전담하는 정보2과를

2019-05-08 08:57:55, 2020년 9월 1일 검색.

신설하는 등 경찰의 대공 조직을 크게 확대했다. 경찰 조직에서 대공 부서를 독립시키고 경찰 대공 업무를 기획, 지도하는 사령탑으로 치안본부 대공분실을 설치한 것은 정권 차원의 핵심사업이었던 것으로 보인다.[31]

치안본부 대공분실은 유신 말기였던 1979년 10월 9일 박정희 정권 시기 최대의 지하조직인 '남조선민족해방전선'(남민전)을 적발하였다. 방대한 규모와 막강한 예산을 사용하여 국가최고정보기관으로서 위상을 뽐내온 중앙정보부를 제친 것이다. 전두환은 대한민국 정부 수립 초기 심각한 군경 대립을 경험한 박정희와는 달리 경찰에 대한 불편한 감정이 없었을 뿐 아니라, 큰 형 전기환이 경찰 출신인 까닭에 경찰의 힘을 키워주었다. 특히 광주 학살을 겪은 후 학살 정권을 규탄하는 시위가 대규모로 격렬하게 벌어짐에 따라 시위 진압을 위해 경찰의 힘에 더욱 의존하게 되었다. 유신 말기의 남민전 적발의 성과와 더불어 이같은 요인은 권력기관 내에서 경찰의 힘과 위상을 높여주는 것이었다. 그러나 경찰의 영향력 증대는 검찰에 대해서는 유효하였을지 몰라도, 부천서 성고문 사건 당시의 관계기관 대책회의나 김근태 고문 사건 당시의 상황을 보면 안기부는 경찰에 압도적인 우위를 점했다고 할 수 있다.

IV. 유신 시기 중앙정보부의 활동

중앙정보부의 활동을 서술하는 것은 해당 시기 한국 현대사 전체, 아무리 줄여서 이야기한다 하더라도 현대 정치사나 민주화운동사를 서술하는 것과 큰 차이가 나지 않을 것이다. 그만큼 중앙정보부는 관여하지 않는 일을 찾는 것이 쉬울 정도로 모든 일에 다 관여했고, 어디에나 있었다(좀 더 정확히 이야기하면, 어디에나 있는 듯한 믿음을 주었다. 그것이 중앙정보부 입장에서 일하기 편했다).

---

31 진실의 힘, 〈남영동 대공분실 고문 피해실태 기초조사 보고서〉, 2018, 민주화운동 기념사업회, 9.

1. 유신쿠데타 준비

중앙정보부는 우선 유신쿠데타의 준비를 총괄했다. 이 작업은 매우 은밀하게 진행되어 관련 내부에서도 아는 사람은 극소수였다. 박정희 구상과 지휘에 따라 중앙정보부장 이후락이 이끄는 중앙정보부팀(김치열, 김동근, 김영광 등), 비서실장 김정렴이 이끄는 청와대팀(홍성철, 유혁인, 김성진 등), 신직수가 이끄는 법무부팀(김기춘, 정해창 등)이 극비리에 움직였다. 유신헌법 제정의 실무 작업은 중앙정보부 판단기획국장 김영광이 총괄 지휘했다.

2. 유신체제 유지와 범여권 관리

유신헌법으로 대통령 직선제 선거가 없어지고, 국회의원도 경쟁이 치열한 소선거구제 대신 여야가 사이좋게 동반 당선할 수 있는 중선거구제가 채택됨에 따라 중앙정보부가 선거에 개입할 일은 대폭 줄어들었다. 유신 직전인 1971년 10·2 항명파동 등을 거치면서, 여당인 공화당 실력자들을 중앙정보부가 잡아 와 고문하고 의원직을 박탈한 사건 등으로 여권 내에서는 모두 다 알아서 몸조심하는 분위기가 형성되었다. 유신헌법에 따라 박정희는 국회의원의 1/3을 사실상 임명하게 되었는데, 그 명단의 작성은 중앙정보부의 몫이었다. 중앙정보부 간부였던 김성락, 김성주, 이영근, 전재구 등이 1973년 3월 9대 국회 1기 유정회 의원으로 선임되었고, 1976년 2월의 9대 국회 2기 유정회 의원으로는 1기의 김성락이 탈락한 대신 김세배가 추천되었다. 1978년 12월 3기 유정회 의원으로는 김성주가 치안본부장으로 1976년 임명되고, 전재구가 탈락한 대신(국회의장 비서실장 임명), 중앙정보부 차장 이철희와 주일공사 조일제, 판단기획국장 김영광 등이 유정회 의원으로 선임되었다. 선거가 줄어들고 여당에 대한 통제가 손쉬워지면서 정치자금의 염출과 관리는 청와대 비서실로 일원화되어 비서실장 김정렴이 총괄했다.

권력 내부의 단속과 관련하여 유신 시기 중앙정보부의 공작에서 가장 중요한 것은 미국으로 망명한 전 중앙정보부장 김형욱에 대한 대처 문제였다. 김형욱이 미의회 프레이저 청문회에서 증언하려 할때 중앙정보부는 사력을 다해 이를 막으려 하였으나 실패하였다. 이어 김형욱이 박정희 권력의 치부와 중앙정보부의 악행을 담은 회고록을 출간하려 하자, 이를 저지하기 위해 총력을 기울였다. 결국 김형욱은 10·26사건 이십여 일 전쯤 김재규가 보낸 중앙정보부 요원에 의해 프랑스 파리에서 살해당했다.[32]

김재규의 중앙정보부는 박근혜와 밀착한 최태민의 처리 문제에도 개입했다. 원래 대통령의 가족 및 친인척 관리는 청와대 민정수석실의 업무이지만, 문제 해결에 여러 가지 어려움에 봉착한 청와대 민정수석 비서관 박승규의 부탁으로 김재규는 검사 백광현이 국장으로 있던 안전수사부에 명하여 최태민의 비리를 조사하여 박정희에게 직보했다. 박정희는 김재규의 보고와 건의를 받아들이지 않아 최태민은 박근혜에게 계속 영향력을 행사했고, 이는 10·26 사건의 원인(遠因)의 하나가 되었다.

3. 반체제 탄압

유신 시대는 긴급조치의 시대였다. 신직수는 김형욱이나 이후락과는 달리 중앙정보부가 법에 의해 움직여야 한다고 생각했다. 그러나 그는 부하들로부터 "'법은 많을수록 국가나 정권이 안전하고, 처벌이 셀수록 체제 도전이 사라진다'는 사고가 지배하지 않았나 생각된다"는 말을 들을 정도로, "만사를 법으로 풀어가려 하고, 정치 논리로 풀 일도 법으로 대응"하곤 했다. 중앙정보부는 유신의 전 기간 반체제 탄압의 수단이었던 긴급조치 1호, 4호, 7호, 9호의 제정과 집행을 총괄했다. 민청학련 및 인혁당재건위 사건이나 1976년 3·1절 구국선언 사건은 반유신 민주화운동을 탄압한 대표적인 사례였다. 당시 민주화운동에서 종교계가 중요한 역할을 했던 것과 관련하여 중앙정보부는 수도권 선교자금 횡령 사건, 지학순 주교 구속사건, 크리스찬아카데미 사건, 오원춘 사건, 도시산업선교회 모략 사건 등을 통해 종교계의 활동을 통제하려 했다. 학원에는 일상적인 사찰이 진행된 것은 물론이다. 언론에 대해서는 「동아일보」 광고 탄압사건과

---

32 김형욱의 활동과 그에 대한 중앙정보부의 대처에 대해서는 국가정보원 과거사건 진실규명을 통한 발전위원회, 〈과거와 대화 미래의 성찰〉 제3권 주요의혹사건 하, "김형욱 실종사건 진실규명"을 볼 것.

그에 따른 기자들의 대규모 해직과 '보도지침' 등을 통한 상시적인 언론통제가 이루어졌다. 「중앙일보」가 1974년 5월 30일 전 진보당 간사장 윤길중의 진보당 사건에 관한 글을 연재하려 하자 중앙정보부는 필자와 김인호 편집국장 등 모두 6명을 연행 조사하여 연재를 중단시키는 등 문제 있다고 판단한 사안에 대해 언론인 연행, 지면 개입 등을 일삼았다.

유신 시기 중앙정보부의 반체제 탄압 중 가장 주목받은 사건은 역시 김대중 납치 사건일 것이다. 이 사건은 박정희의 직간접적인 압력을 받은 중앙정보부장 이후락의 지시에 의해 중앙정보부 차장보 이철희가 계획을 짜고, 해외공작단장 윤진원을 실행책임자로 국내에서 파견하고, 중앙정보부가 파견한 주일공사 김기완의 책임 아래 현지 공관에 위장 파견된 중앙정보부 요원들이 감행한 일이었다. 1967년 동백림 사건 당시 중앙정보부는 해외의 민주 인사들을 납치해와 외교적 파문을 일으켰는데, 또다시 해외공작을 통해 국가의 체면을 크게 손상시켰다. 특히 주일대사관 일등서기관으로 위장한 중앙정보부 요원 김동운이 현장의 유리컵에 육안으로 보아도 선명한 지문을 남겨 한국 정부의 개입을 증명해 준 덕분에 중앙정보부는 일본 언론으로부터 심한 조롱을 받았다.

중앙정보부는 야당에 대한 탄압과 공작도 계속했다. 대표적인 사례는 1976년 신민당 각목전당대회를 들 수 있을 것이다.

4. 대공 수사와 간첩 조작

유신쿠데타가 있기 직전, 북한은 대남전략을 대폭 수정하여 공작원의 직접적인 남파를 중단했다. 남파간첩이 사라진 것이다. 간첩 침투가 거의 사라졌다는 것은 국가 안보에는 대단히 유리한 것이지만, 대간첩 기구와 요원을 크게 확장한 중앙정보부 등 공안 기구에게는 '직업 안보'에 비상 상황이 발생한 것이다. 안타깝게도 유신 시기나 5공화국 시기, 중앙정보부나 안기부가 적발한 간첩 사건의 상당 부분은 조작된 것이었나.[33] 아래는 중앙정보부가 직접 발표한 수요 간첩 사건의 목록이다.

---

33 국가정보원 과거사건 진실규명을 통한 발전위원회, 『과거와 대화 미래의 성찰』제6권, 학원·간첩편;

1973. 6 .	고대 노동문제연구소 간첩 사건(김낙규, 노중선, 손정박, 정진영 등)
1973 · 10.	유럽 거점 간첩단 사건(최종길, 김장현, 김상수 등)
1974. 3.	울릉도 간첩단 사건
1974. 4.	김영작, 고병택 등 간첩 사건
1975. 4.	김달남, 유정식 등 간첩 사건
1975. 3.	이동현 등 간첩 사건
1975. 6.	박복순, 조동윤 등 간첩 사건
1975. 11.	재일동포 학원 간첩단 사건
1976. 10.	김용규 자수 간첩 사건
1977. 3.	강우규 등 간첩 사건
1977. 5.	재일동포 윤효동 자수 간첩 사건
1979. 7.	삼천포 간첩 사건

위 사건들 중 1977. 5. 재일동포 윤효동 자수 간첩 사건과 보안사가 1977년 4월 적발한 김정사 간첩 사건(형식적으로는 중앙정보부가 처리)은 김대중 대통령의 운명과 관련하여 각별한 의미를 갖는다. 1980년 김대중 내란음모 사건 당시 김대중이 사형 판결을 받은 것은 내란음모와 관련된 것이 아니고, 한민통의 의장이었기 때문이다. 대법원은 1978년 6월 김정사 간첩 사건 상고심에서 한민통(재일한국민주회복통일촉진국민회의)을 반국가단체로 판결했는데, 신군부는 이 판결에 의거하여 김대중에게 사형을 선고하도록 한 것이다. 한민통 핵심 인물들을 자신이 북에 데려가 간첩 교육을 받게 했다는 윤효동은 1980년 김대중 내란음모 재판에서 증인으로 나섰다. 윤호동 사건과 김정사 사건은 중앙정보부 등 공안 당국이 간첩 사건을 국내 정치에 어떻게 이용했는가를 잘 보여준다.

북한이 직접 남파하는 직파 간첩이 사라진 뒤, 각종 공안 기관이 적발한 간첩은 크

한홍구, "국가폭력으로서 간첩 조작 사건", 『대한민국 인권 근현대사』 제4권 인권운동사, 2019, 153-206.

게 ① 재일 동포 등 일본 관련 사건, ② 월북자 가족 관련 사건, ③ 납북 어부 사건 등이 있다. 특기할만한 일은 1970년대의 중앙정보부나 1980년대의 안기부는 납북어부 관련 간첩 사건을 조작하지는 않았다는 점이다. 1982년의 황용윤 사건이나 1983년의 정영 사건의 당사자들은 납북 어부이기도 했지만 월북자 가족이라는 점에서 전적으로 조작되었기 때문에 지역보안대나 지방 경찰의 대공분실이 조작한 순수 납북 어부 사건과는 의미가 다르다 하겠다. 중앙정보부나 안기부가 납북 어부 조작 간첩 사건에 손을 대지 않은 것은 국가 최고 정보기관으로서 알량한 자존심 때문이라 하겠다.

5. 해외 공작

중앙정보부는 미국, 일본 등 해외에서도 여러 가지 공작을 하였다. 미국에서는 외무부를 제치고 정부와 의회를 상대로 한 대미 로비에 직접 나섰다가 말썽을 빚었다. 중앙정보부의 대미 로비는 크게 두 축으로 진행되었는데 하나는 박동선을 창구로 한 것이었고, 다른 하나는 김한조를 창구로 한 것이었다. 미국 언론은 닉슨 정권의 불법 도청 사건인 워터게이트 사건의 명칭을 따와 한국 정부의 대미 뇌물 사건을 연일 '코리아게이트'라 부르며 대대적으로 보도했다. 이 사건은 전 중앙정보부장 김형욱의 미 의회 프레이저 청문회 증언과 미 CIA의 청와대 도청 등으로 번지며 한미갈등을 심화시켰다. 이 사건의 와중에 이재현, 김상근, 손호영 등 중앙정보부 요원들이 미국으로 망명하는 일도 발생했다.

1965년 한일국교정상화를 준비하면서 중앙정보부는 재일 동포들에 대한 공작에도 큰 힘을 기울였다. 재일 동포 사회 내부에서 중앙정보부의 공작과 활동은 민단 내부를 박정희 정권을 우호적으로 만드는 작업과 조총련에 대한 공작으로 나눠 볼 수 있다. 중앙정보부는 민단단장 권일 등을 공화당 국회의원으로 포섭하는 한편, 김재화, 배동호, 곽동의 등 민단 자주파들을 '반한베트콩'으로 몰았다. 김대중 납치사건은 김대중과 민단 자주파의 결합을 차단하기 위한 것이었다. 김대중 납치사건 이후 민단 자주파들은 한민통을 결성하고 김대중의 구출을 위해 전력을 기울였다. 한민통이 외연을 확대하여 1977년 8월 13일 미국과 유럽의 민주통일세력을 모아 '해외 한국인 민주운동 대표자회의'를 개최하려 하자, 중앙정보부는 민단 청년들을 동원하여 회의장을 습격하는 등 한민통 활동을 탄압하는 공작을 수행했다. 또 한민통 간부들을 포섭하여 탈퇴 선언을 하게 하는 것도 주요 임무의 하나였다.

조총련을 대상으로 한 공작으로는 1975년 6월부터 시작된 재일 동포 모국방문단 사업을 들 수 있다. 원래 재일 동포는 97퍼센트 이상이 38도선 이남 출신이었지만, 일본의 박해로 인한 재일 동포들의 민족의식 고양과 이승만 정권이 재일 동포를 포기하다시피 한 '기민(棄民)정책' 때문에 재일 동포 사회에서는 민단보다 조총련에 대한 지지가 더 높았다. 김대중 납치사건의 여파로 1974년 8월 15일 육영수 여사가 재일 동포 문세광의 박정희 저격 시도 와중에 사망하는 사건이 발생했다. 박정희 정권은 처음에는 문세광이 조총련의 사주를 받은 것으로 몰고 갔지만, 재일동포 사회의 반한, 반유신 분위기를 더이상 방치할 수 없었다. 중앙정보부는 대단히 공세적으로 조총련에 소속된 재일동포들의 모국 방문을 추진하였다. 이 공작은 상당한 효과를 거두었다.

V. 맺음말: 중앙정보부와 10·26 사건

박정희는 1979년 10월 26일 중앙정보부의 궁정동 안가에서 중앙정보부장 김재규가 쏜 총에 맞아 사망했다. 박정희 정권은 중앙정보부로 시작해서 중앙정보부로 끝났다고 해도 과언이 아니다. 김재규가 아무리 평소에 박정희를 제거할 생각을 했다 하더라도 10월 26일 당일에 행사를 마련하자 한 것은 박정희였고, 김재규는 오후 4시경에야 행사 일정을 통보받았다. 김재규의 부하들이 박정희와 그 경호원 사살이라는 엄청난 지시를 받은 것은 사건 발생이 한 시간도 채 안 남은 시점이었다. 일국의 대통령을 제거하는 계획의 수행자들이 이 엄청난 일을 지시받고 그대로 수행했다는 것은 중앙정보부가 어떤 조직이고, 중앙정보부장이 부 내에서 어떤 권위를 갖고 있는가를 짐작케 해준다.

유신체제의 버팀목이었던 중앙정보부가 역설적으로 유신체제의 종말을 가져왔다. 최고 권력기관이었던 중앙정보부는 하루아침에 '역적'기관이 되었고, 간부들은 보안사에 끌려가 수모를 당했다. 전두환의 신군부는 중앙정보부의 기구를 정비하고 명칭도 국가안전기획부(안기부)로 바꾸어 버렸다. 전두환은 처음에는 중앙정보부의 힘을 빼 버렸지만, 국정 전반을 운영하려니 군대만을 영역으로 삼아왔던 보안사에만 의존할 수 없었다. 1980년대 중반 이후 안기부는 다시 정권을 유지하는 버팀목으로 등장했으며, 관계 기관 대책 회의를 통해 정권의 컨트롤 타워 역할을 수행했다.

민주화 이후 군과 안기부는 2선으로 물러날 수밖에 없었다. 문민화 이후 검찰의 힘이 막강해진 것은 안기부의 빈자리를 검찰이 메웠기 때문이다. 중앙정보부는 안기부에서 국정원으로 다시 이름을 바꾸고, 남산에서 내곡동으로 이전하였지만 여전히 막강한 힘을 보유하고 있다. 중앙정보부·안기부로부터 가장 심한 탄압을 받았던 김대중이 대통령이 되고, 또 그 뒤를 이어 국정원 개혁을 주요 과제로 삼은 노무현이 대통령이 되었지만, 국정원 개혁은 이뤄지지 않았다. 국정원 개혁이 이뤄지기 위해서는 ① 대통령이 국정원을 정권 유지를 위해 사용하지 않는다 ② 국정원의 수사권 폐지 및 국내와 국외 파트의 분리 등 제도적 개혁 ③ 과거 정치적으로 오염된 국정원의 인적 청산 ④ 국정원의 과거사 정리 등 4가지 요인이 모두 이뤄져야 한다. 노무현 대통령 시기는 그 중 첫 번째 과제는 훌륭히 수행되었고, 네 번째 과거사 정리도 어느 정도 수행되었으나 제도적 개혁과 인적 청산은 전혀 이뤄지지 않았다. 그 결과 이명박이 집권한 후 국정원은 다시 과거로 돌아가 서울시 공무원 간첩 사건을 조작하고, 댓글 공작 등 대통령 선거에 개입하여 국정원장 원세훈은 감옥에 가야 했다. 박근혜 정권에서는 유신 시대의 열혈 청년 장교였던 남재준이 국정원의 수장이 되었다. 유신 시대와 마찬가지로 박근혜 시절 정치를 주도한 것은 여의도도 청와대도 아니고 국정원이었다.

이제 촛불로 민주정권이 들어서고, 2020년 총선에서 민주 세력이 큰 승리를 거둔 뒤 국정원은 대외 안보정보원으로의 개편을 눈앞에 두고 있다. 국내와 해외의 분리, 국정원의 수사권 폐지 등과 같은 핵심적인 개혁안이 드디어 이루어지려 하고 있다. 어느 국가나 유능하고 효율적인 정보기구를 갖기를 원한다. 정통성이 없는 정권하에서 최고 정보기구는 막강한 권력을 행사했지만 결코 유능하지도 효율적이지도 않았다. 과연 민주공화국 대한민국은 유신의 악령을 떨쳐버리고 민주국가로서 위상에 걸맞은 국가 최고 정보기구를 만들어낼 수 있을 것인가?

유신독재 불법 통치기구 청산의 과제

오동석

(아주대학교 법학전문대학원 교수)

I. 유신독재의 단절과 연속

과거 청산은 과거의 문제가 아니다. 이른바 '적폐'의 문제다. 적폐는 한편으로는 과거의 시간 속에 묻혀서 어떻게 회복할 것인가의 문제다. 다른 한편으로 적폐는 불법에 대한 의식 없이 관행, 고정관념으로 버젓이 온존하거나 불법성을 은폐하거나 합법인 것처럼(疑似合法) 변형하여 존재한다.

과거 불법을 경험한 사람들에게 적폐의 불법은 치를 떨 정도로 생생하게 신체 또는 기억에 각인되어 있다. 반면 과거 불법을 경험하지 못한 사람들은 책을 통해 마치 역사 드라마를 보듯 '나' 또는 '사회'와 무관한 관객의 위치에 놓일 수 있다.

그런데 유신독재 시기 불법 통치기구의 폐해는 아직도 한국 사회의 전 영역에 퍼져 남아 있다. 다만, 그에 대한 분석과 평가 그리고 과제 설정이 이루어지지 않고 있다. 가장 큰 문제는 국회다. 독재의 필수 요소 중 하나는 반(反)의회주의다. 1972년의 박정희 유신쿠데타는 물론 1962년 박정희의 5·16 군사 쿠데타, 1980년 전두환·노태우의 신군부 쿠데타에서는 예외 없이 국회를 해산했다. 국회 대신에 비상국무회의, 국가재건최고회의, 국가보위입법회의 등 불법적인 입법 기구가 악법을 양산했다. 쿠데타 이후 필수 코스 중 하나는 '헌법적 불법'이다. 쿠데타의 불법을 헌법으로 정당화하는 수법이었다. 그런데도 국회는 악법의 청산은커녕 국정조사조차 하지 않았다. 1987년 헌법은 '헌법적 불법'에 대해 침묵했다. 문재인 정부의 적폐 청산의 마무리와 개헌 작업의 출발점은 헌법적 불법을 어떻게 청산할 것인가의 문제라고 생각한다.

II. 헌법적 불법의 청산

1. 헌법적 불법의 흔적

독일의 법철학자 구스타프 라드부르흐는 '법률적 불법과 초법률적 법'[1]을 말한 바 있다. 법률로써 불법을 저지르거나 그 반대로 초법률적 법으로써 정의를 실현하고자 하는 태도의 위험성을 지적한 것이다. '헌법적 불법성'이란 그로부터 따온 말이다. 그것은 헌법으로써 불법을 저지른 것을 말한다. 헌법은 불법의 흔적을 남겼다. 헌법이 독재 정권의 불법을 이중적으로 증언하고 있다.

박정희의 유신독재는 5·16 군사 쿠데타에서 시작됐다. 1962년 헌법의 부칙이 증거다.

1962년 헌법 부칙

제3조 국가재건비상조치법에 의거한 법령과 조약은 이 헌법에 위배되지 아니하는 한 그 효력을 지속한다.

제4조 ① 특수범죄처벌에관한특별법·부정선거관련자처벌법·정치활동정화법 및 부정축재처리법과 이에 관련되는 법률은 그 효력을 지속하며 이에 대하여 이의를 할 수 없다.

② 정치활동정화법 및 부정축재처리법과 이에 관련되는 법률은 이를 개폐할 수 없다.

제5조 국가재건비상조치법 또는 이에 의거한 법령에 의하여 행하여진 재판·예산 또는 처분은 그 효력을 지속하며 이 헌법을 이유로 제소할 수 없다.

---

1 이에 대한 상세한 역주가 달린 이재승의 옮긴 글로서는 Radbruch, 2009: 1-26.

국가재건비상조치법과 그것에 근거한 국가재건최고회의라는 불법 통치기구가 부정당할까 두려워하고 있다. 민주공화국, 국민주권, 기본권 보장 등 헌법의 본문 그리고 국민의 주권적 심판을 피해 보려는 술수다. 유신쿠데타 이후 1972년 헌법도 마찬가지다.

1972년 헌법의 부칙

제4조 1972년 10월 17일부터 이 헌법에 의한 국회의 최초의 집회일까지 비상국무 회의가 대행한 국회의 권한은 이 헌법 시행 당시의 헌법과 이 헌법에 의한 국회가 행한 것으로 본다.

제7조 비상국무회의에서 제정한 법령과 이에 따라 행하여진 재판과 예산 기타 처분 등은 그 효력을 지속하며 이 헌법 기타의 이유로 제소하거나 이의를 할 수 없다.

제9조 1972년 10월 17일부터 이 헌법시행일까지 대통령이 행한 특별선언과 이에 따른 비상조치에 대하여는 제소하거나 이의를 할 수 없다. …

제11조 ① 특수범죄처벌에관한특별법·부정선거관련자처벌법·정치활동정화법 및 부정축재처리법과 이에 관련되는 법률은 그 효력을 지속하며 이에 대하여 이의를 할 수 없다.

② 정치활동정화법 및 부정축재처리법과 이에 관련되는 법률은 이를 개폐할 수 없다.”

전두환·노태우도 박정희의 길을 따른다.

1980년 헌법 부칙

제6조 … ③ 국가보위입법회의가 제정한 법률과 이에 따라 행하여진 재판 및 예산 기타 처분 등은 그 효력을 지속하며, 이 헌법 기타의 이유로 제소하거나 이의를 할 수 없다.

④ 국가보위입법회의는 정치풍토의 쇄신과 도의정치의 구현을 위하여 이 헌법시행일 이전의 정치적 또는 사회적 부패나 혼란에 현저한 책임이 있는 자에 대한 정치활동을 규제하는 법률을 제정할 수 있다.

그런데 1987년 헌법은 침묵한다. 헌법의 침묵은 부정이 아니라 인정과 다를 바 없다. 불법의 청산을 침묵한 것은 불법의 연장선에 있거나 방조다. 1948년 헌법과 1960년 헌법이 그것을 반증한다.

1948년 헌법 제101조
이 헌법을 제정한 국회는 단기 4278년 8월 15일 이전의 악질적인 반민족행위를 처벌하는 특별법을 제정할 수 있다.

1960년 헌법 부칙
⑰ 이 헌법 시행당시의 국회는 단기 4293년 3월 15일에 실시된 대통령, 부통령선거에 관련하여 부정행위를 한 자와 그 부정행위에 항의하는 국민에 대하여 살상 기타의 부정행위를 한 자를 처벌 또는 단기 4293년 4월 26일 이전에 특정지위에 있음을 이용하여 현저한 반민주행위를 한 자의 공민권을 제한하기 위한 특별법을 제정할 수 있으며 단기 4293년 4월 26일 이전에 지위 또는 권력을 이용하여 부정한 방법으로 재산을 축적한 자에 대한 행정상 또는 형사상의 처리를 하기 위하여 특별법을 제정할 수 있다. 〈신설 1960. 11. 29.〉
⑱ 전항의 형사사건을 처리하기 위하여 특별재판소와 특별검찰부를 둘 수 있다. 〈신설 1960. 11. 29.〉
⑲ 전2항의 규정에 의한 특별법은 이를 제정한 후 다시 개정하지 못한다. 〈신설 1960. 11. 29.〉

이재승은 '헌법적 불법' 개념으로써 유신헌법을 평가한다. "유신헌법 전체가 법의지, 법 감각을 결여하고 있다는 의미에서 법률적 불법(gesetzliches Unrecht) 대신에 헌법적 불법(verfassungsrechtliche Unrecht)이라고 부르는 것이 합당하다." 즉 "헌법의 형식을 취했으되 그 본질은 범죄이고 불법"이다(이재승, 2009: 232의 주 44).2

---

2 유신헌법의 제정은 독일 최초의 민주공화국이었던 바이마르공화국 헌법 체제를 '불법적 법률'로써 나치 체제로 왜곡한 히틀러의 지배와 구별된다. 나치의 수권법에 빗대어 "수권 헌법"으로 보는 이는 김선택, 2007: 183.

2. 유신헌법의 효력에 대한 접근 방법

유신헌법의 긴급조치권은 법질서가 파괴 없이 연속되고 있는 역사적 효력(정통성)을 상실하였으며(이재승, 2003: 31), 법규범을 현실적으로 관철시킬 수 있는 사회적 효력(실효성) 또한 상실하였다(이재승, 2003: 32). 법원도 최소한 구 헌법 제53조의 대통령긴급조치권과 제5공화국 헌법 제51조의 대통령비상조치권은 발동 요건이나 통제기능 면에서 현저한 차이가 있어 헌법 정신에 위배됨이 명백하여 그 계속 부인될 수밖에 없다고 보았다.[3] 그런데 법원은 제5공화국 헌법 제51조의 규정이 대통령긴급조치 제1호, 제2호 및 제4호의 법적 근거가 될 수 없다고 하면서도, 단순히 대통령긴급조치 각 호가 제5공화국 헌법의 공포와 더불어 실효되었다고 보고 있다.[4] 헌법재판소도 긴급조치에 대하여 위헌선언을 구하는 헌법소원심판 사건에서 재판소 구성일로부터 180일이 훨씬 지난 1998. 8. 12.에 청구되었기 때문에 청구기관의 도과로 부적법하다고 각하했다.[5]

이와 관련 유신헌법을 매우 부정의하다고 판단한 경우 이를 어떻게 취급해야 하는가에 대해 네 가지 정도의 입장이 있을 수 있다. 첫째, 소급무효론이다. 그러나 이는 비현실적일 뿐 아니라 법적 안정성이 지나치게 희생될 것이다. 둘째, 장래 폐지론이다. 최소한의 것에 대하여 장래에 향하여 폐지를 주장하는 입장이다. 셋째, 라드브루흐 공식이다. 매우 부정의한 법을 원시적으로 무효화하는 개별적 소급무효론이다. 넷째, 개별폐지론이다. 즉 대표적인 악법의 목록을 작성하여 이를 폐지하자는 입장이다(이재승, 2003b: 32-33).

이러한 입장을 유신헌법에 적용한다면, 적어도 유신헌법 중 긴급조치를 비롯하여 악법과 법조항 목록을 작성하여 라드브루흐 공식에 따라 원시적으로 무효로 하는 것이

---

3 대법원 1985. 1. 29. 선고 74도3501 판결.

4 대법원 1985. 1. 29. 선고 74도3501 판결.

5 헌재 제2지정재판부 1998. 8. 26. 선고 98헌마277 결정. 청구인은 1978. 2. 5. 대통령 긴급조치위반으로 구속되어 징역 4년을 선고받고 복역 중 1979. 12. 8. 형집행정지로 출소한 적이 있는데, 1998. 8. 12. 헌법재판소에, 1972년 헌법(소위 유신헌법) 및 동 헌법 제35조에 의거하여 제정되었던 대통령 긴급조치 제1호 내지 제9호 등은 반사회적이고 야만적인 폭정이었다며 이들의 위헌선언을 구하는 헌법소원심판을 청구하였다.

적절하다. 라드브루흐는 이렇게 말한다.

> 지나간 12년의 법률적 불법에 직면하여 우리는 법적 안정성의 희생을 최소화시키면서 정의의 요청을 실현시키도록 시도해야 한다. 법관들이 누구나 멋대로 법률을 무효화시킬 것이 아니라 이러한 과제는 오히려 상급법원이나 입법부에 맡겨야 한다. '형사재판에서 나치 불법의 원상회복을 위한 법률'이 그것이다. 이 법은 "국가사회주의나 군국주의에 저항하는 정치적 행위는 벌하지 아니 한다"는 규정(제1조)[6]을 두고 있다.

3. 유신헌법에 대한 위헌 판단

유신헌법에서의 긴급조치 조항에 대하여 무엇을 기준으로 헌법적 불법성을 판단할 것인가? 1960년 헌법, 1962년 헌법, 1980년 헌법 등도 가능할 것이다. 그러나 "1962년 헌법이나 1980년 헌법에 입각하더라도 유신헌법에 대한 위헌판단이 불가능하지 않다고 보지만… 현행 헌법에 근거한 위헌 판단이나 초(실정)헌법적 기준으로부터 "헌법적 불법" 판단을 추론하는 것이 더 우수하다고 생각"하는 이재승(2009: 233)의 의견에 동조한다. 조용수 사건의 재심에 대한 그의 논변은 다음과 같다.

> 일상적으로 동일한 수준의 규범들 간의 저촉은 신법우선의 원칙을 통해 해결할 수 있다. 그러나 신법우선의 원칙이 신구헌법전의 사이비 저촉상황에 적용되는 것은 신헌법의 '새로움' 때문이 아니라 최상급 규범의 논리적 특성에서 기인한다. 헌법의 최고성은 항상 현재의 신헌법을 중심으로 확립되기 때문이다. 따라서 구헌법은 시간이나 규범 동학의 관점에서 신헌법에 앞서

---

6 이재승(Radbruch, 2009)의 역주 제1조 ① 국가사회주의 또는 군국주의에 대한 정치적인 저항행위들은 처벌받지 아니한다.
② 특히 다음과 같은 행위를 한 자는 무죄이다.
1. 국가사회주의 폭력지배를 전복하거나 약화시키려고 시도하였던 행위.
2. 국가사회주의 폭력지배의 유지나 전쟁 수행에 주로 봉사하는 법령을 확신에 입각하여 준수하지 않은 행위.
3. 국가사회주의적 관점에서만 처벌되는 행위.
4. 타인의 정치적 처벌을 면하게 할 목적으로 하였던 행위.

지만, 효력관점에서는 오히려 신헌법이 구헌법을 압도하고 배제한다. 이것은 법률적 관점의 논리적 귀결이기도 하다.

그렇다면, 유신헌법의 긴급조치 조항에 대하여 현행 헌법을 위헌성 판단기준으로 삼을 수 있을 것이다. 구 헌법은 이제 더이상 '헌법'이 아니기 때문이다. 헌법 부칙 제5조 "이 헌법 시행 당시의 법령과 조약은 이 헌법에 위배되지 아니하는 한 그 효력을 지속한다"는 조항에 따라 '이 헌법에 위배'되는 '법령과 조약' 및 그 근거가 된 구헌법의 조항은 효력을 더이상 효력을 지속할 수 없기 때문이다. 그렇지 않다면 헌법에 근거조항만 만들면 영구히 위헌시비를 피해갈 수 있는 민주주의적 정당서 없는 권력의 우회로가 생기기 때문이며, 현행 헌법은 물론 미래의 헌법은 절대적 출입금지구역의 명에를 안고 가야 하기 때문이다. 물론 명문의 규정을 둘 수 있지만, 그것은 신헌법의 관점에서 보면 너무 구차하다. 유신헌법상 긴급조치에 대하여 헌법적 효력을 주장하는 견해가 있을 수 있지만, 이 역시 마찬가지로 과거 헌법적 불법에 대한 역사적 심판을 회피하고 미래의 헌법 제·개정 행위까지 지배하고자 하는 권력의 누추한 탐욕을 적나라하게 드러내는 꼴이 될 뿐이다.

덧붙일 수 있는 주장은 주권의 영속성이다. 그것이 신헌법 우위의 원칙을 담보한다. "법관은 언제나 현행 헌법의 효력을 무제약적으로 인정해야 한다. 두 군주를 섬길 수는 없듯이, 법관은 상충하는 두 헌법을 모순 없이 섬길 수 없다"(이재승, 2009: 223). 따라서 헌법재판소가 위헌법률심판을 통해 유신헌법상의 긴급조치에 대하여 무효결정을 할 수 있을 뿐 아니라 헌법상 부칙조항에 의하여 법원도 위헌무효결정을 할 수 있다고 본다. 또한 "법관은 입헌주의원리, 라드브루흐의 '초법률적 법과 법률적 불법', 최소한의 자연법 논리에 기대어"(이재승, 2009: 222) 유신헌법상의 긴급조치 조항을 무효로 선언할 수 있다. 이재승의 말을 다시 빌린다.

자연법에 위반되는 규범은 당연히 무효이기 때문에 이론상으로는 어느 누구라도, 실무상으로는 법관이면 누구든지 자연법을 원용하여 사악한 실정법을 무효화할 수 있다. 이 경우 헌법재판소가 자연법에 대한 판단독점권을 주장하는 것은 불가능하다. 물론 헌법재판소나 입법부가 자연법이라는 수단을 활용하는 것이 바람직하지만 여의치 않은 때에는 일반법관도 나쁜 실정법의 사슬을 자연법으로 깨뜨릴 수 있다(이재승, 2009: 222).

III. 유신독재의 실체적 · 절차적 불법 요소

이재승(2003: 32)은 정당성 문제를 '정적(靜的) 정당성'과 '동적(動的) 정당성'으로 구별한다. 정적 정당성은 법규범 내용이 정치적·도덕적으로 얼마나 올바른가에 대한 것이다. 동적 정당성은 법규범의 생성에서 과연 민주주의적 정당성을 확보했는가의 문제다.

1. 실체적 불법 요소

유신헌법의 골자는 다음과 같다. ① 기본권 제한의 사유로서 국가안전보장이 추가되고 "자유와 권리의 본질적 내용을 침해할 수 없다"는 조항을 삭제하였다. ② 자유권적 기본권이 약화되고, 노동 3권의 주체와 범위가 대폭 제한되었다. ③ 통일주체국민회의를 설치하여 대통령을 선출하고 국회의원 정수의 3분의 1에 해당하는 국회의원을 선출하게 하였다. ④ 대통령은 국회의 동의나 승인을 필요로 하지 아니하는 사전적·사후적 긴급조치권을 비롯하여 국회 해산권, 국회의원 정수의 3분의 1의 추천권 등 절대권력을 행사할 수 있게 되었다. ⑤ 대통령의 중임이나 연임제한에 관한 규정을 두지 아니함으로써 1인 장기집권을 가능케 하였다. ⑥ 회기의 단축과 국정감사권의 부인 등으로 국회의 권한과 기능이 대폭 축소되었다. ⑦ 대법원장을 비롯한 모든 법관을 대통령이 임명 또는 보직하거나 파면할 수 있게 함으로써 사법부의 독립을 위협하였다(이재승, 2003b: 32).[7] ⑧ 헌법위원회를 설치하여 여기에 위헌법률심사권·위헌정당해산결정권·탄핵심판권 등 헌법재판권을 부여하였다.

---

7 "제103조… ② 대법원장이 아닌 법관은 대법원장의 제청에 의하여 대통령이 임명한다." "제104조 ① 법관은 탄핵·형벌 또는 징계처분에 의하지 아니하고는 파면·정직·감봉되거나 불리한 처분을 받지 아니한다."

몇 가지만 지적하면, 먼저 유신헌법은 대통령에게 국회의 3분의 1에 해당하는 의석을 구성할 권한(제40조 제2항), 국회 해산권(제59조 제1항), 현존하는 위협뿐만 아니라 그 우려만으로도 "필요한" 긴급조치를 취할 권한(제53조 제1항), 모든 법관에 대한 임명권(제103조 제1항·제2항), 법원의 권한에 속하는 사항에 대한 긴급조치권(제53조 제2항 후문) 등을 규정함으로써 입법기관 및 사법기관에 관하여 권력 분립의 원리를 중대하고 명백하게 침해하였다.

다음으로 유신헌법은 신체의 자유를 보장하는 데 중요한 기능을 수행하는 구속적 부심을 폐지하였고, 자백의 증거능력을 제한하는 규정을 삭제하였으며(제10조), 표현의 자유에 대한 허가·검열을 금지하는 조항을 배제(제18조)하였다. 또한 기본권 제한 일반유보조항에서 기본권본질내용침해금지규정을 삭제(제32조 제2항)하여 입헌주의의 핵심 원리인 기본권 보장을 공동화시켰다.

마지막으로 유신헌법은 공화국원리를 실질적으로 파괴함으로써 국가 형태를 변질시켰다. 대통령을 통일주체국민회의가 간선했고(제39조), 대통령의 중임·연임을 제한하는 규정을 삭제(제47조)함으로써, 선거를 통하여 정권을 교체할 가능성 또는 국회에 의한 탄핵의 가능성은 사실상 불가능해졌다.

2. 절차적 불법 요소

1971년 12월 6일 박정희 당시 대통령은 국가안보회의와 국무회의를 거쳐 특별담화 형식으로 비상사태를 선언하였다. '비상사태선언'에 따르면 국제정세와 북한의 양상을 예의주시한 결과 국가안전보장이 사실상 중대한 위기에 이르렀다고 하고 정부와 국민은 이 비상사태를 극복할 결의를 새롭게 해야 한다는 것이다.

12월 7일 정부는 비상선언의 세부집행사항으로서 군사기밀보호법안, 군사시설보호법안, 징발법 개정안 등을 만들어 국회에 제출했다. 12월 22일에는 정부와 공화당 의원 110명이 「국가보위에 관한 특별조치법」을 국회에 제출했다. 이에 신민당은 의사당 점거 농성 투쟁에 들어갔다. 의장은 직권으로 법사위에 회부하여 12월 27일 국회 본회의장을 옮겨가며 절차를 무시한 채 제4 별관에서 공화당 단독으로 3분 만에 전격

통과시켰다. 이튿날 정부는 이를 공포하였다.

「국가보위에 관한 특별조치법」(전문 12조와 부칙)은 비상사태 아래에서 대통령이 국회에 대한 통고만으로 ① 일정 기간 물가·임금 등을 통제하고, 경제에 대한 규제를 명할 수 있으며, ② 국가동원령의 발령, ③ 입주·소개령의 발령, ④ 집회·시위에 대한 규제, ⑤ 언론·출판에 대한 규제, ⑥ 근로자의 단체교섭권 규제, ⑦ 세출예산 범위 내에서의 예산 변경을 할 수 있게 하는 것 등의 내용을 담고 있었다. 유신헌법은 법률적 불법의 총괄이자 결정체로서 헌법적 불법성을 구성하게 된 것임을 알 수 있다.

개별법이 합법성을 보유한다는 의미는 정상적인 입법기구의 정상적인 절차를 통하여 개별법이 유효하게 제정되어 아직 폐지되지 않는 상태를 말한다(이재승, 2003: 31). 1972년 10월 17일 박정희 당시 대통령은 전국에 비상계엄을 선포하고 '10월유신'의 비상조치를 선포하였다. 비상조치에 의하여 국회는 해산되고, 정당의 활동은 금지되고, 또한 비상계엄이 선포되었다. 한태연은 "1962년 헌법에는 대통령의 국회 해산권이 설정되어 있지 않은 까닭에 대통령의 국회 해산은 쿠데타에 해당하는 초헌법적인 「헌법적 긴급조치」(Verfassungsdurchbrechung)를 의미한다"고 설명하고 있다.[8]

10월 23일 비상국무회의는 「비상국무회의법」을 통과시켰다. 그 주요 내용은 다음과 같다. ① 비상국무회의는 대통령·국무총리·국무위원으로 구성되며, 대통령이 의장, 국무총리가 부의장이 된다. ② 비상국무회의는 해산된 국회에 제출되었던 법안, 예산안, 조약의 체결·비준에 대한 동의안, 국채의 모집 또는 예산 외에 국가의 부담이 될 계약 체결에 대한 동의안은 이미 처리된 것을 제외하고, 모두 비상국무회의에 제출된 것으로 본다. ③ 의안은 대통령 및 국무총리가 제출한다. 또한 「국민투표에 관한 특별법」과 「선거관리위원회에 관한 특별법」을 의결·공포하였다.

10월 26일에는 비상국무회의에서 헌법 개정안에 대한 축조심의를 마치고, 10월 27일에 헌법 개정안을 의결하고 공고하였다.[9] 공고된 개헌안(제10차)은 11월 21일 국민

---

8 한태연, "한국헌법사 서설," 한태연 외 4인, 1988: 99.

9 유신헌법의 기초과정에 관해서는 확실한 자료가 없다. 다음과 같은 서술이 있다. "소위 한갈헌법이라고 불리는 이 헌법은 비공식적으로 이분들이 기초한 것으로 알려지고 있으나, 사실에 있어서는 법무부, 중앙정보부, 법제처, 청와대 등의 실무자들에 의한 합작품이며, 이의 홍보선전을 담당한 것이 한국

투표에 부의되어 유권자 총수 15,676,359명 중에서 14,410,714명이 투표하여 91.9%의 투표율과 찬성자 13,186,559명, 반대자 1,106,143명, 무효표 110,812명으로 91.5%의 찬성률로 확정되었다. 12월 13일 비상계엄이 해제되었으며, 12월 23일 통일주체국민회의는 박정희를 대통령으로 선출하였다. 유신헌법은 12월 27일에 공포됨과 동시에 발효되었다.

1972년 10월 17일 박정희 당시 대통령은 대통령특별선언의 형식으로 헌법의 일부 효력을 정지시키고 전국에 비상계엄을 선포하였다. 대통령은 당시 헌법 제54조 제1항에 따라 "전시·사변 또는 이에 준하는 국가비상사태에 있어서 병력으로써 군사상의 필요 또는 공공의 안녕질서를 유지할 필요가 있을 때" 계엄을 선포할 수 있었다. "비상계엄이 선포된 때에는 법률이 정하는 바에 의하여 영장제도, 언론·출판·집회·결사의 자유, 정부나 법원의 권한에 관하여 특별한 조치를 할 수" 있었다(제54조 제3항). "계엄을 선포한 때에는 대통령은 지체 없이 국회에 통고하여야" 하며(제54조 제4항), "국회가 재적의원 과반수의 찬성으로 계엄의 해제를 요구한 때에는 대통령은 이를 해제하여야 한다"(제54조 제5항). 일단 헌법 조문만 보아도 대통령이 비상계엄을 이유로 국회에 개입할 수 없으며, 오히려 국회에 의해 통제를 받는 입장임을 알 수 있다. 따라서 유신헌법은 당시 헌법에 아무런 근거도 없이 대통령이 자의적으로 발령한 10·17 비상 조치의 독수과실(毒樹果實)에 불과하다.

헌법학회의 한태연 회장과 갈봉근 상임이사였다고 한다. 그러나 공식자료가 없기 때문에 그 신빙성은 희박하다"(김철호, "헌정 40년의 소묘," 고시 연구 1988년 7월호, 55의 주 13) 참조). "10·17 조치에 따른 새 헌법초안 등 후속작업은 법무부 회의실과 반도호텔 815호실에서 진행되었다. 법무부의 헌법 심의회에는 신직수 검찰총장을 위원장으로 하여, 이경호 보사부 장관, 서일교 총무처 장관, 유민상 법제처장, 한태연·갈봉근·김도창 교수 등으로 구성되었으며, 그 산하의 실무진으로… 되어 있었다. 이들은 궁정동 팀이 주축이 된 기획소위로부터 전달받은 헌법 골자에 따라 법제 차원의 작업을 했다…"(김대곤, "제헌에서 유신헌법까지," 「신동아」 1986년 6월호, 372): 이강혁, "제4공화국 헌법," 한태연 외 3인, 1991: 211-212의 주 5) 재인용.

IV. 헌법적 불법 청산과 이행기 정의

1. 이행기 정의에서 헌법의 구실

　　민주화는 이행기 정의를 요청한다. 이행기 정의의 구체적 청산 또는 해소 대상은 구 헌법 또는 구 헌법 체제에서 일어난 국가범죄(Regierungskriminalität)[10] 또는 국가폭력이다. 이재승(2014a: 185)은 이행기 정의에서 가해자와 피해자의 범주에 딱 들어맞지 않는 보통 사람들의 각성과 참여를 강조한다. 과거 청산은 이들로 하여금 주체로 각성케 하여 국가범죄를 일삼는 국가를 재탄생시키는 과정이라는 것이다. 그것은 현행 헌법에 비추어 과거 국가의 잘못을 지속 갱신하는 과정으로서 이행기 정의 개념을 확장할 것을 요한다.

　　이행기 정의에서 '과거·현재·미래는 하나의 통일체'다(신영복: 김동춘, 2006: 206 재인용). 과거 국가권력의 '범죄행위'를 드러냄으로써 과거의 굴절된 정의를 현재에 바로잡음으로써 민주주의를 공고히 하고 사회정의를 세우며 사회통합을 이루는(김동춘, 2006: 206 참조) 헌법 규범을 정립해나가는 과정이다. 그런 점에서 이행기 정의의 구현 정도는 헌법 규범과 헌법 현실의 현 위치 관계를 보여주는 좌표이기도 하다.

　　이행기 정의에서 준거 규범은 현행 헌법이다. 헌법재판소도 긴급조치의 위헌 여부 심사 기준이 유신헌법이 아니라 현행 헌법임을 확인했다.[11] 1948년 헌법 제정 이후 대한민국의 국가 동일성은 존재하지만, 그 과정에서 출현한 헌법전들은 동일하다고 볼 수 없다. 신 헌법이 구 헌법으로부터 파생하지만 그 효력이나 구속성에 있어서는 신 헌법이 절대적이다(이재승, 2009: 222). 헌법의 제·개정과 함께 구 헌법은 폐지되고, 구 헌법에 따라 제정한 법률 또한 그 효력을 상실한다(전학선, 2003: 427). 헌법의 최고성은 항상 현재의 신 헌법을 중심으로 확립하기 때문이다(이재승, 2009: 223).

　　헌법은 형법과 다르다. 형법은 반(헌법)체제 세력의 내란 행위를 처벌하지만, 헌법

---

10 국가범죄는 국가권력을 매개로 저지른 조직적 범죄를 총칭하는 개념이다(이재승, 1999: 195).
11 헌재 2013. 3. 21. 2010헌바70, 132, 172(병합).

은 형법으로 감당하기 어려운 국가(체제)권력을 이용한 헌법 질서 파괴 행위를 단죄한다. 명시적인 규정이 없더라도 당연히 불법의 권력자를 단죄하는 '국가범죄처벌법'의 성격을 지닌다(오동석, 2013: 136-137). '실패한 쿠데타'는 내란 등의 죄로 형법에 따라 처벌할 수 있지만, '일시적으로 성공한 쿠데타'는 쿠데타 세력이 집권하고 있는 동안 형법으로 처벌할 수 없다. 박정희의 5·16 군사 쿠데타와 전두환·노태우의 12·12, 5·18 군사 쿠데타가 그랬다. 헌법은 기존의 헌법 질서를 끊임없이 여과하여 새로 써나가는 과거 청산의 이행기 정의(transitional justice)법이다(오동석, 2016).

새로운 헌법 체제가 과거의 국가범죄를 단죄하고 불법의 과거를 청산하는 과제를 수행할 때, 헌법은 국가권력을 구성하고 조직하며 통제함으로써 권력과 폭력을 구별하는 판별법으로 작동할 수 있다. 국가가 물리력을 독점할 수 있는 합법성은 헌법으로부터 나온다. 국가권력은 항상 주권자 국민이 제기하는 민주적 정당성의 물음에 직면한다. 정당성과 합법성을 갖춘 헌법이 작동하지 않는 국가는 불법 기구일 뿐이다(오동석, 2013: 136).

2. 이행기 정의에서 입법·행정·사법의 구실

과거 청산의 일괄 입법은 악법을 무효로 하고 그 악법에 입각하여 내린 판결들도 동시에 무효화하는 것이다(이재승, 2014b: 247). 이행기 정의는 과거 국가폭력의 진상 규명과 당사자 처벌 그리고 원상회복과 손해배상 등에서 끝나는 것이 아니라 법·제도 개혁으로 이어져야 한다(김동춘, 2006: 217 참조). 각종 공안 기구, 검찰, 법원 등의 변화를 제도적 차원에서 뒷받침해야 한다(김동춘, 2006: 218). 그래서 국회의 입법이 매우 중요하다. 라드부르흐는 '법률적 불법과 초법률적 법'을 통해 법률로써 불법을 저지르거나 그 반대로 초법률적 법으로써 정의를 실현하고자 태도의 위험성을 지적했다(Radbruch, 2009).

몇몇 국가 기구는 자체적으로 특별 기구를 설치하여 진상 규명 작업을 했다. 그 근거는 진실 화해를 위한 과거사정리기본법 제33조 제3항 "진실규명 관련 국가기관은 자체 진실규명을 위한 위원회 등 특별기구를 설치할 수 있다"는 조항이 근거 조항이다. 국가정보원, 경찰청, 국방부 등 3개 기관의 위원회는 다른 나라에서 유례를 찾기 어려운 제도였다고 한다(안김정애, 2010: 142).

그러나 행정부의 과거 진상 규명위원회의 활동은 국민의 생명과 인권을 보호해야 할 공권력이 권위주의 정권의 유지를 위해 인권을 유린했던 과거를 밝혀낸 성과가 있었다. 그러나 법적 기구가 아니었기 때문에 한계가 있었다. 내부에서 전·현직 직원들은 비협조적이었다. 더욱이 정권이 바뀌자 기구를 축소했고, 각종 권고안을 무시했다. 과거 청산의 이행기 정의 실현은 여전히 숙제로 남아 있다.

이용훈 전 대법원장은 취임 당시 과거 정치 재판 관련 사법부의 책임을 통감한다고 언급함으로써 과거 법원의 과오를 언급했다. 그러나 법원 자체의 과거 청산 노력은 없었다. 과거 정치 재판에 대한 청산은 개별적으로, 주로 재심을 통해 이뤄진다.

헌법재판소는 이행기 정의를 실현하기 위한 과정에서 다양한 역할을 할 수 있다. 첫째, 불법체제에서 시행한 입법을 무효화하거나 이행기 정의를 구현하는 입법에 대해 헌법적 정당성을 부여하는 일이다. 둘째, 이행기 정의를 구현하고 있지 않은 입법자에 대해 입법부작위에 대해 작위 의무를 부여하는 일이다. 셋째, 불법 체제에서 일어난 국가권력의 불법행위에 대해 그것을 무효화하거나 불법 행위 책임을 인정하는 일이다. 넷째, 이행기 정의를 수행하지 않는 행정에 대해 작위 의무를 부여하는 일이다. 즉 행정의 부작위가 관련자의 기본권을 침해하여 위헌인지 여부를 판단한다. 그것은 침해되는 기본권의 중대성, 기본권 침해 위험의 절박성, 기본권의 구제 가능성, 작위로 나아갈 경우 진정한 국익에 반하는지 여부 등을 종합적으로 고려하여, 국가기관의 기본권 기속성에 합당한 재량권 행사 범위 내로 볼 수 있을 것인지 여부에 따라 결정한다.[12] 다섯째, 이행기 정의를 구현하지 못한 판결에 대해 교정하는 일이다. 이것은 재판에 대한 헌법소원을 인정하지 않는 법제 때문에 쉽지 않다. 마지막으로, 불법체제에 저항한 사람들에 대해 사후 헌법적 정당성을 부여함으로써 이행기 정의를 확인하는 일이다.

---

12 헌재 2011. 8. 30. 선고 2006헌마788 결정.

V. 유신독재 불법 통치기구와 그 청산의 정의론

1. 불법 통치기구 청산의 회복적 정의

이행기 정의 원칙을 정리하면,[13] 진상 규명, 가치 판단, 피해 구제(명예 회복, 배·보상, 정신적 치유 등), 책임 규명(형사적 책임, 민사적 책임, 정치적 책임, 도덕적 책임, 형이상학적 책임), 애도와 처우 그리고 기억, 재발 방지 및 개선 의지 등이다.

유엔 총회가 채택한 '인권피해자 권리장전'은 대규모 인권 침해를 겪은 사회가 구현해야 할 이행기 정의(transitional justice) 원칙을 제시한다. 원칙은 인권 침해 사건의 진실 규명, 가해자의 처벌과 징계, 피해자에 대한 배상과 원상회복, 치유와 재활 조치, 재발 방지를 위한 제도개혁과 공직자·미디어 종사자·공공기관 종사자 등에 대한 인권 교육, 시민에 대한 일반적인 인권 교육을 포함한 만족과 사죄 등을 담고 있다. 원칙은 형사처벌이나 금전배상과 같은 법적 수단으로 환원할 수 없는 적극적인 정치적 열망을 표현하고 있으며, 인간의 정신적 정화와 사회제도의 근본적 변혁을 추구한다. 이를 통해 과거 국가범죄에 대해 공동체가 지는 책무는 엷은 의무가 아니라 두터운 의무다(이재승, 2014a: 184).

그러나 "중대한 인권 침해 행위로서 범죄임에도 불구하고 국가범죄성을 부인하거나 희석시키기 위하여 그 사건에 대한 법적 책임을 회피하고 막연히 도덕적인 죄나 형이상학적 죄를 거론하는 것은 죄와 책임의 문법을 파괴하는 언동이다. 행위의 중대성에서 보자면 법적인 죄(책임)가 다른 어떤 죄(책임)보다 논리적 우선성을 갖는다"(이재승, 2014b: 228).

진상 규명은 국가범죄의 양상과 내용을 밝히는 것이다. 피해자는 피해를 딛고 공익의 수호자로 헌법적 정의를 구현하고자 하는 국가범죄의 기소권자다. 진상 규명을 통해 국가 책임 범위를 명확히 하고자 한다. 불법의 시대에 국가범죄에 가담하거나 방관했던 검찰과 법원은 피해자를 대리하지만, 엄격하게 말하면 국가범죄자를 난쇠하는 싸

---

13 김민철, 2005: 45; 안병욱, 2010: 48-49 참조.

정에서 오히려 피고다. 법을 침묵했던 과거의 범죄를 자백하고 바로잡아야 한다. 어떻게 인권과 민주주의를 회복하려고 하는지 주권자 민주시민이 심판할 것이다. 아무런 일 없었다는 식으로 기계적으로 법을 해석하고 적용하는 태도는 2차 가해이자 국가범죄를 은폐하는 범죄다.

애초에 회복은 불가능하다. 피해와 상처가 사라지지는 않기 때문이다. 마치 피해자 명예 회복 정책 한두 개나 금전적인 피해 배상이나 보상으로 할 일을 다한 것처럼 구는 것이야말로 3차 가해다. 사과하는 가해자의 진심을 의심하지는 않겠지만, 사과는 말 한마디와 함께 고개 한 번 숙이는 것으로 끝나지 않는다. 회복적 정의는 국가범죄의 상처를 회복하는 인권과 민주주의를 보장하는 국가체제, 헌법 체제의 원기를 회복하는 일이어야 한다.

피해자를 피해자로만 남아 있지 않게 하는 일이 회복적 정의다. 피해자가 민주시민으로 돌아오게 하려면 동료 민주시민이 해야 할 일이다. 피해자의 요구이자 권리다. 가해자에 대한 법적 책임 추궁은 끝나지 않았다. 그러나 끝나지 않은 법적 책임을 묻기 위해서라도 가해자의 정치적 책임과 함께 어떻게 민주시민의 책무를 수행할 것인가를 제기해야 한다. 회복적 정의는 처벌과 배상 그리고 회복을 넘어 사회구조의 혁신을 정면으로 추구하는 변혁적 정의(transformative justice)의 연결면이다.

민주시민은 자신의 국가와 공직자의 잘못에 대하여 책임을 져야 한다. 한국 사람들은 유신독재를 낳고 아직도 청산하지 못한 정치체제가 자신들 속에서 등장한 것을 용인한 것에 책임을 져야 한다. 정치적 죄는 일종의 결과 책임으로서 개인은 국가를 위해 투표했든 안 했든 관계없이 자신을 지배하는 국가에 대하여, 자신이 지배를 당하고 있는 방식에 대하여 정치적 책임을 진다. 정치적 책임은 예외를 인정하지 않기 때문에 특정한 정치 공동체에 속했다는 사정에 기한 운명적 책임이기도 하다(Karl Jaspers: 이재승, 2014a: 192-193 재인용 참조).

2. 유신 잔재 불법 통치기구의 현재적 부정의(不正義)

1) 국가보안법과 테러방지법의 폐지 그리고 형법의 전면 개정

유신독재의 핵심은 국가보안법이다. 지배 세력은 분단 상황을 빌미로 체제 유지 수단을 폭력적으로 확장하여 언제든지 인권과 민주주의를 부정할 수 있는 분단체제를 구축했다. 국가보안법체제는 사상·표현의 자유를 원천적으로 봉쇄하면서 언제든지 비판 세력을 공격할 수 있는 체제다. 국가보안법체제는 군사 쿠데타를 통해 각인한 '제왕적 대통령'이 '통수'(헌법 제74조 제1항)하는 체제다. 권력 분립은 명목적이고, 국회의원과 행정 관료와 사법 관료는 거래하고 결탁한다. 비밀 정보기관이 국가와 사회 곳곳에 포진하고 있다. 언론과 교육이 가세한다.

헌법재판소는 국가보안법의 숨통을 틔워주었을 뿐 아니라 헌법적 정당성을 부여했다. "자유민주적 기본질서" 정식을 서독의 '전투적 민주주의'보다도 더 후퇴시켜 '전투적 자본주의'로 확장했다. "사유재산과 시장경제를 골간으로 하는 경제 질서"[14]를 추가했다. 신자유주의는 자유민주적 기본 질서를 매개로 하여 반공 이데올로기에 덧붙여 반(反) 경제규제라는 기능을 장착했다. 후자는 국가 중심의 경제계획은 그 형태가 어떠하든 자유의 적이 될 수밖에 없다는 주장을 가능케 하여 시장만능주의 권력을 정당화한다. 헌법재판소의 헌법은 전투적인 시장경제 자본주의를 옹위하는 첨병이 되었다.[15]

테러방지법은 국가보안법의 또 다른 버전이고, 국가정보원을 통해 국가보안법은 산업보안법과 사이버보안법을 확장했다. 형법은 '적대형법'론을 통해 국가보안법을 형법 안에 흡수했다. 국가보안법을 폐지한다고 될 일이 아닌 까닭이다.

---

14 헌재 1990. 4. 2. 선고 09헌가113 결정.

15 정치적 공안 체제와 경제적 공안 체제의 중첩에 대해서는 한상희, 2017: 233 아래. 자본에 친화적이고 노동에 소극적이었던 대법원은 이른바 '경영권'을 헌법 차원의 권리로 격상했다. 대법원 2004. 2. 13. 선고 2001다36580 판결; 대법원 2006. 11. 24. 선고 2004마1022 판결; 대법원 2007. 9. 21. 선고 2005두12022 판결 등 참조.

2) 전향과 세뇌 그리고 이념·사상·양심 자유의 보장

한국 사회는 해방 이후 "외견적 헌법 체계와 초헌법적 안보법 체계의 이원적 구조"(국순옥, 1993: 37)를 벗어나지 못했다. 헌법 규범이 통하지 않는, 반공 이데올로기와 국가 안보의 법 체계 및 공안 기구가 공공연히 존재한다. "사상탄압법"으로서 "체제유지법"인 국가보안법이 "초헌법적 법률"(국순옥, 1994: 126)로 존재한다. 정권을 가로질러 국가권력에 대한 복종을 강요하는 신민(臣民) 헌법 체제가 성립한다. 비판적인 사람들은 스스로 판단이 아닌 외부 세력의 세뇌 때문이라며 인격을 모독하고 인간의 존엄을 부정한다.

사생결단의 사상과 양심의 자유는 일상화된 국가폭력이 사상과 양심의 자유를 전면적으로 억압하면서 축적된다. 2009년 6월 3일 한국예술종합학교 문제와 관련하여[16] 문화체육관광부 앞에서 1인 시위를 하는 학부모에게 당시 장관은 '세뇌' 때문이라는 '말'을 건넸다.[17] 그것이 바로 실마리다.

세뇌(洗腦)는 "사람이 본디 가지고 있던 의식을 다른 방향으로 바꾸게 하거나, 특정한 사상·주의를 따르도록 뇌리에 주입하는 일"[18]이다. 장관의 발언은 두 가지 점에서 문제가 있는데, 하나는 학부모가 독자적 판단에 의하여 가치를 형성하고 그것을 표현하고 있음을 부정한 것이다. 즉, 학부모의 인격적 자율권을 부정하여 다른 사람의 세뇌에 의하여 판단하고 행위하고 있다고 평가하고 있다. 다른 하나는 그 이면에는 학부모의 사상 또는 양심 자체에 대한 부정적 평가이다. 그것은 국가적 판단으로서 장관의 판단에 순응하지 않은 것으로부터 유래한다. 그래서 불온한 것이 된다. 불온한 사상을 전향시켜야 한다는 의지와 전향시킬 수 있다는 신념으로 이어질 가능성 또한 커진다.

---

16 2009년 5월 18일 문화관광부는 한국예술종합학교에 이론학과 축소, 전공 무관 교수 초빙, 통섭 교육 중단과 연관 교수 중징계, 서사창작과 폐지 처분을 내렸다. 총장 황지우 시인은 학교를 떠났고, 학교의 교수, 학생, 학부모들은 문화관광부의 조치에 반발하였다.

17 오마이뉴스 2009. 6. 12. "유인촌 장관이 '세뇌당한 학부모' 취급한 아빠의 1인시위 영상, 차마 볼 수 없었어요", 〈http://www.ohmynews.com/NWS_Web/View/at_pg.aspx?CNTN_CD=A0001155195&PAGE_CD=N0000 &BLCK_NO=3&CMPT_CD=M0001&NEW_GB=〉, 검색일: 2018. 10. 22.

18 NAVER 국어사전, 〈https://ko.dict.naver.com/detail.nhn?docid=21522000〉, 2018. 10. 22.

1970년대 사상전향제도의 어두운 그림자다.[19]

3) 군·국가정보원·경찰·검찰의 공안 기구 개혁

'공안'은 공공의 안녕과 질서를 뜻한다. '공공'은 국가나 사회의 구성원 또는 그 구성원들에게 관계되는 다양한 사항을 의미한다. 공공의 안녕과 질서는 생명의 존속과 유지 그리고 박탈로부터 안전, 삶의 안정과 안전, 내·외의 공격으로부터 안전, 재산의 유지와 안전 등을 포함한다. 공안은 그 개념상 국가 또는 정부의 존재 목적이다. 그런데 한국 사회에서 공안은 통상적인 의미와 좀 다르다. '공안 탄압'(여정민, 2008: 90-93), '공안 정국'(송호창, 2008: 395-405), '공안 통치',[20] '공안 체제'(한홍구, 2017: 16-40) 등으로 쓰였다. 그것은 민주주의 형식으로서 입헌주의 또는 법치주의를 벗어난 정국, 통치, 체제를 의미했다.

공안 기구는 국가기관과 공공기관을 광범위하게 포함한다. 그렇지만, 통상 공안 기관은 국가 또는 사회 구성원의 안녕과 질서를 유지하는데, 좀 더 직접적으로 관여하는 국가 기구다. 경찰, 검찰, 국가정보원, 군이 대표적인 공안 기구다. 법원과 헌법재판소는 공안 기구 법 집행의 적법성 또는 적정성을 통제하는 주요 기구다. 공안 기구의 문제는 이들 사법부와 연계될 수밖에 없다.

4) 국가주의 이데올로기의 청산

요즘 애국가 논쟁이 불거졌다. 학교에서는 친일 작곡가의 교가를 새로 만드는 일이 일어나기도 했다. 그렇지만 여전히 국가(國歌)와 교가(校歌)의 필요성을 부정하지는 않는다. 헌법재판소는 이미 국가주의의 끝을 보여줬다. 수도 이전 관련 결정에서 헌법기관의 소재지, 특히 국가를 대표하는 대통령과 민주주의적 통치 원리에 핵심적 역할을

---

19 사상전향제의 연원에 대하여는 조국, 2004: 23 참조.
20 김삼웅, 2013: 36-51; 황병주, 2013: 52-70; 이창언, 2013: 71-84; 한상희, 2017: 220-239.

하는 의회의 소재지를 정하는 문제는 국가의 정체성을 표현하는 실질적 헌법사항의 하나라고 단언했다. 즉 국가의 정체성은 국가의 정서적 통일의 원천으로서 그 국민의 역사와 경험, 문화와 정치 및 경제, 그 권력 구조나 정신적 상징 등을 종합적으로 표출함으로써 형성하는 국가적 특성이라는 것이다. 수도를 설정하는 것 이외에도 국명(國名)을 정하는 것, 우리말을 국어(國語)로 하고 우리글을 한글로 하는 것, 영토를 획정하고 국가 주권의 소재를 밝히는 것 등이 국가의 정체성에 관한 기본적 헌법사항이라고 본다. 그 어떤 헌법 문제에서 헌법재판소가 이렇게 적극적이었는지 다시 돌아보게 된다.

VI. 결론

유신독재의 잔영은 박정희의 정치적·생물학적 계승자인 박근혜의 헌법 체제 부정의 범죄로 다시 불거졌다. 민주공화국 체제를 부정했다. 형법으로 감당할 수 없는 범죄다. 문재인 정부는 국가기관 내 행정규칙에 따른 적폐 청산, 형법의 직권남용죄 적용, 비현실적 개헌안 제출 등으로 유신독재의 불법을 봉합했다. 국회의원 총선에서의 압도적인 과반수 지지도 그 봉합을 열지 못했다. 의회주의와 법률법치주의의 환상은 깨진지 오래다. 절망을 직시해야 희망의 실마리를 찾을 수 있지 않을까?

참 고 문 헌

국순옥. "공화국의 정치적 상품화와 순차 결정의 과학적 기준. 공화국 구분을 위한 과학적 기준." 한국공법
    학회 제34회 학술발표회 논문집, (1993): 29-40.

_____. "자유민주적 기본질서란 무엇인가." 민주주의법학연구회, 「민주법학」 8(1994): 125-165.

권영설. 『헌법이론과 헌법담론』. 법문사, 2006.

권영성. 『헌법학원론』. 법문사, 2010.

김동춘. "해방 60년, 지연된 정의와 한국의 과거 청산." 「시민과세계」 8. (2006): 203-224.

김민철. "한국의 '과거 청산' 운동: 현황과 과제." 과거 청산 포럼자료집. (2005): 42-51.

김삼웅. "공안통치의 원조 이승만." 「내일을 여는 역사」 53. (2013): 36-51.

김선택. "유신헌법의 불법성 논증." 「고려법학」 49, (2007): 175-207.

문홍주. 『한국헌법』. 해암사, 1987.0

송호창. "'신공안정국'의 법리적 해석: 법치주의의 탈을 쓴 전횡." 「황해문화」 61(2008): 395-405.

안김정애. "국가기관의 민주화와 과거사청산." 「역사비평」 (2010. 11): 142-164.

안병욱. "한국 과거 청산의 현황과 과제." 「역사비평」 (2010. 11): 32-60.

여정민. "'백골단' 부활에서 사이버 공안탄압까지: '정말로 이런 적은 없.었.다'." 「민족21」 90(2008):
    90-93.

오동석. "유신헌법의 불법성." 학술단체협의회 기획/배성인 외 공저. 『유신을 말하다』. 나름북스, 2013.

오동석. "박근혜체제범죄 단죄의 헌법적 해법." 국정농단 대토론회(대한민국 헌정질서 수호를 위한 변호
    사모임 주최 시국토론회), (2016. 11. 22): 75-90.

_____. "공안 기구 개혁의 현황과 과제." 촛불항쟁과 사회운동의 전망 II(박근혜정권최진비상국민행동기
    록기념위원회 주최 학술 심포지엄), (2018. 5. 19): 102-115.

이재승. "쿠데타의 법리." 민주주의법학연구회, 「민주법학」 16(1999): 195-225.

_____. "제주4·3 군사재판의 처리방향." 민주주의법학연구회, 「민주법학」 23(2003): 401-419.

_____. "법효력의 계속과 차단." 한국법철학회, 「법철학연구」 6(2003): 27-50.

_____. "다시 리바이어던의 뱃속으로: 조용수 사건의 재심판결(2007재고합10)." 민주주의법학연구회, 「민
    주법학」 39(2009): 209-236.

_____. "국가범죄와 야스퍼스의 책임론." 「사회와 역사」 101(2014): 183-217.

_____. "이혜사씨의 고용된 진갱: 긴급조치 9호 및 포처법 위반 사건 참고인 의견서." 민주주의법학연구
    회, 「민주법학」 55(2014): 240-263.

이창언. "전두환·노태우 정권과 공안통치." 「내일을 여는 역사」 53(2013): 71-84.

전학선. "헌법부칙 제5조에 대한 시론." 「헌법판례연구」 5(2003): 417-436.

조국. 『양심과 사상의 자유를 위하여』. 책세상, 2004.

한상희. "공안의 헌정사와 그 통치술." 「황해문화」 95(2017): 220-239.

한태연. 『헌법학』. 법문사, 1977.

한태연 외 4인. 『한국헌법사(상)』. 한국정신문화연구원, 1988.

한태연 외 3인. 『한국헌법사(하)』. 한국정신문화연구원, 1991.

한홍구. "적폐청산의 시발점, 공안체제의 해체." 「황해문화」 95(2017): 16-40.

허영. 『헌법이론과 헌법(상)』. 박영사, 1991.

황병주. "박정희 체제의 대중정치와 공안통치." 「내일을 여는 역사」 53(2013): 52-70.

Radbruch, Gustav(라드브루흐, 구스타프)/이재승 옮김·역주. "법률적 불법과 초법률적 법." 한국법철학회, 「법철학연구」 12(2009): 1-26.

유신 시대 국가폭력, 사법부의 역할과 책임
— 오욕과 굴욕으로 얼룩진 유신 사법부의 실상

임영태
(반헌법행위자열전추진위)

I. 들어가는 말

유신체제 아래서 사법부는 정상적인 기능을 발휘할 수 없었다. 박정희는 헌법이라고 부를 수도 없는 유신헌법의 '긴급조치권'을 이용해 법관의 영장도 없이 시민을 체포해 군법회의에서 멋대로 재판을 할 수 있게 했다. 유신헌법은 대법원의 위헌법률심판권을 박탈해 신설된 헌법위원회에 넘겼다.

가장 심각한 것은 법관의 재임명의 실질적 권한을 박정희가 쥐고 있었다는 점이다. 이전 제3공화국 헌법에서는 대법원장과 대법원 판사 외의 법관들은 대법원 판사회의의 의결을 거쳐 대법원장이 임명하도록 되어 있었으나 유신헌법에서는 '대법원장의 재청으로 대통령이 임명'했다. 법관의 신분보장 또한 유명무실화되었다. 정치 권력(대통령)의 눈 밖에 난 법관은 재임명으로 언제든 솎아낼 수 있었다.

이런 조건에서 법관들이 양심에 따라 소신껏 재판을 하는 것은 쉬운 일이 아니었다. 재임명 탈락을 각오해야 하는 일이었다. 그러나 이것으로 유신 시대 정권의 하수인 노릇을 한 사법부의 행위가 면죄될 수 있는 것은 아니다.

2007년 1월 31일 진실화해위원회에서 유신정권 아래서 긴급조치 사건에 대해 유죄

판결을 내린 판사 492명의 실명을 공개하기로 했을 때 법조계는 강하게 반발했다. 긴급조치 판결에 참여했으면서 공개 당시 지방법원장이었던 이는 "크게 잘못된 판결이었다고 생각하지만 당시 실정법에 의해 이뤄진 판결이었다"고 말했다.[1]

실정법의 제약을 받는 판사로서 어쩔 수 없었다는 식의 변명이 포함되어 있지만 '크게 잘못된 판결이었다'고 생각하는 것이 중요하다. 부끄러워할 줄 알아야 한다. 하지만 과연 유신 재판에 가담했던 이들 중에서 얼마나 많은 이들이 자신의 행위를 반성하고 있을까? 제대로 된 반성이 있었다면 양승태 사법부의 '사법농단 사태'는 일어나지 않았을 것이다. 유신 사법부가 어떤 오욕의 길을 걸었는지 돌아보고 이를 사법부가 제대로 서는 계기로 삼아야 할 것이다.

II. 유신 전야, 사법 독립의 마지막 외침
─ 국가배상법 위헌 판결과 사법파동

1971년 대법원 전원합의체의 '국가배상법 위헌 판결'과 '1차 사법파동'이 발생했다. 전자는 사법부가 마지막으로 독립적인 판결을 내렸다는 점에서, 또 후자는 정권과 권력기관이 사법부의 양심적인 판사들을 통제하기 위해 가한 부당한 압력에 저항한 사건이라는 점에서 매우 중요하다. 두 사건은 박정희 정권의 유신체제로 사법부의 독립성이 훼손되기 전 사법독립의 마지막 움직임이었다.

1971년 6월 22일 대법원 전원합의체(대법관회의)는 국가배상법 '위헌' 재판에서 "군인이 전투 훈련 및 직무수행 중 전사, 순직, 공상으로 유족연금 등을 받을 수 있는 경우는 제외한다"라는 '국가배상법 제2조의 단서 조항이 위헌'이라고 판결했다. 이 판결은 모든 국민은 법 앞에 평등하다는 헌법의 원리를 다시 한번 확인한 것으로 군인의 희생으로 국고 손실을 막아야 한다는 논리를 배척했다. 당시 대법원에 위헌법률심판권이 있었는데, 대법원이 위헌법률심판권을 적극 행사한 것은 이때가 처음이자 마지막이었다.[2]

---

1 "유신 사법부, '권력 하수인'이었음을 시인하고 싶나?" 「위클리서울」, 2007.2.5.

대법원 전원합의체의 '국가배상법 위헌 판결'에서 민복기 대법원장은 위헌이 아니라는 소수 입장을 견지해 박정희의 요구에 따랐다. 덕분에 최장기 대법원장을 역임한 (1968. 10.-1978. 12.)[3] 민복기는 유신 시대 사법부의 굴욕을 상징하는 인물이 되었다. 이때 위헌 의견을 냈던 대법원판사 9명은 유신이 난 후 모두 재임명에서 탈락했다.[4]

1971년 7월 28일, 서울지검 공안부 이규명 검사는 서울형사지법 항소3부 재판장 이범렬 부장판사, 배석 최공웅 판사, 참여서기 이남영 등 세 명에 대해 구속영장을 신청했다. 이들에게 적용된 혐의사실은 국가보안법 위반 사건의 증인신문을 위해 제주도에 갔을 때 피고인의 변호사로부터 향응을 제공받았다는 것이었다. 하지만 출장비가 책정되지 않은 당시 현실에서 피고인 측의 요구로 현장검증을 나갈 경우 이는 오랜 관행이었다. 유태흥 판사는 다섯 시간의 기록검토 끝에 도주와 증거인멸의 우려가 없다면서 영장을 기각했다.[5]

그러자 검찰은 증거를 보강해 다시 영장을 청구했으나 다시 법원에 의해 기각되었다. 서울지검이 이처럼 강경한 태도를 보인 것은 대법원의 국가배상법 위헌 판결, 서울형사지법의 시국 사건에 대한 연이은 무죄 판결 등 사법부의 독립적인 행동에 제동을 걸기 위한 것이었다. 특히 검찰의 표적이 된 이범렬 부장판사의 서울형사지법 항소3부는 1971년 1월부터 7월까지 1심에서 유죄가 선고된 19건의 사건에 대해 원심을 깨고 무죄를 선고했고, 반공법 위반 사건 5건에 대해서도 무죄 또는 일부 무죄를 선고했다. 검찰의 행태에 반발한 판사들이 집단으로 사표를 제출하며 항의하면서 사법파동이 연출되었다.

사법파동은 8월 24일 서울지검의 관련 검사들이 대부분 인사 발령을 받아 지방과 고검, 대검 등으로 떠나면서 끝났다. 서울지검 공안부의 김종건과 이규명은 각각 전주지검과 천안지청으로 발령받았고, 대검 차장 물망에 오르던 서울지검장 김용제는 대검

---

2 한홍구, 『사법부』(돌베개, 2016), 54.

3 민복기는 1968년 10월 21일 제5대 대법원장에 취임했고, 1973년 3월 14일 다시 제6대 대법원장으로 연임하여 초대 대법원장 김병로보다 10개월이 더 많은 10년 2개월간 대법원장으로 재직해 역대 최장수 대법원장이 되었다.

4 법조야사편찬위원회, 『법조 50년야사(상)』(법률신문사, 2002), 932-933.

5 한홍구, 『사법부』(돌베개, 2016), 61.

검사로, 서울지검 공안부장 최대현은 서울고검 검사로 전보되었다. 하지만 이들은 채 1년도 안 되어 청와대로 발령을 받거나 서울로 올라와 사실상 문책이 아니라 포상을 받았다. 반면, 이범렬 판사는 사표를 제출했고, 서울지검 송명관 법원장은 대전지법원장으로 좌천되었다가 사표를 냈고, 사법권 독립 수호에 앞장섰던 홍성우, 김공식 판사도 사표를 제출했다. 다른 법관들도 1973년 유신 후 법관 재임명 때 탈락했다.[6]

그런데 사법파동 때 법원의 입장을 행정부에 정확히 전달해 검찰의 잘못된 행태를 바로잡기 위해 노력해야 할 민복기는 "대법원장인지 법무부 장관인지 모를 언동으로 빈축을 샀다." 그는 이 사건을 "법원과 검찰의 갈등으로 해석하지 않으며 개인적 차원에서 일어난 사소한 사건으로 서로 의사전달이 안 돼 빚어진 오해일 뿐"이라고 했다. 사법부 독립성을 지키기 위한 판사들의 노력을 지원하고 버팀목이 되어야 할 대법원장이 굴욕적인 자세로 일관하자 판사들은 '민복기 물러나라'고 소리쳤다.

민복기는 1981년 「법률신문」과의 인터뷰에서 박정희가 "사법파동이 장기화되었더라면 계엄을 선포할 예정이었다"라고 말했다고 회고했다. 박정희가 유신 직전 사법부를 어떻게 보고 있었는지 알 수 있는 대목이다. 박정희는 유신을 통해 사법부 문제로 더이상 골치를 앓지 않기 위해 근본적인 해결책을 강구했다.

III. 유신쿠데타와 사법부의 독립성 상실

1972년 10월 17일 박정희의 유신 선포와 함께 헌정이 중단되었다. 10월 유신은 군대를 동원해 헌정을 중단시킨 쿠데타였고, 밀실에서 만들어진 '유신헌법'은 민주주의의 기본원칙을 무시했다. 체육관 선거를 통해 박정희의 종신집권이 보장되었고, 국회와 사법부의 독립성도 상실되었다. 국회의원의 3분의 1을 박정희가 마음대로 뽑았고, 법관의 임명권도 대통령에게 주어졌다. 긴급조치라는 초유의 조치를 통해 국민을 영장 없이 마음대로 체포, 구금할 수 있게 되었다. 군법회의에서 민간을 마구잡이로 재판했

---

6 김이조, 『법조인의 길 법조인의 삶(1)』 (화신문화, 2004), 344.

고, 법원은 독립성을 완전히 상실한 채 '정찰제' 판결을 하며 정권의 하수인 노릇을 했다.

사법파동 때 계엄령 선포까지 고려했던 박정희는 유신 뒤 사법부를 제대로 손보았다. 1973년 3월 말 유신헌법에 따라 모든 법관을 새로 임명했다. 법관 재임명은 정권의 입장에서 손보아야 할 법관들을 골라내는 작업이었다. 대법원판사 중 절반이 넘는 9명 (사광욱, 양회경, 방순원, 나항윤, 손동항, 김치걸, 홍남표, 유재방, 한봉세)이 재임명에서 탈락했는데 그들은 모두 국가배상법 위헌 판결에서 위헌의견을 낸 사람들이었다. 홍순엽, 주재황, 김영길, 민문기, 양병호, 이영섭 등 6명은 재임명되었다.[7] 일반 판사로는 356명이 재임명되고, 41명이 재임명을 받지 못했다. 재임명 탈락 이유는 정확히 알 수 없지만, 사법파동 때 열심히 활동했던 판사들은 모두 탈락했다. 그 외에 시국 사건에서 무죄나 낮은 형량을 선고한 판사들, 가족이 좌익사건에 연루된 적이 있는 연좌제 관련 판사들, 야당의원을 형으로 둔 판사 등 정권의 입맛에 거슬리는 판사들도 대거 탈락했다.[8]

기존의 대법원판사 9명이 탈락하고, 이병호(사법연수원 부원장), 임항준(대구고법원장), 이일규(대구지법원장), 김윤행(법원행정처 처장), 안병수(서울고법 부장판사), 한환진(중앙선관위원) 등 6명이 새로 대법원판사로 임명되었다. 4월 2일 박정희는 12명의 대법원 판사에게 임명장을 수여하는 자리에서 "유신헌법 하에서 삼권은 독립돼있으며 각기 자기의 기능을 발휘하도록 보장돼있기 때문에 사법권의 독립도 또한 엄연히 보장되어있다. 그러나 국가가 있어야만 사법권도 있을 수 있고 또한 정부와 국회도 있을 수 있다는 것을 명심해주기 바란다"고 말했다.[9] '유신 사법부'에 대한 압박이었다.

1. 유신 사법부 오욕의 상징 민복기 대법원장

1971년, 군 복무 중 사고를 당한 군인의 손해배상청구권을 제한한 국가배상법에 대해 대법원이 위헌 판결을 내린 직후, 박정희는 대법원 판사들을 불러놓고 "대법원이 모든 판결을 우리(행정부)에게 유리하게 내려줄 수야 없겠지만 한해에 다섯 건 정도는 국

---

7 "대법원판사 대폭 경질," 「경향신문」, 1973. 3. 24.
8 한홍구, 『사법부』(돌베개, 2016), 80-89 참조.
9 박대통령, "국가 있어야 사법권도 있을 수 있다," 「동아일보」, 1973. 4. 2.

가의 이익을 생각하면서 판결해 주십시오"라고 말했다. 그러자 대법원판사 중 한 사람이 "대법원은 바로 다섯 건의 사건 때문에 있는 것입니다"라고 했다고 한다. 정치 권력과 사법부의 관계나 대법원의 사명과 역할을 논할 때 법관들 사이에 자주 오르내리는 일화다.[10] 유신 전까지 사법부는 행정부에 대해 견제하는 역할을 충실히 하고 있었다. 그러나 유신 이후 사법부는 굴욕과 회한의 시간을 보냈다. 그런 사법부의 오욕을 상징하는 인물이 바로 대법원장이었던 민복기다.

대법원장 민복기는 유신이 선포되기 3시간 전인 1972년 10월 17일 오후 4시 4분 백두진 국회의장과 함께 박정희에게 초치되어 유신 선포를 통보받았다. 유신 후 국가배상법 위헌 판결을 내린 대법원판사 9명 전원과 71년 사법파동을 주동했던 판사들을 모두 재임명에서 탈락시켰다. 이후 법관들은 정치 권력이 압력을 가하기 전부터 '자기 검열'을 통해 정권의 입맛에 맞는 판결을 내렸다. '헌법의 수호자'라고 떠들던 사법부 수장 민복기는 유신쿠데타에 굴종함으로써 대법원장에 재임명될 수 있었다.

민복기는 1973년 신년사에서 "유신헌법에서 3권분립 원리상 사법권의 위상이 떨어진 점은 추호도 없고, 대륙법계식 사법권의 모습으로 돌아갔을 뿐이다"라고 말했다. 그는 1974년 신년사에서도 "우리 국민이 유신체제의 지향하는바 국력의 조직화와 능률의 극대화를 구현하는 날에는 곧 우리 국가 주권의 발양과 사회의 안태[11]와 번영은 어렵지 않게 이루어질 것이 명백"하면서 "사법부는 국가의 존립과 안전과 융성을 국익의 3대 지표로 삼고 이를 유신체제로 달성한다는 생각"이라고 밝혔다.[12] 사법부 수장인 민복기는 국민의 기본권 보장이나 민주주의 발전보다 유신체제 업적 선전에 더 열을 올리고 있었다.

1974년 12월 6일 유신헌법에 의한 법관 재임명 이후 처음으로 전국 각급 법원장회의가 열렸다. 이날 회의에서 민복기 대법원장은 훈시를 통해 '① 법관은 재판권을 행사하는데 종전처럼 서구식 사고 방법에 흐르거나 법조문의 형식 논리적인 해석에 그칠 것이 아니라 좀 더 확고한 국가관을 가지라, ② 법관은 사건을 심리 판결하는데 있어

---

10 "사법부 ― 한국을 움직이는 사람들," 「한겨레」, 1992.9.23
11 안태(安泰): 평안하고 태평함.
12 "신년사(1974. 1. 1)," 법원행정처, 『대법원장연설문집 제2집』, 1986.

드높은 품격을 지니고 있음을 관계자에게 충분히 알리는 처신을 하라'고 했다.[13]

민복기 대법원장은 1975년 5월 1일 '법의 날' 기념식에서 "아직도 국법체계의 지배에 복종하려 하지 아니하고 사회질서를 문란케 하는 작동이 있음은 준법정신의 앙양과 국법의 권위를 위해 유감된 일"이라고 지적하면서 "지위의 고하를 막론하고 사회질서 확립에 노력, 법의 준수로 난국을 타개해나가자"고[14] 말했다. 민복기는 8명을 '사법살인'한 지 한 달도 안 된 상태에서 '국법에 복종하지 않는 세력'을 거론하고 있다. 박정희가 할 말을 대법원장이 대신해 주고 있었으니 '유신 사법부'의 진면목이 아닐 수 없다.

민복기는 1990년 7월 17일 언론 인터뷰에서 유신헌법은 "민주주의 원칙을 벗어난 것이니 왈가왈부할 필요도 없다"고 말했다. 그는 "박정희 대통령이 당시의 시대적 상황 때문에 고심은 했겠지만 선택을 잘못했어요. 대법원장을 하면서 "헌법상의 규정에 묶여 어쩔 수 없이 따라가긴 했지만 이것은 방향을 잘못 잡았구나"하는 생각이 들기도 했지요"라고 말했다. 민복기는 유신체제가 잘못되었다고 생각했지만 사법부 수장으로서 응당해야 할 행위를 전혀 하지 않았다. 민복기는 박정희 대통령의 사법관에 대해 "대통령이 군 출신이었기 때문에 사법부를 군의 법무감실 정도로 밖에 여기지 않았던 것 같아요. 민주주의 국가이니 사법부의 독립을 내세우지 않을 수는 없었겠지만 제사에 대추 밤 놓듯이 구색을 맞춘 정도였지요"라고 말했다.[15]

유신 시대 대법원장 민복기는 박정희의 유신체제 아래서 사법부 수장이 아니라 그의 언급처럼 '유신체제의 법무관' 노릇을 했던 것은 아닐까. 서울신문은 그가 사망했을 때 "그는 법조계 내외에서 온화하고 겸손한 성품의 소지자로 알려져 있다. 그러나 사법부의 수장(首長)으로서는 그의 말대로 '제삿상의 대추·밤' 정도의 역할밖에 하지 못했다는 평가를 받고 있다. 2대에 걸친 친일 집안[16]은 이제 역사 속으로 막을 내리고 있다"[17]라고 평가했다. 박원순 변호사는 "그가 수장으로 있었던 시기의 대법원과 그 아래

---

13 「동아일보」, 1973. 12. 6.

14 「매일경제」, 1975. 5. 1.

15 「매일경제」, 1990. 7. 17.

16 민복기의 아버지 민병석은 대표적인 친일파 중 한 명이고, 민복기 또한 일제강점기 고등문관시험(사법과) 합격 후 경성지법 판사 등으로 근무하면서 민족혁명당 활동으로 체포된 독립운동가 이초생을 재판하는 등 친일 행위를 해 부자가 나란히 '친일인명사전'에 등재되는 '영광'을 얻었다.

의 각급 법원은 헌법이 부여하고 있던 권능을 제대로 행사할 수 없었고, 이로 인하여 수많은 국민의 인권이 휴짓조각처럼 부서져 나갔다. 그뿐 아니라 법관들 스스로 임기와 권한 자체도 파리 목숨 같이 업신여김을 받았다"[18]고 평했다.

대법원장이 이 모양이었으니 그 아래 법관들이 사법부 독립을 생각하고 양심에 따라, 정의를 세우기 위해 제대로 된 판결을 했을 리 없다. 유신 시대 대부분의 법관은 '보신을 위해' 권력의 눈치를 보았고, 일부는 '출세를 위해' '유신의 개' 노릇을 충실히 했다.

IV. 유신 사법부의 오욕의 판결들

1. 민청학련과 '인혁당 재건위' 사건

사법살인과 사법사상 암흑의 날. 재판장 민복기 대법원장, 주심판사 이병호 대법원판사. (내용 생략)

2. 긴급조치 판결

― 1호. 유신헌법 반대 및 개폐 주장을 금지하고, 최고 15년형에 처한다. 비상군법회의를 설치, 재판하고, 1974년 1월 18일 오후 5시부터 시행한다. 대표적으로 장준하 · 백기완에 징역 15년 자격정지 15년 선고.

― 4호. 민청학련과 이에 관련된 단체에 가입하거나 활동, 찬동, 고무 또는 동조, 그 구성원에게 장소, 물건, 금품, 편의 제동 등의 활동 일체 금지 규정. 영장 없이 체포하고 비상군법회의에서 사형, 무기 또는 5년 이상의 징역형에 처함. 1974년 4월 3일 발동. 총 1,024명 수사해 180여 명 군사재판에 회부, 사형 8명, 무기 21명, 그 외 140명

---

17 「서울신문」, 1999. 4. 26.

18 박원순, "민복기: 최고 관운의 인생 허실," 반민족문제연구소, 『청산하지 못한 역사 1』 (청년사, 1994), 281.

형량의 합이 1,650년.

— 7호. 고려대 휴교령. 1975년 4월 8일 오후 5시부터 시행.

— 9호. 유언비어 날조, 유포, 왜곡 전파 행위 및 유신헌법의 부정, 반대, 왜곡, 비방, 개폐 주장·청원·선동 또는 선전 행위 일체 금지. 1975년 5월 13일 오후 3시부터 시행. 1979년 10·26사건으로 박정희가 사망할 때까지 한국 사회를 통제하는 가장 강력한 수단으로 작용함.

진실화해위원회가 입수한 판결문 1,412건 중 1심 판결이 589건, 항소심 판결이 522건, 상고심이 252건이었다. 1심 판결 중에서 긴급조치 1·4호 위반이 36건, 3호 위반이 9건이며, 긴급조치 9호 위반의 경우 554건, 인원은 974명이었다. 1심 판결 589건을 유형별로 보면 재야인사 관련 85건, 간첩행위 관련 2건, 학생운동 관련 187건, 발언 관련 252건, 국내재산 해외 도피 등 29건이었다.

긴급조치위반 판결 1,412건에 대한 심급별 및 유형별 현황은 다음 표와 같았다.

〈표 1〉 긴급조치위반 심급별 판결 현황

(진실화해위원회, 2006년 하반기조사보고서, 296쪽)

유형		1, 4호	3호	9호(75)	9호(76)	9호(77)	9호(78)	9호(79)	합계
사건수(건)		36	9	126	97	103	177	41	589건
판결수	1심	36	9	126	97	103	177	41	1,412건
	2심	35	4	114	92	98	163	16	
	3심	36	1	46	52	67	47	3	
	기타결정 (파기환송 형경정 등)	2	0	5	12	12	17	1	
	소계	109	14	291	253	280	404	61	
인원수		155	11	251	176	167	312	68	1,140명

1) 긴급조치 판결에 참여한 대표적인 판사들

〈표 2〉 긴급조치위반 유형별 판결 현황〈표 6〉 유형별 사건수

(진실화해위원회, 2006년 하반기조사보고서, 296쪽)

유형	1, 4호	3호	9호 (75)	9호 (76)	9호 (77)	9호 (78)	9호 (79)	합계
반유신 재야, 야당 정치 활동(재야 정치인, 종교인, 교수, 기자 등 지식인)	12	(임금체불 부당해고 등) 9	6	14	16	31	6	85(14.5)
간첩	0		1	0	1	0	0	2(0.5)
학생운동(유신반대, 긴조 해제 주장 시위, 유인물 제작 등)	12		24	9	27	98	17	187(32)
기타(음주 대화 중, 수업 중 박정희 비판, 유신체제 비판 발언)	12		81	70	56	45	18	282(48)
국내 재산 해외 도피, 공무원 범죄 등(긴조 9호 3, 4, 9항)	0		14	4	1	1	0	29(5) ※긴조 3호 (9건) 포함
계	36건	9건	126건	97건	101건	175건	41건	585(100)

ー 사법농단의 주역 양승태 ‒ 모두 12건

ー 민복기, 한환진, 이병호 등 대법원 판사들: '인혁당 재건위' 사건, 민청학련 사건, 긴급조치 사건, 납북 귀환 어부에 대한 국가보안법 위반 판시.

2) 재일동포 및 일본 관련 간첩 조작 사건 판결[19]

한일협정 직후인 1966년부터 재일조선인 학생들이 여름방학을 이용, 단기간 한국에 방문하는 모국수학프로그램이 시작되었다. 1968년 서울대학교에 재외국민교육연구소가 부설되어 4월에서 12월까지 9개월간 국어, 국사, 영어 등을 교육받고 희망하는

---

19 반헌법열전편찬위원회, 『반헌법행위자 열전 집중검토대상자 명단발표 기자회견자료집』, 2017년 2월 16일, 193-194 참조.

대학에 응시할 수 있는 대학 입학 예비 교육과정이 마련되었다. 이에 따라 1970년 124명의 재일조선인 학생들이 수료하는 등 매년 100여 명 이상의 재일조선인 학생들이 국내 대학에 정원외 입학을 허가받았다.

이처럼 '모국유학생제도'가 실시되어 젊은 재일조선인들이 조국에서 말과 문화, 역사 등을 배울 수 있게 되었다. 재일교포는 조국의 분단된 상황과 일본 사회의 차별정책이라는 이중의 압박 속에서도 현실을 개선하기 위해 최선의 노력을 해왔다. 이들 재일교포들은 자신들의 2세, 3세들이 '조국의 품에서 공부하는 것을 꿈꾸며' 유학을 보냈다.

그러나 꿈에 부푼 이들 재일교포유학생을 기다린 것은 반공법, 국가보안법에 의한 '간첩' 조작과 감옥이었다. 1970~80년대 발생한 '재일교포유학생사건'은 재일교포 2세들이 모국에 유학을 와서 재외국민교육원(연구소)에서 한국어 연수를 받고 대학에 입학하여 재학 중 중앙정보부나 보안사에 의해 연행되어 일어났다.

1965년 한일협정 이전까지 대한민국 정부는 재일동포 사회에 별다른 정책을 가지지 못했으나, 북한은 1957년부터 4월부터 민족학교에 대한 교육원조비와 장학금을 제공하는 등 '총련'에 대한 지원을 아끼지 않았다. 이로 인해 재일동포의 98%가 남쪽 출신이지만 절반 이상이 총련 소속이 되었고, 오랜 기간 민단을 압도해 왔다. 따라서 민단 소속 동포들이 조총련과 관련되는 것은 자연스러운 일이었다. 그러나 재일조선인을 맞는 한국 사회의 견해와 인식은 전혀 달랐다. 재일조선인의 '일본화'된 생활관습과 말에 대한 위화감과 반발, 남과 북의 지지자가 같은 가족과 친척으로 동거하거나 교제하고 있는 재일조선인 사회에 대한 이해 부족 등으로 재일조선인을 이질적인 존재로 인식하는 경향이 강했다. 특히 유신 정권과 전두환 정권은 이들 자기방어 능력이 취약한 재일동포들을 간첩으로 몰아 정권의 안위에 이용하려 하였다.

1975년 11월 22일 발표된 '재일교포 유학생 모국유학생간첩 사건'은 유신 선포 이래 격렬해진 학생시위를 북한의 조종으로 몰아가려 했다. 당시 중앙정보부 대공수사국장 김기춘은 "최근 수년 간 대학가에서 벌어졌던 데모가 북괴간첩의 배후조종에 의한 것임을 증명한 케이스"라고 언명하였다. 또 중앙정보부는 "이들 대규모 간첩단의 타진으로 그동안 국내에서 사회질서를 어지럽히고 혼란을 조성하여 학원내의 면학 분위기를 파괴해왔던 각종 학원소요의 배후에 북괴의 지령을 받고 밀파된 북괴간첩이 암약하고 있었던 사실이 백일하에 입증되었"고, "북괴가 국내외에서 온갖 악랄한 유언비어를 날조, 유포·선전하면서 우리의 유신체제와 총력안보태세를 약화시킴으로써 사회혼란을 조성하는데 당면한 대남공작 목표를 설정하고 있다는 사실이 명백히 드러났다"고 발표했다.

한편, 보안사는 1968년 울진삼척사건 이후, 재일조선인 최대 집단 거주지인 오사카에 공작원을 침투시켜 재일조선인들의 동향을 살폈으며, 부활한 공작과에 대일공작계를 신설, 1971년부터 1974년 말까지 '공작근원발굴' 작업에 착수하여 384명을 대상으로 공작활동을 펼쳤다. 대일공작계는 1971년부터 1983년까지 재일한국인 유학생들을 대상으로 한 '수사근원발굴 공작'에 착수했다. 이런 과정에서 모국 유학 교포 학생들을 어항 속의 물고기처럼 낙점해 필요할 때마다 간첩으로 만들어냈다.

이처럼 중앙정보부, 보안사가 재일교포 유학생 등 일본 관련 공작 활동을 통해 간첩사건을 양산해내면, 사법부는 고문과 가혹행위, 장기간의 불법감금 등 지독한 인권 침해를 통해 만들어낸 혐의를 수사기관과 검찰의 주장 그대로 받아들여 중형을 선고했다. 조금만 신경을 쓰면 고문행위가 있었고, 증거자료가 신빙성이 없다는 것이 명백한데도 법관들은 자신의 안위를 위해 '인권의 최후 보루'라는 법원의 책무를 아예 외면했다.

〈표 3〉 유신 정권 시기 재일교포 및 일본관련 주요 간첩 조작 사건

관련자	발생 연도	유형	사건 내용	형량 (대법원)	수사 기관	1심 법원	재심
김철우 김길우	1973	재일 교포 (사업)	동경대 대학원 1967.3. 공학부 자원개발공학과 석사 이수, 함태탄광 동경지점원으로 취직, 국내 중요산업시설 운영상황 정보 제출하는 등 국가기밀 누설	징역 10년	육군 제306보안부대	서울형사지법	징자년 6월, 집유 4년(국보, 반공법위반은 무죄)
오성재	1973	도일	반국가단체구성원과 회합 등	징역 2년6월/자정 2년 6월	청량리 경찰서 정보과	서울형사지법	재심 무죄
이성희	1974	일본 유학	동경대에서 박사학위 취득 후 귀국, 1974. 49명이 연루된 '울릉도거점간첩단사건'으로 검거되	무기	중정 전주분실	서울형사지법	(간첩 혐의)

관련자	발생 연도	유형	사건 내용	형량 (대법원)	수사 기관	1심 법원	재심
			어 조총련계에 포섭되어 월북, 지령을 받고 한국으로 잠입하여 암약 중인 간첩이었다는 혐의				재심 무죄 (2013)
고병택	1974	재일 교포 유학	고교 졸업 후 밀항하여 재일교포로 살면서 조총련계 자금으로 학업을 마치고 간첩으로 활동	징역 10년	중정	서울형 사지법	2013년 재심 무죄
김우철 (1918) 김이철 (1925)	1975	재일 교포 유학	47년 도일, 일본에서 여관 관리, 식당업, 연초소매업 등 경영하던 재일교포로, 조총련 산하 조선신보 편집국장(김기상, 김우철 사촌동생)의 지령에 따라 한국에 잠입, 각종 정보 수집 전달하고 북한 선전 활동 찬양 혐의	징자 10년 징자 3년 6월	목포경 찰서 외 사계	광주지 법 목포 지원	재심 무죄
김동휘 (1954) 강종건 등 5인	1975	재일 교포 유학	일본 체류시 재일공작원(혹은 조총련 구성원) 백옥광에 포섭되어 지령받고 잠입, 간첩, 금품 수수, 기밀탐지 수집 등 혐의/일본 도시사(同志社)대학 선배인 반국가단체 구성원 '야마다'와 회합, 지령받고 국가기밀 탐지 수집한 간첩 혐의(만기출소 후 전향서 작성 거부로 전주보안감호소 8년 복역, 88올림픽 특사로 출소)	징자 4년 징자 5년	중정	서울형 사지법	재심 무죄 재심 무죄
김종태 (1950) 서울대 사회학과	1975	재일 교포 유학	1967. 9. 조총련 오사카시 본부 산하 조선인학생회 회원이며 시미즈 다니고등학교학생 이안호로부터 조선인학생회에 가입하라는 권유를 받고 위 학생회에 가입하여 반국가단체 구성원이 됨.	징역 10년 자정 10년	중정	서울형 사지법	재심 무죄
김원중 (1951) 서울대 대학원	1975	재일 교포 유학	자주통일청년동맹 및 한국문화연구회 회원 가입과 반국가단체의 지령 등에 의한 간첩 활동 혐의	징자 7년	중정	서울형 사지법	재심 무죄
이동석 (1952)	1975	재일 교포	조총련 활동하던 안광상의 권유로 조선문화연구회(조문연)에	징자 5년	보안사	서울형 사지법	재심 무죄 (2015년)

관련자	발생 연도	유형	사건 내용	형량 (대법원)	수사 기관	1심 법원	재심
한국외 대		유학	가입, 조총련 오사카 본부 고교 담당지도원 부순표(28세)와 만 나 반국가단체 구성원과 회합, 재외교육원에 입학함으로써 반 국가단체의 지령을 받고 잠입				
강종헌 등 (1951) 서울대 의대	1975	재일 교포 유학	재일동포 유학생으로 서울대 의 예과 재학중이던 75년 보안사령 부에 연행 조사 / 69년 고교 재학 시부터 71.2. 모국유학시까지 재일지도원에게 주체사상 등 교 육받고 포섭되어 71.3.부터 75.11.까지 북한 고무찬양, 탈 출잠입, 국가기밀 수집 탐지 보 고 등 간첩 혐의 (복역중 82.3.3. 무기, 84. 8. 14. 징역 20년, 88. 2. 28. 징역 7년 등 3차례 감형, 1988. 12. 20. 가석방 출소)	사형	보안사	서울형 사지법	재심 무죄
이철 (1948) 고려대 대학원	1975	재일 교포 유학	일본 쥬우오 대학교 재학 중 재일 조선인유학생동맹에 가입하여 활동하다 재일 대남 공작 지도원 다나까(田中)에 포섭되어 1969. 9.과 1973. 8. 두 차례 북 한에 밀입북하여 사상교양과 통 혁당 고려대 지하조직 건설 등 간 첩 지령, 북한우월설 선전 교양.	사형	보안사, 중정	서울형 사지법	재심 무죄
조득훈 (1951)	1975	재일 교포 유학			보안사	서울형 사지법	재심 무죄
강우규 김추백 등	1977	사업	제주 출신 재일동포 사업가로 동 향 출신 재일교포(이○○)가 한 국에 설립한 '대영공업주식회사' 에 자본 투자하고 감사로 활동하 던 중 위장잠입, 간첩행위 혐의 로 연행 조사(복역중 82. 3. 3. 무기 감형, 88. 2. 27. 징역 20년 감형, 88. 2. 21. 올림픽 특별사	사형	중정	서울형 사지법	재심 무죄

관련자	발생연도	유형	사건 내용	형량(대법원)	수사기관	1심법원	재심
			면 가석방 출소, 귀국. 2007. 4. 20. 사망)				
유영수 유성삼 김정사	1977	모국방문	한국 유학 중 한민통 간부의 지령을 받고 국내 잠입, 군사기밀 수집 탐지, 반정부활동 등 간첩활동 혐의	무기 / 징자 3년 6월 / 징자 9년	보안사	서울형사지법	재심 무죄
양한병 양동우 사건	1977	도일	1972.7. 이복형의 초청으로 도일하여 북한에 가서 간첩교육과 지령을 받고 일본으로 귀환하였다는 혐의	징역 15년, 자정 15년	중정	서울형사지법	재심 무죄

출처: 반헌법열전편찬위원회, 『반헌법행위자 열전 집중검토대상자 명단발표 기자회견자료집』, 2017년 2월 16일, 198~204쪽 〈표〉 일부 편집.

〈표 4〉 유신정권 시기 '재일동포 및 일본관련 간첩 조작사건' 관련 주요 판사들

이름	당시 직책	대표 경력	반헌법행위 혐의 내용
양승태	서울형사지법 판사, 제주지법 부장판사	대법원장	김동휘 사건(1975), 이원이 사건(1975), 장영식 사건(1975), 조득훈 사건(1975), 강희철 사건(1986), 오재선 사건(1986)
김황식	서울형사지법 판사	대법관, 감사원장, 국무총리	강우규 사건, 유영수, 김정사 사건(1977)
권종근	서울형사지법 부장판사	서울민사지법 부장판사	김영작 사건(1974), 최철교 사건(1974), 김승효 사건(1974)
윤영철	서울형사지법 부장판사	헌법재판소장	오성재 사건(1973), 박선정 사건, 귀화 일본인 나쓰야 사건, 김장현 사건
허정훈	서울형사지법 부장판사	서울형사지법 수석부장판사	김종태 사건(1975), 허경조 사건(1975), 김원중 사건(1975), 이동석 사건(1975), 이철 사건(1975), 이수희 사건(1975), 강우규 김추백 사건(1977), 박순애 사건(1977), 유영수 김정사 사건(1977)

출처: 반헌법열전편찬위원회, 『반헌법행위자 열전 집중검토대상자 명단발표 기자회견자료집』, 2017년 2월 16일, 195~197쪽 〈표〉 일부 편집.

3) 납북어부 간첩 조작 사건 판결[20]

1960년대 중반 이후 북한에 의한 어선 납치가 빈발하면서 사회문제가 되자 정부는 이를 막기 위해 군사분계선(동해)이나 북방한계선(서해) 아래에 설치된 어로저지선을 침범한 어선들에 대해서 수산업법 위반으로 벌금 또는 실형을 선고하였다. 1968년 남북관계가 극도로 악화되고 북한의 대남도발이 격화되자 공안당국은 납북된 선원들이 남쪽의 지형지물, 관공서와 경비초소의 위치 등 국가·군사기밀을 누설하여 북한의 대남공작에 이용되고 있다고 판단하게 되었다. 1968년 말경부터 대검공안부(검사 한옥신)는 어로저지선을 넘는 어부는 수산업법 위반으로, 군사경계선을 넘어 피랍되는 어부는 반공법 위반으로 모두 구속기소하라는 지침을 내렸고, 12월 24일에는 어로저지선을 넘어 조업 중 두 번 이상 납북된 어부는 반공법과 국가보안법을 적용, 사형을 구형하라는 초강경방침을 전국 검찰에 지시했다.

중앙정보부는 관할 경찰서 등에 피랍 귀환 어부들에 대해서는 무조건 구속수사 하도록 조정하였고, 일선 수사기관에서는 "간첩을 색출하는 신문관에게는 상당한 보로금(보상금)을 지급한다"는 방침을 결정, 시행하였다. 또한 당국은 1970년대 초반부터 '납북 귀환자 관리카드'를 작성하고 귀환 어부들의 동태를 파악하여 정기적으로 보고하는 등 감시를 강화하였다.

공안당국의 강력한 압박에도 유신 이전까지 법원은 납북 귀환 어부들에게 수산업법(어로저지선 월선)과 반공법 위반(탈출)을 적용, 유죄를 선고하였으나, 간첩죄 적용은 받아들이지 않았다. 하지만 1973년 9월 12일 대법원 형사부(주심 한환진[21] 대법원판사)가

---

20 반헌법열전편찬위원회, 『반헌법행위자 열전 집중검토대상자 명단발표 기자회견자료집』(2017), 204-207 참조.

21 납북 귀환 어부 사건의 간첩죄 처벌의 중요한 판례를 만든 한환진은 1960년대 선거관리위원 등으로 있다가 1973년 유신 후 대법원판사에 임명되어 '인혁당 재건위 사건' '김재규 사건 사형선고' '김대중 내란음모사건' 등에 관여하였다. 그는 인혁당 사건의 사형선고와 관련한 오마이뉴스 기자의 인터뷰에서 당시에 "주심판사가 재판을 주도했는데, 판결문을 직접 본 것은 이번이 처음"이라며 어처구니없는 말을 해서 사람들을 놀라게 만들었다(손병관, "유신 시절 과연 '고문'이 없었겠나? 재판은 순탄… 자세한 기억은 없다. [추적취재] '인혁당 판결' 대법원판사 '생존 8명'의 근황 심경토로," 「오마이뉴스」, 2002. 11. 21.

1, 2심에서 간첩죄에 대해 무죄를 선고한 신평옥 사건에 대해 "특별한 사정이 없는 한 어로저지선 부근에서 조업을 하면 북한 경비정에 납치될 수 있다는 미필적 예측이 인정되어야 하는데도 원심이 이를 배척한 것은 잘못"이라고 판시, 원심을 깨고 사건을 광주고법에 되돌려 보내면서, 납북 귀환 어부의 간첩죄 처벌이 당연시되는 판례가 만들어졌다.

남북관계의 경색, 3선개헌, 유신 선포 등과 함께 사회 전반에 공안정국이 조성되면서 납북 귀환 어부들에 대한 강경 처벌도 당연시 되었다. 일선 수사기관에서는 어부들이 북한과 관련된 사소한 언동에 대해서도 임의로 연행하여 영장 없이 장기간 불법구금 상태에서 무자비한 폭력과 전기고문 등 가혹행위를 통해 간첩으로 조작하는 일이 다반사로 일어났다. 납북 귀환 어부들은 대부분 귀환 즉시 수사기관에서 조사를 받고 일차적으로 반공법·수산업법 위반으로 처벌받았으나 짧게는 몇 년 후, 길게는 20여 년이나 지난 뒤에 또 다시 간첩, 국가보안법 혐의 등으로 수사, 기소되어 2중, 3중의 처벌을 받는 고통을 겪었다.

간첩 사건에 연루된 납북 귀환 어부들은 대부분 고립된 섬마을이나 해안 마을에 거주하는 저학력의 사회적 취약계층으로 사건 당시에 경험한 공권력에 대한 두려움과 공포, 사회적 연계의 미비 등으로 오랫동안 진실규명을 위한 활동이나 피해 호소의 목소리를 전혀 내지 못하였다. 그들은 고문조작으로 자신과 가족의 삶 전체가 파괴되어 극심한 고통 속에서 살아왔지만, 국정원 과거사 위원회나 진실화해위원회 등 과거사 기구들이 활동을 하기 전까지는 일반 국민은 물론이고 시민사회와 지식인들도 오랫동안 그들이 당한 피해를 제대로 알지 못하였다.

납북 귀환 어부에 대한 간첩 조작은 어부 자신과 가족의 삶을 파괴했을 뿐만 아니라 섬마을 등 지역공동체까지도 손상시켰다. 특히 미법도(안희천, 안장영, 황용윤·한금분, 정영·정진영 사건 등), 개야도(최만춘, 임봉택·박춘환, 이길부, 서창덕, 정삼근, 정영철 사건 등), 위도(백남욱, 태영호, 강대광 사건 등)와 같은 다수의 간첩 사건이 연속적으로 만들어진 작은 섬의 경우, 지역공동체가 완전히 파괴되기도 했다. 또 승해호(김성학, 김영수, 김이남, 김춘삼 등), 남진호(안정호, 강종배 등), 대복호(이상철, 김진용, 김용태 등), 행영호(백학래, 고정길, 이동근 등), 용인호(오형근, 안장영, 안희천, 황용윤, 정영 등)처럼 같은 배에 함께 탔던 납북 동기들이 수사기관에 의해 차례차례 간첩으로 조작된 경우도 있었다. 수사기관은 방어능력이 취약한 특정 지역이나 특정 배의 귀환 어부들을 집중적으로 공략, 꼬치에서 곶감 빼먹듯이 자신의 공적을 채우기 위한 희생양으로 삼았다. 이 사건들의 경우 이근안(경기도경),[22] 경무현(경기도경), 김용성(보안대) 등 다른 시국사건에도 악명을 떨친 수사관들이 대거 관련되어 있다.

　수사기관과 수사관들은 확실한 혐의 사실이 없는데도 귀환 어부들을 불법적으로 연행하여 짧게는 20여 일에서 길게는 100일이 넘는 장기간(최만춘 195일, 안희천 185일, 이성국 104일)의 불법구금 상태에서 폭력과 고문 등 가혹행위를 통해 간첩으로 조작하였다. 남북 귀환 어부들이 위치한 지역의 경찰서나 도경 대공분실, 지역보안부대, 중정(안기부) 분실 등 일선 수사기관의 수사관들은 가혹한 고문을 통해 귀환 어부들을 간첩으로 만든 다음, 이를 이유로 훈·포장을 받거나 특진, 보상금 등의 혜택을 누렸다. 중정(안기부)은 남북 어부 사건에는 거의 개입하지 않았던 것은 시사하는 바가 크다.

　남북 귀환 어부 간첩 사건 피해자들은 검찰 조사와 법원 재판 과정에서 그리고 항소이유서나 상고이유서 등을 통해서 고문 조작 사실을 구체적이고 일관되게 진술, 제기하였지만, 대부분의 검사와 판사들은 이를 무시, 배척, 외면하였다. 일선 수사기관의 불법행위를 감독해야 할 검사들은 이를 외면했을 뿐만 아니라 때로는 고문 사실을 증언하는 어부들을 재차 수사기관에 되돌려 보내기까지 했다. 인권의 최후 보루가 되어야 할 법원 판사들도 불법적인 수사기관의 불법행위에 아무런 제동을 걸지 않았다. 박정희·전두환 정부 또한 남북 귀환 어부 간첩 조작 사건 발표를 통해 국민들에게 간첩 검거를 대대적으로 홍보함으로써 정권 유지를 위한 안보 장사에 이용하였다. 남북 귀환 어부 간첩 사건은 유신 때부터 본격적 양산되기 시작해 1980년대 전반기 절정을 이뤘다. 이러한 간첩 조작 사건에서 판사들은 피해자들의 눈물어린 호소를 전면적으로 외면, 무시하고 중형을 선고했다.

---

22 1980년대 '고문기술자'로 악명을 떨친 이근안은 무술경찰로 특채되어 박처원에 발탁되어 대공경찰이 된 인물이다. 그는 70년대 내내 강화도 인천 인근의 서해안에서 납북 귀환 어부를 간첩으로 조작하면서 특진을 거듭했다. 이근안은 남민전 사건 수사에 관계하면서 시국공안사건과 인연을 맺어 '무림/학림사건', '깃발사건', '김근태고문사건', '반제동맹당사건' 그리고 납북어부 간첩 조작 사건 등 80년대의 주요 사건의 고문에 관여했다.

<표 5> 유신정권 시기 주요 납북 귀환 어부 간첩 조작 사건

사건 관련자	발생 년도	주요 죄명	1심 형량	수사기관	1심 법원	진실화해 위원회 신청	재심무죄 결정년도	비고
이강주 등	1972	간첩, 국보법	징자 7년 (구형 사형)	전북도경 대공분실	전주지법 군산지원	미신청	2013	—
임봉택 외 2인	1972	간첩, 국보법	징자 7	군산경찰서	전주지법 군산지원	2009.4.20	2011	개야도
박월림	1973	간첩, 국보법	징자 10년	해군목포보안대(해양공사)/중정전남지부	광주지법 목포지원	2010.6.30	2012	조서 대필
김성학, 이청일	1973	고무찬양, 반공법	징자 2년 6월	여수경찰서	광주지법 순천지원	2010.6.30	2012	거문도 동림호
백윤종	1974	고무찬양, 간첩, 반공법	징자 2년	전북도경 대공분실	전주지법	미신청	2013	간첩 무죄 (2심)
이길부	1976	간첩, 보안법	징자 10	군산경찰서	전주지법 군산지원	미신청	2014	개야도
정규용	1976	간첩, 보안법	징자 15년	경기도경 대공분실. 이근안	서울지법 인천지청	고문호소 무시	2013	—
안희천	1977	간첩, 185일 구금	징자 15년	경기도경 (이근안)	서울지법 인천지원	미신청	2013	미법도
안장영	1977	간첩, 보안법	사형	경기도경 (이근안) 다람쥐공작	서울지법 인천지원	사형선고 (1심)	2014	미법도
김이남	1977	간첩, 보안법	무기(1) 징자 20 (2심)	목포경찰서 (정보과)	광주지법 목포지원	2010.6.30	2014	승해호
김흥수	1977	간첩, 국보법	무기 (1심)/ 15(2심)	경기도경 (이근안)	서울지법 인천지원	미신청	2014	—
박우용	1978	간첩, 보안법	징자 7년	강원도경 /고성경찰서	춘천지법 강릉지원	미신청	2014	—
태영호 강대광 외	1978	밀출, 산첩, 찬양고무	싱 15, 자 10	부안경찰시 /전북도경	전주지법 정읍지원	2007.6.19	2008	위도
배일규	1979	간첩, 보안법	징자 6년	중앙정보부	춘천지법 강릉지원	미신청	2015	—

4) 문인간첩단 사건[23]

1974년 1월 7일, 박정희 강력히 사건 경고에도 불구하고 당시 문학계를 대표하는 이호철, 백낙청, 이희승, 이헌구, 김광섭 등 61명은 헌법 개정과 표현의 자유 보장을 요구하는 성명서에 서명하고 광화문에서 집회를 가졌다. 현장에서 연행된 9명은 밤늦게 모두 풀려났으나 다음날인 1월 8일 긴급조치 1호가 선포되었다. 1월 14일부터 육군보안사령부(사령관 김종환)는 이호철, 임헌영, 장병희, 김우종, 정을병 5명을 영장 없이 연행되어 "간첩 사건을 만들어보라"는 김교련 대공처장의 말에 따라 사건이 조작되기 시작했다.

문인들이 1970년부터 반 박정희 정부 성격을 띤 일본 민단계 잡지 「한양」에 글을 기고하고, 잡지 발행인 김기심 등과 접촉해온 것을 이용하여 간첩으로 몰기 위해 고문, 가혹행위가 가해졌다. 서울지검 검사 박경재, 이창우 등은 이호철, 임헌영을 간첩죄와 국가보안법으로, 나머지 3명은 국가보안법, 반공법 혐의로 구속했다. 2월 5일 서울지검 공안부장 정명래는 "북한노동당 대남사업담당비서직계인 재일지도공작원 김기심에 포섭되어 반정부투쟁을 선동하는 작품활동과 북한지령사항을 실천하기 위해 문인개헌 성명에 가담했다"라고 언론에 거창하게 발표했으나 2월 25일 기소 때는 간첩죄를 제외시켰다.

6월 28일 1심 재판부(서울형사지법 6단독 김성만 판사)는 "「한양」이 내용이 불온하여 수입금지 된 사실, 한양이 위장 기관이라는 사실, 김기심, 김인재가 위장 대남공작원이라는 사실"을 알고 있으면서 행위를 했다는 이유로 국가보안법상 회합·통신죄, 반공법상 찬양고무, 편의제공죄로 이호철 징역 1년 6월, 장병희 징역 1년, 임헌영, 김우종 집행유예를 선고하고, 정을병에게는 무죄를 선고했다. 그러나 「한양」지에는 당시 한국 문인 수백 명이 기고했으며, 1972년 창간 10주년 기념호에는 보수 인사인 백낙준, 백철, 모윤숙, 김동리도 축사를 써 보냈다. 2006년 11월 진실화해위원회는 이 사건이 '고

23 반헌법열전편찬위원회, 『반헌법행위자 열전 집중검토대상자 명단발표 기자회견자료집』, 2017년 2월 16일, 144-145 참조.

문으로 조작된 인권유린사건'이라고 판단했으며, 2011년 재심에서 무죄가 선고되었다.

5) NCCK 구호금 횡령 사건 재판[24]

한국기독교교회협의회(NCCK, 총무 김관석 목사)는 1974년 하반기 전국을 휩쓴 각종 기도회와 성명서를 주도했으며, 구속자 석방 기도회의 구심점 역할을 하였다. 유신 정권은 1975년 4월 3일 기독교 민주화운동의 핵심인사였던 NCCK 총무 김관석 목사와 수도권특수지역선교위원회 위원장 박형규 목사, 실무자 권호경 목사, 한국교회사회선교협의체 사무총장 조승혁 목사 등을 선교자금을 횡령·배임 혐의로 구속했다. 기독교 성직자들에게 횡령죄를 적용, 파렴치범으로 몰려고 했던 정치공작 사건이었다.

공식 수사는 서울시경과 검찰이 했지만 실제 배후는 신직수의 중앙정보부였다. 1심 재판(재판장 곽동헌 판사)은 5월 30일부터 시작되었다. 재판 과정에서 독일 BFW 사무총장 슈미트가 증인으로 출석해 그 돈은 원래 인권운동에 쓰라고 준 돈으로 아주 만족스럽게 쓰였다고 증언함으로써 횡령·배임죄는 성립될 수 없었고, 공소 유지조차 어려운 상황이었다. 9월 6일 1심 재판부는 "빈민구호를 구실로 받은 외국 원조 자금을 국가보위를 해친 긴급조치 위반자들의 뒷바라지로 사용한 것은 엄벌해야 한다"면서도 구형량의 5분의 1의 형량을 선고했다. 박형규 징역 10월, 권호경 징역 8월, 김관석·조승혁 징역 6월이었다.

중정은 사건 기획뿐 아니라 재판장에게 압력을 가하는 등 공판에도 깊게 간여했다. 서울지검 검사 이재권은 곽동헌 판사와의 담화 중, 무죄 가능성이 크고 피고인들을 보석으로 석방하고자 한다는 이야기를 듣고 이를 중정에 보고하였다. 중정은 곽동헌 판사의 자택은 물론 시골 처가에까지 압수수색을 하는 등 석 달이 넘게 비리를 뒷조사하며 강한 압박을 가했다. 나중에 곽 판사는 "당시 하도 힘들어서 대법 앞에 가서 목매달아 죽고 싶었다"고 술회했을 정도였다. 이 사건은 어려운 상황에서도 법관이 양심을 지키려고 노력한 사례로 볼 수 있다.

---

24 반헌법열전편찬위원회, 『반헌법행위자 열전 집중검토대상자 명단발표 기자회견자료집』(2017), 147-148.

6) 3·1 민주구국선언 사건[25]

1976년 3월 1일 문익환 목사, 안병무 교수 등 기독교계 인사들과 김대중, 윤보선, 정일형 등 재야 정치권의 지도급 인사들이 명동성당에서 3·1절 기념미사가 끝난 뒤 유신정권을 맹렬히 비난하는 '민주구국선언서'를 발표했다. 선언서만 낭독되었을 뿐 구호 제창이나 가두시위 등 아무런 행위도 없었다. 그러나 다음날 박정희는 국무회의 석상에서 서명자 중에 김대중이 있다는 사실을 보고받자 직접 엄벌을 지시하였다. 이에 신직수의 중정 제6국(국장 이용택)이 수사에 나서 18명을 연행, 조사 후 11명을 구속하고 7명을 불구속했다.

3월 10일 서울지검장 서정각은 "일부 재야인사들이 반정부분자를 규합, 민주회복국민회의·갈릴리교회 등 종교단체 또는 사회단체를 만들어 각종 기도회·수련회·집회 등 종교행사를 빙자하여 수시로 회합·모의하면서 긴급조치 철폐, 정권 퇴진 요구 등 불법적 구호를 내세워 민중봉기를 일으켜 현 정부를 전복하고 정권을 탈취할 것을 기도, 국가변란을 획책했다"라고 어마어마한 내용을 과장, 발표했다.

기소된 18명은 목사 5명, 신부 5명, 기독교계 교수, 여성 지도자 5명, 전직 대통령, 야당 대통령 후보, 재야 원로, 최다선 국회의원 등의 저명한 사회 지도자들이어서 큰 파장을 일으켰다. 5월부터 열린 재판은 매주 토요일 주 1회씩 이례적으로 빠르게 진행됐고, 변호인이 신청한 증거와 증인 불채택 등으로 재판부에 대한 기피신청, 변호인단 총사퇴 등의 파란을 일으켰다. 그러나 서울지검 공안부장 정치근은 "국가변란을 획책했다"라던 데서 슬그머니 물러나, 긴급조치 9호 1항 사실 왜곡 금지 및 헌법 개정 요구 금지 위반으로 징역 10년 자격정지 10년(김대중, 문익환, 윤보선, 함석헌)부터 징역 3년까지 구형했다.

1심 재판부 재판장 전상석 부장판사는 검찰의 논고 내용을 그대로 복사한 것 같은 판결문을 통해 징역 8년 자격정지 8년부터 징역 2년까지의 중형을 선고했다. 재판 기

---

25 반헌법열전편찬위원회, 『반헌법행위자 열전 집중검토대상자 명단발표 기자회견자료집』, 2017년 2월 16일, 150.

간 중 법정 안에서는 정치적·법률적 체제 공방이 치열하게 전개되었고, 법정 밖에서는 구속 가족들의 항의 집회가 치열하게 전개되어 오히려 정권의 치부를 드러내는 계기가 되었다.

명동사건은 특히 사법부의 독립 문제가 쟁점이 된 것으로 유명하다. 무엇보다 3·1 민주구국선언에서 "우리는 사법부의 독립을 요구한다. 사법권의 독립 없이 국민은 강자의 횡포에서 보호받을 길이 없기 때문이다. 그러므로 사법부를 시녀로 거느리는 정권은 처음부터 국민을 위하려는 뜻이 없다고 보아야 한다"라며 사법부의 독립을 문제삼았다. 재판 과정에서 변호인이 검찰·재판부와 변호인이 치열하게 대치한 것도 유명했다. 이 사건의 변호인이었던 이돈명 변호사는 1심 재판장이 "너무 몰상식하게 재판을 진행했다"라면서 1심은 "재판이 아니라 싸움"이었다고 회고했다.[26]

시국 사건 재판은 변호인의 역할이 피고인들이 충분한 진술을 할 수 있도록 시간과 기회를 제공하는 것이 중요하지만, 재판장이 심리를 서둘러 종결하자 변호인단은 검사의 논고 직전 재판부 기피신청을 내고 전원 퇴장했으며, 불공정한 재판에 항의하며 변호인단 전원이 사임하여 최종변론 없이 1심을 마쳤다. 변호인들이 사법부 독립을 문제삼자 재판장 전상석은 자신도 사법파동 때 사표를 썼다며 "피를 토하고 쓰러지는 한이 있어도 사법권에 도전할 때 이를 지켜야겠다는 결심을 했다"라고 받아쳤다.[27] 그러나 그가 피를 토하고 맞서야 할 것은 변호인의 사법권 침해가 아니라 정권의 사법부 간섭, 사법권 침해 아니었을까?

7) 한승헌 변호사 구속 사건

한승헌 변호사는 한국의 1세대 인권변호사를 대표하는 사람 중 한 명이다. 그는 박정희·전두환 정권 시기 엄혹한 상황에서 동백림사건, 통혁당사건, 오적필화사건 등 굵직굵직한 공안시국 사건에 대부분 관여하였고, 유신 시대에는 박정희 유신독재에 맞서

---

26 한홍구, 『사법부』(돌베개, 2016), 138.
27 한홍구, 위의 책, 137-138.

다 그 자신이 구속되는 일까지 벌어졌다.

1975년 3월 21일 한승헌 변호가 중앙정보부에 연행되어 3월 22일 반공법 위반 혐의로 구속되었다. 혐의 내용은 그가 1972년 7월 14일 「한국일보」에 보도된 동베를린 간첩단 사건 관련 사형수 김규남의 사형집행 소식을 듣고 1972년 9월호 「여성동아」에 기고한 수필 "어떤 조사(弔辭) ─ 어느 사형인의 죽음 앞에"(이 수필은 1974년 12월 25일에 발간된 그의 수필집 『위장시대의 증언』에 일부 수정하여 재수록 되었다)가 반국가단체의 구성원을 찬양·고무하였다는 것이었다. 명백히 인권변호사의 활동에 대한 유신정권의 보복행위였다.

한승헌 변호사의 글은 사법 판결의 한계성을 지적하고 그러한 한계에도 불구하고 사형선고를 내릴 수 있는 현실을 감안할 때 사형제도가 폐지되어야 한다고 호소한 것이었다. 또한 김규남의 무죄를 주장하고 그를 예찬한 것이 아니라 그의 죽음을 문학적 표현으로 애도한 것이었음에도 검찰은 끝내 한 변호사를 법정에 기소했다. 128명이라는 사상 초유의 변호인단이 꾸려져 법정에서 치열한 다툼을 벌였다. 9월 10일 서울형사지법 합의11부(재판장 김형기 부장판사)는 변호인단이 제출한 법관기피신청을 기각하고 9월 11일 선고공판에서 반공법 제4조 1항(고무 찬양)을 적용해, 징역 1년 6월, 자격정지 1년 6월을 선고하였다. 한승헌 변호사는 항소를 제기하였으나 항소심 또한 집행유예 3년의 유죄를 선고하였다. 1976년 11월 23일 대법원은 상고를 기각해 형을 확정지었다.

V. 끝내며

유신체제 아래서 사법부는 독립성을 완전히 상실했다. 유신헌법 아래서 독립적 기능을 잃어버린 것은 국회도 비슷한 면이 있었지만 야당 국회의원들은 그래도 일정하게 저항하는 시늉이라도 했다. 그러나 사법부는 전혀 그런 기미조차 보이지 못했다. 민복기는 박정희 대통령의 사법관에 대해 "대통령이 군 출신이었기 때문에 사법부를 군의 법무감실 정도로밖에 여기지 않았던 것 같아요"라고 말한 적이 있다. 실제로 유신 시대

사법부는 '박정희 사령관의 법무감실' 노릇을 했다.

유신헌법의 여러 독소 조항들로 인해 사법부가 제약을 받을 수밖에 없었고, 중정이나 정보기관의 무시무시한 협박과 감시 아래서 법관들이 양심적인 판결을 내리기는 쉽지 않았다. 이런 조건에서 법관들에게 무조건하고 사법적 정의를 말할 수는 없을 것이다. 그러나 사법부의 굴종이 그대로 용인될 수 있는 것은 아니다. 인권의 최후 보루인 법관으로서 최소한의 양심을 지키려는 노력이 요구되었지만, 그런 실천을 한 사람은 많지 않았다.

사법부는 그 후에라도 유신 시대의 과오를 인정하고 반성하며 바로 잡으려는 노력을 해야 마땅했다. 유신 시대 또는 군부독재 정권 시절 고문에 의해 조작되었던 많은 사건이 진실화해위원회 등 과거사 기관의 활동으로 진실이 밝혀지고, 법원에서 이를 기초로 하여 재심에서 무죄를 선고받았다. 일부 후배 법관들은 선배들이 내린 잘못된 판결에 대해 사죄하기도 했다. 그러나 과거 잘못된 사법부의 판결은 개별 법관의 사과 발언으로 끝날 수 있는 문제가 아니다. 국정원, 경찰청, 국방부 등의 권력기관이 자체 과거사 정리 활동을 통해 많은 과거사 사건의 진실을 밝히는 일에 나섰고 비록 극히 일부에 불과하지만 검찰조차도 과거사건 재조사에 나섰지만 법원은 아무런 조치를 취하지 않았다.

그뿐 아니라 민주화 이후에도 사법부는 과거의 잘못된 행태를 바꾸지 않았다. 양승태 사법부의 '사법농단 사건'에서 보이는 것처럼 긴급조치 등 법원 일부에서 바로잡았던 판결조차 정치적 거래를 위해 되돌리고, 재심 승소로 받은 배상금조차도 대폭 깎았으며, 소멸시효를 이유로 아예 배상금을 한 푼도 받지 못하게 만드는 파렴치한 행위를 저질렀다. 이런 행위는 과거 유신 시대 권력에 빌붙어 '유신의 개' 노릇을 한 것 못지않은 심각한 '범죄적' 행위가 아닐 수 없다. 조작사건 판결로 고통받았던 피해자들이 사법농단으로 또다시 고통받는 것을 보면서 다시 한번 사법부의 책임을 엄중하게 묻지 않을 수 없다.

참 고 문 헌

4.9통일평화재단. 『인혁당 재건위 사건 재심 백서 1~3』. 2015.

김이조. 『법조인의 길 법조인의 삶(1)』. 화신문화, 2004.

반민족문제연구소. 『청산하지 못한 역사 1』. 청년사, 1994.

반헌법열전편찬위원회. 『반헌법행위자 열전 집중검토대상자 명단발표 기자회견자료집』. 2017.

법원행정처. 『대법원장연설문집 제2집』. 1986.

법조야사편찬위원회. 『법조50년야사(상)』. 법률신문사, 2002.

손병관. "'유신시절'유신 시절 과연 '고문'이 없었겠나? 재판은 순탄… 자세한 기억은 없다. [추적취재] '인
       혁당 판결' 대법원판사 '생존 8명'의 근황 심경토로." 「오마이뉴스」, 2002.11.21.

진실화해위원회. "긴급조치위반 판결분석 보고서." 『2006년 하반기 조사보고서』. 2007.

한홍구. 『사법부: 법을 지배한 자』. 돌베개, 2016.

_____. 『유신: 오직 한 사람을 위한 시대』. 한겨레출판, 2014.

"대법원판사 대폭 경질." 「경향신문」, 1973. 3. 24.

"박대통령, '국가 있어야 사법권도 있을 수 있다'." 「동아일보」, 1973. 4. 2.

"사법부 ― 한국을 움직이는 사람들." 「한겨레」, 1992. 9. 23.

"유신 사법부, '권력 하수인'이었음을 시인하고 싶나?" 「위클리서울」, 2007. 2. 5.

3부

박정희 유신체제 잔재의
대증적 청산

— 피해자 구제와 사법 정의 회복

박정희의 정치적 유산과 그 청산
― 5·16과 유신쿠데타, 부마항쟁과 10·26 의거의 현재적 함의

김재홍

(서울디지털대학교 총장, 유신청산민주연대 상임대표)

I. 총론: 18년간 일곱 번 군대 동원한 병영 국가 체제

올해 2019년은 역사적으로 의미가 큰 시점이다. 3·1혁명과 대한민국임시정부 수립 100주년이며, 안중근 의사가 일제의 한반도 침략 원흉인 이토 히로부미를 총살한 지 110주년 그리고 김재규 중앙정보부장의 총탄에 의해 박정희가 사거한 지 40년을 맞았다. 그럼에도 그 역사들의 지향점이 제대로 정립됐는지 의문이다. 향후 민주진영과 국민주권 운동이 나아갈 이정표를 마련해야 할 것이다. 3·1혁명의 중심 사상이라 할 수 있는 국민주권 운동은 촛불시민들에 의해 접맥됐으며, 현재 진행 중이라고 평가할 수 있다.[1] 그러나 안중근 의사의 의거 110주년을 생각할 때 지금 일본의 아베 행정부가 보여주는 정치 외교, 경제통상, 군사 안보 면에서의 행태는 한국 국민에게 여러 소회를 불러일으키고 있는 것이 사실이다.

오늘 이 자리에서 박정희의 정치적 유산과 청산 문제를 논의하게 된 것은 그의 사거

---

[1] 3·1혁명과 2016 촛불혁명이 국민주권 사상으로 동질성을 갖는다는 논문은 다음을 참조. 김재홍, "3·1운동과 2016촛불의 국민주권 사상," 2019년 4월 3일 (사)한국정치평론학회·국회 이종걸의원실 공동주최한 심포지엄 '3·1운동, 민주주의 그리고 공화주의' 기조발제 논문; 김재홍, "촛불집회와 민주주의," 2017년 (사)한국정치평론학회 연례학술회의 '촛불과 민주주의' 기조발제 논문.

40주년을 맞는 시점에 한층 더 깊은 의미가 있다. 그가 한국 정치사에서 보수이념의 중시조에 해당한다는 점에서 오늘날 보수 정당과 정치인들의 행위규범으로 구성된 가치체계를 분석하고 평가해 보는 적절한 계기가 되기 때문이다.

이 글은 먼저 5·16 군사 쿠데타와 유신쿠데타 등을 통해 박정희가 남긴 정치적 유산의 폐해에 관해 정리하고, 그것을 뒷받침하는 경험적 사례들을 제시해 나갈 것이다. 그리고 끝으로 그런 정치 유산의 폐해를 청산하기 위한 몇 가지 제언으로 마무리하고자 한다.

박정희 전두환 군부 통치 시대가 사실상 병영 국가(garrison state)였다는 것은 그들이 정권 찬탈 이후에도 필요할 때마다 수시로 군대를 동원했다는 사실로 명백하게 입증된다. 박정희는 18년 동안 무려 일곱 번 이상에 걸쳐 비판층을 제압하기 위해 군대를 동원했다. 평균 2년 반 만에 한 번씩 군대를 동원해 민주화운동 세력을 짓밟았다.[2]

첫째는 5·16 쿠데타 때 4천여 명의 무장 병력을 서울에 진주시켰다.

둘째, 1964년 6월 3일 친일 굴욕외교 반대 운동을 진압하기 위해 계엄령을 선포하고 군대를 동원했다.

셋째, 1965년 8월 26일 위수령을 선포하고 고려대와 연세대에 군병력을 투입, 학생들을 강제 연행해 갔다.

넷째, 1971년 10월 15일 정권의 부정부패와 중앙정보부의 공포통치, 대학 군사교련과 병영 국가화 철폐를 요구하며 반독재 시위를 벌이는 대학가에 위수령을 선포하고 군 부대를 투입했다. 경찰은 전국 각 대학의 학생 간부 1,500여 명을 캠퍼스 구내에서 불법 연행했으며, 중앙정보부와 군 보안사까지 나서 구금된 대학생들을 고문 조사했다.

다섯째, 1972년 10월 17일 계엄령을 선포하고 국회의사당 앞에 탱크를 진주시킨 채 헌법을 새로이 제정한 유신쿠데타를 감행했다. 이 유신헌법은 국회가 불법 해산된 가운데 국민의 대표 기구인 국회가 아니라 박정희 행정부의 국무회의가 의결해 국민투표에 붙이는 등 기존 헌법이 규정한 절차에 따르지 않고 자의적으로 제정됐다. 헌법의

---

2 다음의 토론문 내용을 재수록함. 김재홍, "절차적 민주주의와 국가 균형발전 파괴한 특혜형 독재정치," 민주평화복지포럼 정책자료집, 『5·16, 우리에게 무엇인가』, 67-68.

법통과 연속성을 파괴한 불법 쿠데타였다.

여섯째, 1975년 4월 8일 긴급조치 7호 발동과 함께 고려대에 휴교령을 내리고 군대를 진주시켰다.

일곱째, 1979년 10월 부산 마산 시민들이 김영삼 신민당 총재의 국회의원직 제명과 개발 독재 아래 관치 경제가 야기한 지역 경제 불황에 항거하고 유신헌법 철폐를 요구하는 항쟁에 나서자 계엄령을 선포하고, 3개 특전여단을 투입했다. 이 일곱 번째 군대 동원은 당시 언론 보도까지 금지한 긴급조치 9호 때문에 보도되지 못했으며, 공개된 기록자료가 없는 상태다. 사실상 역사 기록에서 삭제당하는 결과가 되고 말았다.

II. 병영 국가와 정보 공안 통치 아래 민주주의 본질 파괴
― 정당, 선거, 의회, 언론, 대학, 노조의 무력화

박정희 정권의 병영 국가 체제와 중앙정보부를 앞세운 정보 공안 통치 아래서 민주주의는 그 본질적 내용과 가치가 파괴됐으며 정치 문화가 저급한 수준으로 왜곡 형성됐다. 이런 퇴행적인 정치 유산은 유신체제 아래서 씻을 수 없는 상처로 누적되고 후대에 남겨졌다.

첫째, 정당 정치면에서 군부 통치 시대의 집권 여당인 공화당과 민정당은 집권 세력이 정치공학적으로 조직한 관제 단체였다. 정당이란 본래 정치적 뜻이 동질적인 사람들이 자발적이고 자율적으로 모인 집단(volunteer group)이다. 그러나 공화당과 민정당은 중앙정보부나 군 보안사가 실질적으로 나서서 조직했다. 민주정치의 외형을 갖추기 위한 장식품에 지나지 않았다.

군부 정권의 집권당은 공화당의 예에서 보듯이 창당 때부터 중앙정보부 같은 국가 정보기관이 그 산실 노릇을 했으며, 정치자금도 증권시장 조작 등 이른바 4대 의혹 사건 등으로 조성된 검은돈을 썼다. 5·16쿠데타 세력은 민간 정치인들의 활동을 봉쇄하기 위해 이른바 정치정화법을 제정했고, 상당 기간 다른 정당의 활동을 동결시켰다. 그런 정당 활동 금지 기간에 쿠데타 세력은 자신들의 공화당을 조직했다. 공화당 사전 조직이었다. 정치적 경쟁자들에게는 행동하지 못하게 묶어놓은 채 자신들만 스타트 라인을 출발한 반칙 정치였다.

공화당 사전 조직의 산실은 중앙정보부였고, 그 주도자가 후에 공화당 의장이 된 김종필 중정 부장이었다. 증권시장 조작과 워커힐 호텔 건설 비리 그리고 파친코 도박장 허가와 새나라자동차 수입 비리 등 4대 의혹 사건에서 검은 정치자금이 공화당의 사전 조직에 흘러 들어갔다. 쿠데타 1년여 후인 1962년부터 박정희의 일본 육사 출신 옛 군 상관이 한국의 쿠데타 세력에게 후원 역할을 했다는 것은 공공연한 비밀이었다. 이는 박정희 정권이 친일적 굴욕 외교로 한일협정을 체결한 배경이기도 하다.

그렇게 만들어진 공화당은 선거와 국회 운영 등 정상적인 정치과정에서도 자율적 역할을 하지 못하고 최고 권력자 박정희와 그의 사병 노릇을 한 중앙정보부 등에 의해 철저히 통제됐다.

1971년 공화당 지도부에 의한 이른바 '10·2 항명 파동'만 보더라도 정당과 의회 정치를 장식품화한 박정희 체제의 모습이 그대로 드러난다. 당시 국회에서 오치성 내무부 장관에 대한 해임결의안이 공화당 내부 파벌 싸움으로 일사불란하게 부결시키지 못하고 통과되자 이른바 '박정희의 진노'가 폭발했다. 박정희는 반란 의원들을 색출하라고 중앙정보부에 명령했다. 그러자 공화당 지도부인 김성곤, 길재호 의원 등이 즉각 중앙정보부에 잡혀 들어가 입 밖에 내기 어려운 수모와 고문을 당하고 그날로 의원직 사퇴서를 써야 했다. 마치 조폭 내부에서 배신자를 징벌하는 것과 다를 바 없는 행태였다.

군부 통치 아래서는 대학가에서 반독재 시위를 주도하는 학생 간부나 정권에 비판적인 교수들도 중앙정보부에 영장 없이 끌려가 겁박과 함께 고문 당하는 일이 비일비재했다. 대학생의 제적 처벌과 교수의 강제 해직이 다반사였고, 중정에서 조사받다가 의문사한 사건도 한둘이 아니다.

둘째, 군정 체제에서의 선거를 보면 1963년과 67년, 71년 대통령 선거와 국회의원 총선거는 관권 개입 부정선거 시비가 끊이지 않았다. 선거 때마다 부정 시비에 시달린 박정희는 유신쿠데타 이후엔 대통령 선거를 아예 통일주체국민회의 대의원에 의한 간접 선거로 바꾸어버렸다. 유신체제 아래서의 대통령 간접 선거는 혼자서 출마하고 찬반 투표에 의해 추대받는 것으로 선거라는 용어로 규정하기는 어려웠다. 국회의원도 정수의 3분의 1을 선거 없이 대통령이 임명했으니 국민의 대표가 아니었다.

셋째, 박정희 체제 아래서 의회 정치는 1969년 3선개헌 강행과 1972년 유신헌법 수립으로 결정적으로 파괴됐다. 박정희는 집권 세력 핵심 인사들까지도 반대한 3선개헌을 관철시키기 위해 중앙정보부를 내세워 협박하고 당원에서 제명했다. 당시 여당의 핵심 실력자들이던 정구영 공화당 초대 총재나 김종필 전 당 의장, 예춘호 전 당 사무총장, 양순직 국회 재경위원장 등이 3선개헌을 반대하다가 모두 그렇게 탄압당했다.

유신 때는 군대를 동원한 상황에서 이같은 정치공작과 협박이 공포의 수준에 이르렀다. 국회의 가장 긴요한 권한이자 책임인 헌법 개정을 이런 식으로 강행한 것은 의회 정치의 파괴라 아니할 수 없다.

특히 국회의원이 국민의 대표라는 헌법 규정에도 불구하고 의원의 정치활동을 문제삼아 제명하는 일이 다반사였다. 대표적인 예가 1979년 10월 제1야당인 신민당 총재 김영삼 의원이 뉴욕타임스와 인터뷰한 것을 '국가 모독죄'로 몰아 국회에서 제명한 일이다. 그 여파로 김 총재의 정치적 지지 기반인 부산·마산의 시민들이 반독재 항거에 나섰다.

그 진압 방법을 둘러싸고 논란이 벌어졌다. 중앙정보부장 김재규는 유화책을 건의했다. 그러나 청와대 경호실장 차지철은 "캄보디아에서는 (크메르 루즈가) 300만 명 이상을 학살했는데 우리도 한 200만 정도 탱크로 싹 쓸어버릴 수 있습니다"고 광적인 진압책을 내뱉었다. 이 자리에서 박정희는 차지철의 강경책에 동의하고 "발포 명령을 내릴 사람이 없으면 대통령인 내가 하겠다"고 말하기도 했다. 이에 김재규는 수많은 국민이 희생당할 것이며, 내부 분란으로 북한 측에 군사적 모험을 생각하게 하는 국가 안보 위기가 닥칠 것이라고 보았다. 그는 연회장에서 조용히 밖으로 나와 권총을 챙겨 갖고 박정희와 차지철 앞으로 들어갔다. 김재규는 군사법정에서 "수많은 국민의 희생을 막기 위해서 한 사람을 죽였다"고 밝혔다.[3]

박정희 정권은 국민 대표인 국회의원들의 원내 표결 행위까지도 사전 점검하고 통

3 10·26과 김재규 군사재판 진술에 대해서는 다음 책에 상세히 서술돼 있다. 김재홍, 『박정희살해사건 비공개진술, 상: 운명의 술 시바스』(서울: 동아일보사, 1994).

제했다. 중앙정보부와 청와대 비서실 등 대통령 박정희의 친위대 역할을 하는 권력기관이 정치공작을 담당했다. 심지어 청와대 경호실장도 나서서 여야 국회의원들을 정치공작 차원에서 접촉했다. 이같은 사실은 1979년 차지철 청와대 경호실장이 본래의 직무가 아닌 정치공작에 개입하는 것을 김재규 중앙정보부장이 견제하면서 10·26 사건이 터졌다는 당시 군사법정 문답에서도 드러났다.

1. 언론사, 대학, 주요 사회단체 등에 정보기관원 상주
― 비판적 언론인과 교수 강제 해직… 전태일 노조 지도자 분신

넷째, 언론과 국민 여론의 형성 과정에 대해 박정희 체제는 철저히 사전 통제를 가했다. 언론의 비판 기능과 국민의 자유로운 정치적 의사 표현은 사실상 불가능한 상황이었다. 중앙정보부는 각 언론사에 정보원을 상주시키거나 상시로 출입시키면서 보도 내용을 사전에 점검하고 조정했다. 이에 기자들이 기관원의 출입을 막으면서 자유언론 운동이 벌어지자 중앙정보부가 언론사의 수입원인 광고 수주를 못 하도록 광고주들에게 공작했다.

정권 측은 자유언론 운동을 벌이는 기자들을 해직시키라고 요구하면서 언론사의 경영을 옥죄었다. 언론사 측은 결국 기자들을 강제 해직시키면서 정권 측과 타협의 길로 갔다. 우리의 언론 자유가 실종되는 과정이었다.

박정희 정권의 언론 공작은 국내뿐 아니라 해외의 유력 언론을 상대로 해서도 감행됐다. 예를 들면 1970년 6월 6·25전쟁 발발 20주년을 맞아 박정희 정권은 해외 언론들에 공작을 벌였다. 전쟁의 폐허를 딛고 탁월한 영도자의 리더십 아래 경제 번영을 이룩했다는 홍보에 나섰다. 이때 어떤 공작 요원이 영향력 있는 시사주간지 「타임」을 상대로 박정희의 얼굴 사진을 표지로 넣는 로비활동을 벌였다. 그는 영향력 있는 명문 대학의 언론 전공 교수에게 로비자금으로 5만 달러를 제시했다는 증언이 나오기도 했다.[4]

다섯째, 대학의 민주화 학생운동권 및 비판적 교수들은 박정희 정권 내내 탄압과 감

---

4 김재홍, 『박정희의 유산』 (서울: 푸른숲, 1998) 참조.

시 대상이었다. 박정희 체제 내내 가장 강경한 반독재 저항은 대학가 학생운동권에서 벌어졌다. 정권 측은 강의 중 정부에 비판적인 발언을 한 교수들에 대해 감시하다가 이른바 '정치 교수'라는 죄목을 씌워 여러 교수를 강제 해직시키기도 했다. 박정희 체제 아래서 대학은 자유로운 상아탑이 아니라 정치적 통제의 대상이었다. 실제 청와대 비서실의 업무 분장도 대학은 교육문화 수석비서관실이 아니라 정무수석 비서관실이 관장하도록 돼 있었다.

2. "세계 최저 임금-최장 노동시간-최다 산업재해-최고 인플레"
— "국민 피땀으로 경제성장… 박정희 공^{功} 주장은 국민 분노 살 것"

여섯째, 노조 운동은 박정희 체제의 특성인 개발 독재로 인하여 철저히 탄압을 받았고, 노동자들의 생활은 피폐했다. 특히 미국이나 일본 제조업계를 상대로 보세가공 무역이 성행하면서 기능공과 어린 여공들은 기준 노동시간 넘기기나 심야 노동이 보통이었으며 피땀 어린 삶을 살아야 했다.

1970년대 말 무역회사 YH의 노동조합 위원장이었던 최순영 전 국회의원은 당시 미성년의 어린 여공들이 기숙사 생활을 하면서 하루 17시간씩 일했다고 밝혔다.[5] 여공들은 그렇게 강도 높은 노동을 하면서도 한 달에 기숙사비가 20만 원일 때 겨우 25만 원을 임금으로 받았다고 증언했다. 최 전 YH 노조 위원장은 한국의 경제성장에 대해 "세계 최저의 임금, 세계 최장의 노동시간, 세계 최다의 산업재해라는 노동자들의 피땀 위에 이룩된 것을 박정희의 공이라고 한다면 분노를 느낀다"고 말했다.

1960-1970년대 한국경제의 경이적 성장을 이끌었던 자영업자와 젊은 화이트칼라층 샐러리맨, 전문 기능인들 역시 비슷했다. 이른바 '한강의 기적'이란 이들 노동자와 샐러리맨들의 잘살아 보자는 열망과 투지로 쌓아 올려졌다는 것이 실증적인 분석이다.

---

5 최순영, "한국 산업화는 박정희 독재의 공인가," 2011년 5월16일 민주평화복지포럼 강연회자료집.

III. 박정희 가산제 국가, 박근혜에 정치적 상속
— 나라가 자기네 것인 양 특혜 누린 독재정치

1961년 일어난 5·16 군사쿠데타는 우리의 역사를 뒤집어 놓았다. 3·1 운동과 항일 독립투쟁 그리고 해방 후 4·19 시민학생혁명으로 민주주의 발전의 길을 가던 우리 현대사를 군부독재와 공작정치 방향으로 몰아넣었다.

민주주의가 말살되고 인권 탄압이 자의적으로 이루어지는 독재정치가 본격적으로 시작됐다. 쿠데타 주모자 박정희 소장은 이른바 혁명 공약에서 '양심적인 정치인에게 정권을 이양하고 군은 본연의 임무로 복귀한다'고 약속했다. 그러나 그는 이 약속을 지키지 않고 1963년 대통령에 올랐다. 그는 79년 10월 26일 최측근이던 중앙정보부장 김재규의 총탄에 맞아 숨질 때까지 한국 역사상 가장 강력한 권력자들 중 하나로 살았다.

1969년 3선 개헌을 강행할 때도 3선 연임만 하고는 더이상 출마하지 않겠다고 공언했다. 그러나 그는 1972년 10월 17일 유신체제를 선포, 1인 종신 독재를 더욱 강화했다. 경제성장이 이루어진 뒤 중산층이 형성되면 그 바탕 위에서 민주주의가 가능하다는 가설은 유신체제로 결코 맞지 않음이 입증됐다. 경제성장이 상당한 궤도 위에 오른 뒤에도 민주화 투쟁으로 쟁취하지 않으면 민주주의는 가능하지 않았다. 유신체제는 국민에 의해 선출되지 않은 대통령이 국회의원 총원의 3분의 1을 임명하고, 비상대권과 긴급조치권을 행사하는 사실상의 절대왕정이었다. 임명직 국회의원은 국민의 대표가 될 수 없는 일이다.

그때부터 최고 권력자가 국민 앞에 공표한 약속을 지키지 않는 정치풍토가 자리잡았다. 국민은 정치 권력의 거짓말을 어떻게 징벌해야 할지 몰랐고 점차 공작정치의 대상으로 전락했으며 장기 독재에 따라 정치 문화가 왜곡돼 갔다.6

박정희는 18년 동안 통치한 뒤 비운에 사라졌다. 그러나 그 후 14년 동안의 또 다른 군부 통치는 박정희의 군부 내 친위 장교들에 승계됐다. 전두환, 노태우 정권이란 박정희 없이는 태어날 수 없었으리라는 것을 누구도 부인하지 못할 것이다. '박정희 없는

---

6 김재홍, "절차적 민주주의와 국가 균형발전 파괴한 특혜형 독재정치," 전게 논문.

박정희 시대'라 부를 만큼 역시 5 · 16쿠데타가 만들어 놓은 그 후계 체제였다.

반드시 독재자의 아들딸이 권력을 승계해야만 세습 체제라고 비판할 수 있는 것은 아니다. 그 친위대가 후계 권력을 이어받아도 정치적 상속임에는 틀림이 없다. 독일의 정치철학자 막스 베버가 비판한 가산주의(家産主義. patrimonialism)에 딱 들어맞는 권력 독점과 세습이었다.[7] 그리고 그로부터 10년 뒤부터 박근혜 씨가 유력 정당의 대통령 후보에 올라 박정희 권력의 직접 상속을 시도하기에 이르렀다.

5 · 16은 군부가 정치를 직접 지배하는 불행한 선로를 깔아 놓았다. 1980년 5 · 18 광주시민항쟁에 대한 살상 진압 또한 5 · 16의 후계 세력이 자행한 '내란'이었다는 점에서 박정희의 역사적 책임과 맞닿아 있다.

지역… 사회 계층… 대기업과 중소기업 간 불평등 뿌리내려
— 특혜 성장정책이 가져온 국가 균형 발전의 파괴가 불치병으로

박정희 정권의 개발 독재 방식에 의한 경제성장 정책은 불균형성장론을 이론적 기반으로 삼았다. 자본, 노동, 기술 등의 여러 요소를 균형 있게 증대시켜 경제성장을 이루는 것이 아니라 한정된 자본 등을 소수 산업에 선별적으로 집중함으로써 효율적인 성장을 기할 수 있다는 가설이다.

개발 독재 과정에서 이 불균형성장론은 집권 세력이 선정한 특정 집단에 특혜를 주는 불합리한 정책으로 악용됐다. 낮은 이자와 장기 상환이라는 유리한 조건으로 외국 돈을 빌려다 특정 기업과 지역에 몰아 주었다. 일반적으로 기업이 은행에서 돈을 빌릴 때 이자가 연간 10% 안팎에 첫해부터 갚아 나가야 한다면, 이들에게는 정부가 할당하는 외국 차관이나 수출진흥자금으로 연간 이자 2-3%에 10년 후부터 갚도록 하는 특혜였다.

---

7 박정희-박근혜 정권이 가산제 국가(patrimonial state) 개념에 들어 맞는다는 지적은 다음 논문들을 참조. 임혁백, "박정희 정치 유산세습과 북한 권력 승계 동질적," 민주평화복지포럼, 『5 · 16, 우리에게 무엇인가』, 417-418; 김재홍, "3 · 1운동과 2016촛불의 국민주권 사상," 전게 자료집 ; 김재홍, "촛불집회와 민주주의," 전게 자료집.

외국 정부나 은행이 돈을 빌려줄 때 담보는 당연히 대한민국이라는 나라와 국민이었다. 박정희 정권은 그렇게 얻어 온 돈을 반민주적 특혜방식으로 특정 지역과 기업에만 할당했다. 그 결과 국가 자원과 재산의 엄청난 불평등화 현상이 뿌리내렸다.

농축산업, 제조 공업, 유통 상업과 수출업 등 산업의 업종별로 균형 있는 성장을 이루지 못했다. 재벌 대기업 위주로 수출 지원 특별 융자 등 많은 특혜가 주어졌다. 국민 생활과 직접 맞닿고 또 대기업의 부품 하청 업체로 수출에도 영향을 주는 중소기업이나 자영업은 도외시됐다. 오늘날 문제 되고 있는 대기업과 하청 협력업체 사이의 이른바 '먹이사슬' 구조는 그렇게 박정희 시대에 특혜-차별 정책으로 시작된 것이다.

박정희의 개발 독재가 남긴 가장 심각한 상처는 동서 지역 간 불균형 투자로 인해 지역주의가 뿌리내렸다는 사실이다. 집권 세력의 출신지인 남동부 지역에 국가 재원을 집중 투자했다. 그 지역에만 우선 국가가 관리하는 공업단지를 건설했다. 그 결과 경제 성장의 과실이 지역적으로 불평등하게 주어지는 '지역 차별의 원인'을 만들었다. 서부 지역뿐 아니라 중부의 충청권과 강원은 갈수록 상대적 박탈감과 빈곤에 시달려야 했다.

수출 대상 국가인 일본과 미국에 가깝고 물 사용이 편한 남동 지역에 임해 공단을 건설하기 위하여 대규모 자본 투자를 해야 한다는 것이 지역적 불균형성장론의 명분이다. 그래서 구미, 울산, 마산, 창원, 포항에 국가 자원의 집중 투자가 계속됐다. 그러나 서부 지역인 인천, 아산, 군산, 목포, 여수, 광양도 임해공단을 차리기 적합하다는 사실을 아무도 부인하지 못한다. 일본 미국과의 거리는 말 그대로 오십 보 백 보다. 그럼에도 불구하고 왜 남동 지역 중심으로 산업기지 건설이 계속됐는가? 5·16쿠데타 이후 집권 세력의 출신 지역이기 때문이었다. 그것이 바로 가산주의의 한 내용이기도 하다. 경제개발 정책에서 지역 차별은 그래도 간접적이었다. 공직 인사에서 지역 차별이 직접적인 소외감을 불러일으켰다. 한쪽은 이같은 불평등감으로, 다른 한쪽에서는 비틀어진 우월감으로 지역감정이 자리잡았다. 그런 구조적인 문제가 아니라면 정치인들의 단순한 선동만으로 심각한 지역주의가 뿌리 박혔으리라고 보기는 어렵다.

이처럼 모든 분야에 걸쳐 일상화한 불평등 구조를 바로잡으려는 것이 김대중 정부와 노무현 정부의 국가균형발전 정책이었다. 그러나 32년 동안 뿌리박힌 불균형을 민주 정부 10년 동안에 교정하기는 무리다. 상당한 기간에 걸쳐 치유 노력을 기울여야 개선이 가능할 것이다.

IV. 극단적 저항의 정치 문화를 유산으로 남겨
― 타협과 협상의 민주주의 문화 아닌 냉혹 비정한 사회상

5·16 군사쿠데타로 시작된 32년간의 군부 통치는 매우 부정적인 정치 문화 유산을 남겼다. 조선조 이후 현대까지 한국의 정치 문화는 주로 신민형(subject)과 참여형(participant)이라는 두 개 기둥으로 형성돼 왔다. 밑바탕에 약간의 지방형(parochial) 요소가 깔려 있긴 하다. 그러나 조선 왕조 아래서도 임금이나 중앙정부의 존재와 피치자로서 자신의 복종의 의무를 잘 알았기 때문에 신민형이 키워졌다고 볼 수 있다.

정치사적으로 보면 조선조 600여 년과 일제 식민지배 36년, 해방후 미군정 통치와 이승만 정권 20여 년 그리고 5·16 이후 군부 통치 32년은 신민형 문화를 키웠다. 민주주의 체제에서의 시민적 자유와 자아의식 그리고 정치 참여보다는 규율 준수와 복종의 의무가 더 강조되는 정치 문화다.

그에 비해 항일 독립운동, 3·1운동, 4·19혁명, 1960-1970년대 반독재 민주화운동, 5·18광주민중항쟁, 6·10시민항쟁, 90년대 각 분야의 시민단체 운동, 2000년대 인터넷 활동과 촛불시위 등은 참여형 문화의 배양기에 해당한다.

이상적인 민주주의 체제를 운영하는데 바탕이 되는 시민문화(civic culture)는 지방형, 신민형, 참여형이 적절한 혼합비율로 구성돼야 한다. 그러나 한국의 정치 문화는 아직도 박정희 전두환 체제 32년간의 퇴행적 신민형 유산에 지배돼 온 양상이다.

첫째, 지금도 강력한 통치자, 권위 있는 지배자를 희구하는 것은 신민형의 유산 때문이다.

둘째, 합리적이고 탈권위적인 지도자를 유약하고 무책임한 것으로 간주한다. 여기서 부도덕하고 비리를 저질러도 경제만 잘 관리하면 유능한 정권으로 평가하는 풍토가 자리잡았다. 반민주적 개발 독재를 강행한 군 출신 집권자인 박정희를 산업화의 아버지라고 예찬하는 것도 이런 후진적 정치 문화 때문이다.

셋째, 재야 민주화운동권뿐 아니라 정치권에서도 여야 사이에 타협과 협상보다는 극단적 대립과 갈등이 일상화하는 정치 문화가 뿌리내렸다. 이 역시 대학생과 노동자들을 투신 분신 그리고 야당 정치인들을 단식투쟁과 장외 시위로 내몰았던 군부독재 때문이다. 5·16 쿠데타 이후 오랜 군부독재 시대를 거치면서 민주주의 체제를 운영하는데 장애가 되는 부정적인 정치 문화가 유산으로 남겨진 것이다.

넷째, 개발 독재 체제 아래 경제성장 지상주의에 경도된 나머지 분배와 복지, 삶의 질과 인간주의, 자연 생명 보호와 환경문제 등 정신적 가치가 무시되는 정치 문화가 심화돼 왔다. 박정희 정권은 철학과 윤리학조차 '제2 경제'로 지칭하면서 모든 인간의 삶을 경제로 환원시키려 시도했다. 이는 물질적 풍요와 쾌락만이 삶의 질을 결정하는 것으로 오도하는 저급한 문화를 낳았다.

경제 제일주의는 무한 경쟁에서 이기기 위한 효율성과 그 결실로 얻는 감각적 만족을 최고 가치로 정립시켰다. 나누고 배려하며 함께 누리는 고급의 정신적 행복은 도외시됐다. 정부가 분배와 복지를 외면했고 사회 저변에 경쟁력 위주의 가치관이 팽배했다. 상부상조하는 따뜻한 공동체는 설 자리가 없었다.

후에 김대중 정부는 지식 정보 문화의 진흥을 중요한 국정 철학으로 삼았다. 개발 독재 시대의 이른바 굴뚝산업과 토건 사업이 상징하는 물질 만능 풍조를 교정하려 했다. 또 노무현 정부는 '사람이 사는 사회'의 건설을 국정 목표로 내세웠다. 이 모두가 군부독재 시절의 '냉혹한 권력과 비정한 사회'를 털어내기 위한 몸부림이었다.

독재 유지 위한 안보위기론으로 대북 대결주의도 악화시켜 유신 선포 북한에 미국보다 먼저 사전 통보하는 이중성 보여

대통령 박정희가 자신의 독재정권을 유지하기 위해 내세운 명분은 하나가 경제개발이었고 다른 하나가 국가 안보였다. 이는 쿠데타 이후 정치적 정당성을 만들기 위한 사후 처방과도 같았다.

박정희가 국민에게 내세운 북한의 남침이란 북한이 사실상 중국과 소련의 동의 없이는 감행할 수 없는 일이다. 또 1960-1970년대는 이미 미국의 케네디와 닉슨 행정부가 동서냉전 종식과 평화공존 정책을 확립했었다. 미국은 특히 1970년대 초 중국과 국교를 수립하고 중국의 유엔 가입을 지지했으며, 중국에 대한 미국 시민의 여행 제한 조치도 20여 년 만에 전면 해제했을 정도다.

박정희 정권의 실세들은 미국의 그런 아시아 정책을 이미 간파하고 있었다. 그런데도 북한의 남침위협론을 내세운 것은 국민을 우매한 군중으로 간주한 것이나 다름 없는 행위다. 허구를 이용해 자신의 권력을 강화한 것이다.

대통령 박정희는 강대국 간의 화해가 역으로 한반도의 국지 안보를 더 위태롭게 한다는 억지 논리를 폈다. 국제 냉전은 데탕트로 가는데 거꾸로 남북 간의 국내 냉전은 박정희의 권력 강화용 대결주의 때문에 악화 일로를 걸었다. 1971년 12월 그는 국가비상사태를 선언하면서 총력 안보라는 전시에 준하는 체제를 꾸몄다.

다른 한편 그는 1972년 5월 북한에 이후락 중앙정보부장을 밀사로 보내 남북 비밀대화의 창구를 개설하기도 했다. 자신의 장기 독재체제를 구축하기 위해 남북관계를 이용하는 이중성이었다. 이때 만들어진 남북조절위원회가 불과 1년여 만에 폐기된 것도 남북대화를 위해서가 아니라 정치적 이용에 불과한 것이라는 증거에 다름 아니다. 실제 남북 밀사 회담 후 내놓은 유신헌법은 같은 시기 북한이 내놓은 김일성 체제를 더욱 심화시킨 주체헌법과 1인 통치라는 점에서 일맥상통하는 내용도 적지 않았다.

박정희의 북한에 대한 이중적 태도는 유신체제 선포 때 결정적으로 드러났다. 그는 유신을 선포하기 닷새 전인 1972년 10월 12일 미국에 앞서 북한 측에 사전 통보했다. 남북조절위원회의 남쪽 공동위원장인 이후락 중앙정보부장이 북쪽 공동위원장인 박성철을 통해 사전에 설명한 것이다. 박정희로부터 수시로 북한의 '남침도발 위협'을 들어온 국민들이 그때 이 사실을 알았더라면 황당했을 것이다.

박정희 정권의 대북 대결주의는 그 후 보수 정권들에 기본 철학처럼 계승돼 대화와 교류협력에 의한 한반도 평화체제 확립을 어렵게 하는 유산으로 작용해 왔다.

V. 대통령의 도덕적 타락상 드러나 국민의식 오도
─ 비밀 안가에 연예계 여인 드나들어, 기업인 돈 받는 관행도

대통령 박정희가 남긴 정치적 유산 중 공직자로서 도덕적 타락상과 윤리 불감증은 후대에 심각한 폐해를 끼쳤다.

첫째는 국정 최고책임자가 특혜를 준 재벌 기업들로부터 통치 비자금을 받은 일이다. 10·26 직후 청와대를 수색한 합동수사부 요원들은 그의 집무실 캐비닛에서 현금 9억 원을 발견했다. 당시 9억 원이면 현재 화폐가치로 100억 원 가까이 될 것으로 추산된다. 그 9억 원 중 6억 원은 대통령 박정희의 딸인 박근혜 씨가 유족 생활비로 건네 받았다. 3억 원은 전두환이 처리했다. 어차피 '장물'과 같은 것이니까 손 안에 넣은 사람이 제멋대로 쓴 셈이다. 그 후 여러 종류의 재판 과정과 언론 취재에 의해 박정희 정권 아래서 기업인들은 청와대를 방문할 때 비자금을 갖다 바친 것으로 밝혀졌다.

후에 전두환 씨는 내란과 부정축재에 대한 재판 과정에서 기업인들로부터 뇌물을 받은 이유를 묻는 재판장의 신문에 "과거부터 내려온 관행에 따른 것"이라고 답변했다. 박 대통령에게 기업인들이 해 온 관행을 그대로 답습했다는 얘기다. 그렇게 해서 수천억 원 규모의 부정축재를 한 혐의로 내란죄 외에도 엄청난 벌금형을 함께 받았다. 대통령이 청와대에서 기업인을 만나 비자금을 받는 세계적으로 부끄러운 비리는 박정희 시대에 생겨났다.

특히 외국의 학자들 중에 한국의 경이적인 경제성장을 뜻하는 한강의 기적에 대해 찬양하고 박정희를 높이 평가하는 이들이 많다. 그들은 박정희가 그 후계 권력인 전두환 노태우와는 다르다고 주장한다. 전두환 노태우는 부정축재 혐의로 처벌을 받을 정도였지만 박정희의 경우 사리사욕 없이 청렴했다는 것이다. 이는 겉만 보고 평가한 것으로 사실과 다름을 알 수 있다.

박정희와 전두환이 다르다면 대통령직에서 퇴임할 것을 예정해 놓고 준비했는지, 아니면 평생 물러날 생각을 하지 않다가 갑자기 변을 당했는지에 있었다. 퇴임에 대비한 권력자는 부정축재를 많이 해 두었다. 그러나 물러날 생각을 한 적이 없는 독재자는 재산을 크게 모아놓을 필요가 없었을 터다. 수시로 기업인들로부터 받는 비자금을 여야 정치인이나 친위 장교들에게 환심을 사기 위해 하사금으로 이용했다.

둘째, 대통령 박정희는 김재규 중정 부장의 권총에 맞아 숨진 10·26 사건 당일 중앙정보부가 관리하는 비밀 연회장에서 측근 권력자들과 주연을 벌였다. 그 자리에는 술 시중을 들고 주흥을 돋우기 위해 2명의 연예계 여인이 동석했다. 한 사람은 유명 가수이고 다른 한 사람은 신인 패션모델로 여대생이었다. 여인들은 중앙정보부의 박선호 의전과장이 조달해 온 것으로 계엄 군사법정의 신문 과정에서 밝혀졌다.8

당시는 부산·마산에서 시민 학생들의 반독재 시위가 폭발해 이를 진압하기 위해 계엄령까지 선포하고, 특전사 소속 공수부대를 투입한 비상 상황이었다. 그런 비상시국에 대통령 박정희가 김재규 중정부장, 김계원 청와대 비서실장, 차지철 경호실장 등을 불러놓고 그 같은 주연을 벌였다는 것은 최고 공직자들의 도덕적 타락상이 아닐 수 없었다.

중정 의전과장 박선호는 군사법정에서 최후진술을 통해 박 대통령의 주연과 여자 문제에 대해 증언했다. 한 달에 열 번씩 그런 주연을 벌이며, 그 자리에는 항상 술 시중을 드는 여인이 두 명씩 동석했다는 것이다. 국정을 책임지는 최고 권력자들의 사생활로는 지나치게 타락한 행태였다. 만일 국가 안보 위기가 있다면 이들의 판단과 결정이 과연 정상적으로 이루어질 것인지 의문시 되지 않을 수 없을 것이다.

최고 공직자들의 그 같은 도덕적 타락은 10·26 사건과 재판 과정을 통해 국민들에게 상당 부분 공개됐다. 여기서 많은 국민이 "강력한 지도력으로 경제 성장만 잘 이루어 나가면 부패 비리와 사생활 문제는 덮어 둘 수 있다"는 생각을 갖기까지 이르렀다. 부패해도 유능한 지도자가 낫다는 오도된 국민 의식은 거기서 비롯된 것이다.

일각에서는 또 대통령도 인간으로서 사생활이 있는데 그것은 건드리지 말아야 한다고 주장한다. 특히 남자의 배꼽 아래 일에 관해서는 문제 삼아서는 안 된다는 얘기들을 많이 한다. 그러나 대통령이 '자유 연애'라도 한다면 사생활일 수 있지만 권력을 이용해 중앙정보부 같은 국가정보기관의 의전과장이 여자를 조달해 온다면 그것은 결코 사생활로 덮을 수 있는 일이 아니다. 다음과 같은 한 역사학자의 견해에 수긍이 갈 것이다.

---

8 김재홍, 『박정희살해사건 비공개진술, 하: 대통령의 밤과 여자』 (서울: 동아일보사, 1994) 참조.

박정희가 최고 권력자였던 시대는 불행하게도 그의 일거수일투족뿐 아니라 표정과 기분까지도 고도의 정치적 의미를 지닌 시대였다. 그의 사생활이 평범한 개인의 사생활처럼 보호받을 수 없는 이유가 여기에 있다. 그의 사생활은 이미 권력 게임의 한 부분이 되어 있었다. 그가 측근들과 나눈 사적인 대화는 권력의 풍향계였다.

민주적 절차에 따라 선출되어 민주적으로 위임받은 권력을 행사하는 대통령이 있는 나라라면 그의 공적 활동과 사생활은 엄격히 구분될 수 있을 것이다. 그러나 그가 유신이라는 친위 쿠데타를 통해 다시 한번 헌법을 짓밟고 절대권력자가 되었을 때 공과 사의 경계는 무너지고 말았다. 권력의 사유화, 인격화가 이루어지고, 국가기관인 중앙정보부의 의전과장이 여자를 조달해야 하는 불행한 시대에 독재자의 사생활은 더이상 개인의 사생활이 아니었다. [9]

VI. 박정희 신화와 병적인 정치 문화
— 역대 대통령 인기 순위, 유신 말기 권력 이양 준비설의 허구

박정희 지지자들은 지금도 역대 대통령의 인기 순위에서 그가 1위라고 내세운다. 이는 바로 박정희 체제의 특성인 국민의 머릿속 생각까지 들여다보고 사전 통제한 공작정치와 정치교육이 남긴 병적인 정치 문화 때문이다. 독재 권력이 국민의 정신 영역에까지 침범한 결과다. 우리는 선비, 학자, 지식인의 말과 지혜를 우대하는 전통을 지녀왔다. 유교적인 전통이기도 하고 아시아적 가치관이라고 할 수도 있다.

그런데 박정희 정권은 선비와 그 의견을 있는 그대로 존중하는 것이 아니라 자신의 입맛에 맞게 사전에 파악하고 가공했다. 그것이 바로 정보 공작정치다. 지식인의 견해가 국민에 미치는 영향이 어느 나라보다도 강한 전통이 있기 때문에 거꾸로 뒤집어 지식인들을 사전에 통제하고 공작했다. 지식인과 전문가의 입을 빌려 정권이 하고자 하는 말을 국민에게 전파시켰다. 권력에 대한 비판과 견제라는 지식인의 기능은 고사하

---

9 한홍구, "군사반란 50년, 박정희 시대에 대한 역사 평가," 2011년 5월 16일 민주평화복지포럼 강연회 자료집.

고 그들의 권위를 공작적으로 이용한 것이다.

박정희 정권은 역대 정권 중 언론과 대학 사회에 대한 감시와 정보활동을 최고로 활성화한 정권이었다. 중앙정보부가 정보공작 정치의 사령탑이었지만 그 외에도 경찰과 군 보안사까지 나서 정보수집 경쟁을 벌이게 했다. 언론사와 대학, 주요 사회단체마다 정보기관원들이 상주하면서 그 고유의 활동을 감시하고 통제했다.

정보기관은 국회의원들의 원내 표결 행위나 발언도 사전에 취재하고 조정했다. 또 언론인과 대학교수 등 영향력 있는 지식인들의 생각과 예상되는 의사 표현까지 미리 파악하고 정권에 유리한 방향으로 공작했다.

1. "10·26 없었다면?" 박정희 권력 이양하고 퇴임 언급설
— 공작정치 습성 주변에 떠본 말… '퇴진', '후계자' 등 금기어

박정희의 측근 인사들은 그가 권력을 이양하고 퇴임할 준비를 언급했다고 주장한다. 김재규 중앙정보부장에 의한 10·26 거사가 없었다면 그가 스스로 물러났을 것이라는 가설이다.

박정희는 그 측근 인사들에 따르면 '내가 봐도 유신헌법의 대통령 선출 방법은 엉터리야. 그러고서야 어떻게 국민들의 지지를 얻을 수 있겠어? 헌법을 개정하고 나는 물러날 거야.' 이런 얘기를 했다고 한다. 스스로 보기에도 유신헌법이 너무 엉터리여서 국민의 지지를 받지 못하고 있다고 생각한 것은 어느 정도 맞는 것 같다. 그러나 유신헌법을 개정한 후 물러난다는 대목은 다른 여러 가지 경험적 사례나 증거와 부합하지 않는다.

우선 당시 정치문제에 관한 한 박정희의 절대적 신임을 받았던 유혁인 당시 정무수석은 유신헌법의 변경 가능성에 대해 확고하게 부인했다. 그는 비망록에서 "박정희 대통령이 무슨 일이 있어도 헌법은 절대 손대지 않는다는 확고한 입장을 고수하고 있었다"고 썼다. 이것만 보아도 박정희는 유신헌법을 자신의 영구 집권을 위한 필수 장치로 고수하고 있었다. 그러다가 불의에 김재규 중앙정보부장의 권총에 맞아 숨진 것이다.

박정희가 그 측근 인사들의 주장대로 10·26 사건 직전에 "이거 되겠느냐, 체제를 완화시켜야 되겠다, 퇴임 준비 해야 되겠다, 유신헌법을 고쳐야 되겠다"고 언급한 것이 사실이라면 그 진의와 배경을 분석해 볼 필요가 있다. 우선 공작정치 습성에서 주변에 흘려보고 그 반응을 떠보려고 했을 가능성이다. 자기의 장기 독재에 대해서 주변에서 어떻게 생각하는가를 파악하기 위한 술책이다.[10]

만일 그 얘기를 들은 측근들이 "아, 그렇게 할 때가 됐습니다. 그렇게 해야 되지 않겠습니까?"라고 했더라면 어떻게 됐을까. 그 사람들은 당장 중앙정보부에 잡혀가서 모진 고초를 당했을 것이다. "네 속마음이 그거였구나"하고 주변 정리 작업을 했을 것이다.

1973년에 터진 윤필용 수경사령관 사건이 그런 유사한 경험이었다. 윤필용은 박정희의 최측근으로 그의 군 시절 부관과 최고회의 의장 비서실장, 육군 방첩대장과 수경사령관을 지냈다. 5·16쿠데타에 직접 가담하지는 안했지만 1970년대 초까지 그는 박종규 청와대 경호실장, 이후락 청와대 비서실장, 김형욱 중앙정보부장, 김재규 보안사령관 등과 함께 다섯 손가락 안에 꼽히는 권력 실세였다. 윤필용은 박정희가 군내 친위세력으로 육성하는 정치 군인 사조직인 하나회의 대부이기도 했다.

유신체제를 선포한 후 1972년 말경 서울 한남동의 어느 요정에 윤필용 수경사령관은 청와대 대변인 출신으로 당시 서울신문 사장인 신범식 씨의 식사 초대를 받았다. 가보니 이후락 중앙정보부장, 정소영 청와대 경제수석비서관, 김시진 민정수석비서관, 수경사 헌병단장을 거쳐 육군본부 범죄수사단장인 지성한 대령 등이 함께하는 자리였다. 여기서 누구의 발언인지는 분명치 않게 증언들이 엇갈리지만 박정희의 퇴임과 후계 문제가 오갔다.

이 일이 박정희에게 제보된 후 윤필용은 부하 10여 명의 장교와 함께 '권력남용과 부정축재' 죄목으로 규탄되고 군사법정에서 유죄판결을 받았다. 박정희 체제에서 그의 퇴임과 후계자를 언급하는 것은 금지된 언어였고 위험한 도전으로 간주된다는 사실을 알리는 사건이었다.

---

10 김재홍, "절차적 민주주의와 국가 균형발전 파괴한 특혜형 독재정치," 전게 자료집.

2. 박정희 물러났다면 상왕 노릇하는 '국부 제도' 만들었을 것

박정희가 유신헌법을 고치고 물러나려 했다는 설에 대한 두 번째 분석은 퇴임 후 배후에서 수렴청정할 수 있는 장치를 마련해 놓고 했을 가능성이다. 유신체제를 만든 박정희와 같은 절대권력자가 자의로 물러난 사례는 세계 정치사에서 찾아볼 수 없다. 민주시민의 항쟁과 같은 저항에 의하지 않고서 독재자가 권력을 스스로 이양한 일은 없다. 독재자가 공식적 권좌에서 물러날 계획을 갖는다면 반드시 거기에 막후 영향력을 행사하는 방안이 포함돼 있다고 보아야 한다.

우리는 박정희와 여러 가지로 동질적 권력인 전두환 체제 때 이미 그런 경험을 겪은 바 있다. 전두환 씨의 측근 세력은 그가 권좌에서 물러날 것에 대비해 막후에서 권력을 행사하는 수렴청정 체제를 음모했다가 나중에 들통난 일이 있다. 수렴청정은 나이 어린 태자가 왕에 등극하면 그 어머니가 배후에서 정사를 지도하는 것을 말한다. 아버지 왕이 생존해 있으면서 아들에게 왕위를 미리 넘겨준 뒤 수렴청정하는 경우 '상왕부'라고 한다.

1984년 1월 한 언론사의 정경연구소 소속 어용 지식인들이 전두환 씨의 퇴임 후 권력 연장책을 작성했다. 1988년 11월 12일 언론 보도에 따르면 전 씨가 대통령직에서 퇴임한 후에도 집권당인 민정당의 총재직을 계속 맡는다. 공식적인 대통령과 정부는 민간 출신으로 두고 '그 대통령이 민정당의 부총재로서 전두환 총재의 지도하에 있게 한다'고 돼 있다. 말하자면 민정당 총재직을 상왕부로 하고 대통령을 부총재로 그 아래서 지시를 받게 한다는 것이다. 참으로 웃지 못할 정권 연장 획책이었다.

군부 쿠데타 주모자들은 당초 공화당과 민정당을 조직할 때 정부에 대해 집권당이 우위에 서는 체제를 구상했다. 정부는 집권당의 이념과 정책을 실행하는 행정기구라는 것이다. 그래서 당에 사무국과 정책위원회를 상근 조직으로 운용했으며, 이들이 정부의 행정관료들을 감시 감독하는 체제로 설계했다. 이는 다름 아닌 공산당 국가나 후진국의 독재 성낭 체제와 똑같은 발상이었다. 국민이 식섭 선술한 국회의원이 해야 알 일을 집권당의 당료가 맡아서 하는 미개한 정치체제를 구상했다.

전두환의 퇴임 후의 '상왕부' 음모는 그런 미개 정치체제의 연장선상에서 나왔다.

그런 망상을 한다는 집권 세력 자체가 가관이지만 독재권력의 퇴임 준비가 어떤 것인지를 알려주는 한 경험적 사례다.

VII. 결어

— 대통령의 유신체제 불법행위 무효화 선언
— 촛불혁명 대상을 박정희 유산의 청산으로 확장
— 유신체제 부역 반민주행위자 인명사전 편찬

박정희 유신체제의 정치적 유산을 어떻게 청산할 것인가.

첫째, 과거 독재정권 시기, 특히 유신체제 아래서 국가권력이 저지른 불법행위들에 대해 민주적 선거로 선출된 정통성 있는 정부가 나서 사과하고 포괄적으로 무효 선언하는 것이 바람직하다고 본다. 민주정부의 수반이 국민과 역사 앞에 선포하는 것이다. 이는 노무현 대통령이 제주 4·3 양민학살 사건에 대해 공식 사과하고 정부가 공식 기념일로 지정해 명예회복까지 선포한 사례와 동일한 방안이다.

최근까지도 유신체제 아래서 날조된 여러 시국사건 관련자들에 대한 실형선고가 대법원에 의해 무죄판결로 이어지고 있다. 유신헌법이 불법적으로 제정됐으며 따라서 그 헌법에 근거하여 발동된 긴급조치들이 무효라는 취지의 판결들이다. 이렇게 정치체제의 잘못된 통치행위로 인한 국민 피해가 개별적인 법적 절차를 통해서만 회복될 수 있다면 이는 국민과 국가 간의 관계로 미루어 본말이 전도되고 불합리한 일이 아닐 수 없다. 역사 정의에도 부합되지 않는다. 국가가 능동적으로 나서서 포괄적으로 해결해 주어야 한다.

둘째, 박근혜-최순실 국정농단을 탄핵한 촛불혁명의 대상은 박정희 체제, 박정희-박근혜 가산제(家産制) 국가의 청산으로 확장시켜야 한다. 2016년 10월 분출된 촛불혁명은 당시 국정농단의 고리로 박근혜-최순실에 대해 규탄했다. 최순실은 2016년에 갑자기 등장한 인물이 아니며 바로 박정희 정권 아래서 퍼스트레이디 지위를 가진 박근혜의 정신적 지주 역할을 한 최태민의 딸로서 그의 비서 노릇에서 관계가 시작됐다. 박근혜-최순실 국정농단의 연원이 바로 박정희 정권 시기에 비롯된 것이다. 촛불 시민들이 이런 과거사 내력을 인지하여 박정희-박근혜 가산제 국가의 정치적 유산을 청산하기 위한 정치혁명에 나서는 것이 바람직하다.

셋째, 유신체제 아래서 독재정권에 부역하며 인권 탄압과 반민주행위를 일삼은 사법, 정보, 수사기관 종사자 및 어용 학자들의 명단을 조사하여 '반민주행위자 인명사전'을 편찬해야 한다. 역사교훈이 얼마나 중요한지를 보여주기 위해서다. 단순히 먹고 살기 위한 방편이 아니라 좀 더 출세하기 위해서 무고한 동료 시민을 시국사범으로 조작하는 등의 악행을 자행한 박정희 독재정권의 하수인들을 기록으로 남겨야 한다.

군사독재정권의 인권 탄압과 반민주행위에 대한 경험적 사례는 1976년 쿠데타로 집권한 아르헨티나의 호르헤 비델라에 의한 공포정치였다. 비델라 정권은 1977년부터 3년여에 걸쳐 반대 세력에 대해 무자비한 고문과 살상을 저질렀다. 아르헨티나 국민에게 치욕스런 이른바 '더러운 전쟁'이었다.

이같은 더러운 전쟁은 1976년 아르헨티나의 비델라 군사정권보다 1961년 중앙정보부를 창설한 박정희 병영 국가 체제가 먼저 시작했다. 더러운 전쟁에서 박정희 병영 국가 체제가 부끄러운 세계 1위였다.

이런 치욕적인 과거사를 청산하고 후대에 역사 기록으로 남기기 위해 반민주행위자 인명사전을 편찬해야 한다. 이는 민족정기를 바로잡기 위한 친일인명사전 편찬 못지않게 중요한 민주주의 바로 세우기의 원동력이 될 것이다.

참 고 문 헌

김동춘. "집권의 정당성 결여가 성장 지상주의로 나가게." 민주평화복지포럼 정책자료집 「5·16, 우리에게 무엇인가」, 2011.

김재홍. 『한국정당과 정치지도자론』. 서울: 나남, 1992.

_____. 『군 1: 정치장교와 폭탄주』. 서울: 동아일보사, 1994.

_____. 『군 2: 무기개발 극비작전』, 서울: 동아일보사, 1994.

_____. 『박정희살해사건비공개진술 상: 운명의 술 시바스』. 서울: 동아일보사, 1994.

_____. 『박정희살해사건비공개진술 하: 대통령의 밤과 여자』. 서울: 「동아일보」, 1994.

_____. 『박정희의 유산』. 서울: 푸른숲, 1998.

_____. "1970년대의 한국정치와 민주화운동." 71동지회 편, 『71동지회 30년문집: 나의 청춘, 나의 조국』. 서울: 나남, 2001.

_____. "1980년 신군부의 정치사회학: 정치군벌 하나회의 정권찬탈 내란 과정." 「5·18민중항쟁30주년기념 학술토론회」 주제발표논문(민주화운동기념사업회 주최), 2010.

_____. "절차적 민주주의와 국가 균형발전 파괴한 특혜형 독재정치." 민주평화복지포럼 정책자료집 「5·16, 우리에게 무엇인가」, 2011.

김창록. "한일기본조약과 청구권협정의 제문제." 민주평화복지포럼 주최 학술대회 「1965년 한일협정의 해부」 주제발표 논문, 2011.

김호기. "성장과 민주주의는 함께 성취해야 할 가치." 민주평화복지포럼 정책자료집 「5·16, 우리에게 무엇인가」, 2011.

신계륜. "박정희 시대 산업화는 농민의 노동자화." 민주평화복지포럼 정책자료집 「5·16, 우리에게 무엇인가」, 2011.

임지봉. "유신헌법과 한국 민주주의." 10월 19일 민주평화복지포럼 학술대회 '유신체제, 우리에게 무엇인가'에서 주제발표 논문, 2011.

임혁백. 『시장·국가·민주주의: 한국 민주화와 정치경제 이론』. 서울: 나남, 1994.

_____. "유신의 역사적 기원: 박정희의 마키아벨리적인 시간(상)." 「한국정치연구」 제13집 제2호(2004).

_____. "박정희의 역사적 재조명: 그는 누구이며, 무엇을 하였으며, 왜 1979년에 몰락하였는가?" 한국공공경제학회 학술세미나 '박정희 시대의 재평가' 주제발표 논문, 2009.

_____. "박정희 시대 개발독재와 근대화의 해석: 권위주의적 발전론은 민주적 발전론에 비교우위가 있는가." 민주평화복지포럼 정책자료집 「5·16, 우리에게 무엇인가」, 2011.

장상환. "공보다 과가 더 큰 박정희 개발독재." 민주평화복지포럼 정책자료집 「5·16, 우리에게 무엇인가」,

2011.

정근식. "박정희 시대의 사회통제와 저항." 민주평화복지포럼 정책자료집 「5·16, 우리에게 무엇인가」, 2011.

조국. "독재가 근대 국민국가의 필수 경로 아니다." 민주평화복지포럼 정책자료집 「5·16, 우리에게 무엇인가」, 2011.

최순영. "한국 산업화는 박정희 독재의 공인가." 민주평화복지포럼 주최 「5·16쿠데타 50년 학술대회자료집 출판기념회 및 강연회 자료집」, 2011.

한홍구. "군사반란 50년, 박정희 시대에 대한 역사 평가." 민주평화복지포럼 주최 「5·16쿠데타 50년 학술대회자료집 출판기념회 및 강연회 자료집」, 2011.

이행기 정의를 넘어선 과거 청산

정호기

(전남대학교 NGO협동과정 강사)

I. 머리말

과거의 극복과 발전은 인류의 출현과 동시에 시작되었다. 인류가 전진하기 위해서는 과거에 대한 성찰과 반성, 문제해결과 대안창출이 수반되어야 했으므로, 과거사는 흘러간 지난 일일 수 없었다(Schlink, 2015: 36-37). 그리하여 인류 변천사의 굵직한 줄기를 형성했거나 중대한 전환점 혹은 상흔이었던 과거사의 성찰과 반성에는 청산 혹은 정리가 동반되었다. 과거의 성찰과 반성은 당대의 과제이기도 했으나, 후진 세력이 주도하거나 후세대에 의해 이루어진 경우가 더 많았다.

사회구성원의 지지를 받는 합당한 과거 청산은 공정하고 합리적인 목적과 의미 부여가 정립되었을 때 가능했다. 과거 청산의 진행 과정과 예상되는 성과 그리고 미래사회의 비전을 그린 청사진도 보여주어야 했다. 하지만 과거 청산은 법률을 제정할 권한을 갖는 정치권의 길항 관계와 구조에 따라 뒤틀렸고, 다양한 양태로 실현되었다. 사회구성원의 지지와 동의 기반이 취약하거나 왜소화된 과거 청산은 원활하게 진행되기 어렵거니와 뒤탈을 유발하곤 했다.

과거 청산은 근현대의 새로운 사회 현상이 아니었다. 근대 이전에도 과거를 청산하고 정리하려는 노력과 행위가 무수히 있었다. 근현대 과거 청산이 이전과 뚜렷하게 차

이를 보였던 것은 '대량학살'(mass killing)을 최고 과제로 설정했다는 점이다. 대량학살은 다양한 민족, 문화, 통치형태, 인종과 종교 집단 등에 의해 혹은 맞서 자행되었다(Valentino, 2006: 13). 대량학살을 예방하기 위한 연구와 프로그램 개발 및 운영 그리고 세계적 차원의 대응책이 꾸준히 강구되었으나, 이는 사라지지 않고 지구 곳곳에서 재연되고 있다(Wallimann & Dobkowski, 2005: 15).

대량학살 이외에도 과거 청산의 대상과 의제는 다채롭다. 근대국가의 태동과 형성은 구조적 폭력을 기반으로 이루어졌기에, 그 시대를 살았던 사람들은 이로부터 자유로울 수 없었다. 그래서 국가폭력, 식민지, 민족, 인종, 민주, 인권, 학살, 평화 등을 비롯해 사회집단들 간에 또는 특정 사회 내에서 발생한 온갖 반인륜적, 반인권적인 행위와 가치가 청산의 대상이 되었다. 탈권위주의와 민주화가 확산되면서 과거 청산은 통과의례로 여겨졌고, 이를 이행기 정의'(transitional justice)라고 명명했다(Teitel, 2002).

그런데 이행기 정의와 과거 청산을 동일시하기에는 함의와 포괄성에서 차이가 있다. 이행기 정의는 과거 청산 국면에서 작동하는 논리이다(이재승, 2010: 29). 반면, 과거 청산은 이행기 정의가 실행되는 국면과 이후의 현상, 영향, 효과 등을 아우른다고 볼 수 있다. 이런 점에서 이행기 정의 이후의 국면, 즉 특정 국면에 국한되지 않는 지속적인 청산의 효과와 변화의 당위성 및 필요성의 관철 여부는 과거 청산의 실질적인 관철을 나타내는 지표라고 할 수 있다(김영수, 2008).

과거 청산은 동서를 막론하고 세계의 수많은 국가에서 이루어졌거나 진행되고 있다(이내영·박은홍, 2004; 안병직 외, 2005; Hayner, 2008). 과거 청산은 지난날의 잘못과 과오를 바로잡고, 인간성을 구현하는 새로운 시대를 여는데 필수적인 것으로 받아들여졌다. 과거 청산은 넓게는 사회구조와 사회 전반의 변혁적 전환이 이루어져야 하는 복잡하고 근본적인 과제였다. 좁게는 왜곡과 은폐를 바로잡아 진상을 규명하고, 관련자들의 책임을 묻고 단죄해야 하며, 피해자의 고통과 손실을 회복하는 과제였다. 과거 청산에는 수많은 요인이 복합적이고 상호간섭적으로 작용했으며, 갈등과 타협이 다반사로 발생했다. 기득권과 관성의 반발을 제어하거나 관리할 수 있는 역량의 확충도 중요한 일이었다. 두 극단 사이에는 다양한 양상들이 존재했고, '사과', '용서' 그리고 '화해'가 적용 혹은 교환되었다.

과거 청산이 진행되었던 시기와 대상 그리고 수준을 살펴보면, 일정한 조건과 환경이 갖추어져야 했다. 이러한 여건들이 조성되었다고 해서 과거 청산이 반드시 실행되는 것은 아니었다. 그래서 독일, 프랑스, 일본, 남아공, 아르헨티나, 칠레, 스페인 등 세계 여러 국가의 과거 청산에 대한 연구가 필요했다. 과거 청산 관련 기관들과 전문가들은 해외 사례들을 학습했고,[1] 전문가를 초청해 직면한 난관을 극복할 혜안을 찾으려 했다. 그렇지만 시시각각 달라지고 표변하는 과거 청산의 흐름을 포착하고, 이를 적용하기란 쉽지 않았다. 한국의 과거 청산이 직면하고 있는 역사성 및 환경과 단차가 크거나 부합하지 않은 경우들에는 배움과 적용이 곤란했다.

이러한 맥락에서 이 글은 한국 과거 청산의 성과와 효과를 조감하고, 오늘날 과거 청산의 실정을 고찰한 후, 한 걸음 더 나아간 과거 청산을 위해 고민할 지점을 정리하고자 한다. 이 글은 과거 청산의 목적과 필요성 그리고 타당성을 환기하고, 과거 청산의 과정과 성과를 사안별로 구체화하며, 다양한 과거 청산 사례들의 쟁점과 이행 정도를 파악하려는 것에 있지 않다. 이 글은 과거 청산의 현실을 냉철하게 조망해야 하고, 과거 청산의 지형과 사회적 심성 그리고 딜레마도 성찰해야 함을 공유하려는 것이다.

II. 과거 청산의 흐름과 성과

과거 청산은 일제강점기 친일 행위를 규명하고 협력자들의 처벌을 목적으로 시작되었다.[2] "반민족행위특별조사위원회"가 1948년 10월부터 이 일을 맡았는데, 불과 1년도 되지 않은 1949년 6월에 이승만 정부의 탄압으로 강제 해산을 당했다. 친일 협력자 청산은 반세기 이상 동안 숙제로 있다가 2004년 3월 「일제강점 하 친일반민족행위

---

1 진실·화해를 위한 과거사정리위원회가 2009년 10월 27일 개최한 "세계 과거사청산의 흐름과 한국의 과거사 정리 후속조치 방안 모색"이라는 주제의 국제심포지엄이 대표적이다. 유사한 주제의 학술행사들은 과거 청산의 열기가 식으면서 거의 사라졌다.

2 식민지 이전 시기를 대상으로 하는 과거사 청산 관련 법률로는 2004년 3월에 제정된 「동학농민혁명 참여자 등의 명예회복에 관한 특별법」이 있다.

진상규명에 관한 특별법」 제정으로 재개되었다. 일제강점기에 대한 청산은 가해자들의 책임을 묻지는 못했으나, 2005년 12월 「친일반민족 행위자 재산의 국가 귀속에 관한 특별법」의 제정과 실행으로 소기의 성과를 거뒀다. 이외에도 일본군 위안부에 대한 생활 안정 지원, 강제 동원 피해 진상규명, 태평양전쟁 전후 국외 강제 동원 희생자 지원, 대일항쟁기 강제 동원 피해자 조사 및 국외 강제 동원 희생자 지원 등에 관한 법률들의 제정으로 피해보상의 근거가 마련되었다. 이러한 활동들로 인해 일제강점기에 대한 청산은 오랫동안 갈망했던 바람들을 일정 정도나마 달성할 수 있었다(안병욱 외, 2012: 13).

대비적으로 한국전쟁을 전후 시기의 과거 청산은 기대에 도달하지 못한 것으로 평가된다. 이 시기의 청산 작업은 1996년 1월 「거창사건 등 관련자의 명예회복에 관한 특별조치법」의 제정으로 개막했다. 이 법률은 당시로는 파격적이었으나, 피해보상 등이 포함되지 않으므로 인해 두고두고 사법적 소송과 정치적 갈등 그리고 사회적 반목과 논란의 원인이 되었다. 두 번째 청산대상이 되었던 것은 제주 4·3이었다. 제주 4·3은 십수 년의 청산운동으로 결과로 2000년 1월 「제주 4·3사건 진상규명 및 희생자 명예회복에 관한 특별법」을 제정할 수 있었다. 이 특별법은 폐지되지 않았고, 운영되고 있다.[3] 2004년 3월에는 「노근리 사건 희생자 심사 및 명예회복에 관한 특별법」이 제정되었다. 노근리 사건의 진상규명 활동은 일찍이 시작되었으나, 1999년 9월 미국 AP통신 탐사보도로 법률이 제정될 수 있었다.

민주화운동과 인권 침해에 관한 청산은 1990년 7월 「광주민주화운동 관련자 보상 등에 관한 법률」(이하 광주보상법)의 제정을 기점으로 한다. 광주보상법은 법률의 조항과 권한을 두고 정부와 여야 등이 약 2년 동안 줄다리기를 했으나, 결국은 여당인 민주자유당 법안이 거의 그대로 통과되었다(김재균, 2000: 140-141). 광주보상법은 과거 청산에서 보상과 배상에 관한 조항이 포함된 후속 법률을 제정하는 전거가 되었다. 5·18 민주화운동의 청산은 1995년 12월 「헌정질서 파괴 범죄의 공소시효 등에 관한 특별법」과 「5·18민주화운동 등에 관한 특별법」이, 2002년 1월 「광주민주유공자 예우에 관한

---

3 2020년 3월 27일 "제주4·3사건 진상규명 및 희생자 명예회복위원회"는 제25회 회의를 개최하고, '제주4·3희생자 및 유족 결정안'을 심의·의결했다. 이 회의에서 희생자 90명, 유족 7,606명 등 7,696명이 추가 인정되었다. 제주도는 추가신고를 받기 위해 법률 개정을 건의했다.

법률」이 제정·집행되었으나, 2018년 2월 「5·18민주화운동 진상규명을 위한 특별법」을 추가로 제정해야 했다. 광주보상법의 진상규명과 책임자 처벌 조항 배제는 정부 차원의 진상발표, 광주청문회, 피해배상, 기념사업 그리고 후속 법률에 의한 사법적 단죄에도 불구하고 미완으로 평가받게 했다.

민주화운동 일반과 의문사 등의 청산을 목적으로 하는 법률들도 여러 가지이다. 2000년 1월 「민주화운동 관련자 명예회복 및 보상들에 관한 법률」과 「의문사 진상규명에 관한 특별법」이, 2001년 7월 「민주화운동기념사업회법」이, 2004년 1월 「삼청교육 피해자의 명예회복 및 보상에 관한 법률」이, 2004년 1월 「특수임무수행자 보상에 관한 법률」이, 2005년 5월 「군의문사 진상규명 등에 관한 특별법」이, 2008년 3월 「10·27법난 피해자의 명예회복 등에 관한 법률」이, 2011년 5월 「재일교포 북송 저지 특수임무 수행자 보상에 관한 법률」이 제정되었다.

2005년 6월에는 일제강점기에서부터 근래까지를 포괄하고, 대다수의 사례의 청산을 망라한 법률이 제정되었다(이영재, 2015: 124). 「진실·화해를 위한 과거사 정리기본법」(이하 진화위법)이 그것인데, 진화위법은 일제강점기의 잔재, 한국전쟁 전후 시기에 발생한 민간인 학살뿐만 아니라, 권위주의 시대의 헌정질서 파괴 행위와 인권 침해 그리고 조작 의혹, 적대세력에 의한 테러와 인권유린 등을 청산하기 위한 법률이었다. 진화위법은 대통령령에 의거해 경찰청, 국방부, 국정원이 2004년에 착수했던 과거 청산 의제의 일부를 재조사하고 진실을 규명하는 일도 포함했다. 이러한 특성으로 인해 법률이 제정되고 시행령이 준비될 때부터 문제점들이 부각되었고 기대치가 하향 조정되었다(정근식, 2007: 18-19). 진화위법의 한계는 뚜렷했으나 이마저 포기한다면, 과거 청산은 더욱 지연되거나 불가능할 수 있다는 우려와 염려가 크게 작용했다(김동춘, 2013: 192-195). 잘 알려지지 않았으나, 진화위법 이외에도 한국전쟁 전후의 사건들을 청산하기 위한 여러 법률이 제정되었다.[4]

---

[4] 2004년 3월에 제정된 「6·25전쟁 적후방 지역 작전 수행 공로자에 대한 군복무 인정 및 보상 등에 관한 법률」, 2007년 4월에 제정된 「군사정전에 관한 협정 체결 이후 납북 피해자의 보상 및 지원에 관한 법률」, 2010년 3월에 제정된 「6·25전쟁 납북피해 진상규명 및 납북피해자 명예회복에 관한 법률」이 있다.

다양한 과거 청산 관련 법률이 제정되었고 실행되었으나, 가해자를 사법적으로 단죄했던 경우는 5·18민주화운동이 유일했다. 1980년 5월 이후, 많은 사람의 희생과 헌신으로 1997년에 가해자 처벌이 일단락되었다. 하지만 대법원의 판정이 내려졌던 그해를 넘기기 전인 12월 22일에 가해자들은 피해자에 대한 사과나 반성 없이 특별사면되었다.5 특별사면의 명분은 외환위기라는 사회혼란기에 새로운 대통령이 당선된 것을 계기로 '국민대통합'을 실현한다는 것이었다(최재천, 2004: 232-235). 신군부의 수뇌였던 전두환은 특별사면 이후에도 5·18민주화운동과 집권기의 행위들과 관련해 수시로 여론의 질타를 받았고, 2017년 4월 "회고록" 발간으로 촉발된 '사자명예훼손' 혐의로 2020년에도 재판을 받고 있다. 한편 과거사 피해자에 대한 보상(배상)은 5·18민주화운동, 민주화운동 일반, 삼청교육대, 10·27법난 그리고 군 작전 등에서 발생한 인권유린과 임무수행에서 진행되었으나, '지원'이라는 간접 보상의 취지로 주로 이루어졌다.

한국에서 과거 청산이 구체화되고 확산되었던 것은 민주화운동의 일환 혹은 민주화운동의 성과라고 할 수 있다(정근식, 2002). 과거 청산은 헌법 전문의 정신이 정치적 손익에 따라 유린되었음을 여실히 드러냈고, 헌정주의와 민주공화국 그리고 국민주권의 원리가 합법칙적으로 작동하지 않았음을 입증했다. 은닉하고 은폐한 이면이 광범위하게 존재한다는 것도 보여주었다. 왜곡되고 편향된 역사 기록과 사회적 기억을 조명하고 바로잡아야 한다는 점도 깨닫게 했다. 과거 청산은 이렇듯 복합적인 이유들로 한국 사회의 핵심 의제로 떠올랐다. 과거 청산이 사회구성원의 관심을 받았던 이유는 현재는 물론 미래에 지대한 영향을 미치는 요인으로 인식되었기 때문이다. 그래서 과거 청산이 고양될 때에는 국가와 사회의 변화를 추동하는 중심 동력으로 규정되었다.

법률과 제도에 의한 과거 청산의 출발점은 피해자 개개인이나 관계자들부터 신고와 사건 접수를 받는 것이었다. 이어서 신청인들이 제출한 자료와 근거를 검토하고 승인하는 절차가 이행되었다. 진상규명에 주안점을 둔 경우는 활동 영역이 신청주의의 테두리를 넘어서기도 했으나, 명예 회복과 피해보상에 무게중심을 둔 경우는 행정부와

---

5 노태우는 1995년 11월 16일 '수뢰혐의'로, 전두환은 12월 3일 '반란혐의'로 구속되었다. 그 밖의 관련자들은 1996년 1-2월에 구속되었다. 1996년 2월 28일에 '12·12 및 5·18사건과 관련해 전두환 외 16명'이 기소되었으며, 1997년 4월 17일 대법원 상고심 선고공판이 있었다.

사법부가 처리했던 민원 해소 방식에서 벗어나지 못했다. 이것은 과거 청산운동이 추구했던 본연의 목적 및 기대와 큰 차이가 있음을 확인시켰다. 법률과 제도에 의한 과거 청산이 진행되면서 민주와 인권의 의미는 형해화하기 일쑤였고, 몇몇 조치들로 가름하는 행위들이 관행처럼 발생했다.

과거 청산은 수많은 기록과 자료를 수집하고 분류 및 정리하고, 새로운 기록을 생산하는 과정이었다. 과거 청산을 위해 수집된 기록과 자료는 법률과 제도에 근거하지 않고는 접근이 불가능한 것이어서 소중했다. 아쉽게도 어렵사리 수집하고 생산한 기록과 자료들 가운데 일부만 청산 작업과 후속 사업 그리고 역사바로세우기에 활용되었다. 보다 심각하게 지탄을 받았던 것은 과거 청산 과정의 자료와 기록의 대부분이 정보 보호와 보안 등을 이유로 혹은 법률의 미비로 인해 국가기록원 등의 문서 창고에 다시 감금되었다는 사실이다.

과거 청산의 후속 조치로 다수의 기념시설과 공간이 조성되었으며, 기념과 계승사업을 목적으로 하는 기관들이 설립되었다. 군사정부의 권위주의 시대에는 감히 상상하기도 어려웠던 수많은 의례, 즉 기념식과 위령제 등이 개최되고 있다. 해마다 적지 않은 국가 예산이 편성되어 다양한 사업들이 펼쳐지는 경우들도 적지 않다. 하지만 이러한 성과물들과 현상이 과거 청산운동의 종착점이었고, 기대했던 효과와 목표였는가에 대해서는 이견이 분분하다. 이것은 보수 정권이 집권하던 시기에 기우가 아니었던 것으로 밝혀졌다(김동춘, 2011: 233-238).

III. 과거 청산의 달라진 지형

2000년 이전 시기는 과거 청산의 초입기라고 볼 수 있다. 이 시기의 과거 청산은 기대와 현실 사이에서 타협하거나 목표와 방법을 제대로 수립하지 못한 경우가 있었다. 후속된 과거 청산은 앞선 성과와 한계 그리고 과제를 성찰하면서 시기를 확장하고 대상을 확대해왔다. 그리하여 지난 20여 년 동안의 과거 청산은 더 높은 목표를 향해 도약을 거듭했으며, 질적으로 높이 평가받을 결과를 산출했다. 현재에도 정부 산하의 위원회들과 사법부 등에서는 과거 청산 활동과 후속 조치들이 진행되고 있다. 과거 청산의 성과를 제도화한 다양한 기관들의 설립·운영은 변화를 한층 체감하게 해준다.

그럼에도 불구하고 과거 청산의 바람과 요구가 계속 분출되는 현실을 어떻게 이해해야 하는 것일까? 2000년 이전의 과거 청산을 비판했던 점들을 극복했다고 말할 수 있을까? 이러한 문제들을 숙고할 때, 유념해야 할 지점은 과거 청산과 직간접적으로 관련된 정치적 기회구조와 사회적 가치 그리고 시대정신과 지형이 상당히 달라졌다는 것이다. 이제 한국의 과거 청산은 초반기의 문제의식과 시선으로 접근해서는 곤란하다. 과거 청산을 목적으로 결합했던 구심들에서 무수한 분기선과 균열 및 분화 현상이 광범위하게 발생했기 때문이다. '적폐 청산'을 비롯해 민감한 정치적 의제들에 관심이 쏠리기도 했다. 오늘날에는 새로운 목적과 필요성에 의거한 문제의식과 관점이 힘을 받는 형국이다. 수많은 질문 가운데 몇 가지는 심히 곤혹스럽기도 하다. 과거 청산의 범위와 한계에 대한 사회적 합의가 현실적으로 가능한 것인가? 과거 청산이 계속해서 확대 및 확장하는 것이라면, 직접 연관성이 없는 구성원들과 후속 세대로부터 공감과 지지를 받기 위해 요구되는 것은 무엇인가? 과거 청산의 필요성과 정당성 그리고 실행 과정을 둘러싼 왜곡과 변질 혹은 전환, 사유화와 권력화는 어떻게 대처해야 하는가?

제20대 국회를 구성한 정치인들 가운데 과거 청산에 적극적인 입장을 표방한 사람들이 상당했다. '촛불혁명'으로 집권한 정부도 100대 과제에 과거 청산의 과제들을 명시하는 등 의지를 불태웠다. 하지만 2020년 초반까지 과거 청산의 성과는 부실했다. 5·18민주화운동을 제외한 다른 과거사들의 입법 활동은 모두 무산되었다. 제21대 국회의원 선거운동을 위해 발표한 공약들에서 과거 청산은 우선순위가 아니었고, 언급조차 하지 않은 정당들도 있었다. 이는 정치권이 과거 청산을 더이상 중요하게 받아들이지 않고 있음을 드러낸 것이었다. 과거 청산의 사회적 압박이 팽창하자, 2020년 4월에 구성된 제21대 국회는 제2기 진화위법을 5월 20일에 제정했다.

과거 청산의 후속 조치 상황들에 대해서도 유념할 필요가 있다. 박근혜 정부시기였던 2013년 6월에 법률이 제정되고 12월 출범했던 "부마민주항쟁 진상규명 및 관련자 명예회복심의위원회"는 2019년 12월 활동을 종료했다. 5·18민주화운동의 사례를 별도로 한다면, 과거 청산은 행정안전부의 과거사업무관련지원단, 사법부에서의 재심과 보상 소송 그리고 과거사 관련 재단과 기관의 후속 조치에서 진행되고 있다. 이와 별도로 과거 청산과 관련한 주요 관심은 국회와 사법부로 점점 더 집중되는 양상이다. 이러한 현상은 국회의 정치적 힘 관계에 따라 제대로 법률이 구성되지 않았던 것에 기인한다. 법률의 불비는 사법부 소송을 대안으로 선택하게 했고, 복잡하고 오묘한 과거 청산의 지형을 만들었다. 이제 과거 청산을 실질적으로 이끄는 주체는 정치인과 법조인이 되었다.

과거 청산을 위한 입법 과정에서, 청산 작업이 진행되는 과정에서, 정부를 상대로 한 사법부 소송을 준비하는 과정에서, 다양한 성격의 모임과 단체들이 결성되었다. 이들 모임과 단체는 과거 청산운동을 함께한 집단, 참여자, 협력자와 입장 및 성격을 점차 달리했다. 활동 목적과 방식 등에서도 편차가 넓어졌다(정근식, 2010: 104-106). 이것은 과거 청산에서 흔히 일어나는 현상이었다. 일종의 '당사자' 중심성의 강화였고, 직접적 이해관계 여부와 물질적 성과 도출로 관심의 전환이었다. 그 결과 사건별 혹은 사안별 분화는 가속화되었으며, 활동 구심의 다원화와 약화가 초래되었다. 사건과 사안에 따라 과거 청산의 수준과 성과가 층화되고 개별화되면서 공동의 기반을 다지고 연대할 필요성과 목적은 사라졌다. 이것은 과거 청산을 매개로 하는 연대에 상당한 영향을 미쳤고, 각자 도생과 해결책 모색으로 나타났다.[6]

근래의 과거 청산에서 큰 성과는 「5·18민주화운동 진상규명을 위한 특별법」의 제정이었다. 이 법률의 목적은 피해자의 인정과 배상 그리고 기념사업이 아니라, 제대로 규명되지 않은 진상과 의문점을 국가의 보고서로 확정하기 위함이다. 이 일은 과거 청산의 제반 과정이 추진되었다고 할지라도, 진상규명은 재론될 수 있으며, 법률에 의거한 판정과 인정이 중요하다는 교훈을 남겼다. 하지만 특별법을 수행할 "5·18민주화운동진상규명위원회"는 정당별 위원의 추천과 대통령의 임명 과정에서 자격 및 적절성을

---

6 2019년 10월 2일 국회에서 "한국 과거사 진상규명의 현 단계와 공동 해결 방안 모색"을 주제로 「국내 과거사 문제 해결을 위한 국회 한마당」이 열렸다. 이 행사에는 25명의 국회의원을 비롯해 여러 과거사 관련 단체들이 주최로 이름을 올렸다. 기조 발제자 외 9명의 참석자가 각 과거사들의 현황을 발표했다. 기획 의도는 공동의 기반 구축과 해결 방안 마련을 위한 것이었다. 하지만 서로의 차이와 수준을 확인하고, 각각의 고민과 당면 과제가 다름을 인정하는 자리가 되었다.

이유로 1년 3개월 동안 제자리걸음이었다. 진상규명을 둘러싼 정치·사회적 갈등과 대립이 갈수록 심화되고, 불필요한 사회적 비용이 누적되었던 것은 과거 청산이 현실 정치와 깊이 관련되어 있음을 다시금 입증해주었다.

IV. 한 걸음 나아간 과거 청산

과거 청산은 한국에서 여전히 중요한 정치·사회적 과제라는 점은 의심할 여지가 없다. 국회에는 제정 혹은 개정을 요구하는 다수의 과거사 관련 법률들이 계류 중에 있으며, 예전과 같지는 않으나 과거 청산 토론회와 모임 그리고 행사도 꾸준하게 개최되고 있다. 청와대와 국회를 비롯해 정치인과 시민의 관심 및 시선을 끌 수 있는 장소들에서는 과거사 관련 집회와 청원 시위가 끊이지 않는다.

우여곡절 끝에 제2기 진화위법이 제정되었으나, 다른 과거 청산을 위한 입법 활동은 더 높은 장벽을 넘어야 할 것으로 보인다. 거창사건과 제주 4·3이 말해주듯이, 개별입법의 효과가 크다는 것은 두말할 필요가 없지만, 녹록치 않은 현실이다. 과거 청산이 각개약진으로 나아가면서 힘이 분산되고, 지역의 민원으로 간주되는 경향도 부인하기 어렵다. 이러한 점들을 고려하면, 과거사의 성격과 특성에 따라 식민지, 한국전쟁, 인권 침해와 민주화 등을 주제로 유형화하는 것도 생각해볼 수 있다.

과거 청산의 목표와 목적을 재성찰하는 것도 긴요하다. 과거 청산은 궁극적으로 한국 사회의 변화와 지향을 목표로 진전해야 하지만, 공감대와 합의가 점점 퇴색하는 양상이다. 이제는 보편적 가치와 이념을 내세워 홍보 및 교육하여 과거 청산의 동력을 확보하기가 곤란하다. 과거 청산과 관련된 다양한 사건과 사안의 지형을 정밀하게 탐구하는 것에서 출구를 찾을 수밖에 없다. 과거사가 현재와 미래에 밀접하게 연계되어 있고, 미래를 구성하는 핵심 사안임을 명확하게 제시하지 못하면, 비경험 세대는 물론 경험 세대의 지지를 얻기도 궁색하다. 이러한 문제의식은 오래전부터 등장했지만, 관심을 집중하고 해결 방안을 찾으려는 노력은 뒷전이었다. 이를 쟁점화하고 추진한다고 해도 효과적인 해답을 찾기가 만만치 않을 것이다.

과거 청산 전반을 관조하고 이견들을 조율할 시민사회의 구심 형성이 가능한가도 과제이다. 다양한 이해관계와 요구들을 소율하고, 합의를 도출할 수 있는 상시직인 협의체가 어느 순간 사라졌다. 비교적 명망성이 있는 활동도 연례행사를 겨우 치르는 형편이다. '민주연구단체협의회'와 유족회들의 연합체 등이 운영되고 있으나, 유대관계를 유지하는데 주력하고 있다.

광주보상법을 시발점으로 보면, 한국의 과거 청산은 30여 년의 역사를 갖게 되었다. 과거 청산이 보다 심화되고 사회적 함의를 담보하기 위해서는 그동안의 성과들을 체계적으로 정리하고 분석하는 일이 반드시 필요하다. 그렇다면 이미 늦은 감이 없지 않은 이 일을 추진할 주체와 구심의 형성이 요구되는데, 과거사 관련 재단과 기관들은 직접적 사건이나 설립 목적에서 벗어난 활동을 수행하기 쉽지 않다. 이 과제는 과거사의 기념과 계승 등을 이유로 국가 기구들과 단체들이 수립한 예산과 집행 현황을 면밀히 검토하는 것과 연계해 살펴보는 것에서 실마리를 찾을 수 있지 않을까 생각된다.

참 고 문 헌

김동춘. 「진실화해위원회 활동을 돌아보며」. 새얼문화재단, 「황해문화」 72(2011).

김동춘. 『이것은 기억과의 전쟁이다』. 사계절, 2013.

김영수. 『과거사 청산, '민주화'를 넘어 '사회화'로』. 메이데이, 2008.

김재균. 『5·18과 한국정치』. 한울, 2000.

안병욱 외. "해결되지 못한 과거 청산 과제 어떻게 할 것인가: 과거사 미청산과제 집담회." 민족문제연구소
     · 포럼 진실과정의, 「역사와 책임」 3호(2012).

안병직 외. 『세계의 과거사 청산』. 푸른역사, 2005.

이내영·박은홍. 『동아시아의 민주화와 과거 청산』. 아연출판부, 2004.

이영재. "다층적 이행기 정의의 포괄적 청산과 화해 실험." 한국학중앙연구원, 「정신문화연구」
     38-4(2015).

이재승. 『국가범죄』. 앨피, 2010.

정근식. "과거 청산의 역사사회학을 위하여." 문학과지성사, 「사회와 역사」 61(2002).

정근식. "민간인학살사건 진상규명을 위한 활동의 현황과 과제." 선인, 「제노사이드연구」 창간호(2007).

정근식. "진실규명과 화해, 어디까지 왔는가?" 새얼문화재단, 「황해문화」 67(2010).

최재천. 『끝나지 않은 5·18』. 향연, 2004.

최정기. "과거 청산에서의 기억 전쟁과 이행기 정의의 난점들." 한국지역사회학회, 「지역사회연구」 1402
     (2006).

Benjamin A. Valentino/장원석·허호준 역. 『20세기의 대량학살과 제노사이드』. 제주대학교 출판부,
     2006.

Bernhard Schlink/권상희 역. 『과거의 죄』. 시공사, 2015.

Isidor Wallimann & Michael N. Dobkowski/장원석 외 역. 『현대사회와 제노사이드』. 2005.

Priscilla B. Hayner/주혜경 역. 『국가폭력과 세계의 진실위원회』. 역사비평사, 2008.

Ruti G. Teitel. *Transitional Justice*. Oxford University Ptess, 2002.

긴급조치 피해자 구제방안과 사법 불법 청산

권혜령

(전 진실과화해를위한과거정리위원회 긴급조치사건 담당조사관)

I. '긴급조치' 사건에 대한 대법원의 퇴행적 판단과 '사법농단'

1. '긴급조치'에 대한 법원 및 헌법재판소의 판단

2010. 12. 대법원 전원합의체는 긴급조치가 위헌·무효라고 선언(대법원 2010. 12. 16. 선고 2010도5986 전원합의체 판결)[1]하였고, 2013년에는 헌법재판소에서도 긴급조치 제1호, 제2호 및 제9호 모두 헌법에 위반된다고 결정(헌재 2013. 3. 21. 2010헌바132 등, 판례집 25-1, 180 [위헌])했으나, 2014년과 2015년 대법원은 자신의 위 판단을 스스로 뒤집으면서 국가의 책임을 부정하는 판결을 잇달아 내놓았다.

2014년에는 긴급조치가 당시로서는 유효한 법규였던 만큼 이에 따른 공무원의 직

---

1 전원합의체 판단의 대상 사건은 필자가 진실화해위원회 재직중 조사한 긴급조치 제1호 및 반공법 위반 사건이었다. 당시 판결문에 의하면, 1974년경 피고인 오종상은 버스에서 알게 된 고3 여학생에게 "수출증대는 선량한 노동자의 피를 빨아 먹는 일이다, 수배학생을 숨겨준 여학생을 수사기관에서 끌고가 잔인하게 고문하였다, 미국이나 일본에서 한국을 방문하면 돈으로 매수하고 있다, 유신헌법체제 차에서는 민주주의가 박정할 수 없으니 일본에 팔아넘기던가 이북과 합쳐서 나라가 없어지더라도 배불리 먹었으면 좋겠다"는 등의 발언이 '유언비어날조, 북괴 찬양 동조로 대한민국 헌법 비방'에 해당된다는 이유로 1심에서 징역 및 자격정지 7년이 선고되었고, 항소심 및 대법원에서 징역 3년이 확정되었다([비상보통군법회의 1974. 8. 8. 74비보군형공 제22호][비상고등군법회의 1974. 9. 23. 74비고군형항 제22호][대법 1975. 7. 8. 74도3487]).

무 행위가 곧바로 불법행위에 해당하는 것은 아니라는 판결을 하였고(대법원 2014. 10. 27. 선고 2013다217962 판결)[2], 2015년에는 긴급조치 9호는 위헌이지만 긴급조치 발령은 고도의 정치적 행위로 국가가 배상할 필요가 없다는 판결을 한 것이다(대법원 2015. 3. 26. 선고 2012다48824 판결[3]).

기존 대법원 판례들과도 배치되는 이 판결들에 대해서는 과거사 단체들, 법조인과 법학 연구자들로부터 많은 비판을 받았을 뿐만 아니라, 하급심 판결에서도 ① 2015년 광주지방법원 목포지원(재판장 이옥형)이 긴급조치에 따른 수사의 불법성을 인정하는 판결(광주지방법원 목포지원 2015. 2. 6. 선고 2013가합10678 판결)을, ② 2015년 9월 서울중앙지방법원(재판장 김기영, 서울중앙지방법원 2015. 9. 11. 선고 2013가합544225 판결)과 2016년 광주지방법원(재판장 마은혁, 광주지방법원 2016. 2. 4. 선고 2013가합11470 판결)에서 대법원 판결과 결론을 달리하며 긴급조치 발령의 위법성을 인정하는 판결이 잇달아 선고되었다.

2. 긴급조치 국가배상사건과 사법농단[4]

사법행정권 남용의혹 관련 특별조사단이 지난 2018. 5. 25, 조사보고서를 통해 공개한 바에 따르면, 과거사 판결과 관련하여 '양승태 대법원'과 당시 법원행정처 차장인 임종헌의 주도하에 ① '법관의 잘못된 재판에 대한 직무감독', ② '대법원 판례를 정면

---

2 "…당시 시행 중이던 긴급조치 제9호에 의하여 영장 없이 피의자를 체포·구금하여 수사를 진행하고 공소를 제기한 수사기관의 직무행위나 긴급조치 9호를 적용하여 유죄판결을 선고한 법관의 재판상 직무행위는 유신헌법 제53조 제4항이 '제1항과 제2항의 긴급조치는 사법적 심사의 대상이 되지 아니한다'고 규정하고 있었고, 긴급조치 제9호가 위헌·무효임이 선언되지 아니하였던 이상, 공무원의 고의 또는 과실에 의한 불법행위에 해당한다고 보기 어렵다."

3 위 사안에서 대법원은 대통령의 긴급조치 제9호 발령행위가 그 자체로서 국가배상법 제2조 제1항에서 말하는 공무원의 고의 또는 과실에 의한 불법행위에 해당하지는 아니한다고 하면서, 중앙정보부 소속 공무원에 의하여 대통령긴급조치 위반 혐의로 체포·구금되었다가 유죄 확정판결을 받지 않고 풀려난 원고가 체포·구금 상태 종료 후 30년 이상 지나 국가를 상대로 손해배상을 구한 사안에서, 국가가 소멸시효 완성을 주장하는 것이 권리남용에 해당하지 않는다고 판단하였다.

4 이 부분은 민주사회를 위한 변호사모임, 사법농단 진상 규명과 책임자 처벌을 위한 T/F가 펴낸 「사법농단 ISSUE PAPER ⑨, 긴급조치 등 과거사 사건 재판거래 의혹」(2018. 7. 18.)을 참고하였다.

으로 위반한 하급심 판결에 대한 대책', ③'상고법원 입법 추진을 위한 BH설득방안' 등의 이른바 '대책'을 추진한 것으로 드러났다.

1) 법관의 잘못된 재판에 대한 직무감독

대법원 판례에 반하는 판결을 선고한 하급심 법관으로 긴조 관련 판결을 한 김기영, 이옥형 전 부장판사를 특정하며, 이 판결들이 사회적 논란이 되었으며, "잘못된 재판 결과는 사법부의 신뢰에 악영향을 줄 수 있는 사항"이라고 하며 직무감독을 행할 필요성과 행사방안을 강구하면서 직무윤리위반 가능성이 존재한다고 평가하고 회피 및 재배당 제도 이용 등을 제안하는 윤리감사관실의 보고서를 작성토록 하였다.

2) 대법원 판례를 정면으로 위반한 하급심 판결에 대한 대책

위 김기영 부장판사를 특정하여 징계를 거론하며 하급심 판사는 "최고법원인 대법원을 정점으로 하는 전체 사법부의 관점에서 법령을 해석하고 적용하도록 최선을 다할 의무"를 부담한다고 하면서 "매우 부적절한 행동으로 직무윤리위반 가능성"이 존재한다고 평가하면서 법관 연수를 강화하여 판례의 구속력에 대한 경각심을 고취할 것을 방안으로 제시하고 있다.

3) 상고법원 입법추진을 위한 BH 설득 방안

긴조 사건에 대한 대법원 판결을 박근혜 전 대통령의 국정 운영을 뒷받침하기 위한 사법부의 '최대한의 노력'으로 포장하여 "과거 정권의 적폐 해소로 왜곡된 과거사나 경시된 국가관과 관련된 사건 방향을 바로 정립"하였다고 하며 2014, 15년 대법원 판결을 "대통령긴급조치가 내려진 당시 상황과 정치적 함의를 충분히 고려"하여 "부당하거나 지나친 국가배상을 제한하고 그 요건을 정립"하였다고 스스로 평가하고 있다.

부당한 대법원 판결에 대해 이견을 표명하고 이를 바로 잡으려 노력한 하급심 법관에 대한 표적 징계를 검토하고 추진한 것은 사법부 독립을 뿌리부터 공격하는 위헌적 행위라고 하지 않을 수 없고, 박정의 독재정권의 사법 불법이자 국가범죄의 대표적 사례인 긴급조치 사건의 피해자들이 국가를 상대로 제기한 손해배상 사건을 한낱 상고법원 관철 수단의 거래물로 전락시킨 양승태, 임종헌 등 일그러진 사법 엘리트들은 이미 헌법과 법률에 따라 직업적 양심을 걸고 국민의 기본권을 수호해야 할 책무를 진 법관이 아닌, 뒷거래와 권력 남용을 일삼는 '정치' 판사의 전형적 모습을 보여줌으로써 우리 헌법의 기본원리인 권력 분립, 법치주의, 국민주권주의를 위반한 헌정 질서 파괴 범죄자들이다.

II. 긴급조치로 인한 피해 사례

긴급조치권5은 계엄선포권과 함께 유신헌법이 제도화한 가장 강력한 대통령의 권한이었으며, 실제 9차에 걸쳐 발동된 긴급조치 또한 유신 시대가 마감될 때까지 민주화운동 세력의 저항뿐만 아니라 일반 국민의 자유와 권리까지 효과적으로 통제할 수 있는 수단으로 기능하였다. 영구 집권을 꾀했던 박정희 정권은 '반공'과 '안보'를 체제 유지의 유일한 이데올로기로 삼고서, 이 '일상적인 긴급조치'를 통해 전국민을 '감시와 처벌'하에 두었다.

전술한 바와 같이 2010년 대법원, 2013년 헌재가 긴급조치를 위헌으로 판단한 바

---

5 헌법[헌법 제8호, 1972. 12. 27, 전부개정] 제53조 ① 대통령은 천재·지변 또는 중대한 재정·경제상의 위기에 처하거나, 국가의 안전보장 또는 공공의 안녕질서가 중대한 위협을 받거나 받을 우려가 있어, 신속한 조치를 할 필요가 있다고 판단할 때에는 내정·외교·국방·경제·재정·사법 등 국정전반에 걸쳐 필요한 긴급조치를 할 수 있다. ② 대통령은 제1항의 경우에 필요하다고 인정할 때에는 이 헌법에 규정되어 있는 국민의 자유와 권리를 잠정적으로 정지하는 긴급조치를 할 수 있고, 정부나 법원의 권한에 관하여 긴급조치를 할 수 있다. ③ 제1항과 제2항의 긴급조치를 한 때에는 대통령은 지체없이 국회에 통고하여야 한다. ④ 제1항과 제2항의 긴급조치는 사법적 심사의 대상이 되지 아니한다. ⑤ 긴급조치의 원인이 소멸한 때에는 대통령은 지체없이 이를 해제하여야 한다. ⑥ 국회는 재적의원 과반수의 찬성으로 긴급조치의 해제를 대통령에게 건의할 수 있으며, 대통령은 특별한 사유가 없는 한 이에 응하여야 한다.

있으나, 그 이후 긴조 피해자들이 제기한 국가 배상 사건에서 대법원은 긴급조치가 고도의 통치행위로서 국민 개개인에 대한 법적 책임을 지지 않는다는 논리를 바탕으로 긴급조치에 의해 수사를 진행하고 공소를 제기한 당시 수사기관의 직무 행위나 유죄판결을 선고한 법관의 재판상 직무 행위가 고의 또는 과실에 의한 불법행위에 해당하지 않고, 불법행위 성립을 인정하더라도 소멸시효가 완성되었다는 이유로 배상 책임을 부인하였다.

현재에는 긴급조치에 의해 처벌된 수많은 피해자들에 대한 확정 판결이 개별적 재심을 통해 무효화되기 전까지는 여전히 효력을 유지하고 있고, 형사소송법상의 협소한 재심 사유를 인정받아 오랜 기간 진행되는 재심소송을 통해 무죄판결을 받아도 2015년의 대법원 판결이 번복되지 않고 선례로서 구속력을 갖는다고 하는 한, 국가배상 사건에서 승소하기 어려운 상황에 놓여있다.

그러나 '긴조 시대'의 긴급조치권 발동 행위와 그와 관련된 일련의 수사, 기소 및 재판 과정 모두는 독재정권의 반인도적 범죄, 헌정 질서 파괴 범죄 행위일 뿐만 아니라, 그 각각의 피해 사례들의 수많은 관련 피해자들이 지금까지도 사회적, 경제적, 심리적인 생생한 고통의 현실을 경험하고 있다는 점에서 긴급조치는 단순히 이미 종결된 사건, 과거의 일로서 통계와 숫자로만 표현될 수 있는 사건이 아님을 반드시 기억해야 한다. 현 사법부가 헌정질서를 수호하고 국민의 기본권을 보호하는 헌법기관으로서 헌정질서 파괴 범죄의 청산 의무를 지고 있는 사법부의 헌법적 의무에 대해 깊이 성찰하고 사법 정의에 대한 단호한 의지를 표명할 것을 다시 한번 촉구한다.

그런 이유에서 과거 긴급조치에 의한 피해 사례들의 일부와 2006년 진실화해를위한과거사정리위원회가 발표한 피해 통계[6]를 살펴보고자 한다.

〈표 1〉 긴급조치 제1호 피해 사례

1	관련자	장준하, 백기완
	소속 및 직책	사상계 대표, 백범사상연구소 대표

---

6 진실·화해를위한과거사정리위원회, 『2006년 하반기 조사보고서』, 297쪽 이하 참고.

	발생일 및 사건번호	1974. 1. 13. [대법 1974.8.20.74도1123]	
	적용법조	긴조 1호	
	형량	징역, 자격정지 15년(장준하), 징역, 자격정지 12년(백기완)	
	판결요지	전 신민당 국회의원으로 잡지 '사상계'를 출판(장준하), 신민당 국회의원 낙선, 3선개헌반대투쟁활동, 백범사상연구소 소장(백기완)으로, 개헌청원 100만인 서명운동을 전개하기로 하여 74년 함석헌, 계훈제 등과 개헌청원운동에 대해 논의하면서 긴급조치를 비판함	
2	관련자	유갑종 권대복 정동훈 김장희 김성복	
	소속 및 직책	(민주통일당) 당무국장, 조직국장, 노농국장, 청년국장	
	발생일 및 사건번호	1974. 1. [대법 1974.11.26.74도1393]	
	적용법조	긴조 1호	
	형량	징역 15(정동훈), 징역 12(김장희, 김성복), 징역 10(유갑종, 권대복) ※모든 고인에게 징역형과 동일한 자격정지형 부과	
	판결 요지	1973. 1. 민주통일당의 창당 시 간부들로서, 1973·12.14. 최고위원 장준하 주동으로 개헌청원서명운동 전개를 적극 지지하다, 74. 1. 13. 장준하가 긴조 1호 위반으로 구속되자 그 석방 대책 수립을 위해 간담회를 개최하고, 긴급조치 즉각 철회, 구속 인사 석방, 민주주의 본질을 소생시킬 수 있는 대의기관 서둘러 구성할 것 등을 요구하는 내용의 발표문을 조선, 신아, 중앙신문 등의 편집국장 등에게 우편 발송함	
3	관련자	김진홍, 이해학, 이규상, 인명진, 박윤수, 김경락	
	소속 및 직책	활빈교회, 성남 주민교회, 수도권특수선교위원회, 영등포도시산업선교연합회 등의 목사, 전도사	
	발생일 및 사건번호	1974. 1. 17. [대법 1974.8.20.74도1124]	
	적용법조	긴조 1호	
	형량	징역 15(김진홍, 이해학, 이규상), 징역 10(인명진, 박윤수, 김경락) ※징역형과 동일한 자격정지형 부과	
	판결 요지	긴급조치 철회와 개헌청원서명운동을 허용할 것을 촉구하는 시국기도회를 개최할 것을 결의하고 지학순, 김재준 목사 등을 고문으로 추대하고, '개헌논의 허용하라, 민주질서 회복하라'는 현수막과 선언문을 작성하여 1.17. 종로구 기독교회관 소재 한국기독교교회협의회에서 선언문을 낭독하고 개헌청원 서명록에 서명하고, 기자들에게 선언문을 배포함	

4	관련자	김00
	소속 및 직책	무직
	발생일 및 사건번호	1974. 1. 27. [대법 1974.7.26.74도1410]
	적용 법조	긴조 1호
	형량	징역 5
	판결 요지	강원도 속초시 모 다실에서 동석한 사람들과 물가문제와 사회정세 등을 이야기하다가, "정부가 물가조정한다고 하면서 물가가 오르기만 하니 정부가 국민을 기만하는 것이 아니냐", "중앙정보부에서 모 대학교수를 잡아 조사를 하다 때려죽이고서는 자살하였다고 거짓 발표하였다, 그래서 학생들이 데모를 하니 이후락이를 영국으로 도망 보냈다. 이 모든 것이 박정희와 김종필이가 시켜서 한 짓들이다"라고 말함(유언비어 날조유포)
5	관련자	김동완, 권호경, 김매자, 이미경, 차옥승, 박상희
	소속 및 직책	전도사, 목사, 한국기독교교회협의회 사무원 등
	발생일 및 사건번호	1974. 2. 16. [대법 1974.7.26.74도1495]
	적용법조	긴조 1호
	형량	징역, 자격정지 15(김동완), 징역 3(김용상, 박주환), 징역 3 집행유예 5(차옥승, 김매자, 김용상), 징역 17 자격정지 15(권호경), 징역 7(박상희)
	판결 요지	수도권 특수지역 선교회 전도사, 목사, 한국신학대, 이대생들로서, 김진홍 등 소장파 교역자들이 1.17. 헌법개정청원서명허용 시국선언기도회 개최로 긴조 위반으로 구속되자, 시국기도회 경위와 연행구속 사실을 실은 '개헌청원운동 성직자 구속사건 경위서' 470매를 작성하여 전국 교회에 우편으로 발송함
6	관련자	박00
	소속 및 직책	농업
	발생일 및 사건번호	1974. 5. [대법 1975.3·11.74도3505]
	적용 법조	긴조 1, 4호, 반공법, 명예훼손
	형량	징역, 자격정지 15 → 징역, 자격정지 12
	판결 요지	이웃 주민에게 긴조 법령은 법이 아니라 국민이 모든 행동은 제약하려는 법이라고 말한 바 있고, "여순반란사건때 박정희가 부두목으로 가담했는데 운이 좋아서 대통령까지 되었지"라고 말함(국가원수 명예훼

		손)
7	관련자	지학순
	소속 및 직책	천주교 원주교구장
	발생일 및 사건번호	1974. 7. 6.(1차 연행), 1974. 7. 23.(2차 연행) [대법 1975.8.19.74도3494]
	적용 법조	긴조 1, 4호, 내란선동, 특수공무방해
	형량	징역, 자격정지 15
	판결 요지	1973. 11~12. 원주교구로 찾아온 민청학련 간부 김영일(김지하)과 전국적 학생연맹조직 통한 대정부투쟁을 찬양격려, 활동자금 지원조로 108만원 교부, 비상보통군법회의에서 성모병원으로 주거제한명령을 받았으나 이를 어겨 외부인과 접견하고, 긴조 4호 위반의 점에 대해 '양심선언' 제하의 유인물에서 유신헌법 철폐와 긴급조치의 폭력성 등에 대해 작성하여 배포하고, 군법회의에 응하지 않겠다고 하며 감호공무원을 뿌리치고 병원 밖으로 나와 신도 200여 명과 함께 성모 마리아상에 기도를 함
8	관련자	강신옥
	소속 및 직책	변호사
	발생일 및 사건번호	1975. 8. 7. [대법 1985.1.29.74도3501][서울고법 1988.3.4.85노503]
	적용 법조	긴조 1, 4호, 법정모독
	형량	징역, 자격정지 10 → 무죄
	판결 요지	민청학련 관련자 나병식, 김영일, 황인성, 나상기, 서경석, 이광일, 여정남 등의 변호를 수임하여 군법회의 법정에서 변론 중 "이번 사건 변호를 하면서 법은 정치의 시녀, 권력의 시녀라고 단정하게 되었다, 애국 학생들을 국보법, 반공법, 긴조로 걸어 빨갱이로 몰아 사형을 구형하고 있으니 이는 사법 살인행위이다, 악법은 지키지 않아도 좋으며, 저항할 수도 있고 투쟁할 수도 있다"는 등의 변론을 하다 수차례 경고, 제지받음

〈표 2〉 긴급조치 제4호 피해 사례

1	관련자	박00
	소속 및 직책	조류사육업
	발생일 및 사건번호	1974. 1.~5. [대법 1975.2.10.74도3489]
	적용 법조	긴조 4호, 반공법

	형량	징역, 자격정지 10	
	판결 요지	선술집에서 성명불상자들에게 "유신헌법은 독재정치를 위해 만들어진 것이며, 김일성이가 정치를 잘못하는 것이 뭐냐, 잘한다더라"고 말하고(이북 찬양 고무 동조), "긴조 4호가 정부의 잘못을 은폐하고 정부를 비판하는 학생들을 억압하려는 것"이라고 말함	
2	관련자	박00	
	소속 및 직책	외판원	
	발생일 및 사건번호	1974. 3. [대법 1975.1.28.74도3488][서울고법 1988. 5.20.85노611]	
	적용 법조	긴조 4호, 반공법	
	형량	징역, 자격정지 10 → 징역, 자격정지 7 → 무죄(반공법), 면소(긴조)	
	판결 요지	외판원으로 전전하다, 삼각산 소재 동굴에서 백일기도를 하며 은거중인 자인바, 수차에 걸쳐 북한의 방송을 청취하고, 동굴 앞에서 000 등에게 민청학련 관련자 수배전단을 보이며 "학생들이 왜 나쁜 짓을 했겠느냐, 정부가 돼먹지 않았으니까 학생들이 들고 일어난 것이다"라고 함(민청학련 구성원의 활동을 찬양고무동조)	
3	관련자	비고 참조	
	소속 및 직책	비고 참조	
	발생일 및 사건번호	1974. 4.7	
	적용 법조	긴조 4호, 국보법, 내란예비음모, 내란선동, 반공법, 뇌물공여 (민청학련)	
	형량	비고 참조	
	판결 요지	(민청학련사건) 피고인들은 서울대, 경북대, 전남대, 연세대, 성균관대, 고려대, 숭실대, 한양대 재학, 졸업생들로서, 73. 12. 인혁당 재건위 지도위원 여정남이 이철과 정부 전복 중심체로서 전국민주청년학생총연맹을 구성하기로 공모하고, 74. 3~4에 전국적 규모의 학생데모를 벌이기로 모의하고, '반독재구국선언', '민중민족민주선언' 등의 유인물을 제작하여 74. 4. 3. 전국적 공동연합시위를 하기로 함(인혁당재건위 사건). 피고인들은 60년대 민민청, 민자통, 사회대중당 등 혁신계 활동으로 인해 특수범죄처벌에관한특별법, 반공법, 국가보안법 위반으로 처벌을 받은 경력이 있는 자들로서, 71. 4. 인혁당과 같은 조직의 재건을 위해 경북지구조직, 서울지도부 결성을 모의하고 73. 10. 전국학생 데모조직결성을 위해 대구의 학생들을 파견 합의하고, 74. 2. 3~4월 거사를 결의하고, 74. 4. 정부전복 중심체인 전국적	

		학생조직의 구성을 지령, 모의하고, 여정남이 민청학련 관련자임을 알고도 불고지함
	비고	유신정권은 723명을 체포하는 등 총 1,024명을 조사하였고 그중 253명을 비상군법회의에 송치하였다. 이 중 민청학련사건 관련하여 1974. 7. 13. 비상 보통군법회의 제1심판부는 1차로 32명 중 이철, 유인태, 여정남, 김병곤, 라병식, 김영일, 이현배 등 6명 사형, 정문화, 황인성, 서중석, 안양노, 이근성, 김효순, 유근일 등 7명 무기징역 그리고 정윤광 등 12명 징역 20년, 김정길 등 6명 징역 15년을 선고하였다. 또 인혁당재건위 사건 관련, 서도원, 도예종, 하재완, 이수병, 김용원, 우홍선, 송상진 등 7명 사형, 전창일 등 8명 무기징역, 이창복 등 6명 징역 20년을 선고하였다. 이들 중 여정남, 서도원, 도예종, 하재완, 이수병, 김용원, 우홍선, 송상진 등 8명은 1975. 4. 9. 형이 최종 확정된 지 18시간 만에 전격적으로 사형이 집행되었다.
4	관련자	윤보선, 박형규, 김동길, 김찬국
	소속 및 직책	前 대통령, 제일교회 목사, 연세대 교수
	발생일 및 사건번호	1974. 5. 8. [대법 1977.3.22. 74도3510]
	적용 법조	긴조 4호
	형량	징역 3 집행유예 5
	판결 요지	민청학련 관련 혐의로 구속

〈표 3〉 긴급조치 제9호 피해 사례

1	관련자	이부영, 성유보 정정봉
	소속 및 직책	전「동아일보」기자, 학원강사
	발생일 및 사건번호	1975. 5. [대법 1976.8.24.76도1695]
	적용 법조	긴조 9호, 국보법, 국가모독, 반공법
	형량	징역, 자격정지 8(이부영), 징역, 자격정지 4(성유보, 정정봉) → 징역, 자격정지 2년 6월(이부영), 징역, 자격정지 1년 6월(정정봉), 징역, 자격정지 1(성유보)
	판결 요지	사회주의체제 건설 위해 정부 전복할 목적으로 '청우회'구성하기로 공

---

7 제1심은 각각「비상보통군법회의 1974. 7. 11. 74비보군형공제35,36호」(인혁당재건위),「비상보통군법회의 1974. 7. 13. 74비보군형공제14,17,18호」(민청학련)이고, 2심부터 병합되었다(비상고등군법회의 1974. 9. 7. 74비고군형항제14,15,16호, 대법원 1975. 4. 8. 74도3323).

		모하고(반국가단체구성), 이기정 신부방에서 서울대 김상진 열사조사위원회 명의의 '반독재투쟁선언문'제하 유인물을 입수 소지하여 동아자유언론투쟁위원회 소속원에게 배포하고, 대화 중 모택동 활동과 사회주의 혁명의 필요성을 주장함(국외공산계열활동찬양, 북한찬양하여 이적행위함)
2	관련자	윤00
	소속 및 직책	학원강사
	발생일 및 사건번호	1975. 6. [대법 1976.3.9.75도3755]
	적용 법조	긴조 9호
	형량	징역 8 자격정지 5
	판결 요지	학원 국어 강사로 강의중, "박정희는 군인 출신이기 때문에 정치를 잘 할 수 없다. 100억 불 수출이라 하면서도 수입에 대해서는 은폐하고 있다. 정부에서 장려하는 것에 반대로 하면 잘 살 수 있다. 국어책은 정부 선전하는 매개체에 불과하다. 언론의 자유는 없다"는 등의 발언을 함
3	관련자	김윤식, 계훈제
	소속 및 직책	전민주당 국회의원, 씨알의 소리사 편집위원
	발생일 및 사건번호	1975.0. [대법 1977.1.11.76도3762]
	적용 법조	긴조 9호
	형량	징역, 자격정지 1년 6월(김윤식), 징역, 자격정지 1(계훈제)
	판결 요지	민주회복국민회의 임원인 김윤식, 계훈제가 미국 ABC TV 동경지국장과의 대담에서 유신체제의 인권 침해를 비난하였다는 이유로 구속됨
4	관련자	강00
	소속 및 직책	한국감정원 감정역
	발생일 및 사건번호	1975. 11. [대구고법 1977.3.3.76노323]
	적용 법조	긴조 9호
	형량	징역, 자격정지 2 집행유예 3 → 징역, 자격정지 1 집행유예 2
	판결 요지	술을 마시고 택시를 타고 가면서, "박정희는 도둑놈이다, 김종필이도 도둑놈이다, 박정희가 정치를 하면서 기금끼기 어느 지역에 몇 억 원을 가지고 있다. 이대로 있으면 안 된다. 혁명을 일으켜야 한다"는 발언을 함
5	관련자	김창열

	소속 및 직책	무직
	발생일 및 사건번호	1976. 1. [대법 1976.12.28.76도
	적용 법조	긴조 9호
	형량	징역 1년 6월 자격정지 2 → 징역, 자격정지 1
	판결 요지	75. 1.~4.「동아일보」격려 광고란중 유신헌법 철폐 요구하는 내용, 개헌 주장 등 440매 광고물을 복사한 표현물을 소지하고, '동아일보 격려광고 모음' 제하에 인쇄제본을 의뢰
6	관련자	문익환, 김대중, 윤보선, 정일형, 이태영, 이우정, 이문영, 이해동, 안병무, 함석헌, 문동환, 서남동, 함세웅, 신현봉, 문정현, 장덕필, 김승훈, 윤반웅
	소속 및 직책	목사, 재야정치인, 신부 등
	발생일 및 사건번호	1976. 3. [대법 1977.3.22. 77도44]
	적용 법조	긴조 9호
	형량	징역 5(문익환, 김대중, 윤보선, 함석헌), 징역 3(정일형, 이태영, 이우정, 이문영, 문동환, 함세웅, 신현봉, 문정현, 윤반웅), 징역 2년 6월 (서남동), 징역 2 집행유예 3(이해동, 안병무, 김승훈), 징역 1 집행유예 2(장덕필) ※모든 피고인에게 징역과 동일한 자격정지형 부과
	판결 요지	피고인들은 순차 공모하여 1976. 3. 1. 명동성당에서 유신헌법철폐, 긴급조치 폐지 등을 주장하는 '민주구국선언문'을 발표함(사실 왜곡전파, 헌법 왜곡 비방, 그 폐지를 주장선동)
7	관련자	이해학
	소속 및 직책	전도사
	발생일 및 사건번호	1976. 3. [대법 1977.4.26. 77도590]
	적용 법조	긴조 9호
	형량	징역, 자격정지 3
	판결 요지	성남시 주민교회 전도사로서, 문익환 목사로부터 유신헌법을 비판하는 '명동성당 사건으로 반포된 민주구국선언문'을 받아 주민교회 주일학교 교사에게 지시해 선언문 100여 부를 등사케 함(헌법 부정, 비방하고 개정, 폐지 선동하는 표현물 제작케 함)
8	관련자	고영조, 하정택
	소속 및 직책	학생, 농업
	발생일 및 사건번호	1976. 3. 13. [광주고법 1976.10.19.76노360]

	적용 법조	징자 1.6 집 3 (고영조), 징자 1 집 2(하정택)
	형량	징역, 자격정지 10 → 무죄
	판결 요지	함석헌 외 11명의 종교인 및 구정치인 등이 3·1명동성당에서 선언한 '언론, 학원, 신앙의 자유를 묵살하는 유신체제의 비합법성, 한일협정의 부당성, 유신헌법과 대통령긴급조치 철폐요구'의 취지가 담긴 민주구국선언을 복사하여 2회에 걸쳐 소지하고 다니며 전파
9	관련자	임00
	소속 및 직책	농업
	발생일 및 사건번호	1976. 4. [서울고법 1976.11.4.76노1466]
	적용 법조	긴조 9호
	형량	징역 6월, 자격정지 1
	판결 요지	용산발 목포행 열차에서 술에 취해 '동무, 우리 인민' 등의 북한의 상투적 용어 사용하며 "유정회 의원은 국회의원도 아니고 유정회는 잡동회다, 대통령 선거가 대의원에 의해 행해지는 것은 부당하다"고 고성으로 외침(사실 왜곡 전파)
10	관련자	이00
	소속 및 직책	중학교사
	발생일 및 사건번호	1976. 8. [서울고법 1977.6.1.77노533]
	적용 법조	긴조 9호, 반공법
	형량	징자1 → 징자 1 집 2
	판결 요지	중학 사회, 국어 교사로, 북한이 제작 살포한 '민주구국선언' 1매를 소지하고, 수업 중, "판문점 도끼사건에서 미국은 북한측의 유감의 뜻을 표한다는 미온적 회답을 받고도 강력한 조치 취하지 못하고 있고, 만약 이북, 이남 사이에 전쟁 일어나면 이북이 이길 가능성이 있다"고 말함(북한 활동 고무)
11	관련자	조화순
	소속 및 직책	목사
	발생일 및 사건번호	1977. [대법 1979.9.11. 79도1679]
	적용 법조	긴조 9호, 집시법
	형량	징역, 자격정지 5 → 징역, 자격정지 3 → 징역, 자격정지 1 집행유예 2(형경정청구)

	판결요지	교회에서 '민주구국헌장' 제하의 유신헌법과 긴급조치 철폐를 주장하는 유인물을 제시받고 함석헌, 윤보선 등 종교인과 재야정치인들과 공동작성자로 서명한 후, 비슷한 내용의 표현물을 각 4개 제작하고 구속노동자들의 석방시위를 주도하고 교회 집회에서 "우리나라가 세계에서 고문 잘하는 것으로 유명하고, 독재 잘하는 것으로 유명한 정부다"라고 말함(사실 왜곡 전파)
12	관련자	전대열
	소속 및 직책	민주통일당 선전국장
	발생일 및 사건번호	1977. 2. 20. [대법 1978.1.31.77도3809]
	적용 법조	긴조 9호
	형량	징역, 자격정지 2 → 징역, 자격정지 1
	판결 요지	민주통일당 당보 제작실무 책임자로서 긴급조치를 비판하는 양일동 대표최고위원의 송년사를 게재 배포하고, 민주수호국민협의회 선언문의 내용을 내외신기자들에게 배포하고(국가안전과 위신을 해함), 민주청년협의회 창립선언문 등 유인물을 보관함
13	관련자	정OO
	소속 및 직책	전직 초등교장
	발생일 및 사건번호	1977. 3. [대법 1978. 5.9.78도565]
	적용 법조	긴조 9호
	형량	징자 2 집 3
	판결 요지	술집에서 술을 마시고 "이승만 때는 학생이 데모를 할 수 있었지만 지금은 못한다. 박정희는 정권을 물려줘야 한다, 미군철수도 박정희가 하게 한다"는 등의 발언을 함(유언비어 날조유포)
14	관련자	성종대
	소속 및 직책	대학생
	발생일 및 사건번호	1977. 4. [대법1978.3·14.78도31]
	적용 법조	긴조 9호
	형량	징역, 자격정지 1년 6월
	판결 요지	"유신정권은 긴급조치로 국민기본권억압, 정권연장에 혈안되어 있다"는 내용의 유인물 작성하여 교내에 배포(사실왜곡 및 긴급조치 9호 비방하는 표현물 제작, 배포)
15	관련자	김OO

	소속 및 직책	상업
	발생일 및 사건번호	1978. 1. [대법 1978.9.12.78도1917]
	적용 법조	긴조 9호
	형량	징역, 자격정지 3 → 징역, 자격정지 1년 6월
	판결 요지	택시에서 "대의원선거는 꼭두각시놀음이다. 헌법 고쳐 유신헌법을 조작해 만든 것이다"라고 말함(유언비어 날조유포, 사실왜곡전파)
16	관련자	성종대
	소속 및 직책	대학생
	발생일 및 사건번호	1978. 3. [광주고법 1979.12.20.79노190]
	적용 법조	긴조 9호
	형량	징역, 자격정지 1 → 면소
	판결 요지	성균관대생으로 긴조 위반으로 서울구치소에 복역중, "정치범 석방하라, 구속자 석방하라, 민주헌정회복하라, 긴급조치 해제하라" 등의 구호를 수회 외침

	관련자	김인기
	소속 및 직책	신민당 국회의원
	발생일 및 사건번호	1978. 4. 28. 대법 1984.2.14.81도3202]
	적용 법조	긴조 9호
17	형량	징역, 자격정지 3, 벌금 1,300만원 → 선고유예, 면소(긴급조치 부분)
	판결 요지	강원도 인제군 노인회관에서 개최된 귀향보고회에서 "통일주체국민회의 대의원들이 대통령을 마음대로 뽑고 국민은 자기 뜻대로 대통령을 직접 선출하지 못한다, 유신체제는 많은 문제점을 낳고 있다, 이것이 무슨 민주주의냐, 긴조 9호로 언론의 자유가 탄압받고 있다"는 등의 발언함.
	관련자	박형규
	소속 및 직책	제일교회목사
	발생일 및 사건번호	1978. 9. 6. [서울고법 1979. 5.11.79노5]
18	적용 법조	긴조 9호, 집시법
	형량	징역, 자격정지 5
	판결 요지	한완상, 이문영, 서남동, 문익환 등과 함께 박정희 일인독재체제, 유신헌법, 유정회 비판을 내용으로 '3·1민주선언'을 작성하여 78. 2. 24. 기독교회관 금요기도회에서 배포, 낭독 발표하고, 9.4. 기독교장로회

		청년 전국연합회 주최의 인권기도회에서 정권 비판 발언함
19	관련자	김주호
	소속 및 직책	학원생
	발생일 및 사건번호	1978. 9. [대법 1979. 5.22.79도681]
	적용 법조	긴조 9호
	형량	징역, 자격정지 4 → 징역, 자격정지 3
	판결 요지	기독교회관 강당에서 개최된 동일방직 해고 근로자를 위한 기도회에 참석 후 강당 출입문 등지에서 "유신헌법철폐하라, 구속자석방하라, JOC는 빨갱이가 아니고 박정희가 빨갱이다" 등의 구호를 외침
20	관련자	박종만, 정연주
	소속 및 직책	전 동아일보 기자
	발생일 및 사건번호	1978. 10. [대법 1979.12.26.79도2158]
	적용 법조	긴조 9호
	형량	징역, 자격정지 2년 6월 → 징역, 자격정지 1년 6월 → 면소
	판결 요지	동아자유언론수호투쟁위원회 상임위원들로서 동 위원회 사무실에서 자유언론실천 4주년 맞아 보도되지 않은 민주인권 사건일지를 알리자는 결의를 하고, '진정한 민주민족언론좌표', '보도되지 않은 민주인권 사건일지' 제하 원고를 작성하여 제작하고 위원들에게 배포하고, 보도되지 않은 사건들을 동아투위소식에 게재하고 회원들에게 배포함
21	관련자	한화갑
	소속 및 직책	김대중 비서
	발생일 및 사건번호	1978. 12. [대법 1979.12.26.79도2704]
	적용 법조	긴조 9호
	형량	징역, 자격정지 1.6 → 면소
	판결 요지	78. 12. 29. 관권 정치 비판, 긴급조치해제 주장하는 김대중의 출감 성명서를 기독교회관 대강당 금요기도회에서 참석자에게 배포함
22	관련자	정00
	소속 및 직책	공원
	발생일 및 사건번호	1979. 1. [서울고법 1979.7.19 79노603]
	적용 법조	긴조 9호, 명예훼손
	형량	징역, 자격정지 4 → 징역, 자격정지 3 → 징역 10월
	판결 요지	술을 마시고 잡담 중, "박정희는 나쁜 놈이다, 박정권을 타도해야 노동자

		가 잘 살 수 있다. 박정희는 빨갱이다"라고 말함(유언비어 날조유포, 명예훼손)				

〈표 4〉 긴급조치 제9호 위반 사건의 유형별 현황(연도는 1심판결 선고일 기준)

유형		1975	1976	1977	1978	1979	합계 (%)
반정부시위	기수	4	2	6	32	3	47(8.7)
	미수	4		1	2		7(1.3)
	구치소시위				47	2	49(9.1)
반정부집회		1		1	1		3(0.6)
유인물 제작·배포·소지		15	14	27	36	18	110(20.4)
유신헌법 비판·부정		2	7	3	10	1	23(4.3)
벽서·벽보 작성					2	1	3(0.6)
간첩활동		2		1			3(0.6)
사실왜곡, 유언비어	비음주	59	59	54	34	13	219(40.6)
	음주	25	11	7	9	2	54(10.0)
긴급조치 비방			1		1	1	3(0.6)
재산도피		6					6(1.1)
해외이주		6	1		1		8(1.5)
뇌물수수		2	2	1			5(0.9)
합계 (건)		126	97	101	175	41	540(100)

주: ① 반정부시위와 집회는 확연히 구분되는 것은 아니지만 집회에만 그치고 시위로 돌입하지 않은 경우를 반정부집회로 구분하였다.
② 유인물 관련 위반사건도 집회나 시위까지 발전하지 않은 경우를 말한다.
③ 유신헌법 비판·부정과 사실왜곡, 유언비어, 긴급조치 비방, 벽서·벽보 작성 역시 확연히 구분하기 힘들지만, 판결문 요지상에서 명시하고 있는 경우에 따라 구분하였다.
④ 간첩활동으로 분류된 사례 역시 내용상으로는 유인물 제작이나 집회·시위와 연관되기도 하지만 판결문 요지 상에서 명시하고 있는 대로 따랐다.
(진실화해위원회, 『2006년 하반기 조사보고서』, 297쪽 이하 판결문 분석보고 참고)

<표 5> 전체 긴급조치 사건수 및 피해자 수

유형		1, 4호	3호	9호(75)	9호(76)	9호(77)	9호(78)	9호(79)	합계
사건수(건)		36	9	126	97	101	175	41	585건
판결수	1심	36	9	126	97	103	177	41	589
	2심	35	4	114	92	98	163	16	522
	3심	36	1	46	52	67	47	3	252
	기타결정 (파기환송 형경정 등)	2	0	5	12	12	17	1	49
	소계	109	14	291	253	280	404	61	1412건
피해자수		155	11	251	176	167	312	68	1140명

<표 6> 유형별 사건수

유형	1, 4호	3호	9호(75)	9호(76)	9호(77)	9호(78)	9호(79)	합계
반유신 재야,야당 정치활동(재야정치인, 종교인, 교수, 기자 등 지식인)	12	9 (임금체불 부당해고 등)	6	14	16	31	6	85(14.5)
간첩	0		1	0	1	0	0	2(0.5)
학생운동(유신반대, 긴조해제 주장 시위, 유인물 제작 등)	12		24	9	27	98	17	187(32)
기타(음주 대화 중, 수업 중 박정희 비판, 유신체제 비판 발언)	12		81	70	56	45	18	282(48)
국내 재산 해외 도피, 공무원 범죄 등(긴조 9호 3, 4, 9항)	0		14	4	1	1	0	29(5) ※긴조 3호 (9건) 포함
계	36건	9건	126건	97건	101건	175건	41건	585(100)

III. 긴급조치의 불법성 그리고 패륜성

1. 소위 '유신헌법'과 긴급조치의 불법성[8]

2006년 진실화해위원회에서 긴급조치 판결문 전체를 분석하고 유신헌법과 긴급조치의 불법성에 대한 법리판단을 담당하면서 작업 기간 내내 헌법학 연구자의 한 사람으로서, 1972년 국민투표로 확정되었다고 하는 그 문서를 "헌법"이라고 부르는 것 자체가 언어도단이자 형용모순이라는 생각을 많이 하게 되었다.

내용적으로도 소위 '유신헌법'이라는 것은 독일의 법철학자 구스타프 라드브루흐(G. Radbruch)가 말한 "법률적 불법"(Gesetzliches Unrecht)에 해당한다. 그는 정의의 핵심을 의도적으로 침해하여 애초부터 법으로서 자격이 없어 복종 의무가 없는 경우, 즉 극도로 부정의한 법률을 "법률적 불법"이라고 하였다. 법률의 외관, 외피를 띠고 있으나 실은 법이 아니라는 것이다. 법률의 탈을 쓴 이러한 불법은 당연 무효이다.[9]

유신헌법은 대통령의 긴급조치권 발동을 통해 국민의 기본권을 본질로 침해할 수 있는 가능성을 포괄적으로 열어두었고, 특정 개인, 박정희의 영구 집권을 위한 불법 문서라고 할 수 있으며, 실제 발동된 9차에 걸친 긴급조치는 개헌청원운동(제1호), 인혁당재건위 및 민청학련 관련자들(제4호), 고려대생들의 반정부 시위(제7호) 등 특정 집단의 사람들의 기본적 인권을 부정하는 것을 내용으로 하고 있었고, 급기야 긴급조치의 총괄로서 긴급조치 제9호는 정치적 반대자들을 제거하기 위한 목적으로 법률이 갖추어야 할 최소한도의 도덕적 요청마저 저버린 그 누구라도 명확하게 부당함을 인식할 수밖에 없는 당연무효의 법률이다.

내용적 불법성뿐만 아니라 법률이 갖추어야 할 절차 면에서도 유신헌법은 위헌성

---

8 이 부분에 대한 자세한 분석은 권혜령, "유신헌법상 긴급조치권과 그에 근거한 긴급조치의 불법성", 「법학논집」 제14권 제2호(2009. 12), 이화여자대학교 법학연구소, 181쪽 이하 참고.

9 프랑크 잘리거/윤재왕 역, 『라드부르흐 공식과 법치국가』(길안사, 2000). 이 역서 132쪽 이하의 "법률적 불법과 초법률적 법"(1946)은 2차 세계대전이 끝난 후 나치 시대의 법체계를 청산하려는 한 법철학자의 진지하고 반성적인 이론적 시도이다. '사법농단' 사태의 직간접적 당사자로서 모든 사법부 구성원들에게 일독을 권한다.

을 면할 수 없다. 박정희 정권은 유신헌법에 대한 국민투표 1년 전인 1971년부터 이미 위수령을 발표하여 군대를 동원해 학생들의 시위를 탄압하고, 아무런 법적 근거 없는 '국가비상사태'를 선포(1971. 12. 6.)하고 이후 이를 사후적으로 뒷받침하고 대통령에게 강력한 비상대권을 부여하는 '국가보위에관한특별조치법'을 국회에서 통과시킴으로써 영구 집권을 위한 헌법개정작업에 들어갔다. 유신헌법이 비록 국민투표에 부쳐져 확정되었다고 하나, 국민투표(1972. 11. 21.) 한 달 전부터 비상계엄(1972. 10. 17.-12. 13.)이 발동되고 있었으므로 국민투표는 국민들에 대한 강박적 상태에서 진행되었다고 할 수 있다.

요컨대, 이와 같이 유신헌법은 절차적 정당성을 결하고 있고, 그 내용에 있어서도 대통령 일인의 장기집권을 위해 기본권의 축소, 권력분립원칙의 폐지 등 정당성에 심각한 하자가 있었기 때문에 필자는 위 국민투표 자체가 사실상 강박에 의한 의사표시라고 판단하고 있다. 어느 기간보다 정치적 표현의 자유가 보장되어야 하는 국민투표 시기에 박정희 정권은 비상계엄으로 정치활동을 전면 금지시키고 헌법 일부를 정지시킨 상태에서 국민의 자유로운 투표 의사를 억압한 것이기 때문이다. 민사적으로 강박은 상대에게 해악이 생길 뜻을 알려 공포심이 일어나도록 하여 자유로운 의사결정을 방해하는 행위를 말하는데, 이러한 의사표시는 취소할 수 있도록 되어 있으며, 그 강박의 정도가 극심하면 무효로 할 수 있는 것이다. 민주주의국가 투표에서 91.5%의 찬성은 불가능한 것이다. 유신헌법에 대한 이 찬성투표 수치가 오히려 국민을 극도로 강박했다는 방증이라고 생각한다.

2. 국가 불법을 저지른 자들의 반성하지 않는 태도

잘 알려져 있다시피, 1961년 나치 전범 루돌프 아이히만이 재판에서 유태인 학살을 명령에 따른 정당한 행위라고 강변한 것을 한나 아렌트는 『예루살렘의 아이히만』(1963)에서 "악의 평범성"(banality of evil)이라고 표현하였다.

조직에 매몰되어 근면 성실하게 악을 실행한 자들의 공통점은 결코 반성하지 않는다는 것이다. 자기 행위의 의미를 스스로 생각해 볼 줄 모르는 순응적 인간들은 순진하거나 무지한 게 아니라 악에 동조하는 것이다.

2010년 대법원 판결의 대상 사건인 '오종상 사건'의 피해자 오종상을 중앙정보부 남산본부 지하실에서 일주일간 고문하여 허위자백을 받아낸 중앙정보부 수사관들 중 인적 사항이 특정된 한 명은 진실위원회 조사 과정에서 자신의 행위는 명령을 충실히 이행한 것이며, 긴급조치 또한 당시 유효한 법률이었다고 주장하면서, 만약 자신의 행위가 위법한 것이었다면 왜 처벌되지 않았는지를 필자에게 반문하였다. 설사 긴급조치나 자신의 행위가 지금에 와서 잘못된 것이라 하더라도, 더 큰 잘못은 자신에게 명령을 내린 상관들이나 처벌하지 않은 검사, 판사의 불법성이 더 큰 것이라고 주장하였다.

긴급조치 등 독재정권하 과거사 사건을 정치권과의 거래의 대상으로 삼아 자신들의 정치적 주장을 관철시키고자 했던 이른바 '사법 엘리트'들과 그들의 위법한 지시와 직무 명령을 이행한 수십 명의 관련 법관들의 행태는 아이히만 등 국가 불법을 저지른 자들이 보인, 자신이 행하는 일에 대한 기계적이고 무비판적인 맹목성 그 자체이며, 그것이 바로 악이라는 것을 망각한 것이었다고 평가할 수 있다. '사법 농단' 사태에 직면해 있음에도 여전히 반성과 성찰에 미온적 태도를 보이고 있는 사법부 구성원들의 태도 변화를 촉구한다.

3. 긴급조치의 패륜성

긴급조치는 그 조치 내에 불고지죄(不告知罪)를 처벌하는 규정을 두고 있지는 않았으나, 실질적으로 불고지를 처벌하는 것과 마찬가지의 효과를 발휘하였다.[10] 긴조는 그 내용, 형식 모든 면에서 위헌이며 불법이지만, 긴조의 본질에 대해 반드시 지적하지 않을 수 없는 점은, 수많은 긴조 피해 사례에서 보듯이, 사회공동체 전체를 파괴했다는 데 그 패륜성이 있다는 것이다.

수업시간에 한 교사의 발언을 학생이 고발하도록 하고, 술집에서 옆 좌석의 사람들이 나눈 대화, 동네 사람들이 삼삼오오 모인 자리에서 무심코 한 발언을 상시로 감시하

---

10 현행 법체계에서는 유일하게 국가보안법 제10조에서 반국가단체구성(법 제3조), 군사상 기밀탐지 등 목적수행(법 제4조), 반국가단체 구성원에 대한 자진지원(법 제5조 제1항)을 범한 자라는 것을 알고도 수사기관 또는 정보기관에 고지하지 않은 불고지행위를 처벌하고 있다.

고 고발하도록 함으로써 서로에 대한 불신을 내면화하도록 했다. 위 통계에서도 보듯이, 가장 높은 비율을 차지하는 피해 유형이 일상적 대화 과정에서 있었던 박정희 비판, 유신 비판 발언이 문제된 사건들이었다. '오종상 사건'에서도 버스 옆자리 아저씨의 발언을 학생들이 자신의 학교 '반공' 교사에게 알리고, 이 반공 교사가 중앙정보부 지부에 고발하여 사건화된 것이었다.

자신의 정권 유지를 위해 입헌주의 헌법의 모든 기본원칙을 형해화시킨 박정희 정권의 부도덕성을 다시 한번 확인할 수 있는 것이다.

IV. 과거 청산의 관점에서 불법 판결 처리의 난점과 극복 방안[11]

1. 사법 불법 청산의 당위성

과거 청산은 국가범죄에 대한 현재에서의 교정과 미래를 향한 예방이라는 수준에서 논의되는 헌법적 과제이자 법적 정의의 실천 문제이다. 특히 아무런 법률적 근거에 의하지 않은 적나라한 물리적 폭력에 의한 국가범죄의 불법성에 비해, 헌법과 법률에 의한 절차를 통해 판결이라는 형식하에 이루어진 국가범죄의 불법성이 결코 가볍지 않은 이유는 국민의 인권을 보장하고 권리구제를 위해 국민으로부터 형벌권을 위임받은 사법부가 그 존재 이유를 배반하고, 권력 집단의 정치적 목적에 봉사하는 정치 재판으로 국민의 생명과 자유를 유린하고 반대세력을 배제함으로써, 독재체제의 구조적 · 항구적 · 안정적 유지에 가장 큰 기여를 했다는 점에 있다.

이처럼 사법을 수단으로 한 국가범죄(사법 불법, Justizunrecht)의 불법성이 중대함에도 불구하고, 현실에서는 나치체제 하의 법관에 대한 인적 청산과 판결 무효화 시도가 난관에 부딪힌 사례에서 보듯이, 법적 안정성과 사법부 독립과 법치주의라는 현존 법

---

11 이 부분의 상세는 필자의 글 "진실 · 화해를 위한 과거사정리위원회의 불법 판결 처리현황에 대한 비판적 검토 — 위헌법률에 근거한 불법 판결을 예로," 「헌법학연구」 제16권 제2호(2010. 6.), 419쪽 이하를 참고.

질서의 장애로 사법 불법의 청산은 소기의 결실을 얻지 못하고 있다.

독재체제에서 사법부는 인권 옹호의 최후의 보루라는 자신의 존재 근거를 권력 집단의 정치 복적에 부합하는 정치재판을 통해 스스로 무너뜨리면서 그 체제의 구조적 온존에 기여했다. 따라서 개별 법관의 사과와 유감의 표명으로는 무수한 인권 침해를 재판으로 확정시킨 사법부의 과오가 쉽사리 청산될 수 없다. 잘못된 사법 판결이 사실 관계에 대한 권위적 확정으로 인해 여전히 존속되고 있는 반면, 사법 피해자들이 입은 고통은 그들의 전 사회생활에서 회복될 수 없는 상처로 남아있기 때문이다.

2. 위헌법률에 근거한 불법 판결과 피해자 구제

국가폭력으로서 정의와 헌법에 반하는 불법 판결은 크게 두 가지 유형이 있다.

첫째, 사법부가 권위주의 정권의 정치적 요구에 순응하여, 피고인들의 고문, 불법구금 등의 인권 침해주장을 외면하고, 검찰의 공소사실 그대로 유죄판결을 선고한 경우이다.

둘째, 유죄판결의 근거 법률 그 자체가 명백히 헌법에 위반되는 경우, 예컨대 대통령에게 초헌법적 국가긴급권을 부여한 국가보위에 관한 특별조치법, 유신 시대의 핵심적 통치 수단이 된 긴급조치나, 군사정권 시절 발동된 수 차례의 계엄포고령 등 이 두 번째 유형이 바로 위헌법률에 근거한 불법 판결에 해당한다.

첫 번째 유형에 해당하는 사건들은 재심을 통한 구제 가능성이 있는 반면, 두 번째 유형의 사건들은 사정이 다르다. 즉 법 자체가 명백히 위헌인 경우, 이러한 법률을 적용한 확정 판결 사건들에서는 재심사유라 할 만한 중대한 사실 오인을 찾을 수 없는 경우가 일반적이다. 고문과 장기간의 불법 구금으로 허위자백을 이끌어내야 할 필요가 없었기 때문이다. 범죄 사실에 대한 왜곡·조작이 없이도 위헌법률을 적용하는 것만으로 유죄판단을 내릴 수 있는 이러한 유형의 사건들은, 따라서 신규 명백한 증거나 수사기관의 직무 범죄와 같은 형사소송법상의 재심사유가 존재하지 않는 경우가 상낭수이다. 예컨대, 긴급조치 위반 사건들의 경우, 사회 비판적 발언 한마디만으로도 유언비어 날조·유포, 사실 왜곡·전파로 처벌이 가능하였기 때문에 굳이 고문, 불법 구금 등의 적법절차를 위반할 필요성조차 없었던 것이다.

불법 판결의 근거가 된 이러한 위헌법률들은 민주화가 진행되면서 인권의 요청에 맞는 방향으로 개폐되었다. 그러나 이 법률에 근거한 판결은 확정력을 가지고 그대로 지속되고 있으므로, 사법 불법의 청산이라는 관점에서, 또 정의의 회복이라는 차원에서 판결의 효력을 부인해야 할 필요성이 생기는 것이다.

2010년 대법원의 긴급조치 위헌판결 이전에는 법률 폐지시 형식판단인 면소판결을 하도록 되어 있기 때문에, 실체적 진실을 가려 무죄판결로서 그 불법 판결의 불법성을 제거하는 것이 불가능했으나, 대법원 판결 이후 또 2013년 헌재의 위헌결정 이후 개별 재심과정에서는 긴급조치의 위헌성을 근거로 실체 판결이 가능해졌다. 물론, 불법 판결의 무효화 입법으로 대량적 해결이 불가능한 현재에는, 대법원과 헌재의 위헌판결 이후에도 여전히 불법 판결의 외관을 제거하기 위한 노력은 개별 재심 사건에 머무르고 있는 상황이다.

3. 긴급조치 피해자에 대한 입법적, 사법적 구제

2차대전 이후 독일에서는 나치 시대 불법 판결에 대해 각 점령지구별로 나치의 불법적 형사재판을 청산하기 위한 점령법들이 제정되었는데, 미국과 영국 점령구역에서는 불법 판결을 법원의 재심 결정없이 자동파기되도록 하되 자동파기로 해결되지 않는 경우에는 개별 재심신청도 가능하도록 하였다. 그러나 나치 불법 판결을 포괄적으로 청산할 수 없었던 한계로 인해 1998년에 제정된 '형사재판에서의 나치 불법 판결의 파기법률'(1998. 8. 25. 제정, 2002. 7. 23. 개정)은 포괄적 불법청산방식을 도입함으로써 이 문제를 해결하였다.

이와 같이 불법 판결을 무효화하고 그 불법 판결에 의한 구제를 위한 배상법을 함께 제정하는 '입법적 방식'은 사법 피해자들의 피해를 일거에 해결할 수 있는 매우 효과적 방법이 될 것이다. 그러나 입법은 보편적·대량적 해결을 겨냥하는 것이기 때문에 개개의 사법 피해자들의 고통을 원상회복시키고 완결시키는 온전한 해결방법은 아니라는 점, 현실적으로 우리의 현실 정치 구도 내에서 이러한 입법이 어렵다는 점 그리고 무엇보다 권위주의 체제 이후의 국가에서까지 그 국가범죄 행위의 법적 효력을 지속시킴으로써 권위주의 통치의 사법적 유산을 제거하지 않는 것은 또 다른 국가의 인권 침해행위와 다름이 없다는 점에서 '사법적 해결'이 사법청산의 시작이 될 것이다.

그런데 사법적 방안이 불법 판결 청산의 올바른 방향이라 하더라도, 긴급조치, 조작간첩 사건 등의 국가 범죄사건에도 일반사건에서와 같은 엄격한 재심사유를 요구하는 현재 법원의 재심제도 운용으로는 그 해결이 어렵기는 마찬가지이다. 더구나, 원고의 국가 배상 부인의 논리로 대통령의 고도의 통치행위를 근거로 하면서 공무원의 불법행위 책임을 인정하지 않거나 인정하는 경우에도 소멸시효가 완성되었다는 퇴행적 대법원 판례를 유지하는 한 그러할 것이다.

따라서 다시 한번 강조하고 촉구한다. 지금이라도 사법부가 과거의 사법 불법과 현재까지 지속되고 있는 불법 상태를 청산하는 것이 헌법이 모든 국가권력에게 부과한 기본권 보호 의무(헌법 제10조 후문)를 다하는 길이며, 국가범죄의 수많은 피해자들의 고통과 희생을 거래대상으로 전락시킨 '사법농단'이라는 입헌주의 헌법의 근본 원칙을 무너뜨린 헌정질서 파괴 범죄행위에 대한 일말의 책임의 방법이라는 점을 명심해야 할 것이다.

긴급조치 피해자 관련 손해배상 소송의 최근 동향

이정일

(변호사, 민주사회를 위한 변호사 모임)

I. 과거사 청산의 본질과 사법부

1. 과거사 청산의 본질은 무엇인가.

"과거의 잘못을 반성하고, 과거의 잘못을 답습하지 않겠다"라는 것이 과거사 청산의 본질이다. 사법부의 과거 잘못은 70년대 유신체제 아래에서 사법권의 독립을 지키지 못했고, 법관이 양심에 따른 재판을 하지 못했으며, 인권보장의 최후의 보루로서 역할을 하지 못했다는 것이다.

1979. 3월경 박정희 대통령에 의해 대법원장으로 임명받아 1981. 4. 15. 퇴임하게 된 이영섭 대법원장은 짧은 이임사에서 "사법부(司法府)"라 쓰지 않고, "사법부(司法部)"라고 적었는데, 이는 사법부의 위상이 행정부의 일개 부처로 전락했고, 사법부의 독립을 지키지 못했다는 사실을 자인한 것이다.

2005년 이용훈 대법원장은 취임사에서 "거친 역사의 격랑 속에서 사법부는 정치권력으로부터 독립을 세내도 지켜내지 못하고, 인권보장의 최후의 보루로서 소임을 다하지 못한 불행한 과거를 가지고 있습니다"라고 말하였다. 그리고 권위주의 시대에 국민 위에 군림하던 그릇된 유산을 깨끗이 청산하고 사법부의 새 출발을 다짐했다.

이용훈 대법원장은 과거사 정리 방법을 ① 재심을 통하는 방법, ② 법원 내에서 인적 청산을 하는 방법, ③ 과거사위원회 같은 기구를 만들어 조사하는 방법을 제시했다.

진실·화해를 위한 과거사정리위원회(위원장 안병욱, 이하 '진실화해위원회'라고 한다)는 2009. 9. 1.경 "유신정권의 긴급조치는 국민기본권 훼손한 중대한 인권침해임을 확인하고, 법원에 대해서도 '법원은 긴급조치 피해자들을 구제하기 위하여 필요한 경우, 헌법재판소에 긴급조치의 위헌 여부에 대한 판단을 구하여 긴급조치에 의한 인권침해를 전면적으로 구제할 수 있는 기회를 제공해야 한다"라고 권고하였다.

위와 같은 흐름은 유신정권의 긴급조치에 관한 재판에 대해서 형사 재심 판결은 물론이고, 긴급조치에 의한 수사와 재판으로 인한 인권 침해에 대한 전면적으로 구제로서 국가의 배상책임도 인정될 것을 가늠하게 했다.

그러나 과거사 정리에 대한 대법원의 입장은 철저하지 못했다. 이런 이유로 과거사위원회와 같은 기구를 만드는 것이 법원 내에서 처음부터 논의되지 못했다. 대법원은 인적 청산과 관련한 법관들은 이미 법원을 떠났다는 입장을 보였다. 게다가 사법권의 독립이나 법적안정성과 같은 다른 헌법적 가치와 균형을 맞추기 위해 선택된 재심 절차는 진정한 과거사 청산으로 보기가 어려웠고, 그 한계가 명백하게 드러났다[1].

2. 과거사 청산을 거부한 대법원의 메멘토 판결

대법원은 2010. 12. 16. 오종상 씨 재심 사건에서 긴급조치는 현행 헌법뿐만 아니라, 당시 시행되던 유신헌법에도 위반되어 효력이 없는 것이어서 무죄라고 판결하면서

---

1 김영란, 『판결과 정의』, 135-141. 독재와 권위주의 시절을 거치면서 재심에 대한 기대도 가질 수 없었던 것을 이제라도 재심 개시 결정을 한 것에 큰 의미를 부여할 수 있지만, 개시된 재심은 진실화해위원회의 권고에 따라 유족들이 청구한 재심이었고, 법논리적으로 형사소송법에 재심사유가 정해져 있고, 그에 해당하여서 개시된 재심이었을 뿐이었다. 재심의 법리를 새롭게 확장한 것도 아니고 과거 대법원의 판결에 대해 반성한 것으로 보기 어렵다는 평가가 많다. 이는 이용훈 대법원장이 사법권의 독립이나 법적안정성이라는 기존의 가치에 반하지 않는 선에서 과거사 청산이 이루어질 수 있다는 입장을 가졌기 때문이다. 더욱이 과거사 청산은 불법행위 인정, 지연된 배상, 소멸시효 등에서 한계가 뚜렷하게 나타났다.

이와 달리 긴급조치가 합헌이라는 취지의 종래 대법원판결들을 폐기했다(대법원 2010. 12. 16 선고 2010도5986 전원합의체 판결 [대통령긴급조치위반·반공법위반]).

위 대법원판결에서 과거사 청산을 위한 법리의 근거로서 제시된 주요한 내용은 다음과 같다.

> (1) 통치행위라도 기본권을 보장하고 법치주의 이념을 구현하는 것을 제한하지 못한다.
> (2) 법치주의의 원칙상 통치행위라 하더라도 헌법과 법률에 근거하여야 하고 그에 위배되어서는 아니 된다.
> (3) 긴급조치는 국민의 저항을 탄압하기 위한 것임이 분명하여 목적상의 한계를 벗어나고, 유신헌법 제53조 요건도 갖추지 못하였다.
> (4) 긴급조치는 국민의 자유와 권리를 지나치게 제한함으로써 헌법상 보장된 국민의 기본권을 침해한 것이므로 유신헌법, 현행 헌법에도 위배되어 당초부터 무효이다.

위 전원합의체 대법원판결 후에 긴급조치에 따라 수사를 받았거나 수사와 처벌을 받았거나 수사를 받았던 사람들(이하 '긴급조치 피해자'라고 한다)은 형사보상을 청구하는 외에 국가를 상대로 국가배상을 청구하였고, 대전지방법원은 국가의 배상책임을 인정하였다[2].

그러나 대법원(대법원 3부)은 2015. 3. 26. 대통령의 긴급조치권 행사 부분과 관련하여 불법행위 성립을 부정하였다(대법원 2015. 3. 26 선고 2012다48824 판결 [손해배상(기)]).

위 대법원(대법원 3부)판결이 불법행위 성립을 부정하면서 판시한 내용은 다음과 같다.

---

[2] 대전지방법원 2012. 5. 3. 2012나974 판결. 서울대학교에 재학 중이던 1978. 6월경 중앙정보부 소속 공무원들에 의해 당시 서울 남산에 소재하고 있는 중앙정보부 건물로 끌려가서, 약 20여 일간 그 친구에게 유신체제에 대한 비판적인 내용의 편지를 보낸 것 등에 대한 이유에 대해 조사를 받으면서, 법관의 영장없이 구금되었던 원고가 피고 대한민국에 국가배상을 청구한 사안이다.
대전지방법원은 긴급조치 제9호는 그 발동 요건을 갖추지 못한 채 목적상 한계를 벗어나 국민의 자유와 권리를 지나치게 제한함으로써 헌법상 보장된 국민의 기본권을 침해하고, 헌법상의 기본원리인 자유민주적 기본질서에도 반하는 것이므로, 긴급조치 제9호가 해제 내지 실효되기 이전부터 유신헌법에 위배되어 위헌이고, 대통령이 긴급조치 제9호를 발령한 행위는 대통령의 헌법수호 의무를 위반한 것으로서, 긴급조치 제9호를 발령한 대통령에게 고의 내지 과실이 인정되며, 유신헌법에 기초하더라도 명백히 위헌적인 내용의 긴급조치를 발령한 대통령의 행위에 대하여는, 법원이 그 긴급조치의 위헌성과 대통령의 행위에 대한 위법성을 인정하여 위헌적인 긴급조치로 인하여 피해를 받은 국민들의 국가에 대한 국가배상청구권을 인정하는 것은 가능하다고 하여 원고의 손해배상청구를 인용하였다.

긴급조치 제9호가 사후적으로 법원에서 위헌·무효로 선언되었다고 하더라도 유신헌법에 근거한 대통령의 긴급조치권 행사는 고도의 정치성을 띤 국가행위로서 대통령은 국가긴급권의 행사에 관하여 원칙적으로 국민 전체에 대한 관계에서 정치적 책임을 질 뿐 국민 개개인의 권리에 대응하여 법적 의무를 지는 것은 아니므로, 대통령의 이러한 권력행사가 국민 개개인에 대한 관계에서 민사상 불법행위를 구성한다고는 볼 수 없다(대법원 2008. 5. 29. 선고 2004다33469 판결).

위 대법원(대법원 3부)의 판결은 기억을 왜곡한 메멘토3 판결이라고 비판받아야 마

땅하다.4

---

3 사고로 인해 뇌가 손상되어 <u>선행성 기억상실증</u>을 가진 주인공은 사고 후에는 10분마다 기억을 잃는다. 아내를 죽게 만든 사람을 기억해야 할 중요한 정보를 메모하거나 자신의 몸에 문신을 새긴다. <u>아내를 죽게 만든 이야기도 왜곡시키기도 하는데, 자기방어기제와 합리화에 극에 달한 인간상</u>을 보인다. 이 영화의 영향으로 간혹 주변에 건망증이 심한 사람을 가리켜 메멘토라고 부르기도 한다.

4 건국대 법학전문대학원 한상희 교수는 한 마디로 밑도 끝도 없는 6줄짜리 판결이라고 비판한다. 한상희, 긴급조치발동에 수반된 수사 및 재판행위의 불법행위성, 유신헌법의 파행성과 잔재 극복의 과제 국회토론회 발제문 중에서, 한상희 교수님의 위 대법원판결 비판 논리를 요약하면 다음과 같다.
첫째, 헌법재판소는 물론 대법원조차도 통치행위에 대해 스스로 판단하고 그 위법성을 지적한바 적지 않다. 대법원은 이미 통치행위라 하더라도 그에 맞서 "기본권 보장, 법치주의 이념을 구현하여야 할 법원의 책무를 포기하여서는 아니 된다"(2010. 12. 16. 선고 2010도5986 판결)고 선언한 적이 있다. 더구나 이런 통치행위론은 그 행위의 효력여하와 관련한 부분에서나 판단될 일이지 이렇게 사법의 영역에서 그로 인해 불법한 손해를 입은 개개인에게 국가가 어떤 책임을 져야 할것인지를 판단하는 상황에다 갖다 붙일 일은 아니다.
둘째, 당시 긴급조치를 선포한 행위 그 자체가 너무도 명백하고도 중대한 하자를 가지기 때문에 누구나 그것이 무효임을 알 수 있었던 만큼, 박정희 대통령이 그러한 행위로 나아갔던 행위는 굳이 prima facie(영어로 'on the first appearance'이고, 언뜻 보기에도 '자명한'이란 뜻으로 번역된다.)라는 영미법상의 도그마를 적용하지 않더라도 그 불법성을 인정할 여지가 충분히 존재하게 된다. 대통령은 헌법 수호의 의무를 지기 때문이며 이 긴급조치선포행위는 이 의무를 위반한 행위이기 때문이다. '헌법을 준수하고 수호해야 할 의무'가 법치국가원리에서 파생되는 지극히 당연한 것임에도, 헌법은 국가의 원수이자 행정부의 수반이라는 대통령의 막중한 지위를 감안하여 제66조 제2항 및 제69조에서 이를 다시 강조하고 있다. 이러한 헌법정신에 의한다면, 대통령은 국민 모두에 대한 '법치와 준법의 상징적 존재'인 것이다. 이에 따라 대통령은헌법을 수호하고 실현하기 위한 모든 노력을 기울여야 할 뿐만 아니라, 법을 준수하여현행법에 반하는 행위를 해서는 안 되며, 나아가 입법자의 객관적 의사를 실현하기 위한 모든 행위를 해야 한다(헌재 2004. 5. 14. 2004헌나1)
셋째, 긴급조치와 긴급조치 선포행위는 단절되거나 구분될 수 없다. 대통령 박정희가 그렇게 위헌적이고 폭력적인 긴급조치를 실질적으로 의욕 하였고, 또 그 시행으로 인한 기본권침해 및 인간의 존엄성 침해라는 심각한 피해들을 긴급조치를 선포하는 과정에서 이미 예상하고 또 그런 해악을 수용하면서 그러한 선포행위로 나아간 것이 불법행위를 구성하는 것이다. 긴급조치가 위헌무효인지, 그에 대한 사법적 심사가 가능한지의 여부와 별도로, 그러한 위헌적인 긴급조치 그 자체가 대통령 박정희가 정치적 비판세력이나 반대세력의 기본권을 침해하고 억압하는 일련의 불법행위의 내용이자 그 요소로 포섭된다. 그래서 긴급조치는 대통령 박정희가 추구하였던 일련의 정치적 책략-권위주의적 통치체제를 구축하고 강고하게 유지하고자 하였던 목적-을 달성하기 위한 하나의 수단에 불과하였던 것

종래 대법원 전원합의체 판결(대법원 2010. 12. 16 선고 2010도5986 전원합의체 판결)은 법치주의의 원칙상 통치행위라 하더라도 헌법과 법률에 근거가 있어야[5] 한다는 것이다. 그런데 긴급조치는 국민의 저항을 탄압하기 위한 것임이 분명하여 목적상의 한계를 벗어나고, 유신헌법 제53조 요건도 갖추지 못하여, 국민의 자유와 권리를 지나치게 제한함으로써 헌법상 보장된 국민의 기본권을 침해한 것이라고 한다. 결국 통치행위에 해당하는 긴급조치도 헌법을 준수해야 하는데, 헌법을 준수하지 않았다는 것이다.

그런데 위 대법원(대법원 3부)의 판결은 기억을 망각한 채 종래 대법원 전원합의체 판결(대법원 2010. 12. 16 선고 2010도5986 전원합의체 판결)을 6줄로 뒤집었던 것이다.

위 대법원(대법원 3부)이 원용하고 있는 대법원 2008. 5. 29. 선고 2004다33469 판결 사안을 인용한 것도 적절하지 않았다.

인용된 대법원 2008. 5. 29. 선고 2004다33469 판결 사안은 '거창 양민 학살 사건'의 희생자들과 유족들이 국회의 입법부작위를 다툰 것이다.

그런데 긴급조치권을 행사하는 대통령은 단독 기관이어서 다수의 합의로 법률이 제정되는 국회와 본질적으로 다르다. 따라서, 합의제 기관인 국회와 관련한 입법부작위에 관한 위법성 성립 여부에 관한 사안을 대통령이 단독 기관으로 행사하는 긴급조치에 인용하는 것 그 자체가 적절하지 않는 것이다.

보다 중요한 것은 위 대법원 2008. 5. 29. 선고 2004다33469 판결은 "국회의원의 입법행위는 그 입법 내용이 헌법의 문언에 명백히 위배됨에도 불구하고 국회가 굳이

으로 해석하여야 한다.
넷째, 위 대법원판결은 대통령이라는 피고의 법적 상태 자체를 왜곡한다. 긴급조치를 선포한 대통령은 박정희라는 자연인으로서 대통령 개인이 아니라, 국가의 책무를 수행하는 최고헌법기관으로서 대통령을 의미한다. 그래서 자연인으로서 대통령의 고의·과실의 판단기준과 최고헌법기관으로서 대통령의 고의·과실의 판단기준은 엄연히 다르게 설정되어야 한다. 대법원의 판결은 이 점을 제대로 규명하지 않고 있는 것이다.

5 '근거가 있어야 한다'는 뜻(대법원 전원합의체 판결(대법원 2010. 12. 16 선고 2010도5986 전원합의체 판결의 핵심)은 고도의 정치적 성격을 갖는 긴급조치를 발령하는 대통령도 법치주의란 구체화한 헌법과 법률을 준수할 의무가 있다는 것임을 밝힌 것이다(사법심사의 대상). 따라서, 긴급조치는 그 발동 요건을 갖추지 못한 채 목적상 한계를 벗어나 국민의 자유와 권리를 지나치게 제한함으로써 헌법상 보장된 국민의 기본권을 침해한 것이므로 긴급조치를 발동한 대통령에게 헌법준수 의무를 위반한 고의 과실이 있다는 의미이다.

당해 입법을 한 것과 같은 특수한 경우"에는 불법행위가 성립한다는 것이다.

그렇다면 위 대법원(대법원 3부)은 대통령이 단독 기관으로 행사한 긴급조치가 헌법의 문언에 명백히 위배됨에도 입법한 것과 같은 특수한 경우인지를 판단했어야[6] 합당하다.

그러나 위 대법원(대법원 3부)판결은 교묘하게 대법원 2008. 5. 29. 선고 2004다33469 판결에서 기각할 수 있는 반쪽짜리 법리만 원용하고, 인용될 수 있는 "특수한 경우"에 해당하는 법리를 외면[7]하였다.

결국 대법원(대법원 3부)판결은 대법원 2010. 12. 16 선고 2010도5986 전원합의체 판결에도 반하고,[8] 위 대법원 2008. 5. 29. 선고 2004다33469 판결까지 왜곡한 메멘

---

6 서울중앙지방법원 2013가합 544225 판결은 특수한 경우에 해당한다는 판단이다. 즉, 긴급조치 제9호의 내용이 헌법의 문언에 명백히 위반됨에도 불구하고 대통령이 당해 국가긴급권을 행사한 것과 같은 특수한 경우에 해당하므로, 대통령의 긴급조치 제9호 발령행위는 고의 내지 과실에 의한 위법행위에 해당한다고 봄이 상당하다는 것이다.

7 대법원(대법원 3부)이 대법원 2008. 5. 29. 선고 2004다33469 판결을 원용했다면 두가지를 논증해야 했다. 첫째, 대법원 2010. 12. 16 선고 2010도5986 전원합의체 판결에서 긴급조치가 "국회의 입법권 행사라는 실질을 전혀 가지지 못한 것"이라고 밝혔기 때문에 당해 사건에서는 긴급조치가 국회의 입법권 행사의 실질을 갖추었는지를 논증해야 했다. 둘째, 긴급조치가 국회의 입법권 행사의 실질을 갖추고 있으므로 "대통령의 긴급조치 발령행위가 헌법의 문언에 명백히 위배됨에도 불구하고 당해 입법을 한 것과 같은 특수한 경우"에 해당하는지도 논증해야 했다.

8 헌법재판소(2018. 8. 30. 선고 2015헌마861결정) 소수의견은 두 가지 측면에서 위 대법원(대법원 3부, 대법원 2015. 3. 26 선고 2012다48824 판결)이 헌법재판소 결정의 기속력에 위배된다고 보았다. 통치행위도 법치주의 또는 기본권 보장 원칙의 제한을 받는다는 취지는 대법원과 헌법재판소의 입장이 크게 다르지 않다. 따라서, 헌법재판소의 소수의견이 헌법재판소 결정의 기속력에 위배된다는 지적은 통치행위와 관련한 대법원의 입장에도 위배된다는 뜻이다.
아래 헌법재판소 2018. 8. 30.선고 2015헌마861결정(반대의견)의 소수의견 요약.
헌재 2010헌바132 등 결정의 취지는, 국민의 기본권침해와 관련된 국가작용은 사법적 심사에서 면제될 수 없고, 유신헌법의 개정에 대한 주장 금지, 유신헌법과 긴급조치에 대한 비판 금지, 긴급조치 위반자에 대한 법관의 영장 없는 체포, 구속 등에서 긴급조치 제1호와 제9호는 그 위헌성이 명백하고 중대하며, 이들 긴급조치는 애초부터 발령요건을 갖추지 못한 채 국민의 자유와 권리를 억압하기 위한 의도로 발동되었다는 것이다.
긴급조치의 발령이 고도의 정치성을 띤 국가행위이어서 국가배상책임의 성립여부에 관한 사법적 판단의 대상이 되지 않는다는 의미라면 이는 국민의 기본권침해와 관련된 국가작용은 사법적 심사에서 면제될 수 없다는 헌재 2010헌바132 등 결정의 기속력에 위배된다.
긴급조치의 발령이 위헌이 명백한 것을 알면서 입법을 한 특수한 경우에 해당하지 않아 불법행위가 성립하지 않는다는 의미라면, 이는 긴급조치 제1호와 제9호가 명백하고 중대한 위헌성을 지녔으며, 그 위헌성이 정당한 목적을 실현하기 위해 노력하는 과정에서 피치 못하게 수반되는 것이 아니라 대통

토 판결이라는 비판을 피할 수 없는 것이다.

3. 과거사 청산에 역행한 대법원판결의 최대 피해자는 누구인가

과거사 청산에 역행한 대법원판결의 최대 피해자는 국민이다. 폭압적인 유신체제[9]
에서는 그렇다손치더라도 87년 헌법 아래에 재판의 독립이 보장되어 헌법과 법률에
따라 양심적 재판을 하고, 법원이 인권보장의 최후의 보루로서 역할을 하리라는 국민
의 믿음을 배신했기 때문이다.

긴급조치 피해자는 직접적인 피해자들이다. 겨울공화국이라는 유신체제 아래에 민
주주의를 위해 국가의 조직적인 불법행위에 굴하지 않고 인권침해를 감수했는데도 아
무런 구제를 받을 수 없었기 때문이다.

과거사 청산에 역행하는 대법원판결의 징후는 지연손해금의 산정 기준시를 사실심
변론종결시를[10][11] 적용한 것에서 시작되었다.

령이 애초부터 국민의 자유와 권리를 억압하기 위한 분명한 의도로 발령한 데서 비롯된 것이라는 취지
의 헌재 2010헌바132 등 결정의 기속력에 위배된다.

9 박정희 정권은 1970. 7. 16. 대법원의 위헌판결을 막기 위해'위원결정 정족수를 3분의 2 이상의 출석
과 출석 과반수 찬성'에서 '3분의 2 이상의 출석과 출석 3분의 2 이상의 찬성'으로 변경하는 법원조직
법을 여당 단독 통과시켰다.
이는 사실상 법원과 대법원의 위헌법률심판권을 박탈한 것이었는데, 대법원은 1971. 6. 22. 위헌판결
정족수를 제한한 법원조직법도, 군인 등의 국가배상청구권을 제한 한 국가배상법도 위헌이라는 판결
을 하였다(대법원 1971. 6. 22. 선고 70다1010 전원합의체 판결 [손해배상]). 이후 박정희 대통령은
대법원에서 위헌법률심판권을 빼앗아 헌법위원회로 넘겼고, 1973. 3.월 말 유신헌법에 따라 위헌의
견을 낸 손동욱, 김치걸, 사광욱, 양회경, 방순원, 나항윤, 홍남표, 유재방, 한봉세 등 대법원 판사 9명
을 모두 재임용에서 탈락시켰다. 서울지검 공안부 이규명 검사는 1971. 7. 28. 서울형사지법 항소 제3
주 재판장 이범렬 부장판사, 배석 최공웅 판사, 참여 서기 이남영 등 3명에 대한 구속영장을 청구한
사안은 서울민사지법 판사 44명도 집단 사표를 제출하는 등 계속하여 100명이 넘는 법관이 사표를
제출하는 1차 사법파동으로 이어졌다. 재임명에 탈락한 41명의 판사의 대다수는 앞에서 본 국가배상
법 위헌 판결에 논거를 제시했던 하급심 판사, 반공법 무죄를 선고했던 판사, 사법파동의 주역으로
활동했던 판사들이었다. 그 이후 법원은 "판결로 말해야 할 때 침묵했고, 판결로 말하지 말아야 할
것을 말했다."

10 인혁당 관련 사건, 대법원 2011. 1. 13 선고 2010다28833 판결 [손해배상(기)] (재판장 차한성, 주
  심 대법관 박시환, 대법관 안대희, 대법관 신영철), 그 이후에 박근혜 정부(국가정보원)는 인혁당

진실화해위원회의 조사보고서를 재판에서 어느 정도의 증명력을 가지는지에 관한 대법원 2013. 5. 16 선고 2012다202819 전원합의체 판결[손해배상(기)][12] 사건에도 나타났다.

위 대법원판결 다수의견은 진실화해위원회의 조사보고서가 유력한 증거자료 될 뿐이라는 것이었다. 이는 국가의 폭압적인 가혹행위를 당한 사람이 개별적인 증명절차를 거쳐야 한다는 것이었다.[13]

진실화해위원회 조사보고서의 증명력을 부정할 수 없으므로, 그와 다른 사실을 국가가 증명해야 된다는 것이 소수의견이었다.

"과거의 잘못을 반성하고, 과거의 잘못을 답습하지 않겠다"라는 것이 과거사 청산의 본질이고 보면 위 대법원 소수의견이 더 설득력이 있다. 이러한 점에서 위 대법원 다수의견은 과거사 청산에 역행한 것이라고 평가될 수 있다[14].

대법원 2013. 5. 16 선고 2012다202819 전원합의체 판결에서 소멸시효와 관련해

사건 관련 피해자 77명을 상대로 30년치 이자는 물론이고 지연 연체이자 지급하라고 소송을 제기했다.

11 대법원 2011. 1. 13. 2010다53419, 대법원 2013, 3, 26, 2010다108494, 대법원 2012. 3. 29. 2011다38325, 대법원 2012. 3. 29. 2011다38325 사건 등

12 대법원 2013. 5. 16 선고 2012다202819 전원합의체 판결 [손해배상(기)]
【다수의견】심리의 과정에서 정리위원회의 조사자료 등을 보관하고 있는 국가 측에서 개별 사건의 참고인 등이 한 진술 내용의 모순점이나 부족한 점 등을 구체적으로 지적하고 그에 관한 자료를 법원에 제출하여 다투는 것이 바람직하다 하겠고, 그러한 적절한 대응을 하지 못한 때에는 민사소송의 심리구조상 국가에 불리한 평가를 하는 요소로 작용할 수는 있겠지만, 그렇다고 하여 바로 상대방의 주장 사실이 증명되었다고 단정할 것은 아니다.
【소수의견】국가는 진실규명결정의 내용이 사실과 다르다는 점에 관한 구체적인 사유를 주장하고 이를 뒷받침할만한 반증을 제출함으로써 진실규명결정의 신빙성을 충분히 흔들어야만 비로소 피해자 측에 진실규명 결정의 내용과 같은 사실의 존재를 추가로 증명할 필요가 생기고, 국가가 그 정도의 증명에 이르지 못한 경우에는 함부로 진실규명 결정의 증명력을 부정하고 그와 다른 사실을 인정할 수는 없다.

13 특별법에 따른 진실화해위원회 조사보고서의 증명력을 깎아내리는 것은 국회가 만든 특별법보다 민사소송법을 우위에 둔 발상이라는 비판(김영란, 『판결과 정의』, 170).

14 대법원의 다수의견은 민사소송 원칙을 고수하다 과거사위원회의 진실규명 결정, 형사법원 재심결정, 여러 특별법 제정의 입법정신 등 제도적 노력이 수포화되고, 특히 제도폭력에 따른 희생자의 구체적이고 특별한 희생이 결과적으로 재차 제도적으로 무위화 되는 결과가 될 수 있다는 비판, 김상훈 「과거사 국가배상사건에서 국가의 소멸시효 항변 제한 법리」, 『민사법 연구』제22집, 대한민사법학회 2014. 35면.

서 "개별 사건에서 매우 특수한 사정이 있어 그 기간을 연장하여 인정하는 것이 부득이한 경우에도 불법행위로 인한 손해배상청구의 경우 그 기간은 아무리 길어도 민법 제766조 제1항이 규정한 단기소멸 시효기간인 3년을 넘을 수는 없다고 보아야 한다"라고 밝혔다. 이는 소멸시효의 완성을 저지하던 법리[15]가 더욱 제한될 수 있는 여지를 열었다.

그 구체적인 시작은 대법원 2013. 6. 27 선고 2013다23211 판결 [손해배상(기)]이다. 위 대법원판결은 손해배상채권을 행사할 수 있는 상당한 기간을 민법상 시효정지의 경우에 준하여 단기간(정지 사유가 소멸된 날부터 6개월[16] 내)으로 제한하여야 한다는 것이다.[17]

이러한 대법원판결은 6개월 설정 자체의 근거를 가지고 있지 않았다.[18] 예측 가능성을 상실하고 우연한 사정으로[19] 손해배상청구권을 좌우하도록 했다. 끝내는 과거사

---

15 종래 대법원은 과거사 정리 사건 이전부터 여러 가지 논리를 만들어 소멸시효의 법리가 그대로 적용되는 것을 막고자 했다.
(제1 유형) 채무자가 시효완성 전에 채권자의 권리행사나 시효중단을 불가능 또는 현저히 곤란하게 하였거나, 그러한 조치가 불필요하다고 믿게 하는 행동을 한 경우,
(제2 유형) 객관적으로 채권자가 권리를 행사할 수 없는 장애사유가 있었던 경우,
(제3 유형) 시효완성 후에 채무자가 시를 원용하지 아니할 것 같은 태도를 보여 권리자로 하여금 그와 같이 신뢰하게 한 경우
(제4 유형) 채권자 보호의 필요성이 크고 같은 조건의 다른 채권자가 채무의 변제를 받는 등의 사정이 있어 채무이행의 거절을 인정함이 현저히 부당하거나 불공평하게 되는 등의 특별한 사정이 있는 경우.

16 '6개월 내'가 재심 판결 확정일로부터 6개월인 경우, 재심판결 확정 후 6개월 내에 형사보상청구를 한 경우에 형사보상금지급결정이 있는 날로부터 6개월 내에 손해배상청구를 할 수 있다는 대법원판결로 구체화 되었다.

17 이 판결 이후에 대법원은 '상당한 기간'이 6개월이라는 전제하에 원고 측을 패소시키는 다수의 판결로 이어졌다. 6개월이라는 상당한 기간을 제시한 대법원판결은 입법기관이 판단할 문제를 대법원이 대신 정한 것이라는 비판(김영란, 『판결과 정의』, 170).

18 무능력자의 시효정지를 규정한 민법 제179조는 법정대리인이 취임한 때로부터 6개월 동안 시효를 정지시켜 두는 제도이다. 따라서, 이미 완성된 시효를 정지될 수도 없고, 오랜 기간동안 국가기관의 불법행위로 손해를 입어온 당사자들에게 특별법을 제정하여 수십 년 전의 역사적 사실을 다시 규명하고, 피해자와 유족의 피해 회복을 위한 조치를 하겠다고 선언한 사건이어서 6개월은 너무 짧고, 뜻밖의 요인이 생겨서 일시적으로 정지시키는 시효정지제도를 원용할 수 없다.

19 영화 7번 방의 선물의 모델이 사건의 당사자가 고문으로 자백한 사건에서 당사자가 재심무죄 판결이 확정된 후 국가배상청구를 했다. 3년으로 통용되던 상당한 기간이 2심 항소심 판결을 앞두고 6개월로 변경되었다. 그 당시 당사자는 형편이 어려워 형사보상금을 받아 소송을 진행하기 위해 형사보상금지급 청구를 하였는데, 그 지급결정받은 날로부터 6개월 10일이 지난 시점에 소송을 제기했다.

사건에서 3년의 소멸시효를 허용한 취지까지 부인[20]하는 결과를 초래했다.

긴급조치 위반 관련 재심 판결에서 관련자들은 거의 예외 없이 형사소송법 제325조 전단[21]에 의한 재심 무죄 판결을 선고받았다. 그런데, 대법원은 불법행위 인정 요건으로 형사소송법 제325조 후단에 의한 무죄사유가 있었음에 관하여 고도의 개연성이 있는 증명이 된 경우로[22] 한정함으로써 구제 범위를 매우 제한시켰다(대법원 2014. 10. 27 선고 2013다217962 판결 [손해배상 청구의 소]).

과거사 청산에 역행하는 대법원판결이 나온 배경은 양승태 대법원이 사업거래를

검찰청에서 형사보상금지급결정을 하고 난 후 늦게 보상금을 지급했기 때문이다.

결국, 대법원의 기준은 재심 무죄확정판결이 있는 경우에 진실규명결정일로부터 3년의 기간이 도과했더라도 피해자나 유족의 국가배상청구를 인용하는 권리구제 확장효과를 가져오는 것처럼 보이지만, 형사보상결정 확정일로부터 6개월 내에 권리 행사를 요구하는 기준을 엄격하게 적용함에 따라 불합리한 결과가 나타나기도 했다.

과거사정리위원회의 진실규명결정일로부터 약 2년 10개월이 지난 시점에 같은 사건의 원고들이 손해배상청구의 소를 제기했지만, 그 중 재심에서 무죄판결이 확정된 원고에 대한 국가의 불법행위에 대해서는 형사보상결정 확정일로부터 6개월이 지나(8개월) 소를 제기했다는 이유로 국가의 소멸시효 항변이 권리남용에 해당한다고 볼수 없다고 하여 원고들의 청구를 기각한 반면에 재심을 거치지 않은 원고에 대한 국가의 불법행위에 대해서는 진실규명결정일로부터 3년내에 소를 제기했음을 이유로 국가의 소멸시효 항변이 권리남용에해당한다고 판단하여 원고들의 청구를 인용한 사례(대법원 2014. 4. 10. 선고, 2013다215973 판결(납북귀환자 정영 등 간첩조작 의혹 사건)로 파기환송되어 서울고등법원 2014. 11. 4. 선고, 2014나2011718 판결을 거쳐 대법원 2015. 2. 26. 선고, 2014다232258 판결로 확정된 사례도 있었다.

20 대법원 2013. 5. 16. 선고 2012다202819 전원합의체 판결에서 "3년을 넘을 수는 없다"라고 밝혔는데, 재심 무죄 판결 확정일부터 6개월, 형사보상금 지급결정일로부터 6개월이라고 함으로써 3년을 6개월로부터 단축한 꼴이 되었다.

21 형사소송법 제325조(무죄의 판결)"<u>피고사건이 범죄로 되지 아니하거나</u>" 범죄사실의 증명이 없는 때에는 판결로써 무죄를 선고하여야 한다.

22 구체적으로 재심 대상 판결에서 무죄 판결이 있었다는 사정만으로 곧바로 국가의 불법행위에 해당한다고 볼 수 없고, 국가기관이 수사과정에서 위법행위를 하였는지와 그 위법행위와 유죄판결 사이에 인과관계까지 있어야 비로소 불법행위가 성립한다는 것이다. 대다수의 긴급조치 위반 관련 재판기록이 폐기된 상황, 수사기관(중앙정보부 또는 경찰)이 스스로 고문, 가혹 행위 등에 관한 증거를 남기지 않았던 상황에서 원고 측에게 체포구금의 불법상태, 고문 등 가혹행위를 행위를 증명하고, 가혹행위 상태가 법정까지 계속된 상황을 증명한 후에 재판에서 인용되었던 인적 물적 증거의 증거능력 배제한 후에만 국가의 불법행위를 인정하겠다는 것이어서 긴급조치 피해자의 구제에 매우 가혹한 것이었다. 조사위원회의 조사자료에 관한 증명력에 관한 <u>대법원 2013. 5. 16. 선고 2012다202819 전원합의체 판결(다수의견)</u>까지 고려하면 긴급조치 피해자가 불법행위를 증명하는 것은 거의 불가능에 가까웠다.

하였기 때문이라고 단언할 수 있다. 양승태 대법원이 최대 역점사업으로 추진했던 상고법원과 행정부(특히 대통령 입장) 상대 이익, 입법부 상대 이익과 바꾸려는 했다는 것이 검찰수사에서 밝혀졌다.

양승태 대법원장(2011. 9.~2017. 9)은 2014. 6. 17. 상고법원을 대법원 최대 역점사업으로 추진했다. 이를 법률로 추진할 수밖에 없는 상황에서 국회의원 168명을 가지고 있던 새누리당, 박근혜 대통령과 거래를 시도했던 것이다.

그리고 대법원은 2015. 3. 26. 긴급조치권 행사는 고도의 정치행위로서 불법행위가 되지 않는다는 대법원 2015. 3. 26. 선고 2012다48824 판결을 만들어내었다.

양승태 대법원장은 2015. 8. 6.경 청와대 면담에서 긴급조치 배상판결 등을 국정 운영에 협조한 사례로 들었다. 긴급조치 배상판결을 통해 국가배상 책임을 제한함으로써 5,500억원 가량의 국가 예산을 절감하였다고 자화자찬했다. 그리고, 박근혜 대통령에게 상고법원의 도입에 협조를 구하였다(사법농단 공소장).[23]

---

23 공소장에 언급된 내용에는 법원행정처의 <u>사법행정권 남용 사례</u>로 상고법원 추진 등 법원의 위상 강화와 이익을 위해 ① 특히 2015. 7월경부터 국제인권법연구회 소모임 탄압(인사모의 와해, 중복가입 해소조치 등), ② 대한변협 압박 방안 마련 지시, ③ 형사사건에서 성공보수 규제 등 압박방안 검토, ④ 법원 구성원 비리 은폐·축소 시도(검찰의 영장 정보 수집, 수사상황 파악, 검찰 수사 약점 찾기 등), <u>행정부 상대 이익 도모한 사례</u>로 ① <u>강제징용 손해배상 사건</u>(2013. 9. 30. 검토하여 2015. 1. 6. 민사소송규칙 개정하여 국가기관 등 참고인 의견서 제출 제도 도입, 강제징용 재상고 사건 재판의 의도적 지연, 2013. 9. 30. 강제동원자 판결 관련-외교부와의 관계 문건 작성, 재판 개입 목적으로 강제징용 재상고 사건 시나리오 검토 등), ② <u>위안부 손해배상 사건</u>(위안부 손해배상 사건에 소 각하 검토, 외교적 경로를 통한 조정·화해, 원고 청구를 기각하기 위한 논거와 이유 검토 등), ③ <u>전국교직 원노동조합 법외노조 통보처분 사건</u>(2013. 12. 26. 청와대로부터 강한 불만 전달 받은 후 관련 본안 사건 진행 상황 파악지시, 고용노동부 재항고이유서 검토 지시, 대법원 효력정지 재항고 사건 이해득실 검토 지시 등), ④ <u>국가정보원 대선개입 사건</u>(항소심 판결 선고 전 예상 시나리오와 대응방안 검토 지시, 항소심 판결 선고 후 상고심 핵심 쟁점 분석과 대응방안 검토 지시, 각계 동향과 대응방안 검토 지시 등), ⑤ <u>카토 타쓰야 산케이신문 전 서울지국장 사건</u>(청와대의 입장을 반영하기 위한 판결 선고 전 보도의 허위성에 대한 중간판결적 판판 요청, 판결이유와 선고 시 구체적 구술내용 관련 요청, 판결이유 등 설명자료 작성 지시 등), ⑥ 박근혜 전 대통령 가면 판매를 중지시킬 법적 압박 수단 검토, ⑦ 메르스 사태 관련 박근혜 정부의 법적 책임 면제 방법 검토, ⑧ 박채윤의 특허등록무효 사건, ⑩ 국정농단 사건 관련 재판000 검토 보고서 유출 등이다.
<u>입법부 상대 이익 도모 사례</u>로 ① 새누리당 법사위 간사 홍일표 국회의원 사건(정치자금법위반 검찰 수사 사건 관련 검토보고서 작성지시 등), ② 유동수 국회의원 사건(공직선거법위반 사건 관련 양형 검토 지시 등) 등이다.
<u>헌법재판소 상대 위상 강화 목적으로 파견 법관 등을 이용한 사건정보와 동향 수집 사례</u>로 ① 박근혜

이는 법관에게 생명과 같은 재판의 독립, 헌법과 법률에 따른 양심에 의한 재판, 인권 최후의 보루라는 역할[24]을 내팽개친 것이다. 독립의 상대방이 되는 행정부(대통령)와 사법 거래를 한 것이었다.

예로부터 재판은 신을 대리하는 신탁이라고 하여 법정을 신성하게 여겼던 측면에서 사법 거래는 신탁을 받은 법관이 악마와 거래[25]한 것에 비유될 수 있다.

양승태 대법원장은 사법 거래를 관철하기 위해 법관을 사찰했다. 긴급조치 국가배상 인용 판결 법관을 징계까지 했다. 긴급조치 관련 사건을 신속처리 트랙으로 처리하여 최대한 빨리 끝내려 했다.

이 과정에서 대통령의 긴급조치권 행사 부분과 관련하여 불법행위 성립을 부정한 대법원(대법원 3부)의 판결[26]을 만들어냈던 것이다.

위 대법원(대법원 3부)의 판결은 종래 대법원 전원합의체 판결[27] 취지에도 어긋나고, 인용된 대법원판결[28] 사안의 법리도 왜곡시켰다.

오로지 상고법원의 도입을 위해 사법 거래를 한 결과이므로, 현재 대법원이 최고 법

전 대통령 탄핵심판 사건 진행상황 정보와 자료 수집, ② 현대자동차 비정규직 업무방해 사건 관련 청와대를 위한 헌법재판소 압박 시도, ③ 헌법재판소장을 비난하는 내용의 법률신문 대필 기사 게재, ④ 한정위헌 취지의 위헌제청신청결정 사건에 대한 재판 개입, ⑤ 통합진보당 재판 개입과 제소 기획 사건(통진당 관련 행정소송 개입, 통진당 지역구 지방의회의원 상대 제소 방안 검토, 통진당 잔여재산 가압류 사건 재판 개입 등) 등이다.

<u>법원 내부 비판 세력 탄압 사례</u>로 ① 국제인권법연구회와 인사모 관련 직권남용, ② 법관들이 익명으로 참여하는 인터넷 카페인'이OOO판야단법석 카페' 사건(아사야 카페 현황 파악과 폐쇄방안 검토 지시 등 와해 시도 등), ③ 긴급조치 국가배상 인용 판결 법관 징계 시도(징계와 사건 신속처리 트랙으로 시행 등), ③ 대법원 정책에 반대하는 법관 사찰(판사 등에 1~3차까지 사찰지시, 서울중앙지방법원 단독판사회의 의장선거·운영 개입 등), ④ 사법행정위원회 위원 선출 개입 등이다.

24 대한민국 초대 대법원장이었던 김병로는 '법조인의 스승' '사법부의 초석'으로 평가받고 있다. 김병로 대법원장은 퇴임사에서 "<u>법관이 국민으로부터 의심을 받게 된다면 최대의 명예 손상이 될 것이다.</u> <u>법관은 최후까지 오직 정의의 변호사가 되어야 한다</u>"라는 말을 유언처럼 남기고 떠났다.

25 키아누 리브스, 알 파치노가 주인공으로 등장하는 출세에 매달려 어떤 일이든 가리지 않는 변호사가 거대 로펌 기업의 회장에게 스카우트되어 점점 부와 명예욕에 타락해 나간다는 내용을 다룬 영화(데블즈 애드버킷)를 상기하게 한다. 데블즈 애드버킷은 악마의 대변인의 영어며, 말 그대로 악마의 변호사라는 중의적인 의미를 담고 있다.

26 대법원 2015. 3. 26 선고 2012다48824 판결 [손해배상(기)]

27 대법원 2010. 12. 16 선고 2010도5986 전원합의체 판결

28 대법원 2008. 5. 29. 선고 2004다33469 판결

원으로서 스스로 결자해지의 차원에서 위 대법원 2015. 3. 26. 선고 2012다48824 판결을 폐기해야 한다.

그렇게 하지 못하는 경우에 현재 대법원도 사법 거래, 사법농단을 저지른 양승태 대법원 체제와 다르지 않다고 평가받을 것이다.

이미 대통령의 긴급조치권 행사 부분과 관련한 불법행위 성립을 부정한 대법원(대법원 3부)의 판결 등 과거사 청산에 역행하는 대법원판결이 폐기될 징후는 나타나고 있다.

II. 헌법재판소의 결정에 나타난 과거사 청산을 위한 디딤돌

대통령의 긴급조치권 행사 부분과 관련하여 불법행위 성립을 부정한 대법원 판결 이후에 헌법재판소는 2018. 8. 30. 과거사 청산을 위한 디딤돌이 될만한 결정을 몇 차례 하였다.

1. 통치행위도 사법심사의 대상이 됨을 상기시켜 줌

대통령의 긴급조치 발령행위 등에 대하여 국가 배상책임을 인정하지 않은 대법원 판결들은 헌법소원심판청구의 대상이 되었다.

헌법재판소 다수의견[29](재판관 이진성, 김창종, 강일원, 서기석, 조용호, 이선애, 유남석)은 각하 의견이었다. 그러나, 소수의견(재판관 김이수, 안창호)은 헌법재판소의 위헌결정의 기속력에 반하여 기본권을 침해하여 취소되어야 한다는 판단을 하였다.[30]

---

[29] 【다수의견 요지】이 사건 대법원판결들이 헌법재판소의 위헌결정에 반하여 위 긴급조치들이 합헌이라고 판단하였거나, 합헌임을 전제로 위 긴급조치를 적용한 바가 없으며, 나아가 위 긴급조치를 합헌으로 해석하는 취지의 설시도 보이지 않는다. 이 사건 대법원판결들에서 긴급조치 발령행위에 대한 국가배상책임이 인정되지 않은 것은 긴급조치가 합헌이기 때문이 아니라 긴급조치가 위헌임에도 국가배상책임이 성립하지 않는다는 대법원의 해석론에 따른 것이다.

[30] 헌법재판소 2018. 8. 30 자 2015헌마861 등 결정.

헌법재판소 소수의견이 지적한 내용은 다음과 같이 요약될 수 있다.

① 고도의 정치적 성격의 긴급조치도 국민의 기본권 침해와 관련해서 사법적 심사에서 면제될 수 없다.

② 긴급조치는 애초부터 발령요건을 갖추지 못한 채 국민의 자유와 권리를 억압하기 위한 의도로 발동되었다.

③ 대법원판결들은 긴급조치가 위헌이 명백한 것을 알면서 입법을 한 특수한 경우에 해당하는지를 검토하지 않았다.

④ 긴급조치의 발령이 위헌이 명백한 것을 알면서 입법을 한 특수한 경우에 해당하지 않아 불법행위가 성립하지 않는다는 의미라면, 이는 긴급조치 제1호와 제9호가 명백하고 중대한 위헌성을 지녔으며, 그 위헌성이 정당한 목적을 실현하기 위해 노력하는 과정에서 피치 못하게 수반되는 것이 아니라 대통령이 애초부터 국민의 자유와 권리를 억압하기 위한 분명한 의도로 발령한 데서 비롯된 것이라는 취지의 헌재 2010헌바132 등 결정의 기속력에 위배된다.

헌법재판소 소수의견은 대법원 2015. 3. 26 선고 2012다48824 판결 등이 헌법재판소 결정[31]의 기속력에 위배되는 취지로 지적하였다.

이는 대통령의 긴급조치 발령행위 등에 대하여 국가 배상책임을 부정한 대법원 2015. 3. 26 선고 2012다48824 판결이 통치행위라도 사법심사가 되고 긴급조치가 명백한 위헌임을 인정한 대법원 2010. 12. 16 선고 2010도5986 전원합의체 판결에 어긋난다는 것을 지적한 것이라고 할 수 있다.

나아가 위 대법원 2015. 3. 26 선고 2012다48824 판결이 긴급조치가 위헌이 명백한 것을 알면서 입법을 한 특수한 경우에 해당되는지를 검토하지 않았다는 것도 지적하였다.

헌법재판소 소수의견은 위 대법원 2015. 3. 26 선고 2012다48824 판결의 법리적 허구성을 명백히 드러냈던 것이다. 이제 김명수 대법원이 답해야 할 때가 되었다.

---

31 통치행위라도 국민의 기본권 침해와 관련해서는 사법심사가 면제될 수 없다는 헌법재판소 2010헌바132 등.

2. 재판상 화해 규정이 위헌이라는 취지의 결정

헌법재판소(헌법재판소 2018. 8. 30 자 2014헌바180)는 2018. 8. 30. 민주화보상법 제18조 제2항[32]과 관련한 재판상 화해의 효력 규정에 대해 양적 일부 위헌결정을 하였다.

민주화보상법 제18조 제2항이 정신적 손해에 대해 적절한 배상이 이루어지지 않은 상태에서, 적극적·소극적 손해의 배상에 상응하는 보상금 등 지급 결정에 동의하였다는 사정만으로 정신적 손해에 대한 국가배상청구마저 금지하는 것은 헌법상 기본권 보호 의무에 위반된다는 이유이었다.

헌법재판소는 국가가 소속 공무원의 직무상 불법행위로 인하여 유죄판결을 받게 하거나 해직되게 하는 등으로 관련자에게 정신적 고통을 입혔음에도 그로 인한 정신적 손해에 대한 국가배상청구권 행사를 금지하는 것은 국가배상청구권을 인정하는 헌법 제29조에 반한다고 본 것이다.

따라서 위 헌법재판소 결정으로 보상금 등을 지급받은 긴급조치 피해자들에게 민주화운동과 관련한 피해 일체에 재판상 화해와 동일한 효력이 있다고 하면서 소를 각하한 판결(대법원 2015. 1. 22. 선고 2012다204365 전원합의체 판결)[33]은 더 유지하기 어렵게 되었다.

---

32 민주화운동 관련자 명예회복 및 보상 등에 관한 법률(법률 제13289호) 제18조(다른 법률에 따른 보상 등과의 관계 등)
　① 이 법은 민주화운동과 관련하여 「국가유공자 등 예우 및 지원에 관한 법률」, 「보훈보상대상자 지원에 관한 법률」 또는 「5·18민주화운동 관련자 보상 등에 관한 법률」 등 다른 법률에 따른 예우 또는 보상을 받을 수 있는 사람에게는 적용하지 아니한다.
　② 이 법에 따른 보상금등의 지급 결정은 신청인이 동의한 경우에는 민주화운동과 관련하여 입은 피해에 대하여 「민사소송법」에 따른 재판상 화해가 성립된 것으로 본다.

33 대법원 2015. 1. 22. 선고 2012다204365 전원합의체 판결은 앞선 대법원 2014. 3. 13 선고 2012다45603 판결에서 신청인이 보상심의위원회의 보상금 등 지급결정에 동의한 때에는 민주화운동보상법 제18조 제2항에 따라 위자료를 포함하여 그가 보상금 등을 지급받은 민주화운동과 관련하여 입은 피해 일체에 대하여 민사소송법의 규정에 의한 재판상 화해와 동일한 효력이 발생한다라고 밝혔는데도, 서울고등법원(서울고등법원 2012. 11. 29 선고 2012나39181 판결) 등 하급심에서 "국가의 불법행위로 인하여 甲 등이 입은 정신적 피해에 대한 위자료 청구는 민주화운동보상법 제18조에 따른 재판상 화해의 기판력에 저촉된다고 할 수 없다"라는 판결을 하자 명시적으로 전원합의체로 명백히 했던 것이다.

위 헌법재판소 결정이 있게 된 후에 서울중앙지방법원 등 다수의 하급심 법원은 긴급조치 피해자에 대한 정신적 위자료 청구 부분에 관하여 인용하는 판결을 하였다. 그러나, 위 헌법재판소의 위헌결정 형식을 문제 삼아 소를 각하하는 판결을 하는 일부 몰지각한 하급심 재판부도 있다.

3. 중대한 인권침해사건·조작의혹 사건에 대해 민법 제166조 제1항(소멸시효 기산점)과 제766조 제2항의 객관적 기산점을 그대로 적용하는 위헌이라는 취지의 헌법재판소 결정

헌법재판소(헌법재판소 2018. 8. 30 자 2014헌바148 등)는 2018. 8. 30. 과거사정리법이 정한 중대한 인권침해사건에서 국가배상청구권 제한을 정당화한다고 보기 어렵다는 이유로 민법 제166조 제1항(소멸시효 기산점)과 제766조 제2항의 객관적 기산점을 그대로 적용하는 위헌이라고 결정하였다[34].

그리고 위 헌법재판소 결정에서 "피해자 등은 재심판결 확정을 안 날로부터 3년 이

---

34 헌법재판소가 밝힌 주요 근거를 요약하면 다음과 같다.

　(1) 헌법 제10조 제2문은 "국가는 개인이 가지는 불가침의 기본적 인권을 확인하고 이를 보장할 의무를 진다."라고 규정한다. 이처럼 헌법상 기본권 보호의무를 지는 국가가 소속 공무원들의 조직적 관여를 통해 불법적으로 민간인을 집단 희생시키거나 국민에 대한 장기간의 불법구금 및 고문 등에 의한 허위자백으로 유죄판결 등을 하고 사후에도 조작·은폐 등을 통해 피해자 및 유족의 진상규명을 저해하여 오랫동안 국가배상청구권을 행사하기 어려운 상황이었음에도, 그에 대한 소멸시효를 불법행위시점(민법 제766조 제2항) 내지 객관적으로 권리를 행사할 수 있는 시점(민법 제166조 제1항)으로부터 기산함으로써 국가배상청구권이 이미 시효로 소멸되었다고 선언하는 것은 헌법 제10조에 반하는 것으로 도저히 받아들일 수 없기 때문이다.

　(2) 과거사정리법 제2조 제1항 제3호, 제4호의 사건 유형과 같은 내피적인 상황에서 국가가 소연법적인 공권력을 행사함으로써 조직적으로 일으킨 중대한 기본권침해를 구분하지 아니한 채, 사인간 불법행위 내지 일반적인 국가배상 사건에 대한 소멸시효 정당화 논리를 그대로 적용하는 것은 '같은 것은 같게, 다른 것은 다르게' 취급해야 한다는 헌법 제11조의 평등원칙에도 부합하지 아니한다.

　(3) 과거사정리법 제2조 제1항 제4호의 '중대한 인권침해사건과 조작의혹사건'은 수사기관의 가혹행위 등에 의한 유죄판결의 확정으로 형의 집행을 받았기에 피해자로서는 그 유죄판결이 재심으로 취소되기 전까지는 그에 관한 국가배상을 청구할 수 없었던 경우가 많은바, 이러한 사안에 대해 그 불법행위 시점으로부터 소멸시효의 객관적 기산점을 적용하도록 하는 것은 발생한 손해의 공평·타당한 분담이라는 손해배상제도의 지도원리에도 부합하지 않기 때문이다.

내에 국가배상을 청구하여야 민법 제766조 제1항의 단기소멸시효 완성을 저지할 수 있을 것이다."라고 하여 명백한 기준이 제시되었다.

따라서 상당한 기간으로서 6개월 기준을 제시한 대법원판결은 더 유지할 수 없게 되었다.

박정희 정권 당시에 정부가 농민들의 땅을 강제수용한'구로 분배농지' 사건에서 대법원은 위와 같은 헌법재판소의 결정 취지를 받아들이는 판결을 하였다.[35]

국가보안법 위반으로 불법체포·구금과 위법한 수사·재판 후에 재심 무죄 판결이 있었던 사안에 대하여 대법원[36]은 "무죄를 선고한 판시 형사 재심판결이 확정된 2011. 1. 13.로부터 3년이 지나기 전인 2012. 3. 22. 원고들이 이 사건 소를 제기한 이상 단기소멸시효 기간을 준수한 것으로 보아야 한다"면서, 피고의 소멸시효 항변을 모두 배척하는 판결을 하였다.

긴급조치 피해자 관련 사건에서 최근 서울고등법원(제32민사부, 2019나2036194)은 2020. 1. 22. 긴급조치 피해 사건이 중대한 인권침해사건·조작 의혹 사건에 해당하여 소멸시효를 재심 무죄 판결이 확정된 사실을 안 날로부터 3년 이내에 위자료 청구권을 행사할 수 있다고 판결[37]하였다.

---

35 '구로 분배농지' 사건은 정부 산하 수사기관이 불법체포, 감금, 가혹행위 등을 통해 수분배자들의 권리를 포기를 강요하고, 수분배자와 관련 공무원들을 소송사기, 위증 등으로 기소한 후 재판과정에서 증인들을 협박, 기망해 허위증언하도록 했다. 그 이후에 진실화해위원회가 그 진상을 밝혔다.
원고들은 2009. 2. 4. 진실화해위원회의 결정에 따라 재심청구를 하여 2011. 11. 29. 재심 무죄 판결을 받았고, 2011. 12. 7. 위 재심이 확정되었다. 원고들이 2013. 5. 22. 국가를 상대로 손해배상 청구를 한 사안에서 소멸시효 기산점(1999. 1. 1.)으로부터 5년이 지났고, 재심 무죄 판결 확정일로부터 상당한 기간이 지났는데도 원심은 피고 국가의 소멸시효 항변이 허용될 수 없다고 판결하였다. 이에 대법원(대법원 2019. 11. 14 선고 2018다233686 판결 [손해배상(기)]은 헌법재판소의 취지를 인정하여 원심 법원의 판단은 문제없다고 보았다. 동일한 취지의 대법원 대법원 2020. 4. 9 선고 2018다238865 판결 [손해배상(기)].
만약, 헌법재판소의 결정취지를 인정하지 않는 경우에 상당한 기간이 지났으므로 파기환송될 수도 있었다.
36 대법원 2019. 12. 24. 선고 2019다231625 판결 [손해배상(기)].
37 위 서울고등법원 판결은 대한민국이 상고하지 않아 서울고등법원의 판결이 확정되었다. 따라서, 긴급조치 피해자 관련 소멸시효 법리에 관한 최종적인 대법원의 입장이 나올 수 없게 되었으나, '구로 분배농지' 사건과 국가보안법 위반으로 사건에서 헌법재판소의 결정 취지를 인정하는 내용은 긴급조치 피해자 관련 사건에도 적용될 것으로 보인다.

4. 공무원의 고의 또는 과실을 요건으로 하는 국가배상법 규정의 위헌 여부에 관한 헌법재판소의 결정

헌법재판소(헌법재판소 2020. 3. 26 자 2016헌바55·65. 등)는 2020. 3. 26. 공무원의 고의 또는 과실을 요건으로 하는 국가배상법 규정이 헌법상 국가배상청구권을 침해하는 위헌인지를 판단하였다. 합헌이라고 본 다수의 입장(재판관 유남석, 이선애, 이은애, 이종석, 이영진)과 위헌이라고 본 소수의 입장(재판관 김기영, 문형배, 이미선)으로 갈렸다.

헌법재판소 합헌의견(5인의 재판관)은 최근에 국가배상법상의 과실관념의 객관화, 조직과실의 인정, 과실 추정과 같은 논리를 통하여 되도록 피해자에 대한 구제의 폭을 넓히려는 추세에 있고, 피해자구제기능이 충분하지 못한 점은 이 사건 법률조항의 해석·적용을 통해서 완화될 수 있다는 취지를 밝혔다. 다만, 당장은 위헌이 아니라는 것이었다.

반면에 헌법재판소 위헌의견(3인의 재판관)은 원칙적으로 합헌이나, 긴급조치 제1호, 제9호의 발령·적용·집행을 통한 국가의 불법행위의 위법성이 매우 크고 이로 인하여 국민의 기본권이 중대하게 침해되었는데도 고의·과실을 요건으로 하는 위헌이라는 것이다.[38]

---

38 헌법재판소(헌법재판소 2020. 3. 26 자 2016헌바55·65. 등) 위헌의견의 논거는 다음과 같다.
첫째, 국가의 긴급조치 제1호, 제9호의 발령·적용·집행을 통한 의도적·적극적 불법행위에 대해서도 공무원 개인의 법령준수의무와 같은 일반적인 법 논리에만 의지하여 국가의 면책을 용인하는 것은 민주주의와 법치주의를 요체로 하는 헌법의 기본 이념과 도저히 양립할 수 없고, 결국 법치주의에 큰 공백을 허용한다(민주주의와 법치주의 위반).
둘째, 헌법상 기본권 보호의무를 지는 국가가 긴급조치 제1호, 제9호의 발령·적용·집행을 통해 의도적·적극적으로 국민의 기본권을 심대하게 침해하였음에도, 기본권 침해를 일으킨 직무행위를 실제 수행한 공무원 개인의 독자적인 고의 또는 과실이 없다면 국가배상청구권을 인정할 수 없다고 하는 것은 헌법 제10조 제2문에 정면으로 반하는 것이며(기본권보장 의무 위반).
셋째, 긴급조치 제1호, 제9호의 발령·적용·집행을 통하여 의도·적극적으로 행한 불법행위는 국가가 개별 공무원의 행위를 실질적으로 지배하여 이루어졌으므로 그 과정에서 해당 공무원이 스스로 의지나 생각에 따라 그 행위를 회피할 가능성은 거의 없었다고 보아야 하는데도, 공무원의 고의 또는 과실을 요구한다면, 국가가 의도적이고도 적극적으로 국민의 자유와 권리를 침해함으로써 일반적인 불법행위에 비하여 그 위법성이 매우 큰 불법행위에 대해서는 오히려 국가배상책임이 인정될 가능성이 줄어든다는 부당한 결론에 이르러 국가배상을 통한 손해의 공평한 분담이라는 취지에 반한다.

위 헌법재판소의 합헌의견이든 위헌의견이든 모두 긴급조치 제1호 또는 제9호로 인한 손해의 특수성과 구제 필요성 등을 고려할 때 "국가배상법상의 과실관념의 객관화, 조직과실의 인정, 과실 추정과 같은 논리를 통하여 되도록 피해자에 대한 구제의 폭을 넓히려는 추세에 있으므로, 피해자구제기능이 충분하지 못한 점은 이 사건 법률 조항의 해석·적용을 통해서 완화될 수 있다."라는 점에서 공통된다.

5. 소결

긴급조치권 행사는 고도의 정치 행위로서 불법행위가 되지 않는다는 대법원판결이 상고법원 추진을 위해 청와대 국정 운영에 협조한 사법 거래로서 사법농단의 결과라는 것이 드러났고, 위 대법원판결은 법리적 논거도 없는 데다가 헌법재판소가 과거사 청산을 위한 디딤돌 결정들을 내놓으면서 대법원도 과거사 청산을 위한 인권 최후의 보루라는 새로운 역할로서 폐기로 답할 때가 되었다.

III. 총체적 불법행위를 인정한 최근 서울고등법원 판결의 의미

1. 2018. 8. 30. 재판상 화해 효력 규정에 관한 헌법재판소 위헌결정 이후 하급심 판결 동향

헌법재판소(헌법재판소 2018. 8. 30 자 2014헌바180)가 2018. 8. 30. 민주화보상법 제18조 제2항과 관련한 재판상 화해의 효력 규정에 대하여 위헌결정을 하자 긴급조치 관련 많은 사건들의 재판이 다시 속행되었다

국가배상책임을 인정하는 판결이 다수 나오게 되었다. 판결 유형에는 ① 불법행위 인정 요건으로 형사소송법 제325조 후단에 의한 무죄 사유가 있었음에 관하여 고도의

개연성이 있는 증명이 된 경우라고 하면서 불법행위를 인정한 판결39도 있고, ② 긴급조치 제9호에 의한 수사 과정에서의 공무원의 개별적인 불법행위를 인정한 판결40도 있으며, ③ 대통령의 긴급조치 발령행위 자체가 총체적 불법행위에 해당한다고 본 판결4142도 있었다.

긴급조치 제9호에 의한 수사 과정에서의 공무원의 개별적인 불법행위를 인정하면서도 진상규명결정일로부터 상당한 기간 내 청구를 하지 않아 소멸시효가 완성되었다는 취지의 판결43도 있고, 불법행위 시점으로부터 장기간 권리를 행사하지 않아서 소

---

39 서울중앙지방법원(제17민사부) 2013가합544027 판결 등.

40 서울중앙지방법원(제33민사부) 2013가합543000 판결 등.

41 서울중앙지방법원(제16민사부) 2013가합544188-1 판결.
대통령이 국가긴급권을 행사함에 있어서 당시의 객관적 상황을 종합적으로 고려하여 헌법상 발동 요건의 구비 여부를 판단하고 필수불가결한 최소의 한도 내에서 국가긴급권을 행사하여야 할 주의의무를 고의 또는 중대한 과실로 위반하고, 국가긴급권의 행사 내용이 헌법에 명백히 위반될 뿐만 아니라 민주적 기본질서를 향유하기 위한국민의 기본권을 중대하게 침해하는 등 국가긴급권의 행사가 헌법이 대통령에게 국가긴급권을 부여한 목적에 비추어 남용된 정도에 이르렀다면, 그로 인하여 직접 구체적인 법익을 침해당한 국민은 국가에 대하여 국가배상법 제2조 제1항 소정의 책임을 물을 수 있다.
대통령의 긴급조치 제9호 발령행위는 대통령이 국가긴급권을 행사함에 있어서 당시의 객관적 상황을 종합적으로 고려하여 헌법상 발동 요건의 구비 여부를 판단하고 필수불가결한 최소의 한도 내에서 국가긴급권을 행사하여야 할 주의의무를 고의 또는 중대한 과실로 위반하고, 국가긴급권의 행사 내용이헌법의 문언에 명백히 위반될 뿐만 아니라 민주적 기본질서를 향유하기 위한 국민의기본권을 중대하게 침해하는 등 국가긴급권의 행사가 헌법이 대통령에게 국가긴급권을부여한 목적에 비추어 남용에 이르렀다고 판단된다.
그러나 위 판결은 서울고등법원 2014나2036090 사건에서 파기되었다. 즉, 총체적 불법행위가 판단이 배척된 것이었다.

42 2020. 5. 8. 서울중앙지방법원(제20민사부) 2013가합 544348 판결.
대통령의 긴급조치 발령행위가 대통령의 헌법수호의무를 위반한 것으로서 헌법상 발동 요건을 위반하고 그 내용이 헌법의 문언에 명백히 위반됨에도불구하고 대통령이 당해 국가긴급권을 행사한 것과 같은 특수한 경우에 해당될 뿐만아니라 그로 인하여 헌법상 보상되는 국민의 기본권이 직접적이고 중대하게 침해된다는 사정을 잘 알면서도 고의 또는 중대한 과실로 행하여진 것이고, 또한 단순히 발령행위에 그친 것이 아니라 이에 따른 수사와 재판 및 형의 집행을 통하여 국민 개개인에 대하여 실제로 구체적인 피해를 발생시킨 경우에는 그 피해를 입은 국민 개개인에대하여 민사상 불법행위를 구성하고, 그로 인하여 직접 구체적인 피해를 입은 국민은 국가에 대하여 국가배상법 제2조 제1항 소정의 책임을 물을 수 있다고 봄이 상당하다.

43 부산지방법원(제6민사부) 2013가합47678 판결, 원고들이 과거사정리법에 따른 피고의 조치를 기다리는 것이 상당하다고 볼 만한 특수한 사정이 있다고 볼 수 있으나, 나머지 원고들의 이 사건 소는 이 사건 진실규명결정일인 2010. 5. 25.부터 3년이 경과한 이후인 2013. 9. 17. 제기되었음은 앞서

멸시효가 완성되었다는 취지의 판결[44]도 있었다.

2. 서울고등법원 제5민사부(2019나2038473 판결)

서울고등법원(제5민사부, 2019나2038473 판결)은 최근 2020. 7. 9. 긴급조치 제9호의 발령으로 이루어진 불법행위 태양은 위헌적 긴급조치 발령과 그에 따른 일련의 국가작용으로 구성하는 이상 공무원의 고의·과실은 넉넉히 인정된다는 취지로 피고의 불법행위 책임을 인정하였다.

긴급조치권 행사(긴급조치 발령행위)가 공무원의 고의·과실에 의한 불법행위에 해당한다는 것을 최초로 고등법원이 인정하였다는 점에서 의미가 있고, 이는 대법원이 향후 판단할 법리를 명확히 제시하였다는 점에서 의미가 매우 크다.

위 서울고등법원(제5민사부, 2019나2038473 판결)이 밝힌 근거에 대하여 불법행위의 성립요건별로 살펴본다.

1) 법령위반인지에 대하여

기본적으로 긴급조치의 위헌성에 대해서 종래 대법원판결과 헌법재판소의 내용을 원용하였다. 위 서울고등법원(제5민사부, 2019나2038473 판결)은 긴급조치가 "국민의 기본권을 부당하게 침해하여 비례성의 관점에서 도저히 합리적이라고 볼 수 없는 등 그

본 바와 같으므로, 피고의 소멸시효 항변을 배제할 만한 상당한 기간 내에 권리행사를 한 것으로 보기 어렵다.

44 서울중앙지방법원(제20민사부, 2019가합511180 판결, 개별적 불법행위는 긴급조치 제9호의 위헌 여부와 무관하게 그 자체로 불법행위를 구성하다는 점, 이 부분 개별적 불법행위와 관련하여 긴급조치 제9호의 위헌결정이 있거나 이 사건 유죄판결에 대한 재심 절차를 거쳐야만 손해배상을 받을 수 있는 경우에 해당한다고 보기 어려운 점, 망인이 석방된 후 원고들이 이 사건 소를 제기하기까지 약 35년 이상의 기간이 경과한 점 등에 비추어 보면 피고의 소멸시효 항변이 신의성실의 원칙에 반하는 권리남용에 해당한다고 보기 어렵다.

것이 국민 통제의 도구에 불과하였다고 판단"되고 "이를 그대로 집행하고 적용한 일련의 공무집행행위들은 모두 인권 존중, 권력 남용 금지의 원칙을 위반하여 객관적 정당성을 상실하기에" 이르러 "법질서 전체의 관점에서 위법하다고 평가되어야 한다."라는 것이다[45].

2) 공무원의 고의·과실과 관련하여

서울고등법원은 근래에 국가배상법상의 과실 관념을 객관화하거나 조직 과실, 과실 추정과 같은 논리의 개발을 통하여 피해자에 대한 구제의 폭을 넓히려는 추세[46]라는 헌법재판소의 합헌 의견을 원용하였다.

그러면서 서울고등법원은 "긴급조치에 따라 직무를 수행하는 공무원들은 형식적인 법령을 준수하여 행위 한다는 인식을 하면서도, 동시에 직무집행의 상대방에 대한 위법한 침해행위 내지 손해의 발생이라는 결과에 대하여 용인 또는 묵인하였다고 봄이 상당하다(그렇지 않다고 하더라도 그에 관하여 과실이 있었음을 부인할 수는 없다)"라고 판단[47]하였다.

---

45 위 서울고등법원(제5민사부, 2019나2038473 판결)은 "긴급조치 제1호, 제9호의 발령·적용·집행을 통한 국가의 불법행위를 직접 수행한 개별 공무원에게 규범의 위헌성 여부를 심사할 권한도 없었고 불법적인 국가작용에 저항할 것을 기대할 수 없었던 경우라면, 그 불법행위를 수행한 공무원 개인에게 법적 책임을 지우는 것이 어려울 수 있다. 그러나 개별 공무원에게 법적 책임을 물을 수 있는지 여부와 그 공무원의 행위가 객관적 법질서의 관점에서 위법한지 여부를 판단하는 문제는 논의의 평면을 달리하는 것으로서 앞에서 살펴본 판단에 영향을 미치지 아니한다"라고 하였다.

46 헌법재판소 2015. 4. 30. 선고 2013헌바395 전원재판부 결정.

47 판단근거로 위 서울고등법원(제5민사부, 2019나2038473 판결)은 "국가가 긴급조치 제1호, 제9호의 발령·적용·집행을 통하여 일련의 절차를 통해 행한 불법행위는 국가가 개별 공무원의 행위를 실질적으로 지배하였다는 특징이 있는데, 그 과정에서 해당 공무원이 스스로의 의지나 생각에 따라 그 행위를 회피할 가능성은 거의 없었다고 보아야 한다. 이 사건 불법행위는 공무원 개인의 행위를 실질적으로 지배하는 국가 조직에 의하여 이루어진 것으로, 불법행위를 실제로 수행한 공무원은 교체 가능한 부품에 불과하였다고 볼 수도 있을 것이다. 이러한 경우에도 국가배상책임의 성립에 개별 공무원의 고의 또는 과실을 엄격하게 요구한다면, 국가가 국가 시스템을 통해 국민의 자유와 권리를 침해한 조직적 불법행위에 대해 오히려 국가배상책임이 인정될 가능성이 줄어든다는 부당한 결론에 이르게 된다. 이는 국가배상을 통한 손해의 공평한 분담이라는 제도적 취지에 반할 뿐만 아니라, 과

긴급조치의 발령·적용·집행을 통한 국가의 불법행위는 긴급조치에 근거하여 수사를 진행하거나 공소를 제기한 수사기관의 직무 행위와 유죄판결을 한 법관의 직무 행위 그리고 유죄판결에 따라 형을 집행한 행형당국의 직무 행위로 이루어졌고, 이러한 일련의 절차는 모두 공무원의 위법한 직무집행 행위이고 그 과정에서 개별적 공무집행을 행한 공무원의 고의·과실도 인정된다는 것이다.

3) 불법성의 핵심에 대해서

위 서울고등법원은 불법성의 핵심이 긴급조치 자체에 있다는 것을 적절하게 집었다. 그리고 검찰과 법원은 법률을 기계적으로 적용한 측면이 크다고 보았다. 그럼에도 오로지 일련의 국가작용의 최하단에 있는 수사기관의 고문 등 가혹행위에 대해서만 불법성을 인정하는 것은 그와 같은 불법의 근거를 마련하고 이를 지시 내지는 용인한 책임 있는 기관에 대하여 면책을 인정하는 것이어서 책임주의 원칙과도 맞지 않는다고 지적하였다[48].

대통령의 긴급조치 발령행위는 그 위반행위에 대한 수사, 재판, 형의 집행을 당연히 예정하고 있고, 수사, 재판, 형의 집행행위와 분리하여 발령행위 자체만을 판단하여 정치적 책임만을 진다고 할 수 없고, 불법행위책임까지 있음을 밝혔다.

위 서울고등법원(제5민사부, 2019나2038473 판결) 판결과 동일한 취지로 서울중앙지방법원 항소부(제7-1 민사부)도 긴급조치(제9호) 자체로 고의 또는 과실에 의한 불법행위를 구성하므로 국가는 손해배상 책임이 있다고 보았다.

위 서울중앙지방법원 항소부(제7-1 민사부)의 판결 내용을 요약하면 ① 대통령의 긴급조치 발령행위 역시 실질적으로 입법행위로서 성질을 가지고 있으므로, 대통령이 헌

실의 인정 범위를 폭넓게 확대해 국민의 권리를 두텁게 보호하고자 하는 경향성에도 정면으로 반하는 결과이다."라고 지적하고 있다.

48 긴급조치 자체가 불법성의 핵심이지만, 긴급조치에 따라 필연적으로 수반되는 수사, 재판, 집행의 일련의 과정에서 법원도 긴급조치를 기계적으로 적용한 법적인 책임이 있다는 취지로 해석된다. 긴급조치를 기계적으로 적용하는 방식으로 불법의 핵심인 긴급조치를 용인한 법원의 책임을 면책하는 것은 책임주의에 반하는 것이기 때문이다.

법의 문언에 명백히 위반됨에도 굳이 긴급조치 발령행위를 한 경우에 해당하므로 위법하고, ② 긴급조치는 일정한 행위의 금지 및 그 위반자에 대한 강제수사, 형벌 규정을 내용으로 하고 있어 국가기관을 통한 수사와 재판 그리고 형의 집행이라는 일련의 절차를 자연스럽게 예정하고 있고, 그 위헌성이 수사 내지 재판 및 형의 집행 단계에서 이를 적용·집행한 공무원의 직무 행위에 의하여 구체적으로 발현될 수밖에 없으므로, 체포하여 수사하고, 형사판결을 선고하는 등 직무를 집행한 공무원들도 긴급조치의 위헌성 및 이로 인한 원고의 기본권침해 결과를 인식하면서 묵인하였거나 인식할 수 있었다고 봄이 타당하며(고의 또는 과실이 인정된다는 취지), ③ 법령의 위헌성 여부를 심사할 권한이 없어 위헌·무효인 긴급조치 제9호의 집행 거부를 기대할 수 없었다 하더라도, 이로 인하여 위 공무원들 개인에게 법적 책임을 지울 수 없음은 별론으로 하고, 이를 이유로 국가인 피고의 책임이 면제된다고 할 수 없다는 것이다.

4) 형사소송법 제325조 후단에 의한 무죄 사유가 있었음에 관하여 고도의 개연성이 있는 증명을 요구한 대법원 2014. 10. 27. 선고 2013다217962 판결의 부당성에 대하여

위 서울고등법원은 형사소송법 제325조 후단에 의한 무죄 사유가 있었음에 관하여 고도의 개연성이 있는 증명을 요구한 대법원 2014. 10. 27. 선고 2013다217962 판결의 부당성에 대하여 지적하였다.

긴급조치에 대한 위헌선언 이후 긴급조치 위반 재심 사건의 절대 다수가 형사소송법 제325조 전단에 의한 무죄로 판단되었다. 그러므로 첫째로 대법원 2014. 10. 27. 선고 2013다217962 판결로 만든 법리는 형사소송법 제325조 전단에 의한 재심 무죄판결이 도리어 권리구제의 장애가 된다는 것이다.

둘째로, 피해자들이 국가배상을 청구하려면 사실상 수사기관의 가혹행위 등을 입증해야 하는데 그에 관한 증거들은 이미 수사 당시 은폐되었을 것이 분명하고 그나마 남아있는 증거들도 이미 40여 년이 흐르는 동안 대부분 산일 되었다고 보는 것이 경험

칙에 맞지 않다는 것이다. 원고들에게는 당사자 본인 신문 결과나 가족의 증언이 거의 유일한 증거방법을 선택하도록 하는 것은 너무 가혹하다는 것이다.

셋째로, 법원으로서는 그 진술의 허위성을 판단할 마땅한 방법이 없고, 원고들에게 불가능한 입증을 요구하는 것이 되며, 사법부가 갖는 재량의 범위를 감안하더라도 일반 국민들에게 납득하기 어려운 결론이 될 것이라서 부당하는 것이다. 나아가, 긴급조치의 선포와 그에 따른 수사 및 재판, 형의 집행 등 일련의 국가작용에 있어 불법성의 핵심은 긴급조치 자체인 것인데도 제한적인 불법행위 성립요건과 엄격한 증명은 너무 가혹하다는 것이다.

5) 재판상 화해 효력 규정에 관한 헌법재판소 위헌결정의 효력에 대해

위 서울고등법원(제5민사부, 2019나2038473 판결)은 "이 사건 위헌결정은 구 민주화보상법 제18조 제2항의 '민주화운동과 관련하여 입은 피해' 중 불법행위로 인한 '정신적 손해'에 관한 부분이 헌법에 위반된다는 이른바 양적 일부위헌결정의 성질을 갖는 것이고 따라서 헌법재판소법 제47조에 따라 법원에 대하여 기속력이 있다."라고 판단하였다.

6) 소결

위 서울고등법원(제5민사부, 2019나2038473 판결)은 과거사 청산에 역행하는 대법원 판결 이후 긴급조치 관련자의 민사적 피해 구제할 수 있는 법리의 종결판이 될 기준을 제시하였다는 점에서 매우 의미가 있다.

3. 긴급조치 피해자 관련 소송에서의 기타 쟁점

재판상 화해 효력 규정에 관한 헌법재판소 위헌결정이 있기 전에 보상금을 수령 하였다는 이유로 소 각하 판결이 있었던 사건과 관련한 판결 추이를 살펴볼 필요가 있다.

이미 알고 있는 것처럼 경제적 어려움 때문에 보상금을 수령 하였던 긴급조치 피해자들이 제기한 국가배상청구 사건에서 법원은 소각하 판결을 하였다. 이러한 소각하 판결은 양승태 대법원장이 시행한 사건 신속 처리 트랙으로 신속하게 진행된 결과였다.

소각하 판결을 받은 당사자 중에서 위헌법률심판 제청신청을 하지 않았거나, 위헌법률심판제청신청이 기각된 후에 위헌심사형 헌법소원을 제기하지 않았던 사례[49]에서 나타난다.

대법원까지 소각하 판결을 받아 소각하 판결이 확정된 후에 헌법재판소가 2018. 8. 30. 재판상 화해 효력 규정에 관하여 위헌결정을 하자 다시 서울중앙지방법원에 소를 제기한 사안[50]이 있다. 재심 무죄 판결이 확정된 시점에서 3년이 경과된 경우에 특히 문제될 수 있다.

서울중앙지방법원(판사 김병룡, 2018가단5272738 판결)은 전소[51]가 재심 판결 확정일로부터 6개월 이내에 제기한 경우에는 소멸시효 항변을 저지할 수 있는 상당한 기간 내에 권리를 행사한 것으로 보는 것이어서 피고가 소멸시효의 완성을 주장하는 것은 신의성실 원칙에 반하는 권리남용에 해당하여 허용될 수 없다고 하였다.

---

49 법원이 재판상 화해 효력 규정인 민주화보상법 제18조 제2항에 대해서 위헌법률심판제청을 하였거나, 위 제청신청이 기각되자 위헌법률심사형 헌법소원을 제기한 사례에서는 특별히 문제되지 않는다. 재판절차가 속행되거나 헌법재판소법 제75조 제7항에 따라 재심청구를 하면 될 것이다.

50 이러한 경우 주요 쟁점은 소송판결의 기판력 문제와 소멸시효인데, 서울중앙지방법원(2018가단5272738 판결)은 "위헌결정으로 소송요건의 흠결이 보완되어 이 사건 소는 그 기판력의 제한을 받지 않거나, 이 사건에 대해서는 이 사건 위헌결정의 소급효를 인정함으로써 보호되는 원고의 권리구제라는 구체적 타당성의 요청이 보상심의위원회의 보상금 등 지급 결정의 안정성 유지보다 우월하다고 보이므로, 피고의 본안전 항변을 받아들이지 않는다."라고 판단하였다.

51 사건 원고들은 국가를 상대로 손해배상 청구의 소(서울중앙지방법원 2013가합516640호)를 제기하였다가 제1심에서 승소하였으나 서울고등법원(2013나2023516)에서 재판상 화해의 효력을 이유로 각하 판결을 받았고, 대법원에 상고(2014다219163호)하였으나 2015. 3. 12. 상고기각 판결을 받아 위 소 각하 판결이 확정되었다.

새롭게 소를 제기한 시점(2018. 12. 21.)이 재심판결 확정일(2013. 3. 25.)로부터 3년 이내인지를 문제 삼지 않았다.

유사한 사례에서 서울중앙지방법원(제20민사부, 2019가합511180 판결)은 소각하 판결의 기판력에 대해서 전혀 언급하지 않고, 수사 과정에서 개별적 불법행위를 인정하여 국가의 손해배상 책임을 인정하면서도 소멸시효 항변이 신의성실의 원칙에 반하는 권리남용에 해당하지 않는다는 판결[52]을 하였다.

IV. 사법부의 존재 이유는 무엇인가

나는 긴급조치 피해자 관련 사건 등 과거사 사건을 많이 맡았던 법인 사건에서 이름만 올리고 있다가 2018년 연말에 어떤 사정으로 긴급조치 사건의 기록을 보고 서면 작업을 시작했다.

서면 작업 과정에서 몇 가지 단상이 있다. 첫째는 '모든 국민은 인간의 존엄과 가치를 가지며, 국가는 이를 보장할 의무를 진다'라고 규정한 헌법 제10조에 관한 것이다. 역사적 아이러니는 위 헌법 규정이 1962년 헌법에 처음으로 들어갔다는 것이다.

역사적 아이러니라고 하는 이유는 이 규정이 만들어진 배경을 알게 되었기 때문이다. 20세기 가장 훌륭한 헌법이라는 평가받은 바이마르 헌법(1919년) 제1조는 "독일제국은 공화국이다. 국가권력은 국민으로부터 나온다[53]"라고 규정하고 있었다.

바이마르 헌법 아래에서 인류 역사상 가장 참혹한 인권유린, 국민이 선택한 국가권력의 독재라는 히틀러의 나치 정권이 나왔다. 처절한 반성 속에 독일 국민이 헌법 제1

---

52 소멸시효의 항변을 인정하는 논리가 희한하다. 개별적 불법행위가 긴급조치 제9호의 위헌 여부와 무관하게 그 자체가 불법행위를 구성한다고 하면서 소멸시효의 기산점을 불법행위 시점으로 삼고, 35년 뒤에나 소를 제기하였으므로 소멸시효 항변이 인정된다는 취지이다.

53 대한민국 헌법 제1조 ①대한민국은 민주공화국이다. ②대한민국의 주권은 국민에게 있고, 모든 권력은 국민으로부터 나온다. <u>위 헌법 규정은 제헌헌법에서 현재 헌법에 이르기까지 제일 먼저 등장하는 규정이다.</u>

조로 선택한 새로운 헌법 구절은 "인간의 존엄성은 침해할 수 없다. 국가권력은 이 존엄성을 보호할 의무를 진다(1949년 독일 연방 헌법 제1조 제1항)"라는 규정이었다.

이는 국가의 존재 이유, 사법부의 존재 이유가 인간의 존엄성을 보호하는 데 있다는 것을 새롭게 선언한 것이다.

쿠데타로 집권한 박정희 대통령이 새롭게 만든 헌법에 인간의 존엄과 가치에 관한 규정을 넣었다는 것이 가당키나 한 것인가라는 한탄이 나왔다. 이러한 규정을 넣고서도 나치 정권에 비유될 정도의 인권 침해를 자행했다. 참으로 아이러니가 아닐 수 없다.

둘째는 미국 연방대법원은 헌법 규정에 없는 위헌법률심사권[54]을 창조해 내었고, 수정 헌법 제1조에서 "언론, 출판의 자유나 국민이 집회할 수 있는 권리, 정부에 청원할 수 있는 권리를 제한하는 어떠한 법도 제정할 수 없다."라는 규정에 관한 것이다. 이들은 모두 사법부의 존재 이유가 입법부와 행정부가 시민의 기본권을 침해할 때 "최종적인 헌법 수호(The final, respected arbiter of that law)"에 있음을 밝힌 것이다.

셋째는 1994년 넬슨 만델라 대통령이 임명한 남아프리카 공화국 헌법재판소 초대 재판관을 지낸 알비 삭스(Albie Sachs)가 인용한 문구이다. "19세기는 행정부가 국가권

---

54 "마버리 사건(Marbury V. Madison)"은 미국에서 위헌법률심사제도를 헌법 원칙으로 수립한 최초의 판례이다. 마버리 사건은 미국의 연방대법원이 어떻게 행정부와 입법부를 기속(binding)하며 헌법 수호자로서 최고 지위를 가지게 되었는지를 설명해 준다. 마버리 사건으로 미국의 연방대법원이 "최종적인 헌법 수호(The final, respected arbiter of that law)"의 역할을 담당하게 되었다. 미국의 건설을 책임진 미국의 건국 영웅들의 한 사람인 토마스 제퍼슨의 다음과 같은 말이 있다. "정부 모든 부분의 권위, 안녕, 국민의 도덕과 사회의 모든 행복은 고결하고 훌륭한 재판의 운영에 달린 경우가 만히기 때문에 사법권은 입법부와 행정부로부터 분명히 구별되고 이들로부터 독립되어야 한다. 또한 사법부가 입법부와 행정부를 견제해 내야 한다는 것은 이들이 사법부를 견제해야 하는 것과 같다. 그래서 법관은 항상 법률에 대한 지식과 경험이 있고 모범적인 도덕을 가진 매우 인내심 있고 냉정하고 주의력이 있는 사람이어야 한다. 대립적인 이해관계가 서로 충돌해서는 아니되고 법관은 어떤 사람이나 어떤 단체와도 의존관계에 있어서는 아니된다. … 법관의 임기는 그가 위법한 일을 저지르지 않는 한 보장된다."

마버리 사건은 1798년 의회가 제정한 법원조직법(Judiciary Act)에 명시된 하급법원이나 정부 관리에게 연방대법원이 직무 집행할 수 있다는 근거로 원고가 행정부에 대해 의무이행의 집행명령을 내려달라고 대법원에 소를 직접 청구한 것으로써 당시 초유의 사건이었다. 법적 쟁점은 ① 원고는 임명장을 교부 받을 권리가 있는가, ② 원고에게 그 권리가 있고 또한 법률상 구제수단이 존재하는가, ③법률상 구제책으로써 연방대법원이 명령을 내려야 하는가 였다. 대법원은 원고에게 권리가 발생했고, 부당한 침해를 이유로 구제해 주어야 하지만, 법원조직법이 연방헌법 제3조에 위반되어 법률 무효(strike down)가 되기 때문이라고 판결하였다.

력을 장악한 세기였다. 20세기는 입법부가 행정부에 통제력을 행사한 세기였다. 그렇다면 21세기는 사법부가 입법부와 행정부로 하여금 국민의 권리와 관련한 기본적 규범을 존중하도록 보장하는 세기가 될 것이다."

위 문구도 결국 사법부의 존재 이유가 국민의 권리와 관련한 기본적 규범을 존중하도록 보장하는 데 있음을 강조한 것이다.

그런데 대통령의 긴급조치권 행사 부분과 관련한 불법행위 성립을 부정한 대법원(대법원 3부)의 판결은 어떤가.

양승태 대법원장은 2015. 8. 6.경 청와대 면담에서 대통령의 긴급조치권 행사 부분과 관련한 불법행위 성립을 부정한 대법원(대법원 3부)의 판결을 국정 운영에 협조한 사례로 들었다고 한다. 차마 표현할 말이 없다.[55] 위 대법원판결을 그대로 베끼고 있는 하급심 판사들은 또 어떤가.

세상 모르는 직업 법관[56]은 고착되어 온 형식적 법리만을 우선으로 고려하고, 과거의 잘못을 반성하고 또한 그러한 과거의 잘못을 답습하지 않겠다는 과거사 청산의 본질을 이해하지 못한다. 형식적 법리만 우선시한 나머지 사법부의 존재 이유를 깊게 성찰하지 않는다.

과거사 청산이라는 문제를 겪은 나라[57]는 많다. 과거사 문제를 불러일으킨 것은 기

---

55 공개된 공소장을 통해서 밝혀진 사법농단 행태들은 거의가 사법부 스스로 재판의 독립성, 헌법과 법률에 따른 양심에 의한 재판, 인권 최후의 보루 역할을 무너뜨림으로써 법치주의와 민주주의를 파괴한 헌법파괴행위에 해당된다.

56 직업법관이라 함은 경력의 전부를 직업 법관으로 일하는 법률가들로 법원이 구성하는 시스템에 있는 법관을 말하고, 직업법관은 법의 본질(인권과 정의 등), 재판의 독립, 사법부의 존재 이유 등을 깊게 고민하면서 새로운 법리를 만들어 내기보다 자기 앞에 제출된 사건만 익숙해지고, 그러다 보면 수동성에 빠지게 된다는 비판을 받는다. 긴급조치권 행사의 불법성을 부인한 대법원 2015. 3. 26 선고 2012다48824 판결, 위 대법원판결을 그대로 베껴 쓴 하급심판결은 "과거의 잘못을 반성하고, 과거의 잘못을 답습하지 않겠다"라는 과거사 청산을 목적으로 만들어진 특별법의 정신을 살릴 수 없는 직업법관제 탓도 클 것이다.

57 독일, 프랑스, 스페인, 러시아, 아르헨티나, 칠레, 남아공, 알제리 등이다. 독일이 경우는 나찌즘, 프랑스는 나치독일의 침략, 스페인은 프랑코의 통치, 러시아는 스탈린의 독재, 아르헨티나와 칠레는 군부독재, 남아공은 흑백 인종차별주의, 알제리는 프랑스의 식민 지배의 역사적 경험이 과서가 청산의 과제가 되었다. 그러나, 어느 나라든지 그 청산 과정이 사법부의 주도로 이루어진 경우는 없었다. 입법부의 특별법으로 해결하려고 하였다.

존의 가치[58]인데, 그것을 변화시키지 않은 채 과거사 청산의 문제를 해결하려고 하면 한계에 부딪힐 수밖에 없다. 우리 사법부는 과거사 청산에서 대상이자 주체인 이중적인 지위[59]에 놓여 있었다.

이런 이유로 대법원은 전원합의체 판결[60]로 과거사 청산의 밑돌을 놓았다가, 대법원 3부 판결[61]로 스스로 밑돌을 빼버리는 상황을 자초하였다.

사법농단 공소장에 기재된 사법농단 실태는 사법부가 과거사 청산을 제대로 할 수 없다는 것을 분명하게 보여주었다. 판사에게 생명과도 같고, 입법부와 행정부로부터의 재판의 독립, 헌법과 법률에 따른 양심적인 재판을 할 헌법상의 의무를 저버린 사법농단의 판사를 반드시 탄핵할 필요가 있다.

탄핵은 스스로 과거사 청산을 하지 못하는 사법부에 대해서 과거와 결별하고 헌법가치를 제대로 실현하라는 강력한 경고가 될 것이다.

한편 어쩌겠는가. 유신체제 아래에 인권을 침해한 긴급조치의 불법성을 확인하여 긴급조치 피해자에 대한 국가의 손해배상 책임을 인정하고, 이를 계기로 다시는 국가가 감히 기본권을 침해할 수 없도록 최종적인 헌법 수호자가 사법부인 것을….

양승태 대법원의 사법 농단은 현재 김명수 대법원의 위기이면서 기회이다. 재판의 독립이, 헌법과 법률에 따른 양심적 재판이 사법 거래 대상이 되어 사법부 신뢰를 땅에 떨어지게 한 측면에서 위기이지만, 재판을 포함한 모든 권력 행사의 정당성은 국민에게 있다는 촛불정신을 기억하고 유신체제 아래에 판결로 인권 침해를 용인하거나 방조한 사법부의 과거 잘못을 처절히 반성하는 판결을 내놓는다면 비가 온 뒤에 땅이 굳어지는 것처럼 사법부의 신뢰를 회복하는 기회가 될 것이다.

---

58 이용훈 대법원장은 과거사 정리 방법을 크게 세 가지(첫째는 재심, 둘째 법원 내 인적 청산이고, 셋째는 과거사위원회 같은 기구를 만들어 조사하는 방법)로 보면서 "사법권의 독립이나 법적안정성 같은 다른 헌법적 가치와 균형을 맞추려면 재심 절차를 통해 판결을 바로 잡는 길밖에 없다"고 하였다.

59 사법부 자체의 과거사를 어떻게 정리할 것인지의 문제(청산 대상, 발제자 각주임)와 더불어 국가기관 전체의 과거사 문제에 대한 형사 재심과 민사적 배상 및 보상의 문제를 어떻게 처리할 것인지의 문제(청산의 주체, 발제자 각주임)를 말한다(김영란, 『판결과 정의』, 136).

60 대법원 2010. 12. 16 선고 2010도5986 전원합의체 판결.

61 대법원 2015. 3. 26 선고 2012다48824 판결.

지연된 정의는 정의가 아니라는 말로 현재 대법원에 덧씌우지 않도록 하루라도 속히 대통령의 긴급조치권 행사 부분과 관련한 불법행위 성립을 부정한 대법원판결을 폐기하는 판결을 희망한다.

4부

박정희 유신체제의 전이와
재발 방지를 위한 면역적 청산

— 과거사 청산의 국제적 범형

과거사 청산과 사법부의 탈성역화*

이종구

(대구경북과학기술원 초빙석좌교수, 성공회대 명예교수)

I. 도입: 사법농단과 과거사 문제

문재인 정부가 수행해야 할 가장 큰 과제는 촛불 시민의 뜻을 정책으로 구현하는 일이다. 공정성은 촛불 시민이 공유하는 핵심적 가치이다. 사법부는 공정성의 가치를 수호하는 제도이다. 사법제도는 사회 규범의 최종 기준을 제시하고 위반자를 제재하여 사회 통합을 유지하는 기능을 수행한다. 양승태 전 대법원장과 일부 법관의 사법농단은 사법부가 공정성의 가치를 제대로 수호하지 못하였다는 것을 의미하며, 이는 사회를 파괴하는 행위였다. 즉, 사법부가 무규범 상태를 조장하여 사회 구성원을 고도의 위험에 빠뜨리는 행위를 한 것이다. 양승태 전 대법원장의 사법농단 사태는 다수의 피해자를 양산했다. 피해자 중에는 박근혜 정권 시절에 발생한 각종 사건 관련자만이 아니라 군사정권 시대의 인권 탄압 사건 피해자도 포함되어 있다. 사법농단 사건을 자행한 법관들은 민주화의 흐름을 차단하고 과거 군사정권 시대의 폭정을 정당화하려 시도했다. 군사정권에 항거한 민주화운동 관련 사건과 각종 인권 유린 사건에 대한 사법부 고위층의 부당한 개입은 개인과 조직의 이익을 내세워 민주사회를 파괴하는 범죄이기도

---

* 이 글은 2018년 12월 19일, 국회에서 열린 더불어민주당 '역사와 정의 특별위원회' 주최 '제3차 당정청 정책토론회'에서 발표한 "사법농단에 얽힌 민청학련"의 내용을 일부 수정한 것임을 밝힌다.

하다. 현재 시점에서 사법농단을 바로잡는 것은 가담자 처벌로 끝날 일이 아니며, 과거에 자의적으로 행사된 국가권력의 피해자에 대한 명예 회복과 합리적인 보상 방안을 강구할 필요가 있다.

II. 과거사 청산의 제도화

전반적인 사회의 민주화와 함께 군사정권 시대에 자행된 각종 인권 탄압 사건은 청산의 대상이 되었다. 1990년대 이후 정부는 일련의 과거사 청산 작업을 통해 진상 규명, 명예 회복, 보상 등의 조치를 시행하기 시작하였다. 이는 형사 재심을 통한 무죄 확인과 형사 보상, 국가를 상대로 한 민사 배상소송의 근거가 되었다. 현재 사법농단 피해자의 구제는 과거사 청산 과정에서 빼놓을 수 없는 가장 중요한 주제이다. 그러나 이를 위해서도 과거의 경로를 돌이켜 볼 필요가 있다.

1987년 6월에 있었던 전국적인 시민항쟁은 전두환 정권이 퇴진하는 계기가 되었다. 한국사회에서는 제도적 민주화가 진행되기 본격적으로 진행되기 시작하였다. 이와 함께 과거에 자행된 국가폭력 피해자의 문제가 공론화되기 시작하였다. 우선 1980년 5월에 전두환을 비롯한 신군부가 광주에서 벌인 민주 시민에 대한 무력 진압과 살상행위에 대한 진상 규명을 요구하는 운동이 고조되었다. 이와 함께 박정희·전두환 정권 시대의 각종 국가폭력 피해자들이 항의 운동이 시작되었으며, 심지어 정부 수립 전후에 벌어진 제주 4·3 사건의 진상 규명을 요구하는 집회도 열릴 수 있었다. 이와 같은 시민사회의 요구를 반영하여 정부는 각종 과거사 관련 위원회를 설립하고 진상 규명, 피해자의 명예 회복과 보상, 배상 등의 조치를 실시하기 시작하였다. 각종 과거사 관련 위원회의 활동은 형사 재심을 통한 무죄 확인과 국가를 상대로 한 민사 배상 소송의 근거가 되었다. 그러나 사건마다 개별적으로 만들어진 법률에 근거를 가지고 만들어진 위원회의 기능과 활동 범위가 상이해 실질적인 구제를 사법부의 판단에 의존하게 되는 사례가 다수 발생할 수밖에 없었다. 심지어 동학 혁명 당시의 피해자를 찾는 위원회까지 만들어지고 경찰, 검찰, 법원, 국정원 등 공권력 행사와 관련된 각종 국가기관마다 과거사 위원회가 만들어지는 상황도 나타났다. 그러나 이 글은 전체적인 주제의 성격에 비추어 군사정권 시대에 발생한 공권력에 의한 인권 탄압 사건에 대한 과거사 청산 문제로 논의를 한정하였다.

1990년에 공포된 "5·18민주화운동 관련자 보상 등에 관한 법률(약칭: 5·18보상법)"에 의해 설치된 "5·18 민주화운동 관련자 보상지원위원회", "5·18 민주화운동 관련자 보상심의위원회"는 진상 규명과 피해자에 대한 보상을 실시할 수 있었으며 피해자들은 사법부에 호소할 필요가 없었다. 사건을 재평가하고 피해자에 대한 보상 조치를 실시하도록 규정한 "5·18보상법"의 법률 조문과 시행 내용에 대해서는 현재까지 피해자와 시민의 특별한 이의제기가 없으며, 일단 사회적 합의가 이루어졌다고 평가할 수 있다. 반면에 기타 과거사 관계 법률에 따른 조치의 시행은 순탄하지 않았으며 특히 박정희 정권의 유신체제에서 벌어진 인권 탄압에 대한 역사적 청산은 미완의 과제로 남아있다.

의문사진상규명위원회(2000. 10.-2004. 6.), 군의문사진상규명위원회(2006. 1.-2009. 12.)는 논의 자체가 금기였던 군사정권 시기에 사회와 군사 조직에서 발생한 의문사 사건을 공론화하고 피해자의 명예 회복을 촉구했다는 의미가 있다. 두 개의 의문사위원회는 모두 권한의 제약으로 충분한 진상 규명 활동을 전개하기 어려운 한계를 가지고 있었으나 이후에 재수사와 국가배상을 요구할 수 있는 근거 자료를 생산하는 성과를 남겼다. 2005년에 공포, 시행된 진실·화해를 위한 과거사정리기본법(약칭: 과거사정리법)에 의거해 2006-2010년에 걸쳐 활동한 "진실·화해를 위한 과거사정리위원회(진화위)"는 일제 강점기 이후의 인권 침해 사건, 해방 이후의 민간인 학살사건에 대한 진실 규명과 함께 피해 보상과 명예 회복을 위해 필요한 조치를 정부 부처에 건의할 수 있었다. 이러한 입법 조치를 거쳐 공개적 논의 자체가 금기시된 한국전쟁 시기의 민간인 학살 사건과 조작 간첩단 사건의 진실을 공개하는 성과가 산출되었으며 피해자들은 이를 근거로 국가 배상과 신원을 위한 소송을 제기할 수 있었다. 그러나 대상이 되는 사건의 규모와 성격에 비해 진화위가 현실적으로 사용할 수 있는 시간과 예산이 한정되었을 뿐만 아니라 활동이 개시된 직후에 정권 교체되는 등이 제약 요인을 감수해야 했다.

의문사 관련 위원회와 진화위는 모두 사실 조사에 중점을 두고 있었으며 피해 보상은 업무에 포함되지 않았다. 조사 권한과 자원의 한계에도 불구하고 공적인 국가기구가 의문사 사건을 다루었다는 사실 자체가 의미가 있다. 그러나 이들 위원회에서 해결되지 않은 많은 사안의 진상규명은 여전히 국가의 책임으로 남아있다. 즉, 이러한 사례는 촛불 정부가 과거사 정리법의 시행 내용을 재검토하고 필요한 후속 조치와 보완 조치를 강구해야 하는 과제를 안고 있다는 사실을 보여주고 있다. 또한 국가정보원 과거 사건 진실규명을 통한 발전위원회(2004.11.~2007.11.)의 활동은 밀실 속에 은폐되어 있던 정보기관이 저지른 횡포를 일부나마 세상에 드러내었다는 의미를 가지고 있다.

유신정권이 양산한 무수한 긴급조치 피해자에 대한 과거사 청산 문제는 2000년에 공포 시행된 민주화운동 관련자 명예 회복 및 보상 등에 관한 법률(약칭: 민주화보상법)에 의거한 "민주화운동 관련자 명예 회복 및 보상 심의위원회(민보상위)"와 가장 관련이 깊다. 민보상위는 권위주의적 통치에 항거한 민주화운동 관련자에 대한 생활지원금과 의료비를 지급하고 명예 회복 조치를 유관 조직에 권고하였다. 그러나 민주화운동에 참가한 인사들의 시각에서 보면 민보상위는 다년간의 활동을 통해 남긴 많은 성과에도 불구하고 이하와 같은 다양한 문제를 안고 있다.

① 권위주의적 통치에 항거한 사실의 유무를 기준으로 인정한 민주화운동 관련자가 보상, 명예 회복의 대상이므로 피해자들이 누락되는 결과가 되었다. 불평불만이나 실언때문에 유언비어 살포를 이유로 체포, 구금되거나 간첩단 사건으로 조작된 인사는 결국 재심 소송 절차에 의존할 수밖에 없게 되었다.

② 도시근로자 평균 소득 이하의 저소득자를 대상으로 생활지원금을 지급하고, 이를 국가와 민사상의 합의가 성립된 근거로 간주한다는 각서를 받았으므로 결과적으로 관련자 여부 심사 당시에 저소득자였던 인사는 법원에 국가 배상 청구를 할 수 없게 되는 역차별 문제가 발생하였다. 또한 이는 가족 개인의 권리가 가구의 경제 상황을 이유로 부인될 수 있다는 결과를 초래했다. 최대의 문제는 기존 대법원 판결 중에는 민보상위의 생활지원금 수령 여부를 고려하지 않고 국가 배상을 인정한 사례가 다수 존재한다는 사실에 있다. 즉, 대법원 판결 자체가 일관성을 상실하고 있으므로 피해자들은 소송을 제기하는 시점에 따라 동일 사안에 대해 상반되는 판결이 나오는 모순과 부딪치게 되었다. 최근 11월 15일에는 기존 판결과 배치되는 민보상위의 생활지원금을 수령

한 인사들에게도 정신적 위자료 지급을 인정하는 판결이 내려졌으며 정부 측이 항소를 하지 않아 확정되었다. 그러나 이미 생활지원금 수령을 이유로 국가배상이 거부된 인사들에 대한 처리 방안은 밝혀지지 않았다.

③ 명예 회복 및 보상의 대상이 되는 사건의 발생 시기가 삼선개헌 이후에서 한일회담 반대 운동 이후로 확대되었으므로 민주화운동의 개념과 범위에 대한 혼란이 조장되었다.

④ 본인이 서류적 근거를 마련하여 심사를 신청하도록 절차가 규정되어 있으므로 가까운 연고자가 없는 국외 거주자나 사망자, 심신 미약자는 원천적으로 명예 회복 및 보상에서 배제되는 결과가 되었다. 정부는 정보수사기관 내부에 축적된 자료에 입각하여 민주화운동 관련자 여부를 신속하게 파악할 수 있다.

⑤ 해고자의 경우 민보상위의 복직 권고가 수용된 사례는 없다. 학사징계를 받은 경우에도 소속 학교로부터 민보상위 권고에 따른 명예 회복 결과에 대한 연락을 받았다는 사례가 없다. 즉, 민보상위는 복직 권고, 명예 회복 권고의 이행 여부와 이행 수준을 점검하고 가시적인 조치를 요구하는 활동을 할 수 있는 권한이 없었다.

⑥ 민주화운동 관련자로 인정된 인사도 개인적으로 재심을 신청하여 무죄 판결을 받고, 국가를 상대로 민사배상을 요구하여 자력 구제하는 방법을 선택할 수밖에 없는 결과가 되었다.

III. 사법농단과 과거사 청산

사법부에서 재심과 배상 절차를 밟고 있는 유신정권 시대의 민주화운동 관련 피해자들은 정권이 바뀌면 사법부의 판결 기준도 달라지는 상황을 경험하였다. 즉, 재판의 독립성이라는 명분은 오히려 군사정권이 남긴 폐해 시정에 소극적인 법관의 자기 방어 기제로 활용되었다. 현실 정치 권력의 향배에 민감한 구시대의 법관들이 잔존하는 사법부를 상대하는 과정에서 피해자들은 현실적으로 다음과 같은 문제에 직면하고 있다.

① 긴급조치 9호 피해자는 긴급조치는 위헌이지만 체포, 구금에 대한 국가의 공권력 행사 자체는 합법이라는 "위헌합법론"에 가로 막혀 민사 배상 소송이 진행되고 있지 않다. "위헌합법론"의 논리에 의하면 체포, 조사, 구금에 종사한 공무원이 자행한 고문 등의 불법 행위를 피해자가 입증해야 한다. 그러나 40여년 이전의 일을 증명할 수 있는 자료는 사실상 없다. 긴급조치 1호 피해자들에게도 유사한 이유로 국가 배상이 거부되고 있다.

② 긴급조치 4호 민청학련 사건 피해자 중에도 국가배상 소송 제기를 할 수 있는 소멸시효 기간이 형사 재심의 무죄가 확정되어 국가의 위법 행위로 인한 피해를 인지한 이후 3년 이내에서 형사보상결정 이후 6개월 이내로 단축됨에 따라 소송이 각하되는 사례가 나타나고 있다. 이러한 문제는 재일동포 유학생 조작 간첩단 사건에서도 나타났다. 소멸시효 단축은 국가의 위법 행위에 대한 소송을 제기할 수 없었다는 과거사 사건 피해자의 특성을 무시한 결정이었다. 더구나 형사보상 결정과 실제 보상금 수령 시점 사이에는 상당한 공백이 있으므로 생활고에 시달리는 피해자들은 인지대를 비롯한 소송 비용을 마련하기 힘들어 신속한 대응을 하기 어려웠다. 소송 진행 도중에 대법원이 기준을 변경하여 소멸시효 기간을 단축하는 행위는 일반 시민의 상식적으로는 납득이 가지 않는 행동이다. 소멸 시효 단축은 정치와 무관한 일반 형사 사건에서도 피해자가 발생하는 문제를 초래했다.

③ 1974년 4월에 8인의 사형이 집행된 인혁당 사건 피해자의 경우에는 민사 2심 판결 이후 배상금을 수령하였으나 대법원이 국가배상의 지연 이자 기산 시점을 피해 발생일에서 고법 변론 종결일로 변경하였으므로 장기간에 걸쳐 발생한 이자를 반환해야 했다. 배상금을 산정할 때 적용되는 이자 산출 기준을 변경한 법관들은 국가의 재정적 부담을 줄여야 한다는 사명감은 투철했지만 피해자의 입장을 헤아리는 안목과 공감 능력은 충분하지 못했다.

④ 해직 언론인, 해고 노동자의 사례를 보면 민보상위는 부당한 공권력의 개입에 항거한 민주화운동으로 판단하였지만, 법원은 노사관계의 문제로 해석해 국가의 책임을 인정하지 않고 있다. 즉, 국가기관의 견해가 상충되고 있으므로 피해자에게 새로운 피해가 발생하고 있다. 이와 같은 과거사 사건의 경우에는 국가 권력이 개입했다는 사실

의 여부는 국가 기구가 확인해야 한다. 만일 노동사건에 대한 민보상위의 판단을 법원이 신용할 수 없다면 민보상위의 행적 자체가 새로운 조사 대상이 될 수밖에 없다는 논리적 결론이 도출된다.

⑤ 사회적 비용을 절약하려면 사법부가 스스로 사법농단으로 대법원에서 확정된 판결을 수정할 수 있는 방안을 제시할 필요가 있다.

⑥ 현재 과거사 정리를 하려면 우선 대상과 절차를 확인하는 작업부터 출발할 필요가 있다. 예를 들어 제주 4·3 사건에 대한 국가의 책임을 인정한다면 과거 진실화해위가 진행했던 한국전쟁 시기의 민간인 학살 문제에 대한 진상 규명 작업의 재개를 늦출 이유가 없다. 또한 1979년 10·28 이후 전두환 신군부가 계엄령 하에서 자행한 각종 탄압 행위나 1980년대의 각종 공안사건은 민보상위가 민주화운동 관련성을 인정했음에도 불구하고 피해자 개인이 소송을 제기해야 실질적인 구제 절차가 개시된다. 이러한 문제를 통합적으로 파악하고 정리할 수 있는 국가 기구의 정비가 요청된다.

이상에서 살펴본 바와 같이 민보상위를 비롯한 과거사 청산 업무를 수행한 각종 위원회와 법원의 입장 차이는 양측 구성원의 개인적 자질이나 정치 성향의 차이에서 비롯되는 일로 환원해 해석할 수 없다. 즉, 제도의 정합성 부족에서 발생한 마찰이므로 국회와 정부가 합리적인 과거사 정리 방향과 기구를 정비하는 과제의 시급성을 인식하고 구체적인 실천 방안을 모색할 필요가 있다. 또한 시민사회에서도 피해자 구제를 개별 민원 해결이 아니라 민주적 사회 질서의 정착이라는 대의에 비추어 합리적인 방안 마련을 위한 공론화 과정에 적극적으로 참여할 필요가 있다.

IV. 마무리: 피해자 구제와 사법부의 탈성역화

1987년의 시민항쟁 이후 제도적 민주화는 상당한 수준으로 발전했지만 민주화운동에 참가한 시민의 정치적 의사를 정치에 반영하는 통로는 좁았다. 따라서 보수 정치세력과 진보적인 민주화운동 세력이 국회 내부에서 동거하며 정치적 의사결정을 할 수밖에 없었다. 군사정권이 남긴 폐해를 시정하는 과거사 청산도 제도적 절차를 마련해 가며 느리게 진행될 수밖에 없었다.

현재는 지나간 부조리와 비리를 고발하는 것보다 해결 방안을 모색하는 논의가 중요한 시점이다. 피해자 단체의 입장에서 볼 때 비정상적 사법농단 행위에 가담한 법관을 적발하고 처벌하는 것은 사법부의 정상화를 지향하는 개혁의 본류가 아니다. 무수한 반성과 개혁 논의에도 불구하고 지금의 사법부는 급변하는 사회에서 발생하는 갈등과 쟁점을 정리할 수 있는 능력을 충분하게 구비하고 있지 않다. 건국 이후 신성한 영역으로 취급된 사법부는 외부 사회의 변화에 둔감할 수밖에 없었다. 민주화운동의 격동도 사법부 내부에 파급될 수 없었다. 법원 건물 바깥의 시민사회에서는 이미 통용되지 않는 낡은 관행과 사고방식이 사법부 내부에서는 점잖고 정상적인 일상 질서로 잔존할 수 있었다.

대법원에서 확정 판결이 내려진 많은 과거사와 관련된 불합리한 판결을 바로 잡을 수 있는 합법적인 제도적 방법은 없다. 공권력의 피해자가 국가 배상 소송을 제기할 수 있는 소멸 시효 기간을 단축하고 민보상법에 의거한 생활지원금 수령을 국가와 민사상의 화해가 성립된 것으로 간주한 대법원 판결에 대해 헌법재판소는 2018년 8월 30일에 다른 견해를 제시했다. 그러나 헌재는 대법원에 대해 이행을 강제할 수 있는 권한이 없다. 따라서 국회가 과거사 처리에 대한 특별법을 제정한다면 군사정권 시대에 권위주의적 통치에 대해 항거했거나 피해자가 된 인사에 대한 구제 방안이 필수적으로 포함되어야 진정한 화해와 사회통합이 이룩될 수 있다.

다행스럽게도 촛불 정부에 들어와 진화위의 재가동이 국회에서 결정되었으며, 현재 상태로는 2020년 연말 이전에 진화위가 구성을 완료하고 전두환 시대에 벌어진 감독 관청의 묵인하에 사회복지를 빙자하여 무고한 시민을 강제노동에 동원히고 잡단 살해한 형제복지원 사건을 비롯한 과거사 사건의 진상 조사를 개시할 예정이다. 그러나 여순반란사건, 보도연맹 사건, 등을 비롯한 한국전쟁 발발을 전후해 벌어진 각종 민간인 학살 사건에 대한 조사가 시작되면 격렬한 이념 논쟁이 재연될 가능성이 높다. 정부와 집권당은 이를 회피할 것이 아니라 전향적 자세로 과거사 문제에 개입하여 사회적 합의가 도출될 수 있는 여건을 조성할 역사적 책무가 있다.

진화위가 아무리 일을 깔끔하게 처리해도 피해자의 신원과 명예회복은 궁극적으로 사법부의 역할이다. 따라서 사법부는 피해자가 제기한 소송을 사무적으로 진행하는 피동적인 자세를 버려야 한다. 그렇지 않으면 피해자들이 자기 부담으로 지루한 소송 과정을 거치는 새로운 2차 피해를 감내해야 하는 사태가 벌어질 수 있다. 물론 과거사 청산의 특수성을 감안한 특별법이 마련된다면 피해자가 사법 관료주의에 시달리지 않고 해원을 실감할 수 있을 것이다. 그러나 현재 한국은 혁명적 상황이 아니다. 곧 대선을 다시 치러야 하는 정부, 여당이 과거사 정리 특별법 입법을 과감하게 추진하는 열의를 보이려면 시민사회의 강력한 압력이 필수적이다. 만일 특별법에 의거한 해원과 화해 과정을 거칠 경우에도 진화위가 진상 조사를 주도하고 관계 기관에 해법을 권고하는 제도적 절차를 거쳐야 한다. 아무리 촛불정부라고 해도 담당 공무원들은 후일을 대비해 사법부에게 각종 법적 근거에 대한 확인을 요구할 것이 분명하다. 즉, 과거사 청산을 제대로 하려면 여전히 사법부의 역할이 중요하다.

　　사법부가 제대로 고유의 기능을 발휘해 과거사 정리를 가로막는 사법농단이 남긴 악성 잔해를 스스로 치우려면 우선 대법원이 스스로 적극적인 의지를 보여야 한다. 이러한 해법은 '법적 안정성'이라는 명분을 내세우는 사법부 구성원과 법조계 인사들의 몽니에 가로막혀 있다. 물론 헌법재판소가 대법원의 최종 판결을 재검토할 수 있는 "재판 소원" 제도를 설치하도록 관계 법률을 개정하는 해결 방법도 생각할 수 있다. 그러나 자존심이 강한 대법원은 결코 헌재의 견제 기능을 인정하지 않을 것이다. 촛불 정부가 들어선 이후에도 파행을 거듭하고 있는 국회가 현실적으로 두 기관의 논리 대결을 조정하는 고도의 갈등 해결 역량을 보유하고 있다고 믿기도 어렵다.

　　현재와 같이 교착된 상황에서는 무엇보다도 법조계의 형식논리를 뛰어넘을 수 있는 근본적인 처방이 필요하다. 사법 농단이 남긴 합리성이 결여된 판례를 시정하는 작업에 소극적인 법관들은 사회적 공공성보다 판결 권한을 독점하는 법률 전문가 집단의 기득권과 단합을 중시하고 있다. 이들은 피해자의 입장을 이해할 수 있는 공감 능력이 심각한 수준으로 저하되어 있다. 법관들을 재교육시킨다고 공감 능력이 갑자기 형성되는 것도 아니다. 오히려 시민사회가 발상을 전환해 법률 전문가 집단을 과잉 보호하는 성역을 타파하는 것이 지름길이다. 즉, 사법부와 시민사회의 사이에 놓여 있는 투명한 장벽을 걷어내고 사법부의 탈성역화를 추진하는 작업이 필요하다. 구체적으로 사법부의 탈성역화를 추진하려면 우선 또한 시민이 법관 인사에 참여할 수 있도록 최소한 법원장급 판사의 "선출직화"를 추진함으로써 법관이 법률가 집단 내부의 논리에 함몰되지 않고 시민사회의 변화에 조응해가며 판단을 내릴 수 있는 제도적 환경을 조성할 필요가 있다. 이러한 발상을 검찰에도 적용해 법률가 직업집단의 기득권을 과감하게 해체하면 사회의 민주화는 촉진되며, 시민적 권리의 보장 수준은 획기적으로 높아진다. 합리성을 갖춘 시민사회를 이룩하려면 시민들이 다소의 갈등과 고통을 일시적으로 감수하더라도 근엄과 권위로 장식된 법복으로 감싼 법률가 집단의 탈성역화 과정을 반드시 거쳐야 한다.

참 고 문 헌

이종구. "사법농단에 얽힌 민청학련." 더불어민주당 '역사와 정의 특별위원회', 『제3차 당정청 정책토론회
　　　자료집』. 2018년 12월 19일.
_____. "과거사법과 민주화운동 보상." 한국사회발전시민실천협의회, 「개혁시대」 26호(2005. 6. 25).
_____. "타임머신을 타고 과거로 날아간 검찰." 『내일신문』, 2011. 7. 15.
김민철. "'과거사'되는 14개 과거사위원회." 「Chosun.com」 2008.1.17. 00:55 입력.
박세열·최형락, "국정원이 날 고소하다니… 분신이라도 해야하나." 인혁당, 끝나지 않은 눈물 ②87세 강
　　　창덕 씨 이야기. 「프레시안」 2013.10.11. 오후 3:10:22 입력.

나치 사법부의 전후 과거사 청산
― 인적 연속성과 뒤늦은 청산

송충기

(공주대학교 사학과 교수)

I. 머리말

우리는 독일의 과거사 청산이 일반적으로 '모범적'이라고 평가하지만, 사실 그러한 평가에 발표자는 조금 인색한 편이다.[1] 물론 독일이 지금까지 나치를 청산하기 위해서 많은 노력을 기울였고 또 어느 정도 성과를 거두긴 했지만, 미비한 점이 여전히 남아있고 아쉬운 문제점은 부지기수이다. 그 아쉬운 점 가운데 하나가 바로 오늘 다룰 사법부 청산이다. 올해 초에 독일연방헌법재판소(Bundesverfassungsgericht)가 드디어 제2차 세계대전 후 직후에 출범한 헌법재판소 내에 나치와 연루되었던 판사가 얼마나 있었는지를 조사하겠다고 나섰다. 나치가 패망한 지 75년, 이 기관이 세워진 지 거의 70년 말의 일이다. 게다가 불과 몇 년 차이이긴 하지만, 최근 비슷한 일을 시작했던 법무부와 검찰청에 비하면 상대적으로 늦기까지 했다. 나치 시대 사법부가 나치 정권을 위해 어떤 일을 했는지는 이미 오랜 연구를 통해 잘 알려져 있다. 다른 기관에 비해 사법부는 나치에 특별히 저항한 적도 없고 오히려 나치가 정권을 유지하는 데 중요한 기여를 했다.

---

1 물론 이러한 '모범국' 평가는 여론과 일반인이 일본의 미진한 과거사 청산을 촉구하기 위한 '바람'에서 생겨난 것이다. 일본과 독일의 '단순한' 비교는 상황을 너무 일반화시키는 경향이 있으니 필자 개인적인 생각으로는 결코 바람직하지 않다.

그런데도 나치 청산은 왜 더딘 것일까?

일단 '인적 구성의 연속성'이다. 1945년 이후에도 사법부 가운데 대다수가 나치 때 활동했던 사람이었다. 이렇게 나치의 인물이 다시 서독 정부의 사법부를 거의 채우면서, 정부의 형태만 달라졌을 뿐 판결에 미치는 환경이나 논리는 그대로였다. 물론 아주 분명한 '정치적 발언'을 통해 사법부의 정치적 중립성을 해쳤던 주모자는 전후에 청산 대상이 되었다(뉘른베르크 후속 재판). 하지만 예컨대 나치 당원이었으면서 '오로지' 판결을 통해 나치 정권에 기여한 사람은 전후에 아무런 제재를 받지 않았다. 나치 성향의 법률가가 민주국가의 법률가로 변신하는 데에는 커다란 장애물이 없었다. 이렇게 나치 법조인은 서로 도와주면서 민주국가의 법조인으로의 '변신'을 꾀했으며 자신들이 한 일을 정당화했다. 이때 이들이 내세웠던 논리가 바로 '법적 안정성'이었다. 한 마디로 "나치 때 범죄였던 것이… 이제 무죄가 될 수 없다"는 것이었다. 전후의 극심한 혼란을 겪으면서 사법 체계의 근간이 흔들리면 안 된다는 이러한 주장은 설득력을 발휘했다. 그러다 보니 법률가의 직업적 전문성이 나치가 전후에도 살아남는 데 중요한 몫을 했다. 법률적 판단은 고도의 숙련된 전문 지식을 필요로 한다는 인식이 있었기 때문에, 이들이 나치시기에 내린 법적 판단을 외부에서 평가할 수 없는 것이 되었고, 결국 나치의 사법적 판결은 과거사 청산에서 오랫동안 제외되는 결과를 가져왔다.

이러한 배경에서 나치의 부당한 법률로 처벌받았던 사람의 명예 회복도 계속 미루어졌다. 물론 초기에 나치 피해자에 대한 보상을 위해서 나치 악법을 청산하는 작업을 하긴 했지만, 지금의 기준으로 보면 당시의 과거사 청산은 여러 점에서 불충분한 점도 많았고 일괄적으로 이루 어지지 않았다. 따라서 본 발표에서는 바로 이러한 비판적인 측면에 더 초점을 맞추어 논의를 해보고자 한다.

II. 나치의 악법과 부당한 처벌

1933년 1월 30일 보수주의자와 나치당은 히틀러를 수상으로 한 새로운 정부를 구성했다. 나치 정권이 들어서면서 민주적이었던 바이마르공화국은 종말을 고했다. 그뿐만이 아니었다. 불과 몇 개월 이내에 오랜 전통을 자랑하던 독일의 법치국가가 완전히 사라졌던 것이다. 이처럼 순식간에 법치국가가 사라지자, 과연 그동안에 독일에 법치국가가 존재하기나 했던 것일까 하는 의문이 생길 정도였다. 나치는 신속하게 법과 사법부를 나치의 지배에 따르도록 하는 조치를 취했고, 그것은 별다른 저항 없이 수행되었다. 1933년 2월 국회의사당에 방화 사건이 일어나자, 나치는 2월 28일 공산주의자들이 국가를 전복시키려는 시도를 한다는 구실로, 〈국가와 민족의 보호를 위한 규정〉(Verordnung zum Schutz von Volk und Staat)을 통해 국민의 언론의 자유와 집회 및 결사의 자유에 대한 기본적 권리를 폐지했고, 이에 따라 당장 다음날부터 자의적인 체포가 가능하게 되었다.[2] 그 후 나치는 계속해서 정치적 반대자들을 합법적으로 탄압할 수 있는 제도적 장치와 자신들의 무력행사를 정당화하는 조치에 대한 법적 근거를 마련했다. '민족중흥의 정부'를 '정치적 폭력행위'나 '불손한 공격'으로부터 보호하거나 '국가반역자'를 처벌하기 위해 여러 긴급조치가 등장했다.

그렇지만 나치의 사법부 길들이기는 이에 그치지 않았다. 정권의 이익을 도모하는 데 법적인 문제가 끼어들지 않도록 하기 위해 아예 피고인이 공정한 재판을 받을 수 없는 특별법정을 설치했다. 원래 거리의 폭력 사태가 끊이지 않았던 바이마르공화국 시기에 '정치범죄'를 처벌하기 위해 임시로 설치되었던 〈특별재판소〉(Sondergericht)가 나치에 의해 1933년에 부활되었다. 이 재판소는 나치 정권에 대한 '불온한' 행위를 처벌했으며, 이 재판소의 판결에 대해 피고인은 상소할 법적 수단조차 없었다. 이 재판에서는 피고인의 혐의가 명백한 경우, 피고인이 제시한 증거를 무시할 수도 있었다. 또한 1934년에는 원래 내란죄를 재판하는 특별재판소의 형태로 설치되었던 소위 〈민족법정〉(Volksgerichtshof)이 등장했다. 1936년에 정식재판소로 바뀐 이 〈민족법정〉은 단심제로서, 이 법원의 재판부는 나치 정권에 충성스러운 판사 2명과 나치당 및 그 산하기관 출신의 정치적으로 신뢰할 만한 비(非)법률가 3명으로 구성되었다.

---

2 이 조치는 바이마르 헌법 제48조에 의거한 것이었다. 이 조항에 따르면, '안전과 질서'에 대한 보호에 필요하다면 대통령은 중요한 정치적 기본권의 효력을 정지시킬 수 있었다. 나치의 법령은 오스트리아의 국립도서관에서 제공하는 ALEX(Historische Rechts- und Gesetzestexte Online)를 이용하면 쉽게 찾을 수 있다. http://alex.onb.ac.at/

나치 시대에는 이러한 특별법정으로 재판 절차가 공정하지 않았을 뿐만 아니라, 반인권적인 법률 제정도 서슴없이 이루어졌다. 소위 '아리안 조항'이 삽입된 인종차별적인 법률이 바로 그것인데, 그 대표적인 것이 1933년 4월에 제정된 〈직업공무원재건법〉과 1935년 9월에 제정된 저 악명 높은 소위 〈뉘른베르크 인종법〉이었다. 전자는 직업공무원 가운데 정치적 성향이 의심스러운 사람들뿐만 아니라 '비(非)아리안족'을 제거하기 위한 법률이었다. 후자는 정식 명칭이 〈제국시민법〉과 〈독일인 혈통과 명예의 보호법〉으로서, 무엇보다 유대인을 시민권자에서 제외시키고자 하는 법이었다. 이 법률의 조항에 따르면, "제국 시민은 단지 독일 혹은 그와 유사한 혈통을 가진 국민으로서 독일 민족과 제국에 충성하고 또 그럴 만하다는 것을 입증하는 자에게만 국한"되었고 혹은 "독일인 혹은 그와 유사한 혈통의 국민과 유대인 사이의 결혼을 금지"했다. 이러한 인종차별의 조항은 유대인과 같은 '타(他)인종'에만 그랬던 것이 아니라, 독일인 가운데 신체적 정신적 장애자들에게도 똑같이 적용되었다. 나치는 이미 1933년 7월 〈유전병예방법〉(Gesetz zur Verhütung erbkranken Nachwuchses)을 제정하여, 그에 해당하는 사람들에게 강제로 단종 수술을 받도록 함으로써, 나치의 '위생정책'을 실현에 옮겼다.3 심지어 동성애자와 알코올 중독자들을 차별하는 조항까지 나왔다.

법치국가와 인권을 무시하는 나치 법률의 부당성은 이에 그치지 않았다. 이들은 검찰의 권한을 확대하고 피고인의 권리를 대폭 축소하는 여러 조치들을 취했다. 예컨대, 피고인이 동일한 범죄로 또다시 처벌받지 않는다거나, 사후 제정된 법률로는 처벌받지 않는다는 법치국가의 기본조항조차 폐지되었다. 게다가 형법의 기준이나 절차가 모호해지면서 나치의 법체계는 자유주의적 법치국가로부터 점점 더 멀어졌다.4 1935년 6월에 마련된 〈형법의 개정에 대한 법령〉에 따르면, 심지어 그 자체로는 범죄가 아닌 행위라도 만약 '건전한 국민여론'이 요구한다면 처벌받을 수 있었다. 그럴 경우 양형(量刑)은 '기본 취지'가 가장 가까운 다른 법률에 준하여 결정된다는 것이었다.

그러나 무엇보다도 당시 나치 국가의 사법적 처리에서 가장 문제가 되었던 것은 법

---

3 Gesetz zur Verhütung erbkranken Nachwuchses vom 14. Juli 1933, RGBl. I, 529.
4 그렇지만 민법의 내용은 나치 시대에 거의 변하지 않았다.

률 제정과 법적 판결의 원칙이 아예 존재하지 않았다는 것이다. 사실 나치는 나치의 법률이 어떠해야 하는가에 대한 합의가 없었을 뿐더러, 1930년대에도 여전히 과연 나치의 법적 근거가 무엇인가에 대해 끊임없는 논란이 있었다. 가령 나치당 강령이 법적인 원천이 되어야 하는가 하는 논쟁도 일었다. 사법부의 '수장'이었던 히틀러는 이러한 논쟁을 정리하기는커녕 오히려 애매한 태도로 일관했다. 가령 1936년 제국법무부가 새로운 형법 개정으로 나치의 이데올로기에 적합한 법체계를 마련했을 때에조차 거기에 서명하지 않았다.5 그런데 나치 사법부의 '원칙'을 논의할 때 흔히 등장하는 표현이 바로 '법이란 민족에 이로운 것'(Recht ist, was dem Volke nutzt)이라는 문구이다. 민족에 이로운 것이면 법이라는 논의인데, 문제는 어떤 것이 민족에게 이로운 것인가를 누가 결정하는가 하는 것이었다. 그것은 바로 총통인 히틀러의 의지와 명령이었다. 법학자인 슈미트(Schmitt)가 말했듯이, "총통이 법을 보호한다. … 진정한 총통이란 항상 법관이기도 하다."6

이러한 측면은 나치의 통치방식과도 관련이 있다. 주지하다시피 나치는 주로 나치친위대(SS), 게슈타포 등 공권력의 폭력에 의지하여 통치했다. 나치는 볼셰비즘으로부터 국가를 보호하고 인종적으로 순수한 민족을 유지해야 한다는 구실로, 공안 경찰에게 무소불위의 권력을 쥐어주었다. 이 때문에 종종 공안 경찰과 법조계 사이에는 공안 경찰의 권한을 놓고 갈등이 빚어지기도 했다. 실제로 1935년 1월 법무 장관은 '내란음모'를 처단하는 "긴급한 국가의 관심사"가 제대로 주목받거나 이해되지 않고 있기 때문에 법원의 모든 판사에게 소위 '국가 반역자'에 대한 체포영장을 증거 부족으로 발부할 수 없거나 혹은 체포영장을 기각하고자 할 때, 곧바로 그 사실을 공안경찰에게 통보하도록 요구했다.7 심지어 공안경찰은 이러한 국가전복 범죄에 관대한 판사들은 이

5 Ralph Angermund, „Recht ist, was dem Volke nutzt, Zum Niedergang von Recht und Justiz im Dritten Reich, in Karl Dietrich Bracher/Manfred Funke/Hans-Adolf Jacobsen (ed.), *Deutschland 1933~1945. Neue Studien zur nationalsozialistischen Herrschaft*, Düsseldorf, 1992, 57-75, 여기는 60.

6 Bernd Rüthers, „Der Führer schützt das Recht, Carl Schmitt und der 30. Juni 1934, in Christoph Studt (ed.), *Das Dritte Reich. Ein Lesebuch zur deutschen Geschichte 1933~1945*, München 1997, 83

데올로기적으로 문제가 있기 때문에 조사해야 한다는 견해를 피력하기도 했다. 이는 근본적으로 나치 체제가 법치의 '정상국가'(Normenstaat)가 아니라 '긴급조치국가'(Maßnahmenstaat)이었기 때문에 가능했다.[8] 나치 정권의 각 정치적 기관은, 특히 이 시기에 계속 확대된 경찰은, 법률에 의해서가 아니라 각 기관 자체의 규정과 훈령에 따라 운영되었던 것이다.

나치 사법부의 정치 도구화는 제2차 세계대전 시기에 더욱 노골적으로 드러났다. 1939년 나치가 폴란드를 침공하면서 전시상태가 되자, 나치의 법무 당국은 내정에 문제가 생기지 않도록 하는 것을 법조계의 최대 현안으로 삼았다. 그러기 위해서 이들은 형법을 적용할 때 '평화 시의 기준'을 버리고 특수한 상황을 고려해야 한다고 주장했다. 말하자면 국민에 대한 통제와 감시를 강화하기 위해 더 강력한 법적 조치를 취해야 한다는 것이었다. 또한 피고인의 개인적이고 사회적인 배경을 감안하지 말고 오로지 일벌백계가 될 수 있도록 하고, 게다가 '전광석화'처럼 빨리 판결을 내려달라는 주문까지 했다. 이를 위해 〈특별재판소〉의 기능이 확대되고 관할 재판소의 수도 늘어났음은 두말할 나위가 없다. 이제 〈특별재판소〉는 정치범뿐만 아니라 공공이익에 부합하면 비(非)정치범도 다룰 수 있게 되었다. 결국 전쟁과 관련된 수많은 사건들(국가문란, 방화, 약탈, 전시 경제사범 등)을 〈특별재판소〉에서 신속하게 처리하게 되었다. 게다가 법조계 인사들도 참전하게 되면서 인력이 부족해지자, 지방의 지원들을 폐쇄했고 그 업무를 〈특별재판소〉로 이관시켰다.

그 결과, 사형판결을 받을 수 있는 범죄 요건과 실제 사형선고를 받은 사람의 수가 대폭 증가했다. 사형판결을 받을 수 있는 범죄 요건의 수는 1933년에는 불과 3가지였지만 1943년에는 46가지로 늘었으며, 사형판결을 받은 사람도 1937년 86명에서 1943

---

7 Ralph Angermund, *Deutsche Richterschaft 1919~1945*, Frankfurt 1990, 169.

8 미국으로 망명한 정치학자인 에른스트 프랜켈(Ernst Fraenkel)은 이미 1941년 자신의 저서 『이중국가』(*The Dual State*)에서 나치의 통치구조를 이중국가로 규정했다. 곧 나치 정권은 '긴급조치국가'와 '정상 국가'의 이중적인 체제였다는 것이다. 그에 따르면 '정상국가'란 법치를 제대로 유지할 수 있는 통치 권한을 갖고 있는 정부 체제이다. 이에 반해 '긴급조치국가'란 자의성, 무력, 테러로 점철되고 나치기관들(당, 게슈타포, SS)이 헌법과 법의 통제에서 벗어난 국가이다. 나치 정권 하에서는 정상체제가 점차 긴급조치체제를 통해 보완되거나 그것에 밀려나게 되었다는 것이다.

년에는 5336명으로 크게 늘어났다. 나치 시기 전체에 걸쳐서 〈특별재판소〉를 포함한 민간법정에서만 사형선고를 받은 사람은 대략 1만 7천 명 정도이고, 그 가운데 〈특별재판소〉에서 사형의 판결을 받은 사람이 모두 약 1만 1천 명 정도로 추산된다. 이들 가운데는 히틀러에 관한 농담과 체코 노동자에게 독일이 전쟁에 패배할 것이라는 이야기를 했던 경우도 있고, 전쟁의 상황에서 물자를 빼돌렸거나 자전거 70대를 훔친 재범자도 있었다. 그렇지만 전쟁 시기에는 민간인 법정보다 군사법원의 판결이 더욱 가혹했다. 제2차 세계대전 기간 중에 나치의 군사법원은 3만 명 이상에게 사형을 선고했다. 이들의 죄목은 대다수 탈영이거나 소위 '군기문란'이었다. 이 가운데 약 절반이 사형 집행되었다.[9]

III. 전후 나치 악법의 미진한 청산

전후에 연합국은 사법부에 대한 대대적인 숙청을 계획했지만, 전반적으로 법관의 탈(脫)나치화(Entnazifizierung) 작업은 그리 순조롭게 진행되지 못했다. 독일을 점령한 연합국 군정 당국은 숙청의 대상을 일단 과거 나치당원으로 규정했다. 그런데 문제는 대다수 판사가 나치 당원이었다는 점이다. 베스트팔렌 지역의 경우, 나치 당원이나 나치에 관련된 조직에 속하지 않았던 판사는 고작 7퍼센트에 불과했다.[10] 브레멘에서는 상황이 더욱 심각했다. 이 청산 계획에 따르면, 여기서는 2명을 제외하고는 그 누구도 법복을 다시 입을 수 없었다. 게다가 전후에 정치 사회적으로 혼란한 상황이 계속되면서 범죄 사건이 빈번해지자, 연합국은 원래의 계획을 포기하고, 점차 나치 정책에 협력했던 법관들을 다시 임용하는 것으로 정책을 바꾸었다. 소련이 점령한 동독 지역을 제외한 서독 지역에서 대부분 '나치' 판사들이 점차 복직되었다.[11] 그 결과 1948년 영국

---

9 Wolfram Wette, *Die Wehrmacht*, Frankfurt 2002, 165.
10 1954년을 기준으로 하면 지방단독판사(Amtsgericht)는 74%, 지방법원(Landesgericht)는 68%, 고등지방법원(Oberlandesgericht)는 88%, 연방법원(Bundesgerichthof)는 75%가 나치 때 경력이 있었던 사람들이었다.

점령지역에서는 법관의 약 90퍼센트가 다시 옛 나치 당원이었다.

물론 악명이 높거나 책임이 있는 고위직 법관에 대해서는 사법적 재판이 진행되었다.[12] 미군정은 뉘른베르크 주범재판이 끝난 후 단독으로 후속 재판을 열고 나치에 협력했던 외교관, 법관, 의사, 장군, 기업가 등에 대한 재판을 진행했다. 소위 〈법률가 재판〉에서는 법무부 고위 관계자와 판검사 등 총 16명이 나치 판사를 대표하여 법정에 섰는데, 그 가운데 1명은 자살, 또 다른 1명은 병으로 재판이 중지되었고, 4명은 종신형을, 다른 6명은 5년에서 10년 징역형을 선고받았다. 나머지 4명은 무죄가 확정되었다. 종신형과 징역형을 선고받은 사람들은 거의 모두 1950년대에 사면되었거나 가석방되었다.

이렇듯 정치적 숙청과 사법적 재판을 통해 나치의 법관을 배제시키려던 연합국의 과거 청산 계획은 수포로 돌아갔다. 나치의 법관이 다시 옛 자리를 차지하게 되었고, 이들의 수가 늘어나면서 나치 법관에 대한 변명의 경향이 더욱 농후해졌다. 이제는 과거 나치 법관에 대한 사법적 기소나 처벌이 사실상 불가능하게 되었다. 몇몇 악명 높은 사례에 대해 법적인 처벌을 제기한 사례가 있지만, 이미 복직한 친(親)나치 성향의 판사가 '제 식구 감싸기'로 일관하면서 이들에 대한 법적인 처벌이 어려워졌던 것이다. 게다가 초기에 강력하던 여론의 비판도 시간이 지나면서 점차 수그러들었다. 이러한 사법부의 재(再)나치화 경향은 아데나워 시절에 더욱 심화되었다. 뉘른베르크 법조인 후속 재판에서 나치 때 법무차관을 지낸 쉴레겔베르거(Schlegelberger)는 종신형을 선고받았지만 1951년에 건강상의 이유로 풀려났고, 사면을 거쳐 결국 전직 차관의 자격으로 높은 연금까지 받았다.[13]

나치의 법관에 대한 과거 청산 문제가 다시 불거진 것은, 1950년대 후반 동독이 서

---

11 동독지역에서는 법관을 단기에 양성하여 배치함으로써 서독지역보다 인적 청산이 더 잘 이루어졌다고 말할 수 있지만, 사실 여기에는 이 기회를 통해 공산주의 체제에 맞는 인물을 더 많이 등용하려는 동독정부의 의도도 작용했다.

12 Rudolf Wasserman, Fall 3: Der Nürnberger Juristenprozeβ, in Gerd R. Ueberschär (ed.), *Der Nationalsozialismus vor Gericht*, Frankfurt 2000, 99-109.

13 나중에 논란이 계속되면서 결국 그의 연금은 삭감되었다. Marc von Miquel, *Juristen: Richter in eigener Sache*, in Norbert Frei (ed.), *Hitlers Eliten nach 1945*, München 2003, 173-174.

독에 비해 체제의 우수성을 선전하면서, 서독에서는 나치의 법관들이 여전히 활보하고 있다는 비판을 가하면서부터이다. 동독 정부는 1957년 5월에 『어제는 피 묻힌 히틀러의 판사, 오늘날은 서독 사법부의 엘리트』라는 책자를 발간하여, 서독의 법조인 118명의 과거 나치 경력을 들추었다. 이를 통해 서독 법관의 주요 인사가 과거 나치에 협력한 판사들이고 따라서 서독체제는 파시즘의 연속이라는 공격을 가했다. 비록 이것이 냉전시대의 체제 경쟁이 낳은 선전공세의 일부였지만, 서독에서 나치에 협력한 판사에 대한 여론을 환기시키기에 충분했다. 게다가 나치 판사의 행적을 연구하면 할수록, 사법부 전체가 나치 정권에 봉사했다는 점이 사실로 확인되었다.[14]

1950년대 후반 아이히만 재판으로 홀로코스트의 문제가 다시 제기되고, 프랑크푸르트 아우슈비츠 재판이 진행되면서, 점차 나치 사법부의 과거 청산도 관심의 대상이 되었다. 그렇지만 그 과정이 지지부진하였고, 전후 복귀한 나치 세대가 사법부에서 완전히 떠나기 전까지는 태풍 속의 찻잔에 불과했다. 그러므로 나치의 사법부에 대한 진정한 의미의 과거 청산은 '68운동' 이후 과거 극복에 대한 공감대가 후속 세대에 의해 형성되고 이후 1970년대 사민당이 집권하면서 사법부 내부에서 자성의 목소리가 나오면서 시작되었다.

이렇게 인적 청산이 실패하면서 나치의 부당한 판결을 무효화하는 움직임도 비슷한 운명에 처하게 됐다. 물론 초기에는 청산의 노력이 분명 있었고 나름의 성공도 거두었다. 연합국 점령 당국은 1945년 나치가 선고한 판결을 무효화하는 여러 법령도 제정했다. 다만 연합국마다 지역적인 차이가 있었다.[15] 연합국이 전후 독일을 점령한 후 공포한 첫 번째 법령은 나치의 정치적인 법률을 폐기하는 것이었다.[16] 이로써 나치

---

14 최근의 보고서를 보면, 1949년부터 1973년까지 서독 법무부에서 요직을 차지하고 있었던 법조인 170명 가운데 90명이 나치당 소속이었고, 34명은 SA 소속이었다.

15 미국과 영국 점령지에는 자동으로 나치의 부당한 판결을 무효화하는 법안이 존재했지만, 소련 점령지에서는 그렇지 않았다. 또한 그것은 일괄처리의 방식이 아니라 개별 사건으로 재심을 요청해서 수정하는 방식이었는데, 그 구체적인 요건도 각각 달랐다. 가령 미국 점령지에서는 특별히 나치에만 해당하는 범죄의 구성요건이 있어야 무효화를 신청할 수 있지만, 프랑스 점령지에서는 해당 행위가 여러 번 존재해야 신청할 수 있었고, 영국과 소련 점령지에서는 그에 대한 규정 자체가 없었다.

16 Gesetz Nr. 1 Aufhebung von Nazi-Gesetzen, in Alliiertes Sekretariat Berlin (eds), Amtsblatt des Kontrollrats in Deutschland Nr. 1 (1945. 10. 29.), 6. 이후 제11호 법령(Kontrollratsgesetz

의 악명 높은 법들은 폐기되었지만, 이 악법으로 인해서 처벌을 받았던 판결에 대해서는 아무런 언급이 없었다.[17] 이후 연합국점령국 포고문(Proklamation) 제5호 제2항에서는 "히틀러 정권 하에서 정치적, 인종적 혹은 종교적 이유에서 부당하게 생겨난 판결"을 폐기하라는 명령이 있었다. 이에 따라 영국과 미국 점령지에서는 "나치의 부당함을 법률로서 자동폐기"하는 지침서가 마련되었다. 1946년 5월 28일 미군정 당국은 "형법재판에서 자행된 나치의 부당함에 대한 보상법"(Gesetz zur Wiedergutmachung nationalsozialistischen Unrechts in der Strafrechtspflege)을 제정했다. 이 법률로 인해 물론 청구에 의해 나치의 부당한 판결을 바꿀 수도 있었지만, 나치의 명백히 부당한 법률의 경우 자동적으로 파기한다는 조항도 있었다.[18] 하지만 이것이 포함하는 범위가 제한되었고 복잡한 규정 때문에 그 효과도 제한적이었다.

영국 군정도 비슷한 법령을 제정했다. 어쩌면 후자의 법령이 한 발 더 나간 것으로 볼 수 있다. 왜냐하면 우선 이 법령(Verordnung über die Gewährung von Straffeiheit)에는 무죄의 요건으로 해당 행위가 "주로 나치에 대한 적대감이나 혹은 나치의 박해를 피하기 위해서 저지른 것"이라고 규정했기 때문이었다.[19] 그 결과 비록 나치가 처벌받는 행위라고 규정했다고 하더라도 그것이 저항하고자 하는 의도에서 비롯되었다면 모든 판결을 폐기할 수 있었다. 하지만 여기에도 역시 문제는 남았다. 여기에서는 이타적인 행동이 입증된 저항운동이어야 재심 판결을 받아낼 수 있었기 때문에, '자기 이익'에서 저

Nr. 11)으로 이것은 보완되었다.

17 그래서 1945년 10월 20일에 발표한 연합국통제위원회 포고문(Kontrollratproklamation) 제3호는 나치법률을 대신할 새로운 법의 원칙을 정했고 같은 날 발표된 법령에 자세한 사항이 담겨 있다.

18 이 법안 제9조에 따르면, "오로지 제2조에 표시한 내용에 저촉되었다는 것 때문에 처벌을 받은 형사처분의 경우, 사법적 판결에 의하지 않고서도 이 법률에 따라 폐기된다." 여기서 말한 제2조에서 표기한 내용은 연합국점령당국이 독일을 점령한 폐기한 나치 법령을 말하는 것으로 소위, 〈뉘른베르크인종법〉 등 나치의 정권에 기여한 악명 높은 법률이 포함되었다. Gesetz Nr. 21 zur Wiedergutmachung nationalsozialistischen Unrechts in der Strafrechtspflege vom 28. Mai 1946. Bayerisches Gesetz und Verordnungsblatt 1945/46, Bd.2, 180-182.

19 Verordnung über die Gewährung von Straffreiheit vom 3. Juni 1947. *Verordnungsblatt für die Britische Zone,* 68-9. Rainer Beckmann, "Rechtsgrundlagen zur Aufhebung nationalsozialistischen Unrechts in der Strafrechtspflege," *Juristen Zeitung,* Vol. 52, No. 19 (10. Okt. 1997), 922-930, 여기서는 924.

항한 경우에는 그것의 입증이 쉽지 않아서 소위 이상적인 저항운동만이 무효화를 시킬수 있었다. 또한 영국 점령지에서는 판결을 무효화하는 것뿐만 아니라 판결의 내용을 바꾸고자 할 때에도 청구 과정을 밟아야 했다.

무엇보다도 이 당시에 부당한 나치 판결을 폐지하고자 하는 이러한 노력의 기본적인 성격이 문제였다. 그것은 바로 '사면'이었다.[20] 영국 점령지의 법령만 보면, 그 법령 제목이 '형면제'(Straffreiheit)라는 표현을 사용하고 있고, 구체적인 내용도 그러하다. 따라서 재심청구를 통해서도 형법상 나치가 내린 판결 자체는 손댈 수 없이 확고한 것처럼 여겨졌다. 오로지 판결의 내용을 바꾼다는 것이었다. 게다가 청구할 수 있는 요건 가운데 사건의 시기도 문제가 되었다. 곧 청구할 자격을 정하면서 해당 사건의 시기를 정해두어야 했는데, 그것을 판결의 시점을 기준으로 해야 하는지 혹은 해당 행위가 발생한 시점으로 해야 하는지가 문제였다. 이것을 후자로 정하게 되면서 나중에 1980년 대에도 비슷한 논쟁을 겪게 되었다.[21] 내용이 이렇다 보니 여러 문제점을 남겨서 완벽한 청산으로 보기 어려웠다.

이것은 동독도 비슷한 상황이었다. 1946년에 공포된 소련군사행정청(Sowjetische

---

20 1950년 3월 연방의회 본회의에서 당시 사회민주당 의원이었던 친(Zinn)은 이렇게 말했다. "1945년 직후 독일에 다시 법치국가의 질서를 세우려는 첫 번째 발걸음을 시작했을 때 똑같거나 비슷한 내용을 담은 시행령, 명령 그리고 법률이 공포되었습니다. 함부르크에서 1945년 10월 2일에 고등법원장의 사법시행령을 통해 나치에 대항한 정치적 범죄는 더이상 박해당해서는 안되며 그러한 행동으로 인한 판결은 파기하라고 했던 것이 그러한 예입니다. 또한 함부르크에서 1947년 6월 3일에 나온 중앙법무국의 명령이나 프랑스 점령지역에서 나온 주 명령 그리고 다른 법령도 그렇습니다. 그러나 이 모든 규정은 사면의 성격을 갖고 있습니다.[강조-발표자] 정치적인 이유에서 행해진 판결이 그대로 있습니다. 그 행위에 처벌에 대한 사면이 이루어졌지만 정의롭지 못한 성격은 사라지지 않은 채 일반범죄로 남았습니다." Plenarprotokoll des Deutschen Bundestags vom 16. März 1950 (47. Sitzung), 1610.

21 예컨대 함부르크 알토나(Altona)에서 1932년 7월 17일에 일어난 소위 〈알토나 피의 일요일〉(Altonaer Blutsonntag)이었다. 당시 이곳은 '붉은 알토나'로 불릴 정도로 공산당원들이 많았던 곳인데 나치 SA 소속 수천 명이 행진하면서 유혈 충동이 생겨서 사망자 18명과 부상자 수십 명이 발생했나. 딩시에 제포된 시림은 비로 석방되었는데 문계는 나치가 정권을 잡고 나서 당시 '혐의자' 15명을 뒤늦게 체포하여 특별법정에서 공산당원 4명에게 사형을 선고하여 8월에 집행했고, 나머지는 감옥과 강제수용소에 수감했다. 그로부터 60년 후인 1992년에 다시 재심이 받아들여졌고, 당시 경찰이 증거를 위조했다는 사실이 밝혀지면서, 이들에 대한 판결은 무효화되었다. 하지만 1990년대 말까지도 그 사건과 관련된 모든 판결이 무효화된 것은 아니었다.

Militär-Administration in Deutschland/SMAD)의 명령 제228호에는 "1945년 5월 8일 이전에 이루어진 정치적 사건에 대한 판결의 무효성과 형법으로 처벌될 특정한 행위의 형사소송중단"에 관한 부분이 존재했다. 사용된 용어는 서독 지역의 용어보다 이데올로기가 강하게 풍기긴 했지만 내용에서는 거의 차이가 없었다. 이에 따르면 항상 부당한 판결의 폐지에는 청구가 필수적이었다. 당시 이러한 조항에서 문제점은 정치적인 동기가, 곧 나치에 정치적으로 얼마나 저항했는가가 기준이 되었다. 배상에 관련된 법안도 정치적 저항자를 중심으로 구성되었는데 당시의 분위기로 보면 도덕적으로나 정치적으로 이해할 수 있는 일이었지만, 비정치적인 피해자의 경우 사법적 판결을 뒤집기가 어려웠다. 뿐만 아니라 소송절차상의 문제나 법치국가에 맞지 않은 잘못된 판결을 도외시하는 결과를 가져왔다. 게다가 이후 동독에서는 이에 비슷한 법률은 존재하지 않았기 때문에 법률적인 명예회복이 사실상 불가능했다. 다만 튀링겐에서 1945년 10월에 제정된 법을 원용하여 약식군사재판에서 사형을 선고받은 경우에는 재심사를 청구할 수 있었다.[22]

하지만 연합국이 군정을 실시할 때에는 과거사 청산은 나름대로 부분적인 성공을 거두었다. 하지만 냉전이 시작되고 동서독 정부가 들어서면서 분위기가 급격하게 바뀌었다. 예컨대 1949년에 사민당이 연방의회에 "형사재판에서 나치의 부당함을 보상할 법안"(Entwurf eines Gesetzes zur Wiedergutmachung nationalsozialistischen Unrechts in der Strafrechtspflege)을 제출했지만 통과되지 못했다.[23] 이 법안의 제2조를 보면 나치의 9개 악법에만 근거하여 처벌한 "형사판결은 무효이다"고 되어 있어서, 만약 통과되었다면 법적인 청산이 상당 부분 이루어졌을 것이다. 하지만 나치의 형법조항을 파기하는 내용이 부족했기 때문에 결국 개별 사건에 대한 소송청구를 통해 무죄를 입증할 수밖에 없었다. 물론 청구와 관련된 군정 시기의 법률은 독일 헌법인 기본법에 인정되었고 또한 이에 대한 소송 기간도 1965년 9월 14일 연방배상법의 개정으로 폐지되었긴 하지만 말이다. 1950년대와 1960년대에 아데나워 정부는 전후 복구와 국민통합을 앞세

---

22 Gesetz über die Zulassung der Wiederaufnahme gegen Urteil der Standgerichte vom 26. Okt. 1945.

23 BT-Drucks. 01/564 vom 15. Februar 1950.

우자, 사법부를 장악한 과거 나치의 판사들은 법적 안정성을 강조하면서 과거사 청산을 외면했다.

이러한 문제의 본질을 잘 보여준 것이 잘 알려진 '본회퍼(Bonhoeffer)의 사건'이었다.[24] 전쟁 막바지이던 1945년 4월 8일 나치의 약식군사법정(Standgericht)은 본회퍼 목사 등 나치 저항자에게 제대로 된 재판 절차를 거치지 않은 채 사형을 선고했고, 다음날 사형이 집행되었다. 전후에 본회퍼의 명예 회복을 위한 시도가 있었지만 쉽지 않았다. 1951년 본회퍼 사건을 기소했던 검사를 살인방조죄로 재판에 회부했지만 무죄를 선고받았다. 다시 내용을 수정하여 이번에는 판사를 재판에 회부했지만 역시 무죄를 선고받았다. 1955년에 다시 아우크스부르크 재심 법정(Schwurgericht)에 세 번째 재판에 이루어졌고, 여기에서 검사와 판사는 각각 7년과 4년 징역형을 선고받았다.[25] 하지만 이들은 모두 연방법원에 상고하여 검사는 6년 징역형, 판사는 무죄를 선고받았다.[26] 무죄를 받은 판사에 대한 판결문을 보면 "당시 저항운동을 판결하고 하자가 없는 절차를 통해 재판을 진행한 판사가 당시의 법률에 구속당하여 나치 저항자가 법률이 규정하지 못한 비상상황에 처한 정당성에 대해 숙고하지 못하고 국가전복이나 전시반역죄의 죄를 저지른 것으로 보고 사형을 선고할 수밖에 없었다 하더라도, 오늘날 형법상으로 죄를 물을 수 없다"[27]라고 되어 있다.

기본적으로 나치의 판결에 정당성을 부여하는 이러한 판결에 많은 의문점이 있었

---

24 Günter Müller, Dietrich Bohnhoeffer und seine Richter, *Begegnung Gespräch, Ökumenische Beiträge zu Erziehung und Unterricht*, Nr. 129 (Juli, 2001), 6.

25 Urteil des LG Augsburg vom 15.10.1955, 1 Ks 21/50. In: Justiz und NS-Verbrechen. Sammlung deutscher Strafurteile wegen nationalsozialistischer Tötungsverbrechen 1945–1966, Bd. XIII, bearbeitet von Irene Sagel-Grande, H. H. Fuchs, C. F. Rüter. Amsterdam: University Press, 1975, Nr. 420, S. 283–358. http://web.archive.org/web/20120419084146/http://www1.jur.uva.nl/junsv/Excerpts/420inhalt.htm. (2020. 8. 10. 최종 접속)

26 검사가 4년을 선고받은 것도 나치의 대량학살에 관여했다는 이유가 아니라 나치 저항자의 판결에 따른 처형을 집행할 때 담당법원으로부터 확인서를 미리 발부받지 않았다는 이유였다.

27 〈Beihilfe zum Mord in der SS Sondergerichtsbarkeit〉 BGH, 19.06.1956 - 1 StR 50/56: https://opinioiuris.de/entscheidung/1665 (2020.8.10. 최종접속). 뒤늦은 2004년 연방법원장이었던 귄터 히르쉬(Günter Hirsch)는 한 연설에서 앞서 말한 본회퍼에 내린 판결에 대해 '부끄럽다'고 사과했다. https://www.bundesgerichtshof.de/DE/DasGericht/Praesidenten/Hirsch/HirschReden/rede29092004.html?nn=11287202. (2020. 8. 10. 최종 접속)

다. 앞서 미군정이 포고한 나치의 부당한 법률을 파기하라는 법령조차 언급하지 않았다.[28] 약식군사재판은 아주 급한 사건에만 허용되던 것이었기 때문에 본회퍼의 '범죄'는 오래전에 있었던 터라 그에 해당하지 않았으며, 법정이 하필 수용소에서 열렸던 것도 의문이었으며, 판사도 원래 나치 정규군 소속이어야 하는데 SS에 소속된 사람이 했다는 것도 그렇고, 변호사나 기록이 없었던 것도 문제였다. 이러한 중대한 의문점에도 불구하고 당시의 사법부는 이를 제기하지 않았다. 오히려 '하자가 없는 정당한 절차에 따라 이루어졌'다는 것이다. 결국 본회퍼 등 나치 저항자는 1990년대 중반까지 '전과자'로 남아 있었다. 1996년 1월에 하노버 개신교 전문대학 학생들이 베를린 주법원의 검사국에 10장짜리 재심청구서를 제출했다. 이어 본회퍼 탄생 90주년(2월 4일) 기념식을 계기로 동독 출신의 시민운동가들이 서독 출신의 법률가와 사회학자가 더불어 비슷한 운동을 전개했다.[29] 결국 8월 1일에 베를린 주 재판소는 나치의 '정의롭지 못한' 재판을 무효로 선언했다. 이 재판부는 그 근거로 앞서 말한 바이에른 법령 제21조를 들었다.

이것 이외에도 몇몇 사건에 대해 재심을 청구하는 사례가 있었다. 그렇지만 개별 사건의 경우 증거 부족으로 재심이 쉽지 않았고, 또한 직접적인 당사자가 없는 경우에는 모르고 지나는 경우도 많았다. 그럼에도 초기 서독 정부는 나치가 내린 판결을 일괄적으로 무효화하자는 주장에 대해서는 '법적 안정성'을 이유로 거부감을 표시했다. 몇몇 주(州)에서 나치의 불법적인 판결을 일괄적으로 무효화하는 시도가 있었지만 통일 전까지도 이렇다 할 성공을 거두지 못했다. 연방의회의 차원에서도 1985년에 최소한 나치의 〈민족법정〉이 내린 명백히 불법적인 판결만이라도 무효화하려는 방안이 추진되었지만 실효를 거두지 못했다.

---

28 1996년 본회퍼의 사형선고를 무효화시켰던 베를린 주법원이 판결의 근거로 삼았던 1946년 바이에른 법령 21조를 연방법원은 언급조차 하지 않았다.

29 Joachim Perels, "Späte Emtlegitimierung der NS-Justiz," *Kritische Justiz*, Vol. 29, No. 4 (1996), 504-510.

IV. 통일 이후의 뒤늦은 청산

통일 후에 독일의 과거 청산은 새로운 전기를 맞이했다. 동독의 과거 청산과 맞물려 더 강화되었고 유럽 전체의 현상으로 확대되었다. 과거 청산이 강화되고 확대된 중요한 지표의 하나는 바로 피해자의 확대였다. 예전에는 유대인의 피해에 집중했지만 이제 나치 피해자로서 새로 부각된 사람은 우생학 범죄의 희생자, 로마와 진티(집시), 동성애자, 제2차 세계대전의 탈영병 등이었다. 이렇게 피해자의 면모가 다양해지면서 나치 청산의 방식에도 문제가 제기되기 시작했다. 특히 〈특별재판소〉의 법적 정당성의 문제가 다시 제기되면서 이에 대한 새로운 청산 문제가 대두되었다.

앞에서 살펴보았다시피, 1990년대에 이르기까지 나치 악법을 파기하려는 노력은 전반적으로 그다지 성공적이지 못했다. 하지만 몇 가지 시도는 이루어졌고 그 가운데 하나가 바로 함부르크가 연방참의회(Bundesrat)에 제안한 나치 악법의 파기에 관련된 법안이었다. 앞서 말한 대로 영국 점령지역에서는 1947년의 법으로 인해서 나치 악법에 대항할 법규가 있었지만 1968년에 연방법이 바뀌면서 그 법의 효력이 중지되어, 1933년 이전에 있었던 행위를 나치 때 판결한 사안에 대해서는 재심을 청구할 법이 사라지게 되었다.[30] 게다가 점령지역마다 법안이 각각 달라서 이를 통합하고자 함부르크가 이를 대체할 법안을 제기했고, 1988년에 다수의 찬성으로 그 법안이 연방의회에 회부되었다.[31] 연방의회 법사위원회는 여러 번의 논의를 거쳐 만장일치로 이것을 통과시켰다. 물론 연방의회 내에서도 1980년대부터 〈인민법정〉과 〈특별재판소〉의 판결에 문제를 제기하는 여론이 높아짐에 따라 1985년에 나치 악법에 따른 판결의 무효화를 추진했다.[32] 이러한 노력이 결국 빛을 보게 되어, 1990년 5월에 옛 영국점령 지구였던 함부르크, 니더작센, 노르트라인-베스트팔렌, 슐레스비히-홀스타인과 통일 이후 포함된 베를린 지역에 적용될 수 있는 법안이 마련되었다. 하지만 이것도 일괄적인 무효화 방식은 아니었다.

---

30 당시 서독 연방정부는 그것을 대체할 수 있는 법적 근거가 있다는 입장이었다.

31 BR-Plenarprotokoll 587 (18.03 · 1988), 61-62.

32 BT-Drucksache 10/2368

통일 이후 동독의 사법적 청산과 맞물려 나치의 사법적 청산도 진전되기 시작했다. 예컨대 1995년 독일 연방법원은 베를린 지방법원에 회부한 동독 판사의 판결을 나치의 판결과 비교하여 비난했다. "〈인민법정〉에서 내려진 사형선고는 속죄 받지 않은 채 남아 있고 〈인민법정〉에서 활동한 직업 판사와 검사 가운데 아무도 법 왜곡죄(Rechtsbeugung)에 대해 처벌을 받지 않았다. 〈특별재판소〉와 〈전시법정〉도 마찬가지였다."[33] 특히 〈인민법정〉과 〈특별재판소〉의 사법적 판결이 갖는 문제점이 지속적으로 제기됨에 따라, 연방의회는 1998년 5월 28일에 "형사법상 나치의 부당한 판결의 파기를 위한 법"(Gesetz zur Aufhebung nationalsozialistischer Unrechtsurteile in der Strafrechtspflege)이 제정됨으로써 독일 연방 전체에 일괄적으로 나치 악법에 따른 판결을 폐지할 수 있게 되었다. 이 법안 제1조에 "특히 〈인민법정〉의 판결들과… 부록에 수록한 법령에 기반한 판결"이 그 대상임을 명백히 했고, 부록에는 나치 때 제정된 법령 59건이 게재되었다. 제2조는 "과거 유전건강법정의 단종(斷種) 판결의 파기를 위한 법"(Gesetz zur Aufhebung von Sterilisationsentscheidungen der ehemaligen Ergesundheitsgerichte)으로서 앞서 언급한 나치의 〈유전병예방법〉을 파기하는 조항이었다. 다만 이들 대상자에 대한 경제적 보상은 포함되지 않았다. 원래 초안에는 군사법정에서 판결한 것도 포함되었으나 의회에 논의 끝에 막판에 제외되었다. 이로써 제2차 세계대전 중의 탈영병이나 '이적행위'에 대해서 내린 형사적 판결은 무효화되지 않았다.

이에 대한 비판이 계속 제기되자 2002년에 규정을 바꾸어서 논란이 되었던 이들 탈영병에 대한 군사법정 판결도 무효화했다.[34] 이와 함께 이 법에서는 형법 175조와 관련된 판결도 함께 일괄 폐기되었다. 형법 175조는 남성 동성애를 형사처벌하는 규정이었다. 이 규정은 1872년에 제정되어 1994년에 폐지되었는데(동독에서는 1968년에 폐지되었다),[35] 나치 때 처벌과 범위가 훨씬 강화되었다. 이 규정이 일괄 폐지됨에 따라 특

<hr />

33 BGH 5 StR 747/94 - Urteil vom 16. November 1995 (LG Berlin). 이때 처벌받은 동독 판사는 1945년 동독 정부에 의해 양성된 사람이었다.

34 당시 기민당과 기민련은 이에 반대했다. 이들은 1998년의 법으로도 충분하다고 주장했다.

35 동서독 양쪽에서 이들에 대한 처벌은 이미 사실상 1960년대부터 크게 완화되었다. 탈영병에 대한 처벌을 일괄적으로 무효화하는 것은 군인의 사기를 떨어뜨리고 이 판결을 내린 군사법 정의 판사들을 일괄적으로 매도하는 일이라는 것이었다.

히 나치 때 강압적으로 처벌받았던 사람의 판결이 무효화되었다. 하지만 '이적행위'에 대한 판결은 결국 무효화 대상에서 누락되었다. 2002년 당시 의회에서는 "나치 시기에 제정되었다고 해서 모든 법률이 그 사안의 내용을 검증하지 않은 채 부당한 법으로 일괄적으로 파기할 정도는 아니다"는 주장이 있었다. 하지만 2009년에는 이에 대한 합의가 이루어져 '이적행위'에 관련된 판결도 모두 파기되었다.

V. 맺음말

나치 시대에 법관의 수는 독일이 점령한 지역을 제외하면 약 1만 명이 조금 넘었다. 물론 약간의 예외는 있지만 대다수 법관은 나치의 정치적 탄압과 법률적 침탈에도 불구하고 거기에 저항하지 않았다. 법을 존중해야 할 사람들이 오히려 법보다는 히틀러 '총통의 원칙'을 중시했다. 이들은 1933년 10월 '법의 날'에 "독일의 법관으로서 우리의 생애 끝까지 총통의 길을 따르고자 한다"는 맹세를 하기도 했다. 게다가 1938년에는 법관의 54퍼센트가 이미 나치당에 입당했고, 전쟁이 끝날 무렵에는 거의 90퍼센트가 나치 당원이었다.

위에서 살펴본 것처럼 나치에 가담했던 법조인들이 전후에 복귀하면서, 이들은 우선 자기변명성 주장을 내놓았다. 곧 이들 판사들이 나치의 정책에 저항하지 않고 순응한 것은 나치가 사법부의 권위를 무시했고 나치당, SS, 게슈타포들이 판사들에게 위협을 가했기 때문이었다는 것이다. 이렇듯 이들이 '속수무책'이었다는 것은 이들 세대가 '법실증주의'의 전통 속에서 자라났기 때문에, 법을 비판적으로 바라보는 방식을 배우지 못했기 때문이라는 주장도 나타났다. 그렇지만 역사적 연구의 결과로 보아, 이러한 주장이 그리 설득력이 있어 보이지는 않는다. 이들이 나치의 법 집행에 순수하게 법실증주의적으로 대응했다고 보기도 어렵거니와, 나치의 위협 때문에 억지로 나치 정책에 협력했다기보다는 오히려 자신들이 확신을 갖고 스스로 나치 정책에 협력한 사례도 적지 않기 때문이다. 이에 대한 논쟁은 여전히 진행 중이지만, 분명한 사실은 나치 시대에는 판사뿐만 아니라 모든 법조인(법학자, 검사 그리고 변호사까지)이 나치의 불법적인 행위에 저항하기보다는 오히려 적극적으로 나치의 정책을 지지했으며, 1945년 이후에도 그것을 반성하거나 청산하기보다는 숨기고 변명으로 일관했다는 점이다.

최근 독일에서 중앙관청의 과거사 청산 바람이 불었다. 2005년에 외무부가 독립된 역사가위원회를 조직하여 외무부의 나치시기 역사와 1945년 이후 나치 청산에 대한 역사를 연구하도록 위탁하여 2010년 10월에 그 결과가 나오면서 사회적으로 큰 논쟁과 반향을 일으켰다.[36] 이듬해인 2011년 연방형사청(Bundeskriminalamt)에서는 2008년부터 준비하여 비슷한 연구결과물을 펴냈고, 11월에는 연방헌법수호청(Bundesamt für Verfassungsschutz)도 독립적인 기구를 마련해서 나치 과거사 청산에 대한 연구에 돌입했다. 여기에는 물론 당시 의회에서 이러한 연구를 촉구하는 목소리가 높아졌다는 점도 중요했다.[37] 이러한 분위기 속에서 법무도도 자체 내의 과거사 청산을 더이상 늦출 수 없었던지 이에 앞서 2012년 1월 드디어 "나치 과거사를 정리하기 위한 연방법무부 독립 학술위원회"(Unabhängige Wissenschaftliche Kommission beim Bundesministerium der Justiz zur Aufarbeitung der NS-Vergangenheit)를 구성하고 활동을 시작했다. 이에 비하면 사법부 자체의 청산은 비교적 늦었다. 이제 드디어 헌법재판소에까지 이러한 바람이 미치고 있으니, 이 움직임이 계속되기를 기대한다.

---

36 이러한 연방기구의 자체 과거사 청산에 대한 내용은 다음을 참조하라. Christian Mentel und Niels Weise, Die Zentralen Deutschen Behörden und Der Nationalsozialismus: Stand un Perspektiven der Forschung (München/Potsdam 2016).

37 급기야 2012년 11월 8일 연방의회는 연방정부에 압도적인 다수로 현대사 연구소에 이에 관련된 사항을 조사하도록 공식적으로 요구했다. Plenarprotokoll des Deutschen Bundestages, 17 Wahlperiode, 204 Sitzung, 8. November 2012 (17/204), 247-22 C. 이에 부응하듯이, 2013년 기민당/기사련과 사민당 연립내각은 정부를 구성하면서 협정서에 "이 연립정부는 각 부처와 연방관청의 나치 과거사 청산작업을 진척시킨다"는 구절을 포함시켰다. Koalitionsvertrag zwischen CDU, CSU und SPD, "Deutschlands Zukunft gestalten", 18. Legislaturperiode, 2013, 130.

전후 독일 나치 청산의 역사와 68혁명의 의의*
─ 전후 독일을 보며 한국 사회의 성숙, 대한민국의 국격 상승이 왜 지체되는지를 반성해 본다

김누리 · 홍윤기

(중앙대 유럽문화학부 교수 / 동국대 철학과 교수)

I. 일본에게 일제 과거를 청산하라고 요구하는 만큼 우리는 우리 자신의 과거를 청산해 왔는가?: '우리는 단 한번도 우리 자신의 과거사를 청산한 적이 없다'

일제 강점기가 끝난지 75년이 지났지만 일제가 우리에게 지은 죄업은 여전히 우리에게 고통을 주고 있다. 당시 생존했던 이들이 이제 점차 세상을 뜨는 와중에도 일제의 후손들이 당시의 자기네 역사를 두고 우리를 대하는 태도는 그 시대 자기네 조상이 가졌던 태도와 변함없이 그대로다. 장기집권을 연속하는 지금 시대 일본의 극우 세력의 정신 안에서 조선을 식민지로 강점했던 일제의 멘탈리티는 그때와 75년이 지난 세월을 사는 현재의 우리에게 그대로 드러난다. 그런 일제의 후손들에게, 일제의 멘탈리티

---

* 이 글은 유신청산민주연대/서영교 의원실 주최, 〈독일 나치 과거사 청산의 역사와 성과. 2020년 8월 유신청산 국회토론회〉(국회의원회관 제3간담회실, 2020년 8월 21일 14:00)에서 김누리 교수가 발제한 "전후 독일 나치 청산의 역사와 68혁명의 의의"를 녹취한 자료와 홍윤기 교수의 토론문 "'지나간(past) 죄(sin)'는 지나간 것(passed)인가? 그리고 여전히 죄(crime)인가?"를 종합하여 홍윤기 교수가 정리한 것임.

를 숨기지 않는 현재의 후손 일본인들에게 현재의 우리는 그들의 '과거의 죄'(past sin)는 '지나가지'(passed) 않았다고 항의한다. 현재의 일본(日本)은 여전히 과거의 일제(日帝)를 살고 있다고 보인다.

그런데 현재의 일본을 앞에 두고 과거의 일제를 떨쳐버리지 못하는 이 지점, 즉 서로의 삶이 포개지는 시기를 가운데 두고 펼쳐지는 우리와 일본의 대결선은 일제 과거사 청산을 핵심 쟁점으로 하여 비교적 흐트러짐 없이 일관성을 유지한다. 그러나 이 대결선에서 상대 일본을 정면으로 마주보는 우리의 얼굴과 표정 뒤로 시선을 돌려 '청산해야 마땅할 과거사 청산'이라는 이 대결선의 핵심 쟁점을 우리 자신의 과거사 안으로 옮겨보면, 우리는 과연 일본보다 나은가를 되묻지 않을 수 없는 자기 모순에 맞닥드린다.

필자가 보기에 우리는 일본보다 더 청산이 안된 것이 아닌가? 지난 역사 백 년을 돌아보면 우리처럼 참혹한 역사가 있었던가 싶다. 식민의 역사 냉전 속에서 미군정 하에서 그 후 내전을 겪었고, 거의 30년의 군사독재를 치렀다. 백 년 중 70년 이상 민주 정부를 가져보지 못한 역사다. 그런 상황 속에서 우리가 식민지배 분단 전쟁을 치렀던 비참한 과거가 단 한 번이라도 제대로 청산된 적이 있는가? 자신 있게 답하기 어렵다. 우리처럼 이렇게 과거 청산이 이루어지지 않는 사례가 있는지 돌아보게 된다. 결론은 단 한 번도 과거 청산의 역사가 없었다.

우리 과거사 청산의 첫 번째 대상은 일제 시대이다. 그러나 반민특위를 해산하면서 국가적으로나 사회적으로 친일 청산을 제대로 할 수 있는 기회는 지금껏 다시 오지 않았다.

일제 시대 뒤를 이어 1948년 정부 수립에서 1987년 6월 항쟁까지 전개된 이승만의 가부장적 민간 독재와 박정희, 전두환의 군사독재까지, 거의 40년에 이르는 독재 치하에서 일어난 만행들에 대해 단 한 번이라도 전폭적인 청산이 행해졌던가? 남북 분단과 전쟁 기간 동안, 제주에서부터 여수·순천에 이르기까지, 지리산과 태백산 그리고 여기저기 마을마다 수많은 양민학살이 있었다. 군사 독재 하에서는 수많은 고문 그리고 법을 내세운 사법 살인의 역사가 있었다. 그러나 법복을 입고 사법 살인에 가담했던 판·검사 가운데 법을 내세워 시민을 사형시킨 자신의 죄업에 대해 양심고백을 한 판·검사는 단 한 명도 없었다.

이 땅의 백성, 이 나라의 시민을 지켜주고 살려줘야 할 국가가 도리어 무고한 백성과 양심적 시민들을 죽이고 폭행했다는 사실은 끔찍하다. 그러나 그런 죄업에 대해 단한마디의 사죄도 없이 끔찍한 사실들에 대한 기억만 대대로 쌓아가 상태가 또 다른 역사로 계속된다는 것은 그 사이사이 느낄 수도 있는 잠깐의 행복감도 을씨년스럽게 만든다.

한국 사회에는 청산되지 못한 역사의 악취가 여전히 진동한다. 백 년 동안 한 번도 청산되지 못한 과거사가 여전히 현재의 역사로 같이 흘러가기 때문에 보이지 않는 악취가 여전히 국민 생활 곳곳에 배어 있다.

II. '오늘의 독일을 만든 것은 아우슈비츠이다'

독일은 자신들이 잘못 없이 당한 그런 무고한 과거사, 피해자로서의 과거사는 한 번도 없었다. 독일의 과거사는 비스마르크 통일 이후 굳건한 황제 체제와 나치 체제를 중심으로 유럽 전체를 압도하는 강대한 국가를 내세워 다른 나라 국민, 다른 민족에 대해 국가가 얼마나 반인륜적 패륜범죄를 저지를 수 있는지, 무법 국가의 가해성을 정말 유감없이 보여주는 국가범죄의 역사이다. 독일의 과거사는 청산해야 할 '과거의 죄'라는 측면에서 한국의 과거사와는 정반대로 가해자의 역사이다. 따라서 과거사 청산이라는 점에서 독일은 피해의 역사가 점철되는 대한민국보다 가해자라는 점에서 그 부담의 질이 훨씬 악성이고, 피해자의 규모에 있어서 양적 부담은 더욱 가중된다.

그런 과거에서 우리와 똑같이 75년이 지나가고 난 현재의 시점에서 볼 때 독일 즉 '독일연방공화국'은 그들의 죄업으로 자초한 분단을 극복했을 뿐만 아니라, 국제적으로 어느 모로 보나 '대한민국'보다 아직은 그 국가적 위상이 높다. 단적으로 말하자면 오늘날의 독일을 만든 것은 사람들이 보통 말하듯이 '라인강의 기적'이 아니다. **오늘의 독일을 만든 것은 '아우슈비츠'(Auschwitz)이다.**

아우슈비츠는 단순히 많은 사람을 살해한 대량 학살의 장소가 아니었다, 그것은 '죽음 생산 공장'이었다. 다시 말하면 아우슈비츠는 인간을 조직적으로 공장식으로 살해한 자리, 즉 인간이 얼마나 인간이 아닐 수 있는가를 보여주는 인류역사상 최악의 지점이다.

2차 대전이 끝난 뒤 독일 그리고 독일 시민들은 자신들이 새로 만들어야 할 독일이 어떤 상태가 되어야 하는지를 자문해야 했고, 그럴 때마다 자신들이 만들어 가동했던 '아우슈비츠'를 그대로 세워놓고 샅샅이 들여다 보았다. '아우슈비츠'에서 어떻게 그리고 얼마만큼이나 벗어날 것인가? **아우슈비츠와의 거리, 탈(脫)아우슈비츠의 정도**는 독일이 단지 국가적으로 발전하는 수준뿐만 아니라 사회적으로 그리고 나아가 인간적으로 성숙화하는 정도를 측정하는 척도가 되었다. 그 결과 독일은 적어도 21세기 두 번째 십년기가 지나간 현재, 세계적 차원에서 볼 때 **정치적으로 가장 성숙한 사회**가 되었다. 즉, **삶의 모든 영역에서 가장 높은 수준의 민주주의를 구현하는 사회**를 만든 것이다.

최근 발표된 국제지도력 지표는 한 국가에 대해 국내외 국가의 시민들이 동의하는 지지도를 측정한 것으로서 일종의 헤게모니 지표인데, 조사 대상국 130개국 가운데 독일이 44점을 기록하며 1위에 올랐다. 여기에서 미국은 33점, 중국은 32점으로서, 독일은 3년 연속 국제 수준의 도덕적 권위에 있어서 1위를 누리고 있다. 이것은 국제적으로 독일이 누리는 힘이 일종의 도덕적 권위에 기반하고 있음을 인정하는 것이다. 이렇게 놀라운 지표를 기록하게 되는 배경에 '아우슈비츠'라는 인류사 최악의 끔찍한 범죄를 청산하는 것을 국가 정체성의 새로운 지표로 삼아 완전한 탈(脫)아우슈비츠의 실천을 꾸준히 지속한 독일의 국가적 노력이 있다는 것은 분명하다.

III. '아우슈비츠의 나라'가 '남산의 나라'와 다른 점: '기억의 정치'와 '망각의 아비투스'

나치독일의 패륜 국가, 무법 국가를 현시하는 곳이 '아우슈비츠'라면, 일제 강점기의 무법통치와 독재 시기 대한민국의 고문 통치를 실현했던 곳은 지금은 서울 한복판에 위치하게 된 '남산'(南山)이다. 남산에는 식민지 조선에서 일본 제국주의의 최고 상징이었던 신사(神社) 즉 '조선신궁'(朝鮮神宮)이 있었고, 유신독재체제와 5공 체제에서 정보 정치와 고문 통치의 거점으로서 박정희 통치부의 핵심이었던 중앙정보부(中央情報部)가 있었다. 그런데 이 건물들은 모두 없애거나 변경하여 이제는 그 흔적을 알아볼 수 없다. 중앙정보부 자리는 지금 서울시 유스호스텔이 되어 있는데, 그 안에 있던 '고문실'은 전혀 보존되어 있지 않다.

독일은 아우슈비츠뿐만 아니라 나치 독일 지역 곳곳에서 운영되었던 강제수용소들(Konzentrationslager)을 모두 역사박물관으로 운영하면서 후손들에게 자신들의 선대가 자행했던 만행을 잊지 못하도록 상기시키는 시민교육을 일 년 내내 실시한다. 죄악의 망각은 죄악이 반복되는 가장 중대한 원인이기 때문이다. 독일은 '기억의 정치'(politics of remembrance)로써 자신의 과거의 죄를 청산하는 첫걸음을 뗀다.

그에 반해 대한민국은 꼭 극복해야 할 뿐만 아니라 다시는 되풀이되지 말아야 할 과거의 죄를 청산하기는 커녕 누구도 기억하지 못하게 만듦으로써 '없었던 일', '애시당초 일어나지 않았던 일'로 만들려고 한다. 이 점을 주목하자면 역사 청산이라는 과제에 있어서 한국과 일본은 사실상 '망각의 정치'로 연대하고 있는 셈이다. 이들은 항상 과거를 잊고 미래를 향하자고 한다. 하지만 이렇게 망각을 체질화하는 습성, 즉 '망각의 아비투스'(habitus of oblivion)는 각 나라 국민의 사회적 성숙의 결정적 한계가 된다.

자신들이 청산해야 하는 '과거의 죄', 그로 인한 역사적 고통을 대면함에 있어서 독일과 한국은 현격한 차이가 난다. 독일은 '아우슈비츠'를 끊임없이 들여다보면서 그 의미를 되새긴다면, 한국은 국가적 차원에서 '남산'의 의미를 묻는 일은 전혀 하지 않는다. 이러다 보니 국민의 뇌리에서 '죄'는 잊혀져도 그 '죄가 남긴 아픔, 고통'은 몸에 여전히 남아서 이어온다. 이런 상태에서 가해자의 죄는 역사적으로 거의 사면되는 상태가 되지만 피해자의 고통은 여전히 남아 신체적으로, 정신적으로 그리고 정치적으로 한국 사회가 진정하게 발전하고 그 발전을 바탕으로 성숙하는 데 결정적인 한계가 된다. 가해자의 죄행이 청산되지 않으면 가해자의 세력은 그대로 유지되거나 보강되는 반면에, 피해자는 여전히 고통 속에서 기를 펴지 못한 채 방치되면서, 가해자의 눈치를 보는 시민들은 도덕적 능동성을 발휘할 용기를 갖지 못하게 된다.

IV. '역사 민족'으로서 독일의 새출발: 68혁명 그리고 그 이후의 역사 정치, 역사교육, 역사 실천

1. '과거 청산'의 성과물로서 독일의 국격 상승

흔히 독일을 과거 청산의 나라라고 하며, 그런 특성을 강조하여 '역사 민족'(Geschichtsnation)이라고도 한다. 2018년 현재 지구상에는 UN 기준 195개의 주권국가, 올림픽 가입 기준으로는 206개의 독립국가가 있지만[1] 국가의 정치적 운영에 있어서 독일만큼 '역사 문제'를 예민하게 의식하고 있는 나라는 없다. 그리고 이럴 때 독일에게 '역사'라고 하면 '당장 지금의 독일'을 있게 만든, 독일의 지금과 가장 가까운 과거의 역사, 즉 '독일의 근·현대사'를 가리킨다. 따라서 독일에서 역사교육이라고 하면 근·현대 독일의 역사, 즉 독일이 국가로서 벌인 가장 부끄러운 짓들로 가득 찬 역사, '과거의 죄'에 대한 교육이 중심이다. 그렇게 역사 문제를 중시하는 독일은 이제 굉장히 놀라운 나라가 되어 있다.

하지만 독일의 역사라고 할 때, 영국이나 프랑스가 절대군주체제 하에서 장차 통일된 국민국가의 기틀을 닦아 이미 현대 세계에서 선진국으로 도약하여 세계를 제패하던 19세기 중반기에도 독일은 3백 년 전 종교개혁기 때 발발하였던 30년전쟁으로 형성되었던 24개의 영방국가(領邦國家)로 분열되어 있었다. 당시 '독일'(獨逸, Deutschland)은 비교적 넓은 면적을 차지하고 있는 유럽 중부 지역의 지역 명칭이었지 주권국가의 국호(國號)가 아니었다. 그리고 유럽의 다른 선진 국가들처럼 시민혁명을 거쳐 온전하게 정치적 현대화의 경로를 밟았던 것이 아니라, 비스마르크가 이 지역의 맹주 정도였던 프로이센의 재상이던 시절 무력으로 통일 영토를 창출하여 뒤늦게 현대적 국민국가가 되었다. 이렇게 볼 때 현대 독일의 역사를 돌아보면 그다지 볼품 있게 탄생한 나라도 아니었다. 따라서 뒤늦게 인위적으로 만들어진 독일의 역사에는 웬만한 나라라면 다

---

1 윤동영 기자, "지구상 나라 수는? 유엔 기준 195개, 올림픽은 206개국…,"「연합뉴스」(송고시간 2018-02-19 17:06).
   https://www.yna.co.kr/view/AKR20180219125000009.

있는 별도의 탄생신화나 건국신화 같은 것은 애초에 없었다.

이런 상태에서 나치를 거쳐 승전국들에 의한 징벌적인 조치로 영토가 반이나 쪼개진 상태에서 새로 출발한 서독은 너무나 끔찍한 국가적 죄악만 잔뜩 물려받은 패전 국가의 상태였고, 이런 독일이 정상 국가가 된다면 또 다시 전쟁을 일으킬지도 모른다는 의심의 눈초리에 둘러싸여 잔뜩 주눅 든 패륜 국가이기도 했다. 1차 대전에 이어 2차 대전까지 주도했던 독일의 역사적 경력에서 유래한 국가적 혐의를 염두에 둔 당시 미국의 재무장관 한스 모겐소는 독일이 다시는 전쟁을 하지 못하도록 공업 국가가 아닌 완전한 농업 국가로 만들려고 아예 산업 시설을 해체하려는 복안을 제시하기도 하였다.

그런데 당시 2차 대전의 최대 승전국이었던 미국과 소련 사이에서 국제적 차원의 냉전이 벌어져 서독에게 소련 세력의 팽창을 가장 앞에서 저지해야 하는 전선 국가(前線國家, Frontstaat)의 역할이 새로이 주어졌다. 그에 따라 미국은 서독이 일정 정도 대(對)소련 대응능력을 갖추는 게 유리하다고 판단하면서 패전국이자 패륜국 상태였던 서독에게 인류 전쟁사에서 유례가 없었던 조처를 취하였다. 즉, 미국은 서독에게 전통적으로 패전국에게 부과되던 전쟁배상금 대신 패전국의 국가 복원에 소요되는 대규모 비용을 적극 원조하는 '마샬 플랜'을 실시하였다. 본래 노동력과 기술력에 있어서 높은 수준을 보유하던 독일의 인적 기반에 이런 대규모 원조가 결합하고, 더욱이나 '한국전쟁'이 터지면서 거의 대박에 가까운 행운으로 전쟁 경기가 조성되면서 서독은 순식간에 경제적 선진국 반열로 진입하였다.

그런데 이런 독일의 위상은 단지 경제 선진국에 머물지 않았다. 패전 후 45년이 경과하면서 동서 냉전이 해소되자 독일은 나치 체제가 저지른 그 반인류적 국가범죄에 대한 징벌적 조치로 단행되었던 분단마저도 극복하여 2차 대전 당시 독일에게 피해를 입었던 국가들조차도 반대하지 않는 범유럽적 지지를 얻어 재통일을 성취하였다. 그리고 여기에서 더 나아가 통일 독일은 유럽 통합을 주도하고 이끌어가는 정신적 지도 국가로까지 그 국격이 비약적으로 상승하여 세계의 지도 국가로 올라섰다. 이것은 2차 대전이 끝난 직후에는 아무도 기대하거나 예상하지 못한 결과였다. 도대체 패진과 분단 그리고 재통일이 이루어지는 전후 45년간 서독, 아니 독일에서 무슨 일이 벌어진 것인가? 이렇게 된 가장 결정적인 요인은 무엇인가?

분명한 것은 이 기간 동안의 독일 그리고 재통일 이후의 독일에서, 전쟁 전의 독일, 나치 시대의 독일, 국가로서 못할짓이라면 하나도 빼놓지 않고 유감없이 저질러본 그런 과거의 독일을 연상시키는 요인들이 거의 말끔하게 청산되지 않았다면, 이런 일은 결코 벌어질 수 없었으리라는 것이다. 즉, 독일이 단지 경제 선진국 정도가 아니라 유럽연합(EU)의 주도 국가, 도덕적 권위를 누리는 세계적 지도 국가가 된 결정적 요인은 '과거 청산'이었다.

하지만 2차 대전 직후 나치 패망 뒤 나치의 반인륜 국가범죄의 흔적이 사방에 넘쳐났던 무법 국가를 이어 새로 출발했던 독일, 즉 보통 서독(西獨)이라고 불렸던 '독일연방공화국'이 그 출발점에서부터 '과거 청산'의 모범국이었던 것은 아니었다.

2. 전후 서독의 '탈(脫)나치화' 및 과거 청산 과정: 점령정책 단계와 '68혁명' 이후

1) 점령 정책 단계의 과거 청산: 나치 수뇌부 처형 과정과 나치 기관 폐기 및 정치 과정의 민주화

여기에서 주목해야 할 것은 2차 대전 승전 이후 4대 전승국 즉 미·영·불·소가 자국의 독일 점령 지역에서 점령군 주도로 행한 나치 청산 과정—이른바 '소비에트점령지역'(SBZ)을 제외하고는—은 승전국에 의한 패전국의 군사적·통치적 응징의 차원이 아니라, 국가 침략성의 영원한 불임을 목표로 그 어떤 군사적 정책도 귀결하지 않는 독재체제로부터 완전히 면역된 '무력불능 지역 행정기관'을 만드는 데 집중되었다는 사실이다. 따라서 일체의 무력 조직이 일소된 과거 나치 지배 지역에서 연합군의 일방적 제압 아래서 나치 수뇌부에 대한 응징은 패전국이 아니라 아예 전례 없는 독일을 재구성할 것을 목표로 하여 패전군과 그 세력에게 군사적 보복, 즉 소탕(掃蕩 Vernichtung, clean-up)이 아니라 법적 처벌(處罰 legal punishment)을 가하는, 지극히 '법치주의적' 방식을 따르게 되었다. 이에 반해 자유 프랑스는 나치독일에 복속되었던 지역을 수복하자마자 그 어떤 법령이 아니라 드골의 행정명령에 따라 나치 부역자들을 일망타진하여 단시간에 나치 잔재를 절멸시키는 숙청(肅淸 purge)의 방식을 취하였다.[2]

이에 따라 연합군의 점령 지역은 연합군의 승전지가 아니라, 연합군이 피점령지 주민들의 생존과 생활까지 책임지게 되는 일종의 '통치' 지역이 되면서 현지 행정기구의 가동이 점령 업무의 최우선 과제가 되는 전례 없는 상황이 벌어졌다.[3] 이런 구도에서 집행된 점령 정책은 나치독일에 대한 청산의 방향과 범위가 과거 나치 통치기구 중 나치 수뇌부와 핵심 당료에 국한되는 결과를 빚게 되고, 나치 체제의 수족이 되었던 행정기구와 그것을 이데올로기적으로 지지했던 교육 및 종교 기구들, 나아가 나치 통치에 합법성을 부여했던 사법계 등에 대한 나치 청산 즉 탈(脫)나치화(Entnazifierung)는 수면 밑으로 가라앉았다. 그리고 독일 국가체제의 상층기구 즉 통치 상층부에 대한 운영은 나치체제 하에서 박해받았던 바이마르 정치세력들을 제도 정치의 주도자로 복귀시켜 영국과 미국의 민주정치 과정을 모델로 '자유민주적 기본질서'가 가동되도록 하였다. 그리고 일반 시민들에 대해서는 미국 '시민교육'(civic education)을 모델로 한 '정치교육'(politische Bildung)을 도입하여 '민주주의적 정치생활'로 전면 개조하는 조치가 실시되었다.

2) 68혁명: 독일 사회구성 안의 권위주의 문화와 권위적 사회질서의 전면 청산과 역사 정치

하지만 전후 서독의 사회 구성은 전후 폐허기에 때맞춰 일어난 한국전쟁을 통해 라인강의 기적을 성취하여 경제적으로 재생하면서, 그런 분위기에 기생하여 독일제국의 군사주의와 나치 파시즘의 수족으로 활동했던 과거 세대들의 권위주의가 재구축되는 상황이 조성되었다. 이런 상황 안에서 68혁명은 상대적으로 민주화된 정치 과정 안에서 인간 존엄성을 교육받고 자유의 가능성을 자각한 전후 세대들이, 칸트 이래 독일 역

---

2 "1943년 8월 10일... 드골은 비시정권의 직접 가담자와 지지세력 및 나치독일에 협력한 자에게 가차없는 징벌을 가할 것이라고 공식적으로 처명하고, '국가가 애국적 국민에게는 상을 주고 배반자나 범죄자에게는 벌을 주어야만 비로소 국민들을 단결시킬 수 있다'고 강조했다." 주섭일, 『프랑스의 대숙청. 드골의 나치협력 반역자 처단 진상』 (서울: 중심, 1999), 23.

3 1차 세계대전까지 전쟁의 결과는 패전국이 승전국에게 배상금을 지불하고 일정 항복 조건을 이행하는 데 그쳤고, 그에 따라 패전국 안에서 어떤 일이 일어나든지 그것은 전적으로 패전국 자체의 문제였다.

Der Kniefall von Warschau, 1970년 12월 7일 ▲　　Der Kniefall Willy Brands - Erinnerungsorte der Sozial-
demokratie ▲

사상 처음으로 자기 생활의 자율적 형성이라는 이념을 현실화할 수 있었던 계기였다.
그리고 이 과정에서 서독은 정치와 사회 그리고 교육과 문화의 전면 민주화와 복지를
달성하면서 체제내 적폐를 거의 극복하면서 어느 국가에도 흠 없이 다가갈 수 있는 국
민적 차원의 도덕적 자신감을 획득하였다. 이 과정에서 사회적·문화적 차원의 과거 청
산이 급격하게 진척되었는데, 극히 주목할 것은 1970년 12월 7일 바르샤바에서 행해
진 '브란트 무릎꿇기'(Brandt-Kniefall in Warschau 1970)와 나치독일 항복 40주년 되는
1985년 5월 8일 당시 서독 대통령 리하르트 폰 바이체커가 연방의회에서 행한 연설,
보통 '나치의 항복일은 독일의 해방일'이라는 제목으로 알려진 연설을[4] 통해 나치 과거
사 청산이 사실상 독일 국가의 국민적 합의에 이르렀음을 국가정치 차원에서 대내외적
으로 공표하였다는 것이다. 사실 이런 상징적 사건들은 전후 독일 즉 서독의 국격을 급
격히 상승시켜 독일 국가에 도덕적 품격을 부여하면서 국내의 민주화, 복지화와 맞물
려 냉전 해체 이후 독일이 평화적으로 재통일되고 유럽 차원의 국제적 인정을 받을 수
있는 기저동력(基底動力, underlying dynamics)을 확보했음을 알려주는 증빙이 된다.

---

4 Richard von Weizsäcker, "Gedenkveranstaltung im Plenarsaal des Deutschen Bundestages
　zum 40. Jahrestag des Endes des Zweiten Weltkrieges in Europa" (독일연방공화국 대통령실
　홈페이지〉 Die Präsidenten 〉 Bonn, 8. Mai 1985.
　https://www.bundespraesident.de/SharedDocs/Reden/DE/Richard-von-Weizsaecker/Red
　en/1985/05/19850508_Rede.html.

3) 독일 국가 구성 안의 도덕적 허약성과 나치 청산의 남은 과제: 나치 사법계 청산

그러나 이런 역동적 청산 과정에도 불구하고 전후 독일 나치 청산의 허약성은 뜻밖에도 분단 독일에 천우신조(天佑神助)처럼 다가온 재통일 국면에서 노출되었다. 1989년 베를린 장벽붕괴(Berliner Mauerfall) 이후 라이프치히 시위를 필두로 한 동독의 인민혁명은 흔히 스탈린체제의 마지막 보루로 일컬어졌던 동독공산당(정식 명칭은 '독일사회주의통일당SED')의 일당독재체제를 "무법 국가"(Unrechtsstaat)로 성격지우면서 이 'SED-체제'(SED-Regime)에 부역했던 통치기관의 종사자들에게 일정 제약을 가하지 않을 수 없는 상황을 조성하였다. 그런데 동독의 일당독재체제가 아무리 반인륜적 국가범죄를 조장 내지 용인 또는 묵인하였다고 하더라도(예를 들어 장벽 넘어 서독으로 도주하는 병사나 시민들에게 발포하라는 명령 그리고 보다 치명적으로는 동독 보안기구 슈타지Stasi에 의한 전면적 감시와 사찰 등) 그 죄질과 죄의 양은 어떤 경우에도 나치의 극악함에 비견할 수준은 아니었다. 따라서 동독 통치기구에 봉사한 공무원, 특히 동독 시민에게 직접적으로 법적 처벌을 행한 동독 법조인들에 대한 청산이 불가피하다고 했을 때, 나치 법조계에 종사한 전력이 있으면서도 전후 서독 법조계, 즉 연방과 주 차원의 검찰, 법원, 법무부 심지어 헌법재판소에 남아서 은퇴할 때까지 근무하고 연금까지 탔던 검사, 판사 등에 대한 처벌 문제가 동시에 떠올랐다.[5] 결국 행정적 필요에 따라 국가적 차원의 원칙을 굽히면서 "까마귀끼리는 서로 눈을 쪼지 않는다"(Eine Krähe hackt der anderen kein Auge aus)는 독일의 유명한 속담이 냉소하는 대로 동종업계의 업자끼리 서로 봐주는 관행이 계속되다가, 독일 재통일이라는 국가적 과제 앞에서 나치 법조인 청산 문제가 처벌의 형평성 차원에서 통일 후 통합의 장애로 등장하면서, 독일에서 나치 법조인 청산은 전쟁이 끝나고 45년이 지나 재통일 국면에서 비로소 본격적으로 문제로 등장하였다.

---

5 Otto Langels, 앞의 기사.

V. 68 이후의 독일과 시민교육의 핵심으로서 일상적 역사교육과 역사 정치: 청산의 생활화와 정치의 도덕화

그러나 이런 통치관행상의 한계에도 불구하고 68혁명을 계기로 과거 청산은 학교 내외에 걸친 독일의 시민교육, 즉 정치교육에서 실시하는 역사교육의 핵심으로 부상하고 전면화되었다. 당대 독일 시민생활의 정치사회화에서 역사교육은 학교교육과 평생교육에서의 교육 커리큘럼으로 제시하는 수준과 범위를 넘어 생활의 요소마다 기억의 교육과 정치가 항시 가동될 수 있게끔 문화적으로 장착되었다.

통일 독일의 수도가 된 베를린의 시내 공간의 배치와 설치는 거기에 익숙하지 않은 외국인의 눈에는 놀랄 만한 광경으로 나타난다. 베를린 중심의 브란덴부르크문을 등지고 서면 그 왼쪽에 '유대인 추모공원'이라는 엄청난 규모의 공간이 있고, 오른쪽에 연방의회 의사당이 있다. 현실 권력의 상징인 의사당과 마주하는 위치에 독일의 과거의 수치스러운 죄를 상징하는 '유태인 추모공원'이 있다는 것은 놀라운 일이다. 이런 식의 공간 배치는 자신의 과거의 죄에 대한 독일의 국가적 진정성을 체감시키며, 국가적으로 가장 중요한 그 자리에 그런 것이 있다는 것은 아무 나라에서나 가능한 일은 아닐 것이다.

나치의 만행은 유대인에 그친 것이 아니라, 그들이 변태자, 비(非)국민으로 찍은 집시나 동성애자 그리고 장애인들을 학살하는 지경까지 이르렀다. 이에 베를린 주 정부는 매년 유태인뿐만 아니라 집시들, 동성애자들, 장애인 등의 학살을 추모하는 시설을 만들고 있다. 심지어 나치 청년들이 유태인 집 앞에서 유태인을 끌어내 린치를 가했던 골목까지 일일이 찾아 골목마다 이런 만행의 사실을 적은 판석을 설치하여 보는 사람에 따라서는 좀 과하다는 느낌이 들 정도이다. 이러다 보니 베를린시 전체 그 자체가 거대한 반성문이다.

심지어 베를린을 다니면서 잘 살펴보면 작은 황동판들이 부착되어 있는 길바닥이 여러 군데 있다. 이런 황동판에는 예를 들어 이 길바닥으로 나오는 집에서 1941년 클라우스 슈레더라는 사람이 누구에겐가 납치되어 어디론가 끌려가 1944년 아우슈비츠에서 살해당했다는 등등의 유태인의 사연들이 적혀 있다. 과거의 역사가 박물관이 아니라 사람들이 항시 살고 있고 오가는 주택가의 집 앞에 있는 것이다. 자기 나라가 저지른 과거의 죄에 대한 반성과 참회가 아무리 중요하다고 해도 과연 이렇게까지 할 필요가 있나 싶어, 그런 동판 가까이 있는 집에 살거나 그 동판을 오가는 몇몇 독일인들에게 물어보았다. 매일매일 집 앞에서 아유슈비츠를 만나는게 마음에 부담스럽지 않느냐고. 하지만 돌아온 대답은 우리 기준으로는 뜻밖이었는데, 즉 "과거를 매일 돌아본다는 것은 아름다운 일 아니냐!"라든가, "희생자의 과거를 떠올리는 것은 이상한 일이 아니라 의미 있는 일이다"라는 등, 기대 이상의 성숙한 모습을 보여주었다.

독일 지역 사방에 설치되었던 유대인 수용소들은 독일로 학생들과 같이 여행할 때 첫 방문지로 찾아가는 필수적인 문화 프로그램이기도 하다. 그리고 유태계 독일인의 이름을 공공기관이나 대학의 별칭으로 사용하는 경우도 많은데, 예를 들어, 유대계인 시인 하인리리 하이네의 이름은 뒤셀도르프 대학의 이름으로 사용하여, 이 대학은 하이네대학으로도 불린다. 이렇게 유대인과 연관된 상징을 구현하여 독일의 과거 청산이 독일 문화의 일부로 체화되어 과거의 죄에 대한 사죄의 진정성이 절실하게 느껴지도록 하는 것이다.

이렇게 독일의 과거 청산이 일상생활화하고 그것이 정치적 실천으로 이어지는 데는 68혁명의 역할이 결정적이다. 독일의 과거사 청산은 사실 68혁명 이후의 새로운 독일에서 본격화되었으며, 68혁명 이전과 그 이후로 그 양상이 나뉜다. 68혁명 이전은 아데나워(Adenauer)의 독일이었고, 68혁명 이후는 빌리 브란트(Willy Brandt)의 독일이었는데, 이 두 개의 독일은 전혀 달랐다. 68혁명이 진행되는 당시 독일 총리였던 쿠르트 키징어(Kurt Kisinger)는 나치 당원의 전력을 갖고 있었다. 즉, 68년까지도 나치 전력이 있는 사람이 총리가 될 수 있었다. 그것은 지금의 일본보다 더 한 일이었다. 68혁명 때까지는 나치 출신이 수상을 할 정도로 나치 청산이 되지 않은 독일이었는데, 그 후 브란트가 수상이 된 것은 나치 청산의 시작이자 상징이었다. 브란트는 단지 나치 희생자들을 위한 비 앞에서 무릎을 꿇어서가 아니라 나치와 정면으로 투쟁한 반나치 저항가였다. 그런 사람이 수상이 된다는 것은 독일 사회가 질적으로 새로운 사회로 나아간다는 것을 보여 준 사건이었고, 68혁명 이후에 비로소 전후 독일은 지금 우리가 보는 것과 같은 면모, 즉 정치적으로나 문화적으로 나치 시대에 관련된 그 어떤 것도 연상시키지 않는 전혀 새로운 독일이 되었다. 아주 강하게 말하여, "독일은 아우슈비츠의 나라이다!"라고 하는 것은 브란트 이후의 독일, 오늘날의 독일이 더 이상 아우슈비츠가 반복되거나 재현되어서는 안된다는 정신으로 만들어진 국가라는 뜻을 전하기 위함이다. 그것일 오늘의 독을 만들었다는 것이 핵심이다.

68혁명의 정신이 독일에서 가장 철저하게 관철된 분야는 교육이다. 1970년대 독일 교육 개혁에서 최우선 교육 목표로 제시된 것은 **비판적 교육법**(kritische Pedagogie)이었다. 그 사회의 구성원들로 하여금 그 사회의 기존 제도관습과 의식관습을 습득해 내면화하여 적용하도록 함으로써 국민을 사회화하는 것이 통상적인 교육 목표이다. 그런데 68 이후 독일의 교육 목표는 순응이나 적응보다 비판이 우선시된다. 대체로 어느 나라에서나 교육의 목표로서 적응과 비판을 서로 일정 정도 중요시한다. 그런데 적응보다 비판을 우선시하는 나라는 독일이 유일하다. 독일에서 사지선다형으로 학습 성취를 평가하는 것은 사기로 간주된다. 왜냐하면 단답형 문제는 파쇼 교육의 전형으로 간주되기 때문이다. 그런 교육을 받은 아이들은 권력이 주는 정답을 내면화하는 것에 익숙해질 가능성이 크기 때문에 독일 교육 현장에서 단답형 교육은 금기시되며, 학습 평가는 대부분 서술형으로 이루어진다. 가장 일반적인 시험 지문은 "~을 자기 관점에서 비판적으로 논하라"는 식으로 제시된다.

70년대 교육 개혁의 목표로 제시된 비판적 교육법은 과거 시행되고 전후에도 지속되었던 파쇼식 주입 교육을 넘어서는 대안이었다. 철학자인 테오도르 아도르노에 따르면, 성적을 둘러싸고 아이들을 경쟁시켜 거기에서 우수하다고 평가받은 아이들이 열등한 아이들을 지배하도록 줄 세우는 식의 경쟁 교육은 파쇼 교육의 전형이다. 경쟁 교육은 야만이며, 이런 논리 유형에 따라 우수한 아리안족이 열등한 유태인족을 지배하는 것이 정의라고 가르친 것이 나치였다. 이런 성적 목표의 주입식 교육에 대해 경쟁이 아니라 충분한 자유를 주고 깊이 있고 폭넓게 사유하여 각자 자기 나름의 성취를 이루도록 하는 것이 비판적 교육법의 핵심이다. 그리고 이러한 비판적 교육법을 거치면서 성숙한 정치의식이 형성된다. 그리고 이런 성숙한 정치의식이 국제정치 그리고 경제 운영에서 참으로 독일적인 파격의 정책이나 실천으로 체현된다.

VI. 역사 청산을 대체하는 다방면의 역사 실천: 파격적 규모의 난민 수용과 노사공동결정제

2015년 시리아 난민사태 때 유럽 전체가 흔들렸다. 당시 영국에서는 3만 명을 수용하기로 했다가 극우 독립당이 대중 선동을 시작하고 그것이 대중에게 먹히면서 결국 누구도 의식적으로 의도하지 않았던 유럽연합(EU) 탈퇴 즉 브렉시트까지 내닫고 말았다. 프랑스에서 르펭의 극우당이 대통령 선거에서 결선투표까지 가면서 프랑스 민주주의는 거의 파탄 일보 직전까지 내몰렸다. 이런 상황에서 독일의 메르켈 총리는 독일에 할당된 숫자를 훨씬 넘는 백만 명의 난민을 수용하겠다고 결단했다. 자기 국민의 포용력에 대한 신뢰가 없으면 있을 수 없는 일이었다. 그러면서 결국 실제로 수용한 인원은 117만 명이었다. 그런데도 2년 후인 2017년 총선에서 메르켈은 다시 수상으로 재선되었다. 117만 명의 난민을 받아들인 수상이 재선된 것은 이 시대 정치사에서 기적이다. 독일의 성숙한 시민의식 덕분이며, 이런 기적을 가능하게 한 것은 비판적 교육법이다. 이로써 독일은 전 세계에서 도덕적 권위를 갖게 된 것이다.

역사 실천의 또 하나 사례는 노사공동결정제다. 이 제도를 독일만 운영하는 것은 아니지만 독일은 주주와 노동자 대표가 각기 50%씩 결정권을 균분한다. 이렇게 주주와 노동자가 결정권을 반반씩 균분하는 나라는 독일이 유일하다. 유럽의 다른 나라는 대개 70:30이다. 이것은 바로 아우슈비츠가 준 선물이라고 할 수 있다.

2차 대전이 끝나고 시행된 탈(脫)나치화의 관점에서 기업의 탈나치화는 아주 중요한 과제 중 하나였다. 나치 시절 재벌이 경영을 독점하고 있던 거대 기업들은 나치의 전쟁 정책에 쉽게 동원되었다. 이에 따라 기업에 대한 민주적 통제는 아주 중요한 정치적 과제로 부상되었다. 전쟁 수행에 결정적 역할을 하는 철강, 석탄 등의 중공업 영역에서부터 결정권 50% 균분이 관철되었다. 나아가 노동자에게 많은 지분을 주는 것이 경영상 강점을 갖는다는 점도 인지되었다. 즉 노동자에게 지분을 줌으로써 기업경영에 책임감을 갖게 되고 이로써 산업 평화가 조성되면서 기업에도 유리하다는 것을 알게 된 것이다. 이와 같은 노사공동결정제 법안은 1976년 브란트 내각에 의해 입법화되어 의회를 통과했다. 이것도 아우슈비츠의 선물, 즉 나치 청산이 준 예기치 않은 준 선물이었다. 그것은 기업의 윤리적 경영을 정당화시킬 뿐만 아니라 그 사회를 합리적으로 운영하도록 함으로써 의외의 정치적 결과를 가져올 수 있다는 것을 독일의 역사 실천이 보여주는 것이다.

VII. 한국은 '역사 없는 민족'일 것인가?: 역사 없는 교육, 역사 없는 정치 그리고 실천적 변혁 없는 역사

독일의 현실 정치가 그 역사에서 배운 것을 익히고 실천하는 과정이라고 할 때 우리의 경우는 역사교육에서도, 정치에서도 우리가 살았던 역사가 모두 빠진 '역사 없는 민족'(Nation ohne Geschichte)의 전형인 것 같이 보인다. 전후 독일의 과거 청산 과정과 대비해볼 때 과거 청산이 제대로 되지 못한 한국의 미래는 그다지 밝지 않다는 생각을 하게 된다.

우선 우리의 역사교육에서는 우리가 방금 살았던 역사, 근·현대사가 중심이 아니다. 저멀리 고조선에서부터 조선 말기까지 통사(通史)는 훑어오다가 정작 지금 우리를 있게 한, 방금 지난 역사는 제대로 가르치지 않는다. 역사라는 것은 가장 가까운 과거를 돌아보는 것이 역사교육의 핵심이다. 지금의 나를 있게 한 최근 과거, 지금을 이해하기 위해서 어느 나라에서나 역사교육에서 근·현대사를 가장 중시한다. 역사교육에서 역사의 망각이 발생하는 가장 중요한 원인은 역사를 책임지는 사람들이 자신의 부끄러운 역사를 왜곡·은폐하기 때문이다. 이 문제는 학문적인 문제가 아니라 철저하게 정치적인 문제다. 역사교육만 제대로 했더라면 최근의 이런 일련의 정치적 변화는 일어나지 않았을 것이다. 예를 들면 박근혜 신드롬이라는 터무니없는 현상이 가능했겠는가? 역사를 가르치지 않는 상황이 한국의 상황이다. 박근혜가 등장한 것도 그런 것이다.

그리고 우리나라의 학문에서는 역대 지배집단의 지식을 한 번도 제대로 반성하고 청산하는 학문적 재정비가 이루어진 적이 없다. 우리나라에서 현대 학문체계가 성립된 지난 백 년 동안 친일, 친미, 냉전의 맥락에서 틈입해 들어온 지식들이 학문이라는 틀

안에 이데올로기적으로 침윤하며 지식인들의 의식을 점거해 오면서 지식인 세계 전반이 이런 죽은 지식들로 들어차 한국 사회에 쌓인 현실문제들에 지적으로 그리고 학문적으로 적시에 대응하는데 계속 멈칫거리는 행보를 보여왔다. 현대 학문 백년 동안 학문 영역에서 자신을 성찰하면서 과거 청산을 해 본 적이 없으며, 어느 학문 분야도 과거 청산을 해 본 적이 없다. 그 결과 한국에서 지식인 세계 전체가 죽은 것이 아닌가?

그리고 교육과 경제의 두 영역은 어떨까? 한국에서 일제의 유산인 군사 교육의 유산이 있다. 그리고 파쇼 교육의 핵심인 경쟁이 교육 현장의 가장 중요한 척도가 되어 있다. 한국에서는 교육에서 파쇼적 원리가 강화되어왔다. 프랑스 일간지 「르몽드지」는 "한국 학생이 세계에서 가장 불행한 아이들이고, 한국 교육은 세상에서 가장 경쟁적이고 고통스러운 교육이다"라고 지적했다. 이런 경쟁 교육을 통해 파쇼적 멘탈리티가 강화되고, 강한 자가 약한 자를 지배하는 것은 당연하고, 심지어 이것이 정의라고 믿고 있다. 파시즘적 멘탈을 강화시켜온 교육에서의 과거사는 그 어떤 영역의 인적, 제도적 청산보다 더 무서운 과거의 잔재이다.

경제 영역에서 보면 한국은 개발 독재에서 자본 독재로 넘어왔다. 과거의 파쇼적 독재가 이제는 개선된 것이 아니라 재벌 독재로 더 강화되어 온 것이라고 말해도 과언이 아니다. 일반적으로 과거 청산이라고 할 때 인적 청산을 의미하는 경우가 보통인데, 경제 영역에서 인적 청산은 거의 이루어지지 않았다. 그리고 제도적 청산이나 가치의 청산 그리고 정신은 어느 것 하나 제대로 이루어지지 않으면서 한국 사회의 발전과 성숙을 가로막는 질곡이 되어 왔다. 조금 극단적으로 말하자면 한국 사회는 파시즘 사회에서 민주 사회로 이행한 것이 아니라, 과거 파시즘 사회에서 후기 파시즘 사회로 이행한 것에 지나지 않았다고까지 극언할 수 있다. 거시적인 차원에서 감행되었던 국민봉기형 민주주의는 결정적인 순간마다 성공하였지만 미시 차원의 일상적 민주주의는 아직도 원활하게 작동하지 못하고 있다.

VIII. '과거 청산' 없는 우리 역사에서 퇴적된 세 가지 폐해: 수구의 존속, 정의의 부재, 공정 가치의 허구화

이렇게 제대로 된 과거 청산이 없었음으로 인해 현재의 독일을 만든 '아우슈비츠의 나라'에 비견되는 '남산의 나라'가 되지 못한 한국의 역사에서는 세 가지 폐해가 퇴적되었다.

첫째, 수구가 존속하게 된 것이다. 수구라는 역사의 유령이 남아 한국 사회를 앞으로 나아가지 못하게 하는 결정적 요인으로 작용하고 있다. 한국의 현실정치를 보면 한국 정치는 기만의 언어에 의해 작동되는 정치다. 한국 정치는 전혀 보수와 진보의 대결이 아니라, 정확한 개념의 용어로 말하자면, 수구와 보수가 과두지배하는 판이다. 해방 이래 70년 동안 동일한 질서가 계속되고 있다. 현재 소위 보수라는 집단은 어떻게 보더라도 수구에 불과하며, 우리의 역사에서 이미 사라져야 할 세력이다. 과거 청산이 되었다면 이 우리의 정치 현실에서 그런 수구 집단은 남아 있을 수 없었을 것이다. 실제로 보수는 현재의 더불어민주당 정부인데, 이 민주당의 역사적 사명은 당의 성격에 어울리지 않은 진보정당인 척하는 게 아니라 좋은 보수가 되는 것이다. 한국 사회의 가장 큰 비극은 좋은 보수가 없다는 것이다. 민주당이 좋은 보수가 되어야 수구가 보수를 참칭할 여지가 더 이상 존재하지 않게 되는 것이다. 민주당이 보수를 표방하는 것이 중요한데, 그렇게 되면 오른쪽에 좋은 보수가 자리잡음으로써 왼쪽에 좋은 진보가 들어설 공간이 열린다고 본다.

한국에 제대로 된 보수 세력이 없음을 가장 잘 보여주는 인물이 현재 '국민의힘' 비상대책위원장을 맡고 있는 김종인 씨이다. 김종인 씨는 민주정의당에서 민주당으로 그리고 또 새누리당으로 선거 때마다 수시로 당을 바꾸어 다녀도 그 행보가 전혀 이상하게 보이지 않고 자연스럽게 받아들여진다. 이것은 두 정당 사이에, 대북정책을 제외하고는, 정치적으로 뚜렷이 구분되는 차이가 거의 없기 때문이다. 그렇기 때문에 한국 현실 정치의 전선은 수구인 '국민의힘'과 보수인 '더불어민주당'이 정치적으로 모두 오른쪽 끝에 있는 셈이다. 비유로 말하자면 한국의 정당정치의 맨 오른쪽에 '국민의힘'이 있고, 거기에서 중심 쪽으로 한 발 떨어져 문재인 정부가 자리잡고 있으며, 두세 발 떨어진 곳에 '정의당'이 있다. 그런데 한국 정당 전선에서 맨 왼쪽에 있는 정의당에서 왼쪽으로 세 발 정도 떨어진 곳에 독일 보수정당인 현 집권당인 기민당의 메르켈 총리가 있다. '기독교민주당'은 독일에서 가장 보수적인 정당인데, 거기에서 내세우는 정치 이념대로 한국에 오면 급진 좌파가 된다. 이 점을 보더라도 한국의 현실 정치 지형이 재대로 된 보수정당 없이 너무나 오른쪽으로 치우쳐 있으며, 이런 점에서 한국의 정당들 사이에는 정치 이념이나 정책에 있어서 큰 차이가 없다. 이런 우편향의 정치 지형은 좌파 혐오를 지배이데올로기로 삼아왔던 과거사에서 청산되지 못한 과거의 결과이다. 수구가 살아남음으로써 한국의 정치 지형은 전 세계에서 '가장 퇴행적 보수'의 정치 지형으로 남아 있다. 바로 이 때문에 한국 사회가 앞으로 제대로 나아가지 못하는데, 한국의 시민들은 이 점을 분명히 인식해야 한다. 하지만 우리 국민에게 이런 정치적 폐해는 잘 인지되어 있지 않은 상태에서 수구 보수가 6:4 또는 4:6으로 번갈아 국가권력을 분점하고 있다.

둘째, 정의가 부재하다. 정의가 패배한 역사가 계속되었으며 정의가 승리해본 적이 거의 없다. 사회정의가 제대로 구현되어 승리한 사회를 경험해 보지 못했기 때문에 사회정의가 제대로 서 있지 않으며, 사회적 준칙들이 없다. 오늘날 의사들의 행태를 보면 알 수 있다. 어느 나라에서 의사들이 환자를 볼모로 이렇게 협박하는 작태를 용납하는 가? 역사적 평가, 역사적 정의를 경험하지 못했기 때문에 이런 파렴치한 작태를 집단으로 보이고도 부끄러운 줄 모른다. 사사로운 이기심에 따라 움직이는 의사들과 기독교 교회들이 하는 짓은 너무나 부끄러운 일이다. 역사적 평가가 없는 사회에서 사적 이익의 추구와 이기심만 살아남아 있다.

한국 사회에서는 문재인 대통령이 말하는 공정(公正)의 규범이 불합리하다고 분노한다. 경쟁이 불가피하고 합리적인 것이기 때문에 모든 것을 경쟁을 통해 획득되어야한다고 주장하지만 이것이야말로 기만적 정의론이다. 공정한 협력, 공정한 연대라는 말이 발붙일 틈이 없다.

한국 사회에서 공정은 반드시 경쟁을 전제로 한다. 이 때문에 공정은 앞날의 길닔이다. 한국 사회에서는 핵심 가치가 진정한 의미에서의 정의여야지 절차적 공정이 우선 되어서는 부족하다. 공정의 가치 자체가 정의에 부합해야 한다는 성찰이 부족하다. 특권을 비판할 때는 정당하지만 경우에 따라서 공정은 불평등과 차별을 정당화하는데 쓰인다. 한국 사회에는 어마어마한 불평등과 차별이 있는데, 차별을 정당화하고 불평등을 정당화하는데 공정이라는 개념이 쓰이고 있다. 시험에서 승자가 독식하는 질서를 정당화하는데 공정의 논리가 동원되고 있다. 차별을 정당화하고 불평등이 정당화되는데 공정이 쓰이고 있다.

세 번째로 공정이 실현되는 진공의 공간, 그런 사회적 역사적 공간이 있다는 착각이 우리의 정신을 허구적으로 사로잡고 있다. 이미 기울어진 운동장에서 공정한 규칙을 갖다 댄다고 해서 정의가 실현될 수는 없다. 우리가 살고 있는 구체적인 현실의 삶이라는 것은 역사적으로 또 사회적으로 전혀 공정하지 못한 방식에 따라 원천적으로 불평등한데, 그 불평등을 그대로 두고 거기에다 공정의 규칙을 갖다 댄다.

IX. '과거의 죄'가 '원죄'로 되지 않기 위하여: 'K-데모크라시'의 전범을 마련하자

독일의 경우와 비교해 보면 과거 청산을 못해 우리는 국가의 기품, 국가의 품위를 잃어버렸다. 바로 그 때문에 우리는 한반도 정세와 관련해 우리를 둘러싸고 있는 세계 4대 강대국에 대해 당당하게 나아가지 못하는 것 아닌가? 우리의 안과 주변에 포진한 4대 강국의 면면을 들여다보자.

미국의 민주주의는 막장으로 치닫고 있다. 미국의 국제적 헤게모니는 완전히 끝났다고까지 얘기할 수는 없어도 그 위신은 말도 못하게 추락하였다. 더 두고 봐야겠지만, '미국의 몰락'을 얘기하는 빈도가 점점 늘어나고 있다.

러시아는 음모가 넘치는데 야당 지도자가 공공연하게 생명을 위협받고 있다. 러시아 정치는 일종의 '마피아 민주주의'라고 부를 만하다, 독일 통일기 직전 푸틴은 동베를린 주재 KGB 정보요원이었다.

중국의 시진핑은 설익은 패권주의를 조급하게 드러내고 있다. 대국이면서도 소국만도 못한 국가적, 대중적 작태를 보이는 경우가 한두 번이 아니다.

일본의 아베는 아예 준(準)파시스트이다.

이 모든 나라에 비해 우리나라의 민주주의는 대단한 저력을 새로이 발휘하고 있다. 코로나 팬데믹 상황에서 전 세계적으로 민주주의가 위축되고 몰락하는 상황에서 한국의 민주주의는 민주주의로써 코로나에 가장 효과적으로 대처하는 전범을 보이고 있다. 바로 이 지점에서 우리의 과거사를 자력으로 청산하고 나서면, 마치 전후 독일이 그랬던 것처럼, 도덕적 위력(moral prestige)을 획득할 수 있는 절호의 찬스를 맞은 셈이다.

코로나 팬데믹 와중에서 대한민국은 그 자체 통상적 의미의 민주국가라고 할 수 없지만 코로나 초기 국면을 어느 정도 경과한 듯이 보이는 중국 그리고 이제 그 민주 역량이 바닥났고 세계 최첨단 코로나 감염 국가, 코로나 사망 국가로 그 위상이 추락한 미국 사이에서, 코로나 방역이라는 보건위생 영역뿐만 아니라 민주주의의 지속가능한 경영이라는 정치 영역에 있어서도 성공을 거둔, 전 세계 거의 유일한 사례로 부상하고 있으며, 현 시대 대한민국에서 효능을 발휘하고 있는 그런 민주주의, 즉 '유능한 민주주의'(cmpetent democracy)라고 명명될 K-데모크라시의 비전을 세울 그런 국면을 맞고 있다고도 보인다.6 결론적으로 이 시기에 이루어질 '과거사 청산'은 바로 이런 유능한 민주주의로 이어질 수 있는 호기를 맞았다고 할 수 있으며, 민주주의를 강화하여 유능하게 만들 수 있는 실천방안으로 바로 유효하게 가동할 수 있는 적기이기도 하다. 따라서 이 시기의 과거 청산은 대한민국 민주주의의 운영에 필요한 "좋은 시민"(a good citizen)뿐만 아니라 과거의 질곡에서 벗어나 자유의 능력을 마음껏 발휘할 수 있는 "유능한 시민"(a competent citizen)을 급속도로 성장시킬 수 있는, 또 다시 오기 힘든 호조건을 맞았다고 할 수 있다.

---

6 이하의 논술은 홍윤기, 「경기도내 5개시 민주시민교육센터 설립·운영 방안 및 용인시 민주시민교육 발전방향 토론회 기조연설」(2020년 6월 8일).

전환기의 사법 정의 수립을 위한 인권법과 국제법적 조치들*

이장희

(한국외국어대학교 명예교수)

I. 긴급조치 피해자 관련 재판의 현 주소: 사법 정의의 혼란

1972년 유신의 망령이 38년이 넘도록 2020년 민주정부시대가 도래했음에도 불구하고 내면적으로는 그 피해자들은 아직도 큰 고통을 받고 있고, 사법적으로는 가해자들은 합당한 사법적 책임을 묻지 않고 있다. 유신의 좀비들이 사법부 곳곳에 침투하여 유신 망령 청산을 집요하게 방해하였다. 구체적으로 살펴보자. 기본적으로 수사 과정에서 고문 여하를 불문하고, 1974년 긴급조치 1호 자체가 불법이고, 긴급조치를 적용해서 수사 재판을 받은 피해자에 대해서 위헌적 불법적인 국가폭력을 행사한 가해자들은 민형사상 책임과 처벌을 받아야 한다. 이것이 2013년 대법원 판결의 입장이다. 이어 또 피해자들은 민사상 손해배상 청구권이 있다는 판시(2019.4.19. 서울 중앙지법 1심 재판)가 나오기까지 많은 혼란과 우여곡절이 있었다. 그렇다고 이 판결이 나왔다고 해서 문제가 모두 해결된 것이 아니었다. 중간에 넘어야 할 큰 산이 또 있었다. 바로 2015

---

* 이 원고는 졸고, "전환기의 사법 정의 수립을 위한 인권법과 국제법적 조치들." 박주민 국회의원실/(사)긴급조치사람들/민청학련동지회/민변긴급조치변호단 주최, 「긴급조치 피해자 원상회복 방안 토론회 자료집」 (2019년 5월 16일, 국회 의원회관 제1 간담회실), 18-24쪽을 수정·보완한 것이다.

년 이미 나온 양승태 대법원 3대 과거사 판결 사건(일명 양승태 사법국정농단 사건)이다.

헌재와 대법원은 2013. 4. 18. 형사 재심 사건에서 긴급조치 제9호 및 제1호를 위헌 결정[1]을 했지만, 이를 부정하는 2015년 양승태 대법원판결 이후 많은 혼선이 빚어졌다. 소위 양승태 사법농단으로 불리우는 3대 사건으로 박정희 정부 긴급조치의 피해자들이 국가를 상대로 낸 손해배상청구를 패소시킨 대법원 판결, 군사정부의 고문·조작 사건에 대한 국가배상청구권 소멸시효를 3년에서 6개월로 줄인 대법원 판결, 민주화보상법에 따라 보상금을 받은 사람은 국가와 화해한 것이라며 손해배상을 청구할 수 없다고 한 2015년 대법원 판결이 그것이다. 모두 양승태 전 대법원장 재임 시절 사법농단에서 나온 판결이다.

양승태 대법원(2015) 3대 사건 판결 요지는 다음과 같다. 재심에서 무죄를 받아 국가배상을 청구했지만, 긴급조치는 위법이되 이로 인한 국가배상책임은 인정되지 않는다고 판결한 이후 4년간 긴급조치에 따른 국가배상의 길은 사실상 막혀있었다. 시효 만료와 통치행위를 근거로 긴급조치 피해자 민사 손해배상청구를 거부하였다. 양승태 판결(2015) 이후 헌법재판소(2018)는 민주화 보상을 받았더라도 정신적 피해에 대한 보상을 받을 수 있다고, 구제범위를 넓혔다. 그러나 긴급조치가 아닌 가혹행위 불법으로 보상을 인정했다. 양승태 대법원 판결을 법리상 취소할 수 없다고 하였다.

그리고 하급심의 소신 판결, 양승태 대법원의 판결(2015), 헌법재판소 판결(2018)의 애매한 입장 등 사법 정의의 혼란이 지속되고 있고, 향후에도 지속될 것이다. 개별적 승소 중인 피해자 사건에 대해서도 국가폭력에 대한 반성 없이 현재 검찰과 법무부는 항소를 계속하고 있다.

---

1 대법원은 2013. 4. 18. 형사재심 사건에서 긴급조치 제9호를 제1호와 마찬가지로 위헌결정을 하는 한편, 당초부터 위헌무효인 경우에는 형사소송법 제520조 제5호의 명백한 새로운 증거로서 재심사유로 인정하는 전향적 결정을 하였다(대법원 2013. 4. 18.자 2011초기689 결정, 대법원 2013. 4. 18.자 2010모363 결정). 그리고 2013. 5. 16.에는 긴급조치 제4호에 대해서도 위헌무효 판결을 선고하였다 (2013. 5. 16. 선고 2011도2631 판결). 그런데 대법원은 2014년에는 긴급조치가 당시로서는 유효한 법규였던 만큼 이를 따른 공무원의 직무 행위가 곧바로 불법행위에 해당하는 것은 아니라는 판결을 하였고(대법원 2014. 10. 27. 선고 2013다217962 판결), 2015년에는 긴급조치 9호는 위헌이지만 긴급조치 발령은 고도의 정치적 행위로 국가가 배상할 필요가 없다는 판결을 하여(대법원 2015. 3. 26. 선고 2012다48824 판결) 긴급조치에 대한 국가의 책임을 부정하였다. 위와 같은 판결은 기존 대법원 판례 (위헌판정을 받은 법령에 따른 수사기관의 행위가 불법행위에 해당한다고 한 대법원 2013다95896 판결 등)와도 배치되는 것이다.

긴급조치에 면죄부를 준 대법원 2개 판결로는 1) 2015년 3월 26일 대법원 3부(주심: 권순일, 일명 양승태 대법원) 판결 및 2) 2014년 10월 30일 대법원 2부 판결을 지칭할 수 있다.

양승태 대법원 판결(2015)의 주 논거는 긴급조치피해자 손해배상의 시효 만료와 긴급조치가 고도로 정치성이 있는 통치행위. 대통령은 국민에 대한 정치적 책임은 질 뿐 개개인의 권리에 대한 법적 의무를 지지 않는다. 양승태 대법원 판결은 법리적으로도 문제가 있고, 과거 대법원의 판결(2013)[2]과는 배치되며, 최근 하급심에서 이를 거부하는 소신 판결이 계속 나오고 있다. 예를 들면 양승태 대법원 판결에 반기를 든 용기있는 하급심 판결에는 1) 2015. 2. 5. 광주지법 목포지원 민사 1부 판결, 2) 2015. 9. 11. 서울 중앙지법 민사11부 판결, 3) 2016. 2. 4. 광주지법 민사합의부 13부 판결 등 지속적으로 터져 나왔다. 혼란 속에서도 특별법 제정 등을 통해서 올바른 사법 정의 구현을 위해서 개선되는 노력은 쉬지 않고 진행되고 있다.

II. 긴급조치 피해자 권리 보호를 위한 사법 정의 수립 3대 국내적 출구전략

1. 대법원 판례 변경

2015년 양승태 대법원 판결을 변경하여 긴급조치 피해자 권리 보호를 위한 출구전략이 필요하다. 이것이 대법원 판례 변경문제이다. 그런데 반대론자는 긴급조치 발동을 통치행위로서 사법심사에서 이미 제외된 판결이라고 반박한다.

양승태 대법원 판결을 사법 정의로 인정하지 않는 새로운 대법원 전원합의체 판결로 변경한다면 구제가 가능하다. 또 대법원의 판례변경은 현재 1, 2심에서 계류중인 긴급조치 9호 사건이나 대법원에 계류 중인 상고사건의 국가배상이 가능해진다고 본다.

---

2 상게서.

2. 수사기관의 가혹 행위와 유죄 판결 사이의 인관 관계를 요구한 판결: 일부 유리한 판결이 나옴

두 번째 출구전략으로 수사기관의 가혹 행위 자체에 대한 소멸시효가 완성되었다는 판결-하급심 판결이 아직도 나오지는 않았다. 그러나 수사기관의 가혹행위와 유죄 판결 양자 사이에 연관관계를 논증하여 충분히 다투어 볼 수 있을 것이다.

3. 특별법 제정

세 번째 출구전략으로 양승태 대법원판결(2015)을 배제하고 사법 정의를 구할 수 있는 국회특별법 제정이다.

박주민 국회의원이 양승태 사법농단 재판절차 특례법 및 피해구제 특별법 제정안 발의(2018. 8. 14)했다. 박주민 의원은 사법농단 관련자에 대한 재판을 전담할 특별재판부 구성을 골자로 하는 [양승태 전 대법원장 재임 기간 중의 사법농단 의혹사건 재판을 위한 특별형사절차에 대한 법률안]과 사법농단 피해자를 신속하게 재심청구로 구제하기 위한 [양승태 전 대법원장 재임 기간 중의 사법농단 의혹사건 피해자 구제를 위한 특별법안]을 발의했다. 제20대 임기 만료로 폐기되었다.

과거 이은영 의원이 대표 발의한 "긴급조치 등 인권유린법령에 기한 판결의 무효화 법률안"(2007. 7. 16.)이 있었다. 그 제안 이유는 군사혁명 이후 국민의 저항을 억압하기 위하여 국민의 인권을 유린한 법률, 임시조치법, 긴급조치, 포고 등 부당한 공권력을 근거로 내려진 판결을 원천적으로 무효화하고자 하였다. 그러나 검토 의견에서 위 법률안은 그 규정 내용과 적용 범위가 불분명하여 법적 안정성을 해칠 우려가 있고, 국가 사법 질서에 커다란 혼란을 가져올 것으로 예상되어 무산되었다.

제21대 국회에 들어서 지난 2020년 7월 16일 박주민 의원은 참여연대 등 105개 시민단체로 구성된 양승태사법농단 대응을 위한 시국회의가 국회소통관에서 "3년 방치한 사법농단 마무리짓자"는 요지의 기자회견을 하였다. 동 기자회견에서 "제3의 사법농단 사태를 막으려면 제21대 국회가 반드시 사법농단 비리법관을 탄핵해야한다"고 촉구했다. 박 의원은 "법원에서 사법농단 관여 법관들이 위헌적 행위가 있었다고 판결한 만큼 국회에서 사법농단피해자 구제법안 발의와 특별재판부설치, 법관탄핵을 추진했으나 잘되지 않았지만, 21대 국회는 헌법상 부여된 의무를 방기히지 말고 사법농단 사태를 마무리해야한다"고 주장했다.[3]

참여연대 사법감시센터는 2020년 9월 10일 「사법농단 그 후 사법개혁 어디까지 왔나」 보고서를 냈다. 동 보고서는 사법개혁 진행상황을 점검하고, "사법농단 사태에 대한 책임을 묻고, 피해자를 구제하고, 법원의 구조적 문제를 바꾸는 법원 개혁이 필요하다"고 밝혔다. 보고서에서는 사법농단 책임자 처벌, 재발 방지 사법개혁, 피해자 구제 측면으로 나뉘어 개혁 과제 이행 현황을 정리했다.[4]

또 양승태 시절 긴급조치 손해배상 사건 같은 사법농단 피해 당사자를 위한 특별법 제정 필요성도 강조됐다.

개혁 세력이 압도적 다수인 제21대 국회에서 양승태 사법농단 대법원 판결을 변경하기 위한 특별법 제정을 위한 좋은 기회를 맞고 있다. 국회와 시민단체가 힘을 합쳐 사법 정의를 바로 세우는데 힘을 모아야 할 것이다.

다음은 국내법적 차원을 넘어서 긴급조치 피해자 사법 정의를 위한 국제법적 차원에서 출구전략을 모색한다.

III. 국제인권이사회 산하 자유권이행위원회 개인 통보제도 활용 방안

1. 필요성 및 신청조건

상기에서 2015년 양승태 사법농단 대법원 판결 자체는 법리상 변경이 어렵다. 그래서 긴급조치 피해자 구제를 위해서 일정한 한계가 있다. 또 국회에서 추구하는 판결변

---

3 「fact TV」(2020.7.6.)
4 「한겨레신문」, 2020. 9. 10 자.

경을 위한 특별법 제정 노력도 시도되고 있지만, 단시간 내에 해결이 어렵다. 이러한 긴급조치 피해자 인권 보호가 국내법상 이 한계점 때문에 대한민국이 가입한 국제인권조약(1966) 국제인권이사회 산하 자유권이행위원회에는 "개인통보제도"라는 구젯길이 보인다. 국제인권이사회(Human Rights Committee)는 산하 기구인 자유권이행위원회는 소속국가로부터 독립되어 인권문제전문가로 구성되어, 정치성을 떠나 객관적으로 인권문제를 다룬다. 특히 개인통보제도(individual complaint)는 피해자 개인이 소속 국가를 거치지 않고 자유권이행위원회에 직접 제소할 수 있다. 물론 이러한 개인통보제도 이용자는 국내법상 사법적 구제 절차가 완료(local remedies)[5]된 것을 대전제로 한다.

2. 개인통보제도(individual complaint)와 한국의 가입 상태

국내적 사법적 구제로 한계를 느낀 피해 개인이 자신의 인권 침해 문제를 침해한 소속 국가를 대상으로 유엔규약위원회에 직접 제소할 수 있는 '개인통보제도'는 시민적·정치적 권리에 관한 국제규약 제1 의정서, 인종차별철폐협약 제14조 및 고문방지협약 제22조, 여성차별철폐협약 선택의정서에 규정되어 있다. 대한민국은 시민적·정치적 권리에 관한 국제규약 제1의정서에 1990년 가입하여 7월부터 발효되었으며, 1997년 인종차별철폐협약 제14조에 대한 수락 선언을 함으로써 인종차별철폐협약의 개인통보제도도 대한민국 국민이 제기할 수 있는 권리구제의 한 방법이다. 여성차별철폐협약 선택의정서에도 대한민국은 2017년 가입하였다. 다만 고문방지협약 제22조의 개인통보제도는 국가가 명시적인 수락 선언을 했을 경우에 효력이 발생하는데 이에 대하여 대한민국은 수락 선언을 한 바 없어 개인이 대한민국을 대상으로 고문 사실을 유엔고문방지위원회에 제기할 수는 없다.

---

5 자유권 국제규약 제1 선택의정서 제2조.

3. 자유권 규약 하에서 개인 통보제도 개요

시민적 및 정치적 권리에 관한 국제규약(일명 자유권 규약, A규약, 1966)은 1976년 3월 발효, 168개 국 가입(2019. 4.)함으로써 가입 국가에게만 법적 구속력을 미친다. UN의 목적으로서 인권보장을 명시한 UN 헌장 제1조 3항 및 제55조—인권의 구체적 내용을 단순히 제시고 나열한 선언적 성격으로서 1948년 UN 인권 선언— 다자 조약화를 통해서 법적 구속력을 부여한 1966년 국제인권규약(시민적 정치적 인권을 명시한 A 규약 혹은 자유권 규약 및 경제적 사회적 인권을 명시한 B 규약 혹은 사회권 규약)으로 발전되어 가고 있다.6 자유권 규약 제1 선택의정서가 1976년 3월 발효되었고, '사형제 폐지를 위한 시민적정치적 권리에 관한 제2 선택의정서가 1989년 12월 16일 채택, 1991년 7월 1일 발효되었다. 대한민국은 1990년 7월 10일 가입하여 자유권 규약 및 동 제1 선택의정서가 한국 정부에 발효되었다. 다만 제2선택의정서는 미가입(사형제 폐지)하여 한국정부에 발효되지 않고 있다.

자유권 규약에는 세 가지 인권 이행 방안이 있다. 개인통보제도, 국가보고제도, 국가통보제도가 그것이다.

첫째로 한국 정부가 가입한 자유권 규약 이행기관으로 자유권이행위원회(1976, 임기 4년, 전문가 18명)에 대한민국 국민은 누구나 바로 개인통보제도를 원용할 수 있다. 긴급조치 피해자들은 국내적 구제를 완료하면,7 누구나 국가의 눈치를 보지 않고 직접 자유권이행위원회에 자신의 인권 구제를 제소할 수 있다.

두번째 자유권 국제규약에 가입하면, 모든 가입국은 국가보고제도(Universal Periodic Review: UPR, 정기검토)에 따라서 가입후 1년 내 인권보고서 제출, 매 4년 6개월마다 정기보고서 제출하게 되어 있다. 한국 정부는 제1기 2007년, 제2기 2012년, 제3기 2017년 정기보고를 하였다. 긴급조치 피해자들은 이 제도를 이용할 필요가 없다. 이것은 일종의 가입국

---

6 Dinah Sholton, *Remedies in International Human Rights Law*, Second Edition (Oxford University Press, 2005), 104-105.

7 자유권규약 제1 선택의정서 제2조: "제1조를 따를 것을 조건으로, 규약에 열거된 어떤 권리가 침해되었다고 주장하는 개인들은 <u>모든 이용 가능한 국내적 구제조치를 완료</u>하였을 경우, 이사회에 심리를 위해 서면 통보를 제출할 수 있다."

의 의무이며, 해당 국가의 인권 실태를 파악하기 위한 것이다.

셋째로 국가통보제도(41조 특별조항 수락한 체약국 상호)란 것이 있다. 조약 가입국이 타 가입국의 인권 침해를 고발하는 것인데, 상호 감시하는 제도이다. 그러나 국가 간의 외교적 문제 및 간섭 등 쉽지 않다.

결론적으로 긴급조치 피해자들이 가장 효과적으로 주체적으로 활용할 수 있는 것은 개인통보제도(제1 선택의정서 수락)이다.

개인통보제도(individual complaint)를 통해서 국내적으로 억울한 침해사실에 대해서 긍정적 권고 결의를 받아내어 대한민국 정부와 국내 사법부에 통보하여 피해자에게 유리한 분위기를 조성할 수 있다.

대한민국은 1990년 국제인권법의 핵심인 국제인권규약(1990) 및 제1 선택의정서에 비준 동의한 자로서 이 규약 및 동 선택의정서에 근거하여, 인권 규약상 자유권 침해 피해를 본 개인에게 자유권 개인 통제도상 권리가 주어진다. 자유권 위원회로부터 긍정적 결과를 답변을 받은 실제 사례로서 손종규사건(1995), 박태훈사건(1998), 김근태사건(1999), 강용주사건(2003), 신학철사건(2004) 등이 있다.

4. 개인통보제 예외(자유권 규약 제4조: "긴급사태시 권리 제한"에 해당 유무 문제)

자유권 규약에 보장된 모든 권리가 무한정으로 주어지는 것은 아니다. 자유권규약 서명 가입국은 필요시에는 예외적으로 당 규약에 위반하는 조치를 취할 수 있다. 그것이 자유권 규약 제4조 "긴급사태시 권리 제한"조항이다.

모든 자유권 규약 제2조에 따른 자격 조건을 갖춘 인권 피해자의 개인통보제 행사도 "긴급사태시 권리 제한"이란 예외에 해당되어서는 안 된다.

자유권 규약 제4조(긴급사태시 권리제한) 1항은 "국민의 생존을 위협하는 공공 비상사태의 경우에 그러한 비상사태의 존재가 공식으로 선포되어 있을 때에는 규약의 당사국은 당해 사태의 긴급성에 의하여 엄격히 요구되는 한도 내에서 규약상의 의무를 위반하는 조치를 취할 수 있다. 그러한 조치는 당해국의 국제법상의 여타 의무에 저촉되어서는 아니 되며, 또 인종, 피부색, 성, 언어, 종교 또는 사회적 출신만을 이유로 하는 처벌을 하여서는 아니 된다"라고 명시하고 있다.

동 제4조 2항은 전항의 규정은 "제6조, 제7조, 제8조(제1항 및 제2항), 제11조, 제15조, 제16조 및 제18조에 대한 위반을 허용하지 아니한다."

동 제4조 3항은 "의무를 위반하는 조치를 취할 권리를 행사하는 이 규약의 당사국은 위반하는 규정 및 위반하게 된 이유를 UN사무총장을 통하여 이 규약의 타 당사국들에게 즉시 통지한다. 또한 당사국은 그러한 위반이 종료되는 날에 동일한 경로를 통하여 그 내용을 통지한다."

개인통보제도 긴급사태 관련 예외 취지는 자유권 규약 제4조는 공공의 비상사태의 경우 체약국이 일방적 한정적으로 자유권 규약 상의 개인통보제 권리를 제한하는 조치를 취하는 경우에 대해 그 허용 한도와 절차에 대해 정하는 데 있다.

여기서 "공공의 비상사태'라는 개념이 매우 핵심이다.

공공사태 의미란 자유권규약 제4조 1항에서 말하는 "국민의 생존을 위협하는 공공의 비상사태"(public emergency which threatens the life of the nation)란 통상의 법령에 의해서는 처리할 수 없는 긴급하고도 광범위한 교란상태를 말한다. 전쟁이나 내란의 경우가 많지만 그 이외에 대규모의 재해와 전염병 그리고 대공황 등 그 원인을 불문한다. 일국의 전역에 미치는 경우도 있지만, 직접적으로 전역에 미치지 않아도 상당히 광범위하게 퍼져 전 국민에게 영향이 미치는 경우에는 공공의 비상사태의 존재를 인정한다. 유럽인권협약 제15조, 미주인권협약 제27조도 동일한 규정이 있다. Lawless 사건에서 유럽인권재판소는 1961년 7월 1일자 판결에서 "국민의 생존을 위협하는 공공의 비상사태"란 "전국민에게 영향을 미치고 ,또 국가를 구성하는 공동체의 조직적 활동에 위험을 초래하는 예외적이고도 급박한 위협 또는 긴급한 상황"이라고 판시하고 있다.

예외조치는 공식으로 선포되고 있어야 하고, 또 국제법상 여타 의무 존중하여야 하며, 차별적 적이어서는 안 된다.

주목할 것은 체약국이 해당 인권피해 국민을 예외로 권리제한을 하더라도 다음 금지조항은 준수되어야 한다. 즉, 긴급사태라 할지라도 아래 일곱 가지는 설내로 내외직 금지 및 제한을 하지 않아야 한다. 즉, 생명권(제6조), 고문, 잔혹한 비인도적 또는 굴욕적 취급, 인체실험 금지(제7조) 등이 포함된다.

그리고 개인통보제도 권리제한 조치는 종료 통지를 UN 사무총장을 통하여 체약 당사국에게 통지하여야 할 것이다.

1974년 1월부터 시작한 9번의 박정희 긴급조치는 "공공의 비상사태"에 해당할 만큼 요건을 갖추었는지 심각한 의문이 든다. 설사 해당 된다 하더라도 자유권 규약 제7조에서 절대로 금지되는 조항(고문, 잔혹한 비인도적 굴욕적 취급)[8]을 명백하게 위반, 자유권 규약상 권리 제한을 할 수 있는냐는 기본적 물음에 부정적 평가를 내리지 않을 수 없다.

5. 개인통보제도 절차

1) 의미

대한민국이 주요 국제인권조약 9개 중 7개 조약에 가입하면서 이 가운데 우리가 가입한 1990년에 자유권적 인권규약 제1선택의정서 가입하여 개인이 인권침해사건을 유엔 자유권규약위원회에 진정할 수 있는 개인통보절차를 갖게 되었다.

2) 법적 절차 근거: 제1 선택의정서 제1조

자유권 이행위원회는 규약당사국 관할권에 속하는 자로서 동국에 의한 규약에 규정된 권리에 대한 침해의 희생자임을 주장하는 개인으로부터의 통보를 접수하고 심리한다.

---

8 1984년에 채택된 UN [고문 및 그 밖의 잔혹한 비인도적인 또는 굴욕적인 대우나 처벌의 방지에 관한 협약] (고문방지협약) 제1조에 의하면, '고문"이란 "공무원이나 그 밖의 공무수행자가 직접 또는 이러한 자의 교사, 동의, 묵인 아래 어떤 개인이나 제3자로부터 정보나 자백을 얻어내기 위한 목적으로 개인이나 제3자가 실행하였거나 실행한 혐의가 있는 행위에 대하여 처벌하기 위한 목적으로, 개인이나 제3자를 협박, 강요할 목적으로, 또는 모든 종류의 차별에 기초한 이유로, 개인에게 고의로 극심한 신체적, 정신적 고통을 가하는 행위'라고 규정함. 제1조 후단은 "다만, 합법적 제재조치로부터 초래되거나 이에 내재하거나 이에 부수되는 고통은 고문에 포함되지 아니 한다." 이를 테면 UN에서 정한 [피구금자 처우 최저기준규정]을 넘지 않을 정도는 합법적인 제재조치로 볼 수 있다.

3) 요건 및 절차

— 제1 선택의정서 제2조: 모든 이용 가능한 국내적 구제조치(local remedies)를 완료하였을 경우에 이사회에 심리를 위한 서면 통보를 할 수 있다.

— 제1 선택의정서 제3조: 개인통보가 익명이나, 통보제출권의 남용 또는 규약규정과 양립할 수 없는 것으로 간주될 경우에는 그러한 통보를 허용할 수 없는 것으로 간주한다.

— 제1 선택의정서 제4조: 이행위원회는 이사회에 제출된 통보에 대하여 규약규정을 위반한 것으로 주장되는 당사국의 주의를 환기한다. 해당 당사국은 6개월 이내에 그 문제 및 취하여진 구제조치가 있는 경우, 이를 설명하는 설명서 또는 진술서를 이사회에 제출한다.

— 제1 선택의정서 제5조

■ 이사회는 개인 및 관련 당사국으로부터 입수된 모든 서면정보를 참고하여 의정서에 따라 접수된 통보를 심리한다.

■ 자유권 이행위원회는 다음 사항을 확인한 후에 심리한다.
a) 동일 문제가 다른 국제적 조사 또는 해결 절차에 따라 실시되고 있지 않을 것.
b) 개인이 이용 가능한 국내적 구제조치를 완료하였을 것. 다만 이 규칙은 구제조치의 적용이 불합리하게 지연되는 경우에는 적용되지 않는다.

■ 이사회는 통보심사는 비공개회의로 한다.

■이사회는 관련 당사국과 개인에게 이사회 견해를 송부한다.

— 제1 선택의정서 제6조

자유권 규약 제45조에 의한 연례보고서에 이 의정서에 따른 활동의 개요를 포함시킨다.

IV. UN 특별 보고관 활용 방안

2012년 제21차 UN 인권이사회는 "중대한 인권침해와 국제인도법을 심각하게 위반한 상황에 대응하도록 진실(Truth), 정의(Justice), 배상(Reparations), 재발방지(Non-Repetition) 특별 보고관제를 신설하였다. 특별보고관은 전환기적 정의 조치에 관한 통합적 접근의 기반과 중요성에 대한 유엔 인권이사회에 대한 제출한 보고서(A/HRC/ 21/46)부터 인용된 UN인권이사회의 결의안18/7에서 "국가폭력에 대한 배상(Reparation) 책임"을 명시하고 있다.[9]

결의안 18/7은 특별보관관의 임무와 관련하여 적용할 수 있는 국제기준을 언급한다. 불처벌을 막기 위한 조치를 통해 인권을 보호하고 증진하기 위한 원칙과 전문가들이 작성한 설명문이 첨가되어있다. 결의에는 2005년 유엔총회에서 채택되고 선포된 '국제인권법의 중대한 위반행위와 국제인도법의 심각한 위반행위'(gross violations of human rights and serious violations of international humanitarian law)로 인한 피해자들을 위한 구제 및 배상의 권리에 관한 기본원칙과 가이드라인이 포함되어 있다. 구체적으로 결의안은 "개별적 기소, 배상, 진실 찾기, 제도적 개정, 공무원들에 대한 조사 혹은 이를 적절히 조합하는 것"에 대해서 언급하고 있다. 결의안은 특별보고관의 상기 네 가지 요소(진실, 배상, 정의, 재발방지)를 증진하고 발전시킬 방법을 권고하는 추가적인 요소를 알아낼 임무도 부여하고 있다.

---

9 Fabian Salvioli, "The Impotance of a Comprehensive Approach to Transitional Justice Measures," International Symposium with The UN Special Rapporteur on the promotion of truth, justice, reparation and guarantees of non-recurrence, co-hosts: Association for the Bereaved Families of the 4.3 Victims, Memorial Committee for the Jeju April 3rd Uprising and Massacre Proceedings book (19 March,2019, Juju KAL Hotel): 172-192.

V. 국제적 사법 정의 결정 권고의 실효성 제고를 부여하기 위한 제안

2012년 제21차 UN 인권이사회는 "중대한 인권침해와 국제인도법을 심각하게 위반한 상황에 대응하도록 진실(Truth), 정의(Justice), 배상(Reparations) 재발방지(Non-Repetition) 특별보고관제를 신설하였다. 동 특별보고관은 전환기적 정의 조치에 관한 통합적 접근의 기반과 중요성에 대한 유엔 인권이사회에 대한 제출한 보고서(A/HRC/21/46)부터 인용된 UN인권이사회의 결의안(18/7)에서 "국가폭력에 대한 배상(Reparation) 책임"을 명시하고 있다. UN특별보고관제도는 일본이라는 반인도적 행위를 하고도 부인하는 상대국이 그 대상이었기 때문에 일본군 성 노예 같은 문제 해결에는 매우 유용했다. 그러나 긴급조치 피해자들은 주로 긴급조치 피해자라는 박정희 유신 정부를 대상으로 하기 때문에 긴급조치의 피해자들의 인권 침해 대부분은 국가 공권력에 의한 폭력으로 자유권 규약 개인통보제도 활용이 적합하다. 실제 그 요건에도 합당하다.

대법원도 이미 긴급조치 1호, 9호, 4호에 국가폭력에 대한 손해배상을 인정하는 위헌판결(2010. 12. / 2013. 4. / 2013. 5.)을 명백히 내렸다. 그리고 2015년 양승태 사법농단에 기인한 대법원 판결 이후에도 최근 하급심의 소신 판결은 용기있게 국가폭력 및 손해배상을 인정했다.

가장 어려운 걸림돌은 양승태 대법원의 사법농단 판결을 변경하는 문제가 남아있다.

문제는 국제 인권법 차원에서 개인통보제도를 통해 자유권 이행위원회의 긍정적 권고를 받아내는 작업과 이를 다시 국내법상 실효적으로 이행하기 위한 특별법제도화 작업이 남아있다.

현행법상 개인이 국가를 상대로 보상을 받으려면 국가배상법에 의하여 공무원의 고의나 과실이나 불법행위를 입증해야 하는 책임이 있다. 국가기관의 인권 침해에 대해서 국내 구제절차를 완료하고 개인통보제도에 따라 결정이 날 때까지 국내법상 공소시효가 만료되는 경우가 대부분이라 할 것이다. 국가배상법에 의하여 소송을 다시 제기하는 것은 실효성 있는 구제가 못된다. 특별법에 근거한 행정절차는 한시적인 민주화보상심의위원회를 제외하고는 방법이 없다.

그래도 한 가지 가능성은 자유권 규약에 의한 개인통보제도 및 UN 특별보고관 제도(2012)를 통한 국제적 권고를 법적 실효적으로 밑받침해 줄 수 있는 국내 이행입법을 조속히 제정하는 방법이다. 2018년 8월 박주민 국회의원의 양승태 사법농단 재판절차 특례법 및 피해자 구제 특별법 제정안 발의는 무척 고무적이다.

결론적으로 긴급조치 피해자 구제 상기 3대 국내 출구전략(대법원 판례 변경, 가혹행위와 유죄판결 사이 인과관계 증명, 특별법 제정)과 자유권 인권 규약상의 이행제도(개인통보제도, UN특별보고관제도)를 두루 검토하였다. 어느 제도 하나만으로는 부족하고, 국내외적 피해자 인권 구제제도를 상호 보완하는 것이 적합하다고 본다.

그러므로 국내 구제 완료를 마친 개인통보제도 요건을 갖춘 긴급조치 피해자들은 속히 UN 인권이사회 개인 통보제도에 착수하여 그 긍정적 권고를 받아내어 관보에 개재하여야한다. 그리고 국가배상 등을 포괄한 특별법(예: 2018년 박주민 의원 발의 특별법 임기 만료로 폐기)의 불씨를 제21대 국회에서는 다시 살려내어 성안시켜야 한다. 또 대한민국 정부도 긴급조치 피해자 구제와 관련된 유보한 고문방지협약 제22조(개인통보제도)의 명시적 수락 방안을 조속히 검토할 만하다. 동시에 인권 관련 국내 · 외적인 NGO와 공감과 연대를 통해서 캠페인을 벌여 나가야 할 것이다. 이러한 분위기 속에서만이 양승태 대법원 사법농단 긴급조치 피해자 판결(2015)의 조속한 판결변경을 위해서도 유리한 분위기가 국내외적으로 조성될 수 있다.

참 고 문 헌

(사)민주인권평화를 실천하는 긴급조치 사람들. 「양승태 사법농단과 긴급조치 피해자 민사소송 공동대책 마련을 위한 토론회 자료집」. 5.18 광주민주화운동 서울 기념사업회 교육장, 2019.4.4.

박찬주. "대통령 긴급조치와 위헌선언." 대한변호사협회, 「인권과 정의」 (2011년 11월호).

윤영미. "헌법주요 판례." 대한변호사협회, 「인권과 정의」 2014년 3월호.

채형복. 『국제인권법』. 높이깊이, 2009.

Dinah Shelton. *Remedies inInternational Law*, Second Edition. Oxford, 2005.

Fabian Salvioli. "The Impotance of a Comprehensive Approach to Tranitional Justice Measures." International Symposium with The UN Special Rapporteyr on the promotion of truth, justice, reparation and guarantees of non-recurrence, co-hosts: Association for the Bereaved Families of the 4.3 Victims, Memorial Committee for the Jeju April 3rd Uprising and Massacre Proceedings book. (19 March,2019, Juju Kal Hotel): 172-192.

Henry J. Steiner · Philip Alston · Ryan Goodman. *International Human Rights in Context*, Third Edition. Oxford, 2008.

Thomas Buergental. *International Human Rights*. West Publishing, 1995.

국가인권위원회. "국제인권동향." 국가인권위원회 홈페이지/정책자료.
https://www.humanrights.go.kr/site/program/board/basicboard/list?board-typeid=19&menuid=001003001004002&pagesize=10&currentpage=3.

대한변호사협회
http://www.koreanbar.or.kr/pages/board/list.asp?types=9&searchtype=contents&searchstr=%EA%B8%B4%EA%B8%89%EC%A1%B0%EC%B9%98.

민주사회를 위한 변호사회. http://www.minbyun.org/.

유신독재와 국가폭력 청산을 위한 입법적 과제
― (약칭) 유신청산특별법의 입법 취지

송병춘

(변호사. 긴급조치사람들 법률 · 사법대책위원장)

I. 유신청산특별법의 입법 취지

유신청산특별법은 유신헌법 제정부터 위헌적 법령의 선포 등 일체의 헌정질서 파괴 행위가 '불법행위'였음을 확인하고, 유신독재 정권이 정권 유지를 위해 자행한 일체의 국가폭력의 진상을 철저히 규명하는 것을 입법 목적으로 한다.

유신헌법은 그 제정 과정이 불법적이었을 뿐만 아니라, 내용상으로도 국민주권주의와 국가의 기본권보장 의무 등 헌법의 기본적 가치를 철저히 유린하고, 모든 국가권력을 독재자 1인에게 집중시켰으며, 사법심사의 대상이 되지 않는 긴급조치권을 독재자에게 부여한 '불법적인 헌법'이었다.

1987년 6월항쟁 이후 민주화 과정에서 새로운 헌법(현행 헌법)이 제정되고, 여러 차례 정권교체가 이루어졌지만, 유신독재 정권의 헌정질서 파괴 행위와 국가폭력은 '아직도' 그 진실이 제대로 규명되지 않고 있는 실정이다.

첫째, '1987년 헌법'(현행헌법)의 개정을 앞두고, '① 헌정질서 바로세우기'라는 관점에서 유신헌법 및 일체의 위헌적 법령의 선포, 긴급조치 등이 모두 헌정질서를 파괴하고, 국민의 기본권을 유린한 '불법행위'였음을 '국회가 제정하는 법률'로써 선언할 필요가 있다.

둘째, '② 헌정질서 파괴 행위 및 국가폭력 진상규명 조사위원회'를 설치하여 군, 형사·사법기관, 정보기관 등이 자행한 국가폭력의 진실을 규명함으로써 이들 권력기관의 과거사에 대한 진지한 반성과 사죄를 이끌어내고 이들 권력기관의 민주적 개혁을 위한 토대로 삼는다.

셋째, 각 기관 별로 과거사위원회-적폐청산 TF가 설치·운영되었던 근래의 경험에 비추어 볼 때(국회와 대법원은 이에 동참하지 않았음), 관료들의 입김 때문에 그 성과가 미미했다는 점에서 최소한 기존 관료기구로부터 '③ 독립된 위원회 설치'가 반드시 필요하다.

선거를 통해 정권이 교체되더라도, 정보기관, 형사·사법 기관들이 여전히 국민 위에 군림하는 기득권·적폐 세력의 아성으로 남아 있는 이유는 이들 권력기관이 자행한 국가폭력에 대하여 진실규명이 불철저하였고, 이들 권력기관들을 민주적 통제 하에 두는 방향으로 개혁이 이루어지지 않았기 때문이다.

II. 진실·화해를 위한 과거사정리기본법과 유신청산특별법의 비교

본 법은 5.18진상규명특별법 등 이미 시행된 여러 과거사특별법과 마찬가지로 진실·화해를 위한 과거사정리기본법(약칭: 과거사정리법)에 대한 특별법의 지위를 갖는다.

과거사정리기본법은 한국전쟁 전후 시기의 민간인 집단학살, 권위주의 정권 시기에 발생한 인권 침해 사건, 조작 의혹 사건 등의 피해 사실 규명에 초점을 맞추고 있다.

유신청산 특별법은 특히 5.18진상규명특별법을 참조하였으며, 유신독재 시기에 사행된 '헌정질서 파괴행위'와 유신독재 정권의 통치도구로써 기능하였던 '정보기관, 형사·사법기관 등의 국가폭력' 그리고 '민주화운동' 진실 규명에 초점을 맞추었다.

	과거사정리법	5·18진상 규명특별법	부마민주항쟁 관련자의 명예회복 및 보상 등에 관한 법률	유신청산특별법
조사 대상	1. 일제강점기 또는 그 직전에 행한 항일독립운동 2. 일제강점기 이후 이법 시행일까지 우리나라의 주권을 지키고 국력을 신장시키는 등의 해외동포사 3. 1945년 8월 15일부터 한국전쟁 전후의 시기에 불법적으로 이루어진 민간인 집단 희생사건 4. 1945년 8월 15일부터 권위주의 통치시까지 헌정질서 파괴행위 등 위법 또는 현저히 부당한 공권력의 행사로 인하여 발생한 사망·상해·실종사건, 그밖에 중대한 인권 침해사건과 조작의혹사건 5. 1945년 8월 15일부터 권위주의 통치시까지 대한민국의 정통성을 부정하거나 대한민국을 적대시하는 세력에 의한 테러·인권유린과 폭력·학살·의문사	1980년 광주 5·18민주화운동 당시 국가권력에 의한 반민주적 또는 반인권적 행위에 따른 인권유린과 폭력·학살·암매장 사건 등	1979년 10월 16일부터 10월 20일까지 부산·마산 및 창원 등 경남일원에서 유신체제에 대항하여 발생한 민주화운동	1971년 12월 6일부터 1980년 10월 26일까지 유신독재 시기 국가기관에 의하여 자행된 헌정질서 파괴 행위 및 국가폭력 그리고 이에 항거한 민주화운동 *위법 또는 현저히 부당한 공권력의 행사로 인하여 발생한 사망·상해·실종사건, 그밖의 중대한 인권 침해사건과 조작의혹사건 등 개별적인 인권유린 행위에 한정하지 않음
보상 또는 배상	제36조(피해 및 명예회복) ①정부는 규명	「5·18민주화운동 등에 관한 특별법」 제6	제19조(관련자 보상) ① 이 법에 따라 관련	제13조(피해자에 대한 배상) 국가는 이 법

	과거사정리법	5·18진상 규명특별법	부마민주항쟁 관련자의 명예회복 및 보상 등에 관한 법률	유신청산특별법
	된 진실에 따라 희생자, 피해자 및 유가족의 피해 및 명예를 회복시키기 위한 적절한 조치를 취하여야 한다.	조(배상 의제) 「5·18민주화운동 관련자 보상 등에 관한 법률」에 따른 보상은 배상(賠償)으로 본다. 제22조(기타지원금) ① 5·18민주화운동과 관련하여 생계지원이 필요하다고 인정되는 사람에게는 대통령령으로 정하는 바에 따라 지원금을 지급할 수 있다.	자로 인정된 자에 대하여 보상금을 지급한다. ② 이 법에 따른 보상은 배상으로 본다.	에 따라 피해자로 인정된 자와 피해자의 가족(직계 존·비속과 형제·자매)에게 배상한다.
관련자 (피해자)		「5·18민주화운동 관련자 보상 등에 관한 법률」제1조(목적) 5·18민주화운동과 관련하여 사망하거나 행방불명된 사람 또는 상이를 입은 사람	제2조(정의) 2. "관련자"란 다음 각 목의 어느 하나에 해당하는 자 중 제4조에 따른 부마민주항쟁진상 규명및 관련자명예회복심의위원회에서 심의·결정된 자를 말한다. 가) 부마민주항쟁과 관련하여 사망하거나 행방불명된 자 나) 부마민주항쟁과 관련하여 상이를 입은 자 다) 부마민주항쟁과 관련하여 대통령령으로 정하는 질병을 앓거나 그 후유증으로 사망한 것으로 인정되는 자 라) 부마민주항쟁과 관련하여 수배·연행	가) 유신독재 정권의 헌정질서 파괴 행위로 인하여 직접 피해를 입은 사람 나) 유신독재 시기에 위헌적 법령등에 의하여 구속, 구금, 연행, 수배되었던 사람 다) 유신독재 시기에 민주화운동을 이유로 해직되거나 학사징계, 강제징집 등의 피해를 입은 사람

	과거사정리법	5·18진상 규명특별법	부마민주항쟁 관련자의 명예회복 및 보상 등에 관한 법률	유신청산특별법
			또는 구금된 자 마) 부마민주항쟁과 관련하여 공소기각· 유죄판결·면소판결· 해직 또는 학사징계를 받은 자	

III. 입법 예시

유신독재 시기 헌정질서 파괴행위 및 국가폭력 청산을 위한 특별법(약칭: 유신청산특별법)

제1장 총칙

제1조(목적) 이 법은 유신독재 시기의 헌정질서 파괴 행위, 위헌적 법령의 선포와 집행 등 국가기관에 의하여 자행된 국가폭력에 대하여 그 진상과 책임을 규명함으로써 민주주의 발전과 인권 신장에 이바지함을 목적으로 한다.

제2조(정의) 이 법에서 사용하는 용어의 뜻은 다음과 같다.

1. "유신독재 시기"란 1971년 12월 6일 국가비상사태 선언부터 1987년 현행 헌법 제정까지의 시기를 말한다.
2. "헌정질서 파괴 행위"란 유신독재 시기 국가기관에 의한 기존 헌법의 일부 정지와 국회해산, 유신헌법의 제정 및 위헌적 법령의 선포 등을 말한다.
3. "국가폭력"이란, 군, 경찰, 정보기관, 검찰, 법원 등이 유신독재 시기에 불법적으로 자행한 형사사법 작용을 말한다.
4. "민주화운동"이란 유신독재 시기의 헌정질서 파괴행위에 저항하여 민주주의 이념 및 가치의 실현에 이바지한 활동을 말한다.
5. "희생자"란 다음 각 목의 어느 하나에 해당하는 사람을 말한다.

가. 헌정질서 파괴 행위로 인하여 그 지위와 신분을 상실한 사람

나. 위헌적 법령 등에 의하여 형사 처분을 받은 사람

다. 민주화운동을 이유로 해직되거나 학사징계, 강제징집 등의 피해를 입은 사람

6. "관계기관등"이란 제22조 및 제23조의 신청인 및 조사 대상자를 제외한 그밖의 국가기관, 시설 및 단체를 말한다.

제3조(진상규명의 범위) 제4조에 따른 진상규명조사위원회는 다음 각 호의 사항에 대한 진상을 규명한다.

1. 국가비상사태 선언과 국회 해산 및 유신헌법 제정, 위헌적인 법령 제정 및 선포 과정에서 나타난 헌정질서 파괴행위

2. 군, 경찰, 정보기관, 검찰, 법원 등에 의하여 자행된 국가폭력

3. 그밖에 진상규명조사위원회가 이 법의 목적 달성을 위하여 진상규명이 필요하다고 인정한 사항

제2장 진상규명조사위원회의 구성과 운영

제4조(진상규명조사위원회의 설치) ① 이 법에서 정하는 진상규명 활동을 수행하기 위하여 국무총리 소속 중앙행정기관으로서 "유신독재 시기 헌정질서 파괴행위 및 국가폭력 진상규명위원회"(이하 "위원회"라고 한다)를 둔다.

제5조(위원회의 독립성) 위원회는 그 권한에 속하는 업무를 독립하여 수행하고, 업무를 수행할 때에는 정치적 중립성과 객관성을 유지하여야 한다.

제6조(위원회의 업무) 위원회는 다음 각 호이 업무를 수행한다.

1. 조사대상 선정에 관한 사항

2. 조사의 진행 및 진상조사보고서의 작성에 관한 사항

3. 진상규명을 위한 연구 활동에 관한 사항

4. 그밖에 이 법의 목적 실현을 위하여 위원회가 필요하다고 인정하는 사항

제7조(위원회의 구성 등) ① 위원회는 상임위원 3명을 포함한 9명의 위원으로 구성한다.

② 위원은 국회가 추천하는 9명(국회의장이 추천하는 1명, 대통령이 소속되거나 소속되었던 정당의 교섭단체가 추천하는 4명, 그 외 교섭단체와 비교섭단체가 추천

하는 4명으로 구성하되, 이 중 상임위원은 국회의장이 추천하는 1명, 대통령이 소속되거나 소속되었던 정당의 교섭단체가 추천하는 1명, 그 외 교섭단체와 비교섭단체가 추천하는 1명으로 한다)을 대통령이 임명한다.

③ 위원장 1명과 부위원장 1명은 상임위원 중에서 위원회의 의결로 선출한다.

④ 위원장과 부위원장을 포함한 상임위원은 정무직공무원으로 보한다.

제8조(위원의 임기) ① 위원의 임기는 3년으로 한다. 다만 위원회의 활동기간이 연장되는 경우, 연장되는 활동기간만큼 그 임기가 연장되는 것으로 본다.

② 제1항에도 불구하고 제9조제3항에 따라 조사를 종료하는 경우 위원의 임기도 만료되는 것으로 한다.

③ 임기 중 위원이 결원된 경우 해당 위원의 선출·지명권자는 임기 만료 또는 결원된 날부터 30일 이내에 후임자를 선출·지명하여야 하고, 대통령은 선출 또는 지명된 사람을 즉시 임명하여야 한다.

제9조(위원회의 활동기간) ① 위원회는 그 구성을 마친 날부터 3년간 진상규명활동을 한다.

② 위원회는 제1항에 따른 기간 내에 진상규명활동을 완료하기 어려운 경우에는 한 차례에 한정하여 기간 만료일 3개월 전에 대통령 및 국회에 보고하고 1년 이내의 범위에서 그 기간을 연장할 수 있다.

③ 위원회는 제1항 및 제2항의 규정에 따른 조사기간 만료 이전에도 조사의 필요성이 없다고 판단할 경우에는 위원회의 의결로써 조사를 종료할 수 있다.

제10조(위원장의 직무) ① 위원장은 위원회를 대표하며 위원회의 업무를 총괄한다.

② 위원장이 부득이한 사유로 직무를 수행할 수 없는 때에는 부위원장, 위원장이 미리 지명한 상임위원의 순으로 그 직무를 대행한다.

③ 위원장은 그 소관 사무에 관하여 대통령에게 의안 제출을 건의할 수 있다.

④ 위원장은 위원회의 예산 관련 업무를 수행하는 경우 「국가재정법」 제6조에 따른 중앙관서의 장으로 본다.

제11조(위원의 직무상 독립과 신분보장) ① 위원은 외부의 어떠한 지시나 간섭을 받지 아니하고 독립하여 그 직무를 수행한다.

② 위원은 다음 각 호의 어느 하나에 해당하는 경우를 제외하고는 그 의사에 반하여 면직되지 아니한다.

1. 신체 또는 정신상의 장애로 직무수행이 현저히 곤란하게 된 경우

2. 금고 이상의 형의 선고가 확정된 경우

③ 제2항 제1호의 경우에는 재적위원 3분의 2 이상의 찬성에 의한 의결로 퇴직하게 할 수 있다.

제12조(위원의 결격사유) ① 다음 각 호의 어느 하나에 해당하는 사람은 위원이 될 수 없다.

1. 대한민국 국민이 아닌 사람

2. 「국가공무원법」 제33조 각 호의 어느 하나에 해당하는 사람

3. 정당의 당원

4. 「공직선거법」에 의하여 실시하는 선거에 후보자(예비후보자를 포함한다)로 등록한 사람

② 위원이 제1항 각 호의 어느 하나에 해당하게 된 때에는 당연히 퇴직한다.

제13조(위원의 겸직금지 등) ① 위원은 재직 중 다음 각 호의 어느 하나에 해당하는 직을 겸하거나 업무를 수행할 수 없다.

1. 국회의원 또는 지방의회의원

2. 다른 국가기관 또는 지방자치단체의 공무원(교육공무원을 제외한다)

3. 그밖에 위원회의 규칙으로 정하는 직 또는 업무

② 위원은 정당에 가입하거나 정치활동에 관여할 수 없다.

제14조(의사의 공개) ① 위원회의 의사는 공개한다. 다만, 개인의 사생활 보호 또는 국가안위에 중대한 위해를 미칠 것이 명백한 경우에만 위원회의 의결로써 공개하지 아니할 수 있다.

② 의사의 공개에 필요한 사항은 대통령령으로 정한다.

제15조(위원회의 정원 등) 이 법에 규정된 사항 외에 위원회의 조직 및 정원에 관하여 필요한 사항은 대통령령으로 정하고, 위원회의 운영에 필요한 사항은 위원회의 규칙으로 정한다.

제16조(사무처의 설치) ① 위원회의 사무를 처리하기 위하여 위원회에 사무처를 둔다.

② 사무처에는 사무처장 1명과 필요한 직원을 두며, 부위원장이 사무처장을 겸한다.

③ 사무처의 직원 중 3급 이상의 공무원 또는 고위공무원단에 속하는 공무원은 위원회의 심사를 거쳐 위원장의 제청으로 대통령이 임명하고, 4급 또는 5급 공무원은

위원회의 심사를 거쳐 위원장이 임명하며, 6급 이하의 공무원은 사무처장의 제청으로 위원장이 임명한다.

④ 사무처장은 위원장의 지휘를 받아 사무처의 사무를 관장하고 소속 직원을 지휘·감독한다.

⑤ 이 법에 규정된 사항 외에 사무처의 조직 및 운영에 필요한 사항은 위원회의 규칙으로 정한다.

⑥ 사무처는 위원회의 잔존사무를 처리하기 위하여 위원회 활동종료 후 3개월간 존속한다.

제17조(위원회 활동의 보호 등) ① 누구든지 직무를 집행하는 위원·직원 또는 감정인에 대하여 폭행 또는 협박하거나 위계로써 그 직무수행을 방해해서는 아니 된다.

② 누구든지 조사와 관련하여 정보를 제공하였거나 제공하려 했다는 이유로 해고, 정직, 감봉, 전보 등 어떠한 불이익 처우도 받아서는 아니 된다.

③ 위원회는 증인·감정인·참고인을 보호하기 위한 대책과 관련 자료 또는 물건을 확보하고 그 인멸을 방지하기 위한 대책을 강구하여야 한다.

④ 위원회는 조사에 중요한 증언·진술을 하거나 자료 또는 물건을 제출한 사람에게 보상금 지급, 사면 건의 등의 방법으로 지원할 수 있다.

⑤ 제4항에 따른 지원의 내용과 절차, 그밖에 필요한 사항은 위원회의 규칙으로 정한다.

⑥ 위원회 직원 중 파견공무원을 제외한 소속 직원은 위원회가 활동하는 기간 동안 「국가공무원법」에 따른 별정직 공무원으로 보한다.

제18조(공무원 등의 파견) ① 위원장은 위원회의 업무 수행을 위하여 필요하다고 인정하는 경우에는 국가기관, 지방자치단체, 「공공기관의 운영에 관한 법률」 제4조에 따른 공공기관(이하 "국가기관등"이라 한다)에 소속 공무원이나 직원의 파견근무 및 이에 필요한 지원을 요청할 수 있다. 이 경우 파견요청 등을 받은 국가기관등의 장은 업무수행에 중대한 장애가 있음을 소명하는 경우를 제외하고는 신속하게 협조하여야 한다.

② 제1항에 따라 위원회에 파견된 공무원 또는 직원은 그 소속 국가기관등으로부터 독립하여 위원회의 업무를 수행한다.

③ 제1항에 따라 공무원이나 직원을 파견한 국가기관등은 그 공무원이나 직원에 대

하여 인사상 불리한 조치를 하여서는 아니 된다.

제3장 위원회의 업무와 권한

제1절 진상규명조사

제19조(진상규명 조사) ① 위원회는 진상규명의 대상이 된다고 판단하는 사항을 직권으로 조사할 수 있다.

② 희생자 및 그와 친족관계에 있는 자나 제3조의 진상규명 범위에 관하여 특별한 사실을 알고 있는 자는 위원회에 진상규명을 신청할 수 있다.

제20조 (조사방법) ① 위원회는 조사를 위하여 다음 각 호의 어느 하나에 해당하는 조치를 할 수 있다.

　　1. 조사 대상자 및 참고인에 대한 진술서 제출 요구

　　2. 조사 대상자 및 참고인에 대한 출석 요구 및 진술 청취

　　3. 조사 대상자 및 참고인, 그밖의 관계기관등에 대하여 관련 자료 또는 물건의 제출요구 및 제출된 자료의 보관

　　4. 관계기관등에 대한 사실조회

　　5. 감정인의 지정 및 감정 의뢰

　　6. 진상규명에 필요한 장소에서 행하는 시설 및 자료, 물건 등에 대한 실지조사

　　7. 관계기관등에 조사 대상자의 개인정보 자료 제출 요구

② 위원회는 필요하다고 인정하는 경우 위원 또는 직원에게 제1항 각 호의 조치를 하게 할 수 있다.

③ 위원회는 제1항 제6호에 따른 실지조사를 하는 경우 관계기관등에 대하여 필요한 자료 또는 물건의 제출을 요구할 수 있다. 이 경우 자료 또는 물건의 제출요구를 받은 자는 지체 없이 이에 응하여야 한다.

④ 위원회가 제1항 제2호에 따라 진술을 청취하는 경우 「형사소송법」 제147조부터 제149조까지와 제244조의3을 준용한다.

⑤ 위원회가 제1항 제3호 또는 제3항에 따라 필요한 자료 또는 물건의 제출요구를 하는 경우 「형사소송법」 제110조부터 제112조까지, 제129조부터 제131조까지와 제

133조를 준용하되, 자료 또는 물건의 제출을 거부하는 경우 그 사유를 구체적으로 소명하여야 한다.

⑥ 위원회는 제5항에 따른 소명을 검토한 결과 이유가 없다고 인정되는 경우 위원회의 의결로 자료 또는 물건의 제출을 명령할 수 있다.

⑦ 위원회로부터 실지조사 또는 진상규명과 관련하여 자료 및 물건의 제출 명령을 받은 관계기관등은 정당한 사유 없이 자료 및 물건의 제출을 거부하거나 자료 및 물건의 인멸·은닉·위조·변조 등을 하여서는 아니 된다. 다만, 자료 및 물건의 제출요구를 받은 날부터 5일 이내에 군사·외교·대북관계의 국가 기밀에 관한 사항으로서 그 발표로 말미암아 국가안위에 중대한 영향을 미친다는 주무부장관(대통령 및 국무총리의 소속 기관에서는 해당 관서의 장)의 소명이 있는 경우에는 그러하지 아니하다.

⑧ 제7항 단서에도 불구하고 자료 및 물건의 제출요구를 받은 관계기관등의 장은 위원회에 대하여 해당 자료 및 물건에 한정하여 열람할 수 있도록 조치를 취하여야 한다. 다만, 자료 및 물건을 열람한 위원회는 이를 공개해서는 아니 된다.

제21조(동행명령) ① 위원회는 제23조 제1항 제2호에 따른 출석요구를 받은 사람 중 위원회의 조사에 관한 증거자료를 보유하거나 정보를 가진 것으로 인정되는 사람이 정당한 사유 없이 2회 이상 출석요구에 응하지 아니하는 때에는 위원회의 의결로 동행할 것을 명령하는 동행명령장을 발부할 수 있다.

② 제1항에 따른 동행명령장에는 대상자의 성명·주거, 동행명령을 하는 이유, 동행할 장소, 발부연월일, 그 유효기간과 그 기간을 경과하면 집행하지 못하며 동행명령장을 반환하여야 한다는 취지와 동행명령을 받고 거부하면 과태료를 부과한다는 취지를 기재하고 위원장이 서명·날인하여야 한다. 대상자의 성명이 분명하지 아니한 때에는 인상, 체격, 그밖에 대상자를 특정할 수 있는 사항으로 표시할 수 있으며 주거가 분명하지 아니하는 때에는 주거기재를 생략할 수 있다.

③ 동행명령장의 집행은 동행명령장을 대상자에게 제시함으로써 한다.

④ 동행명령장은 위원회의 직원에게 이를 집행하도록 한다.

⑤ 교도소 또는 구치소(군교도소 또는 군구치소를 포함한다)에 수감 중인 대상자에 대한 동행명령장의 집행은 위원회 직원의 위임에 의하여 교도관리가 행한다.

⑥ 현역 군인인 대상자가 영내에 있을 때에는 소속 부대장은 위원회 직원의 동행명령장 집행에 협력할 의무가 있다.

제22조(검증) ① 위원회는 이 법에 따른 조사에 필요한 경우 위원회의 의결로 자료 또는 물건에 대한 검증을 실시할 수 있다.

② 제1항에 따른 검증을 하는 경우 위원장은 검증의 대상이 되는 자료 또는 물건의 관리자(관계기관등의 경우 그 기관·시설·단체 등의 장을 말한다)에게 검증실시통보서를 발부한다. 이 경우 검증실시통보서는 검증일 3일 전까지 송달되어야 한다.

③ 제2항에 따른 검증실시통보서에는 검증을 실시할 위원과 검증의 목적, 대상, 방법, 일시 및 장소, 그밖에 검증에 필요한 사항을 기재하여야 한다.

④ 국가기관에 대한 검증은 「국회에서의 증언·감정 등에 관한 법률」 제4조 제1항을 준용한다.

⑤ 제2항에 따른 검증실시통보서의 송달에 관하여는 「민사소송법」의 송달에 관한 규정을 준용한다.

제23조(압수·수색 영장 청구의뢰) 위원회는 진상규명을 위하여 필요한 자료 또는 물건을 가지고 있는 개인 또는 관계기관등이 그 자료 제출을 거부하고 이를 인멸·은닉·위조 또는 변조한 범죄 혐의가 현저하다고 인정되는 때에는 관할 지방검찰청 검사장에게 압수·수색 영장 청구를 의뢰할 수 있다.

제24조(국가기관등의 협조의무) 위원회의 업무 수행을 위하여 국가기관 등은 적극 협조하고 진상규명에 필요한 편의제공 의무를 진다.

제25조(의견진술 기회의 부여) 위원회는 조사대상자의 행위를 조사할 때 제23조의 조사대상자, 그 배우자와 직계비속 또는 이해관계인에게 의견을 진술할 기회를 주어야 한다. 이 경우 의견을 진술할 자는 조사보고서의 작성근거가 되는 증거자료의 열람을 청구할 수 있으며, 변호인을 선임할 수 있다.

제2절 청문회

제26조(청문회의 실시) ① 위원회는 그 업무를 수행하기 위하여 필요하다고 인정하는 경우 증인·감정인·참고인으로부터 증언·감정·진술을 청취하고 증거를 채택하기 위하여 위원회의 의결로 청문회를 실시할 수 있다.

② 청문회는 개인의 사생활을 침해하거나 계속 중인 재판 또는 수사 중인 사건의 소추에 관여할 목적으로 실시되어서는 아니 된다.

③ 청문회는 공개한다. 다만, 위원회의 의결로 청문회의 전부 또는 일부를 공개하지 아니할 수 있다.

④ 제1항에 따라 위원회가 실시하는 청문회의 절차와 방법에 관하여는 위원회의 규칙으로 정한다.

제27조(증인 출석 등의 요구) ① 위원회가 청문회와 관련하여 자료 또는 물건의 제출을 요구하거나 증인·감정인·참고인의 출석을 요구할 때에는 위원장이 해당 대상자 또는 기관의 장에게 요구서를 발부한다.

② 제1항에 따라 자료의 제출을 요구하는 경우 위원장은 서면, 전자문서 또는 컴퓨터의 자기테이프·자기디스크, 그 밖에 이와 유사한 매체에 기록된 상태나 전산망에 입력된 상태로 제출할 것을 요구할 수 있다.

③ 제1항에 따른 요구서에는 자료 또는 물건을 제출하거나 증인·감정인·참고인이 출석할 일시와 장소 및 요구에 응하지 아니하는 경우의 법률상 제재에 관한 사항을 기재하여야 하고, 증인 또는 참고인의 경우 신문할 요지를 함께 기재하여야 한다.

④ 제1항에 따른 요구서는 자료 또는 물건의 제출일이나 증인·감정인·참고인의 출석일 7일 전까지 송달되어야 한다.

⑤ 제1항에 따른 요구서의 송달에 관하여는 「민사소송법」의 송달에 관한 규정을 준용한다.

⑥ 출석을 요구받은 증인 또는 참고인은 사전에 신문할 요지에 대한 답변서를 제출할 수 있다.

제28조(증인 출석 등의 의무) ① 위원회로부터 제27조 제1항에 따라 자료 또는 물건의 제출이나 증인·감정인·참고인으로서의 출석을 요구받은 사람은 누구든지 다른 법률의 규정에도 불구하고 이 법에 규정된 경우를 제외하고는 이에 응하여야 한다.

② 위원회로부터 제27조 제1항에 따라 자료 또는 물건의 제출이나 증인·감정인·참고인으로서의 출석을 요구받은 사람에 대하여는 「국회에서의 증언·감정 등에 관한 법률」 제3조 및 제4조 제1항을 준용한다.

제29조(증인 등의 선서) ① 위원장은 청문회의 증인·감정인에게 증언·감정을 요구할 때에

는 선서하게 하여야 한다.

② 청문회에 참고인으로 출석한 사람이 증인으로서 선서할 것을 승낙하는 경우 증인으로 신문할 수 있다.

③ 위원장은 선서하기 전에 선서의 취지를 명시하고 위증 또는 허위감정에 대한 벌이 있음을 알려야 한다.

④ 제1항 및 제2항에 따라 증인으로 선서하는 경우 「형사소송법」 제157조를 준용한다.

제4장 조사결과에 대한 국가와 위원회의 조치

제1절 고발 등

제30조(고발 및 수사요청) ① 위원회는 조사 결과 조사한 내용이 사실임이 확인되고 범죄혐의가 있다고 인정되는 경우 검찰총장에게 고발하여야 한다. 다만, 피고발인이 군인 또는 군무원인 경우에는 피고발인이 소속된 군 참모총장이나 국방부장관에게 고발하여야 한다.

② 위원회는 조사과정에서 범죄혐의에 대하여 상당한 개연성이 있다고 인정할 경우 수사기관에게 수사를 하도록 요청할 수 있다.

③ 검찰총장은 위원회로부터 고발 받은 사건의 수사와 공소제기 및 공소유지를 담당할 검사를 지명하고, 그 검사가 공정하고 중립적으로 수사하는 데 필요한 조치를 취하여야 한다.

④ 위원회는 고발하거나 수사요청한 사람에 대하여 법무부장관에게 출국을 금지하거나 정지할 것을 요청할 수 있다.

제31조(피해 및 명예회복) ① 정부는 규명된 진실에 따라 희생자 및 유가족의 피해 및 명예를 회복시키기 위한 적절한 조치를 취하여야 한다.

② 국가는 이 법에 따라 희생자로 인정된 자와 희생자의 가족(직계 존·비속과 형제·자매)에게 적절한 배·보상을 하여야 한다.

③ 위원회는 진실이 은폐되거나 왜곡됨으로써 유죄판결을 받은 자와 법령이 정한 바에 따라 자격이 상실 또는 정지된 자에 대해서 특별재심을 건의할 수 있으며, 관계 국가기관은 위원회의 결정 및 건의를 존중하여야 한다.

제32조(사면 등) 진상규명의 과정에서 가해자가 가해사실을 스스로 인정함으로써 진상규명에 적극 협조하고, 그 인정한 내용이 진실에 부합하는 경우에는 위원회는 가해자에 대하여 수사 및 재판절차에서 처벌하지 않거나 감형할 것을 관계 기관에게 건의할 수 있고, 형사소송절차에 의하여 유죄로 인정된 경우 대통령에게 법령이 정한 바에 따라 특별사면과 복권을 건의할 수 있다.

제33조(진상조사보고서의 작성) ① 위원회는 제11조의 기간이 종료되는 날부터 6개월 이내에 '유신독재 시기 헌정질서파괴행위 및 국가폭력 진상규명 조사보고서'(이하 "진상조사보고서"라 한다)를 작성하여야 한다.

② 진상조사보고서에는 희생자 명단이 포함되어야 한다.

③ 제1항의 진상조사보고서에는 희생자의 피해와 명예를 회복하기 위한 조치, 법령·제도·정책·관행의 시정 등 국민화합과 민주발전을 위하여 국가가 하여야 할 조치에 관한 권고를 포함하여야 한다.

④ 제3항에 따른 권고사항을 소관으로 하는 국가기관은 해당 권고사항을 존중하고 이행하기 위하여 노력하여야 한다.

⑤ 위원회는 진상조사보고서를 공개하여야 한다. 다만, 국가안전보장, 국민화합과 민주발전을 위하여 불가피하다고 인정하는 경우에는 위원회의 의결로 보고서의 일부 내용을 공개하지 아니할 수 있다.

⑥ 위원회는 위원회규칙이 정하는 바에 따라 그 활동기록을 보존·관리하고 국회, 법원, 관계기관 또는 이해관계자의 요청이 있을 경우에 그 사본을 교부할 수 있다. 위원회 활동 종료 후에는 「공공기록물 관리에 관한 법률」에 따른다.

제34조(비밀준수 의무) 위원회 위원 또는 위원이었던 사람, 위원회 직원 또는 직원이었던 사람, 감정인 또는 감정인이었던 사람, 위원회의 위촉에 의하여 조사에 참여하거나 위원회의 업무를 수행한 전문가 또는 민간단체와 그 관계자는 위원회의 직무상 비밀을 누설하거나 위원회의 업무수행 외의 목적을 위하여 이용해서는 아니 된다.

제35조(준용규정) 「공익신고자 보호법」 제16조는 이 법에 준용한다.

제5장 벌칙

제36조(벌칙) 다음의 각 호의 어느 하나에 해당하는 사람은 3년 이하의 징역 또는 3천만원 이하의 벌금에 처한다.

1. 정당한 이유 없이 제20조 제1항 제3호에 따른 자료 또는 물건의 제출 요구에 응하지 않거나 허위의 자료 또는 물건을 제출한 사람
2. 정당한 이유 없이 제20조 제3항에 따른 자료 또는 물건의 제출요구에 응하지 아니하거나 허위의 자료 또는 물건을 제출한 사람
3. 제20조 제1항 제4호에 따른 사실조회에 허위로 회신한 사람
4. 정당한 이유 없이 제20조 제1항 제6호에 따른 실지조사를 거부하거나 방해한 사람
5. 정당한 이유 없이 제21조에 따른 동행명령에 응하지 아니한 사람
6. 정당한 이유 없이 청문회에 자료 또는 물건의 제출을 하지 아니한 사람
7. 정당한 이유 없이 청문회에 출석하지 아니하거나 선서하지 아니하거나 증언하지 아니한 증인
8. 정당한 이유 없이 청문회에서 선서하지 아니하거나 감정하지 아니한 감정인
9. 청문회에서 허위로 증언하거나 감정한 증인·감정인
10. 증인·감정인·참고인의 청문회 출석을 방해하거나 검증을 방해한 자

제37조(벌칙 적용에서 공무원 의제) 공무원이 아닌 위원회의 위원은 「형법」 제129조부터 제132조까지의 규정에 따른 벌칙을 적용할 때에는 공무원으로 본다.

부칙

이 법은 공포한 날부터 시행한다.

"우리가 살지 못했던 그 삶을 이 땅의 누구라도 살기 바라며…"

참석 고은광순 (현) 솔빛한의원 원장, 평화어머니회 상임대표(이화여대 사회학과 73학번)
박순희 (전) 원풍모방 노동조합 부지부장, (현) 천주교 정의구현 전국연합 지도위원
이대수 (현) 유신청산민주연대 사무총장(연세대학교 교육학과 75학번)
이종구 (전) 성공회대학교 부총장(서울대학교 사회학과 72학번)
사회 및 정리 홍윤기 (현) 동국대학교 철학과 교수(서울대학교 철학과 75학번)

9월 25일 오전 10시~오후 2시 안국동 6.15남측위 회의실에서 열린 집담회 장면.
왼편부터 고은광순, 이종구, 홍윤기, 박순희, 이대수

"우리가 살지 못했던 그 삶을
이 땅의 누구라도 살기 바라며…"

집담 화두

o. 화두: '박정희 유신독재체제'는 과연 지나간 과거의 추억거리에 지나지 않는가?

o. 정말 아무 일도 없었던 1972년 그해, 국회를 해산하고 계엄을 선포할 만한 진정 비상사태가 있었는가?

o. 박정희에게만 긴급했던 일!!! ― 일본의 메이지유신(明治維新)을 본받아 남북합작으로 닦은 영구 집권에의 길

o. 유신 때 인생의 전성기를 보낸 서민들의 유신 추억과 군대식 정치의식

o. 일상의 전체주의적 통제에서 나온 퇴행적 가치관들의 퇴적: 배금주의, 가부장주의 그리고 여성의 경제적·성적 도구화

o. 경제에서의 독재: 기업에 대한 직접 지배

o. 학원에 대한 독재: 캠퍼스의 병영화

o. 한국 현대사 모든 적폐 세력의 퇴적(堆積)으로서 유신 ― 동학 혁명에서 일제 강점기 거쳐 분단 시대에 이르기까지

o. 배금주의의 정착

o. 유신의 정신지배 그리고 소수에 그친 지식인의 비판적 역할

o. 코로나 팬데믹 시대에 유신독재체제 돌아보기: 욕망 추구의 극대화로서 유신

o. 감시와 탄압의 전면화와 일상화로서 유신독재체제 ― 국회의원에서 가족 그리고 주변 사람들까지

o. 모든 국민의 고난의 역사로서 유신 역사의 통찰과 '인간다운 삶'을 향한 이정표의 재확인 ― 무법 국가 유신독재체제를 딛고 일어서기

o. 박정희 유신독재체제의 본격적 청산을 위한 첫 걸음으로서 유신독재의 제1호 피해자가 '대한민국 국회'임을 분명히 밝힘

o. 박정희 유신독재체제를 돌아보면서 안전과 자유와 행복을 누리는 대한민국 국민의 미래 삶을 내다봄

화두: '박정희 유신독재체제'는 과연 지나간 과거의 추억거리에 지나지 않는가?

홍윤기(사회): 다음 달 10월 17일이면 벌써 48년, 제 기억에는 엊그제 같은데, 박정희 대통령이 뜬금없이 유신을 선포한 지 거의 반세기가 되어가는군요. 이렇게 유신 선포 48주년을 맞아 작년 2019년부터 본격적으로 활동을 개시한 우리 '유신청산민주연대'(앞으로 '유청연'으로 약칭)가 『—대한민국 현대사의 암(癌)— 박정희 유신독재체제 청산』(도서출판 동연, 2020)이라는 책을 출간하게 되었습니다. 이 집담회는 거기에서 다루는 유신독재 관련 사안들에 대해 박정희 유신독재체제의 억압을 온몸으로 당해낸 분들을 모시고 각자의 체험에 따라 책의 내용을 점검하면서, 거의 반세기가 지난 이 시점, 전 지구적으로 이제 일 년 가까이 코로나바이러스가 창궐하는 2020년 현재에도, 왜 유신독재체제와 그 잔재를 청산해야 하는가 하는 문제를 제기하는지 성찰하기 위한 자리가 되겠습니다. 따라서 우선은 이 책의 줄거리를 한번 짚어보고, 책이 다루는 이슈들과 관련하여 참석자분들의 유신체험을 이야기식으로 보강하면서, 앞으로 유청연의 활동 비전을 무엇으로 세울 것인가 하는, 세 가지 정도의 화두로 집담회를 진행해 보겠습니다.

그런데 1972년 들어선 유신 이래 지난 해를 헤아리니 48년인데, 박정희 격살로 역사에서 '박정희 유신독재체제'가 종료된 지도 41년이 되는군요. 이 정도 기간이면 우리가 그렇게 지겨웠던 일제 강점기 36년도 다 지난 세월입니다. 1972년 10월 17일에서 1979년 10월 26일에 이르는 7년 9일의 기간은 저를 포함하여 지금 이 자리에 모이신 분들 모두에게 그야말로 인생의 황금기라고 할 수 있는 약관의 청춘기였는데요, 참 씁쓰레한 표현입니다만, 우리의 청춘은 그야말로 박정희와 더불어 지낸 세월이었습니다. 그런데 박정희 본인이 민족중흥의 도약기라고 설정했던 그 시기에 왜 우리의 청춘은 공장 일터에서, 강의실에서, 강당에서, 아니면 길 가다가 또는 술 마시다가 문득 감옥이라는 나락으로 떨어져야 했던지, 그 시기가 이제 반세기도 더 멀어져 가버리고 머리에 흰 머리카락이 생겨나는 지금 이 시기에 다시 한번 되돌아보게 됩니다. 우리가 공장 다니고, 학교 다니고, 술 마시고, 노래하고, 그러면서 열심히 살았던 그 시대가 과연 국가적 위기의 시대였던가? 박정희가 대통령으로서 국가안보가 위기에 처했다고 하고, 학교에서 데모만 하면 당시에는 경찰 기동대가 아니라 군인들이 트럭마다 타고 와서 교문을 막아서고 휴교령 내리고 했는데, 정말 그런 위기가 있었는데, 우리 대학생들, 노동자들은 그것도 모르고 독재자는 물러가라, 인간답게 살고 싶다, 그렇게 외치기만 했던 것은 아니었을까? 혹시 군인들은 알고 있었지만 우리가 모르던 그런 위기의 사정이 진짜 있었던 것은 아니었을까? 군인들로서는 1972년 대통령이 임기를 연장하는 정도가 아니고 아예 영구 집권할 수 있는 헌법을 선포하고 국민의 일상을 속속들이 감시하고 제압하는 이른바 정보 정치, 고문 정치를 일상화하는 것을 옳다고 생각할 수밖에 없었던 그런 속사정 같은 건 없었을까?

근 오십 년의 세월을 지나며 그 시절이 멀리 수평선 위에 뜬구름처럼 보이면서 비로소 그 아래 수평선이 어떻게 펼쳐졌는지 더 자세히 헤아려볼 시각상의 여유가 생기는 것 같기도 합니다. 물론 그 수평선 위에는 박정희의 세심한 압박으로 강의실에서까지 감시당하고 교수님들과 오가는 대화도 온건하지만 분명히 위협적인 협박으로 들리다가 친구들과 모여 얘기하고 소리쳤다고 경찰서에서 구타당하고 감옥으로 끌려갔다가 나와도 계속 감시당했던, 우리 청춘의 모습이 더 오롯이 섞여 있기도 합니다. 그때는 청춘을 버릴 각오로 의식적으로 독재에 저항한 투사 같은 선후배분들이 없었던 것은 아니지만, 청춘 같은 것을 버릴 생각이라고는 눈꼽만큼도 없이 그냥 평탄하게 일상을 지내던 그런 청춘들이나 하루하루 살아가던 일상인들이 대통령 긴급조치 위반이라는 명목으로 재판받고 수감되던 시절이었습니다. 어처구니없지만, 그 어떤 각오를 하지 않아도 아무나 온몸으로 속속들이 유신독재체제의 정보·감시 정치, 고문 통치를 겪으면서 어느새 저항자가 되면서 그 무슨 희생정신에 투철해서 청춘을 버린 것이 아니라, 박정희가 대통령이던 그 시절 대한민국에서 청춘을 보냈기 때문에 우리 청춘이 버려졌던 것이었지요. 여기 모이신 박순희 선생님, 고은광순 선생님, 이대수 선생님, 이종구 선생님 그리고 저도 강약과 시간과 장소의 차이는 있어도, 지금 보면 민주국가의 일상적 활동이나 생활에 지나지 않았던 일로 당시 고초를 겪어야 했었던 당혹스러운 고통의 경험은 공유해야 한다고 생각합니다.

그렇다고 했을 때 박정희 유신독재체제가 들어서던 당시로 돌아가 입상을 바꿔놓고 생각해보면, 우리 같은 사람들 말고 다른 대한민국 국민들은 긴급조치에 대해, 유신체제에 대해 어떤 식으로 생각했는가? 이른바 긴조 세대로 찍힌 학생, 노동자 등의 피해자들은, 남들은 다 잠자코 있는데 유별나게 나선 것인가? 유신체제는 과연 일과성 체제인가? 아니면 그 영향, 그 유신체제로 편제가 짜여졌던 그 세력들은 여전히 남아서 박정희 유신독재체제가 떠나고 5공 군부독재도 종식되고 이제 민주화 국면도 한 세대가 넘어가 두 차례의 정권교체도 경험한 지금까지도 우리 사회에 남아있으면서 우리의 삶을 나름대로 옥죄는 요인으로 작동하는 것은 아닌가? 또 다른 면에서 보자면, 그때 당의 국민의 일상이 유신체제 때문에 입은 피해는 무엇인가도 짚어봐야겠지요? 평소 이종구 선생님 지론대로, 시민의 일상, 즉 노동계, 학계, 학원 그리고 그다음 사실 가장 중요한 문제인데요, 지역감정 문제 등 이런 부분들에 대해서 한 번씩 좀 짚어 볼 필요가 있습니다.

그래서 유청연에서 이번에 출간하는 책의 제목을 무엇으로 할까 고민하는 과정에서 유신체제를 청산한다는 얘기는 분명히 들어가야 하지만, 그게 그냥 한 시절 있다가 지나가 버렸다고 할 수 없는 저간의 사정이 여전하다고 했을 때 단지 당대의 유신체제뿐만 아니라 그 잔재에 대한 청산도 지속 이루어져야 한다는데 생각들이 모였습니다. '박정희 유신독재체제'의 잔재가 이렇게 영향력을 발휘하고 있는 가장 전형적인 사례는 제도적 민주화가 상당히 공고해졌다고 여겨지는 상황에서 독재자 박정희의 딸이 다시 그의 후광을 엎고 버젓이 민주국가의 대통령으로 당선되었다는 사실입니다. 참으로 역설적이지만, 철저하게 민주주의를 탄압하고 말살했던 그 박정희의 적자가 민주적 선거과정에서 상당한 대중적 인기와 유효한 정치적 지지를 획득했다고 하는 것은 유신독재체제가 틀을 짜서 찍어낸 대중심리, 좀 어렵게 표현하자면 쇠시리 즉 주형(鑄型)했다고 할 수 있고 또 요새 쓰는 외래어로 표현하면 몰딩(moulding)했다고 할 수 있는 대중정서, 대중멘탈이 민주화된 대한민국 사회의 심층에서 여전히 온존하면서 자발적 충성으로 유도될 수 있음을 보여주었습니다.

그런데 참으로 묘한 것은, 이렇게 민주주의가 정착된 듯이 보이는 이 시대에 다시 부활된 듯이 보이는 박정희의 모습에 그가 그렇게 제압하고자 했던 자유민주주의 탈이 씌워져 있다는 것이지요. 그러면서 '민주 박정희'의 탈 밑에서 하려던 짓은 '유신 박정희'의 작태였습니다. '민주화 시대의 박정희'를 구현하려던 대통령 박근혜의 발상과 그 권력 실태는 유신독재체제가 대한민국 민주 발전에 아직도 뿌리 뽑혀지지 않은 '일종의 암세포'로 암약하고 있음을 여실하게 보여주었습니다. 박근혜 대통령의 비서실장이 1972년 당시 유신헌법을 기획한 법무부 실무팀 책임자였던 김기춘이라는 사실은 70년 대를 살았던 이들에게는 정말 악몽의 재현이었습니다. 그래도 1987년 이래 민주화가 한 세대 정도 진척된 21세기 두 번째 십 년기의 대한민국 시민층은 이런 '유신 박정희' 정도는 자력으로 헌법 절차에 따라 청소할 수준이 된다는 것은 보여주었습니다. 그런데 도 박근혜 탄핵 이후의 정세는 '민주주의 밑에 은폐된 유신 박정희'가 아직은 충분하게 극복되지 않음을 보여주고 있기도 합니다. 바로 이런 의미에서 우리 유신청산민주연대 는 박정희 유신독재체제가 박정희 당대뿐만 아니라 그 이후에도 '박정희 없는 유신'으로 서 한국 현대사의 암(癌), 그 기저질환으로 여전히 남아있다는 관점에서 이 책을 만들 고자 했습니다.

어떻습니까? 좀 장황스럽게 스토리를 쭈욱 잡아 보았는데요, 여기서 보태가면서 진 행하면 괜찮겠습니까? 그렇다면 각자 자기 얘기를 한 번에 그냥 통째로 할까요, 아니면 주제별로 하나하나 짚어가면서 돌아가면서 할까요? 어떤 게 좋겠습니까?

이대수: 아무래도 각자 통째로 하는 게 좋을 것 같습니다. 박 선생님은 70년대 노동계 쪽 얘기를 해주시고요, 유신체제 성립의 사회적 배경이나 그 사상은 아무래도 이종구 선생님께서 말씀하셔야 할 것 같습니다. 저는 그래도 학내에서 학생 활동했던 사람의 입장에서 70년대를 겪었는데, 그때는 유신 초기는 지난 때라 유신 초기라면 아무래도 선배 되시는 이종구 선생님이 얘기하시는 게 더 좋을 것 같습니다. 그리고 민주화운동 사에서 상대적으로 별로 부각되지 않았던 여성의 처지에서는 70년대가 어떠했는지 고은 광순 선배께서 말씀해주셨으면 합니다. 그렇다면 아무래도 유신의 배경이나 그 초기 상 황이 어떠했는지에 대해서 이종구 선생님이 먼저 시작하시는 게 낫지 않을까 싶습니다.

홍윤기(사회): 그러보 보니 사회가 따로 필요 없을 정도인데요, 오늘은 되도록 듣는 것이 많을 것 같습니다. 이론적 측면이 나오면 약간 거드는 정도로 하지요.

정말 아무 일도 없었던 1972년 그해, 국회를 해산하고 계엄을 선포할 만한 진정 비상사태가 있었는가?

이종구: 그럼 제가 먼저 하겠습니다.

홍윤기(사회): 예 말씀하세요.

이종구: 유신체제가 나왔던 당시 안보 상황을 말씀하셨습니다만, 제 기억으로 1972년 10월에는 안보적인 측면에서 큰일이 없었습니다, 정말 아주 평화스러웠습니다. 오히려 큰일이 있었다면 그 전 해인 1971년인데, 아주 시끄럽고 복잡했습니다. 대학가는 교련 반대 시위로 들끓었고, 베트남에 갔다 온 한진 근로자들의 체불 임금 청산을 요구하며 대한항공 빌딩을 점거한 사건, 도시 빈민들이 생존권을 요구한 '광주대단지사건', 대학병원 인턴·레지던트 집단 파업 사건, 각지의 총기 난동 사건이 잇달았습니다. 심지어 경찰 내부에서도 부실한 식사 때문에 총기 난동이 벌어졌습니다. 영화로 잘 알려진 실미도 특수부대 사건도 이때 일어난 일입니다.

고은광순: 전태일 분신 이후니까…

이종구: 예, 전태일 분신 사건은 1970년입니다. 1971년은 하루도 조용한 날이 없었습니다. 결국 그해 10월 15일에 박 정권은 위수령을 발동하여 주요 대학에 군부대를 진입시키고 시위를 주동한 학생들을 몽땅 군대로 강제 징집했습니다. 보통 '강집'이라고 줄여부르는 시위 대학생 강제징집은 이때 처음 실시되었습니다. 양희은이 부른 '아침이슬'이 당시의 대학가 분위기를 잘 반영하는 노래입니다. 수도경비사령관이었던 윤필용의 지시로 고려대에 군인들이 들어와 학생들을 대량 연행하고 마구잡이로 구타한 사건도 위수령이 발동된 날에 벌어진 일입니다. 1971년과 대조적으로 1972년은 정말 조용하고 평화스러웠습니다. 2월에 닉슨 미국 대통령이 베이징을 방문하여 마오(毛澤東)와 정상회담을 하는 역사적인 사건이 있었지만, 국내에서는 아무도 이를 불안하게 생각하지 않

았습니다. 유신을 제외하고 1972년에 국내에서 발생한 큰 사건이라고 한다면 남쪽의 이후락 중앙정보부장과 북쪽의 김영주 노동당 조직부장이 서울과 평양에서 동시에 발표한 '7·4남북공동성명'과 서울과 평양을 오가며 지속된 일련의 남북대화라고 할 수 있습니다.

홍윤기(사회): 아 그건 정말 큰 사건이었죠.

이종구: 7·4공동성명 나오고 나서 남북대화가 이어지자 이건 1971년도와는 완전히 다른 분위기였습니다. 7·4공동성명이 발표된 당시 발표되던 날의 저희 우리집 분위기 좀 얘기하자면, 당시 저희 집안도 남북에 걸쳐 친척들이 있었습니다. 그날 석간신문이 왔는데 큰 형님이 "어머니 이제 다 됐어요."라고 큰 목소리로 알렸더니 어머니께서 하시는 말씀이 뭐냐면, "8·15 때도 이랬다! 8·15 때도 어느 날 갑자기 방송이 나오고 그랬다."라고 말씀하시는 것입니다. 그날 서울 시내 무교동 술집의 술이 다 떨어졌다는 것 아닙니까!!

홍윤기(사회): 아 맞다!! 그 얘기 나왔었지요. 정말 몇년만에 다시 듣네요…

이종구: 뭐 마시자…그런 분위기였죠. 다들 들떠서!!!

이대수: 7·4때 말이죠?

이종구: 7·4공동성명 발표되던 그날 「동아일보」의 '고바우' 만화가 기억나요. 고바우네 집에 집배원이 배달왔지요. 그런데 우편물을 건네다 말고 둘이 고향 얘기를 시작합니다. 한 사람이 "북에 두고 온 애가 어쩌고저쩌고…" 하니까, 다른 사람도 "우리도 뭐 북에 누가 있는네…" 하며 맞장구치나가 끝났습니까. 정신을 차린 고바우 영감이 "저 사람 왜 왔지?" 하는데, 집배원도 "내가 왜 우편물 아직도 들고 있지?"라고 당황하는 내용입니다. 평소 하던 일도 당장 통일이 될 것 같은 감격 속에서 잊어먹고 다 남북대화 얘기

만 했던 것이지요. 이런 감격적인 분위기 속에서 진짜 무슨 일이 터질 조짐은 전혀 없었습니다.

그런데 이렇게 72년 여름을 감격 속에 보내고 이어지는 남북대화에 환호가 끊이지 않았는데, 그런데 그날 10월 17일 느닷없이 방송에 어떻게 나왔냐 하면, 박 대통령의 말이었지요, 7·4공동성명을 이어받아 우리가 통일을 하려면 일사불란하고 강력한 체제를 만들어야 한다. 새로 만드는 유신헌법 찬반을 묻는 국민투표가 부결되면 국민이 통일을 원하지 않는다는 뜻으로 간주하겠다고 협박을 하는 것입니다.

홍윤기(사회): 방송 내용이 그랬습니까?

이종구: 방송 내용이 그랬습니다. 박정희가 내세우는 새 헌법을 받아들이지 않으면 남북통일을 원하지 않는 걸로 간주한다는 것입니다.

홍윤기(사회): 통일을 원한다면…?

이종구: 그래서 유신이 곧 통일이란 담론을 박정희가 들고나온 것이지요.

이대수: 통일 대비, 통일 대비라고 했어요!

이종구: 통일을 추진하려면 남쪽 내부에서 다른 소리가 나오면 안 된다. 체제 정비가 필요하다, 그러니까 박정희의 공식적인 담론은 통일이었습니다. 그날 대학을 군대가 점령했을 때 일반이이 느낀 당혹감이 어느 정도였냐면, 당시 동숭동 서울대 문리대 캠퍼스 도서관에 명물 수위로 유명했던 분이 계셨습니다. 당시 교수들이 학생이었던 시절부터 수위를 하셨던 분인데, 학교에서 일어난 큰일은 모두 목격하신 분으로, 〈신동아〉에도 사진과 함께 일대기가 소개된 적이 있습니다. 그런데 이분이 개강이 된 다음 학생들에게 물었습니다. "데모도 하지 않았는데 학교 문을 왜 닫았나?"고요.

박정희에게만 긴급했던 일!!!
— 일본의 메이지유신(明治維新)을 본받아 남북합작으로 닦은 영구 집권에의 길

1972년 10월 17일의 대통령 특별 성명에 대해 정치학자들이 구조가 어떠니 배경이 어떠니하고 복잡한 얘기를 하면서 설명하곤 하는데, 그날 벌어진 일에 대한 구구한 설명은 모두 나중에 갖다 붙인 것입니다. 결국 당시 일어났던 전후 사정을 모두 종합해보면, 박정희가 김일성하고 합작해서 사람들이 온당하다고 여기는 정치 질서를 뒤집어엎은 것입니다. 그때 삼선(三選) 개헌에 성공한 박정희는 세 번째 대통령을 하고 있었습니다. 삼선 개헌했던 69년에도, 대통령 선거하던 1971년에도, 박정희는 분명히 "이번이 마지막이니, 조국에 봉사할 수 있는 마지막 기회를 달라"고 말했습니다.

홍윤기(사회): 삼선할 때 그랬죠.

이종구: 수십만 군중 앞에서 여러 차례 읍소를 했단 말입니다. 조국에 봉사할 마지막 기회를 달라고 했다면 마지막 기회로 봉사나 잘하고 있어야 할 텐데, 국민이 마지막 기회를 주어 대통령을 한 번 더 하고 있다가, 시간이 지나가니까, 판 자체를 엎어버린 것입니다. 이미 말했지만 1972년 당시 사회 분위기를 보면, 유신은 완전한 돌발사건입니다. 그다음에 박정희가 내린 두 번째 조치까지만 얘기하겠습니다.

이렇게 10월 17일 대통령 특별선언을 하고 나서 조금 지나니 박정희는 자기의 이런 조치를 유신(維新), 10월유신(十月維新)이라고 하겠다는 것입니다. 왜 유신이라고 부르냐. 제가 보기에 유신체제라는 명칭은 일본의 메이지유신(明治維新)을 모방한 것이었습니다. 박정희가 자기가 만들려는 체제를 굳이 '유신'이라고 명명한 이유는, 박정희 자기 한 개인에게, 왕년의 대일본제국 천황처럼, 일체의 정치적 권력뿐만 사회적 권력, 정신적 권력까지 집중시키겠다는 의도가 있었기 때문이었습니다.

정치 권력뿐만 아니라 정신 권력도 추구했던 전체주의적 독재의 체제 짜기
: 일상의 총체적 규율화

   유신독재체제가 추구했던 정신적인 권력을 가장 잘 보여주는 것이 당시 한국 철학계의 태두로 명망이 높았던 서울대 철학과 교수 박종홍(朴鍾鴻) 선생이 만든 '국민교육헌장(國民敎育憲章)'이었습니다. 이 문건은 당시 온갖 장소에 붙어있었는데요, 심지어 교도소 감방에도 붙어 있었습니다. 그 '국민교육헌장'에 보면, "나라의 발전이 나의 발전의 근본이고, 나의 발전이 나라의 발전이다 운운"하는 구절이 나와요. 이것은 완전히 히틀러의 나치스가 내세우던 구호를 연상시킵니다. 국민교육헌장을 선포한 행위 자체는 오히려 일본이 메이지 유신을 하며 '교육칙어'를 만들어 모든 국민에게 암송시킨 짓과 비슷합니다.

   국민교육헌장의 행간을 보면 일본의 전시 국가총동원체제가 남긴 영향을 찾을 수 있습니다. 그것뿐만 아니라 박정희 시대에는 대중, 특히 청소년의 생활방식에 대한 획일적인 통제가 일상화되었습니다. "머리 깎아라", "치마를 짧게 입지 말아라." 등을 넘어 나중에는 "제사, 차례는 간소하게 지내라", "구정 쇠지 말아라"는 식으로 모든 일상생활에 규율이 적용되었습니다.

홍윤기(사회): 맞습니다. '가정의례준칙'이라고 해서 가정마다 지키라고 써 붙이기도 했어요.

이종구: 박정희가 창안한 유신독재체제는 제사까지 어떻게 지내라고 규칙화하고, 일상을 시시콜콜 모두 규율하는 시스템이었습니다. 유신정권은 정치권력만 통제한 게 아니라 인간의 머릿속, 나아가 개개인의 생활방식을 포함해 사회생활 전체를 통제하고 규율화하려고 했습니다. 따라서 유신을 '체제', 즉 레짐(regime)이라고 부르는 것이 맞습니다. 이와 같이 그리고 제가 보기에 이런 과정, 즉 인간 머릿속과 생활방식, 행동 방식까지 모든 것을 전인격적으로 통제하는 과정에서 아주 중요한 것이 지워졌습니다.

   해방 이후 출생해 유신정권 시절 청년기를 보냈던 우리 세대는 민주주의를 교조적으로 배웠습니다. 교과서에 적어놓은 "민주주의는 이래야 한다"는 내용을 외워 시험 답안 작성하면서 자란 세대였습니다. 정치뿐만 아니라 사회생활과 개인적인 생활 습관까지 관리하는 규격화된 모형을 제시하고 나선 유신독재체제는, 교조적으로나마 민주주의를 교육하는 과정을 통해 추상적 개념 수준에서 국가가 강조하던 개인의 자율성이나 주체성, 이해관계의 차이를 합의로 조정하는 원리와 같이 민주주의를 운영하는데 필수적인 개방적이고도 다원적인 사고방식 자체를 싹 지워버리고 그것을 '유신정신'이라는 이데올로기로 대체해버렸습니다.

유신의 최대 해악은 사람을 억울하게 많이 죽였다는 것뿐만이 아니라 전체주의적으로 규율화된 정신세계를 남겼다는 것입니다. 즉, 유신은 우리 생활 안에다 눈에 보이지 않는 정신적 잔재를 광범하게 그리고 체계적으로 남겼습니다. 유신은 한국 사회를 심층까지 개조했습니다. 문제는 그 개조의 방향이, 민주주의가 발전하고 있는 시대적 흐름에 역행하여 사회를 퇴행시켰다는 것입니다. 그러면서 이 과정에서 퇴행적으로 개조된 인간이 너무 많습니다. 바로 이런 점이 유신의 악성 잔재입니다. 저는 일단 여기까지만 얘기하겠습니다.

유신 때 인생의 전성기를 보낸 서민들의 유신 추억과 군대식 정치의식

그런데 참 안쓰럽지만 아주 흥미로운 얘기가 생각납니다. 요즘 노인요양사라고, 집 안에 혼자 계시는 노인들 챙겨주는….

고은광순: 요양보호사!

이종구: 요양보호사를 하며 노인 두 분을 보살피면서 계속 대화를 한 내용을 정리해 책으로 펴낸 최현숙이라는 작가가 있습니다. 이분이 집필한 『할배의 탄생』이라는 책이 있어요. 이 최현숙이라는 분은 자신을 레즈비언으로 커밍아웃하기노 한 분인네요, ㄱ 책에서 참 흥미 있는 얘기를 전달하고 있습니다.

박순희: 그분 아들 둘이나 낳았는데.

홍윤기(사회): 아, 그렇구나, 책 이름은 들었지만…

이종구: 『할배의 탄생』에 나온 두 사람의 스토리를 읽어보니까 저보다 두세 살밖에 많지 않은 사람들입니다. 군대 갔다 오고, 그때 뭘 겪었고, 이런 얘기들을 쭉 하는데, 저는 두 가지를 알고 놀랐습니다. 제 또래들이 국민학교는 다 나온 것으로 알고 있었는데, 촌에서 국민학교도 나오지 못했습니다. 그 책을 읽으면서 처음으로 당시에 국민학교 나오는 것도 어려웠다는 사실을 알았습니다. 그리고 주인공들이 민주주의에 대한 교육을 받을 기회가 없었다는 것도 새삼스럽게 발견한 놀라운 사실이었습니다.

고은광순: 시골에 국민학교 못 나온 사람 많은데 뭐.

이종구: 한 사람은 속초에서 양복 기술을 배워 양복점, 그때 말로는 나사점을 해서 돈을 벌었고, 다른 한 사람은 목공 일을 했습니다. 그래서 아파트 건축 붐이 일면서 목공을 해서 돈을 벌었는데, 두 사람 다 지금은 혼자 살고 있습니다. 가족들한테 버림받았다는데, 가족들을 왜 안 찾느냐고 물으니까, 돈을 들고 가야 할 텐데, 돈이 없어 애들 만날 면목이 없다는 거예요. 왜 망했냐고 물으니까, 한 사람은 이전에는 건물 지을 때 목공이 거푸집을 만들었는데, 이제는 다 규격화되어 공장에서 규격품 거푸집이 만들어져 나와 일거리가 없어졌다는 것입니다. 그래서 지금은 지하 셋방에서 사는 신세가 됐다고 해요. 다른 사람은 삼성 같은 대기업에서 기성복 양복이 쏟아져 나와 시골에서 손으로 만드는 양복으로는 버틸 수가 없어 망했습니다. 그런데 두 사람 모두 인생에 부침이 있었습니다.

박정희가 살았을 때 주인공들은 잘 나가면서 차도 몰고 다녔는데, 1990년대 넘어서면서 어느 순간 망하고는 노숙자가 되었다고 합니다. 그러니까 이 사람들에게 박정희, 전두환 시절은 인생의 정점이었으며 잘 나가는 중년기, 잘 나가던 장년기였습니다. 그러니 주인공들은 박정희, 전두환 시절이 좋은 시절이었는데 지금은 망했다고 생각하는 것입니다.

　인터뷰 내용을 보면 국민학교도 못 나온 사람들이 계속 정치적인 얘기를 하고 있습니다. 이것도 중요한 사실입니다. 주인공들이 받은 정치적인 교육은 전부 군대 정훈교육 시간에 들은 얘기입니다. 한 사람은 월남도 갔다 왔는데, 우리가 월남에서 한 일이 얼마나 자랑스럽냐 하는 식으로 군대에서 늘상 듣던 얘기를 그대로 얘기하는 것입니다. 한국의 서민들이 대개 비슷한 생애를 겪었을 텐데, 이 책의 주인공들이 살아온 인생이 곧 한국 현대사입니다. 이런 서민들은 살면서 이런저런 교육을 사회에서 받게 됩니다. 그러나 군대 정훈교육, 민방위 교육, 새마을 교육 등이 모두 위에서 주입하는 내용으로 가득 찬 일종의 이데올로기 교육이며, 이들이 민주주의 교육을 받을 기회는 전혀 없었습니다. 물론 주변에 민주화를 하자고 얘기하는 사람도 없었던 것이지요.

일상의 전체주의적 통제에서 나온 퇴행적 가치관들의 퇴적
: 배금주의, 가부장주의 그리고 여성의 경제적·성적 도구화

　주인공들의 의식은 주입식 정치교육으로 계속 통제되었습니다. 이렇게 살다 보니, 민주주의에 대한 정치적인 태도뿐만 아니라 남녀 관계나 자식을 대하는 태도를 비롯한 일상생활의 모든 가치관이 철저하게 폭력적, 권위적으로 형성되었으며, 모든 것을 돈으로 계산합니다. 사실 유신시대에 이러한 배금주의가 판치기 시작했습니다. 저는 이 책을 읽으며 당시 통용되던 사회적 가치관의 찌꺼기랄까, 맨 밑바닥에 가라앉은 앙금과 같은 것이 주인공인 노인 두 사람의 몸속을 채우고 있다는 해석을 했습니다.

박순희: 거기다 가부장적인 사고로 찌들고 그걸 권장했던 때였어요. 그리고 남성 선호!!! 그래서 여자들을 그냥 아주 노예로 취급하던 시절이었어요.

이종구: 모든 사람의 행동을 규율에 맞추어 통제하기 위해 일상적으로 폭력이 사용되었습니다. 학교에서도 말 듣지 않으면 패는 게 기본이었습니다. 그리고 박정희의 말로를

보면 여실히 드러나지만, 박정희는 여성을 기본적으로 자기 성욕을 해소하는 도구로 대상화하면서 여성 자체에 아무런 가치도 인정하지 않고, 돈만 있으면 모든 것이 해결된다는 여성관을 가지고 있었습니다.

박순희: 박정희가 보여준 거죠.

이종구: 그리고 양복점 하던 분 얘기인데, 속초는 경찰보다 힘이 센 북파 공작원들이 뒷골목 세계를 완전히 지배하고 있었습니다. 이 패들이 사람 죽이고 돌아다녀도 경찰이 잡을 엄두도 내지 못했다는 얘기가 나옵니다. 이와 같이 유신체제는 생활세계, 생활문화까지 철저하게 통제했던 체제였습니다. 유신체제를 정확하게 정의하는 것은 굉장히 중요합니다. 대통령의 영구 집권, 종신집권을 막는 것이 중요하다고 생각한다면 대통령 단임제를 성취했으니 유신 청산은 이미 끝난 얘기라고 할 수 있습니다. 그러나 이 정도 수준으로 유신 청산을 생각하면 유신 시대에 쌓이기 시작해 현재까지 영향력을 행사하는 유신 잔재의 존재를 설명할 때 무엇인가 뭔가 계속 아귀가 맞지 않습니다.

발전하는 경제의 그늘, 노동자들에 대한 착취와 탄압: 노동자에 대한 독재의 실상

홍윤기(사회): 예, 유신의 사회사라고나 할까요, 유신독재체제가 당시 우리나라 사람들의 삶을 어떻게 지배하고 그 정신을 어떻게 찍어냈는지 상세하게 그려주셨습니다. 결국 유신은 한때 독재하고 지나가는 정권이 아니라 한국 현대 사회에 대한 한 독재권력자(a strong man)의 거대하고도 세심한 전체주의적 지배체제 구축의 프로젝트로 봐야 한다는 말씀이셨습니다. 그럼 당시 학원가 대학교 안에서 학생들의 삶과 활동은 어떠했는지, 아니 그럼 유신 시대 노동 쪽의 얘기를 들어볼까요?

박순희: 당시 대다수 노동자는 말이죠, 당시 우리나라 경제가 피폐했었잖아요? 보릿고개를 넘기던 세대였단 말입니다. 그런데 박정희가 나와서 우리나라 경제를 살렸고 국민

도 살렸다, 그런 얘기잖아요. 그런데 우리 노동자들이 보기에 그건 순 엉터리, 사기 공갈이었어요. 노동자들은 죽어라 일하면서 착취당하고 수탈당했는데, 지금도 박정희가 가장 위대한 대통령이고 서민을 살렸다는 생각들을 아주 많은 사람이 하는 것 같아요. 그런데 노동자 입장에서 그게 아닌 거 거든요. 일제 강점기 때 위안부 할머니들이 끌려가서 강제노동하고 몸 팔고 했다고 이런 거 얘기하는데, 내가 뒤돌아보면서 생각하니까 진짜 일제만큼 그 70년대 우리나라에서도 노동자들에게 거의 같은 일이 일어났던 거예요. 요즘 저는 그때만 생각하면 너무 화딱지 나고 잠이 안 와요. 지금 말씀들 하시는 것처럼 당시 유신이 국민들의 기본권을 강탈했다고 하는데, 노동자들은 기본권 강탈 정도가 아니라 아예 죽음으로 내몰았습니다. 당연히 생존권 같은 것은 아예 박탈했지요. 그러면서 그때 당시의 자랑한 것이 말이죠, 우리나라가 세계에 가장 자랑할 수 있는 3관왕이 있다고 했어요. 그게 뭐냐 하면, 노동자들의 저임금, 장시간 노동 그리고 산업재해. 그러니까 박노해 시인이 '손무덤'이라는 시 쓴 것을 좀 봐요. 그러니까 국민학교 졸업해서 14살 되었을 때 시골에서 살고 있는데, 그때 농업국에서 산업화한다면서 국민학교 선생들이 시골에서 중학교에 못가는 어린 여성들 모집해서 공장으로 데려왔어요. 그냥 모집한 게 아니라 다 돈 준다는 거로 해서 어떤 때는 강제로, 또 어떤 때는 부모 몰래 데려오고 그랬지요.

손 무덤

박노해

올 어린이날만은
안사람과 아들놈 손목 잡고
어린이 대공원에라도 가야겠다며
은하수를 빨며 웃던 정형의
손목이 날아갔다

작업복을 입었다고
사장님 그라나다 승용차도
공장장님 로얄살롱도

부장님 스텔라도 태워 주지 않아
한참 피를 흘린 후에
타이탄 짐칸에 앉아 병원을 갔다

기계 사이에 끼어 아직 팔딱거리는 손을
기름먹은 장갑 속에서 꺼내어
36년 한 많은 노동자의 손을 보며 말을 잊는다
비닐봉지에 싼 손을 품에 넣고
봉천동 산동네 정형 집을 찾아
서글한 눈매의 그의 아내와 초롱한
아들놈을 보며
참 손만은 꺼내 주질 못하였다

흰한 대낮에 산동네 구멍가게 주저앉아
쇠주병을 비우고
정형이 부탁한 산재 관계 책을 찾아
종로의 크다는 책방을 둘러봐도
엠병할, 산데미 같은 책들 중에
노동자가 읽을 책은 두 눈 까뒤집어도
없고

화창한 봄날 오후의 종로거리엔
세련된 남녀들이 화사한 봄빛으로
흘러가고
영화에서 본 미국상가처럼
외국상표 찍힌 왼갖 좋은 것들이 휘황하여
작업화를 신은 내가
마치 탈출한 죄수처럼 쭐드만

고층 사우나빌딩 앞엔 자가용이 즐비하고
고급 요정 살롱 앞에도 승용차가 가득하고
거대한 백화점이 넘쳐흐르고
프로야구장엔 함성이 일고
노동자들이 칼처럼 곤두세워 좆빠져라
일할 시간에
느긋하게 즐기는 년놈들이 왜이리 많은지
원하는 것은 무엇이든 얻을 수 있고
바라는 것은 무엇이든 이룰 수 있는―
선진조국의 종로거리를
나는 ET가 되어
얼나간 미친 놈처럼 폐매이다
일당 4,800원짜리 노동자로 돌아와
연장노동 도장을 찍는다

내 품속의 정형 손은
싸늘히 식어 푸르뎅뎅하고
우리는 손을 소주에 씻어 들고
양지바른 공장 담벼락 밑에 묻는다
노동자의 피땀 위에서
번영의 조국을 향략 하는 누런 착취의
손들을
일 안하고 놀고먹는 하얀 손들을
묻는다
프레스로 싹둑싹둑 짓짤라

원한의 눈물로 묻는다
일하는 손들이
기쁨의 손짓으로 살아날 때까지
묻고 또 묻는다.

― 박노해, 『노동의 새벽.
박노해시집』(풀빛, 1984년 9월)

그러니까 우리나라 유행가에 앵두나무 우물가에 동네 처녀 바람났네. 물동이 호밋자루
나도 몰래 내던지고 하는 그 노래가 나온 게 시골 여자 아이들이 풍기문란해서가 아니

라 시골에서 돈 벌러 오는 여성 노동자들을 풍자해서 그런 노래가 나왔잖아요. 그러니까 하루에 열두 시간은 기본이고 토요일 일요일이면은 오히려 곱빼기 근무를 해서 열여섯 시간 열일곱 시간은 그냥 기본인 걸로 알고 일을 시켜요. 그런데 이렇게 장시간 노동하는 게 자기네들 여성 노동자들한테 경제적으로 도움이 돼서 그런다고 했죠. 말인즉슨, 이렇게 노동해서 돈 벌면 그 번 돈을 시골로 보내니까 좋지 않냐는 것이었죠. 그리고 남아선호 사상이라 특히 오빠들 가르치고 남동생들 가르치는 거 때문에 그 어린 여성들은 장시간 노동에 시달리고 저임금에 시달리면서도 공장에서 뼛골이 빠지게 일한 거예요. 그리고 농촌에 사는 남자아이들이, 그래서 대학을 갔다 하면 오죽하면 우골탑이라고 했겠어요. 소를 팔아서 공부를 가르쳐야 하는 이런 구조 속에.

그리고 박정희 때 70년대는 그냥 경제개발과 국가안보예요. 반공사상을 주입시켰고. 새마을운동을 전개해가지고 세뇌교육을 시켰고. 그러니까 무슨 말만 잘해도, 또 옳은 말 바른말 한마디라도 하면 불순분자, 사상범, 빨갱이로 몰고. 이런 상황에서 끽소리도 못하고 주면 주는 대로, 시키면 시키는 대로 그저 입 다물고 일만 하라는 거였어요. 노사관계는 완전히 주인과 종의 관계죠. 그러니까 노조도 몰랐을 뿐만 아니라 노조라도 이승만이 했던 대한독립촉성연맹, 대한노총 그게 있으면서 오히려 노동 조합을 활용을 해서 더 이중삼중의 탄압구조를 만든 게 70년대의 노사관계잖아요. 그러니까 유령노조가 있었는데 공장 노동자들은 자기가 조합원인지도 모르고 조합비만 회사에서 노무과에서 강제로 떼가요. 뭘 모르니까 계산들조차도 못하고 그냥 유령노조들이 판치는데, 똑똑한 노동자, 말 잘하고 글씨 잘 쓰는 노동자들을 다 분리해서 이간시키고. 이렇게 하는 구조 속에서 그때 노동자들은 살았던 거죠.

그러면서 희망은 뭐냐 하면, 이렇게 우리가 허리띠를 졸라매고 여러분들이 장시간 노동하고 고생하면 80년대에 여러분에겐 희망의 미래가 있다, 그러면서, 보랏빛 꿈으로 80년대가 되면 땀 흘려 일하는 여러분들이 일인 일 주택에 마이카 모는 시대를 만들겠다는 거였죠. 그거 계속 떠들었잖아요, 나발 불었잖아요. 그리고 새마을교육에 의무적으로 끌려갔는데, 새마을교육 안 갔다 오면 사상범으로 몰릴 정도로 다그쳤어요. 그래서 나는 지금도 아직 지긋지긋하고 이가 갈리는 게, 그 국문학자 이어령뿐만이 아니라 한갑수 등 유명 인사들을 골고루 초청해서 세뇌 교육한 것이었어요, 그 사람들은 아주 대표적으로 새마을교육장에 가면 꼭 나타나는 사람이었거든요.

홍윤기(사회): 그랬어요? 이어령 선생이요?

박순희: 그랬어요! 이어령이요, 이어령하고 채규식이라는 사람하고… 규식이라고. 그 화상 입어 가지고 아주 비참했던 사람인데, 그 사람 자기 인생 행로 얘기하면서 새마을 교육장에 아주 18번으로 나오는 사람!

홍윤기(사회): 채규식도 교수였습니까?

박순희: 교수는 아니고 영웅으로 추대한 거지요 유신시대에, 그러면서 이 양반이 군대 에서도 교육하고… 이어령 같은 경우는요 우리 조합원들이 다 알아요. 노동자들이….

이종구: 공장 새마을운동 가서 보셨습니까? 원풍에서도 공장 새마을운동 하지 않았습니까?

박순희: 아녜요, 새마을운동으로 차출해서 다 보내지요.

이대수: 새마을운동 교육을 소위 지도자들, 간부들은 다 받도록 했는데 우리 대학생들 보내듯이 공장에서도 보냈던 모양이네요.

이종구: 수원에 있는 연수원 갔나요?

박순희: 몰라요, 수원인지 어딘지 여러 군데 많이 있었어요.

이대수: 저는 대전 갔었어요.

박순희: 그리고 새마을교육이 의무교육이었어요, 노동자들한텐. 그래서 공장 새마을운동 한다고 30분 일찍 출근하고 30분 늦게 퇴근하기. 그리고 권리는 경비실에 맡기고 현장에는 의무만 갖고 가서 충실히 일하기만 하면 노동자들이 잘사는 세상이 온다. 그런 것들을 계속, 주면 주는 대로, 시키면 시키는 대로 하다 보면 여러분들이 잘 사는 꿈의 80년대가 펼쳐진다! 이 꿈을 향해서 여러분들이 가는 거다. 이러면서 세뇌시키는 교육을 반복해요. 그래서 내가 그때부터 뭐좀 배운 놈들을 너무 싫어했지.

고은광순: 공장일을 내 일처럼, 근로자를 가족처럼. 당시 사회에서는 노동자라는 말 자체를 못 했죠. 계급의식을 부추긴다고 해서.

이종구: 그렇습니다. 노사는 한 가족이라고 선전했습니다.

박순희: 말도 안 되는 표어도 있잖아요! "권리는 경비실에, 현장에는 의무만!!!" 아, 열받아요. 그래서 내가 그때 또 노동자들 속에서 '학삐리'(1980년대 대학 나와서 현장 노동운동을 위해 공장의 노동자로 이른바 위장 취업했던 대학생 출신 노동자들을 가리키던 말)가 있었잖아요. 근데 우리는 그런 거부감이 있어요. 배운 것들이라고 해서 배운 대로 제대로 하지 않고 앞잡이 역할이나 한다, 그런 거죠!

이대수: 그렇게 배웠으니까. 그렇게 배운 거예요.

박순희: 아니 그런 짓도 했을 뿐만 아니라 요즘 사회 망치는 놈들도 다 배운 놈들이잖아요. 그리고 지금 386세대에 정치 올바르게 한다는 사람 있어요? 그러니까 그놈이 그놈이다라는 소리가 그런 데서 나오는 거지.

이종구: 이어령 씨가 그런 일까지 하고 다녔습니까? 참 납득이 가지 않습니다, 충격석입니다.

이대수: 그러니까 그런 식의 소위 명사들이 그랬지요. 제가 새마을교육을 갔었거든요, 대학 3학년 때. 거기엔 사방에서 간부들이 왔어요. 난 당시 서클 회장이라 페인트 모션도 써야 해서 갔지요. 가서 일주일 있는데 거기는 전부 공무원들이 왔어요. 공무원들인데. 지금으로 치면 청량리역 역장급 등이었어요. 중앙공무원으로 치면 그 당시 3급 정도 되는 사람들이 왔는데, 뭐 이 양반들이 올 때쯤은 유신의 분위기가 조금은 느슨해질 때였어요. 그때가 유신 시작하고 5년쯤 지난 77년도니까 분위기가 좀 퍽퍽해진 것이지요. 중요한 것은, 농촌 새마을운동의 사례들을 소개하고 강의들 하고 그러는데, 결국 그때 느꼈던 것이. 아! 이게 농촌을 변화시키는 각종 노력들을 다 새마을운동의 성과로 포장해서 유신체제의 성과로 홍보하는 거에요. 마을에서 무슨 일만 해도 다 새마을운동의 성과가 되는 거예요. 그리고 새마을 지도를 붙이고 하는, 그랬던 게 기억나고. 어쨌든 새마을교육 왔으니 꼼짝없이 뭘 해야 하는데, 그런데 술이나 한 잔 하자고 우린 교육장에서 탈출해서, 술 한 병 사 갖고 와서 같이 술 먹고 할 정도로 느슨해졌었지요. 한편으론 이러면서 또 한편으론 새마을 글자를 사방 붙이는 그런 일들이 벌어졌지요.

박순희: 그러니까 선성장 후분배(先成長 後分配)! 먼저 성장부터 하고 나면 그 뒤 분배를 해서 노동자들이 잘 사는 세상으로 만들어주겠다. 어떻게 보면 앞뒤가 딱 맞아서 그럴듯한 말이잖아요. 성장이 있어야 분배가 되잖아! 그러면서 세뇌를 시켰단 말입니다.

그런데 공장 현장에서는 이런 새마을운동을 핑계로 엄청나게 탄압적인 노무관리가 자행되었어요. 그런 일을 주로 노무과에서 담당했는데요, 공장 안의 각 부서별로 명단 올리라고 지시가 내려와 이렇게 해요. 공장일 하는 애들 중에도 바른말하고, 따지고 하는 이런 사람들 있을 거 아녜요. 그런 것들 추려서 다 성적표를 매겨서 또 노무과로 그걸 올려요. 그러면 이런 사람들 불러 거기 가게 되면 거기서 하는 얘기에 그냥 아멘 해야 되는 거야. 그와 어긋나는 말 하면은 사상이 불손한 거야. 이렇게 되면 부서에서 진급을 못해요. 사실 진급이래 봤자, 반장이니 조장이니 별 볼일도 없는 거지만, 반장이나 조장하는데 고과점수가 영향을 미치니까 끽소리를 못하는 거야.

그러면서 우리처럼 노동조합이 제대로 되어있고 의식이 있는 데서는 바른말을 하는데, 그러다가 보면 찍히는 거고. 그런데 우리 원풍모방 같은 데서는 새마을교육을 우리

맘에 들지 않게 하고 또 저쪽 기득권들 가진 놈들 말을 들으라고 계속 말하는데 듣고 있자니 속상한데 그런 불만을 어떻게 표현하겠어? 잘못하면 이리저리 여러 가지 구조적으로 다 찍히고. 그래서 우리가 갖고 있던 볼펜, 그땐 주로 모나미 볼펜을 썼는데, 이렇게 위로 눌렀다 아래로 눌렀다 하면 딱딱딱 나는 소리가 제법 세요. 그래서 우리 노동자들을 비하하고 착취하고 수탈하는 얘기가 나오면은 책상 밑에다 다들 볼펜을 내려 똑딱 똑딱 소리가 나도록 해서 은근히 집단 투쟁을 하고 그랬어요. 그렇게 해서 집단투쟁을 해서 아주 유명해졌지. 그러면서 그때 선성장 후분배라는 것과 함께 우리가 재벌 공화국을 만든 거 아닙니까.

이대수: 박정희 시대에 최대 재벌가가 만들어졌죠.

박순희: 그러면서 지금까지 온갖 못된 짓을 하는 거잖아. 그런 생각들을 하면 우리가 너무나 잘못되고 못된 세상에 살았다 하는 생각이 들어요. 그리고 70년대는 사실상 아까도 얘기했지만, 우리나라는 남성 위주로 살았고. 남자를 선호하는 그런 사상이 지겹도록 세었어요. 그러니까 우리 70년대 여성 노동자들의 이름을 보면 딱 드러나요. 여자인데 이름은 다 아들 중심적인 이름이 한두 사람 아닌 거야. 맞아 흑순이라는 이름! 딸 많이 낳았으면 그만 낳으라고 고만이, 꼭 남자 동생 보라고 필남이 그리고 동일방직 노조 지부장 이름이 뭐였는지 알아요? 이총각이었어요. 그런데 총각이 이름이 왜 총각인줄 알아요? 남동생 보라고 총각이야. 그러니까 끝순이, 끝단이 등등 이런 이름들이 다 딸은 그만 낳고 다음은 아들 낳으라고 붙여진 이름들이었어요. 여성은 남자들을 낳으려다가 그 부산물로 태어난 사람들 취급을 받은 거죠.

　　그때 당시 여성 노동자의 임금은 남자 노동자들 임금의 절반도 안 됐어요. 우리 원풍모방 같은 조건 좋은 데서도 여자는 남자 임금의 45%여서 그 50%를 안 넘었다니까요. 그래서 이제 민주노조를 만들면서 임금 교섭 들어가 싸우는데 이런 남성 우월적 사고가 안 깨지는 거야. 그때 여성 노동자들의 임금은 그대로 노동임금이나 근로 임금이라고 부르지 않고 '생활보조임금'이라고 불렀어요. 여자 노동은 알바라는 거죠. 생계비가 아니라 생활 보조 임금이라는 거야. 남자들이 돈을 벌고 여자들은 집에서 살림하고

애 낳고 이렇게 보는 거였죠. 그러면 여자들이 노동 현장에 와서 일하는 건 노동이 아니라 생활 보조 노동이라고 하는 거예요. 여성 노동자들도 중요한 노동을 하고, 센 노동을 하는 경우가 많았거든요, 그런데 남자와 똑같은 노동을 하는데도 여자가 하면, 집에서 살림이나 하고 애나 낳을 여자가 살림하고 아이를 기르고 남은 시간에 나와서 노동하는 거라고 우기는 거예요.

그런 것 때문에 노사교섭 들어간다고 회사와 마주 앉아 얘기할 수 있는 그런 체제? 유신독재체제가 우리에게 한스러운 것은, 남녀 불문하고 노동자들이 회사와 대등하게 마주 앉아 노사교섭이라고 할 수 있는 그런 자리 자체가 없었다는 거예요. 박정희 때는 그랬다는 말이죠. 현장에서 말이 나오면 다 노무과에서 행정관청이 직권조정 해서 몇 % 해라 말하면 끝이에요. 노동자들 얘기는 들어주지도 않았지요. 이런 식으로 노사문제에도 독재로 하고, 이랬던 시대를 산 거예요.

그러니 오죽해서 전태일 동지가 분신을 했겠어요! 그런데 사실 전태일 동지가 자기가 죽을라고 그런 게 아니었다고 해요. 본래는 사업주들이 근로기준법을 지키지 않고 노동청에서도 법대로 하지 않고, 그래서 근로기준법이 있는데 지키지도 않는다고 해서 '근로기준법 화형식'을 하기로 한 거야. 그런데 정보계 형사들과 근로감독관의 냉정한 태도와 탄압이 너무 심해서 죽음까지 불사한 것이 아닌가 하는 말들이 있었어요. 전태일 동지랑 같이 삼동회 했던 친구들이 그래요, 전태일이가 그렇게 죽을 줄은 몰랐다는 거야. 전태일 동지의 뜻은 근로기준법을 지키라고 요구하는 걸 세게 한다고 한 건데, 종이에다 까만 글씨만 써놓고 안 지키면 무슨 법이냐고 따지자는 것부터 시작됐지요. 청계천 상가에 있는 전태일 기념관 앞에 세워놓은 게 있는데, 뭔 가방도 있고 그렇잖아요? 이게 뭔가 하면 태일이가 근로감독관한테 보낸 진정서예요, 편지예요. 이 글씨를 임옥상 씨가 예술적으로 만들어 가지고 거기 전태일 기념관 앞에다 채놓았잖아요.

고은광순: 친필이라고요?

박순희: 친필이라고, 친필인데. 근데 철제로 만드니까 전태일 기념관 앞에는 흘림체로 했지. 어쨌든 전태일이가 분신을 할 때는 자기가 죽으려던 게 아니라 지켜지지도 않는

▲ 서울시 종로구 청계천로105에 위치한 '전태일 기념관' 정문 위 창문 벽면에 전태일이 1969년 노동청에 냈던 탄원서의 친필 내용들이 흘림체로 복각되어 있다.

근로기준법이 뭣 하러 있냐면서 이거를 화형식 하자, 그러면서 사회 이슈화를 시키자 했는데, 근로기준법을 자기가 껴안고 휘발유를 끼얹고 불을 붙이니까 자기까지 다 탄 거지. 그러면서 그 친구들이 하는 말이 진짜 전태일도 죽을 줄은 자기네들은 몰랐다는 거야. 근로기준법 화형식 하는 날로.

홍윤기(사회): 근로기준법 화형식 하는 날이었는데 불이 전태일 몸에 옮겨붙었다!!!

박순희: 아니, 그러니까, 자기 몸에 직접 불을 붙인 건 아니고 자기가 껴안고 있던 근로 기준법에 불을 붙이고는 그걸 꼭 껴안고 있으면서 놓질 않았다고 하는데, 그러면 사람

몸에도 불이 붙게 되는 거지. 평화시장 입구 사거리에 그렇게 근로기준법과 함께 불에 탄 자리에 표지석을 해놨잖아요. 이런 전태일 동지의 죽음을 보면서 밑바닥에 깔려있던 노동자들의 그 선한 심정들이 이제는 분노와 항거로 나타난거죠. 그래서 그 이후에 동일방직이다 원풍모방이다 해서 다 전태일 분신 이후 어용노조에서 민주노조로 껍질 벗듯이 변화하면서 무진장 탄압을 당한 거잖아요. 그 시절 특히 70년대에 수출 많이 했던 중요한 산업으로는 섬유가 제일 먼저였고, 섬유업 다음에 금속, 화학 같은 제조업 분야가 뒤따랐는데, 수출에 앞섰던 섬유산업 노동자들이 가장 먼저 노동 투쟁의 선발대로 나선 셈인데요, 청계천 봉제공장들도 섬유에 속하거든요, 봉제니까. 그리고 섬유 노동자들 대부분이 여성 노동자들인데, 70-80%가 여성 노동자들이에요. 그런데 노동조합을 어용노조로 할 때 보면 꼭 남자… 새끼라고 하면 안 되지!

홍윤기(사회): 마음 놓고 말씀하십쇼.

박순희: 이런 어용조합에서 간부는 전부 남자 새끼들이 다 했는데, 어느 사업장에서는 그전에는 여성부장이라 하지 않고 부녀부장이랬는데, 부녀부장까지도 남자들이 차지하고 있는 거야. 그래서 싸울 때 '야, 너 달린 걸 떼버려, 이 새끼들아!!'라고 막말하면서 막 싸우곤 그랬지. 아무리 어용을 해 쳐먹어도 어떻게 부녀부장까지 니네가 해 먹냐. 이런 분위기에서 72년도 동일방적에서 처음으로 여성 지부장을 선출한 거예요. 응, 그런데 72년도에 여성 지부장 처음 한 사람이 누군줄 아세요? 모르시나? 주길자라고, 주길자 지부장이 여성으로 지부장이 돼서 노동조합을 꾸렸는데, 그전에는 노동절도 아니고, 노동자라는 단어를 쓰면 그 말은 북에서 쓴다고 빨갱이로 몰렸어요. 어쨌든 그날이 근로자의 날이었잖아, 3월 10일. 대한노동조합총연맹이 창립한 날이 3월 10일인데, 그날을 근로자의 날이라고 하면서 기껏 하는 게 '보름달'이라고 부르던 삼립빵 하나에다 타올 하나 주고 쇼단들 불러다 모두 모아 놓고 공연 보여주고 그러는데. 그때 당시 코미디언들이 잘 나갔어요. 그중 잘 나가던 분 중에 넘버원이라고 해서 남보원 씨라는 분이 있었는데, 그런데 이 남보원 씨가 근로자의 날에 쇼단을 끌고 동일방직에 왔다가 주길자 지부장을 만난 거야. 얘기를 해보니까 그럴 듯하거든. 그리고 주 지부장이 키도 크고 아주

잘 생겼어요. 이뻐요, 여자인 우리가 봐도. 그러니까 남보원 씨가 거기에 눈이 맞은거야. 그래서 둘이 결혼했잖아요.

이대수: 코미디언하고 노조위원장하고 결혼했다고?

박순희: 근로자의 날 쇼하러 갔다가 눈이 맞은 거야, 그래 가지고!! 그래도 우리나라 최초의 여성 지부장인데 그렇게 된 거야. 이것도 망할 놈의 일이지.

이대수: 남녀상열지사까지 그렇게 상심할 일은….

박순희: 지조가 있지. 지조가 있지!

이종구: 남의 사생활을 가지고… (다들 웃음!!)

박순희: 열 받으니까 하는 얘기지. 사실은 그런 사적 세계마저도 권력이나 자본이나 이런 것들이 깊이 각인이 되는 이런 부분이 있었다는 것은 참 가슴 아픈 일이에요. 예, 그런 거예요. 내가 그 얘기를 하려고. 내가 열이 많고 한이 많은 사람이라.

경제에서의 독재: 기업에 대한 직접 지배

이종구: 말씀 들으니까 저 지금 생각나는 것이 있습니다. 60년대, 70년대의 노동자들을 인터뷰한 자료를 정리할 때 경험한 일입니다. 바로 박순희 선생님이 말씀하신 문제의식입니다. 현대제철의 전신인 대한중공업이 국영기업체였는데, 노조위원장 지내신 분의 증언은, 노사분규가 나면 중앙정보부가 직접 덤벙하고 나서서 노사교섭이라는 게 이루어질 수 없었다는 것입니다.

박순희: 직권조정을 했어요.

이종구: 그분 말씀을 들어보니까, 국영기업체 같은 경우 노동청 정도가 끼어드는 것이 아닙니다. 워낙 규모가 크다 보니, 큰일이 벌어지면, 대한민국의 권력 실세들, 예를 들어 공화당 같은 곳에서 개입해 뒤를 봐줬다는 것입니다. 그 위원장이 여러 가지 에피소드를 말해주었는데, 이런 와중에서 최종 결정은, 노사문제든 회사 내부 문제든, 누가 더 강력한 뒷배경을 가졌느냐로 판가름이 났다는 말씀이었습니다. 국영기업체 내부의 중요한 일은 군사정권 내부의 실세들 사이에 벌어지는 권력 대결로 결판이 났다는 것입니다. 노동조합과 회사 간의 일도 그러한 배경 세력이 작용하여 결정되었으니, 회사의 중요한 의사결정과정에서 경영의 자율성 같은 것은 일절 없었다는 애기입니다.

박순희: 그러니까 우리 원풍모방의 전신이 한국모방인데, 그때 박용훈이라고 청와대 비서실에 있던 놈을 갑자기 사장으로 내려보내더니 자기네들끼리 다 주무르고 그랬어요.

이종구: 그러니까 당시 박 정권은 방직공장 정도는 노동청 시켜서 통제했지만 국영 기업체 정도 되면 정부가, 중앙정보부가 직접 통제했군요.

박순희: 그럼요.

이종구: 본인한테 직접 증언을 들었는데. 인천의 대한중공업 노조위원장을 지낸 분인데 군대에서 HID라는 육군 첩보부대 하사로 김종필의 부하였습니다. 5·16 쿠데타가 일어나자 본인이 속해 있던 부서가 통째로 중앙정보부로 옮겨갔다고 합니다. 민정 이양을 준비할 때 중앙정보부가 공화당 창설을 준비하며 낙원동(?)에 안가를 만들어 놓고 당원 교육을 했는데, 이분은 안가를 관리하는 업무를 맡았다고 합니다.

박순희: 남산 밑에 소공동 이쪽까지 안가들 많았어요

이종구: 그 안가에서 나중 서울대 총장 했던 윤천주 교수도 포함된 공화당 창당 요원들을 교육시켰다고 합니다. 그런데 그다음이 중요합니다. 제대할 때가 되니까 묻더라는 것입니다. "너 뭐하고 싶냐?"고 하길래, 그 당시 신이 내린 좋은 직장으로 한전, 대한중석, 대한중공업(인천제철), 석탄공사, 네 군데가 있었는데, 본인 생각에, "인천 가서 한 몇 년만 있으면 국회의원은 하겠다"는 생각이 들어 대한중공업을 골랐다는 것입니다. 당시 대한민국에서 그러한 일이 벌어지고 있었습니다.

홍윤기(사회): 지금 그 주인공 실명이?

이종구: 장동찬!!

홍윤기(사회): 아아, 예!

이종구: 그래서 중앙정보부에서 취직시켜 대한중공업 총무과 노무계장이 되었다가, 1년 후 노조위원장이 되었습니다.

박순희: 당시 기업의 노무과 같은 그런 데는 다 그런 식으로…

이종구: 그분은 군대에 있다가, 중앙정보부원이 되었다가, 제대할 때 노무계장으로 간 경우입니다. 이러한 방식으로 노동 현장도 중앙정보부가 직접 장악한 것입니다. 그다음부터 희한한 얘기를 굉장히 많이 들었습니다. 심지어 회사 정문 지키는 경비 책임자도 경찰서장 출신이었는데 장 선생에게 애로를 호소하고, 참모총장을 지낸 송요찬 사장도 자기에게 믿을 수 있는 여비서를 구해 달라고 요청했다는 정도입니다. 사내 파벌 간에 분란이 나고 서로 손발이 맞지 않으면, 무슨 분실(分室: 유신 시대 중앙정보부의 국내 지역조직 사무실을 가리키던 말)인가로 끌려가 두들겨 맞는 경우도 있는데, 처음에는 참다가 이세 너 이상 안되겠다 싶어서 때리는 자에게 '군대에서 어디 있었냐?', '나는 HID 출신이다'라고 말하니까, 순식간에 태도가 돌변해서 바로 풀어주더라는 에피소드도 들었습니다. 이

와 같이 기업 내부에서 노조든 경영진이든 막론하고 모두 권력과 줄을 대고 있던 상황이라 민주적인 노사관계라는 게 형성될 여지가 없었습니다. 그러니까 회사 내부의 일상적 의사결정까지도 모든 것을 중앙정보부가 자기네 전직, 현직 요원들을 통해 직접 관리하려고 시도했다고 보아야 합니다.

홍윤기(사회): 국영기업체는 완전히 중앙정보부 직할이군요.

이종구: 거기에다 덧붙여 청와대라던가, 정권의 실세가 정치자금을 조달하는 창구로 활용한 것입니다.

박순희: 그럼요 다 정치자금으로 통했어요. 그래서 '한국모방'이 그 때문에 부도가 나고 경매당해서 '원풍모방'이 된 것이거든요? 그때 우리가 부도난 게 청와대 비서실 사람이 오면서 정치자금으로 다 빼돌린 거에요. 민주노조가 되다 보니까 그게 다 발각난 거지.

이종구: 대한중공업도 비슷합니다. 그러다가 인천중공업, 인천제철로 이름이 바뀌었다가 현대그룹으로 불하된 것입니다.

홍윤기(사회): 대한중공업이 현대제철 된 것도 그 과정 그런 식이겠군요.

이종구: 그래서 본래 일제로부터 넘어온 적산 기업이었던 대한중공업이 정부 상공부의 직할 공장이었는데 지금은 현대제철입니다.

박순희: 그런 건 아주 보편적이었어요

이종구: 대한중공업은 원래 일본 기업이 건설하다가 태평양전쟁 때 공사를 끝내지 못하고 해방이 되었습니다. 한국전쟁이 끝난 1950년대에 대한민국 정부가 독일에서 기계를 들여와 완공해 대한중공업이 됐다가, 그다음에는 인천중공업, 인천제철로 이름이 계속

바뀌었습니다.

박순희: 인천제철이 최고 많이 당했지요!

이종구: 국영기업체가 민영화되어 재벌에게 넘어가는 그 과정 하나하나가 증언하신 분의 말씀을 들어보니 모두 정치자금 문제와 관련이 있었습니다.

박순희: 그리고 나 같은 경우도 74년도에 입사할 때 한국모방으로 들어가서 75년도 되니까 회사가 원풍모방이 되었어요. 그러면서 내가 75년도에 노조 간부가 됐는데 지부장이 구속되는 바람에 바지부장이었던 내가 갑자기 지부장 된 거예요. 그 이후에 나를 따라붙는 사람이 다섯 명, 여섯 명이더라구요. 그게 뭐냐면, 내가 부모님이랑 그때 같이 살았기 때문에 내 집 담당이 있고 영등포 경찰서예요. 그래서 내가 견디다 못해서 우리 집까지 그렇게 피해를 보면 안 된다고 생각해서 대림동 회사 앞으로 자취방을 얻어 집을 나왔어요. 그랬더니 남부 경찰서에서 나온 담당이 붙더라고. 그리고 내가 천주교 신자로서 가톨릭노동청년회 활동을 했거든요. 그러니까 천주교 담당자가 붙어. 그다음에는 노조 담당이 붙어요, 내가 노조 간부니까. 노조 담당이 붙었는데 그다음에는 대공과 담당이 붙더라구요. 그다음에는 또 중앙정보부까지 담당을 붙이더라고요. 그러니 대여섯 명이 나를 졸졸 따라다니는 거예요. 내가 어디로 움직이면요. 살살 따라오다가, 뒤돌아보면 싹 다 나무 뒤에 몸을 숨기는데 이것들 움직이는 게 다 보여요. 꼭 벼룩 튀듯이 자네들끼리 붙었다 떨어졌다 하는 거죠. 이렇게 나 정도에 다섯 여섯씩 요시찰로 따라붙는 판인데 어떻게 노조를 용납하고 활동할 수 있었겠어요? 그 당시에는 어떤 활동을 하면. 그게 다 보고 들어가고 그랬어요. 그때 노조 담당이 나랑 얘기가 인간적으로 통했어요. 자기네들 애로사항을 얘기하는데 자기네들도 압력을 받고 이런다면서 인간적으로 얘기를 하는데 그쪽 사정도 차마 못 들어 주겠더라고요. 하여튼 그런 식으로 1970년대에 박 정권은 노조를 제압하고 자기네들 손바닥에 놓고 일일이 체크를 하고 그랬어요.

이종구: 제가 한전(한국전력) 노조위원장이었던 오필원 선생의 증언을 듣다가 놀랜 적이

있습니다. 한전 정도 되는 기업의 노조위원장이 당시의 김종필 총리를 직접 상대하고 있었습니다.

박순희: 노조 간부들만 그랬지 현장 노동자들은 완전히 공장 노예였지요.

이종구: 그리고 이권 문제도 완전히 정권 실력자들이 좌지우지했습니다. 증언을 들어보니까, 한전의 수력발전소가 있는 지역 어딘가에 댐을 막으니 새 땅이 생겼는데, 그 땅의 처리를 둘러싸고 다툼이 일어난 것 같았습니다. 그 땅을 개발하면 막대한 이권이 생기는 판이었다고 해요. 노조가 모른 척하고 있었으면 됐는데, 당시 노조위원장 하신 분이 그 무슨 의식을 가진 민주노조 활동가도 아니면서, 본인 생각으로 그런 이권이 생기면 노동자 복지를 위해 활용해야 한다고 개입한 것입니다. 그런데 밀리는 쪽에 있으면서 개입했으니 숙청 대상이 되어 잘렸습니다. 동일방직이나 원풍모방 같은 이른바 민주노조까지는 가지 않더라도 대기업이나 국영기업체 내부에서 나름대로 합리적으로 노조 일을 해보려는 간부들도 유신 선포 이후에는 노동계에서 추방당하는 상황이 벌어졌던 것입니다.

박순희: 그렇지요. 그래서 다 어용화시켜버렸다는 거지요?

이종구: 민주화 운동권의 기준으로 보면 그러한 간부들이 진보적 운동가들이 아니라 오히려 보수 쪽에 가까웠다는 사실도 재미있습니다. 장동찬 선생 같은 경우는 어느 정도 보수적이냐면, 한국노총의 교선부 차장으로, 아시아·아메리카 자유노조연구소, 즉 아프리(AAFLI: Asian-American Freee Labor Institute의 준말)의 지원을 빌어 노동교육을 하고 있었습니다. 노동운동 내부에서는 아프리카를 미국 정보기관이 제3 세계 노동운동을 통제하는 위장 조직으로 의심하고 있었습니다. 심지어 1981년 1월에는 청계피복노조가 아프리 서울사무소를 점거하고 농성 투쟁을 벌이는 사건도 발생했습니다. 한국노총이 1973년 봄에 제주도에서 노동교육 프로그램을 하며 고려대학교 노동문제연구소 사무국장이던 김낙중 선생을 간사로 모셨습니다. 그런데 고려대에서 '민우지(誌)' 사건이 터

져 김낙중 선생은 노동교육을 하다가 제주도에서 체포되었습니다. 김낙중 선생을 초빙했다는 이유만으로 한국노총 본부에서 장동찬 선생, 조선원 사무차장 두 분이 문책을 당해 쫓겨났습니다.

박순희: 70년대 노조는 현장 사업장도 그랬지만 그 상급 단체들, 섬유 같은 경우는 섬유 산별노조 본부라든가 더 상급 단체인 한국노총이 국가권력과 야합해서 이중 삼중으로 노동자들을 착취하고 수탈하는데 앞잡이 역할을 했죠. 그러니까 어용노총이라는 말이 생겨난 거지요.

홍윤기(사회): 몇 가지 사례를 들어보았습니다. 결론은 이렇게 나는데요, 즉 박정희 정권은 필요 없는 짓을 했다, 꼭 감시하고 이간하고 끌고 가고 하는 이런 짓을 하지 않더라도 수출하는 데 아무런 지장이 없었는데, 수출하는 물품을 만들지 않겠다고 한 것도 아니고, 산업화 정책에 반대한 것도 아니고, 그런데도 필요 없는 과잉노동에 과잉탄압까지 한 것인데, 왜 그랬을까요?

박순희: 노조가 힘을 키울까 봐 그랬던 것 같아요.

이종구: 지금 생각해 보니까 노동조합에서 노동자들이 모여 내부에서 자주적으로 의사 결정을 하는 일이 계속되고, 회사에서 시키는 대로 하지 않고 힘을 모아 대항하고, 그러다 보면 노조가 힘을 가진 세력으로 발전하는 것을 원천적으로 막은 것입니다.

박순희: 그러니까 자주성을 안 주는 거였지요.

이종구: "조합원들에게 물어보겠습니다!" 하고 조합원 총회를 열면, 사람들이 모여 얘기하게 되고, 이렇게 하다 보면 노동자들이 회사가 시키는 대로 행동하지 않고, 자수적인 의사결정을 하고, 힘을 모으게 되더라는 것입니다. 이러한 조직이 남아있다는 것 자체를 당시 정권이 허용하지 않았다는 것이 핵심이었습니다.

박순희: 그러니까 나중에는 노동삼권(勞動三權)을 아예 다 박살냈잖아요. 단결권부터 시작해서 교섭권, 투쟁권까지. 그리고 노동강도가 당시 얼마나 저기 했느냐 하면, 우리 섬유공업 같은 데는 그래도 기계나 이런 걸로 하기 때문에 좀 덜하다고 했지만, 특히 화학이나 금속 같은데는 컨베이어 작업이 많았어요. 흐름 작업이죠. 거기에서는 노동강도가 얼마나 심했는지 특히 여성 노동자들은 소변 보러 갈 시간도 없어서 작업대 앞에서 오줌을 싸는 노동자들도 부지기수였어요. 그리고 컨베이어 벨트가 일정 속도로 돌아가는데, 손이 빠른 사람도 있고 느린 사람도 있잖아요. 그러니까 손이 빠른 사람은 모르는데 느린 사람들은 이중삼중으로 고역의 노동을 한 거예요.

그리고 해태나 롯데제과 같은데는, 지금은 기술이 발달해서 사탕을 말았다가 까서 먹게 하는 조그만 비닐종이를 기계로 싸지만, 그때는 손으로 일일이 감아 꼬았어요. 그런데다가 그렇게 처리한 수량대로 수입 먹는 거예요. 그걸 현장에 남은 일본말로 '우깨도리'로 먹는데, 사탕 한 알씩 일일이 비틀어 싸야 했기 때문에 한참 가면 이 손바닥과 손가락들이 다 헐어요! 이 정도로 노동강도가 심했어요.

노동강도만 심했던 것이 아니예요. 현장 노동자들의 작업 태도에 대한 감시, 감독은 말할 것도 없고, 그 태도에다가 일일이 고과점수를 매겨요. 그리고 여성 노동자들에겐 말이죠, 지금은 미투다 뭐다 난리지만, 당시 현장의 여성 노동자들에 대한 성추행은 그저 보통 일어나는 일이었어요. 여성이 많은 사업장에서 감독하는 남자 중간 간부들이 다니면서 어깨는 노상 만지고 히프 정도는 툭툭 건드리고, 여름 같은 경우는 옷을 얇게 입잖아요, 그럼 옷 위로 드러난 브라자 끈을 딱 잡아서 튕겨요. 그러면서 자기네들은 애교로 그런 짓 한다고 하는데, 이러다가 싫은 기색이라도 하든가 비명이라도 질러 책임자 눈 밖에 나면 이거 직장생활 괴로워지는 거죠. 그러니 그런 일 당해도 참고 넘기면서 계속 성추행 당하는 경우가 일일이 셀 수도 없이 많았어요. 그래서 우리 원풍 노조 같은 경우는 노동자 의식이 민주화되면서 우선 노동 현장에서 당하는 고충을 싹부터 없애는 소모임부터 만들기 시작해서 조합원들의 고충처리를 돕고, 나아가 우리 스스로 해결할 수 있는 그런 소모임을 했죠.

고은광순: 그것을 의식화 사업이라고 했지요.

학원에 대한 독재: 캠퍼스의 병영화

이대수: 이제 학원 얘기 좀 해보지요. 당시 우리가 겪었던 학원 통제 상황은 이랬지요. 우선 '국민교육헌장(國民教育憲章)'이 있어서 정신적으로 일단 잡고요, 그다음은 '교련(教鍊)'을 필수과목으로 하고, 또 그다음에는 대학생들을 학생회 대신 '학도호국단(學徒護國團)' 안에 모두 얽어놓고 또 다음에는 캠퍼스 안에 중앙정보부 파견 요원과 경찰서의 형사들을 풀어 행정직원들을 지휘하고 교수들을 억압하는 방식으로 행하는 '학원 사찰(學院查察)'이 행해지고, 그다음 학원 밖에서는 각종 '사회 통제(社會統制)'를 행하는 것이지요. 이런 것들이 풀가동하면 학생들은 박정권의 감시감독에서 한치도 벗어날 수 없는 상태가 되어버리죠. 학교 간의 학생교류는 고등학교 때까지는 간헐적으로 이루어지긴 했지만 그런 교류가 대외적으로 정치적 저항으로 발전하는 경우는 거의 있을 수 없었습니다. 같은 학교 안이라도 학생들이 대표를 자율적으로 선출하는 학생회 자체를 없애버리고 학도호국단이라는 것을 만들어 학과는 대대, 단과대학은 연대, 대학교 전체는 단장 등, 학생회장과 각 간부 학생들을 학도호국단 사단장이니, 연대장이니 해서 이런 식으로 학생회 간부를 전부 군대 편제로 만들어 아예 대학 총장이 임명해버리는 것이었어요. 그리고 고등학교와 대학교에 걸쳐 학생들의 대외적인 서클 활동을 엄청 규제, 아니 아예 금지시키기도 했어요. 제가 다니던 고등학교가 기독교 학교라 교회에서 타 학교 학생들을 만나 교류하는 것은 가능했는데요, 그냥 학교 밖에서 뭔가 하려고 들면 굉장히 금기시되고 통제당했지요.

박순희: 군대로 끌려가는 교육도 있지 않았나요?

이대수: 그건 80년대 전두환 때 녹화 교육이라고 해서…

홍윤기(사회): 저희 고등학생 때는 빵집만 가도 교칙 위반이었어요.

이대수: 학교 다니면서 저도 같은 경험을 했군요. 학도호국단이라는 것이 그 간부들은

모두 학교에서 임명장을 주는 것이었고요, 학교 반장도 담임 교사가 임명했어요. 학교 안에서 이루어지는 학생들의 활동이 모두 임명받은 애들이 이끌다 보니까 어릴 때부터 토론하고 자발적으로 나선 친구들 놓고 선거하고 하는 이런 민주주의 문화는 전혀 경험하지 못했죠. 뭐, 선거한다고 꼭 민주주의가 꽃핀다고 할 수는 없어도 선거 없이 민주주의 한다고 할 수는 없잖아요?

이종구: 그게 민청학련 사건 때문에 75년도부터 만들어졌을 것입니다.

홍윤기(사회): 학도호국단 얘기하는데 민청학련이 왜 거기서 나오죠?

이종구: 이른바 민청학련사건으로 알려진 시국사건이 1974년 4월에 발생했는데 전국 대학에서 1천여 명을 잡아들여 180여 명을 추려서 '전국민주청년학생총연맹' 줄여서 '민청학련'이라는 조직을 날조해서 하나로 얽어 넣어 사형에서 ✓ 무기징역, 15년 징역 등을 선고했지요. 그런데 당시 이 시국사건의 실체라고 되어있었던 인혁당이라든가 민청학련 등은 해방 이후 최대 조직사건이라고, 중앙정보부가 나서서 언론에 대고 선전했는데 사람들 사이에 공포 분위기는 조성했어도 여론에 대한 설득력은 씨알도 안 먹혔던 것이죠. 그러자 어린 학생들에게 줄줄이 사형이다 무기다 해서 중형을 때려놓고는 열달도 채 안 된 1975년 2월에 이들을 전원 석방했어요. 그리고 1975년 3월부터 이른바 동아일보 광고 탄압 사건이 터지면서 그게 '동아일보 백지 광고 사태'로 번지자 정국이 한창 시끄러운데, 당시 교육부 장관이 유기춘이었던가?

당시는 교육부 장관이 아니라 문교부 장관이라고 했었는데, 이 양반이 학원이 시끄러운 걸 놓고 박 대통령에게 연두 보고를 하면서 대통령의 뜻을 제대로 받들지 못한 자신을 "둔마(鈍馬)" 즉 둔한 말이라고 비하하는 아부성 발언을 해서 한동안 대통령 앞잡이 노릇이나 하는 줏대 없는 장관을 비유하는 '둔마 장관'이라고 야유하는 말이 유행하기도 했지요.

이 양반이 나서서 그야말로 분골쇄신한 거예요. 1975년 4월에 월남이 패망하고 5월에는 그때까지 나왔던 긴급조치들을 망라한 '대통령 긴급조치 제9호' 이른바 '긴조9호'

가 나오는 이때쯤 바로 이 둔마 장관의 노력으로 초중고등학교와 대학교의 학생회가 폐지되고 학생들 반장까지 모두 임명하는 것으로 바꾸고 드디어 대학교에 학도호국단을 설치한 것이지요.

이대수: 학도호국단!!!.

이종구: 학군단(學軍團: '학생군사교육단'의 준말로서 보통 ROTC: Reserve Officers' Training Corps라는 영어 약자로 더 잘 알려져 있다)도 그때 나왔어요!

이대수: 고등학생까지 대상으로 하는 '교련'은 그 전인 71년도에 나와요.

이종구: 1968년도에 북에서 파견한 김신조 일당이 청와대를 습격하여 대통령 박정희를 살해하려다가 미수에 그친 1·21 사태가 발생했습니다. 그다음 해인 1969년도서부터 고교, 대학에서 교련이 실시됐습니다. 1969년도부터 예비역 장교들에게 고등학교 교련 과목 담당 교사로 활용했습니다. 심지어 영어 알파벳도 제대로 쓸 줄 모르는 수준의 장교도 일자리가 생긴 것입니다. 지금 기억나는 일이 있는데, 고등학교 때 짓궂은 친구들이 교련 교관에게 '알오티시'(ROTC: 학생군사교육단, Reserve Officers' Training Corps)가 뭐냐고 질문하니까, RO까지만 쓰고 T자를 쓰지 못해 웃음거리가 되었습니다.

이대수: 아니요, 영어를 모른다고 영자무식(英字無識)!

이종구: 포병 대위 출신이 그 정도의 수준이었습니다. 1971년 들어 전 대학에 번진 교련 반대 시위 사건의 배경을 말씀드리겠습니다. 이전에는 대학에서 일주일에 교련이 두 시간이었는데, 교련 시간을 늘리고, ROTC 수준으로 훈련 강도를 높이고, 졸업하면 장교로 임관시킨다는 조치가 발표되었습니다. 전체 대학생의 ROTC화입니다. 선원이 사관 후보생이 되는 것이니까 ROTC는 모집을 중지했습니다.

박순희: 그때 얼룩덜룩한 그 옷을 교복 삼아 입었는데….

이대수: 교련복이 있었지요.

이종구: 교련복은 69년부터 입었습니다. 1971년에 대학생들의 반대가 워낙 심하니까 대학의 교련 강화는 없던 일이 되었습니다. 그다음 나온 것이 이른바 '강집(强集)'이라는 건데, 시위하다가 잡히거나, 시위를 주동한 학생들을 잡아다가 '강제(强制)로 징집(徵集)'하여 군에 입대시켜버리는 것입니다. 1969년부터 고등학교에서 실시된 교련의 실상은 기록으로 남길 필요가 있습니다. 고교 후배들 얘기를 들어보니, 이 당시 고등학생들은 희한한 일을 참 많이 겪었습니다. 대표적 사례를 들면, '교련 경시대회'라는 것이 있었던 모양입니다. 서울 시내 고등학교에서 한 반씩 뽑아 동대문 야구장에 모이게 했는데, 학생들에게 그 무거운 엠원(M1) 소총을 메고 의정부까지 행군하라고 시켰다는 것입니다.

박순희: 그거 진짜 총이었다고 해요?

이종구: 그렇죠.

박순희: 총알은 없었겠지요.

이종구: 무거운 진짜 총을 멘 10대 소년들이 의정부까지 걷다가, 중간에 대공사격 훈련을 한답시고 자세를 취하게 하는 쇼도 했습니다. 제트 전투기가 날아다니는 세상인데 애들이 한발씩 나가는 구식 총 들고 하늘에 쏘아대면 비행기가 떨어집니까? 고등학교는 완전히 군대가 돼버렸던 것입니다.

국민교육헌장이다, 교련이다 해서 어렸을 때부터 시작해서 15세, 16세 청소년들의 사고방식을 완전히 병영문화, 군대식 규율에 묶어 놓은 것입니다. 청소년 시절부터 군대 문화에 물들었을 텐데, 대학에서 민주화운동이 지속된 것은 지금 생각해봐도 정말

기적적인 일이었습니다.

박순희: 세뇌되지 않고.

이종구: 이 자리에서 긴 얘기를 다 할 수는 없지만, 고등학교 후배 중에 저 때문에 생활지도 주임한테 맞은 사람이 있었습니다. 몇 년 전 동창회에 갔다가, "형 때문에 생활지도 주임한테 얻어 터졌었다!"는 후배를 만났습니다. 제가 쓴 편지가 그 후배한테 왔다고 생활지도 주임이 불러 시비를 걸었는데, "그래, 그 선배 어떤 놈이야?"고 하길래, "그 형이 누군지 모르고, 만난 적도 없다"고 했다가, "거짓말한다!"고 무지하게 맞았다는 것입니다. "서울대 다니는 선배들 중에 아는 이름을 대라!"는 것이 요점이었습니다. 그때 저는 구속되어 형무소에 있었는데 고등학교에 어떻게 편지를 씁니까.

홍윤기(사회): 민청이 고등학생들 포섭하려고 뭘 했다는 식의 얘기는 있었어요.

이종구: 저는 전혀 손도 대지 않았습니다. 정보부나 누가 벌인 공작으로 짐작합니다.

이대수: 고등학교 시절에는 교련으로 생긴 일이 많았다고 한다면, 75년도 대학 들어와 보니 잠깐 봄이 있다가 곧 휴교령이 내려지고 그게 걷어져 학교에 돌아오니 학도호국단 만들어지더라고요. 그리고 교내 사찰이 일상화되는 거예요. 학원 사찰을 당하고 있다고 제일 강하게 느껴지는 건 교내에 사복형사들이 도처에 깔려 있다는 거였지요. 학교 내 여러 기관에 이제 아예 경찰들이 상주하는 거죠. 경비실이나 수위실부터 시작해서 학교 행정을 좌우하는 학생처 같은 데는 아예 정보부 파견자가 상주하는 거예요. 당시 그렇게 학생들 사이를 어슬렁거리던 사복 형사들을 짭새라고 불렀는데, 그런 사찰을 담당하는 두 주요 기관 중 하나는 중앙정보부였고, 다른 하나는 각 경찰 일선 정보과 형사들이 그렇게 자주 드나들었어요. 그리고 보안대가 나타나는 경우도 있고, 당시 경찰 계통에서 최상급 기관인 치안본부에서 나오는 경우도 있었어요. 그런 최상급 기관에서는 대공과가 학원사찰을 전담하는데, 이렇게 다양한 권력기관들이 사찰을 행하는 가운데서도

주력은 경찰이었어요.

경찰이 득시글거리는 학교에 아침 등교하면 제일 먼저 부딪쳐 인사하게 되는 것이 친구가 아니라 형사인 경우가 많았는데 이게 편할 수 있는 분위기가 아니잖아요? 감시하고 감시당하고 하다 보면 서로 안면을 익히게 되는데 아침 학교 와서 나를 감시하는 형사와 마주치면 '김 형사님 안녕하세요?'하고 인사하면서 오늘은 이 경찰분들이 어떤 기분일까 살피지 않을 수 없었는데… 이상하죠? 꼭 학생들이 잠재적인 범죄자로 취급당하는 기분이었어요.

그다음 교련이란 것이 은근히 사람을 잡는 거죠. 그 자체가 군사교육이라서 지휘하고 명령하고 거기에 복종하고 하는 이런 관행들이 어느 순간에는 강화되다가 또 어 순간에는 느슨해지기도 하면서 반복되었죠. 고등학교 시절에는 그런 명령-복종-문화에 상대적으로 상당히 예민했는데, 군사 교육. 안보 교육, 국가관 교육 등을 계속 강조해 당해야 했죠. '국민교육헌장'에는 인간의 존엄성이나 자유나 아니면 다른 인간적 가치들은 일체 언급되지 않았는데, 국가 전체가 병영국가화 되는 과정을 거치면서 군대 문화가 학원을 완전히 장악해 들어갔던 거죠. 그러면서 학교는 병영화되고, 주변에 ROTC가 점점 늘어나는 거예요. ROTC 제복을 입고 학교를 다니니까 학교 분위기가 거의 군대 분위기였는데, 아마 여학생들은 못 느꼈을지도 모르죠.

고은광순: 여고생들도 그때 간호 훈련 받고 붕대 묶는 훈련 같은 거 받았지요. 민방공훈련이라고… 수업하다가 줄 지어서 지하층으로 내려가면서 낯설고 우스꽝스러운 훈련에 이게 무슨 의미가 있냐며 서로 킥킥대기도 하다가 선생님한테 야단맞고… 거리에서도 사이렌 불면 지하도에 숨거나 시장 골목으로 숨어들거나 하다가 해제 사이렌 불면 다시 움직이고… 안전지대도 만들어 놓지 않고 수박 겉핥기식으로 다만 공포 분위기를 만들어 국민들을 위축시키기에는 그따위 훈련이 그만이었지요. 이런 점에서 보면 교련 수업은 남학생들에게 정권에 대한 그 어떤 문제의식이 생길 여지를 싹부터 자르자는 것이었겠죠?

이대수: 그렇죠, 교련 수업은 필수였죠. 당연히 필수였기 때문에, 그걸 꼭 이수해야 했

지요, 어떻게든, 졸더라도 이수해야 했어요. 그것이 일주일에 두 시간? 네 시간? 이런 식이었고, 그러면서 동시에 이제 프락치를 양성하게 되는 거예요. 학생 중에서 정보국에 협조하는 학생 스파이를 심는 거예요. 믹싱 우리가 학생운동에 나서게 되면서 신경 쓸 것이 많아졌는데요, 학생운동 하는 학생들 속에서 누군가를 프락치로 심었어요. 유신이 중반쯤 가면서 시위가 빈발하고 격화되고 그러는데, 이럴수록 포섭당하는 애들 수가 늘어나는 것 같더라고요. 그러다 보니 이제 누가 누구와 누구를 만났다는 증거가 경찰에 가고. 고급정보는 중앙정보부로 바로 오고 하면서 이런 식으로 학교 전체를 감시하는 시스템이 만들어져 갔던 거죠. 그러니까 그것이 우리에게는 상당히 불편한 거죠.

그리고 유신 어느 순간 오면서 정학부터 시작해서 유기정학, 무기정학, 제적, 그다음에는 강제로 군대에 보내고 하다가 안 되면 마침내 구속해서 가둬버리는 일이 누적되어 갔지요. 이런 식으로 학생들을 처벌하고 징계하고 그 강도를 높여서 아예 학교를 통제하는 과정이 정착했어요.

그리고 학생 서클들을 아예 해체시켰어요. 학동('학생동아리'의 준말)들 중에 문제가 좀 있다고 찍히면 서클 지도교수를 찾을 수 없었어요. 지도교수가 있어야만 서클이 유지되는데, 문제 서클은 아예 지도교수가 나서지 못하는 거예요. 이런 식으로 교수와 학생 사이를 서로 불신하게 만들고, 그러면서 교수사회를 통제하고 학생들을 통제하는 거죠. 그렇게 되니까 지도교수가 나 못 맡겠다 하면 문제 서클은 자동 해체당하는 거죠. 이런 방식으로 학내에 냉랭한 분위기가 조성되면서 학교를 쉽사리 통제할 수 있게 되는 거죠.

고은광순: 중·고등학교 교사들은 과목 불문하고 수업 시간에 의무적으로 유신 옹호 발언을 하도록 지시가 내려갔다는 소리도 들었어요. 수학 선생이 제일 곤혹스러워했다고 하더군요. 수학 문제 풀다가 유신 옹호를 입에 올리는 게 쉬운 일은 아니었을 테니까요. 하다못해 필통 하나를 잃어버려서 그것을 찾는 광고를 휴게실 같은 데다 붙이려고 해도 학생처나 행정실 가서 광고문마다 도장을 받아야 붙일 수 있었어요.

이대수: 그렇죠, 게시물이란 게시물은 다 그래야 했지요. 그러면서 자동으로 사전검열을 받게 된 것이지요. 학교마다 조금씩 다르긴 했겠지만 아주 다양한 방식으로 감시하

고 통제하고 검열하고 그랬는데, 아마 관악에 있는 서울대학교 같은 데가 제일 심했을 겁니다.

홍윤기(사회): 잠깐 한마디만 하면요, 지도교수들한테 학생 지도비가 나왔어요. 그걸로 학생들과 학기당 한 차례 이상 술자리를 갖고 그 결과를 보고한다는 얘기를 들었어요.

이대수: 그런 식으로 나가다가 그다음이 산업시찰 데려가는 거예요. 그 경우에는 지도교수가 아니라 학교에서 학도호국단이나 서클들의 간부들 중심으로 인원을 꾸려서 산업시찰도 갔었어요. 가서는 앞에서 말했던 대로 주입식으로 새마을 교육 같은 것을….

박순희: 어지간히 시켰구만. 산업시찰까지….

이대수: 나는 계속 따라가는 거였어요. 내가 서클 회장이었으니까.

박순희: 그런 걸 시키는 이유는 뻔했지요. 우리나라의 발전된 모습을 보여주고 조국의 근대화를 피부로 느끼게 하면서 '너희들은 조용히 해라.'라고 유언 무언의 압박을 넣는 거지요.

이대수: 이런 시찰 여행을 따라가면 대우를 잘 해줬어요. 이런 산업시찰을 끌고 가는 사람은 정보부 요원들이었는데, 제철소나 중공업 공장들이 있는 울산이나 포항 쪽으로 데려가서 꽤 고급호텔에 재우면서 잘 먹여주고, 선물 주고 막 선심을 써요.

박순희: 우리 노동자들도 산업시찰 갔어.

이대수: 그런 식으로 새마을운동 견학시키고 산업시찰 데리고 다니고 하면서 학생들을 관리하는 거죠. 특히 학생 서클의 장들이 대상이었는데 저는 기독학생회 회장이라 응당 뽑혔고 그랬는데, 또 그런 걸 좋아하는 친구들도 있었어요. 왜냐하면 대우를 잘해 주었으

니까요. 학생들 상대로 일종의 빠다(버터: butter의 우리말식 센 발음) 요법을 쓰는 거였지요.

저 같은 경우는 좀 주목을 받는 편이었는데 우리를 인솔하고 다니던 정보요원이 와서 자기랑 방 같이 쓰지고 했는데 저는 그 방에 안 들어가고 친구들이랑 술 먹고 우리끼리 겉돌았어요. 사찰도 마찬가지였죠. 집에서 뭣 하는지까지 헤집고 다니더라고요.

당시 학교란 영역은 자율적 학문공동체나 학문 활동이 이루어지던 그런 곳이 아니라 교수를 통해서, 학도호국단을 통해서, 또 학생처를 통해서, 어쨌든 갖가지로 학생들을 감시하고, 그 위에서 문교부가 통제했는데요, 문교부는 각종 대학 지원금으로 학원을 통제했어요. 사립, 공립을 가리지 않고 문교부의 전 부서가 나서서 학교를 통제하는 거죠. 그러면 학교가 나서서 학생들의 저항 의식을 무마하고 또 체제에 순치시키는 역할을 했던 거죠.

홍윤기(사회): 이렇게 각자의 생활 영역에서 일어났던 일들을 들어 유신독재체제가 당시 어떤 식으로 작동하던 레짐(regime), 체제였는지, 그 전모가 좀더 선명하게 드러나는 것 같습니다. 그러니까 유신독재체제란 단순히 정치 권력에 국한된 것이 아니라 국민의 일상 전부를 샅샅이 통제하게끔 편제를 갖추었다는 것이 분명해지는데요, 당시 각자 겪은 유신체험을 한 번에 통째로 얘기는 하신 것 같은데…

한국 현대사 모든 적폐 세력의 퇴적(堆積)으로서 유신
─ 동학 혁명에서 일제 강점기 거쳐 분단 시대에 이르기까지

고은광순: 저는 역사적으로 좀 길게 보고 싶은데요, 조선말부터 지금까지 일백 수십여 년의 우리 역사에는 그것을 관통하는 하나의 룰이 있어요. 그게 뭐냐 하면, 19세기 말에 동학이 일어났잖아요. 그것은 인간들 사이의 관계에서 수직구조를 수평구조로 바꾸려는 시도였지요. 그러니까 엄청난 호응을 받았어요.

홍윤기(사회): 예 민중들로부터.

고은광순: 그렇게 되자 당시 조선의 위정자들은 교조인 수운(水雲) 최제우(崔濟愚)를 바로 죽여버렸죠. 그가 득도한 지 겨우 3년 만에 그런 일이 벌어졌지요. 그다음 그의 후계자인 해월(海月) 최시형(崔時亨)이 거의 34년 가까이 수배 생활을 하면서 널리 인내천(人乃天), 즉 "사람이 곧 하늘이다!"라는 평등사상, "남녀노소 모두가 다 귀한 존재다"라는 생각을 퍼트렸어요. 제가 알기로 당시 조선 민중의 30% 가까이가 동학교도였다고 해요.

그러면서 일제가 들어왔는데 일제는 동학도들을 다 죽이고서 들어왔죠. 다 전멸시키고 들어왔는데, 그런 상황에서 우리나라에 공산당이라는 조직이 생기는 게 1920년대 아닙니까? 고려공산당, 조선공산당 등의 공산당이죠. 그 사람들은 양반 시대를 겪으면서 새로운 세상, 개벽 세상에 대한 꿈을 인간해방이라는 관점에서 운동을 시작했죠. 이렇게 공산당을 표방한 사고는 당시 지식인들 사이에 굉장히 널리 퍼졌는데요, 김산(金山)의 『아리랑』*을 보면 이때 혁명가라고 하는 사람들의 사고방식이 참으로 엄청났어요. 지금 우리보다 훨씬 더 진보적이고 그 삶이 치열했어요.1

이 운동 역시 일제는 탄압하지 않을 수 없이 다 죽이고 가두고 하는데, 동학 혁명 때부터 나중 외무대신으로 매국노가 된 박제순이 뭐라 그랬냐면, 믿을 것은 일본 군인뿐이다고, 얘기했어요! 그런데 이 얘기를 한 상대가 누구냐면 당시 조선의 관군들이었어요. 그래서 동학 교도들을 색출하여 죽이는 일본군들 뒤에는 항상 관군이 붙어 다니면서, 여기 동학도 집, 여기 동학도 집하고 찍으면서 일본군과 덩달아 붙어 다니면서 동학군들을 다 죽이고 다녔거든요. 그때 동학도들을 같이 죽인 관군들 또는 그 관군 대장들이 다 친일파가 돼버려요. 왜냐하면 그들은 일본의 앞선 문명과 그 위력을 파악했거든요. 그래서 내가 살기 위해서, 내 재산을 보호하기 위해서는, 이들 편에 붙어야겠다는 것을 그때 학습해서 일제 시대가 되면서 그대로 친일을 하게 되죠.

그리고 해방되고 나서 한국전쟁, 6·25가 있었잖아요. 우리는 그 전쟁이 무고긴 나쁜 공산당이 쳐들어왔다고 그렇게 배웠지만, 어쨌든 이 남북전쟁의 와중에서 남쪽의 친

---

1 님 웨일즈/조우화 옮김, 『아리랑/김산』(동녘, 1993). 연안 시절 마오쩌둥(毛澤東)의 전기인 『중국의 붉은별』(*Red Star over China*')을 집필한 Edgar Snow의 부인이었던 님 웨일스가 연안에서 만난 김산(金山, 본명 張志樂)의 일생을 구술하여 출판한 Kim San/Nym Wales, *Song of Arirang. Life Story of Korean Rebel* (New York, 1941)을 원본으로 하였다.

일파는 전쟁을 이용하여 친미파로 변신하면서 굉장히 강력한 사상적 무기를 갖게 되는 거예요, '반공(反共)'이라고 하는.

그런데 이 반공을 가장 세게 내세운 것이 박정희인데요, 그는 일제 시대 일본에 붙어서 아주 적극적으로 친일을 행하여 일본 군인이 됐잖아요. 그런데 일제가 패망한 뒤에 보니 우선은 공산당이 센 것 같으니까 얼른 남로당에 붙어 군사책이 되었다가 국군이 창설되자 국군에 잠입했는데, 여순 반란 사건 때 신분이 탄로나 처형당할 위기에 처하자 그때 만주군 선배들이 박정희가 국군 안에 심어놓은 남로당 세포들을 다 불고 다니라고 시키자 그대로 하여, 자신이 포섭한 이들은 다 총살당하도록 하고, 자신은 천신만고 끝에 다시 살아나 이쪽에 붙어서 6·25 덕분에(?) 다시 군에서 출세하여 5·16 군사 쿠데타를 주동할 정도로 커버렸죠.

박정희는 내가 보기에, 4·19때 민중들이 일어났지만 이 정도는 총칼로 제압할 수 있겠다는 것을 일본군 출신 박정희는 알게 됐죠. 그 이후로는 이제 군사력을 물리적 토대로 하고 거기에 반공이라는 정신적 무기를 결합하면 뭐든지 할 수 있다는 걸 알았던 거죠. 그래서 18년 내내 그 반공을 이용해서 정권을 유지했단 말입니다. 반공을 이용한 정도가 얼마나 지독했냐고 하면, 이승만 때부터 지금까지 이루어진 간첩 조작 사건 중 그 대부분은 박정희, 전두환 때 이루어지잖아요. 조작 간첩들 사건은 나중 백 건 가까이 무죄를 받았는데, 무죄 받기 전에 죽어버린 사람도 있고 하니까, 그 실태를 조사해 보면 간첩 조작 사건은 실제 엄청난 수에 달할 거예요. 그러니까 조작까지 해서라도 반공을 이용해서 정권을 유지하면 그것을 통해서 기득권을 잃지 않을 수 있다는 것을 박정희는 알았고, 박정희가 거느린 재벌들, 그 산업자본가들도 분단의 고착을 전제로 하여 자본주의판을 만들어 왔다고 봐요. 분단 자본주의의 핵이라고나 할까요?

박정희의 이런 민중 통제 방식은 일제로부터 배운 것으로 보이는데요, 일제시대인데 당시 초등학교였던 국민학교를 다녔던 어떤 아줌마 얘기를 들으니까, 여름에 조회를 서잖아요, 땀이 흘러 눈에 들어가는데도 닦을 수 없었대요, 손을 움직이지 못 하게 해서. 또 겨울에 땅바닥이 바짝 얼은 운동장에 서서 조회를 하는데, 발가락이 시러운 네 글째 그것도 꼼지락거리지 못 하게 했다는 거예요. 당시 신발이 고무 신발이었는데, 그 얼은 땅에 시원찮은 고무신을 신고 있으면, 또 고무신 바닥이 시원찮으니까, 발의 온기가 그대로 전해져 발가락도 꼼지락거리지 못 하게 하니까 언 땅 위에 발가락 모양 그대로 녹은 자국이 남았다고 해요.

이런 식으로 백성 한 사람, 한 사람씩 해서 모두에게 제대로 위협을 가하면 꼼짝하지 못하게 만들 수 있다는 것을 박정희는 일제시대에 체득한 것 같아요. 그러니까 해방이 되어서도 박정희는 일제가 식민지 백성을 통제하는 방식 그대로를 고스란히 우리 국민에게 적용해서 계속 정권을 유지할 수 있다고 확신했던 것이지요. 그래서 박정희는 국민 하나 하나에게 겁을 줄 수 있는 위협의 분위기를 계속 만들어내는데, 6·25의 악몽을 계속 부추기기 위해 북이 쳐내려온다고 계속 협박하고, 한 달에 한 번 실전을 방불케 하는 민방공훈련을 실시하면서 계속 북이 쳐내려올 때를 대비해야 한다고 했죠. 어쨌든 국민을 꼼짝 못 하게 하는 것에 너무 재미를 들였던 것 같아요. '저쪽에 승냥이가 있는데 내가 그걸 막아주는 거야. 그러니 니들은 내 말대로 해.' 말하자면 '위험한 세상에서 너희를 지켜주는 건 나니까 내 말에 절대 복종해!'라는 거겠죠. 너무 쉬운 방법이잖아요.

그런데 이제 김대중 들어와서, 노무현 들어와서, 문재인 들어와서, 이런 생각이 차츰 깨어지는데, 그런데도 박정희 때 길들여진 사람들이 상당수가 있어요. 길들여진 세력도 있거니와 재미를 봤던 세력도 여전히 남아있는 거죠. 이들은 절대로 분단 상태를 극복하려고 하지 않아요. 이런 분단 상태를 고착시켜야 자기들의 기득권이 계속된다는 것을 알고 또 재미도 봤잖아요. 언론재벌, 기업재벌, 검사나 판사, 이런 사람들도 이념적인 깜깜함 속에서 얼마든지 해 먹을 수 있었잖아요. 국회의원 박덕흠 같은 사람들도 오랫동안 이런 깜깜함 속에서 해 먹다가 이제야 들통이 난 거죠. 그래서 이 다주택 소유자, 부동산 280억 포함, 총재산 6백억이나 가진 박덕흠 의원 같은 이가 하는 말이 있잖아요, 집값이 많이 올랐지만 세금을 더 내니까 좋을 거 없다고….

그러니까 유신독재의 잔재가 지금까지 남은 것은 그 기득권을 가진 세력들이 친일해서 기득권, 친미해서 기득권, 반공해서 기득권, 또 군사독재에 빌붙어서 기득권을 얻었던 세력들이었기 때문인데, 이제는 진짜로 변하고 싶지 않은데 뭔가 변할 것 같으니까 극렬하게 반대를 하는 거죠. 그들이 이제 태극기 부대를 뒤에서 조종하고, 뒷돈 대주고 그러는데요, 경우에 따라서는 그게 일본일 수도 있고 미국일 수도 있고 국내 기득권자일 수도 있는 거죠.

홍윤기(사회): 다른 주제로 가보죠. 유신시대 당시 여성으로서는 또 어땠나요?

고은광순: 여성은 그 '한국적 민주주의'라고 해서, 기가 막히죠. 뭐, 박정희가 유신하고 나서 주장한 게 '한국적 민주주의'를 하겠다는 거잖아요. 그게 가부장적 민주주의? 어쨌든 민주주의를 아무 데나 갖다 붙이게 되는데요. 조선 시대의 신분 구조를 수평구조로 바꾸려던 동학도들은 일본 놈들 손에 다 살해되었지요. 만인 평등을 주장하던 동학도들이 다 죽고 나자 살아남은 겁먹은 민중들이 김 씨, 이 씨, 박 씨 등의 양반 성씨 안으로 숨어들어 현재 이 세 개 성이 인구 절반을 차지하게 되었고, 집집마다 가짜 족보를 만들어 제사를 지내게 되면서 다시 남성 중심의 수직구조가 더 공고해졌죠. 조선시대 때 평민과 상민들은 족보도 있으면 안 되고 제사도 지내면 안 됐어요. 족보나 제사는 양반들만의 문화였거든요. 이렇게 양반들이 독점하던 문화가 일제시대에 오면서는 조선 사람 모두가 양반 흉내 놀이를 하도록 방치되면서 군사독재정권 때까지 동학도들이 얘기했던 수평적 인간관계, 인간해방 같은 것은 완전히 다시 묻혀진 거죠. 그런 사정은 여성들에 대해서도 마찬가지여서 여성의 인권 평등 같은 거는 도무지 싹이 틀 수 없었던 거죠.

억압적 지배 블록의 체계적 구성으로서 유신
― 변한 부분, 변하지 않은 부분

홍윤기(사회): 이런 식으로 한번 보면 좋겠는데, 지금 우리 고은 선생님 말씀 듣다 보니까, 유신 시대의 여러 가지 특징적 측면들은 분명히 박정희라는 사람이 권력이라는 것을 어떻게 쓰는가를 확실하게 보여주는 것 같아요. 고은 선생님과 같이 동학을 전사(前史)로 하는 가운데, 3·1혁명을 기점으로 하여 대한민국 백 년의 정치사적 과정을 보면, 시대의 굴곡마다 누적된 그 모든 적폐 기득권세력이 유신 때 와서 틀을 잡고 전부 정비되어 한국 현대 사회의 기득권세력으로서 확고한 대오를 갖춘 것이 아닌가 생각됩니다. 일종의 밀집성형(密集成形, concentrating configuration)이라고나 할까요? 이럴 때 지금 말씀하시는 것을 들으면서 이렇게 쭉 보니까 유신 때 일단 선두에 군부가 나섰고, 그다음 정치권을 종속시켜놓으면서 관료들을 휘어잡고 산업 분야들을 딱 잡아서 박정희 유신독재체제의 물리적(폭력적)·인적·경제적 기반의 대오(隊伍), 압축해서 표현하자면 '군(軍)-관(官)-경(經)-복합체'(military-beaurocratic-economic complex)의 밀집 대오를 완비했다고 보입니다. 바로 이 복합체의 정점에 대한민국 내 모든 활동 영역을 각 개인 단위까지 언제든지 상시로 사찰하고 통제할 수 있는 '중앙정보부-보안사-치안본부'를 서로 연계시킨 거미줄 같은 감시망을 장악한 '그, 박정희'가 위치하고 있었지요. 전체주의적 지배의에 유리한 이런 복합연결망은 박정희가 없더라도 거의 자율신경계를 가진 유기체처럼 서로의 이해 관계를 실시간 연접시킬 수 있는 자율생성능력(autopoiesis)을 발휘할 수 있다고 보입니다. 필요에 따라 박정희는, 어느 정도 능력과 아우라만 있으면, 얼마든지 '사이비 박정희'로 대체할 수 있겠지요. '박근혜'가 나타났을 때 일어난 반응은 박근혜야말로 '사이비 박정희'의 조건을 완비한 것으로 보이면서 위에서 정리했던 유신 잔재형 밀집성형이 민주화 국면에서도 발생할 수 있음을 여실히 보여주었습니다.

유신독재체제의 지배 편제를 이렇게 정리해 놓고 각각의 요인들에 그동안 어떤 변화가 일어났는지를 살펴보면 참 흥미 있는 현상이 나타납니다.

'박정희 유신독재체제'와 그 이후 전두환의 신군부로 이어지는 이 유신-지배-복합체에서 핵심 중의 핵심이었던 군부 세력은 전국민적 시민항쟁으로 진행되는 민주화 과정에서 시민사회와 아울러 재(再)활성화된 정치권의 협공으로 일단 현실적인 주도권을 거의 망실했습니다. 사실 대한민국의 군부가 유의미한 정치적 힘을 상실한 것은 유신독재체제를 무너뜨린 결정적 계기였던 부마항쟁에서부터 신군부의 폭거에 맞서 봉기한 광주 민주화운동을 거쳐 5공 체제를 결정적으로 패퇴시킨 6월 항쟁까지 면면히 지속된 반독재 시민저항의 양상이 거의 혁명적으로 진화한 데서 그 원인을 찾을 수 있습니다. 즉 박정희 유신독재체제에 대한 저항은 그 체제가 존속되는 전빈기 즉 긴조9호가 발령되기 전에는 일부 정치권과 학원가를 현장으로 간헐적으로 지속된 소규모 시위들로 이루어졌었지요. 그런데 제 개인적으로는 나중에 알게 된 사실이지만, 긴조9호가 발령되면서 박정희 유신독재체제는 의식적이거나 조직적으로 발생하는 시위형 저항에 반사적으로 맞대응하는 것이 아니라 학원이나 정치권뿐만 아니라 시민사회 전반에 걸쳐 감시망을 저인망식으로 발동하여 공포감을 조성하면서 저항의지를 선제적으로 마비시키는 방식으로 탄압의 폭을 적극적으로 확대시켰습니다. 이러다 보니 수도권과 지방 할 것 없이 불안심리와 불만이 확산되면서, 학원이나 활동적인 단체에 국한되어 분산적으로 벌어지던 시위가 긴조9호가 발동되면서부터는 어디 한군데서만 터져도 순식간에 주변을 휩쓰는 군중가담의 형태로 비화하는 양상이 벌어집니다.

유신 후반기에 들어서면서 박정희 정권에 대한 불만과 공포가 학원가나 야당성 정치권, 시민운동권에 국한된 것이 아니라는 아주 선명한 증거는 1978년 12월 12일에 치러진 대한민국 제10대 국회의원 선거의 정당별 득표율이었습니다.

이때 선거는 소위 유신헌법이라는 것에 규정된 방식에 따라 국회의원 정수 231석 중 2/3는 중선거구제에 따라 각 지역구별로 2명씩 유권자 직접 투표로 선출하고 나머지 1/3은 9일 뒤 대통령이 일괄추천안 후보자 전원에 대해 통일주체국민회의 대의원들의 찬반투표로 선출했습니다. 당시 여당은 1963년부터 쭉 박정희 대통령이 총재로 있던 민주공화당이었고, 야당은 사실상 공작정치에 의해 정보부와 밀실타협을 일삼는다는 의심을 받던 이철승 씨가 대표최고위원으로 있던 신민당이었는데요, 중선거구제인 만큼 여당은 어차피 각 선거구마다 1석씩은 가져갈 수 있었기 때문에 박정희 대통령은 의원 정수의 2/3는 항상 장악하여 자신의 뜻에 맞지 않는 개헌은 아예 의회에서 원천봉쇄할 수 있었던 거지요.

그런데 전국민적인 위협과 감시가 행해지고 있던 와중에 그나마 비밀투표는 이루어진 상태에서 치러진 이 제10대 국회의원선거에서 여당인 민주공화당은 31.7%, 야당인 신민당은 32.8%를 득표하였는데요,[2] 이것마저 보도 통제로 보도할 수는 없던 상태에서 당시 감옥 안에까지 전해져 "야당이 '1.1% 승리'를 거두었다"는 얘기가 돌아다녔고요, 이제 유신이 끝장나는 것은 아닐까? 그럴 리는 없겠지? 하는 온갖 억측과 가망 있을 것 같지 않은 기대를 갖게 하기도 했지요. 바로 어제 일같이 눈에 선합니다. 저는 이 얘기를 교정용으로 배포되었던 교정잡지에서 읽고 아! 사실이구나 했지만 박정희가 권력을 내려놓으리라는 꿈은? 절대 그럴 리가 없다고 이리저리 생각했지요.

그런데 결국은 이런 사태에 대해 박 정권은 계속 초강경책으로 맞서고 그나음 해인

---

2 양일동이 대표최고위원이었던 또 하나의 야당인 '민주통일당'은 이 선거에서 7.4%의 득표율을 보였다.

1979년엔 YH여공 신민당사 농성 사건, 이 와중에서 여공 김경숙 님의 추락사가 있었고 곧이어 이철승 체제를 밀어내고 신민당 당권을 잡은 김영삼 총재의 의원제명 사건이 터지자 결국 부산대에서 시작되었던 조그마한 시위가 부산과 마산 일대의 시민들을 결집시키고 여기에 위수령이 내리면서 군대, 해병대가 투입되었지요.

그런데 시위 진압군과 시위 시민들 사이에 사이의 폭력적인 충돌과 대규모 유혈사태가 있을 수도 있는데 이런 사태는 박정희 대통령이 당시 중앙정보부 김재규 부장에 의해 격살 당하는 바람에 일단 회피될 수 있었지만, 어쨌든 이때는 총을 둔 군대가 나타나기만 해도 시위대는 좀 버티고 돌도 던지고 하다가도 그냥 밀렸다고 해요. 그런데 5·18 광주 항쟁 당시에는 해병대보다 훨씬 세게 나오는 공수부대가 머리가 각진 진압봉을 들고 시위자를 끝까지 쫓아가 거의 반죽이다시피 그리고 많은 경우에는 아예 죽여버리는 경우도 많았는데, 이때 광주 시민들이 겁먹고 피하지 않고 도리어 공수대에 덤볐다는 것이 군에게 큰 충격을 주었다고 해요. 광주시민들의 항쟁이 결국 한국 군부가 이제 우리나라 시민에게는 더이상 무력이 통하지 않는다고 뼈저리게 각성하는 계기가 되었고, 이로 인해 군부는 더이상 그 병력을 무단 동원하여 국가의 권력을 잡으려는 생각은 하지 않게 되고, 이로써 유신독재체제의 핵심 요인이었던 군부는 일단 시민 통제 하에 들어오게 되었지요.

그러나 재벌이 주도하는 경제계와 현대국가 운영의 불가피한 인적 기반이라고 할 수 있는 관료계는 유신 때 정비된 그런 성형화된 기제가 무너지기는커녕 민주화 국면과 겹치는 신자유주의 세계화의 트렌드 안에서 세계시장과 사회분화를 배경으로 오히려 그 필요성과 세력을 배가시켰습니다. 한국 경제를 주도하는 재벌들의 편제는 IMF 외환위기와 글로벌 금융위기에서 재벌권 내에서의 양극화와 집중화를 겪으면서 살아남은 재벌들의 능력과 권력을 더욱 강화시켰습니다.

관료권력은 주로 정당을 중심으로 행해지는 문민통제 또는 시민 통제(civil control)의 숙련도에 따라 차이는 있지만, 그 불가피한 필요성 속에서 그 권력을 지속적으로 유지하고 있는 것 같습니다. 그런데 관료 권력의 재생산과정을 보면 대한민국 국가체제에서 관료 권력의 두 축은 행정 권력과 사법 권력인데요, 이들의 구성분자들은 모두 선거가 아니라 시험과 내부연수로 재충원되는 방식이 지속되면서, 이해당사자의 수가 한정된 가운데서도 누적됨에 따라 '스카이캐슬'이나 '펜트하우스'로 상징되는 자기들만의 '클럽형 권력'으로 자폐화되고 고급화되고 무엇보다 사회적으로 초(超)고층화되었습니다. 이 가운데서도 사법 권력은 대한민국 법치주의의 취약함으로 인해 검사는 기소독점권을, 판사는 재판에서의 판결권을 독점적으로 행사하고 변호사는 검·판사들에 대하여 다른 시민들이 접근하기 어려운, 상대적으로 제한된, 연줄 관계를 통하고, 또 로펌이라는 일종의 법률상품회사를 통하는 등등, 이런 판검사, 변호사 등으로 이루어진 대한민국 법조계는 어느덧 그 누구의 제약도 받지 않은 가운데 한국 국가와 사회 체계 안에서 가히 법조독재(法曹獨裁, juristocracy)라고 할 정도로 과잉 권력화된 상태입니다.

그런데 유신독재체제의 가장 심각한 정치적 유산은 그 중심 인물들이 특정 지역 출신으로 계속 충원되는 과정에서 대한민국의 민주화 과정에 각종 권력기관 안에서 재생산되고 승계되는 것에 그치지 않고 '지역감정'이라는 대중적 차원의 이데올로기로 확산되고 침전되었다는 것입니다. 이 지역감정이야말로 정말 민주화 국면에서도 굳세게 유지되어 전승되다가 우리의 민주주의가 취약해지면 나타나곤 하는 '박정희 신드롬'의 지속적인 심리거점으로 작용합니다.

결국 동학이 꺾인 이래 우리 민족과 국가의 역사 안에 자리 잡은 친일파, 남북한의 외세의존세력, 산업화 과정에 형성된 각종 기득권 세력들이 유신독재체제 안으로 밀집하면서 대한민국 사회와 국가, 나아가 경제계, 더 나아가 문화계와3 교육계에 이르기까

---

3 "박정희 정권 시기에는 필화사건이 끊이지 않았다. 1960년대에는 '이영희 필화사건', '분지 필화사건' 등 다수의 필화사건이 발생했으며, 1970년대는 더욱 언론과 문인 통제를 강화하며 필화사건은 더욱 증가했다. 1970년대 대표적인 필화사건이 '오적필화사건'이다. '한일협정반대운동'에 참여했던 김지하는 재벌, 국회의원, 고급 공무원, 장성, 장차관 등을 '오적'이라 지칭하며, 그 치부를 신랄하게 비판한 담시(譚詩) 〈오적〉을 1970년 5월에 「사상계」를 통해서 발표했다. 박정희 정부는 〈오적〉의 유포를 막을 요량으로 「사상계」의 시판을 중단했다. 일단 이 선에서 마무리된 듯했던 〈오적〉이 다시 문제가 된 것은 야당인 신민당의 기관지 「민주전선」 6월 1일자에 〈오적〉이 실렸기 때문이다. 6월 2일 새벽 1시 50분쯤 중앙정보부와 종로경찰서 요원들에 의해 「민주전선」 10만여 부가 압수되고, 6월 20일 김지하 시인 및 「사상계」 대표 부완혁, 편집장 김승균, 「민주전선」 출판국장 김용성 등이 반공법 위반 혐의로 구속·기소되었다. 검찰은 시 〈오적〉이 "계급의식을 고취하고 북한의 선전 자료로 이용되었다"는 이유로 유죄를 주장했다. 하지만 김지하는 법정에서 '담시 〈오적〉은 일부 몰지각한 부정 부패자와 이의 단속에 나선 경찰 비위에 대한 권선징악(勸善懲惡)을 판소리 형식으로 풍자한 것이며, 계급의식을 고취시킬 의도는 없었다'고 진술했다. 사실 대통령 선거와 국회의원 선거를 1년 앞두고 정치권력과 사회 지배층의 부정·부패를 노골적으로 꼬집은 시인과 이 시를 활용한 야당을 박정희 정부는 그대로

지 '한국 사회 지배블록'을 거의 완결적으로 형성하면서, 뭐랄까요, 일종의 억압기구 종합세트로서 민주화의 전면적 진행을 일정하게 저해하는 '암적'(癌的) 요인으로 우리 삶 안에 결착하였다고 정리할 수 있지 않을까 싶습니다.

고은광순: 어쨌든 유신은 처음부터 끝까지 반공(反共)을 축으로 삼아 군(軍) 권력을 뒷배로 두고 반공의 벽에 기대서 민(民)을 통제했습니다. 절대로 민주주의 싹이 자라나지 못하게 해야 일본 놈들이 식민지 지배하듯이 박정희도 국민을 지배할 수 있었던 거죠.

박순희: 반공을 국시(國是)라고도 했잖아요!

배금주의의 정착

고은광순: 그런데 단순히 반공뿐만 아니라 더 심각한 것은 바로 박정희 유신독재체제에서 새마을운동 등, 어느 면에서 대단히 건전하게 보이는 농촌개발사업 같은 것도 그 근본적인 멘탈은, 무슨 일을 해도 돈이면 다 된다, 돈이면 다 해결된다고 하는 배금주의(拜金主義)가 확고하게 뿌리내렸다는 점이죠. 그 완강한 반공이라는 것도, 예를 들어, 빨갱이로 몰리더라도 한 재산 바치면 풀어주었다는 얘기도 있었습니다.

어쨌든 각자 돈을 벌어 모아야 한다는 것이 최우선이 되다 보니, 남 생각하지 않고 악착같이 돈을 긁는 게 거의 국민풍습이 된 건데, 그렇게 장시간 노동시키고도 저임금 주는 것 말고도, 현금 뿌리는 일본 남자들 상대로 기생관광 같은 거를 벌이지 않나, 미군이 주둔하는 곳에서 양공주라고 불리던 매매춘 여성들을 거의 합법적으로 관리하면서 외화벌이 하도록 하지 않나, 독일로 간호사, 광부 파견하고….

둘 수 없었던 것이다"(출처: 한국민족문화대백과사전 "오적필화사건五賊筆禍事件"). 당시 대중적 영향력이 막강했던 문학뿐만 아니라 대중문화 전반에 대한 사전 검열과 탄압도 극성을 띠어 금지가요가 2천여 곡에 이르렀고, 당시까지 아시아 정상 수준에 있던 한국 영화계는 1998년 김대중 정부가 들어설 때까지 혹독한 검열 속에서 그 위상이 추락하였다.
(http://encykorea.aks.ac.kr/Contents/Item/E0068298)

홍윤기(사회): 그렇지요, 제가 베를린 유학할 때 파독 광부분들과 간호사분들에게 들었던 얘기로, 박정희 때 독일 와서 급료를 받아 송금하면 가족들한테 제때 가지 않았다고 해요. 당시 파독 근로자들의 국내 송금액이 대한민국 외환보유고의 10%에 달했다는 얘기를 듣고 참으로 놀랐는데,4 이 돈을 당시 박 정권에서 묶어두고 그것을 담보로 차관을 들여왔다고 알려져 있더군요. 이 때문에 파독 근로자분들 상당수가 박정희 정권을 반대하는 해외민주화운동에 나서게 되었다고 해요. 그리고 60-70년대 미군 주둔 지역 근처에는 거의 준(準)공창제 비슷한 게 있었어요. 그러니까 결과적으로 한쪽으로 반공을 내세워 반대파나 눈에 거슬리는 사람들을 탄압하거나 제거하는 채찍으로 삼고, 다른 한쪽으로는 배금주의를 내세워, '국민소득 일만불 시대'가 되는 80년대가 되면 모든 게 다 해결된다는 당근을 내걸어 억압구조를 완전히 체계화시켰는데, 유신독재체제에 성형된 이런 억압구조와 억압의 멘탈을 그동안 민주화 과정에서 우리가 완전히 청산했는지, 이제 세심하게 점검할 때라고 봅니다.

이종구: 그때를 상징하는 노래 두 가지를 아직도 기억하고 있어요. 하나는 '새마을 노래'인데, 가사가 "새벽종이 울렸네 / 새 아침이 밝았네 / 살기 좋은 우리나라 / 같이 일하자고 하는 거 ♬~♬~" 그리고 또 하나는 베트남에 맹호부대 용사들 보내면서 태극기 흔

---

4 정확하게 말하자면 외환보유고에서 그 송금액이 차지하는 절대 비율이 아니라 한국 경제 성장에의 기여도가 평균 10% 정도인 것으로 밝혀졌다. 박근혜 대통령이 집권하던 시기 그의 방독을 계기로 2014년 4월 문화체육관광부가 수행했던 용역의 보고서 '광부-간호사를 통해 본 파독의 역사적 의미와 영향'에 따르면 파독 노동자의 한 해 송금액은 연간 국가수출액의 1.78%에 이른다. 1965년 송금액은 273만 4,000달러로 총수출액(1억 7508만 2000달러)의 1.6%였고, 1966년에는 477만 9,000달러로 총수출액(2억 5033만 4000달러)의 1.9%였다(출처: 이경주 기자, "〈통일독일에서 배운다〉 총수출액 2% 규모 외화 송금… 한국 경제성장 '종잣돈'," 「서울신문」 수정: 2014-06-10 13:45). http://go.seoul.co.kr/news/newsView.php?id=20140326004007#csidxb26e5bb36fd5a1ab 7ba8b5889d60c44).
이렇게 해서 보내진 파독 근로자들의 외화 송금이 당시 경제성장에 미친 기여도를 수치로 분석한 전문가의 사료에 의기하여 권혁철 지 ⑪기업⑭터 소장은 파독 근로자들이 보내 송금의 우리 경제 기여도가 1965년 12.2%, 1966년 11.8%, 1967년 15.1%에 달했다고 밝혔다. 파독 광부와 간호사들이 독일에서 받은 임금을 고국 가족들에 보냄으로써 매년 한국 경제 성장에서 10% 이상의 기여를 했다는 의미다. (장기성·강효금 기자, "파독 간호사 김숙화 씨를 만나다 ①," 「시니어매일」 승인 2019.06.17. 13:35. http://www.seniormaeil.com/news/articleView.html?idxno=8414).

들며 부르던 맹호부대 노래!

유신의 정신지배 그리고 소수에 그친 지식인의 비판적 역할

이종구: 유신독재체제를 볼 때 박정권이 정치 기구, 사법 기구를 장악한 것도 중요하지만, 결코 놓쳐서는 안 될 것이 있습니다. 유신체제가 한국인의 정신세계까지 장악하고 통제하려고 했다는 사실을 잊으면 안 됩니다. 인간의 기본 정서까지 포함한 정신세계를 장악하여 굳이 물리적으로 억압하지 않더라도 자발적으로 복종하게끔 만들려고 했습니다. 정신적 헤게모니 장악이 유신체제의 목표였습니다. 그런데 정신적으로 성장기에 있는 청소년기를 지나고 있거나 성인이 되는 초입에 있는 남자가 군에 가서 3년 동안 교육을 받아 머릿속에 집어넣은 내용은 나이가 들어도 쉽게 바뀌지 않습니다. 사태가 이렇게 되었던 배경을 보면 당시 대학에 있던 지식인들의 책임도 상당히 있습니다. 유신 당시 제도권 지식인 가운데 유신체제의 허구를 폭로하고, 그 이데올로기를 비판했던 교수들이 과연 몇 명이나 됐을까요? 당시 민주화운동이나 비판적 활동을 했던 교수는 한 50명 정도나 될지 모르겠습니다. 실제로는 50명도 안 될 것으로 생각합니다.

이대수: 50명은 더 될 거예요.

이종구: 50명은 더 될까요? 80년대까지 치면 50명은 될까요? 아마 그것이 전부일 것입니다. 기독교 목사님, 불교 스님, 천주교 신부님들까지 다 합쳐서, 예언자적 사명을 갖고 허구를 폭로하고 나섰던 종교계 인사분들까지 다 합쳐 그 정도 될까요? 사실 사회학계도 부끄러운 일이 있습니다. 선배들에게 들은 얘기로는 삼선 개헌 직후의 일인데, "선의의 독재"를 지지하는가를 묻는 여론조사를 하며 사회학과 학생들을 조사원으로 동원했다는 것입니다. 물론 결과는 국민의 다수가 "선의의 독재"를 지지하는 것으로 나왔고 신문에도 보도되었습니다. 이러한 사실도 기록에 남길 필요가 있습니다.

이대수: 선의의 독재? 독재에 선의가 있다고요?

이종구: 발전을 하려면 독재가 효율적이라는 여론 조작을 하기 위해 '선의의 독재'를 주제로 설문 조사를 했다는 것입니다. 조사원으로 나가라는 말을 들은 사회학과 학생들 사이에서 논쟁이 있었지만 그대로 실행된 것 같습니다. 교수들이 학생 동원을 거부할 수 없을 정도로 이미 지식인의 자존심이 존중되지 않는 상황이었습니다. '선의의 독재' 사건은 1974년 2월에 새마을운동 조사를 빙자한 모범 부락 시찰의 타당성을 둘러싸고 학과 내부에서 심각한 논쟁이 있었을 때 대학원생 조교에게서 들은 내용입니다. 저도 학과 총회에서 새마을운동 조사에 반대했다는 사실이 군법회의 판결문에 기록되어 있습니다. 유신 직전인 1970년에 김지하 시인의 〈오적〉(五賊)이라는 시를 게재했다가 사 싱계가 폐간되는 사태가 발생했습니다. 이때 오적이라 하면, '犲縈'(재벌), '국회의원'(國 獪狋猿), '고급공무원'(跍礋功無源), '장성'(長猩), '장차관'(瞕矖) 다섯을 꼽는데요,[5] 이 오적에는 '선의의 독재'와 같이 말장난으로 학술적 개념을 왜곡시켜 독재체제를 정당화 시키는 데 기여한 학자들이 빠져 있습니다. 당시 김지하는 젊은 미학과 대학원생이었으 므로 대학 조직 자체를 객관적으로 보거나 '정치학과'나 '사회학과'의 내막을 제대로 알 기 어려웠을 것입니다. 이런 방식으로 기득권 권력에 순응하는 지식인 세력이 대학 내 부에서 학문 권력을 장악하고 제도적으로 지금도 재생산되고 있습니다. 이러한 지식인 들은 한국 사회에서 구조적 변화를 지향하는 근본적인 문제 제기에 제동을 거는 기능을 하고 있습니다. 즉, 유신체제에 포섭, 장악된 지식인들은 현재까지 영향력을 행사할 수 있는 자리에 남아있다고 볼 수 있습니다. 참. 그때 홍 교수님도 사회학과 때문에 감옥에 간 것이지요?

---

5 전통적인 판소리 양식을 빌어 창안한 이 담시(譚詩)에서 김지하는 오적을 한자어로 표기하면서 의도 적으로 '개 견(犬)'을 변(犭)으로 하여 '개'를 연상하게 하고 또 '원숭이'(오랑우탄)를 뜻하도록 하는 등, 신부 흰자에 '개 견(犬)'과 원숭이 부수가 든어간 한자로 바꾸어 놓았다 이를테면, 재벌의 재(財) 는 미친개 제(犲), 국회의원의 회(會)는 간교할 회(獪), 의(義)는 개 으르렁거릴 의(狋), 원(員)은 원 숭이 원(猿), 고급 공무원의 원(員)은 돼지 원(源), 장성의 성(星)은 성성이(오랑우탄) 성(猩), 차관 의 차(次)는 개미칠 차(犭差)를 차용하는 식이다(송영순, "김지하의 〈오적〉 판소리 패러디 분석," 한 국현대문예비평학회, 「한국문예비평연구」 제23집 (2007): 5-26쪽 참조).

홍윤기(사회): 괜히 사회학과 세미나 갔다가 한마디 했는데 주변에서 들고 일어나 일이 커지는 바람에 주동자로 몰려 관악서 가고….

이대수: 내가 그때 관악서에 끌려갔어요.

홍윤기(사회): 아니 그 사건 때, 26동 사건 때 있었어요?

이대수: 그 현장에 있던 게 아니라 경찰에서 조사를 하는데 그 당시 청년부? 뭐 그런 데서 손수건인가 뭔가 나왔데요.

홍윤기: 손수건? 어디서 나왔데요? 무슨 손수건이죠?

이대수: 그 무슨, 하여튼 어디 야학인가에서 모금을 한다고 해서 돌렸던 모양인데, 그걸 누가 뿌렸냐고 출처를 캐다가 나까지 온 거야. 그때 청년운동 시절 교회권에 있으니깐 그런 모금 부탁이 여기저기서 들어왔어요.

홍윤기(사회): 그게 왜 거기까지 갔답니까. 그때 제가 친구들과 신림동 B지구라는 데서 야학을 했는데, 애초에는 동양사학과 양민호 등이 만든 선발 그룹이 시작했다가 제게 손수건 파는 과정에서 저도 강학으로 나가고 그러다가 거기서 책임을 맡았어요. 본래는 심훈의 '상록수'에 나오는 문맹계몽 야학 정도로 생각했다가 노동야학으로 성격을 바꾸었는데, 그때 학생운동은 아무래도 한계가 있어서 민중과 직접 만나 얘기해야 한다고 생각하면서 돈이 좀 필요했어요, 그러다 보니 교내 학생운동은 할 시간이 없는데, 그야말로 순전히 학술적 호기심으로 26동 사회학과 심포지엄에 갔다가 휘말렸던 거지요. 긴장했던 것은, 그때 관악서에서 일단 분류하는 과정에서 얘기가 돌았던 거죠. 누가 손수건 갖고 있다가 걸려서 추궁받고 있다고. 그런데 주머니를 뒤져보니 내게도 있는 거예요. 그래서 화장실 가서 얼른 버렸는데, 그게 또 나중에 경찰서 누군가 찾아서 형사에게 갖다주고, 이거 누구 거냐고 한바탕 소동이 일어나고… 하여튼 지금은 평생교육 체계 안에서 문해력 증진 내지는 사회교육에 해당되는 야학 그리고 거기서 모금하는 손수건 한 장도 징역이나 강집을 각오해야 하는… 정말 살벌한 시대였습니다. 처음 그런 일 겪으면서 정말 부서웠어요.

이종구: 하여간 여기까지로 하고 쉬었다가 점심 먹고 좀 더 얘기하도록 합시다.

(점심)

코로나 팬데믹 시대에 유신독재체제 돌아보기
— 욕망 추구의 극대화로서 유신

이대수: 오늘 좋은 얘기 많이 나온 것 같아요. 이렇게 유신시대를 돌아보고 현재를 보니 박정희 유신독재체제는 지나갔지만 그 골격은 약화되거나 강화되면서 여전히 남아서 살아 있는 것 같아요. 앞으로 뭘 어떻게 청산할 것인지 얘기해 봐야 할 것 같은데… 지난 8월 21일 나치 청산을 주제로 했던 국회 심포지엄에서 중앙대 김누리 교수가 "아우슈비츠가 오늘의 독일을 만들었다"는 말에 참으로 큰 인상을 받았습니다. 전후 독일의 행태가 물론 다 훌륭한 것만은 아니겠지만, 아직도 철저하게 자기들의 과거를 성찰하고 사유하고 고민하고 이런 노력을 하고 있다는 국가가 있다는 것은 인간으로서는 가장 중요한 일이지요. 유신 때도 그랬지만 나치 때도 상당수 대중은 물질적인 욕망, 성공에 대한 욕망, 그런 것을 충족시킬 줄 알고 그런 패륜적 정권에 지지를 보냈던 거든요. 누구에겐가는 최고로 좋았던 시대가 그 시대일 경우, 그런 과거 시대에 대한 향수가 있는 거죠. 그런 점에서 나치 청산과 비견될 수 있는 심도와 강도로 유신 청산에 나선다는 것은 코로나 위기나 환경 위기에 처해 있는 지금 시기에 각별한 의미를 갖는다고 생각해요. 지금 이전 시기까지는 문명사적으로 욕망을 극대화하는 쪽으로 정신없이 틸터가는 깃이 주류였는데, 어느 면에서 유신체제는 인간으로서 모든 존엄성과 가치를 포기해서라도 성공, 돈을 추구하는 그런 욕망으로 모든 걸 끌고 가려고 했던 국가통치체제의 전형

이라고 보입니다.

홍윤기(사회): 그렇네요, 이대수 선생께서 '욕망의 극대화'를 국가 발전의 화두로 세웠던 유신 시절을 돌아보면서 현재를 돌아보자는 말씀인데요, 과연 어떤 관점에서 우리가 유신을 봐야 할까요?

고은광순: 박정희는 북한이 북침한다고 위협하면서 반공으로 협박하고, 잘 살아보자는 경제 성장의 파이로 국민에게 사탕 발림을 했는데, 그가 갑자기 죽어버리면서 바로 전두환이 들어서는 바람에 지금껏 우리는 박정희 시대를 제대로 평가할 역사적 여유를 갖지 못했어요. 노태우 정권 때도 역시 마찬가지였는데, 김대중 정부 와서는 국민통합을 최우선으로 내세우고 자신에 대한 과거의 탄압 세력에 대해 굉장히 부드러운 유화정책을 쓰는 바람에 또 박정희를 평가할 정치적·정신적 공간이 확보되지 않았지요. 그러다가 2007년 대한민국 제17대 대통령 선거 때 당시 한나라당의 이명박 후보가 본래 여배우 김정은(金諪恩)이 2002년부터 BC카드 선전 멘트로 써서 대박을 쳤던 "여러분, 부자 되세요!!!"라는 광고를 내세워 사람들한테 엄청나게 어필했잖아요. 그러니까 김누리 교수가 말하듯이 우리의 정신상태는 박정희 이래 너무 우클릭되어 있어, 공정이라든가 정의라든가 하는 관점에서 세상을 보려고 하는 노력은 전혀 하지 않은 채 사실상 생각이라는 것은 해볼 엄두도 내지 못하고 살아온 거예요. 계속 내 돈, 내 성공, 부자 되기 등등으로 우클릭, 우클릭하다가 보니까 삶의 중심이 어디 있는지도 돌아보지 않고 지금까지 내달아 왔다고 할 수 있습니다. 왜냐하면 방금 MB 선거운동 표어도 그랬지만, 유신 독재체제의 최정점은 날아갔지만 그것을 떠받들고 있는 골격은 계속 유지되면서 돈 벌기, 경쟁에서의 승리 등등이 구효료 세뇌 교육을 헤오는 기운데 돈 번 사람, 경쟁에서의 승리자 등으로 이루어진 피라미드의 정점에 검새, 판새, 기레기 등으로 풍자되는 그런 인물들이 그 피라미드의 꼭대기를 점거하기에 이르렀지요.

　최근에 보니까 이런 식으로 경쟁에서의 승리자, 성적이 우수한 자들 그리고 돈도 번 자들처럼 유신독재체제의 정점에 있던 그 독재 권력이 차지하고 있던 권력 공간을 점거하고 들어가는 자들 중에 의사까지 있는 줄 몰랐어요. 내가 보기에, 현재까지 이 권력

피라미드의 꼭대기에 들어오는데 성공한 사람들은 다 이렇게 "부자되세요!!!", "파이부터 키웁시다!!!"라고 하는 박정희의 미끼에 그대로 스스로 길들여 그 탑(top)에 오른 이들로 보입니다.

따라서 유신의 청산이라고 한다면 우선은, 혼자 잘 살려고 경쟁에서 승리한 일등만 기억해주고 모든 이득을 독점하도록 하는 이런 나쁜 풍조에서 벗어나 경제성장의 성과물을 모두가 공유하는 다 함께 잘 사는 인간해방의 세상을 만들어야 한다는 관점에서 봐야 유신이 얼마나 나쁜 것이었던 건지 그 적폐가 확실하게 드러나고 제거될 수 있다고 생각됩니다.

감시와 탄압의 전면화와 일상화로서 유신독재체제
— 국회의원에서 가족 그리고 주변 사람들까지

이대수: 저도 얘기를 좀 하자면, 아까도 홍 선생님이 얘기했던가요? 유신청산이라고 하면 그런 소리 듣는 국회의원들이나 그 밖의 사람들 표정이 꼭, 유신 때 희생당한 사람들이 보상이나 바라고 쫓아다니는 그것 사람, 그 무슨 민원 처리하려고 다는 듯한 민원인 보는 듯한….

이종구: 그것도 악성 민원인입니다. (다들 웃음!)

박순희: 아주 와닿는 말이네요. 유신의 피해자라면 사실상 온 국민이거든요, 다 당한 것이거든요. 그런데 참으로 원통하게도 이런 잘못된 역사를 바로잡는 일은 오롯이 싸우는 자, 앞서가는 자, 움직이는 자들만의 몫으로 되어있어요. 그러니까 그때 잘못된 것을 지적하고 희생된 사람들만 유신에 저항한 것처럼 되어있어요, 지금 민주화 운동도 그렇게 된 것처럼 보여요. 집안에서 그러는 거예요. 우리 집안에서 그렇게 살난 일 하는 사림은 너 하나로 족하니까 조카들까지 물들이지 말라 이거예요. 그때 70년대 친척 일가까지 다 쫓아다니면서 사찰을 해대는데, 우리 오빠는 조그만 중소기업을 하는데 노상 와서

감시하는 거예요, 참다못해 나중에는, 우리 오빠도 보통 성깔이 아니라 한 바탕해대니까 영등포경찰서 정보과장이 와서 사과하고 그랬다네요. 어쩜 그렇게 한 사람 콕 찍어서 괴롭히려고 들면 그다지도 악착같았는지, 하루하루가 이게 언제 끝날지, 어떻게 보면 겁먹은 것도 있고, 귀찮은 것도 있고, 그 긴 세월의 하루하루가 정말 여러 가지 감정으로 시달렸어요.

고은광순: 또 공포를 주잖아요. 우리 작은아버지가 대령이었는데 나 때문에 별 못 단다고 양쪽 집안에서 싸움이 났죠. 연좌제가 그대로 적용되어 엄청나게 닦달들 했어요.

박순희: 그러니까 실제로는 아닐 수도 있는데, 무슨 일이라도 풀리지 않으면 안 된 일은 다 너 때문이다는 그런 식이었어요.

홍윤기(사회): 저는 아버지가 교육자셨는데 제가 달려갈 당시 강릉시 교육청 학무과장이었어요. 내가 구속되자마자 당시 중정에서 교육청 감사가 나왔다고 해요. 샅샅이 뒤져도 직무상 하자가 없는데 막 철수하려다가 무슨 서류보관함 열쇠를 찾더니 그게 제자리 없었다고 트집을 잡고는 바로 그다음 날로 강원도 최북단인 고성의 국민학교 일선 교장으로 발령을 내더라는 거죠. 그 얘길 듣고 엄청 화가 났던 게, 사실 우리 아버지가 정말 권위나 정치 권력에 답답하도록 순종적이고 방관적인 분이거든요. 제가 2학년 여름방학 때 집에 내려갔는데 제 가방 속에 야학에서 쓰려고 만들었던 교재와 세미나 자료가 있었는데 어쩌다 그걸 보게 되었던 모양입니다. 그걸 집어서 제 앞에 내보이면서 왜 이런 불온한? 하여튼 그런 걸 갖고 다니냐고 마구 힐난하시는 거지요. 맞대꾸하다가 그냥 화가 나서 방학 중인데도 바로 집에서 나아 서울 올라와서는 학교 근처에서 기숙사 열릴 때까지 하숙했었어요. 그런데 이런 분이 아들이 뭔 짓 하고 다니는지 어떻게 알고, 안들 또 어떻게 하겠어요? 그런데 그런 양반을 바로 좌천시켜 벽지로 내모는 거지요. 뭐, 그런 벽지의 교장을 한다는게 그 무슨 천형(天刑)은 아니지만, 당시 통념으로 미루어 볼 때, 일생 충직하게 정부 뜻을 잘 따르던 분이, 아들이 한 별볼일 없는 일 때문에 하루 아침에 혼자 갑자기 한직으로 나가야 했으니… 그런데 주변에서는 영 분위기가 예전 같지 않았다는 것이지요. 감시와 밀고 박해라는 것이 완전히 실감났던 순간이고, 이런 상태는 87년 6월 항쟁까지 은연중에 고향에서 계속되었다고 해요.

이대수: 그토록 오랜 세월, 그래도 지역에서는 명망 있는 교육자분이셨는데, 교육장 되기 일보 직전에 그렇게 되었다면 아버지로서도 분했을 것 같아요. 자식을 잘못 키운 거지요(웃음).

모든 국민의 고난의 역사로서 유신역사의 통찰과 '인간다운 삶'을 향한 이정표의 재확인 ― 무법 국가 유신독재체제를 딛고 일어서기

고은광순: 그래서 제가 여기서 더 얘기하고 싶은 것은 말이죠, 역사는 현실과 미래와의 대화라고 얘기하잖습니까? 우리가 겪은 그 역사에서 배운 것을 끊임없이 바르게 이어가야 한다는 것입니다. 5·18 항쟁도 거기에 직접 참여한 사람들만 한 것은 아니잖습니까? 유신도 꼭 그 시대에 저항하거나 직접 희생당한 사람들만 겪었던 것이 아니고요, 저항의 역사는 동학 때부터 쭈욱 이어져 내려오면서 이 땅에 함께 살았던 모든 사람이 같이 겪었던 아픔이지요. 그래서 이들 모두의 삶을 이제라도 구석구석 들여다보면서 그 실상을 낱낱이 밝혀 역사적 인식을 세우고 당시의 일을 적은 글들을 보면, 그 시대 사람이라면 누구나, 내가 정말 잘못 살았구나. 사람답게 살지 못했구나하는 이런 느낌이 좀 오게끔 정리를 하면 좋겠다는 것이 내 바람이예요. 그렇게 한 번에 똑 떨어지진 않겠지만, 그렇게 꼭 있어야 할 텐데, 그런 게 너무 아쉬운 거예요. 유신시대는 운동한 사람만 기억하고 내세워야 할 시대가 아니라 우리가 다같이 살았던 시대이고, 그 잔재를 청산하는 것은 그 안에서 살면서 알게 모르게 고통과 불이익을 당해야 했으면서도 꼭 참고 지냈던 전체 국민들의 역할이고 몫이어야 한다는 거죠. 당시 저항에 어디든지 작은 조직이든 큰 조직이든 다 관여했겠지만 이제는 성별 너넓어 힘세 그리고 대중들이 끼이날 수 있는 그런 차원의 역할을 할 수 있는 유신 청산의 마당을 열어야 할 것 같아요…

고은광순: 근데 긴급조치는 위헌 판결을 받았잖아요. 유신에 대해서는…

이대수: 아무것도 없어요.

고은광순: 그거는 어떻게…

이대수: 지금 우리가 하려는 거에요.

홍윤기(사회): 건국대 한상희 교수나 저 같은 경우는 유신독재체제와 그것을 떠받든 유신헌법 자체가 통째로 불법 국가(不法國家) 내지는 무법 국가(無法國家. Unrechtsstaat)라고 총체적 선언이 필요하다는 입장이죠.

고은광순: 그런 단정을 헌법재판소 같은 데서 판결로 받을 수 있나요?

이대수: 그건 국회에서 선언하고 입법해야 돼요.

홍윤기(사회): 독일의 경우 연방헌법재판소 그리고 주(州)대법원에서 사안별로 나치 체제를 무법 국가로 선언하고 재판을 한 경우가 있어요. 그러다가 동독과 통일하면서 동독 일당국가체제의 법적 성격을 놓고 논란이 일었는데, 동독 체제가 나치 체제처럼 총체적인 무법 국가는 아니라고 하면서도 그 체제가 폭력지배(Gewaltherrschsft) 또는 특정 통치세력의 자의적 권력 행사에 따라 임의적으로 지배되었던 지배체제 즉 독재체제(Willkürherrschaf)라는 점은 정치권과 법조계에서 공유하는 것 같습니다.

이대수: 21대 국회가 유신이 불법이라고 선언하고 그 불법을 시정하기 위한 유신청산법을 우리 유신청산민주연대(유청연)이 준비해 가겠다고 한 거지요. 그래서 일단 이 일을 위한 TF팀을 만들어야 하는데, 이 일을 위해서 많은 사람이 간여할 필요는 없고요. 일단 입법 차원의 과제를 추진할 입법전문가 내지 입법전담팀을 만들어야 한다고 생각합

니다. 긴급조치는 유신독재체제의 가장 강력한 통치 수단이었고요 그 아래서 우리는 사형이나 무기징역에서 장단기 징역을 비롯하여 감시와 사찰 등 온갖 박해를 받은 구체적인 피해자들이기도 합니다. 그런데 이제 문제는 그런 긴급조치에 대한 대응이 아니라 유신의 몸통을 보여주는 일이고, 이런 일은 그 피해를 입은 우리 세대가 나서는 게 가장 적합한 위치에 있습니다. 박정희 유신독재체제에서 박정희가 없어지고 난지 40여 년이 지난 이제야 단지 우리가 당한 개인적 피해뿐만 아니라 유신 전체를 조망할 역량과 역사적 거리가 생겼습니다. 이런 입장에서 우리는 유신 청산을 위한 일종의 역사적·철학적 투쟁 우리 세대가 해놓고 떠나야 할 책무라고 생각해요.

고은광순: 아직 정신 똑바를 때 해놓고 가야죠. 더 늙기 전에요.

박순희: 맞아요. 우리가 시작했던 일을 매듭짓는 거라고 생각하고.

고은광순: 요즘 젊은이들이 헬조선이라고 하고, 흙수저 금수저라는 말들을 쓰죠. 이렇게 사회적 격차가 심해지는 역사적 뿌리가 유신에 있잖아요. 유신 청산을 똑똑히 하지 않으면 대한민국의 미래는 없다고 봐요. 우리 젊은 시절에 딱 틀 잡혔던 것들이 그동안 많이 변한 것 같은데도 정작 중요한 것은 거의 변하지 않았어요. 재벌 중심의 경제, 분배 정의의 실종, 사회적 약자의 인권 유린 등 여러 적폐 요인들이 여전히 존속하고 확대하고 강화되고 하면서 우리 삶의 질곡으로 여전히 발목을 잡고 있는…

박순희: 박정희가 경쟁을 기본으로 놓고 휘몰아지는 바람에 못사는 건 다 네가 경쟁에서 게을렀기 때문이라는 식으로 몰아치니까 사회적으로 격차가 생겨도 가난은 내 개인이 부족한 소치, 내 개인의 죄라고 자책하고. 그렇게 되니까 그 격차는 점점 벌어지는 것이죠. 젊은 층에서 중상층은 거의 사라지고 하층 사람들은 이제 희망이 없는 거죠.

고은광순: 빈부격차를 방치하면서 지금까지 경제를 운영해 왔으니, 낙오하는 이들에게는 출구가 없죠. 참 민망하지만, 이렇게 잘 산다고 되어있는 나라에서 자살률이 OECD

30개 국가 중 최근 10년 연속으로 일위(一位)잖아요.

박순희: 성폭력, 성추행에 시달리는 것도 마찬가지예요.

고은광순: 애도 점점 안 낳고….

홍윤기(사회): 모든 것은 돈 벌고 승리하면 된다… 뭐, 그렇게 정신없이 살다 돌아보면 우리가 최고가 되어 있는가? 그렇게 경쟁에서의 일등을 외치고 승리우선주의로 나갔어도 우리는 한 번도 제대로 된 일등을 해본 적은 없었던 것 같아요. 언제나 일등을 닮으려고만 했지 정말 일등으로 선두를 치고 나간 적은 없었던 것 같습니다.

　자, 이제 우리의 현재 삶에서 유신이 차지하는 부분에 대해서 어느 정도 정리가 된 것 같습니다. 저도 여기 선생님 말씀들 들으면서 어떤 입장에서 우리가 우리의 과거를 돌아보아야 하는지 상당히 든든한 관점이 선 것 같습니다. 독일도 나치를 계속 상기하고 반성하면서 현재의 독일을 만들어 왔거든요. 이런 부분이 우리나라에서는 가장 제대로 되지 않은 부분입니다.

이대수: 박정희 시대는 분명 군부독재 시대인데 권위주의 시대라고 참 그럴듯하게 온건하게 치장을 했어요.
이종구: '권위주의'라는 개념은 서울대 사회학과의 한상진 교수가 남긴 작품입니다.

이대수: 예, 맞아요. 박정희 유신체제를 권위주의라고 온건한 것처럼 말하는 것부터 청산을 해야 해요. 그거 무슨 권위주의가 아니지요. 그렇게 말도 안 되는 개념을 붙여주는 학자들 나와서 그때가 그저 무슨 좀 엄격한 보수주의 시대같이 윤색해요.

이종구: 유신체제의 청산에 대해서는 두 가지 접근법이 있을 수 있습니다. 하나는 제도적인 청산입니다. 유신 잔재가 계속 존속하면서 우리의 삶을 계속 옥죄고 파행으로 몰고 가는 관성이 있습니다. 그동안 제도적으로는 상당한 개선이 진전된 측면도 있습니

다. 특히 민주주의 공고화를 위해 생활세계 전반에 걸쳐 실질적 민주화를 어디까지 진척시켜야 할 것인가에 대해 심도 깊은 논의를 전개할 필요가 있습니다.

다른 하나의 접근법은 한국 사람들의 정신 속에 유신이 박아놓은 말뚝이라고나 할까요, 일상적 생활세계 속에 박아넣은, 눈에 안 보이는, 이 굉장히 천박한 쇠말뚝을 뽑아내는 일입니다. 우리의 생활이나 정신세계 속에 남아있는 유신의 각종 적폐를 끄집어내어 햇볕에 노출시키는 일입니다.

"합리적이고 인간적인 사회를 만들기 위해 무엇을 고쳐야 하는가?", "현재의 생활인과 앞으로 태어날 후손 세대를 위해서 좋은 사회를 만드는 방법은 무엇인가?" 등을 확인하고 실행하려면 무엇보다도 유신에 대한 정확한 분석과 평가가 필요하다고 봅니다.

홍윤기(사회): 어쩌다가 긴급조치에 걸려들기 전까지 야학 차원에서 당시 동일방직 노조를 하던 분들과 밀접하게 접촉하고 있었는데요, 현장에서 노동하고 운동하던 분들이 썼던 두 글이 당시 대학생들에게 준 충격이 감동적이었어요. 하나는 석정남 선생이 당시 크리스찬 아카데미에서 발간하던 『월간 대화』지의 1977년 11월, 12월호에 연재했던 '인간답게 살고 싶다'와 '불타는 눈물'이라는 수기인데,[6] 이 수기의 내용은 전태일 열사의 분신 고발이 사실임을 뚜렷하게 상기시키면서, 그렇게 발전하고 있다는 당시 한국경제 안에 그 발전을 떠받치면서도 착취당하고 멸시받는 인간들이 있음을 선명하게 부각시켜 주었습니다. 그리고 이 글에 앞서 같은 해 『월간 대화』1월호에서 3월호까지 연재되었던 유동우 선생의 '어느 돌멩이의 외침'도[7] 충분히 인간답게 살 수 있는 경제발전을 하고 있음에도 여전히 소외되도록 강요당하는 우리나라 동료 시민의 억울한 삶과 그것을 벗어나려고 몸부림치는 청년 노동자의 의연한 모습을 보여주어 유신을 넘어서는 삶의 비전을 선취(先取)하도록 하였습니다.

거의 반세기가 지난 지금도, 그때 우리가 살지 못했던 그 삶을 우리가 아직도 살지 못하고 있다는 사실을 확인한다는 것은 슬픈 일입니다. 그런데 이제 코로나 팬데믹 상

---

6 이 수기들은 나중 석정남, 『공장의 불빛』(일월서각, 1984년 10월)으로 출간되었다.
7 이 글은 유동우, 『어느 돌멩이의 외침. 柳東佑 體驗手記集』(對話出版社, 1978)으로 출판되었다가 절판됐는데 80년대 柳東佑, 『어느 돌멩이의 외침. 韓國논픽션選書4』(青年社, 1984)로 재발간되었다.

황은 우리가 다 같이 살지 않으면 다 같이 죽을 수 있다는 엄정한 현실을 직시하도록 만들고 있습니다. 이제 다 같이 잘 살아야 한다는 것, 공생공영(共生共榮)은 더이상 이념이나 꿈이 아니라 코로나 바이러스라는 전대미문의 미생물체가 우리에게 부과한 생존조건이 되었습니다. 가난을 벗어났던 그 저력이 소수자의 독점으로 낭비되게끔 만들었던 그 유신독재체제의 잘못된 망상에 국민이 계속 기망당하는 이 현실이 더이상 계속되도록 해서는 안됩니다.

고은광순: 진짜 이 작업이야말로 우리가 후세에 물려줄 유산이지요!

박순희: 그래요! 48년 전에 들었던 인간답게 살고 싶다는 말을 이렇게 해서 48년만에 다시 똑같이 감격스럽게 들어야 한다는 게 좀 그렇네요.

고은광순: 동학에서는, 너도 귀하다, 나도 귀하다, 서로 귀하니 우리 함께 잘 살자, 그랬거든요! 그런데 유신이라는 것은 다 같이 잘 살자고 해놓고는 자기네들만 잘 살려고 국민들을 속이고 조작하고 폭력으로 누르면서 국민들을 아주 나쁘게 길들여 놨어요. 경제가 최고고, 일등이 최고다! 아이들을 교실에 꽁꽁 가두어서 이런 생각으로 길들이고 그 중 가장 잘 길들여진 게 지금 검새, 판새 이런 것들 아닌가요? 이런 유신이 청산되면 함께 잘 사는 그런 철학들을 널리 실현할 수 있을 것 같아요.

이대수: 인간만이 아니라 자연 생태계. 지구생명체 모두가 더불어 살아야겠지요.

홍윤기(사회): 갑오년 봉기했던 농민들이 외쳤던 동학의 구호와 그 세계관이 얼마나 내단했는지, 어렸을 때 처음 들어서는 제대로 알지 못했습니다. 그런데 우리가 모범으로 삼는 서구의 사상사나 혁명사를 좀 알고 나서야 비로소 동학이 자생적으로 얼마나 선진적인 생각을 했는지 절감할 수 있었습니다. 사실 당시 농민들은 말할 것도 없고 동학 지도자들 중에 그때 접하기 시작한 서구의 언어나 사상을 제대로 알고 있던 이는 한 분도 없었다고 봐요. 서구에서 모든 사람이 '인간'으로 평등하게 통칭되는 데는, 종교개혁에서 시민혁명기까지 약 3세기가 걸렸습니다. 그런데 동학은 시작하자마자 "인내천(人乃天)" 즉 "사람이 곧 하늘이다!"고 단박에 사상적 도약을 성취했습니다. 조선의 봉건왕조는 외세를 끌어들여 자기네 백성의 이런 움직임을 억누르려다가 자기네가 끌어들인 외세에 제풀에 망했고, 일제는 조선 사람을 아예 인간 취급도 하지 않았다고 하면, 박정희는 이런 정신을 오염시키고 타락시켰다고 볼 수 있습니다.

그러면서 향후 우리나라 사람 하나하나 모두가 인간적으로 성숙하는 것, 인간화(人間化)하는 것을 억압한다는 점에서 이해관계가 일치하는 그런 이들, 즉 동학혁명이 일어났던 조선 말기에서 일제 강점기를 지나 국제적 차원으로 발전한 민족내부전쟁을 거쳐 분단기에 이르기까지, 여러 계기에 따라 여러 분야에서 조롱조롱 알알이 맺혀지며 결정화(結晶化)되어 굴러온 억압세력들은, 박정희 유신독재체제 안에서 마치 박정희로부터 일괄 소환을 받은 듯이 총체적으로 집결하여 억압적 지배의 대오를 짜게 되지요. 지난 반세기에 지역감정과 성장이데올로기에 점거된 일정 대중을 인적 동원기반으로 한 이 지배블록은 정말 대한민국 민주발전에 대해 항상적으로 암적(癌的) 세포와 같은 반동적 역할을 했다고 봅니다.

이번에 우리 유청연이 발간하는 책의 제목에 '대한민국 민주발전의 암(癌)'이라는 말을 아예 박은 것은 유신독재체제 안에서 성체화되어 대한민국 국가와 사회 그리고 경제와 문화, 교육 등 모든 영역에 번진 이 지배블록의 역할이 마치 암세포 전이하듯이 하는 기능을 하는 것을 확실하게 명토박아 규정하자는 의도이기도 하지요.

박순희/고은광순: 딱 들어와 박히는 제목이네요!!! "암"이라고 하면…

홍윤기(사회): 사실 지난 민주화 국면 한 세대의 추이를 보면 박정희 유신독재체제의 잔재들이 이런 역할을 한다는 것이 실감이 나요. 즉 6월 항쟁에서부터 정권에 따라 간헐적으로 발발한 시민동원(市民動員, civil mobilization)을 통해 광장과 대로변에서는 역대 정권에 큰 승리를 거두었는데, 이렇게 광장과 대로변에 모였던 시민늘이 각자 흩어져 집으로 가다가 골목을 지나다 보면 집앞 골목에 버티고 있는 골목대장들에게 반드시 까여 큰길에서 얻은 승리가 큰 이익으로 돌아오는 일이 거의 없었습니다.

이제는 정치면 정치, 경제면 경제 그리고 나아가 교육이면 교육 등 각 생활 영역에서 진정 인간답게 살기 위해 이런 곳곳에 도사리고 있는 골목대장들을 섬세하게 살피면서 이들로 인해 우리가 살지 못했던 그 삶이 무엇이었던가 그리고 이들 때문에 여전히 충족되지 않은 그런, 우리가 살고 싶은 삶이 무엇인가를, 하나하나 확인하고 새겨나가야 할 것 같습니다. 인간으로 태어나 한 세상 살면서 인간답게 한번 살고 싶은 우리, 귀한 존재로서 우리, 그런 우리로서 48년 전을 한번 돌아보면서, 다같이 인간답게, 우리 자신들을 위해 살아갈, 우리 자신들의 삶(our own life for us all living together in a humanizing way)을 내다보자는 것이지요. 이 정도 메시지라면 앞으로 우리 유청연이 할 일이 충분히 유의미하지 않을까요?

고은광순: 무슨 성서 읽는 거 같아요(웃음 그리고 다같이 박수)!

박정희 유신독재체제의 본격적 청산을 위한 첫 걸음으로서 유신독재의 제1호 피해자가 '대한민국 국회'임을 분명히 밝힘

홍윤기(사회): 이 집담회를 시작하면서 제기했던 화두들이 이제 어느 정도 결론적인 핵심을 잡아간 듯합니다. 박정희 유신독체제와의 이런 인연, 아니 악연은, 저에게 역설적으로 일생 가슴에 맺힌 공부 거리를 던져주었는데요, 당시에는 몰랐던 그 시대의 전반적 분위기가 무어이었는지, 정말 그때 국가에 긴급한 위기가 있었는가? 도대체 왜 박정희라는 사람이 그 많은 군인, 경찰, 정보부원, 하다못해 통반장에 지도교수까지 동원하여 우리 일상을 낱낱이 감시하고 끌어다가 고문하고 가두고 그랬을까? 흑시나 우리가 잘못한 것은 아니었나? 여하튼 반성을 해 보기도 하고 역지사지로 생각하려고 해보기도 하고, 그러면서 나도 같이 지냈던 그 역사들을 세삼 더 찾아보기도 한 것이 연구자로서 지낸 제 개인사이기도 했습니다.

이제 이런 개인사들에서 조금 거리를 두고 우리가 겪었던 이 '박정희 유신독재체제', 보통 '유신체제'라고 하는 이 체제를 하나의 '체제', 레짐(regime)이라고 한다면 그 자체

역사적으로 다른 어떤 체제와 구별되는 특징적 면모가 있지 않았는지 짚어보았습니다. 결론적으로 말하자면 무엇보다 우리에게 특징적으로 보였던 것은 그리고 이 점에서 박정희 이전 이승만과도 구별되는 점이 있다고 보이는데요, 유신체제가 단지 '독재 (dictatorship)' 또는 독재정권 정도가 아니라 일종의 체제, 레짐(regime)이라고 한다면, 즉 종합적으로 파악해서 '독재의 체제화'라고 한다면, 결과적으로 유신체제는, 이승만 대통령처럼 주어진 체제 안에서 한번 잡은 권력을 무한 행사하려는 단순 독재정권이 아니라, 대통령 박정희를 단독정점으로 하여 그의 의지가 일사불란하게 관철되도록 아예 통치편제를 새로 짠 일종의 전체주의적 감시·통제 및 고문의 체제였다고 그 특징적 면모를 규정할 수 있다는 점을 오늘의 집담회로 다시 한번 확인하게 되었습니다.

다음으로, 유신체제는 1972년 10월 17일 대통령 특별선언의 형태로 대통령 비상조치를 선포한 날로부터 1979년 10월 26일 박정희가 격살당하던 날까지, 1974년 1월 8일 17시에 발포된 긴급조치 제1호부터 1975년 5월 13일 15시에 발포된 긴급조치 제9호에 이르기까지, 물경 5년 9개월, 백분율로 따지면 약 82%의 기간 동안 긴급조치로 버텼습니다. 다시 말해서 유신체제는 사실상 긴급조치체제였어요.

그리고 유신독재체제를 암세포에 비유하는 것은, 좀 썰렁하기는 해도, 대한민국 건국 기점인 3·1혁명이 발발한 뒤 한달 열흘만에 성립한 '대한민국임시정부'가 같은 해 4월 11일 그 1호 법령으로 선포한 '대한민국임시헌장' 제1조에서 "대한민국은 민주공화제로 함."이라고 규정한 이래, 민주주의로 발전하는 대한민국을 전망하면서 가졌을 국체(國體) 즉 민주공화적 국가체제에 대한 독립운동가분들의 기대치를 기준으로 할 때 유신독재체제야말로 최악의 체제였습니다. 즉 유신체제야말로 대한민국 건국이념이 완전히 무시된 '민주주의 제로-그라운드'였고, 대한민국의 국체가 완전히 부인되어 더 이상 나빠질 수도 없는 최악의 체제였습니다. 따라서 대한민국 제4공화국은 박정희 유신독재체제에 의해 사실상 강점당했다고 할 수 있는데요, 독립운동하시던 분들의 관점에서 보자면, 대한민국의 공화국 기산점마다 국가적 민주 발전의 정도가 부침을 거듭하지만, 어느 모로 보나 유신독재체제는 대한민국이 건립되면서 정립한 민수 발전의 기순에서 볼 때 유신체제는 정말 최악이고, 민주공화국 국체의 전면부정이었습니다. 그런데 이런 체제 안에서 재결집한 기득권세력들의 편제와 거기에 순응하는 대중멘탈의 작용

양상은 대한민국 국가와 사회 그리고 각 분야의 생활영역에서 그 발전을 지속적으로 저해하는 사회적 폐습, 일종의 암세포라고밖에 할 수 없다고 봅니다.

이런 암세포에 대한 치료에는 대체로 두 가지가 있다고 보이는데요, 하나는 이 암세포에게 직접 피해를 입은 당사자의 피해를 복구해 주는 일종의 대증(對症)요법이고요, 다른 하나는 다른 사람에게까지 이런 암세포가 전이되지 않도록 하는 면역(免疫)요법이라고 할 수 있습니다.

유신독재체제에서 박정희가 동원했던 정책과 그것을 집행한 공권력 및 그에 편승한 사적 또는 사회적 권력들에 의해, 응당 살아야 했던 인생을 잃어버리고 상당한 피해를 감수해야 했던 이들에 대한 치유와 보상은 민주화 국면에서 간헐적으로 나왔고 지금도 지루한 재판 과정을 거쳐 사법적 방식으로 간혹 행해지기도 하고 대체로 행해지지 않기도 하는 상태가 지속되고 있습니다. 유청연이 내는 이 책의 출간을 계기로 '박정희 유신독재체제'와 '박정희 없는 유신잔재세력'에 의한 피해의 실상에 대한 보다 광범위한 조사가 국가적으로 체계적으로 이루어져 '국가에 의한 국가주권자 박해'라는 역설적이고도 재앙적인 상황이 다시는 재연되지 않도록 '파탄적 국가통치'의 구체적 실체들이 가해자와 피해자에 걸쳐 낱낱이 기록되어야 할 것으로 생각됩니다.

이런 점에서 볼 때 유신독재체제와 그 잔재 세력의 지속적 준동에 대한 면역조치는 누구보다 대한민국 국회가 적극 나서야 할 것으로 보입니다. 이 책에서 가장 힘주어 강조하고 있는 점 중에 하나입니다만, 우리는 유신체제 피해자 1호가 1972년 당시 '제8대 대한민국 국회'라는 사실을 까맣게 잊고 살았습니다. 더욱 놀라운 것은, 역대 국회는 1972년 당시 통용되던 제3공화국 헌법, 즉 박정희가 그렇게 힘들여 개정하여 3선의 근거까지 마련한 '대한민국 제7호 헌법'에 없는 국회 해산을 단행하여 그날로 국회의원들을 해고하다시피 국회에서 쫓아냄으로써 이 폭거의 거사 당일 나타난 첫 피해자가 바로 국회의원들 자신이었다는 것을 전혀 의식하지 않아 왔다는 사실입니다. '대한민국국회'의 역사에서 이런 수치스러운 사태가 없었기나 한 것처럼, 유신국회 이래 모든 역대 국회는 자신은 피해자가 아닌 것처럼 행세하면서 유신피해자들을 일종의 민원인 대하듯이 대해 왔습니다. 그런데 대한민국이 민주공화국으로서 국가적·국민적 차원에서 민주주의 발전의 비전을 가져야 한다고 했을 때 유신독재체제는 그 비전의 대척점에 놓고 반면교사로 삼아야 하는 '민주주의 영점(零點 zero-point)'에 해당됩니다. 좀 단순화시켜 말하자면, 유신을 뒤집어 놓고 보면 대한민국 민주주의가 어디까지 나아가야 하는지 그 비전이 보인다고 할 수 있습니다.

박정희 유신독재체제를 돌아보면서 안전과 자유와 행복을 누리는 대한민국 국민의 미래 삶을 내다 봄

48년 전의 얘기가 단순히 지나간 과거사가 아니며 그냥 회고의 문제가 아니라는 것을 확신하는 근거이기도 합니다만, 역설적으로 박정희를 아이콘으로 내세우는 쪽에서 '박정희 없는 박정희 담론'을 만들기 시작했다는 것도 좀 주목할 점이 아닌가 싶습니다. 그들에 따르면 박정희 대통령은 경제발전을 이루었고 자유민주주의를 지켰다고 하는데요, 사실 우리가 겪은 박정희는 수출로 벌어들이는 돈보다 더 많은 차관을 끌어들여 항상 외채 위기에 만성적으로 시달리면서도 재벌을 비롯한 자본가 측만 편파적으로 특혜를 주면서 수출 역군인 산업 노동자들의 합법적 요구는 가차 없이 짓밟았고, 민주주의라고는 완전히 적대시했던 사람이었는데요, 국가안보가 위협받는다고 해서 제일 먼저한 일이 우리를 위협하는 적을 상대로 대오를 짜기는커녕 도리어 같은 편인 국회의원들부터 국회에서 쫓아내고 고문하는 그런 사람이 자유민주주의를 지켰다? 해도 너무한 왜곡이지만 어쨌든, 박정희 아이콘 아래 박정희 담론을 만들려고 하다 보니 '박정희가 아니었던 박정희'가 인공적으로 유전자 조작되는 과정이라고 할 수 있겠지요?

어쨌든 자유민주주의자로 위조된 박정희, 박정희가 절대 되고 싶어하지 않았던 그런 박정희, 가짜 박정희를 만드는 시도를 두고 썰렁한 아재 개그라고 무시할 수도 있겠지만, 허구라도 현실적 유효성을 가진다고 했을 때 이들과도 대화할 여지가 전혀 없을까도 생각해 보았으면 합니다. 왜냐하면 누군가 허상을 갖고 있다면 그 누군가에게는 허상 자체가 사실은 현실이거든요. 그랬을 때. 그들이 갖고 싶어 하는 박정희 상(像)과 비추어 그럼 그런 박정희가 지켰다는 대한민국 민주주의, 그런 풍요로운 국민의 삶을 같이 만들어보자라는 담론까지도 같이 만들어 갈 수 있는 폭을 가져볼 여지도 찾아보자는 것이 이번 집담회의 취지 중 하나이기도 합니다. 그래서 오늘의 집담회를 기점으로, 유신독재체제의 청산이 단지 과거에 머물지 말고, 유신 당시 이 나라에 엄청난 물질적 가능성을 두고도 우리가 살지 못했던 그런 안전하고 자유롭고 행복한 인간다운 삶, 즉 〈대한민국헌법〉이 그 전문에서 기약한 그런 삶을, 남은 우리 생애 동안 우리가 누를 수 있고 더 나아가 이 땅에서 살아갈 우리 자손들도 누릴 수 있는 비전을 정립하는 다음 작업이 조속히 실행되었으면 합니다. 오늘 돌아본 과거를 바탕으로 미래를 내다보는 다음 모임에서 또 만나기를 기원해 봅니다. 감사합니다.

— 정리: 홍윤기

부록

유신청산민주연대 활동 경과

(2019. 5.-2020. 5.)

2019년

5. 13. 대법원 앞 기자회견과 의견서 대법원 접수

유신-긴급조치 9호 발동 44년.

사)긴급조치사람들

5. 16. 국회토론회: 긴급조치9호 선포 44주년 긴급조치피해자 원상회복 토론회

박주민 의원실 긴급조치사람들 민청학련동지회 민변긴급조치변호인단

5. 16. 1차 준비 회의

토론회 참석자 중심으로 국회 휴게실에서 개최 유신청산 필요성 공감

긴급조치의 몸통 격인 유신헌법과 유신독재체제 문제를 제기하고 불법화하는 운동이
필요함을 공감하고 대응해 가기로 하고 구체안을 마련하기로 하다.

6. 19. 2차 준비 회의

(가칭) 유신-긴급조치 청산 공동대책 준비를 위한 2차 연석회의(6.19.) 결과

일시: 2019.6.19. 오후 3시

장소: 사)긴급조치사람들 공동회의실

참석: 이종구 김영진 정병문 송병춘 이대수 정해랑

1) 유신독재 청산을 위하여 세 가지 영역(헌정 중단과 왜곡 ― 국회 해산 헌법 제정 선포 유신정 우회 등 / 인권 유린 ― 법원검경 통한 사회 전 분야 대국민 폭압 통치 / 70년대 반유신 민주 화운동, 부마항쟁)에 초점을 맞춰 1차적으로 3년간(2019년~2022년 10월 유신 50주년) 사업과 활동을 추진한다.

2) 활동과 사업은 세 가지 방식 토론회(강연, 토크쇼 등) 전시회(연표, 공연, 출판) 영상물(유튜 브, 영화, 기존 영상물 활용 등) 방식을 적절히 준비해 추진하되 관련 기관 단체와 협업하여 추진한다.

구체적으로 입법부(국회), 사법부(대법원, 헌재), 행정부(검찰·경찰 등), 문화예술, 언론, 대학, 교육, 종교계, 노동, 농민, 빈민, 여성, 대학민주동문회, 지역 등 제 분야와 영역별로 참여를 제안하고 포괄해 가도록 한다.

3) 2019년에는 제헌절(7. 17.) 기자회견을 시작으로 년간 계획으로 정례적인 월례 포럼을 추진한다. 월례 포럼을 통해 논의를 진행하면서 참가 단체를 모아간다.

첫해에 해당하는 2019년 10월 14∽26일 주간에 걸쳐 토론회(토크쇼 등 잠정 10·17) 전시회 상영 등 관련 행사와 사업을 제안하고 추진하도록 한다. 9월부터 토론회(심포지엄, 유신 헌법 관련) 추진한다.

4) 사업 추진을 위한 제안서를 준비하여 관련 제 단체에 보내고 가능하면 제헌절 이전에 추진을 위한 준비 간담회를 개최한다. 제헌절 기자회견 준비과정에서 공동 참여를 위한 조직 재정 등 제 방안을 마련해 간다.

5) 준비를 위해 역할 분담 한다.

(전시회 ― 김영진 / 월례 토론 및 10월 행사 기획 ― 이종구 / 7월 제헌절 기자회견 준비 ― 송병춘(회견문 초안), 정해랑, 김영진 / 참여단체 등 파악 ― 이대수, 정병문.

차기 회의는 6월 26일(수) 오후 3시 긴조 사무실로 한다.

6. 26. 3차 준비 회의

7. 9. 4차 준비 회의

민청학련동지회(시국대응위원회, 재심추진위)와 (사)긴급조치사람들

연석회의 회의록(초안)

1. 회의 개요

o 일시: 2019. 7. 9. 오후 5:30-6:30

o 장소: 여의도 커피숍

o 참석: 김영진, 박용훈, 송운학, 이원희, 이종구, 이현배, 정병문, 정해랑(가다다순, 존칭 및 직위 생략)

o 기록: 김영진

2. 보고·공유 사항

o 현재까지 기자회견문에 연기명하기로 합의된 단체는 '민청학련동지회'와 '(사)긴급조치사람들' 및 '4.9통일평화재단'이며, 참가를 요청한 상태에서 응답을 기다리고 있는 단체는 '부마민주항쟁기념재단' 등임.

3. 논의 결과

o (가칭) 유신·긴급조치 시대 등 헌법 유린 규탄 및 피해자 권리 회복과 재발 방지 대책 수립 촉구 기자회견은 7월 17일 오전 11시부터 세종문화회관 중앙계단 앞에서 시작하기로 한다.

o 기자회견문에 헌법 유린을 규탄하는 내용을 보강함은 물론 "최근 과거사 반성과 사죄 작업을 진행하고 있는 검찰은 기소유예, 구속 취소, 훈방(품의 석방) 등으로 풀려났지만 불법 연행·체포와 상당 기간에 달하는 불법구금 등에 따른 피해는 물론 이 과정에서 실제로 발생했던 고문 및 고문 위협 등에 기인하여 겪어야만 신체적·육체적 고통과 장애 및 정신적·심리적 트라우마 등 장기간에 걸친 심각한 후유증, 기타 공개·비공개 수배 등에 기인하는 각종 피해에 관한 보상과 배상이 이루어질 수 있도록 적절한 조치를 강구해야만 한다"는 취지로 작성된 문안을 적절한 위치에 삽입하는 등 수정하기로 하며, 그 작업은 (사)긴급조치사람들 협동사무처장 정해랑이 담당하기로 한다.

o 대법원에 제출할 의견서 말미에 참여 단체 명의를 각각 개별적으로 먼저 기재한 후, 소속 단체별로 회원 서명이 배치되도록 첨부하는 것을 원칙으로 한다.

o 서명 양식은 서명자 성명, 전번, 주소(동 또는 도로명까지), 서명 등으로 이루어지도록 한다.

o 기자회견 및 의견서에 최대한 많은 단체와 개인 등이 동참할 수 있도록 개방하기로 하며(의
견서 서명 기준 최소 100인, 최대 300인), 이를 위해 가능한 한 빨리 홍보 웹자보(시안)를 제
작하여 연석회의 참석자 전원이 책임지고 각각 배포하기로 한다.

o 현수막(시안), 기자회견 및 의견서 제출 관련 보도자료(초안) 등은 민청학련동지회 김영진이
작성하기로 하며, 제작과 부착 및 배포(발송) 등은 민청학련동지회와 (사)긴급조치사람들이
공동으로 책임지기로 한다.

o 기자회견 후 뒤풀이 과정에서 참석자들이 향후 계획 수립 등에 관한 간담회를 개최하고 당일
의견서를 제출하는 것을 원칙으로 한다. 끝

7 · 17 제헌절 기자회견과 선언
유신헌법의 원천 무효임을 선언하고 대법원의 헌법 수호와 국가폭력에 대한 책임 촉구

7월 17일 기자회견문

제목: 대법원은 유신 · 긴급조치 시대의 헌법 파괴와 국가폭력에 책임을 져야 한다

제71회 제헌절을 맞이하여 우리 유신 긴급조치 시대 민주화운동 희생자들은 참담한 심정
으로 헌법이 유린되었던 우리의 현대사와 그에 대한 반성도 없고 개선의 의지도 없는
현실에 대한 우리의 견해를 밝힌다.

식민지배에서 벗어나 우리의 민주 민생 헌법을 만들었던 선조들의 소망은 어디로 가고
독재자의 정권욕을 위해 누더기가 되어 버린 우리의 헌법이 탄생한 생일에 우리는 과연
무엇을 기념하고 무엇을 반성해야 하는가?
그 헌법 파괴의 결정판인 유신헌법이 휴지가 되어 버린 지 40년이 다 된 지금 6월 민주항쟁
의 정신을 계승하고 촛불시민혁명의 힘으로 탄생한 김명수 사법부는 무엇 때문에 유신헌
법에 대한 사망선고에 주저하고, 그 피해의 원상회복에 망설이는가?

이래 가지고야 새나라 건설의 부푼 꿈을 가지고 제헌헌법을 만드셨던 선조들을 무슨 낯으로 대할 것이며, 대한민국은 민주공화국이라는 신념으로 살아가는 자라나는 세대에게 무엇을 가르치고 넘겨줄 수 있을 것인가?

법원이 유신 시대의 긴급조치 재판에 책임을 지지 않겠다는 것은 친일 부역자들이 반민족 행위에 대하여 반성하지 않는 것과 하나도 다르지 않다.

대통령이나 국회의원 등이 통상의 정치적 행위로 인하여 국민 개개인에게 민사상 책임을 지지 않지만, 反헌법적인 행위나 국민의 기본권을 침해한 행위에 대해서까지 면책되는 것은 아니다. 하물며 유신 시대에 위헌·무효인 긴급조치를 발령한 대통령이나 이를 적용하여 국민에게 국가폭력을 자행한 검사나 법관들이 면책될 수는 없다.

대법원은 2010. 12. 16. 2010도5986 전원합의체 판결에서 대통령긴급조치가 위헌·무효임을 선언하면서, 대통령긴급조치는 그 발동 요건을 갖추지 못하였을 뿐만 아니라, 국민주권주의에 반하여 독재체제를 영구화하려는 유신헌법에 대한 국민들의 반대를 탄압하기 위한 목적에서 발령되었음을 분명히 하였다.
그러나 그 후 대법원은 긴급조치 피해자들의 국가배상청구 사건에서, 대통령의 긴급조치 발령은 정치적 행위로서 불법행위가 되지 않는다고 하였고, 더욱이 위헌·무효인 긴급조치를 적용하여 시민들을 구속하고, 실형을 선고한 사법 폭력에 대해서도 그 불법성을 인정하지 않았다.

2015. 3. 26. 권순일 대법관을 주심으로 하는 대법원 제3부는 2012다48824 사건 판결에서 "긴급조치 제9호가 사후적으로 법원에서 위헌·무효로 선언되었다고 하더라도, 유신헌법에 근거한 대통령의 긴급조치권 행사는 고도의 정치성을 띤 국가 행위로서 대통령은 국가긴급권의 행사에 관하여 원칙적으로 국민 전체에 대한 관계에서 정치적 책임을 질 뿐 국민 개개인의 권리에 대응하여 법적 의무를 지는 것은 아니므로, 대통령의 이러한 권력 행사가 국민 개개인에 대한 관계에서 민사상 불법행위를 구성한다고는 볼 수 없다"고 판시하였다.

최근까지도 법원 조직의 상층부에는 유신체제에 부역한 자들이 포진하고 있었다. 더욱이 법원은 권위주의 정권을 탄핵한 1987년 6월 항쟁과 2017년 촛불혁명에도 불구하고 여전히 국민주권주의에 반하여 통제받지 않는 성역으로 남아있다.

엄연히 3권 분립의 한 축을 담당하며 국민으로부터 사법권을 위임받은 국가기관임에도 불구하고, 법원은 민주적 통제를 받지 않는 권력기관으로서 국민 위에 군림해 왔다. 이는 법관들이 선출 절차를 거치지 않고, 국민 참여를 배제하면서 배타적인 사법 관료조직으로 굳어져 왔기 때문이다.

급기야 전임 양승태 대법원장은 오로지 대법원의 권한과 조직을 강화하기 위한 목적으로 대법원 상고부 신설을 시도하였고, 식민지 시대 징용 피해자 및 유신 시대 긴급조치 피해자들에 대한 재판을 박근혜 정부와의 거래 수단으로 악용하였다.

따라서 긴급조치 피해자 국가배상청구는 얼마만큼 배상을 받느냐 하는 차원을 넘어, 대법원에 유신·긴급조치 시대의 과오에 대한 반성을 요구하는 것이며, 나아가 국민의 사법부, 국민을 위한 사법부로 거듭날 것을 요구하는 의미가 담겨 있다.

긴급조치 재판은 법관들이 더이상, 조직폭력배들처럼 권력자 내지 우두머리만을 바라보고 충성하며, 조직 보호 논리에 빠져 재판의 독립성과 공정성을 상실하는 일이 다시 발생하지 않도록 법원을 민주적으로 개혁하는 출발점이 되어야 한다.

재판이란 구체적 사건에서 무엇이 법인가를 선언하는 것이고, 법원은 기본권 침해 사태를 최종적으로 구제하는 기능을 가진다. 따라서 법원은 헌법을 수호하는 최후의 보루라고 하는 것이다. 헌법이 국민적 합의를 표상하는 국가의 최고법이고, 실효적인 권리장전으로서 기능하려면, 헌법에 기본권을 열거하고 국가의 기본권 보장 의무를 선언하는 것만으로는 족하지 않다. 즉, 법원의 기능은 헌법과 법률을 단지 형식적인 선언이 아니라 실질적으로 국민들의 기본권을 수호하는 살아 있는 규범으로 만드는 것이다.

그러나 국민으로부터 민주적 통제를 받지 않고 군림하는 사법부에서는 법관들이 권력과 야합하는 일이 다반사로 일어날 수밖에 없다. 또한 대법원장에게 인사·행정권이 집중된 1인 지배의 위계적 관료조직에서는 재판의 독립은 보장될 수 없다. 이러한 사례는 양승태 대법원의 '재판거래'에서 여실히 드러난 바 있다.

대법원이 과거 국가폭력을 자행한 과오에 대한 반성 없이 사법부의 독립만을 주장하는 것은 결국 사법 관료들만을 위한 사법부, 권위주의 시대의 군림하는 사법부를 고수하려는 것에 다름 아니다.

과거 이용훈 대법원이 전원합의체 판결에서 긴급조치가 위헌·무효임을 선언했던 것처럼, 현 김명수 대법원은 과거 긴급조치를 적용한 법원의 재판 역시 불법이었음을 인정하고 민주화운동 희생자들에게 사죄해야 한다. 그리하여 긴급조치 국가배상 사건에 대한 대법원 전원합의체 회부는 헌법과 국민의 기본권을 수호하는 기관으로서 법원이 새롭게 태어나는 시발점이 될 것이다.

거듭 말하거니와 유신헌법은 박정희 1인의 권력욕에 의해 영구 집권을 꾀한 반헌법적 쿠데타의 산물일 뿐이다. 총칼로 의회를 해산하고 국민을 짓밟은 유신헌법의 원천적 무효를 선언하지 않는 한 우리의 민주주의는 껍데기일 뿐이다.

우리 유신·긴급조치 시대 민주화운동 희생자들은 긴급조치 국가배상 사건에서 대법원이 유신-긴급조치 시대의 과오를 처절하게 반성하고, 유신헌법이 원천적 무효임을 선언함으로써 헌법 수호의 최후보루로서 거듭날 수 있기를 간절히 기대한다.

7월 17일 기자회견문

제목: 헌법 정신으로 유신과 긴급조치의 잔재를 청산하자

오늘은 71번째 제헌절을 맞았다. 진정으로 이날을 기리는 방법은 의례적인 기념행사가

아니라 헌법 정신의 현재적 의미를 되살리고 확인하는 실천에서 찾아야 한다. 촛불혁명으로 되찾은 민주 정부의 가장 중요한 과제는 헌법 정신을 살려 진정한 민주사회를 구현하기 위한 기초를 다지는 개혁을 완수하는 일이다. 촛불 시민의 뜻을 반영하는 사회개혁의 첫걸음은 군사독재에 기생했던 적폐 세력의 잔재를 청산하는 일이다. 그러나 촛불정부가 출범한 지 2년이 경과했음에도 불구하고 기득권에 집착하는 적폐 세력은 과거의 악행을 반성하지 않고 개혁을 저해하는 망동을 계속하고 있다. 이는 적폐 세력의 본질을 규명하고 잔당을 발본색원하는 과업이 시급하다는 사실을 반영하고 있다.

현재 각지에서 질서를 무시하고 준동하는 적폐 세력은 군사 독재 정권의 수괴인 박정희를 우상화하고 있다. 박정희 일당은 1972년에 친위 쿠데타를 일으키고 유신체제를 수립하여 헌법이 규정한 민주적 기본질서를 파괴하고 극심한 인권 탄압을 자행하였다. 유신 정권은 행정명령에 불과한 긴급조치를 잇달아 선포하고 민주인사를 불법적으로 체포 구금하고 사법살인을 자행하고 민중을 탄압하였다. 이러한 악행은 1980년대에 박정희 정권을 실질적으로 계승하고 광주 학살을 자행한 전두환 정권으로 이어졌다.

1987년 6월의 시민항쟁으로 절차적 민주주의가 회복된 이후에도 군사 독재 정권의 가해자에 대한 심판은 제대로 이루어지지 않았으며 피해자에 대한 신원과 보상도 지지부진한 상태에 있다. 특히 박정희의 딸인 박근혜 정권 시절에 자행된 양승태의 사법농단은 "긴급조치는 위헌이지만 긴급조치 위반자를 체포 구금한 국가의 행위는 합법"이라는 궤변 수준의 판결로 이어졌다. 이 판례는 현재 시점에도 유지되고 있다. 긴급조치 관련 사건 이외에도 군사독재 정권 시절에 조작된 각종 간첩단 사건과 민주화운동 관련 시국 사건의 경우에도 상황은 대동소이하다.

진정한 과거사 청산이 지연되고 있는 가장 중요한 원인은 이른바 10월 유신이 헌정 질서를 대통령이 스스로 파괴한 친위 쿠데타라는 사실이 호도되어 있는 왜곡된 역사 인식에서 찾을 수밖에 없다. 이 자리에 모인 민주회운동의 동지들은 "10월 유신이 원천적 불법성"을 다시 밝히면서 아울러 이의 진상과 책임 소재를 규명하는 청산 작업이 필요하다는 입장을 밝히는 바이다. 이와 함께 당시에 강제 해산당한 국회, 독립성을 상실하고 인권 탄압의 하수인으로 전락했던 사법부도 10월 유신이 초래한 헌정 중단 사태에 대한 입장을 밝히고 유신헌법의 원천적 무효를 선언하도록 공개적으로 요구하는 바이다. 국가의 공식적인 유신헌법 무효 선언을 출발점으로 한국 사회는 헌법 정신을 되살리고 진정한 제헌절을 기념할 수 있다.

2019년 7월 17일 명의

내일 7월 17일 수요일 오전 11시 광화문 세종문화회관 정문 중앙계단 앞에서 개최할 유신잔재청산촉구 등 관련 기자회견에 동참하겠다는 의사를 밝혀온 민주시민단체가 이 시각 현재(7월 16일 정오) 23개 단체로 늘어났습니다. 이와 별도로 대법원에 제출할 의견서에 자필로 서명하신 분이 301인으로 잠정 집계되었습니다. 이에 깊이 감사드리며 자필서명을 계속 받고자 합니다.

1. 기자회견문 연명(희망) 단체(총 23개, 가나다순)

01) 광주전남시민행동
02) 교육민주화동지회
03) 동일방직해고자동지회(복직투쟁위원회)
04) 민족정기수호대책협의회
05) 민주사회를 위한 변호사 모임 과거사청산위원회
06) 민청학련동지회
07) 부마민주항쟁기념재단
08) 부정부패추방실천시민회
09) 4.9통일평화재단
10) (사)민주·인권·평화를 실천하는 긴급조치사람들
11) (사)부마민주항쟁기념사업회(마산)
12) (사)부산민주항쟁기념사업회

13) 419문화원

14) 아나키스트 의열단

15) 우리다함께시민연대

16) 원풍동지회

17) 전두환심판국민행동

18) 착한도농불이 운동본부

19) 청계피복동지회

28) 촛불계승연대천만행동

21) 평화시민연대

22) 평화어머니회

23) 호남의열단

2. 대법원 제출 의견서 자필 서명자(가나다순, 존칭 및 직위 생략) 잠정 집계 총 301인으로 추정

o 소속 단체를 명기했거나 그 의사를 밝힌 자필 서명자

01) 공익법인 통일혁명가 아산 박기래 기념사업회(아산숲) 준비위원회(1인): 박창선

02) 구로동맹파업동지회(7인): 강명자, 공계진, 권영자, 김현옥, 서태원, 성훈화, 이강희

03) 동일방직해고자동지회(복직투쟁위원회)(21인): 강경단, 강정자, 공인숙, 구예금, 권분란, 김명애, 김민심, 김선자, 김수자, 김영순, 김옥섭, 박청근, 박희옥, 심현례, 안순애, 이덕순, 정만례, 정명자, 조효순, 주옥자, 최연봉

04) 교육민주화동지회(14인): 김성수, 김우성, 김인곤, 박창규, 성충호, 양운신, 윤병선, 이문복, 이미자, 이민우, 이원영, 이향주, 한석희, 황진도

05) 민청학련동지회(약 50인): 추정치

06) 부정부패추방실천시민회(1인): 박홍식(민족정기수호대책협의회 수석회상이기노 함)

07) (사)민주·인권·평화를 실천하는 긴급조치사람들(약 50인): 김용석, 송영길, 이범구 외 추정

08) 아나키스트 의열단(1인): 권진성

09) 우리다함께시민연대

10) 청계피복동지회(13인): 성명 미정리

11) 촛불계승연대천만행동(10인): 권영길. 김석용, 김점진, 송영각, 유경석, 이주열, 이평구, 장석균, 최대연, 최자영

12) 평화시민연대(1인): 김재원

13) 평화어머니회(1인): 고은광순

14) 착한도농불이 운동본부(1인)

15) 원풍동지회(105인): 성명 미정리

o 소속 단체를 명기하지 않았으나 상대적으로 분류하기 쉬운 자필 서명자

16) 전국민주화운동동지회 창립준비위(4인): 안건, 윤재경, 이병석, 임수관

o 소속 단체를 명기하지 않았을 뿐만 아니라 여러 단체에서 중요한 직책을 맡아 분류하기 어려운 자필서명자)

17) 개인 자격(촛불주권자, 20인): 강남이, 권경순, 김성배, 김준희, 김충석, 김향수, 김현근, 문재춘, 서원모, 손병주, 신재현, 양미숙, 양용이, 이선복, 이애리, 임구호, 정숙항, 정원숙, 정의헌, 정종길. 끝

7. 31. 회의: 가)유신청산연대 준비 연석회의 결과

일시: 2019년 7월 31일 오후 5시

장소: 사)긴급조치사람들 회의실

참석: 이종구 송운학 정병문 최형호 정해랑 이대수

보고와 평가:

1. 7월 17일 세종문화회관 앞 기자회견

― 현장에 33명이 참가했고 여러 단체가 단체 연명에 동참했다는 것은 의미 있는 일이었다.

— 제헌절 기념식을 국회에서 개최했는데 하루 전날 알게 되어 세종문화회관 앞에서 그대로 강행하게 되었다.

— 소수를 제외한 일반 언론에 거의 보도되지 못한 것은 일본의 경제침략 이슈에 묻혀 주목받기 어려웠던 것으로 판단되고 긴급조치 피해자에 대한 조금 냉소적인 분위기도 있음을 밝히다.

— 보도자료를 제대로 만들지 못했고 내부 역할(성명서 현수막 등) 분담이 미흡했다.

안건 논의:

1. 대법원장에 전달할 요구서

— 기자회견은 8월 8일(목) 오전 11시 대법원 앞에서 개최하는 것으로 하고 회견 후 면담 요청문을 전달하기도 하다. 회견문은 기존 작성 자료를 가감하기로 하다.

— 참가 단체들과 함께 점심 식사를 하면서 회의를 하기로 하다.

— 실무 준비는 민청과 긴조 사무처가 담당하기로 하다.

2. 유신청산연대 조직 방안

— 참가 단체는 유신-긴급조치 피해 / 저항자 단체를 중심으로 하되, 참가 희망 단체는 개방적으로 수용하기로 하다.

— 제안문을 작성하여 회람하고 확정하여 관련 단체에 제안하기로 하다.

— 준비는 긴조사람들에서 작성하기로 하다.

3. 9월 국회토론회 기획안 확인

일시: 9월 27일(금) 오후 3시-5시 30분

장소: 국회 회의실

주최: 강창일 국회의원실, 민청학련동지회, 긴급조치사람들, 4.9통일평화재단, 71동지회, (가칭)유신청산민주연대 준비위

주관: 민주법학연구회

사회: 강경선 교수(방송통신대 법학과 명예교수)

발표 1_ 유신헌법의 구조와 문제 — 한상희 교수(건국대 법학전문대학원 교수)

발표 2_ 유신잔재청산의 법리와 과제 — 이재승 교수(건국대 법학전문대학원 교수)

토론 1_ 임재성(변호사)

토론 2_ 외국의 과거사 청산 경험 중심으로 —

토론 3_ 한국의 과거사 청산 과정 중심으로 —

— 토론회를 통해 유신청산 관련 청원 서명 등 추진 검토하기로 하다.

— 국회에서 유신의 불법성에 관한 대정부 질문과 답변을 요청하기로 하다.

4. 유신 청산 주간(10월 17-26일) 행사 준비

— 10월 17일(목) 오후 6시 유신선포 47주년 토론회(형식과 내용을 검토)를 개최를 재확인하
고 세부 기획안을 준비하기로 하다. 발표자는 김재총 총장으로 내정하다.

— 부마항쟁 관련 연대 및 행사 참여를 위한 부산 방문을 검토, 추진하다.

— 문화행사 준비는 김봉준 작가에게 기획안 준비를 요청하기로 하다.

8. 8. 대법원 앞 기자회견

유신 잔재 청산과 사법농단 피해자 구제 위한 대법원의 결단 촉구

8. 23. 국회방문 설훈 의원실 등

유신-긴급조치 관련 국회의원 모임 추진하기로

9. 27. 유신청산국회토론회

: 유신헌법의 파행성과 잔재 극복의 과제

— 강창일 의원실, 가)유신청산민주연대, 긴급조치사람들, 민청학련동지회 공동주최

10. 17. 유신-긴급조치 강연 및 북콘서트

—기독교회관 유신 선포 47년 김재홍 강연과 우리젊은기쁜날(최희숙) 출판기념 토크와 노래

11. 29. 유신체제와 민주노동조합 토론회

— 3·1운동 및 대한민국임시정부 수립 100주년 기념 민주 인권 평화박람회 민권인권기념관

12. 18. 회의

— 가)유신청산연대 준비 2차 연석회의

2020년

1. 13. 가)유신청산연대 준비 3차 연석회의

— 2019년 활동 평가와 2020년 활동계획 및 발족 준비 등

2. 12. 유신독재청산 토론회

: 유신독재 청산을 위한 사법부와 국회의 과제

— 이재정의원실, (가칭)유신청산민주연대

4. 23. 대법원앞 기자회견

— 긴급조치사람들 단독. 매주 월요일 대법원 앞 일인시위

4. 28. 유신독재청산토론회

: 국가폭력 청산의 경과와 향후 과제

— 강창일 의원실, (가칭)유신청산민주연대

5. 28. 유신독재청산 국회토론회 및 유신청산민주연대 발대식

1부: 유신독재의 헌정 유린과 국가폭력, 진상 규명과 청산 방안 토론회, 2부: 발족식

— 우원식, 설훈, 이학영 의원실

7. 2. 72주년 제헌절 맞이 유신독재청산 심포지엄

　　: 사라진 국회 10월유신과 민주주의 말살

　　ㅡ 국회의원 설훈, 노웅래, 우원식, 이학영, 김영호

8. 21. 유신독재청산 국회 토론회

　　: 독일 나치 과거사 청산의 역사와 성과

　　ㅡ 국회의원 서영교 행정안전위원장 / 유신청산민주연대

9. 10. 유신청산국회토론회

　　: 유신시대의 형사사법통치 기구의 실상과 청산 과제

　　ㅡ 국회의원 이재정 / 유신청산민주연대

9. 25. 유신피해자들과 함께 하는 유신청산집담회

　　ㅡ 6·15남측위 회의실. 유신청산민주연대

10. 15. 부마민주항쟁 41주년과 유신독재청산 토론회

　　ㅡ 6.15남측위 회의실

　　ㅡ 부마민주항쟁과 유신독재체제의 붕괴와 청산 과제

　　ㅡ 주최: 부마민주항쟁기념재단 / 유신청산민주연대 / 국회의원 설훈, 최인호, 전재수

10. 17. 유신올레 ㅡ 유신독재 흔적을 찾아 떠나는 도심 순례 여행

　　ㅡ 충무로역 3번 출구 집결 한옥마을(구 수도경비사령부) ⇒ 구중앙정보부 ⇒ 기억의 터 ⇒ 서울시립미술관(구 대법원) ⇒ 민주인권센터(구 치안본부 남영동) ⇒ 서울시의회(구 국회) ⇒ 동아일보(1974. 10 자유언론실천선언) ⇒ 세종문화회관(선언문 낭독) ⇒ 안국역(구 신민당사터)

10. 17. 10월유신 선포 48년 유신 청산을 위한 선언문발표

   : 현대사의 망령, 박정희 유신을 청산하자!

   ― 유신청산민주연대. 세종문화회관 계단

10. 27.-30. 유신청산 국회 전시회

   : 10월유신 48년, 유신청산민주행동 유신청산전시회

   ― 국회 의원회관 1층 로비

   ― 설훈 우원식 이학영 노웅래 유신청산민주연대 / 부마민주항쟁재단. 민청학련동지회

10. 28. 유신청산 입법토론회

   : 유신독재 청산을 위한 입법 방안

   ― 국회 의원회관 제3간담회실

   ― 국회의원 설훈 노웅래 / 유신청산민주연대

11. 5. 전태일 50주기 유신청산 국회토론회

   : 70년대 민주노동운동과 유신독재 청산의 과제

   ― 국회 의원회관 제3간담회실.

   ― 국회의원 강은미 심상정 배진교 / 70년대민주노동운동동지회

유신청산민주연대 발족 선언문

유신독재 타도 투쟁에 동참한 민주시민 여러분께 드립니다

10·26 궁정동의 총격으로 박정희의 유신정권이 끝난지 40년이 지났습니다. 6월 시민 항쟁, 국민의 정부, 참여정부, 촛불혁명을 거치며 민주주의는 전진해 왔습니다. 인권, 평화, 안전, 행복을 추구할 수 있는 시민적 권리도 확립되고 있습니다. 특히 촛불 정부는 이명박, 박근혜 수구정권의 적폐를 과감히 청산하고 있으며 한반도에 평화를 정착시키기 위하여 민족의 화해와 협력을 실현하기 위해 진력하고 있습니다. 민주시민 여러분이 바라던 모두 같이 잘사는 대동 세상이 실현될 날도 다가오고 있습니다. 그러나 왜곡된 역사의식을 가진 일부 수구 부패 세력은 화합이라는 미명 하에 유신 군사독재의 잔재를 묵인하고 넘어가려는 망동을 여전히 벌이고 있습니다.

진정한 민주사회를 이룩하려면 개인의 인권과 민주적 권리를 보장해야 합니다. 군사독재 시절의 과거사를 청산하려면 법과 제도의 개혁에 그칠 것이 아니라 피해자의 억울함을 풀어주고 실질적인 원상회복을 지원하는 조치를 실시해야 합니다. 이미 국민의 정부 시대부터 각종 진상조사위원회가 설치되어 활동했으며 재심과 보상, 배상 절차가 부분적으로 진행되었습니다. 그러나 국민의 정부, 참여정부 시절에도 피해자가 민원인의 입장에서 국가를 상대로 각종 구제를 신청하고 민형사 소송을 제기하는 절차를 밟아야 했습니다. 국가의 각종 정보수사기관이 보관하고 있는 자료도 공개하지 않아 개인적으로 각종 증거를 찾아 제출할 수밖에 없습니다. 더구나 박근혜 정권의 양승태 대법원장이 저지른 사법농단으로 긴급조치 9호는 위헌이지만 체포 심문, 구금한 수사기관은 적법한 공무를 수행했다는 대법원 판례(2015.3. 3부 권순일)가 확립되었습니

다. 중앙정보부, 경찰을 비롯한 공권력이 명백하게 개입한 많은 노동사건은 노사 간의 민사사건으로 처리되었습니다. 심지어 국정원은 인혁당 사법살인 피해자 유족들에게 소송을 걸어 배상금을 강제 환수하고 있습니다. 촛불 혁명 이후에 취임한 김명수 대법원장이 이끄는 사법부는 사법농단으로 이중피해를 입은 유신 독재 피해자들의 거듭된 호소를 외면하고 있습니다.

유엔인권이사회가 2012년에 채택한 결의안을 보아도 권위주의적 통치가 종식된 지역에서 민주적 질서를 확립하려면 '전환기적 정의'를 실현해야 하며, 이를 위해 '진실 규명, 사법적 정의 확립, 보상과 배상, 재발 방지 대책이 포함된 통합적 접근'이 필요하다는 가이드라인이 제시되어 있습니다. 더구나 이 결의안은 가이드라인의 신속한 이행을 권고하고 있습니다. 피해자의 입장에서 보는 진정한 해원과 배상은 유신 잔재의 말끔한 청산입니다. 2019년 해 10월 부마민주항쟁 40주년 기념사에서 문재인대통령은 '유신독재의 가혹한 폭력으로 인권을 유린당한 피해자들 모두에게 대통령으로서 깊은 위로와 사과'를 하였습니다. 그러나 아직 정부, 사법부, 입법부, 어느 곳도 "유신헌법 원천 무효"를 선언하지 않았습니다. 바로 이것이 유신정권 시절의 과거사 청산이 지체되는 근본적인 원인입니다. 유신 독재의 충견이었던 전두환 노태우 신군부일당이 12.12 군사반란으로 국민의 민주 헌정 회복 요구를 짓밟고 1980년 서울의 봄과 광주 민주항쟁을 무자비하게 진압하였습니다. 광주 학살의 주범인 전두환이 스스로 대통령이 된 체육관 선거의 근거는 유신헌법이라는 사실을 상기해야 합니다.

우리는 6월에 출범하는 21대 국회가 유신헌법 원천 무효를 선언하여 유신 잔재를 철저하게 청산하는 출발점을 마련하도록 강력하게 촉구해야 합니다. 이와 동시에 정부, 대법원, 헌재도 불법 정권인 유신 체제가 자행한 인권유린 사태를 청산해야 한다는 입장을 밝히고 실천에 나설 것을 요구해야 합니다.

유신독재 타도 운동을 함께 했던 민주시민 여러분께 호소합니다. 모두 한 자리에 모여 작은 차이를 넘어 연대의 정신으로 함께 다음의 과업을 실현해 나갑시다.

우리의 과제와 요구

1) 정부, 국회, 대법원, 헌재는 "유신헌법"의 원천 무효를 유신 정권의 불법성을 선언하라.
2) 소멸시효 단축으로 각하된 국가배상 민사소송을 즉각 재개하라.
3) 민주화운동관련자 명예회복과 보상에 관한 법률(민보상법)에 의한 생활보조금 수급자가 제 기한 국가배상 민사소송을 즉각 재개하라.
4) 대법원은 "긴급조치 9호는 위헌이지만 공무원의 직무 수행은 적법하므로 국가의 배상 책임은 없다"는 궤변 판결을 즉각 취소하고, 국가배상 민사소송을 재개하라.
5) 유신 독재에 항거한 국가 폭력의 피해자에 대한 진상규명과 명예회복, 국가배상을 실시할 수 있는 가칭)유신청산특별법을 제정하라.
6) 통과된 진실과 화해를 위한 과거사 정리기본법(과거사법)에 따라 과거사 진상 규명 위원회를 즉시 재가동하고 인권 침해와 민주주의 파괴를 총체적으로 규명하라.
7) 인혁당 사건 피해자에 대한 '기지급 배상금 환수'를 즉각 중지하고 원상회복하라.
8) 민보상법의 '관련자'를 '유공자'로 변경하고 정당한 예우를 실시하라.
9) 언론자유실천 투쟁으로 해직된 언론인에게 국가는 사과하고 명예회복과 보상을 실시하라.

2020년 5월 28일

가)유신청산민주연대 참가자 일동

(광주전남민주화운동동지회 / 민주·인권·평화를 실천하는 긴급조치사람들 / 부산민주항쟁기념사업회 / 자유언론실천재단-동아자유언론실천투쟁위 / 전태일재단 / 촛불계승연대천만행동 / 한국작가회의 / 4.9통일평화재단 / 70민주노동자회-청계 동일 원풍 콘트롤데이타 YH노동조합외 / 71동지회 / NCCK인권센터)

* 참가는 단체와 개인 모두 가능하며 규약과 적절한 절차에 따라 진행됩니다.

유신청산민주연대 임원단

고문

김경천(전 국회의원)
박중기(4.9재단 이사)
배기운(전 국회의원)
이부영(자유언론실천재단 이사장)
이해학(겨레살림공동체 이사장)
임진택(문화예술인)

공동대표

김재홍(상임 / 71동지회 회장)
박현옥(상임 / 광주전남민주화운동동지회 상임대표)
고은광순(긴급조치사람들 부회장)
박순희(70민주노동운동동지회 부회장)
성한표(조선투위 위원장)
송운학(촛불계승연대 상임대표)
신현수(한국작가회의 사무총장)
안성운(부산민주항쟁기념사업회 부회장)
허 육(동아투위 위원장)

운영위원

이대수(위원장 / 긴급조치사람들 사무처장)
김종기(부위원장 / 부산민주항쟁기념사업회 상임이사)
임현재(부위원장 / 70민주노동운동동지회 회장)
조봉훈(부위원장 / 광주전남민주화운동동지회 고문)
김선홍(촛불계승연대 집행위원장)
박강호(자유언론실천재단 상임이사)
송경동(한국작가회의 자유실천위원장)
이창훈(4.9통일평화재단 사료실장)
조재현(서울민예총 기획실장)

공동사무국

이대수 박강호 이창훈 임현재 조재현

유신청산민주연대 규약(안)

1. 명칭: '유신독재청산과 민주주의 실현을 위한 연대' 기구로서 약칭하여 유신청산민주연대라 한다.

2. 목적: 본회는 유신독재시기인 1971-1980년 사이 불법적 국회해산, 자유민주주의를 말살한 유신헌법 불법제정, 국민의 기본권과 인권유린, 긴급조치 발동 등 민주주의 파괴를 자행한 각종 불법과 국가폭력의 진상을 규명하고 피해 저항자의 명예를 회복하고, 유엔인권이사회가 제시한 '전환기적 정의'를 실현하기 위한 책임을 다하도록 하는 것을 목적으로 한다.

3. 회원: 본회의 목적과 취지에 동의하는 단체와 개인을 회원으로 한다. 참가단체는 5인 내의 대의원을 통해 회원권을 행사할 수 있다. 가입은 운영위원회의 승인을 통해 이루어진다.

4. 총회: 본회에 참여한 단체와 개인을 회원으로 하는 정기총회는 년 1회 개최하며 대표단과 운영위원회를 선출하고 2인의 감사를 선출한다. 총회는 대표자회의로 대신할 수 있다.

5. 대표: 본회는 참여단체와 개인으로 10명 내외의 공동대표를 구성하며 3인 이내의 상임대표를 둘 수 있다. 대표의 임기는 1년으로 하며 연임할 수 있다.

6. 운영위원회: 참가단체의 임원 15인 내외로 구성하며 본회의 일상적인 사업과 활동을 관장한다. 위원장은 위원 중에서 호선하며 임기는 1년이고 연임할 수 있다. 3인 이내의

부위원장과 회계 및 서기를 선출한다.

7. 고문과 자문위원: 덕망과 학식을 갖춘 인사를 본회의 고문과 자문위원으로 운영위원회에서 선임한다.

8. 위원회와 사업단: 본 회의 사업을 위하여 운영위원회의 의결로 각종 위원회 또는 사업단위를 구성할 수 있다.

9. 사무국: 회원단체 중 실무역량이 있는 단체를 중심으로 공동사무국을 구성하며 그중 책임사무국을 선정할 수 있다. 책임사무국은 당연직 운영위원이 된다.

10. 재정: 본회의 재정은 참가단체의 분담금과 회비 후원금 사업수입으로 한다.

부칙
1. 규약외의 사항은 민주적인 관례에 따른다.
2. 본 규약은 통과되는 날로부터 효력을 발생한다.

2020년 5월 28일